***ACCESO GRATIS** a la Lectura en la Nube*

Para visualizar el libro electrónico en la nube de lectura envíe junto a su nombre y apellidos una fotografía del código de barras situado en la contraportada del libro y otra del ticket de compra a la dirección:

ebooktirant@tirant.com

En un máximo de 72 horas laborales le enviaremos el código de acceso con sus instrucciones.

SALUD MENTAL Y GÉNERO: EL DEBATE ENTRE EL PUNITIVISMO Y LA DESPENALIZACIÓN

Procedimiento de selección de originales, ver página web:
www.tirant.net/index.php/editorial/procedimiento-de-seleccion-de-originales

SALUD MENTAL Y GÉNERO: EL DEBATE ENTRE EL PUNITIVISMO Y LA DESPENALIZACIÓN

VICENTA CERVELLÓ DONDERIS
M.ª ASUNCIÓN COLÁS TURÉGANO
DIRECTORAS

DAVID COLOMER BEA
COORDINADOR

tirant lo blanch
Valencia, 2024

En caso de erratas y actualizaciones, la Editorial Tirant lo Blanch publicará la pertinente corrección en la página web www.tirant.com.

La presente obra ha sido sometida a la revisión de pares ciegos según el protocolo de publicación de la editorial a efectos de ofrecer el rigor y calidad correspondiente tanto en su contenido como en su forma, aplicándose los criterios específicos aprobados por la Comisión Nacional E 016 (BOE num. 286, de 26 de noviembre de 2016).

Proyecto de investigación “Estudio crítico del uso de sanciones alternativas penales: una mirada a la salud mental y al género” (SANALSAMGE) PID2021-126236OB-I00. Proyectos de Generación de Conocimiento 2021. Financiado por el Ministerio de Ciencia e Innovación, junto a la Unión Europea.

EDITA: TIRANT LO BLANCH
C/ Artes Gráficas, 14 - 46010 - Valencia
TELFS.: 96/361 00 48 - 50
FAX: 96/369 41 51
Email: tlb@tirant.com
www.tirant.com
Librería virtual: www.tirant.es
Depósito legal: V-2642-2024
ISBN: 978-84-1071-335-2

Si tiene alguna queja o sugerencia, envíenos un mail a: *atencioncliente@tirant.com*. En caso de no ser atendida su sugerencia, por favor, lea en *www.tirant.net/index.php/empresa/politicas-de-empresa* nuestro procedimiento de quejas.

Responsabilidad Social Corporativa: http://www.tirant.net/Docs/RSCTirant.pdf

Índice

TERCERA PARTE:
LA INFLUENCIA DEL FACTOR GÉNERO EN LA APLICACIÓN Y CUMPLIMIENTO DE LA PENA

Presentación

La obra que se presenta **SALUD MENTAL Y GÉNERO: EL DEBATE ENTRE EL PUNITIVISMO Y LA DESPENALIZACIÓN** aborda dos cuestiones de enorme trascendencia en el panorama penal actual, el binomio salud mental/delito y la situación de la mujer en el entorno penal y penitenciario. Seleccionamos ambos temas por el plus de vulnerabilidad que ambos atributos añaden a la relación con el sistema penal. Padecer una enfermedad mental y/o ser mujer en este contexto multiplica la fragilidad de la persona, complicando su relación con el proceso penal y, en su caso, la estancia en prisión. A su vez, todo ello conduce a una disminución de las posibilidades que estas personas van a tener de reincorporarse a la sociedad, condenándolas, en muchas ocasiones, a una espiral de exclusión. Si a tal complejo panorama sumamos la ola de punitivismo presente en las últimas reformas de nuestro código penal y la falta de alternativas reales para quienes presentan tales problemáticas, nos enfrentamos a un panorama ciertamente desalentador.

De acuerdo con los más recientes estudios realizados en España, la enfermedad mental está claramente sobrerrepresentada en prisión[1], coincidiendo los expertos en la necesidad de aplicar

---

1 "La tasa de prevalencia de trastorno mental en población reclusa…es 5,3 veces superior a la población general" ZABALA BAÑOS, C.: *Prevalencia de los trastornos mentales en prisión: análisis de la relación con delitos y reincidencia.* Colección premios Victoria Kent. Ministerio del Interior. Secretaría General Técnica, Madrid, 2017, p. 197. GRUPO PRECA. *Informe de prevalencia de trastornos mentales en centros penitenciarios españoles (Estudio Preca),* Barcelona, 2011, p. 11. De los estudios realizados en los últimos 20 años se deduce "la elevada prevalencia de personas con trastornos mentales y necesidades altas de cuidados de su salud mental, así como de trastornos por consumo de sustancias en los centros penitenciarios españoles". CALCEDO-BARBA A., ANTÓN-BASANTA J., PAZ RUIZ S.: *Libro Blanco sobre la atención sanitaria a las personas con trastornos*

alternativas terapéuticas al margen de la privación de libertad[2]. Al enfermo mental hay que tratarlo con criterios médicos y en entornos sanitarios, sean o no presos quienes sufran la enfermedad. Sin embargo, la realidad es que nuestras cárceles presentan un índice significativo de personas con enfermedad mental.

No más favorable es la situación de las mujeres en prisión, el sistema español presenta elevadas cifras de encarcelamiento femenino (el 7,2% frente al 5,1% de media en Europa)[3]. La doctrina[4] que ha analizado la situación de las mujeres presas ha concluido que sus necesidades específicas no son atendidas debido a un sistema enfocado mayoritariamente hacía la población masculina, dando como resultado la discriminación de las mujeres encerradas. Además, investigaciones internacionales demuestran, de manera persistente, que la mujer que comete un delito suele ser, en

---

mentales graves en los centros penitenciarios de España, SEPL Madrid y SESP Barcelona, 2023, p. 56.

2 JUSTICIA I PAU: *La salud mental en el sistema penitenciari català. Visió de conjunt i reptes,* Barcelona, 2022, pp. 37-38.

3 ASOCIACIÓN PRO-DERECHOS HUMANOS DE ANDALUCÍA: *Informe sobre la situación de las mujeres presas,* 2020, p. 6. PARLAMENTO EUROPEO: *Informe de la Comisión de Libertades Civiles, Justicia y Asuntos de Interior sobre condiciones y sistemas penitenciarios,* 2017. Disponible en: http://www.europarl.europa.eu/doceo/document/A-8-2017-0251_ES.html#title3. AEBI, M.F; COCCO, E.; MOLNAR, L.: *Prision and prisoners in Europe 2022: Key Findings of the SPACE I SURVEY,* Université de Lausanne, Series UNILCRIM 2023/2, p.9.

4 LARRAURI PIJOAN, E.: "La mujer ante el Derecho Penal" *Revista de Derecho Penal y Criminología,* 2, 1992, pp. 291-310. ALMEDA SAMARANCH, E.: "Criminologías feministas, investigación y cárceles de mujeres en España", *Papers, Revista de Sociología,* Vol. 102, N. 2, 2017, pp. 151-181. CERVELLÓ DONDERIS, V.: "Las prisiones de mujeres desde una perspectiva de género", *Revista General de Derecho Penal,* N.º. 5, 2006, pp. 1-24. CERVELLÓ DONDERIS, V.: "Mujer, prisión y no discriminación: del legado de Concepción Arenal a las Reglas de Bangkok". *Estudios Penales y Criminológicos,* Vol. XLI, 2021, pp. 551-591.

primer lugar, una víctima y, en segundo lugar, una delincuente[5]. Discriminación que se intensifica cuando al tiempo la mujer encarcelada presenta también problemas psíquicos. Asimismo, se ha destacado que padecer problemas de salud mental hace a la mujer más vulnerable a situaciones de violencia de género[6].

La obra es el resultado del primer año de trabajo del proyecto de investigación "Estudio crítico del uso de sanciones alternativas penales: una mirada a la salud mental y al género" (SANALSAMGE) PID2021-126236OB-I00. Proyectos de Generación de Conocimiento 2021 financiado por el Ministerio de Ciencia e Innovación junto a la Unión Europea. En ella se recogen las reflexiones de un conjunto de expertos con la finalidad de aportar nuevas ideas dirigidas a mejorar la situación de tales colectivos en el entorno penal y penitenciario mediante un análisis crítico de la realidad legal, social y penitenciaria con propuestas de revisión. Buena parte de los trabajos fueron inicialmente presentados en el Congreso Internacional "Punitivismo y revisión del sistema de penas: uso y abuso de la prisión", celebrado en la Facultad de Derecho de la Universidad de València los días 5 y 6 de octubre de 2023. En concreto, tanto el Congreso como la presente obra responden al primero de los objetivos del proyecto en el que nos planteamos aportar ideas para una revisión del sistema de penas con la finalidad de realizar propuestas de reducción de la pena de prisión, específicamente, en los dos ámbitos trabajados: salud mental y género.

Así pues, dentro de la ola expansionista que rodea al Derecho Penal en las últimas décadas, esta publicación se dirige a analizar la contraposición entre el avance del punitivismo y la corriente

---

5 RUMGAY, J.: "When victims become offenders: In search of coherence in policy and practice", *Paper presented at the Fawcett Society & Nuffield Foundation Conference*, London, England, 2004. VERRECCHIA, P. J.: "Female delinquents and restorative justice". *Women and Criminal Justice*, 19, 2009, pp. 80-93.

6 AMBIT: *Observatorio de derechos humanos, salud mental y prisión. Informe 2023*, Valencia, 2023, p. 10.

despenalizadora en dos espacios de especial vulnerabilidad, como son el tratamiento penal y penitenciario dado a las personas aquejadas de problemas de salud mental y los efectos discriminatorios que la intervención penal produce en el género. Para abordar esta problemática, el trabajo se divide en tres partes: Punitivismo y despenalización: uso y abuso de la pena de prisión; soluciones descarcelatorias relacionadas con la salud mental y la influencia del factor género en la aplicación y cumplimiento de la pena.

En la primera parte, a modo de introducción al tema de estudio, los trabajos de José Cid Moliné (El futuro de las alternativas a la prisión en España), Anabel Cerezo Domínguez (Política Criminal comparada sobre el encarcelamiento: Algunos resultados de la aplicación del instrumento RIMES), David Colomer Bea (El efecto desaliento de la prisión), Javier Guardiola García (Abusar de la prisión sin provocar un colapso: algunas pistas sobre el caso español) y Margarita Roig Torres (Suspensión de la prisión permanente revisable: normas cuestionables tras la última Jurisprudencia del TEDH) abordan desde distintas perspectivas una crítica a la instrumentalización de la pena de prisión como única herramienta válida para proteger los bienes jurídicos de relevancia penal, ofreciendo como alternativa distintas soluciones despenalizadoras que pueden actuar desde la política legislativa, la aplicación judicial o el cumplimiento penitenciario.

En la segunda parte, los trabajos de M.ª Asunción Colás Turégano (Enfermedad mental y prisión: una lectura de la legislación española desde la normativa internacional), María Sánchez Vilanova (El influjo de las residencias para la ejecución de las medidas de seguridad (REMS) italianas en los modelos de reforma del sistema de internamiento psiquiátrico penal español), Michiel Van der Wolf (Prison, mental health, diversión and forensic care in the Netherlands), Vicenta Cervelló Donderis (Alternativas al encarcelamiento de internos con problemas de salud mental: posibilidades del art. 60 CP), César Chaves Pedrón (Salud mental y permisos de salida) y Lucía Martínez Garay (Un nuevo régimen aplicable a las personas con enfermedad mental o con discapacidad intelectual: la propuesta alternativa del Grupo de Estudios de Política Criminal), siguiendo la línea descarcelatoria planteada en la primera parte de la obra, se ocupan de ofrecer soluciones concretas a un espacio de especial vulnerabilidad como es el de las personas privadas de libertad con problemas de salud mental a través de propuestas que abogan por ampliar los espacios de libertad mediante la intervención en medio abierto, no solo por la ineficacia del encarcelamiento para el tratamiento de la enfermedad mental, sino, especialmente, como una exigencia de la normativa internacional que responde al modelo de última ratio y de Derecho Penal humanitario, propio de un Estado de Derecho, comprometido con la tutela de los derechos y libertades públicas.

En la tercera parte, los trabajos de Emiliano Borja Jiménez (La feminización del Código penal), Andrea García Ortiz (Violencia sexual y obligaciones de tutela penal: una mirada antipunitivista), Cristina Guisasola Lerma y Juan Molpeceres Pastor (Dificultades y retos del tratamiento penitenciario con perspectiva de género), Santiago Leganés Gómez (Mujer, prisión y alternativas), Talía González Collantes (Vías penitenciarias de reducción del tiempo de estancia en prisión por la existencia de cargas familiares), y Rosa Trenado Santaren y Gloria Bernabé Valero (¿Está la sociedad preparada para la Justicia restaurativa? Una mirada desde la salud mental y el género) se ocupan del segundo objeto de estudio del proyecto como es el análisis de las consecuencias discriminatorias que una legislación penal y penitenciaria, desprovista de una perspectiva de género, provoca en el colectivo de las mujeres, poniendo el acento en un enfoque garantista que no siempre debe traducirse en un mayor punitivismo, sino en la importancia de las políticas de prevención, la proporcionalidad de la respuesta penal y el cumplimiento de sanciones en términos de igualdad y no discriminación.

Los resultados iniciales del proyecto de investigación que se presentan en esta obra son fruto del trabajo y esfuerzo de todos los participantes que han dedicado su tiempo al estudio de los diferentes objetivos fijados en esta etapa inicial. A todos ellos queremos agradecer sus valiosas contribuciones, con cuyas propuestas se ofrecen ideas para mejorar el tratamiento de la salud mental y el género en el ámbito penal y penitenciario. De una manera especial, queremos reconocer la labor del Prof. David Colomer Bea por su inestimable ayuda en la coordinación de la obra. Finalmente, nuestro agradecimiento al Ministerio de Ciencia e Innovación por su financiación del proyecto y al grupo de investigación.

VICENTA CERVELLÓ DONDERIS
M.ª ASUNCIÓN COLÁS TURÉGANO
Valencia, a 15 de abril de 2024

PRIMERA PARTE:
PUNITIVISMO Y DESPENALIZACIÓN

El futuro de las alternativas a la prisión en España[1]

JOSÉ CID
Catedrático de Derecho Penal y Criminología
Universidad Autónoma de Barcelona

I. INTRODUCCIÓN

A pesar de que las alternativas a la prisión en España y en la generalidad de países occidentales son la forma mayoritaria de castigo a las personas que cometen un delito, la investigación penológica ha solido prestar más atención a la pena de prisión. Posiblemente como explican CULLEN-JONSON-MEARS[2], ello se debe a que, dada la gravedad de la pena de prisión, la doctrina penal y criminológica ha asumido que los esfuerzos académicos deben dedicarse a contenerla, sin que sea muy importante estudiar cómo funcionan las penas comunitarias. En palabras de estos autores:

"Para muchos autores preocupados con el encarcelamiento masivo la principal utilidad de las penas comunitarias no es lo que se hace con los infractores en la comunidad, sino que lo que les preocupa es que lo infractores no vayan a la prisión y que si van estén el mínimo tiempo posible. Dicho de otra manera, el objetivo es oponerse al encarcelamiento, con la asunción implícita

---

1 Este trabajo se inserta en el proyecto de investigación "Tercer Grado, Libertad Condicional y Reinserción", financiado por la Agencia Estatal de Investigación (PID2022-140171NB-I00).

2 CULLEN, F./JONSON, C./MEARS, D. "Reinventing community corrections". *Crime and Justice*, , 46, 2017, 27-69.

de que cualquier cosa diferente -cualquier tipo de sanción que se cumpla en la comunidad- es preferible"[3]

Antes de comenzar la exposición se requiere una clarificación conceptual. Utilizaré la expresión "alternativas a la prisión" para referirme tanto a las penas alternativas a la prisión, esto es a las sanciones distintas a la prisión que imponen los jueces como respuesta al delito (como la multa, la suspensión de la pena de prisión o el trabajo en beneficio de la comunidad), como al cumplimiento comunitario de la pena de prisión (esto es, al régimen abierto o a la libertad condicional).

En este trabajo, y en coincidencia con los autores anteriormente citados, defenderé que existen buenas razones para que la doctrina penal y criminológica preste más atención a las alternativas a la prisión. Me detendré en primer lugar en explicar las causas del declive de la pena de prisión en España, que hace de esta pena cada vez una forma excepcional de responder a las infracciones penales. Una vez que haya podido mostrar las razones de este descenso de la pena de prisión como forma de castigo, pasaré a examinar los tres retos principales a los que, a mi juicio, se deben enfrentar los investigadores focalizados en las alternativas a la prisión: en primer lugar, se debe clarificar el modelo punitivo que ha de orientar la distribución de las penas alternativas; en segundo lugar, se debe investigar sobre la efectividad de las penas alternativas, mostrando las condiciones bajo las cuales cumplen sus objetivos y, finalmente, se debe investigar sobre el cumplimiento comunitario de la pena de prisión, mostrando las razones para extender esta forma de cumplimiento. Trataré en este trabajo de avanzar en la formulación de estos tres retos y en proponer algunas bases para afrontarlos.

---

3 CULLEN/JONSON/MEARS, "Reinventing..." *op. cit.*, p. 26.

2. EL DECLIVE DE LA PRISIÓN EN ESPAÑA

2.1. Las causas del declive

En el gráfico 1, aparece la evolución de las entradas a prisión desde los años iniciales de la democracia hasta nuestros días.

Gráfico 1. Entradas en prisión por 100.000 habitantes. España (1980-2022).

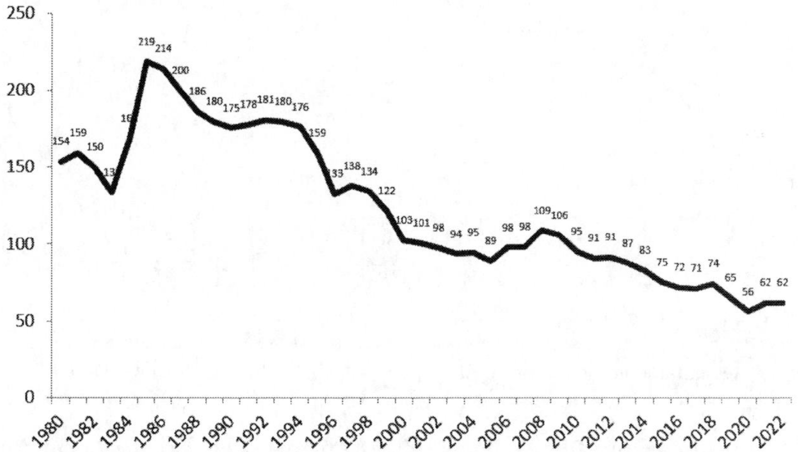

Fuente: Información suministrada por Administraciones Penitenciarias.

Como he defendido en un trabajo anterior[4], creo que las tres razones principales que explican la reducción de las entradas a prisión en España durante el periodo democrático son las siguientes.

La evolución de la delincuencia es uno de los factores que afecta a la evolución de las entradas. El gran incremento de la delincuencia de los años ochenta del siglo pasado explica el incremen-

---

4 CID, J. "El futuro de la prisión en España", *Revista Española de Investigación Criminológica, 18, 2020, pp. 1-32.* Me remito a este trabajo para mayor detalle sobre las causas que a mi juicio explican el declive del uso de la prisión.

to de las entradas en este periodo, pero su reducción posterior no parecería deberse a una disminución de la delincuencia, pues más bien, como muestra la figura 2, se habría producido una estabilización.

Figura 2. Infracciones conocidas por 100.000 personas. España (1980-2022).

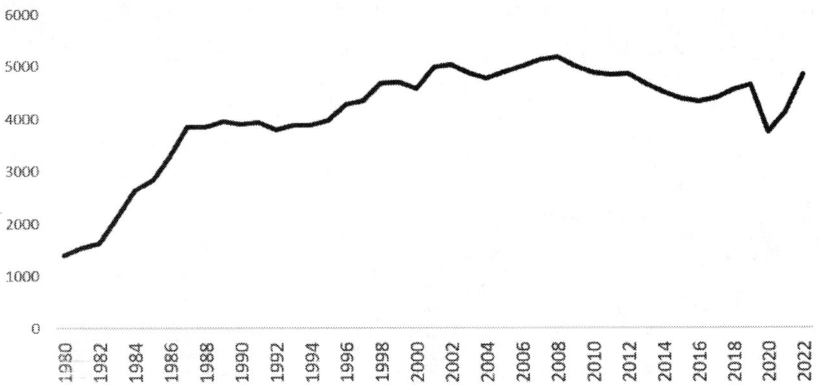

Fuente: La figura se ha elaborado sobre los datos suministrados por el Ministerio del Interior; el Departamento de Interior (Cataluña) y por REDONDO/GARRIDO, *Principios de Criminología*, 2013, Tirant lo Blanch, Valencia, p. 207.

La explicación de la bajada de las entradas en prisión, por tanto, no dependería tanto de la reducción de la delincuencia sino de su transformación cualitativa, disminuyendo aquella delincuencia más grave que con más facilidad podía llevar a penas de prisión. En la tabla 1 se expone la evolución de cinco delitos que pueden conducir a entradas en prisión.

Tabla 1. Evolución condenas (delitos seleccionados). España (1980-2022)

	Condenados/ delitos	Homicidio doloso	Libertad sexual	Lesiones	Robo	Salud publica
	N	%	%	%	%	%
1980	50.383	0,5	1,5	4,6	21,0	3,0
1985	76.566	0,3	0,8	4,0	36,9	2,9
1990	56.694	0,5	1,3	3,4	39,3	8,6

1995	116.730	0,3	1,0	2,8	30,7	6,4
2000	98.500	0,3	1,0	4,5	27,6	7,4
2005	128.927	0,2	1,0	19,9	14,4	5,6
2010	266.548	0,2	0,9	13,1	10,2	4,8
2015	288.756	0,2	0,9	12,8	10,2	4,3
2022	426.416	0,1	0,9	17,1	5,4	3,3

Fuente: INE

Nota: los datos de 1980-2005 son de personas condenadas (delito más grave por el que es condenado). Los datos de 2010, 2015 y 2022 son de delitos que han sido condenados. Se incluye el año 2022 y no el 2020, para evitar el efecto pandemia.

Como se advierte, los delitos que con más facilidad pueden llevar a una pena de prisión -homicidio doloso, robos, agresiones sexuales, lesiones, tráficos de drogas- han tenido una tendencia descendente, con la excepción de los delitos de lesiones, pero ello es debido fundamentalmente al delito de maltrato ocasional (Art. 153 CP), que es un delito que sólo de manera excepcional comportará una pena de prisión ejecutada[5]. En definitiva, una de las razones que explica la reducción de las entradas en prisión a partir de los años 90 del siglo pasado hasta la actualidad es que la delincuencia que llega a los tribunales es de menor gravedad y ello comporta un menor uso de la prisión[6].

---

5 Como explican DIEZ RIPOLLÉS/CEREZO/BENITEZ, *La política criminal contra la violencia sobre la mujer pareja*, Tirant lo Blanch, Valencia, 2017, p. 216, el porcentaje de asuntos penales relativos a violencia de género entre 2010-2015 sobre el total de asuntos penales de los juzgados de lo penal se sitúa entre el 15-20%. En referencia al año 2022, en el INE constan 72.816 delitos de lesiones condenados. Los datos de condenas por violencia de género que aporta el Consejo General del Poder Judicial, para ese mismo año alcanzan los 44.111. De acuerdo con la investigación de ANTÓN/LARRAURI, "Violencia de género ocasional: Un análisis de las penas ejecutadas". *Revista Española de Investigación Criminológica*, n. 7, 2009, p. 19, el uso de la prisión (ejecutada) para estos delitos se situaba en un 10-12%.

6 El ejemplo más significativo y posiblemente más relevante para explicar esta reducción de las entradas a prisión debidas a la menor gravedad de

La segunda razón que, a mi juicio, influye la reducción de las entradas a prisión durante el periodo democrático, y en particular a partir de los años 90 del siglo pasado, es la influencia de lo que se ha venido en llamar la política criminal europea[7]. Hay dos manifestaciones principales de esta política.

La primera es la introducción de un sistema más amplio de penas alternativas a la prisión por parte del Código Penal de 1995. Este sistema (y sus ampliaciones posteriores)[8] dio lugar a un amplio poder discrecional a los jueces y tribunales para imponer una pena alternativa en las condenas a prisión no superiores a dos años de prisión. Esta nueva regulación legal era plenamente acorde a los principios de la política criminal europea que exigía que la pena de prisión fuera última ratio y que la respuesta normal ante el delito fuera una pena alternativa adaptada a la gravedad del delito y a las circunstancias individuales del infractor[9]. Aun cuando carecemos de una estadística sobre el uso de las penas

---

la delincuencia que llega a los juzgados y tribunales españoles es el caso del robo con violencia o intimidación. De acuerdo con datos policiales, en 1990 se habrían producido 276 robos violentos por 100.000 habitantes y en 2022 el dato sería de 139 por 100.000 habitantes, una reducción de aproximadamente el 50%. (Fuente: *European Sourcebook for Crime and Criminal Justice Statistics* y Ministerio del Interior, España).

7 Sobre ella véase principalmente: VAN ZYL SMIT, D./SNACKEN, S. (2009). *Principles of European Prison Law and Policy. Penology and Human Rights,* Oxford University Press, Oxford, 2009.

8 Sobre la evolución del sistema de penas alternativas a la prisión en España véase recientemente, GUARDIOLA, J., "Las penas comunitarias en el sistema español: sobre las 'alternativas a la prisión'", *Revista Electrónica de Ciencia Penal y Criminología,* n. 26, 2024, pp. 1-41.

9 Un resumen de los principios de la política criminal europea en: CID, J., "La política criminal europea en materia de sanciones alternativas a la prisión y la realidad española; una brecha que debe superarse", *Estudios Penales y Criminológicos,* n. 30, 2010, pp. 55-84.

alternativas por parte de los jueces y tribunales españoles[10], las investigaciones realizadas sobre la ejecución de las penas de las que disponemos nos indican que han realizado un amplio uso de las facultades legales de suspensión y sustitución de la pena de prisión, que ha contribuido de manera poderosa a la reducción de las entradas en prisión desde los años 90 hasta la actualidad. En 2002 el equipo coordinado por CID/LARRAURI[11], mostró, con una muestra representativa de sentencias impuestas por los juzgados de lo penal de Barcelona (ciudad) en 1998, que, del total de penas de prisión impuestas por los jueces penales, un 67% eran objeto de suspensión o sustitución[12]. En 2021 BLAY/VARONA[13], con una muestra representativa de sentencias impuestas por los juzgados penales de Barcelona y Girona en 2015 y 2016, mostraron que la tasa de condenas de prisión suspendidas o sustituidas se había elevado al 79%[14]. Como concluyen BLAY/VARONA, tras comparar la evolución entre los datos de 1998 y los de 2015-2016, "...los jueces no están privilegiando la prisión como respuesta a la delincuencia, sino las alternativas a la misma en formas de suspensiones y multas y, en menor medida, penas de TBC"[15]. En definitiva, parece que el uso extenso, y cada vez mayor, de los me-

---

10 Como se sabe, y ha sido repetidamente denunciado por la doctrina penal y criminológica, en España la única estadística de la que disponemos es la del INE, que se refiere a penas dictadas en sentencia y no a penas definitivas, que requiere tomar en cuenta la ejecución de las penas.

11 CID, J./LARRAURI, E., *Jueces penales y penas en España. La aplicación de las penas alternativas a la privación de libertad en los juzgados de lo penal,* Tirant lo Blanch, Valencia, 2002.

12 CID/LARRAURI, *op. cit.,* p.58. Se hace un cálculo del gráfico 15, que aparece en esta página, sobre el total de penas de penas de prisión impuestas en sentencia y las que fueron suspendidas o sustituidas

13 BLAY, E./VARONA, D.," El castigo en la España del siglo XXI: cartografiando el iceberg de la penalidad", *Política Criminal,* vol 16, n. 31, pp. 115-145

14 BLAY/VARONA, "El castigo en la España del siglo XXI....", op. cit., p. 137.

15 BLAY/VARONA, "El castigo en la España del siglo XXI..."*op. cit.,* p. 139.

canismos de la suspensión y sustitución de la pena por parte de los jueces españoles responde positivamente a la demanda de la política criminal europea de que la prisión sea última ratio y ello ha contribuido de manera poderosa a la progresiva reducción de las entradas en prisión desde los años 90 del siglo pasado.

La segunda manifestación de la influencia de la política criminal europea en la reducción de las entradas en prisión consiste en la repercusión de la jurisprudencia del Tribunal Europeo de Derechos Humanos en nuestro Tribunal Constitucional para elaborar su jurisprudencia restrictiva sobre el uso de la prisión preventiva[16]. Esta jurisprudencia, plasmada finalmente en la STC 128/1995, dio lugar a que los jueces españoles fueran haciendo un menor uso de la prisión preventiva, de acuerdo con la filosofía del TC de que debía ser una respuesta excepcional. Aunque no disponemos de datos precisos sobre la evolución del uso de la prisión preventiva por parte de los jueces y tribunales españoles, si tenemos indicadores que nos muestran que esta institución se ha utilizado cada vez menos y que ello ha contribuido a la reducción de las entradas a prisión. Concretamente, la figura 3 nos indica que, en realidad, la gran disminución de las entradas en prisión se debe al uso cada vez más reducido de la prisión preventiva como forma normal de entrar en prisión. Mientras que al inicio del periodo democrático prácticamente la totalidad de personas en prisión accedían a ella en calidad de presos preventivos, en la actualidad ello sucede en la mitad de los casos.

---

16 Sobre esta influencia, véase: DE LA QUADRA-SALCEDO, T (2013). Scott c. España (STEDH de 24 de octubre de 1996): El derecho del sujeto en prisión preventiva a ser juzgado en un plazo razonable o a ser puesto en libertad durante el procedimiento. En ALCÁCER, R/ BELADÍEZ, M/ SÁNCHEZ, J. M (coords.). *Conflicto y diálogo con Europa. Las condenas a España del Tribunal Europeo de Derechos Humanos*, Cívitas, Madrid, 2013, pp. 87-112.

Figura 3. Entradas en prisión (preventivos y condenados). España (1980-2022).

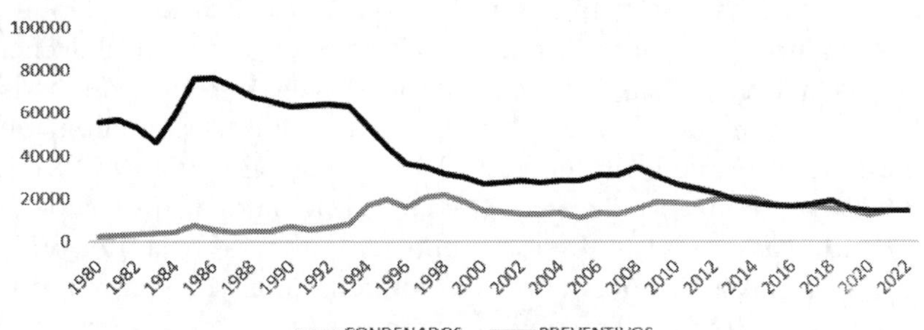

Finalmente, la tercera razón que explicaría la reducción de entradas en prisión sería la criminalización cada vez mayor de conductas que no tienen una gravedad alta (en particular en los ámbitos de la violencia contra la pareja y de la seguridad vial) y que por ello difícilmente llevan a penas de prisión ejecutadas. Este proceso de criminalización ha tenido influencias contradictoras en las entradas en prisión. Por una parte, ha comportado que en referencia a personas que antes no entraban en prisión porque las conductas eran constitutivas de falta (el maltrato ocasional en el ámbito de la pareja, antes de la reforma penal del 2003, que lo convierte en delito), o de infracciones administrativa (conductas relativas al ámbito de la seguridad del tráfico que se convierten en delito con la reforma penal del 2007) a partir de estas reformas sí se produzca un porcentaje de ellas que ingresan en prisión por estas conductas. Pero, no obstante, creo que el efecto mayor de este proceso de criminalización ha sido, al menos a medio plazo, la contribución a la reducción de las entradas en prisión. Ello es debido a que esta criminalización de las conductas anteriormente constitutivas de falta o de infracción administrativa, ha contribuido a transformar los asuntos que llegan a los juzgados de lo penal, que son cada vez más conductas en las que, por su menor gravedad, la pena de prisión es sólo una pena opcional para el juez. Así, como recientemente han reflejado BLAY/VARONA, mientras que en 1998 el 43% de los delitos por los que se condenaba eran delitos contra la propiedad, castigados normalmente con pena de prisión[17], en 2015-2016, este porcentaje se ha reducido al 27%[18]. Con los datos del INE, también observamos que entre 2008-2015, la suma de los delitos de lesiones (incluyendo los delitos de violencia doméstica y de género) y los delitos de seguridad vial constituían de media el 56% de los delitos condenados[19] Es decir, la nueva criminalización, como también han argumentado DIEZ RIPOLLÉS/CEREZO/BENÍTEZ[20], ha comportado una mayor focalización de la justicia penal en conductas de menor gravedad que generan tasas bajas de condenas definitivas a prisión y con ello también contribuyen a la reducción de las entradas. El resultado, como se muestra en la figura 4, es que el gran incremento de la criminalización que se produce en la época democrática no parece haber conducido a aumentar las entradas a prisión, sino, por el contrario, más bien a reducirlas.

Figura 4. Evolución condenados y entradas en prisión por 100.000 habitantes. España (1980-2022).

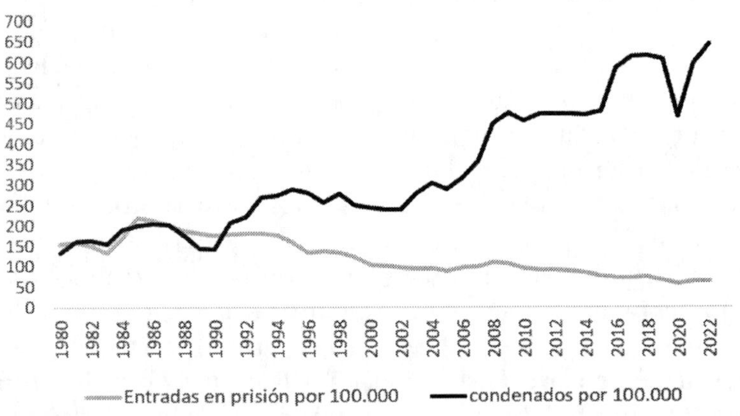

---

17 CID/LARRAURI, *Jueces penales...*, *op cit.*, p. 23.

18 BLAY/VARONA, "El castigo en la España del siglo XXI...", *op. cit., p. 130.*

19 A partir del 2015, con la conversión de faltas en delitos leves, y su consiguiente inclusión en las estadísticas de delitos del INE, el porcentaje de estos delitos sobre el total se reduce, siendo de media de los años 2016-2002, un 40%.

20 DIEZ RIPOLLÉS/CEREZO/BENITEZ, *La política criminal....*, op. cit., p. 276.

Hablar de declive de la prisión puede resultar extraño cuando la tasa de encarcelamiento española sigue siendo alta en el marco de la UE (116/100.000 personas de media en 2022) pero, como he explicado con detalle en otro lugar[21], ello se debe fundamentalmente al hecho de que la duración del encarcelamiento en España se sitúa en el cuartil más alto de los países de la UE. Lógicamente, el seguimiento de la política criminal europea obliga a España a reducir las tasas de encarcelamiento no sólo a través de la promoción de las alternativas a la prisión sino también con políticas dirigidas a moderar la severidad de las penas de prisión. No obstante, el hecho de se haya producido esta gran reducción del uso de la prisión es importante en sí mismo y no debería pasar desapercibido por fijar la atención exclusivamente en la tasa de encarcelamiento.

2.2. Las consecuencias del declive

Como decía al comienzo de este trabajo, carecemos en España de una estadística que indique las penas definitivas (esto es: después de la decisión sobre la ejecución de la pena) que se imponen a las personas condenadas. Sólo existen dos formas de acercarse a esta realidad: a través de estudios que hayan investigado la ejecución de las penas y a partir de inferencias sobre los datos del INE relativos a sentencias combinados con los datos de entradas en prisión.

La primera opción es la que recientemente han tomado BLAY/VARONA, quienes toman los datos de las dos investigaciones antes referidas: la relativa a condenas en Barcelona en 1998 y la referida a condenas en Girona y Barcelona, en 2015 y 2016[22]. Los resultados se reflejan en la tabla 2:

---

21 CID, "El futuro...", *op cit,* pp. 17 y ss.

22 Los datos de la investigación de Barcelona de 1998 aparecen en CID/LARRAURI, *op cit.,* y los de Barcelona y Girona de 2015/2016 en BLAY/VARONA, 2021, *op. cit.. p. 138, y en VARONA, D., El Sistema Punitivo Español,*

Tabla 2. Penas definitivas impuestas. Muestras Barcelona (1998) y Barcelona y Girona (2015-2016).

	BARCELONA 1998		BARCELONA-GIRONA 2015-2016	
	N	%	N	%
Prisión	241	17,0	331	9,2
Arresto de Fin de Semana/ Localización/ Arresto domiciliario	35	2,5	37	1,0
Suspensión ordinaria	312	22,0	810	22,5
Suspensión con probation	21	1,5	192	5,3
Trabajo en Beneficio de la Comunidad	0	0	371	10,3
Multa	809	57,1	1826	50,7
Expulsión	0	0,0	32	0,9
Total condenados	1418	100	3599	100

Fuente: Muestra Barcelona 1998: CID/LARRAURI, Jueces penales, *op cit, p. 24 y passim;* Muestra Barcelona y Girona 2015-2016, BLAY/VARONA, "El castigo en la España del siglo XXI...", *op. cit.,* p. 122

Ciertamente como ha señalado la doctrina[23], las citadas investigaciones tienen dos problemas: por una parte, está referidas a Cataluña, y por tanto los datos podrán ser distintos en otras comunidades autónomas españolas, y, en segundo lugar, están referidas a los juzgados penales y, por tanto, no consideran los delitos juzgados en primera instancia por órganos judiciales superiores, como es el caso fundamentalmente de los delitos que son competencia de las audiencias provinciales.

La segunda estrategia para aproximarse a la realidad de cómo se condena en España es partir de los datos del INE. Como es sabido el problema de los datos del INE es que nos indican las penas

Atelier, Barcelona, 2023, p. 142. He procedido a agrupar algunos datos que aparecen en los estudios para que sean totalmente comparables.

23 Véase en este sentido, GUARDIOLA, "Las penas comunitarias...", op cit., pp. 13-14 (nota 64).

de prisión impuestas, pero no sabemos cuántas de ellas fueron objeto de suspensión o sustitución. Una forma de aproximarse al porcentaje de penas de prisión consiste en cruzar los datos de penas de prisión impuestas y de entradas en prisión. Sólo podemos hacer este cálculo a partir del 2007 (que es cuando el INE empieza a computar las penas de prisión impuestas). Los resultados que se reflejan en la tabla 2, nos indican que la cifra de penas de prisión ejecutadas que aparece en la investigación de BLAY/VARONA, que recordemos que era el 20%, resulta concordante con la cifra de aproximadamente el 22,8% que resulta de la tabla 2, para el año 2015. De la misma manera esta tabla sería concordante con el uso decreciente del uso de penas de prisión que se ejecutan, que era el 33% con los datos del año 1998 en Barcelona y que pasó a ser el 20% con los datos de Barcelona y Girona del 2015-2016.

Tabla 2. Relación entre penas de prisión y entradas en prisión. España (2007-2022)

Año	Penas de prisión impuestas	Entradas en prisión	Porcentaje de entradas en prisión sobre penas de prisión impuestas
2007	121217	44441	36,7
2008	147449	50177	34,0
2009	151269	49458	32,7
2010	141849	44932	31,7
2011	135713	42496	31,3
2012	142444	42644	29,9
2013	153950	40683	26,4
2014	156799	38494	24,5
2015	152937	34922	22,8
2016	145577	33328	22,9
2017	145494	33095	22,7
2018	142699	34456	24,1
2019	142513	30805	21,6
2020	109344	26580	24,3
2021	141066	29230	20,7
2022	151794	29872	19,7

Si aceptamos que el porcentaje de entradas en prisión sobre penas de prisión impuestas en un indicador aceptable de las penas de prisión ejecutadas[24], entonces sí podríamos utilizar los datos del INE para aproximarnos a la realidad de cómo se castigan en España los delitos. Para ello partiríamos del número de personas condenadas. Consideraríamos que las entradas en prisión equivalen a las penas de prisión ejecutadas. El resto de las penas de prisión consideraríamos que son suspensiones de condena (distinguiendo entre suspensiones ordinarias o con probation en función de los mandamientos de suspensión con reglas de conducta de las administraciones penitenciarias). Consideraríamos después las penas de Trabajo en Beneficio de la Comunidad y los condenados restantes, consideraríamos que son condenados a multa o inhabilitaciones. La aplicación de estos criterios daría los resultados que se exponen en la figura 5.

24 Existen dos importantes objeciones a utilizar las entradas como indicador de las penas de prisión ejecutadas. Por una parte, este indicador sobreestima las penas de prisión ejecutadas. Ello sucede si existen personas que entran en prisión preventiva y luego son absueltas. También si una persona entra en calidad de preso preventivo y luego en calidad de condenado para cumplir una única pena de prisión. Pero, por otra parte, este indicador infraestima las penas de prisión ejecutadas, lo cual sucede cuando una persona con una única entrada en prisión cumple diversas penas de prisión. Diría que, en la actualidad, con la tendencia a la consideración de la prisión preventiva como excepcional, el segundo efecto es más poderoso que el primero, por lo que posiblemente el dato de entradas en prisión infraestime las penas de prisión ejecutadas.

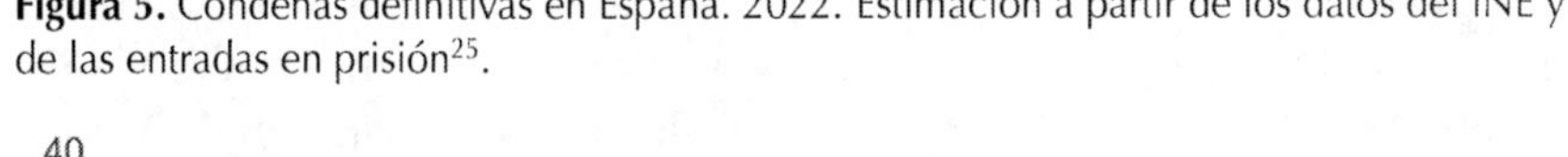

Figura 5. Condenas definitivas en España. 2022. Estimación a partir de los datos del INE y de las entradas en prisión[25].

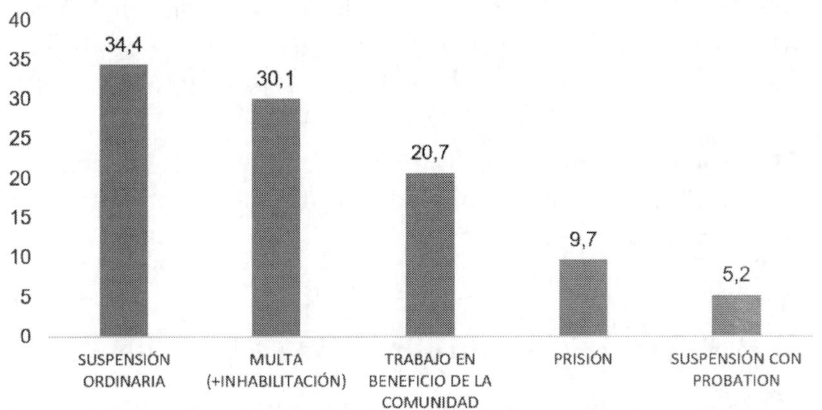

Tomemos los datos reales que nos da la investigación de BLAY/VARONA[26] relativos a los juzgados de Girona y Barcelona del año 2015/2016 o la aproximación que realizamos sobre la base de los datos del INE de condenas y los datos de entradas en prisión, creo que podemos extraer algunas conclusiones sobre nuestro sistema de penas. La forma más común con la que castigamos son las pe-

---

25 Se explica con detalle cómo se ha construido la figura 5. Se parte de que hubo en 2022, 308.442 personas condenadas. Se parte de las 151.794 penas de prisión impuestas se ejecutaron 29,827, que son las entradas en prisión en 2022. El resto se considera que se suspendieron (con o sin probation). Se considera que las 63.908 penas de TBC corresponden a personas a las que esta fue la pena más grave que se les impuso. Se considera que el resto de condenados (a los que no se les impuso ni prisión, ni suspensión, ni TBC) fueron condenados a multas o inhabilitaciones. La distinción entre suspensiones ordinarias o con probation, se hace sobre la base de que en 2002 se impusieron 15594 suspensiones con probation (12.293 en la Administración General del Estado, 2.218 en Cataluña, y 1.083 en el País Vasco). Fuentes Administraciones penitenciarias españolas (los datos del País Vasco han sido suministrados al autor por la Administración Vasca).

26 BLAY/VARONA, "El castigo en la España del siglo XXI...", *op. cit.*

nas alternativas sin contenido rehabilitador (como la suspensión ordinaria de la pena o la pena de multa). La segunda forma de castigo son las penas comunitarias con intervención rehabilitadora (incluyendo aquí la suspensión con probation y el trabajo en beneficio de la comunidad). Finalmente, la prisión es la respuesta más excepcional de nuestro sistema punitivo.

Admitida por tanto que nuestro sistema punitivo bascula sobre las penas alternativas conviene, a continuación, discutir cuáles son sus retos.

3. RETOS DE LAS ALTERNATIVAS A LA PRISIÓN

Creo que nuestro sistema de alternativas a la prisión tiene estos tres retos: profundizar en la imposición de penas alternativas de acuerdo con el modelo punitivo rehabilitador; generalizar las prácticas más efectivas para la rehabilitación en la ejecución de las penas alternativas y ampliar el uso de las alternativas en la ejecución de la pena de prisión.

3.1. Imposición de las penas alternativas de acuerdo con el modelo punitivo rehabilitador

En la penología se barajan diversos modelos punitivos para distribuir las penas alternativas[27]. El modelo punitivo proporcionalista considera que el criterio principal para determinar la sanción que imponer a una persona es la gravedad del delito cometido; de esta manera se deberán imponer penas alternativas a las conductas de gravedad baja y media y reservar la pena de prisión para

---

[27] Sobre este tema véase con más de detalle, CID, J., *La elección del castigo. Suspensión de la pena o "probation" versus prisión*. Bosch, Barcelona, 2009, pp. 29-48 y VARONA, D., *El sistema punitivo español, op cit.*, pp. 191-231.

las conductas más graves[28]. El modelo de prevención general negativa y de prevención especial negativa coinciden en defender que, ante la posibilidad de imponer castigos de diferente gravedad, los castigos más severos tendrán más capacidad de prevenir los delitos (tanto en la colectividad, como en la persona sancionada) que los menos severos[29]. El modelo rehabilitador parte de la premisa de que el castigo debe servir para que la persona no vuelva a delinquir en el futuro. Para conseguir este objetivo el castigo deberá orientarse y a combatir las causas que llevaron a la persona a delinquir y a fomentar su vinculación social para favorecer el desistimiento del delito. En atención a ello, los castigos deberán distribuirse (o individualizarse) de acuerdo con las necesidades de rehabilitación de la persona condenada[30]. El modelo incapacitador (o inocuizador) considera que, dado que los recursos son limitados, las sanciones más incapacitadoras, como la pena de prisión, deben reservarse para las personas con más riesgo de reincidencia en delitos graves y, las penas alternativas, que también deben tener un cierto contenido incapacitador, se deben imponer a las personas de riesgo medio y bajo de reincidencia[31]. Finalmente, el modelo reparador, parte de que el principal objetivo que debe existir cuando se ha producido un delito es reparar el daño producido y restablecer la paz social. Para conseguir estos objetivos, las partes directamente afectadas deberán establecer

---

28 Véase WASIK, M/ VON HIRSCH, A., "Non-custodial penalities and the principles of desert", *The Criminal Law Review*, 1988, pp. 555-572.

29 Véase WILSON, J. Q. *Thinking About Crime.* Vintage B*ooks*, New York, 2ª ed., 1983, pp. 176-177.

30 Sobre la justificación del del modelo rehabilitador, véase principalmente, CULLEN, F./ GILBERT, K, *Reaffirming rehabilitation, Anderson Publishing, Cincinnati, 1981, pp. 247 y ss.*

31 Véase una explicación de este modelo en FEELEY, M/SIMON, J., "Actuarial justice: the emerging new criminal law", en D. NELKEN (coord.), The Futures of Criminology, Sage, Londres, pp. 173-201 y en ZIMRING, F/ HAWKINGS, G., *Incapacitation. Penal Confinement and the Control of Crime,* Oxford University Press, New York, 1995, en particular, pp. 61-75.

un proceso de diálogo que pueda llevar a un acuerdo sobre la forma de restaurar el daño producido. Los castigos restauradores (como la reparación material, la petición de disculpas, el trabajo en beneficio de la comunidad), deberán estarán orientados a la restauración de la víctima, el restablecimiento de la paz social y la reintegración del infractor. De acuerdo con este modelo, la justicia restauradora debe ser la primera opción de la justicia, cuando las partes están de acuerdo en resolver el conflicto por esta vía[32].

Considero que existen cuatro razones principales para optar por el modelo punitivo rehabilitador respecto del resto de modelos punitivos. En primer lugar, en confrontación con el modelo proporcionalista, creo que el modelo punitivo rehabilitador está más comprometido con la efectividad del castigo. Si admitimos que un sistema punitivo es mejor cuando pretende que el castigo sirva para evitar nuevos delitos en el futuro, deberemos aceptar que, en esta dimensión del castigo, el modelo rehabilitador puntúa mejor que el modelo proporcionalista, cuyo objetivo primario no es la prevención de delitos. La segunda razón es que el modelo rehabilitador tiene mejor evidencia empírica respecto de la efectividad de sus respuestas que el resto de los modelos punitivos orientados a la prevención. El modelo de prevención general negativa encuentra como debilidad que la mayor severidad de las penas no parece producir una disminución de los delitos[33] y el modelo de prevención especial negativa tampoco parece tener confirmación positiva, pues la investigación no muestra que, en general, el hecho de ser condenado a prisión, en comparación con la imposición de una pena alternativa,

---

32 Sobre la justicia restauradora, véase fundamentalmente BRAITHWAITE, J., *Restorative Justice and Responsive Regulation*, Nueva York, Oxford University Press, 2002, p. 120, sobre la idea de que la justicia restauradora debe ser la primera mejor opción.

33 Véase, NAGIN, D., "Deterrence in the twenty-first century", *Crime and Justice*, vol. 42, n. 1, 2013, pp. 199 y ss.

reduzca la reincidencia[34]. Tampoco los programas inspirados en el modelo incapacitador, como la supervisión intensiva en la comunidad, parecen haber dado los resultados esperados[35]. En cambio, diversas intervenciones inspiradas en el modelo rehabilitador, como después veremos con más detalle, muestran capacidad de reducir la reincidencia[36]. La tercera razón a favor del modelo rehabilitador es su buen encaje con los principios constitucionales de nuestro ordenamiento jurídico. Nuestra constitución al establecer la libertad como valor superior y al proteger la libertad de movimiento como derecho fundamental, obliga a que los jueces y tribunales, en el ejercicio de su discrecionalidad, no impongan penas privativas de libertad si estas no son necesarias. En la medida en que nuestra Constitución establece que las penas de prisión deben orientarse a la reeducación y reinserción, parece razonable entender que la idea de necesidad debe entenderse fundamentalmente como necesidad para evitar la reincidencia. En este sentido, creo, que el modelo rehabilitador, que evidencia la capacidad de las alternativas a la prisión de conseguir mejores efectos que la prisión en la rehabilitación, resulta un buen marco para que los jueces y tribunales limiten el uso de la prisión, en sus decisiones discrecionales, a los casos en que no sea posible conseguir la rehabilitación a través de las alternativas. De esta manera, se estaría cumpliendo adecuadamente con la protección de la libertad personal, sacrificándola sólo

---

[34] Véase principalmente estas dos revisiones de la investigación: NAGIN, D./CULLEN, F./ JONSON, C. (2009), "Imprisonment and reoffending", *Crime and Justice*, vol 38, n. 1, 2009, pp. 115-200 y VILLETTAZ, P./ GILLIÉRON, G./ KILLIAS, M. (2015). *The Effects on Re-Offending of Custodial Versus Non-Custodial Sanctions.* Swedish Council for Crime Prevention, Estocolmo. 2015, p. 46.

[35] CULLEN/JONSON/MEARS, "Reinventing…", op, cit., p. 26 y BOUCHARD, J./ WONG, J. S. (2018). Examining the effects of intensive supervision and aftercare programs for at-risk youth: a systematic review and meta-analysis. *International Journal of Offender Therapy and Comparative Criminology*, vol. 62, n. 6, 2018, pp. 1509-1534.

[36] CULLEN/JONSON/MEARS, "Reinventing....", op cit., pp. 55 y ss.

en casos de necesidad. Finalmente, el modelo rehabilitador puede ser integrado con el modelo reparador para garantizar que se toma en consideración las necesidades de reparación de la víctima, que también resulta una dimensión relevante del castigo. Existen dos formas de integración entre los dos modelos: en primer lugar, la justicia restauradora puede ser utilizada en los casos en que se considere que las necesidades de rehabilitación del infractor se pueden llevar a cabo a partir de esta forma de justicia. En segundo lugar, se puede establecer, como ya se hace en nuestro ordenamiento, que la reparación a la víctima sea una condición para que el infractor pueda ser sancionado con una alternativa a la prisión.

Si aceptamos que el modelo rehabilitador es el que debe orientar la imposición de las penas alternativas[37] entonces estamos en condiciones de valorar si nuestro sistema de penas alternativas está orientado en este modelo punitivo y, en su caso, qué reformas se requerirían.

Una primera cuestión que nos debemos preguntar es si el uso tan generalizado de las penas alternativas sin contenido rehabilitador, como la pena de multa o la suspensión ordinaria de la pena, resulta adecuado al modelo rehabilitador. Sobre esto, lo primero que debe señalarse es que, de acuerdo con este modelo, la intervención rehabilitadora debe reservarse a las personas que tiene un riesgo medio o alto de reincidencia y, en cambio, no resulta adecuada para las personas de bajo riesgo. Para infractores de bajo riesgo, esto es con un bajo nivel de necesidades que promuevan la delincuencia, y que raramente volverán a delinquir, la intervención rehabilitadora no será necesaria y, por el contrario, podría ser incluso contraproducente, al percibir la persona que se le está imponiendo un tratamiento que no necesita[38]. La idea de

---

[37] Esta es creo la posición mayoritaria de la doctrina penal española. Véase al respecto, con cita de la bibliografía correspondiente, CID, *La elección del castigo…*, *op cit.*, p. 91 (nota 8).

[38] Véase al respecto, CULLEN/JONSON/MEARS, "Reinventing…", *op cit.*, pp-72-73 y la bibliografía allí citada.

que los infractores de bajo riesgo no necesitan intervención rehabilitadora da sentido al extenso uso que se hace en España de las penas sin contenido rehabilitador, que es justo lo que reclaman los defensores del modelo rehabilitador, en referencia a países como EE.UU en los que estas sanciones penales sin ningún contenido rehabilitador son poco frecuentes[39]. No obstante, la pregunta que nos debemos hacer es si, es cierto, que todos los infractores que reciben penas sin contenido rehabilitador son de bajo riesgo.

Comencemos con la suspensión de la pena. La actual regulación de la suspensión de la pena, después de la reforma del 2015 (LO 1/2015), resulta adecuada al modelo rehabilitador, pues el juez puede decidirse entre la suspensión ordinaria o la suspensión con probation, u otras modalidades de suspensión, atendiendo a las necesidades de rehabilitación de la persona. Si nos fijamos en su aplicación vemos que el porcentaje de suspensiones con probation se ha incrementado desde la investigación de Barcelona de 1998, que era del 6% y del que resulta de la investigación de Girona y Barcelona de 2015-2016, que se sitúa en el 17% del total de suspensiones[40]. Este incremento parece deberse al hecho de que con la reforma de la LO 1/2004, relativa a la violencia de género, que establece que, en el caso de suspensión de la pena de prisión, el juez debe obligatoriamente imponer la obligación de participar en un programa de tratamiento para combatir las causas de esta conducta[41]. Tómese en cuenta que de acuerdo con los datos de la Administración penitenciaria General del Estado, un 66% de las

---

39 CULLEN/JONSON/MEARS, "Reinventing...", op cit., p. 73.

40 CID/LARRAURI, *Jueces penales*...op. cit., p. 67 y BLAY/VARONA, "El castigo en España en el siglo XXI...", p. 137. Para el cálculo de las suspensiones con probation en la investigación de BLAY/VARONA en Barcelona y Girona, he excluido las suspensiones en que sólo se ha impuesto la condición de pago de la multa.

41 Sobre la regulación de las penas realizada por ley integral de violencia de género, véase el análisis de LARRAURI, E., *Criminología crítica y violencia de género,* Trotta, Madrid, 2007, pp. 93-97.

suspensiones de condena con probation se refieren a casos de violencia de género[42]. La pregunta que nos debemos hacer es si este 80% de suspensiones sin reglas de conducta se están imponiendo a infractores de bajo riesgo y, por tanto, no necesitados de intervención rehabilitadora. La respuesta es que no lo sabemos y que ello requiere ser investigado, pero sí tenemos razones para pensar que existe un porcentaje de personas que reciben la suspensión de la pena que reinciden y que posiblemente, de haber sido evaluados, se hubiera impuesto una suspensión con probation[43]. Si queremos tener un sistema que aplique la distinción entre suspensión y probation de acuerdo con los criterios del modelo rehabilitador, resulta totalmente necesario que el juez adopte estas decisiones con un informe criminológico previo en el que se evalúen las necesidades criminógenas de la persona y que en el caso en que se detecte que existen importantes necesidades sobre las que intervenir se imponga una suspensión con probation[44]. La situación actual en España, si podemos tomar como representativas las ciudades de Barcelona y Girona, parecen muy alejadas de esta práctica, pues, de acuerdo con los datos reportados por BLAY/VARONA, solamente en un 2,2% de las ejecutorias que analizaron, el juez contó con un informe criminológico para tomar su decisión sobre la pena definitiva[45].

---

42 Ministerio del Interior (Secretaría General de Instituciones Penitenciarias), *Informe General 2022*, p. 170.

43 Véase la investigación de CID, J. "¿Es la prisión criminógena? Un análisis comparativo de reincidencia entre la pena de prisión y la suspensión de la pena", *Revista de Derecho Penal y Criminología*, n. 19, 2007, p. 444, que muestra que un 14% de los sometidos a suspensión de la pena, fueron reencarcelados por nuevo delito, con un seguimiento de 8 años.

44 Para una explicación más detallada de esta inserción del informe criminológico en el proceso de decisión judicial, véase CID, *La elección del castigo..., op cit.*, pp. 94-100.

45 BLAY/VARONA, "El castigo en la España del siglo XXI...", *op cit.*, p. 134 (nota 59).

Una segunda pena que nos debe interesar es la multa. La multa aparece en muchos delitos como pena opcional a otras penas alternativas y a la pena de prisión. Así sucede por ejemplo en el art. 379 del CP, relativo a delitos contra la seguridad vial. Esta penalidad en principio también resulta adecuada al modelo rehabilitador, pues el juez tiene a su disposición desde penas no rehabilitadoras, como la multa y la suspensión ordinaria, hasta penas de contenido rehabilitador como la suspensión con probation o el trabajo en beneficio de la comunidad. Lógicamente también puede recurrir a la pena de prisión si no fuera posible afrontar las necesidades de rehabilitación en libertad. Al igual que en la decisión sobre la suspensión, también aquí los jueces deberían contar con un informe criminológico previo para decidir la pena a imponer, que pudiera complementar la información relativa a la hoja de antecedentes penales, de la que sí disponen. Por lo menos, se debería disponer de este informe en los casos en que el condenado dispone de antecedentes penales y el juez debe decidir sobre si imponer una pena de contenido rehabilitador o incluso de si imponer prisión.

Finalmente nos encontramos con los casos en que la multa aparece como pena única, lo que sucede por ejemplo en muchos casos de delitos leves (como por ejemplo el delito leve de hurto). A mi juicio, esta regulación que prevé como única posibilidad una pena de contenido no rehabilitador no es adecuada, pues podrán existir casos en que el infractor presente muchas necesidades criminógenas, que se deban afrontar con una pena rehabilitadora. La opción que considero mejor consistiría en reformar el sistema legal y establecer un modelo de penas opcionales, en la que junto a la multa aparezca una pena de contenido rehabilitador cuyo contenido podría se semejante al de la libertad vigilada en la justicia juvenil. En los casos de personas de alto riesgo de reincidencia, que se basara no solo en la hoja histórico penal sino también en el informe criminológico, esta debería ser la pena adecuada.

Una segunda cuestión que nos debemos plantear es si un sistema como el propuesto que requeriría mayor dedicación a cada caso del sistema de justicia penal resulta viable de acuerdo con los medios de los que se disponen. Lógicamente un sistema como el previsto requeriría dotar a los juzgados y tribunales de personal especializado en la emisión de informes criminológicos. Además, posiblemente, la justicia penal de adultos debería, como ya hizo la jurisdicción de menores, avanzar en la incorporación del principio de oportunidad, que diera vías para administrativizar ciertas conductas penales, esto es para dar el poder al fiscal de remitir el asunto a la administración, en los casos en que la administración también ejerce funciones de protección en el ámbito del que se trate (por ejemplo en las infracciones de seguridad vial) o para dar cabida a los procedimientos extrajudiciales de justicia restauradora, en aquellos casos en los que se valore que existe una necesidad de reparación de la víctima y que no existen necesidades de rehabilitación o que estas pueden ser debidamente afrontadas en el proceso de justicia restauradora.

3.2. Generalizar las prácticas más efectivas para la rehabilitación de los infractores en el marco de las penas alternativas

El segundo reto al que se enfrenta el sistema de alternativas a la prisión en España es conseguir que se impongan y ejecuten de acuerdo con la evidencia científica que se dispone respecto de la efectividad de estas sanciones para el cumplimiento de sus finalidades. Aun cuando la evidencia a la que me referiré no ha estado obtenida en investigación realizada en España y, por tanto, debe se tomada con cautela, creo que tiene sentido que sea seguida, mientras no exista una evaluación española que nos indique lo contrario. Siguiendo la formulación realizada por CULLEN/JONSON/MEARS[46], podemos indicar cuatro criterios que deberían ser seguidos en la ejecución de las penas alternativas.

El primer criterio consiste en aplicar los principios del modelo RNR (Riesgo, Necesidad y Responsividad), de acuerdo con el cual

---

[46] CULLEN/JONSON/MEARS, "Reinventing...", op cit., passim.

tanto la decisión sobre el tipo de pena alternativa a imponer -sanción rehabilitadora o sanción sin intervención- como, en el marco de las sanciones de contenido rehabilitador, el nivel de intervención al que la somete al infractor debe estar basado en el nivel de sus necesidades criminógenas. Someter a los infractores de bajo riesgo a un programa de alta intervención puede ser iatrogénico[47].

El segundo criterio se basa en dar relevancia capital al estilo de supervisión. La investigación destaca que el estilo de supervisión que lleve a cabo el supervisor de la pena alternativa es esencial para conseguir incrementar la efectividad de las penas alternativas. DOWDEN y ANDREWS[48], han plantado los principios siguientes como constitutivos de la intervención efectiva:

Tabla 3. Principios de supervisión efectiva

1	Uso efectivo de la autoridad	El supervisor debe ser firme, pero justo, para guiar de manera respetuosa al usuario hacia el cumplimiento de la ley
2	Modelaje y refuerzo	El supervisor debe ser un modelo de conducta, una fuente de refuerzo, más que de castigo, debe desaprobar la conducta antisocial y ensayar con el usuario el comportamiento prosocial
3	Solución de problemas	El supervisor debe identificar problemas, ayudar a los usuarios a implementar un plan, clarificar fines, evaluar opciones, generar alternativas y monitorizar el progreso en relación con el contrato.

---

47 VIGLIONE, J./TAXMAN, F. S., "Low risk offenders under probation supervision: risk management and the risk-needs-responsivity framework". *Criminal Justice and Behavior*, vol *45, n. 12,* 2018, p. 1811.

48 DOWDEN, C./ANDREWS, D., "The importance of staff practice in delivering effective correctional treatment: a meta-analytic review of core correctional practice", *International Journal of Offender Therapy and Comparative Criminology*, vol 48, n. 2, 2004, pp. 203-214. Traduzco "Core correctional practice" por "Principios de supervisión efectiva".

4	Uso efectivo de los recursos comunitarios	El supervisor debe conectar al usuario con los servicios comunitarios, como son los de inserción laboral, los servicios médicos, y las organizaciones comunitarias que puedan prestarle ayuda para la satisfacción de sus necesidades.
5	Relación de calidad	La relación entre el supervisor y el usuario debe basarse en la empatía, la confianza, la apertura, la autenticidad y el entusiasmo.

Nota: se sintetizan en esta tabla los elementos que DOWDEN/ANDREWS en el artículo citado indican como ingredientes del modelo de supervisión efectivo.

Si bien, mayoritariamente, la investigación sobre la efectividad de estos principios en la práctica profesional se ha centrado en programas grupales también se ha examinado su utilidad en las relaciones individuales de supervisión, como las que se dan en las penas de probation o de TBC. Estos estudios se han basado en la observación de los encuentros entre supervisores y usuarios, su grabación y el posterior análisis para verificar el nivel de cumplimiento de los principios de la supervisión efectiva. Una vez obtenidas las puntuaciones, se ha hecho un seguimiento de los usuarios para verificar la asociación entre el grado de seguimiento de los principios y la reincidencia. Los resultados principales que ha aportado esta investigación son los que se refieren a continuación.

Se destaca que los supervisores tienden a puntuar más alto en la implementación de las habilidades relaciones (la habilidad 5: establecer una relación de calidad con los usuarios) y en la capacidad de reforzar las conductas positivas (parte de la habilidad 2: modelaje y refuerzo), que en las habilidades dirigidas a la reestructuración cognitiva de los usuarios (parte de la habilidad 2: ensayo del comportamiento prosocial y habilidad 3, que los usuarios sepan entender lo que ha dado lugar a sus problemas legales y elaboren alternativas conductuales)[49].

---

[49] Sobre este punto, véase: BLAY, E., "El papel de los delegados de ejecución en la ejecucion penal en la comunidad ¿gestores o agentes de rehabilitación?", *Indret*, n. 4, 2019. pp. 1-32; BONTA, J./RUGGE, T./SCOTT,

Se demuestra, por lo que hace al principio del uso efectivo de la autoridad, la utilidad que el desarrollo de este rol dual (control y cuidado) se lleve a cabo de manera respetuosa y mostrando preocupación por el infractor. Es de esta manera que se conseguiría que el infractor atribuyera legitimidad al supervisor y quisiera cambiar para satisfacer al supervisor[50].

Se indica que la conclusión más consistente de los estudios es que los principios dirigidos a la reestructuración cognitiva y conductual (el principio 2, de modelaje y refuerzo, y el principio 3, de solución de problemas) son los que de manera más consistente se asocian a una reducción de la reincidencia[51] .

Finalmente, la investigación respalda que la formación de los supervisores en los principios de la supervisión efectiva comporta una mejora de los resultados de reincidencia de los usuarios[52].

T./BOURGON, G./YESSINE, A., "Exploring the black box of community supervision", *Journal of Offender Rehabilitation, vol 47, n. 3,* 2008, pp. 248-270. RAYNOR, P./ UGWUDIKE, P./ VANSTONE, M., "The impact of skills in probation work: a reconviction study", *Criminology and Criminal Justice,* vol 14, n. 2, 2014, pp. 235-249.

50 Véase: SKEEM, J./LOUDEN, J./POLASCHEK, D./CAMP, J., "Assessing relationship quality in mandated community treatment: blending care with control", *Psychological Assessment,* 19, 2007, pp. 397–410 y KENNEALY, P./ SKEEM, J./MANCHAK. S./LOUDEN, J. "Firm, fair and caring officer-offender relationship protect against supervision failure", *Law and Human Behaviour,* vol. 36, n. 6, 2012, pp. 496-505.

51 Véase: TROTTER, C., "The impact of different supervision practices in community corrections: cause for optimism", *Australian and New Zealand Journal of Criminology,* vol. 29, n. 1, 1996, pp. 29-45; TROTTER, C., "Reducing recidivism through probation supervision: what we know and don't know from four decades of research", *Federal Probation,* vol 77, n. 2, 2013, pp. 43-48.

52 Véase: CHADWICK, N./DEWOLF, A./SERIN, R., "Effectively training community supervision officers: a meta-analytic review of the impact on offender outcome", *Criminal Justice and Behavior,* vol 42, n. 10, 2015, pp 977–989.

El tercer criterio que debería ser seguido en la supervisión de las penas alternativas con supervisión consiste en evitar lo que se ha llamado el modelo de prevención especial negativa en la supervisión. Este modelo, que alcanzó mucha difusión y popularidad en EE.UU se conoce con el acrónimo HOPE[53]. Como explican CULLEN y colaboradores[54], la filosofía de este programa consiste en garantizar que los infractores cumplan con las condiciones de la pena comunitaria (la probation en este caso) a través de un modelo rígido de supervisión, que comporta que ante cualquier incumplimiento de las condiciones de supervisión, exista una respuesta (certeza), aplicada inmediatamente (celeridad) y suficientemente grave, como unos pocos días de reclusión (severidad). La premisa de la que se parte es de que los usuarios de las penas serán racionales, querrán evitar los castigos y ello llevará a corto plazo a un cumplimiento de las condiciones de la probation y a medio plazo a una reducción de la reincidencia, en comparación con los programas usuales de probation, que carecen de esta rigidez. Como explican CULLEN y colaboradores cuando este programa se sometió a evaluación experimental se concluyó que el programa no incrementa la efectividad sobre el modelo usual de probation y que, por tanto, no se debía tener confianza en la teoría de la prevención especial negativa, como una manera de mejorar la efectividad de la supervisión[55].

Finalmente, el cuarto criterio consiste en aprovechar las oportunidades que ofrece la tecnología para la supervisión de los infractores. Aun cuando es cierto que la principal aplicación de la tecnología en la supervisión de los infractores -el llamado control

---

53 Hawaii's Opportunity Probation with Enforcement Program

54 CULLEN, F. T./PRATT, T. C./TURANOVIC, J. J./BUTLER, L., "When Bad News Arrives: Project HOPE in a Post-Factual World", *Journal of Contemporary Criminal Justice*, vol 34, n. 1, 2018, *pp*. 3-34

55 CULLEN/PRATT/TURANOVIC/BUTLER, "When bad news arrive...", *op. cit.*, p. 20

telemático- no ha recibido una clara valoración positiva[56], sin embargo CULLEN/ JONSON/ MEARS, destacan las posibilidades que proporciona el control telefónico, a partir de los teléfonos inteligentes, para reforzar el cumplimiento positivo de las obligaciones de la medida y para que el usuario pueda contactar más rápidamente con el supervisor para ayudarle a resolver problemas en momentos de dificultad[57].

Como antes he indicado, no sólo es importante que nuestra práctica de imposición y ejecución de penas alternativas esté adaptada a estos criterios sino también que exista evaluación sobre si su seguimiento permite mejorar la efectividad de estas penas. La investigación es totalmente necesaria, pues existen aspectos contextuales que pueden alterar la eficacia de las intervenciones, que sólo la investigación puede detectar, y que deben ser tenidos en cuenta en la revisión de los programas que se aplican para ejecutar las penas alternativas.

3.3. Ampliar el uso de las alternativas en la ejecución de la pena de prisión

Como decía al principio de este trabajo, las alternativas a la prisión no incluyen sólo las penas alternativas que se imponen como sanción por la comisión de un delito, sino también las formas de cumplimiento en la comunidad de una pena de prisión. Hablamos por tanto de las instituciones del régimen abierto y de la libertad condicional. A pesar de tienen muchos puntos en común, existe una diferencia importante entre las penas alternativas de contenido rehabilitador y el cumplimiento comunitario de una pena de prisión. En las penas alternativas se trabaja desde el

---

56 BONTA, J./WALLACE-CAPRETTA, S./ROONEY, J., "Can electronic monitoring make a difference? An evaluation of three Canadian programs", *Crime & Delinquency*, vol *46, n. 1,* 2000, pp. 61-75.

57 CULLEN/JONSON/MEARS, "Reinventing...", *op cit.*, pp. 63-64.

principio en la comunidad y, por tanto, no se deberá confrontar la posible ruptura o debilitamiento de los vínculos sociales que haya podido producir el encarcelamiento. Lo que hace, por tanto, peculiares a las alternativas al cumplimiento en la comunidad de la pena de prisión es la necesidad de que se afronte a través de ellas el regreso a la comunidad.

Nuestro artículo 25.2 de la Constitución nos proporciona el marco con el que realizar la intervención en las penas de prisión. Nos dice que las penas privativas de libertad deben ir orientadas a la reeducación y a la reinserción social. La Constitución como se advierte no sólo fija como objetivo de la pena de prisión la reeducación, que, en términos criminológicos, equivale a la evitación de la reincidencia, sino que, además, incluye como objetivo, la reinserción, esto es la reintegración de la persona en la comunidad. Aun cuando lógicamente el periodo de cumplimiento penitenciario de la pena de prisión debe buscar esta preparación para la vida en libertad, fundamentalmente a partir de la participación de los internos en los diversos programas de tratamiento, es el periodo de cumplimiento extrapenitenciairo, en el marco del régimen abierto y de la libertad condicional, aquel en el que preferentemente se deberá trabajar para la reintegración.

En los últimos años se ha acumulado una evidencia, proveniente de diversos países, que nos indica que el paso por estos programas de régimen abierto y de libertad condicional genera una reducción de la reincidencia, en comparación con las personas que son liberadas directamente desde los centros penitenciarios. En general, estos programas que se muestran efectivos para prevenir la reincidencia se caracterizan por dos aspectos. En primer lugar, se destaca el hecho de que agentes de rehabilitación tienen un estilo de supervisión orientado al apoyo social. Se consiguen mejores resultados en la prevención de la reincidencia cuando los agentes conciben su rol como provisores de ayuda a los infractores para solucionar sus problemas sociales[58], ejercen su rol con profesionalidad[59] y adecúan la ayuda a las necesidades de los infractores[60]. En segundo lugar, estos programas efectivos, orientan la supervisión tanto a la superación de necesidades criminógenas como a la promoción de la integración social, facilitando el acceso a los servicios sociales y ayudando en la búsqueda de empleo y vivienda[61].

También en España, investigación realizada con poblaciones excarceladas de las prisiones catalanas, nos muestran que la salida en libertad condicional, en comparación con la salida en libertad definitiva, es factor que ayuda a prevenir la reincidencia y que este efecto positivo se produce en particular con los delincuentes de

---

[58] CHAMBERLAIN, A./GRICIUS, M./WALLACE, D./BORJAS, D./ WARE, V., "Parolee–parole officer rapport: does it impact recidivism?", *International Journal of Offender Therapy and Comparative Criminology*, vol. 62, n. 11, 2018, pp. 3581–3602.

[59] Véase: ANDERSEN, L./WILDEMAN, C., "Measuring the effect of probation and parole officers on labor market outcomes and recidivism", *Journal of Quantitative Criminology*, 31, 2015, pp. 629–652 y BARES, K./ MOWEN, T. "Examining the parole officer as a mechanism of social support during reentry from prison", *Crime & Delinquency*, vol *66, n.* 6–7, 2020, pp. 1023-1051.

[60] BRAGA, A./PIEHL, M.,/HUREAU, D. (2009). Controlling violent offenders released to the community: an evaluation of the Boston reentry initiative. *Journal of Research in Crime and Delinquency*, vol *46, n. 4*, 2009, pp. 411–436

[61] BRAGA/PIEHL/HUREAU, "Controlling..", op cit.; PELED-LASKOV, R./SHOHAM, E./ COJOCARU, L., "Work-related intervention programs: desistance from criminality and occupational integration among released prisoners on parole", *International Journal of Offender Therapy and Comparative Criminology*, vol *63*, n. 13, 2019, pp. 2264–2290; VEYSEY, B./ OSTERMANN, M./ LANTERMAN, J. "The effectiveness of enhanced parole supervision and community services: new jersey's serious and violent offender reentry initiative", *The Prison Journal*, vol *94*, n. 4, 2014, pp. 435-453; ZHANG, S./ ROBERTS, R./CALLANAN, V., "Preventing parolees from returning to prison through community-based reintegration", *Crime & Delinquency*, vol. *52*, n. 4., 2006, pp. 551–571.

mayor riesgo de reincidencia[62]. Aunque todavía se carece de investigación suficiente sobre la forma en que se ejercita la supervisión en el marco del régimen abierto y de la libertad condicional, la hipótesis de la que creo que puede partirse es que la ejecución de estas alternativas debe estar bastante acompasada al modelo anteriormente descrito[63].

Si tenemos evidencia positiva de que el paso por el régimen abierto y de la libertad condicional ayuda a evitar la reincidencia y a promover la reinserción, la pregunta que nos debemos hacer es porque en España todavía seguimos usando estas instituciones de forma minoritaria. Los últimos datos de los que disponemos referidos al año 2016, y relativos sólo a la administración penitenciaria catalana, nos indican, como se muestra en la figura 6, que la finalización de condena desde el tercer grado y la libertad condicional, no era la forma más habitual de liberación, sino que una mayoría de internos finalizaban su condena en los centros penitenciarios ordinarios.

---

62 KARIMI-HAGHIGHI, M./CASTILLO, C./TOLAN, S./LUM, K., "Effect of conditional release on violent and general recidivism: A causal inference study", *Journal of Experimental Criminology*, publicado en línea, *2023;* Ya anteriormente, el mismo resultado relativo al efecto reductor de la reincidencia del paso por la libertad condicional en LUQUE, E./ FERRER, M./CAPDEVILA, M., *La reincidència penitenciaria a Catalunya,* Centro de Estudios Jurídicos y Formación Especializada Barcelona, 2005, p. 145.

63 Véase al respecto: CID, J./ IBÁÑEZ, A, "Prisoner resettlement in Spain: Good practices for early-released prisoners and prisoners lost in transition that fully serve their sentence", En F. DÜNKEL., I. PRUIN., A. STORGAARD & J. WEBER. J. (Coords.), *Prisoner Resettlement in Europe,* Routledge, Abingdon, 2019, pp. 313-327.

Figura 6. Forma de finalización de condena. Población que finaliza condena en Cataluña en 2016

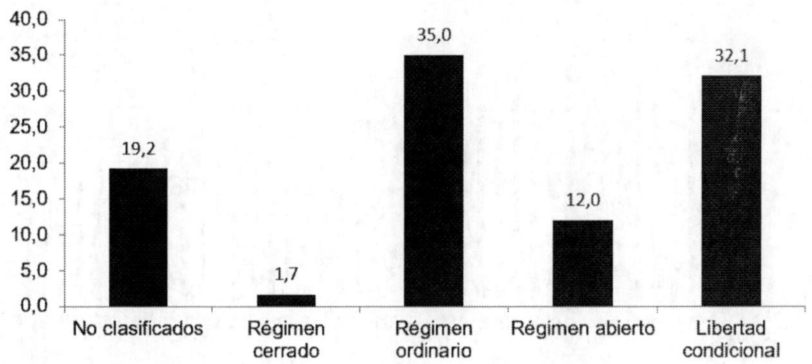

Si esta era la situación (en Cataluña) en 2016, es posible que los porcentajes de persona que finalizan la condena desde el tercer grado o la libertad condicional hayan disminuido, pues como es sabido, la reforma debida a la LO 1/2015, de reforma del Código penal, al transformar la naturaleza de la libertad condicional, de una forma de cumplimiento del resto de la pena, a una modalidad de suspensión del resto de la pena, que puede alargar el periodo en que la persona se encuentra bajo supervisión penal, ha llevado a que muchas personas renuncien a la libertad condicional, tal como se muestra en la figura 7, que muestra una reducción del 65% en el uso de la libertad condicional entre 2015 y 2022.

Figura 7. Concesiones de libertad condicional por 100 condenados. España (1980-2022).

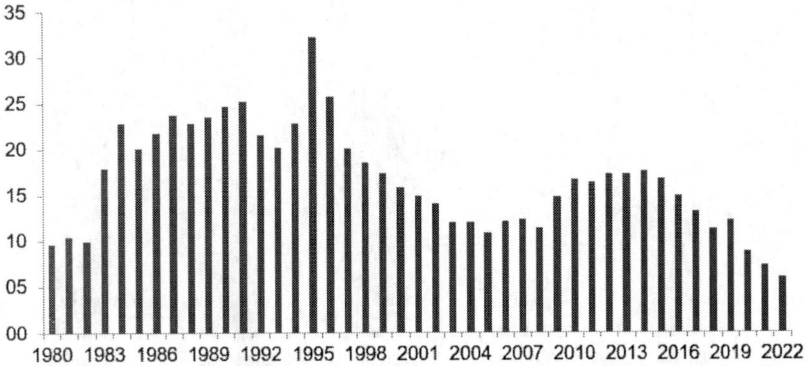

Fuente. Datos facilitados bajo petición por las administraciones penitenciarias españolas.

Podría pensarse que esta reducción del uso de la libertad condicional entre 2015 y 2022 ha venido compensado por un incremento de las personas que finalizan su condena en tercer grado. Seguro que el porcentaje de personas que finalizan su condena en tercer grado se ha incrementado en estos años, pero los datos del uso del tercer grado entre los años 2014-2022 muestran que el incremento entre 2015 y 2022 es de un 25%, por lo que la tasa de personas que se benefician de una alternativa al encarcelamiento en la fase final de la condena podría haberse incluso reducido en los últimos años.

Figura 8. Clasificación en tercer grado. España (2014-2022). Datos a 31 de diciembre de cada año. Porcentajes sobre población clasificada.

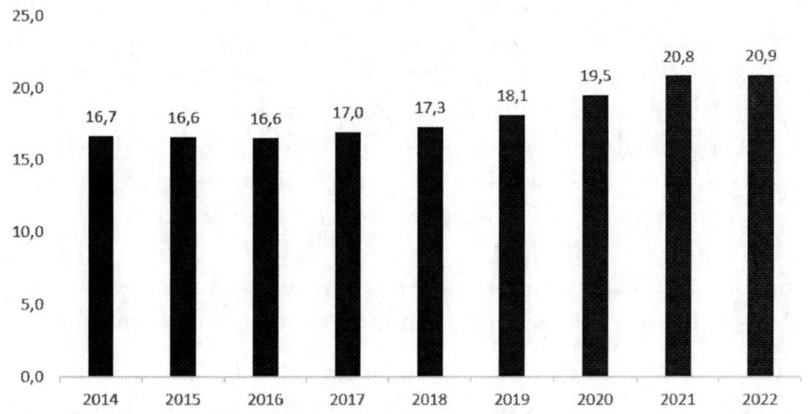

Fuente: Secretaría General de Instituciones Penitenciarias.

Creo que el reto que tenemos en referencia al sistema de alternativas al cumplimiento penitenciario de la pena de prisión consiste en entender las causas que explican este uso reducido de estas alternativas y tratar de establecer remedios. Aun a riesgo de simplificar, creo que existen dos situaciones distintas que originan este uso reducido de la finalización de la condena en tercer grado o libertad condicional.

Por una parte, nos encontramos con los casos en que existen dificultades para que la persona ingrese en el sistema progresivo. Se trata de supuestos de cumplimiento de penas cortas (normalmente por imago de multas), de personas que cumplen buena parte de la pena en situación de preso preventivo o finalmente de personas que el tener causas pendientes dificulta su progresión. Todos estos casos requieren soluciones previas al ingreso en prisión. Ya anteriormente se ha recomendado dar posibilidades de uso de penas alternativas para los casos de delitos leves cometidos por personas de alto riesgo de reincidencia y cuando la entrada en prisión no pueda evitarse se debe pensar en la posibilidad, ya implementada por las administraciones penitenciarias, del cumplimiento inicial en tercer grado[64]. Respecto del uso de la prisión preventiva, además de seguir profundizando en su uso excepcional, creo que sería razonable que a la persona se le diera la posibilidad de participar en los programas de tratamiento para que, una vez condenado, pudiera progresar con mayor rapidez. Finalmente, el caso de las personas con causas pendientes de ejecución, requeriría, como ha sido planteado por CAPDEVILA de una coordinación entre los servicios judiciales y penitenciarios para aligerar la ejecución de estas causas y que la persona pudiera cumplir su condena sin el temor de las causas pendientes que, de acuerdo con la investigación de estos autores, no sólo dificulta la progresión, sino que además aumenta el riesgo de reincidencia[65].

En segundo lugar, nos encontramos con los factores propios del sistema progresivo que dificultan el acceso al régimen abierto. Recientemente PEDROSA ha mostrado los factores que dificultan la finalización de la condena en tercer grado o en libertad condicional, entre los que destacan, la condición de extranjería, los problemas con las drogas, el historial delictivo, la condena por delito violento, el haber sufrido sanciones frecuentes, el haber sufrido victimización en prisión, la revocación de un tercer grado previo y, entre los que lo favorecen, el apoyo familiar y el contar con una persona de referencia en el centro[66]. De alguna manera lo que muestra esta investigación es que algunas personas quizás con

---

64 Opción defendía por: MARTÍ, M/LARRAURI, E., "Una defensa de la clasificación inicial de las penas cortas en régimen abierto", *Revista Española de Investigación Criminológica*, vol 18, n. 1, 2020, *pp.* 1–34

65 CAPDEVILA, M. (Coord.), *Tasa de reincidència 2020* [Informe de investigación], Centro de Estudios Jurídicos y Formación Especializada, 2023, pp. 306-307.

66 PEDROSA, A., "¿A quién dejamos atrás? Explorando los obstáculos de la progresión penitenciaria", *Revista Española de Investigación Criminológica*, vol *17,* 2019, pp. 15-17. Esta investigación explota los datos del proyecto "Encarcelamiento y Reincidencia", que ha sido realizado por el grupo de investigación en "Desistimiento y Políticas de Reinserción", de la Universidad Autónoma de Barcelona.

más riesgo de reincidencia (piénsese en las variables de historial delictivo y de abuso de drogas) o con menor adaptación al sistema penitenciario (existencia de sanciones, revocación del tercer grado) tendrán más dificultad de finalizar la condena en régimen abierto o en libertad condicional. El problema de esta políticas es que si finalmente estas personas son liberadas sin el paso previo por estas instituciones, beneficiándose de la ayuda que ellas proporcionan a la reinserción, entonces el riesgo de reincidencia aumentará. Existen países que, para superar este problema, establecen sistemas semiautomáticos de libertad condicional, a los que se accedería con independencia de la evolución tenida durante el cumplimiento de la pena de prisión[67]. La objeción principal de estos modelos es el que podría disminuir los estímulos a la participación en el tratamiento que suponen los sistemas progresivos. Hace años, junto a Beatriz TEBAR, nos planteamos que sería bueno llegar a un consenso entre los dos modelos y defendimos un sistema mixto que mantuviera todos los estímulos para el acceso al tercer grado y a la libertad condicional, pero que estableciera una modalidad de libertad condicional residual al que todos los internos debieran poder acceder al final de la condena[68].

En todo caso podemos concluir este apartado indicando que el reto pendiente consiste en seguir avanzando en el análisis de las causas de este uso reducido de estas alternativas al cumplimiento penitenciario de la pena de prisión que parecen tener una gran potencialidad de reducir la reincidencia y ayudar a la reinserción.

---

67 Véase Información al respecto en CID, J., "La libertad condicional. ¿Está en Europa la solución?", *Indret*, n. 4, 2021, pp. 280-308.

68 CID, J./TÉBAR, B., "Libertad condicional y delincuentes de alto riesgo", *Revista Española de Investigación Criminológica*, n. *8*, 2010, pp. 1–23

4. CONCLUSIÓN

He hablado en el título del futuro de las penas alternativas para referirme a sus retos, aunque creo que penalistas y criminólogos deberíamos ya en el presente ocuparnos más de ellas. A pesar de la importancia de la pena de prisión, que no discuto, la realidad es que la inmensa mayoría de las personas que son condenadas por el sistema penal lo son a penas alternativas y que una parte de los que son condenados a prisión, cumplen su pena, o una parte de ella, en la comunidad. Aunque las alternativas a la prisión no suscitan los temas de humanidad que plantea la pena de prisión sí plantean importantes cuestiones de efectividad. Debemos pensar que una parte muy importante de la delincuencia será realizada por personas que ya han sido condenadas con anterioridad y que respecto de ellas el sistema penal ha fracasado. Pensando sobre todo en la cuestión de la efectividad de las penas alternativas, en este trabajo he planteado tres retos: adecuar nuestro sistema de penas alternativas a los principios del modelo punitivo rehabilitador; implementar las prácticas de ejecución de las penas que tienen mayor respaldo empírico internacional y evaluarlas en nuestro contexto y, finalmente, incrementar el uso del cumplimiento extrapenitenciairo de la pena de prisión, pues se demuestra que el régimen abierto y la libertad condicional, cuando están orientadas en un modelo de apoyo social, contribuyen de manera importante a la reeducación y reinserción de los infractores.

5. BIBLIOGRAFÍA

ANDERSEN, L./WILDEMAN, C., "Measuring the effect of probation and parole officers on labor market outcomes and recidivism", *Journal of Quantitative Criminology*, 31, 2015, pp. 629–652.

ANTÓN, L./LARRAURI, E., "Violencia de género ocasional: Un análisis de las penas ejecutadas". *Revista Española de Investigación Criminológica*, n. 7, 2009, pp. 1-26

BARES, K./MOWEN, T. "Examining the parole officer as a mechanism of social support during reentry from prison", *Crime & Delinquency*, vol *66*, *n*. 6–7, 2020, pp. 1023-1051.

BLAY, E., "El papel de los delegados de ejecución en la ejecución penal en la comunidad ¿gestores o agentes de rehabilitación?", *Indret*, n. 4, 2019. pp. 1-32

BLAY, E./VARONA, D., "El castigo en la España del siglo XXI: cartografiando el iceberg de la penalidad", *Política Criminal*, 2021, vol. 16, n. 31, 2021, pp. 115-145.

BONTA, J./RUGGE, T./SCOTT, T./BOURGON, G./YESSINE, A., "Exploring the black box of community supervision", *Journal of Offender Rehabilitation, vol 47, n. 3,* 2008, pp. 248-270.

BONTA, J./WALLACE-CAPRETTA, S./ROONEY, J., "Can electronic monitoring make a difference? An evaluation of three Canadian programs", *Crime & Delinquency*, vol *46, n. 1,* 2000, pp. 61-75.

BOUCHARD, J./ WONG, J. S., "Examining the effects of intensive supervision and aftercare programs for at-risk youth: a systematic review and meta-analysis", *International Journal of Offender Therapy and Comparative Criminology*, vol. 62, n. 6, 2018, pp. 1509-1534.

BRAGA, A./PIEHL, M.,/HUREAU, D., "Controlling violent offenders released to the community: an evaluation of the Boston reentry initiative"*Journal of Research in Crime and Delinquency*, vol *46, n. 4,* 2009, pp. 411–436

BRAITHWAITE, J., *Restorative Justice and Responsive Regulation*, Nueva York, Oxford University Press, 2002.

CAPDEVILA, M. (Coord.), *Tasa de reincidència 2020* [Informe de investigación], Centro de Estudios Jurídicos y Formación Especializada, 2023.

CHADWICK, N./DEWOLF, A./SERIN, R., "Effectively training community supervision officers: a meta-analytic review of the impact on offender outcome", *Criminal Justice and Behavior*, vol *42*, n. 10, 2015, pp 977–989.

CHAMBERLAIN, A./GRICIUS, M./WALLACE, D./BORJAS, D./WARE, V., "Parolee–parole officer rapport: does it impact recidivism?", *International Journal of Offender Therapy and Comparative Criminology*, vol. 62, n. 11, 2018, pp. 3581–3602.

CID, J. "¿Es la prisión criminógena? Un análisis comparativo de reincidencia entre la pena de prisión y la suspensión de la pena", *Revista de Derecho Penal y Criminología,* n. 19, 2007, pp. 427-456.

CID, J., *La elección del castigo. Suspensión de la pena o "probation" versus prisión.* Bosch, Barcelona, 2009

CID, J., "La política criminal europea en materia de sanciones alternativas a la prisión y la realidad española; una brecha que debe superarse", *Estudios Penales y Criminológicos,* n. 30, 2010, pp. 55-84.

CID, J. "El futuro de la prisión en España", *Revista Española de Investigación Criminológica, n. 18, 2020, pp. 1-32.*

CID, J./ IBÁÑEZ, A, "Prisoner resettlement in Spain: Good practices for early-released prisoners and prisoners lost in transition that fully serve their sentence", En F. DÜNKEL., I. PRUIN., A. STORGAARD & J. WEBER. J. (Coords.), *Prisoner Resettlement in Europe*, Routledge, Abingdon, 2019, pp. 313-327.

CID, J. (coord.)/LARRAURI, E. (coord.)/ESCOBAR, G./LAHOZ, J./LOPEZ, M./TÉBAR, B./VARONA, D. *Jueces penales y penas en España. La aplicación de las penas alternativas a la privación de libertad en los juzgados de lo penal*, Tirant lo Blanch, Valencia, 2002.

CID, J./TÉBAR, B., "Libertad condicional y delincuentes de alto riesgo", *Revista Española de Investigación Criminológica*, n. *8*, 2010, pp. 1–23

CULLEN, F./ GILBERT, K, *Reaffirming rehabilitation, Anderson Publishing, Cincinnati, 1981.*

CULLEN, F./JONSON, C./MEARS, D. "Reinventing community corrections", *Crime and Justice*, 2017, vol. 46, 27-69.

CULLEN, F. T./PRATT, T. C./TURANOVIC, J. J./BUTLER, L. (2018), "When Bad News Arrives: Project HOPE in a Post-Factual World", *Journal of Contemporary Criminal Justice*, vol 34, n. 1, *pp*. 3-34.

DE LA QUADRA-SALCEDO, T. "Scott c. España (STEDH de 24 de octubre de 1996): El derecho del sujeto en prisión preventiva a ser juzgado en un plazo razonable o a ser puesto en libertad durante el procedimiento. En R. ALCÁCER/ M. BELADÍEZ/ SÁNCHEZ, J. M (coords.). *Conflicto y diálogo con Europa. Las condenas a España del Tribunal Europeo de Derechos Humanos*, Cívitas, Madrid, 2013, pp. 87-112.

DIEZ RIPOLLÉS, J. L./CEREZO, A. /BENITEZ, M. J., *La política criminal contra la violencia sobre la mujer pareja*, Tirant lo Blanch, Valencia, 2017.

DOWDEN, C./ANDREWS, D., "The importance of staff practice in delivering effective correctional treatment: a meta-analytic review of core correctional practice", *International Journal of Offender Therapy and Comparative Criminology*, vol 48, n. 2, 2004, pp. 203-214.

FEELEY, M./SIMON, J., "Actuarial justice: the emerging new criminal law", en D. NELKEN (coord.), The Futures of Criminology, Sage, Londres, pp. 173-201,

GUARDIOLA, J., "Las penas comunitarias en el sistema español: sobre las 'alternativas a la prisión'", *Revista Electrónica de Ciencia Penal y Criminología*, , 26, 2024, pp. 1-41.

KARIMI-HAGHIGHI, M./CASTILLO, C./TOLAN, S./LUM, K., "Effect of conditional release on violent and general recidivism: A causal inference study", *Journal of Experimental Criminology, Publicado en línea, 2023*

KENNEALY, P./ SKEEM, J./MANCHAK. S./LOUDEN, J. "Firm, fair and caring officer-offender relationship protect against supervision failure", *Law and Human Behaviour,* vol. 36, n. 6, 2012, pp. 496-505.

LARRAURI, E., *Criminología crítica y violencia de género,* Trotta, Madrid.

LUQUE, E./FERRER, M./CAPDEVILA, M., *La reincidència penitenciaria a Catalunya,* Centro de Estudios Jurídicos y Formación Especializada Barcelona, 2005.

MARTÍ, M/LARRAURI, E., "Una defensa de la clasificación inicial de las penas cortas en régimen abierto", *Revista Española de Investigación Criminológica,* vol. 18, n. 1, 2020, *pp.* 1–34

NAGIN, D., "Deterrence in the twenty-first century", *Crime and Justice,* vol. 42, n. 1, 2013, pp. 199-263.

NAGIN, D./CULLEN, F./ JONSON, C. "Imprisonment and reoffending", *Crime and Justice,* vol 38, n. 1, 2009, pp. 115-200.

PEDROSA, A., "¿A quién dejamos atrás? Explorando los obstáculos de la progresión penitenciaria", *Revista Española de Investigación Criminológica,* vol *17,* 2019, pp. 1-26.

PELED-LASKOV, R./SHOHAM, E./ COJOCARU, L., "Work-related intervention programs: desistance from criminality and occupational integration among released prisoners on parole", *International Journal of Offender Therapy and Comparative Criminology,* vol *63,* n. 13, 2019.

RAYNOR, P./ UGWUDIKE, P./ VANSTONE, M., "The impact of skills in probation work: a reconviction study", *Criminology and Criminal Justice,* vol 14, n. 2, 2014, pp. 235-249.

SKEEM, J./LOUDEN, J./POLASCHEK, D./CAMP, J., "Assessing relationship quality in mandated community treatment: blending care with control", *Psychological Assessment,* 19, 2007, pp. 397–410.

TROTTER, C., "The impact of different supervision practices in community corrections: cause for optimism", *Australian and New Zealand Journal of Criminology,* vol. 29, n. 1, 1996, pp. 29-45.

TROTTER, C., "Reducing recidivism through probation supervision: what we know and don't know from four decades of research", *Federal Probation,* vol 77, n. 2, 2013, pp. 43-48.

VAN ZYL SMIT, D./SNACKEN, S., *Principles of European Prison Law and Policy. Penology and Human Rights.,* Oxford University Press, Oxford, 2009.

VARONA, D., *El Sistema Punitivo Español,* Atelier, Barcelona, 2023.

VEYSEY, B./ OSTERMANN, M./ LANTERMAN, J. "The effectiveness of enhanced parole supervision and community services: new jersey's serious and violent offender reentry initiative", *The Prison Journal,* vol *94*, n. 4, 2014, pp. 435-453

VIGLIONE, J./TAXMAN, F. S., "Low risk offenders under probation supervision: risk management and the risk-needs-responsivity framework". *Criminal Justice and Behavior,* vol *45, n. 12,* 2018, p. 1811.

VILLETTAZ, P./ GILLIÉRON, G./ KILLIAS, M, *The Effects on Re-Offending of Custodial Versus Non-Custodial Sanctions.* Swedish Council for Crime Prevention, Estocolmo. 2015.

WASIK, M/ VON HIRSCH, A., "Non-custodial penalities and the principles of desert", *The Criminal Law Review,* 1988, pp. 555-572.

WILSON, J. Q. *Thinking about Crime.* Vintage B*ooks,* New York, 2ª ed., 1983.

ZHANG, S./ ROBERTS, R./CALLANAN, V., "Preventing parolees from returning to prison through community-based reintegration", *Crime & Delinquency,* vol. *52,* n. 4., 2006, pp. 551–571.

ZIMRING, F/HAWKINGS, G., *Incapacitation. Penal Confinement and the Control of Crime,* Oxford University Press, New York, 1995

Política criminal comparada sobre encarcelamiento: algunos resultados de la aplicación del instrumento RIMES

ANA ISABEL CEREZO DOMÍNGUEZ
Catedrática de Derecho penal
Universidad de Málaga

I. INTRODUCCIÓN[1]

El instrumento RIMES es un cuestionario constituido por un conjunto de indicadores que permite medir el grado en que diferentes sistemas penales nacionales producen efectos socialmente excluyentes sobre los colectivos más propensos a entrar en contacto con el derecho penal. La elaboración y aplicación de un instrumento de medición de la exclusión social generada por la política criminal se presenta como la mejor herramienta para ofrecer a la comunidad internacional una comparación de los diversos modelos de intervención penal nacionales, a partir de cuyos resultados se puedan diseñar políticas criminales nacionales socialmente menos excluyentes.

Concretamente, el instrumento RIMES comprende 39 indicadores formados por reglas y prácticas punitivas relacionadas con nueve áreas relevantes de intervención penal. Por regla punitiva

---

1 Artículo publicado en el marco del proyecto "Nueva aplicación del instrumento RIMES: Comparación político-criminal según el criterio de exclusión social", AP-RIMES+, PID2021-1279730b-I00, financiado a través de la convocatoria de 2021 del Programa estatal de generación del conocimiento y fortalecimiento científico y tecnológico del sistema de I+D+I, Ministerio de Economía, Innovación y Universidades. Investigadores principales: Ana Isabel Cerezo Domínguez y Pablo Rando Casermeiro.

se entiende una norma jurídica usualmente, aunque no siempre, inserta en el ordenamiento jurídico-penal, que prevé determinadas consecuencias frente a ciertos comportamientos o situaciones relacionados con el control penal. Por práctica punitiva se entiende la forma en que efectivamente reaccionan ante comportamientos o situaciones relacionados con el control penal diversas agencias sociales, de acuerdo o no con lo previsto legalmente. Las nueve áreas a la que nos referimos son: el control de espacios públicos, las garantías penales, los sistemas de penas y de su determinación, las penas máximas, el régimen penitenciario, los internamientos de seguridad, el estatus legal y social de los condenados y excondenados, los registros policiales y penales, y el derecho penal juvenil[2].

La validez del instrumento RIMES para llevar a cabo esta medición es incuestionable, ya que ha sido sometido a un riguroso proceso de validación por acuerdo entre jueces, en el que han participado cerca de 100 expertos internacionales de 18 países occidentales. El acuerdo de expertos determinó que las reglas y prácticas punitivas seleccionadas como indicadores producen de manera significativa exclusión social sobre sospechosos, procesados, condenados y ex condenados[3].

---

2 Véase, DÍEZ RIPOLLÉS, J. L.: "La dimensión inclusión/exclusión social como guía de la política criminal comparada", *Revista Electrónica de Ciencia Penal y Criminología*, nº *13-12*, 2011, pp. 1-36. Disponible en: http://criminet.ugr.es/recpc/13/recpc13-12.pdf y *El nuevo modelo penal de la seguridad ciudadana* (2ª edición), Tirant lo Blanch, Valencia, 2013.

3 Véase la construcción y validación del instrumento RIMES en DÍEZ RIPOLLÉS, J.L. y GARCÍA ESPAÑA, E.: "RIMES: An instrument to compare national criminal justice policies from the social exclusion dimension", *International E-Journal of Criminal Sciences, 1* (13), 2019, pp. 1-27. Disponible en: https://www.ehu.eus/ojs/index.php/inecs/article/view/20866; DÍEZ RIPOLLÉS, J.L.: "La utilidad política criminal del instrumento RIMES", en CEREZO DOMÍNGUEZ, A. I. (ed.). *La política criminal y la exclusión social*, Tirant lo Blanch, Valencia, 2021, pp. 103-120 y GARCÍA ESPAÑA, E.: "Instrumento RIMES: Una propuesta para el análisis comparado de la política

El principal objetivo de la aplicación del instrumento RIMES en diferentes países es por tanto construir un continuum que permita clasificar a los sistemas penales nacionales en más o menos excluyentes, a partir de los efectos que determinadas reglas y prácticas punitivas generan sobre sospechosos, procesados, condenados y excondenados[4]. Hasta la publicación de este trabajo, el instrumento RIMES ha sido aplicado en los siguientes países europeos: Alemania, España, Italia, Polonia y Reino Unido; y en dos estados de Estados Unidos: California y Nueva York. A partir de estos resultados, hemos podido realizar comparaciones entre los diversos modelos político-criminales nacionales vigentes a partir de una dimensión muy significativa, la de la exclusión social que estos generan en colectivos especialmente afectados por la intervención penal. Los resultados se han insertado en escalas que han sido capaces de medir, por una parte, la puntuación obtenida por cada país en el instrumento y, por otra, la obtenida en los indicadores agrupados por cestas, pudiendo visualizar la posición de los diferentes sistemas nacionales en un continuo entre los extremos de más o menos exclusión social[5]. Actualmente se está llevando a cabo una segunda fase en la que se sumarán los siguientes países: Francia, Portugal, Rumanía, Finlandia y dos estados de Estados Unidos: Florida y Texas.

El propósito de este trabajo es analizar con detenimiento el área relacionada con el régimen penitenciario. Se trata de una cesta compuesta por 4 ítems que van a ser explicados con deteni-

---

criminal", en CEREZO DOMÍNGUEZ, A.I. (ed.). *La Política criminal y exclusión social.* Tirant lo Blanch, Valencia, 2021, pp. 69-102.

4 Véase, DÍEZ RIPOLLÉS y GARCÍA ESPAÑA, 2019, op. cit.

5 Véase, GARCÍA ESPAÑA, E. y CEREZO DOMÍNGUEZ, A.I.: "La política criminal comparada según resultados de la aplicación de RIMES", en GARCÍA ESPAÑA, E. y CEREZO DOMINGUEZ, A.I. (coords.), *La exclusión social generada por el sistema penal. Su medición internacional por RIMES,* Tirant lo Blanch, Valencia, 2023, pp. 395-427.

miento en el siguiente apartado[6]. Previamente vamos a explicar brevemente de qué modo la política penitenciaria de un país puede ser considerada socialmente excluyente.

El modelo penal bienestarista caracteriza a la intervención penal como socialmente excluyente cuando esta busca que la persona que entre en contacto con los órganos del control penal se encuentre en condiciones más difíciles de infringir la ley o que le resulte más complicado evitar ser descubierto[7]. Díez Ripollés señala que en las dos últimas décadas el régimen de cumplimiento de la pena

---

6 Los indicadores que conforman la cesta sobre régimen penitenciario del instrumento RIMES fueron considerados por los expertos internacionales como los más validos en idoneidad y claridad para medir la exclusión social al contar con una V de Aiken superior a 0,79. De esta forma se validaron los criterios metodológicos de exhaustividad y claridad. Véase, ARENAS GARCIA, L.: "Cesta 5. Régimen penitenciario", en GARCÍA ESPAÑA, E. y CEREZO DOMINGUEZ, A.I. (coords.), *La exclusión social generada por el sistema penal. Su medición internacional por RIMES,* Tirant lo Blanch, Valencia, 2023, pp. 269-292, sobre lo relacionado con el proceso de construcción de esta cesta y la validación de los ítems por los expertos internacionales.

7 Véase, DÍEZ RIPOLLÉS, 2011, op. cit.; *La política criminal en la encrucijada* (2ª edición), B de F, 2015; NILSSON, A.: "Living Conditions, Social Exclusion and Recidivism Among Prison Inmates". *Journal of Scandinavian Studies in Criminology and Crime Prevention, 4(1),* 2003, pp. 57-83; DRAKE, D.: "The 'dangerous other' in maximum-security prisons". *Criminology & Criminal Justice, 11(4),* 2011, pp. 367-382; LIEBLING, A., DURIE, L., STILES, A., y TAIT, S. "Revisiting prison suicide: the role of fairness and distress", en LIEBLING, A. y MARUNA, S. (Eds.), *The Effects of Imprisonment.* London; New York: Routledge, Taylor & Francis Group, 2011; VAN GINNEKEN, E.F., SUTHERLAND, A., y MOLLEMAN, T.: "An ecological analysis of prison overcrowding and suicide rates in England and Wales, 2000-2014". *International Journal of Law Psychiatry,* 50, 2016, pp. 76-82; MCDONALD, M.: "Overcrowding and its impact on prison conditions and health". *International Journal of Prisoner Health, 14 (2),* 2018, pp. 65-68 y AUTY, K.M., y LIEBLING, A.: "Exploring the Relationship between Prison Social Climate and Reoffending". *Justice Quarterly, 37(2),* 2020, pp. 358-381.

de prisión se ha encaminado a la segregación social e inocuización de los internos al tiempo que ha ensalzado su valor retributivo e intimidatorio. Ello explicaría la aparición en determinados sistemas penales de fenómenos tales como la sobrerrepresentación de personas desfavorecidas en prisión -principalmente minorías étnicas o raciales, pobres, extranjeros irregulares- que son tratados -o gestionados- como si fueran residuos o deshechos sociales, el relego de medidas resocializadoras, el endurecimiento de las condiciones de vida en prisión, las dificultades para acceder a la libertad condicional y apelar decisiones penitenciarias, el auge de las prisiones privadas, el uso de uniformes, la normalidad de prisiones de alta seguridad, la construcción de cárceles de gran capacidad o macrocárceles, el hacinamiento, etc. Esta orientación político-criminal presente en determinados países industrializados occidentales buscan de forma intencionada empeorar las condiciones materiales y regimentales del preso restándole capacidades o dificultando el ejercicio de sus derechos, lo cual agrava el carácter aflictivo y estigmatizador de la pena, generando una mayor exclusión[8].

En ese contexto, la exclusión social que genera el sistema penal en relación al encarcelamiento guarda relación con la existencia de normas o de prácticas orientadas a que la experiencia del proceso de inocuización esté marcada por una especial rigurosidad o severidad. En el instrumento RIMES, esta idea se ha materializado en cuatro ítems que han destacado como socialmente excluyente los regímenes penitenciarios que presentan (1) la carencia de un régimen penitenciario específico para los jóvenes adultos (ítem 55), (2) la falta de asistencia jurídica gratuita a los internos para trámites penitenciarios (ítem 62), (3) la obligación de abonar tasas para revisar decisiones penitenciarias (ítem 64) y (4) las visitas familiares e íntimas con un intervalo superior a un mes (ítem 68).

---

8 Véase, DÍEZ RIPOLLÉS, J.L.: "Overuse of the Criminal Justice System: Rules and Practices", *European Criminal Law Review*, 9(1), 2019, pp. 40-58.

II. DESCRIPCION Y METODOLOGIA EMPLEADA PARA LA RESOLUCION DE LOS INDICADORES ANALIZADOS

1. Carencia de un régimen penitenciario específico para jóvenes (ítem 55)

En la descripción dada para el ítem 55 se aclara que este se cumplirá si el sistema de justicia penal no prevé un régimen penitenciario especial para los jóvenes adultos en función de su edad. Por jóvenes adultos generalmente debe entenderse aquellos con edades comprendidas entre los 18 y 21 años, aunque sea preciso señalar que se debe prestar especial atención a los intervalos de edad correspondientes utilizados en cada país analizado.

Los investigadores que resolvieron el indicador en España ya plantearon las primeras dudas sobre qué se debe entender por régimen penitenciario. A este respecto se cuestionó si el hecho de que haya normas específicas para mujeres, extranjeros o reincidentes implica que tengan un régimen distinto al del resto de internos, o si la mera existencia de establecimientos específicos para menores implicaría contar con un régimen diferente. De igual modo, surgieron más dudas a la hora de aplicar el ítem en Nueva York, California y Alemania en torno a si los jóvenes adultos eran condenados por el sistema penal de adultos o de menores. En este sentido, y para garantizar la exhaustividad y claridad en la medición de la exclusión, se argumentó que el indicador alude a que el sistema penitenciario tenga normas específicas sobre el tratamiento de condenados jóvenes adultos, y no tanto a que sean procesados conforme al derecho penal juvenil. Es decir, el ítem busca identificar a los jóvenes que habiendo superado la edad de responsabilidad penal y siendo juzgados como adultos se les aplica o tienen acceso a un régimen penitenciario específico. Solo en la medida en que haya sido de esta forma podrán ser considerados jóvenes adultos, a pesar de que la ejecución de la condena contemple su ingreso en centros previstos para menores. En el caso de que sean juzgados como menores no se cumpliría el ítem.

Ello motivó que los equipos de California y Alemania tuvieran que precisar bien cuál era la edad de responsabilidad penal y el funcionamiento del sistema penal, pues en ambas jurisdicciones el juez tenía cierta flexibilidad para procesar a la persona como adulto o menor en base a criterios orientativos y circunstancias específicas. No obstante, tanto si se decantaba por una opción u otra, se podía aplicar un régimen atenuado que incluía el cumplimiento de la condena en centros juveniles, de ahí que la respuesta al ítem fuese negativa.

Para la resolución de este ítem se consultaron principalmente normas jurídicas, al tratarse de una regla. En Alemania, se analizó la Ley de Tribunal de menores alemana o *Jugendgerichtsgesetz* y el informe de Matthews, Schiraldi y Chester, 2018. En Califormia, fue resuelto consultando el Código de Bienestar e Instituciones o *California Welfare and Institutions Code*, así como la página oficial de la División de Justicia Juvenil de California (*California Division of Juvenile Justice -DJJ-*). En España, se resolvió según lo contemplado en la Ley Orgánica 10/1995, de 23 de noviembre, del Código Penal; en la Ley Orgánica 5/2000, de 12 de enero, reguladora de la responsabilidad penal de los menores; en la Ley Orgánica 1/1979, de 26 de septiembre, General Penitenciaria; y en el Real Decreto 190/1996, de 9 de febrero, por el que se aprueba el Reglamento Penitenciario. En Italia, se revisaron las normas sobre el sistema penitenciario y sobre la ejecución de medidas privativas y limitaciones de libertad o *Norme sull'ordinamento penitenziario e sulla esecuzione delle misure privative e limitative della liberta* (July 26, 1975, nº 354). En Nueva York fueron consultadas la Ley de corrección del estado de Nueva York (*Correction Law from New York State*), información del *Vera Institute of Justice* y las Reglas de la Ciudad de Nueva York o *The Rules of the City of New York*. En Polonia se consultó el Código Penal Ejecutivo (Ustawa z dnia 6 czerwca 1997 r. Kodeks karny wykonawczy) y el informe de Daniluk y Mierzwińska-Lorencka, 2016. Y en Inglaterra y Gales, se acudió principalmente a la Ley de Justicia penal de 1982 (*Criminal Justice Act 1982*).

2. *Carencia de previsión legal sobre asistencia jurídica gratuita en temas penitenciarios (ítem 62)*

Con respecto al ítem 62, en la descripción se especificó que por "temas penitenciarios" debía entenderse cuestiones relevantes, tales como la libertad condicional, los procedimientos disciplinarios, el cambio de régimen, etc. La descripción resultó muy clara para todo el equipo y gracias a ello fue aprobada por unanimidad.

Para la resolución del ítem, al tratarse de otra regla, se ha acudido a diversas fuentes de información, principalmente a norma jurídicas. En Alemania, se consultó la Ley de prisiones o *Das Strafvollzugsgesetz (StVollzG)* y el Código de Procedimiento Civil o *Die deutsche Zivilprozessordnung (ZPO)*. En California se recurrió a la Constitución de los Estados Unidos (*The Constitution of the United States*), a la página web oficial del Poder Judicial de California, o *The California Judicial Branch*, en la que consta una sección específica sobre ayuda legal gratuita y a la página web oficial de Información legislativa de California (*California Legislative Information*). La resolución de este ítem en España se realizó a través de dos vías, planteando para la segunda de ellas una metodología *ad hoc*. En la primera se realizó una revisión de textos legislativos, tales como: la Ley 1/1996, de 10 de enero de asistencia jurídica gratuita, el Real Decreto 996/2003, de 2 de diciembre de reglamento de asistencia jurídica gratuita, el Real Decreto 1455/2005, de 2 de diciembre de asistencia gratuita a las víctimas de violencia de género, el Real Decreto-Ley 3/2013, de 22 de febrero de tasa en la Administración de justicia y asistencia jurídica gratuita, y otros reglamentos de asistencia jurídica gratuita en el ámbito de las comunidades autonómicas y convenios de colaboración entre la Dirección General Penitenciaria y colegios de abogados. Dado que no fue posible resolver de este modo el ítem, se procedió posteriormente a la realización de una metodología distinta, de tal modo que se examinaron algunas de las fuentes legales señaladas anteriormente, pero con especial atención al Real Decreto 658/2001, de 22 de junio, por el que se aprueba el Estatuto General de la Abogacía Española y los estatutos que aprueba cada colegio provincial, así como los reglamentos de los Servicios de Orientación y Atención Jurídica Penitenciaria (SOAJP). Esta última previsión legislativa era relevante porque los Colegios de Abogados junto a los Servicios de Orientación Jurídica Penitenciaria son figuras clave en la prestación de la asistencia jurídica gratuita. A su vez, como los servicios son creados y gestionados por los colegios, se consideró conveniente localizar estos últimos (un total de 83), a fin de conocer cómo gestionaban la asistencia jurídica gratuita, y advertir si efectivamente habían creado mecanismos que contemplasen y garantizasen la misma en asuntos penitenciarios. En Italia, bastó con consultar de nuevo la normativa vigente sobre el sistema penitenciario y sobre la ejecución de medidas privativas y limitaciones de libertad. Al igual que en Nueva York, donde la resolución al ítem fue encontrada en las Reglas de la Ciudad de Nueva York. Sin embargo en Polonia hubo que revisar la Constitución de la República de Polonia (*Konstytucja Rzeczypospolitej Polskiej*), el Código Penal Ejecutivo (*Ustawa z dnia 6 czerwca 1997 r. Kodeks karny wykonawczy*) y la Fundación Helsinki para los Derechos Humanos (*Helsinki Foundation for Human Rights*) en 2018. Por último, en Inglaterra y Gales se revisó la ley de ayuda legal penal (*The Criminal Legal Aid 2013*) y otras guías y documentos elaborados por organismos oficiales que servían de ayuda para su interpretación (Ministry of Justice, 2021) y la página web oficial del gobierno[9].

3. Obligación de abonar tasas por parte de los reclusos para la revisión de decisiones penitenciarias (ítem 64)

Según la descripción del ítem 64, el indicador alude a la existencia de disposiciones legales que requieren que el recluso pague tasas para revisar las decisiones del régimen penitenciario tomadas por las autoridades penitenciarias. En la descripción del ítem

---

[9] Véase, Government of the United Kingdom. Disponible en: https://www.legislation.gov.uk

se añade un segundo párrafo para dejar claro que no se incluyen las tasas a pagar por una segunda revisión ante un tribunal superior u otro tribunal de lo contencioso-administrativo. Aunque la descripción fue aprobada por el equipo en un primer debate dada su claridad, cuando se aplicó en España fue preciso realizar varias aclaraciones. Por ejemplo, los costes de la asistencia jurídica (abogado) ni los de la detención policial estaban incluidos, si el pago se requiere, pero hay un sistema gratuito para presos con dificultades económicas, no quiere decir que el ítem no se cumpla, al contrario, se cumple al haber tasas. También se tomó la decisión de dar por cumplido el ítem si hay diferencias al respecto entre distintos territorios del país analizado, ya que se entenderá que hay tasas cuando más del 50% las prevean.

Para la resolución del ítem en Alemania se consultaron la ley sobre la ejecución de las penas de prisión y las medidas de reforma y prevención con privación de libertad (*Strafvollzugsgesetz*), así como el código de procedimiento criminal (*Strafprozeßordnung*). En California, la ley de reforma de litigios penitenciarios o *The Prison Litigation Reform Act 1996*. En España, se acudió a la Ley de Tasas Judiciales 10/2012, reformada por el Real Decreto Ley 3/2013 de 22 de febrero. En Italia se revisó el Decreto del Presidente de la República (*Decreto del Presidente Della Repubblica)*, número 115, 30 de mayo de 2002, artículos 74 a 141, y el Código de Procedimiento Penal italiano, o *Codice di procedura penale, 24 aprile 2020, n.27*, y otras fuentes secundarias (Arena, 2000; Perego, 2017; European Committee for the Prevention of Torture and Inhuman or Degrading Treatment or Punishment -CPT-, 2020). En Nueva York se revisó La Ley y Reglas de Práctica Civil de Nueva York (*New York Civil Practice Law and Rules)* de 2006. En Polonia se volvió a consultar su Constitución y el Código Penal Ejecutivo junto a los informes elaborados por Ktadoczny y Wolny, 2013. Y por último en Inglaterra y Gales se consultó de nuevo la ley de ayuda legal penal de 2013.

4. Visitas familiares e íntimas a los internos con un intervalo superior a un mes (ítem 68)

Sin lugar a duda, este ítem originó el mayor debate entre todos los equipos, probablemente al tratarse de una práctica y porque medía dos variables (las visitas familiares y las visitas íntimas) que debían darse de forma conjunta para confirmar el ítem. Además, fue necesario precisar y contextualizar conceptos muy relacionados (interno, visitante, etc.) y establecer un porcentaje mínimo para que la práctica se cumpliese, así como otros parámetros temporales. La descripción fue debatida en varias reuniones acordándose que el indicador se cumpliría cuando las visitas familiares e íntimas a los internos, o bien alguna de ellas, tuviesen lugar en intervalos superiores a un mes, así como cuando ambas o un tipo de esas visitas no se realizasen en absoluto. Es decir, para que el ítem se cumpliese debían darse ambos supuestos. Además el colectivo "internos" debía entenderse en sentido amplio (incluidos los preventivos) y no tratarse de encuentros virtuales, sino con contacto personal. También se clarificó que las visitas íntimas eran aquellas que tenían un marcado carácter sexual, pero también aquellas que se mantuvieran con personas con las que existiera, o no, una relación sentimental o sexual previa. De esta forma se incluyeron tanto las visitas entre parejas como aquellas mantenidas con prostitutas. Para determinar un límite que permitiese confirmar el ítem se consideró que si más del 35% de las visitas se producían en intervalos superiores a un mes este sería excluyente, es decir, se cumpliría el ítem. Aquí fue necesario matizar dos cuestiones: el cálculo debía hacerse sobre los internos que habían solicitado las visitas, esto es, dejando fuera a los no interesados en obtenerlas; y teniendo en cuenta el intervalo temporal que transcurría entre una visita y la siguiente para un mismo interno. Al tratarse de una práctica se acordó llevar a cabo el diseño de una metodología *ad hoc* en aquellos países en los que no había posibilidad de conocer la normativa penitenciaria al respecto.

En Alemania la revisión de la ya mencionada ley de prisiones permitió constatar que los presos tenían derecho a recibir visitas en intervalos regulares de al menos una hora mensual. Para conocer la aplicación práctica de dicha previsión legal fue necesario consultar diversos documentos y noticias a través de internet. Ello permitió conocer que en la práctica se aplicaban diferentes reglas dependiendo de la región en la que se ubicaba la prisión. Al respecto el equipo recabó información que ponía de manifiesto dicha disparidad. Por ejemplo, había presos que tenían derecho a dos horas de visitas al mes con un máximo de cuatro visitas de treinta minutos por mes, otros cuya cuota mensual era de dos horas pudiendo concertar otras dos en el caso de tener hijos menores[10]; y en algunos casos se preveían cuatro visitas mensuales de 30 minutos[11]. No obstante, tal variabilidad no alteraba que el régimen normal de las visitas tuviera lugar en intervalos inferiores de un mes. A la hora de constatar si las visitas tenían un carácter íntimo o sexual fue necesario llevar a cabo una revisión de trabajos académicos y testimonios de reclusos dada la falta de previsión legal y de datos oficiales.

En California, se consultó el Código de Regulaciones de California (*California Code of Regulations* tit. 15, § 3044 y 3170 – 3179), así como la guía para visitas de reclusos adultos (*Adult Inmate Visiting Guidelines*)[12] del Departamento de Correcciones y Rehabilitación de California (*California Department of Corrections and Rehabilitation*).

En España, ante la imposibilidad de encontrar normativas donde se establezca que las visitas familiares e íntimas tienen lugar en un intervalo inferior a un mes, fue necesario llevar a cabo una metodología *ad hoc* debido. Esta consistió en realizar llamadas telefónicas aleatorias a diversos centros penitenciarios de todo el país (n=10), a

---

10 Véase, Justiz-ONLINE. Disponible en: https://www.jva-duesseldorf.nrw.de/infos/index.php

11 Véase, Berliner Justizvollzug. Disponible en: https://www.berlin.de/justizvollzug/anstalten/jva-tegel/erste-informationen/

12 Véase, California Department of Corrections and Rehabilitation. Disponible en: https://www.cdcr.ca.gov/visitors/prepare-to-visit/

excepción de Cataluña, para contactar con los subdirectores de tratamiento o de seguridad, al ser estos los conocedores de primera mano de la información sobre la gestión de las visitas. Estos subdirectores fueron seleccionados en base a la técnica de la bola de nieve (C.P. Alhaurín de la Torre, C.P. Málaga II, C.P. Algeciras y C.P. Melilla), a través de la información encontrada en internet acerca de sus números de teléfono oficiales (C.P. Puerto I, C.P. Soria, C.P. Texeiro, C.P. Alava y C.P. Burgos) o utilizando contactos personales del equipo investigador (C.P. Puerto II). De este modo, logramos abarcar alrededor de 6.000 reclusos, que son los que se encuentran recluidos en estos centros penitenciarios[13]. Una vez que se contactaba con la persona a entrevistar se le hacía las siguientes preguntas: *"Estamos haciendo una investigación en la Universidad de Málaga sobre las visitas a prisión, concretamente las visitas familiares, de convivencia y las íntimas. Para ello, estamos realizando entrevistas a personas encargadas de la gestión de este servicio en diferentes prisiones españolas. Lo que nos interesa principalmente es saber cómo se gestionan las visitas y si se podría mejorar el sistema gracias a la experiencia acumulada por aquellos que trabajan cada día en este asunto, como usted. ¿Podría responder a las siguientes preguntas?*

1. ¿Las visitas familiares tienen lugar en intervalos superiores a un mes?
2. ¿Las visitas íntimas tienen lugar en intervalos superiores a un mes?
3. ¿Las visitas de convivencia tienen lugar en intervalos superiores a un mes?"

En Italia, los datos fueron extraídos de dos informes del CPT publicados en 2017 y 2020, respectivamente, en base a las visitas realizadas en las cárceles de Ascoli Piceno, Como, Génova, Marassi, Ivrea, Sassari y Turín en 2016 y de Biella, Ópera de Milán,

---

13 Cabe señalar que para un universo de 54.488 internos (datos de 2015), la muestra probabilística sería de 382 internos (nivel de confianza 95% y error muestral 5%)

Saluzzo y Viterbo en 2019[14]. En total, estas 11 cárceles representaban alrededor del 10% de la población penitenciaria italiana (en 2016 las cárceles visitadas por el CPT tenían 3.084 reclusos de un total de 53.495 reclusos y en 2019 estas cifras eran de 2.812 de un total de 60.611). Sin embargo, las visitas conyugales no estaban contempladas ni se producían en la práctica[15].

En Nueva York se pudo determinar la resolución del ítem en la Directiva DIR 4500 DTD. 4/2/2011 del Departamento de Correcciones y Supervisión Comunitaria del Estado de Nueva York (*Directive DIR 4500 DTD. 4/2/2011 of the Corrections and Community Supervision Department of NYS*), que el Programa de Reuniones Familiares (*Family Reunion Program (FRP)*, pretendía reunir al interno y su familia en un ambiente privado, similar al hogar, para fortalecer los lazos familiares. Estas visitas podían durar de uno a tres días y contemplar visitas sexuales. La única información disponible sobre la frecuencia de las mismas se recogía en el Proyecto de Ley del Senado S5588 (Senate Bill S5588), presentado el 8 de mayo de 2019 por la senadora Velmanette Montgomery, y que modificaba las orientaciones dadas por el FRP.

---

14 Véase, EUROPEAN COMMITTEE FOR THE PREVENTION OF TORTURE AND INHUMAN OR DEGRADING TREATMENT OR PUNISHMENT (CPT), 23. Report to the Italian Government on the visit to Italy carried out by the European Committee for the Prevention of Torture and Inhuman or Degrading Treatment or Punishment (CPT) from 8 to 21 April 2016. Disponible en: https://rm.coe.int/16809986b4; Report to the Italian Government on the visit to Italy carried out by the European Committee for the Prevention of Torture and Inhuman or Degrading Treatment or Punishment (CPT) from 12 to 22 March 2019. Disponible en: https://rm.coe.int/16809986b4.

15 Véase, TALINI, S.: *La privazione della libertà personale. Metamorfosi normative, apporti giurisprudenziali, applicazioni amministrative.* Editoriale Scientifica. Napoli, 2018 y "Prison Leave in Italy: Legislation and Practical Application Is the Italian Regulation on Prison Leave Ensuring the Constitutional Purpose of Punishment?", *European Journal on Criminal Policy and Research,* 26(2), 2020, pp. 1-18.

En Polonia se planteó una metodología mixta basada en entrevistas personales a académicos expertos en la materia y la revisión de fuentes secundarias. En cuanto a las primeras se entrevistó a los profesores Krzysztof Krajewski[16] y Piotr Kladoczny[17]. Con respecto a las secundarias, la búsqueda se centró en las quejas de instituciones, ONGs y presos. Se analizaron los informes sobre Polonia de la Fundación Helsinki para los Derechos Humanos, el *Prison Insider*, el Observatorio Europeo de Prisiones[18], así como noticias de prensa del CPT y otras relativas a este tipo de visitas.

Por último, en Inglaterra y Gales, al no haber datos oficiales sobre este aspecto, se optó por consultar una investigación sobre visitas a la prisión llevada a cabo por McCarthy y Adams[19], en la que se señaló que: "Existe escasa información demográfica sobre la situación familiar-recluso, y menos aún sobre el número de visitas recibidas a lo largo de una condena". Se averiguó que únicamente estaban permitidas legalmente las visitas familiares cuya frecuen-

---

16 Catedrático de Derecho penal y Director del Departamento de Criminología de la Universidad Jagieloński (Cracovia, Polonia) desde 2006.

17 Experto en derecho penal, procedimiento penal y sistema penitenciario polaco. Desde 1990 trabaja en el Instituto de Derecho Penal de la Facultad de Derecho y Administración de la Universidad de Varsovia. En la Fundación de Helsinki para los Derechos Humanos coordina el Programa de Intervención Legal que se ocupa de la prestación de asesoramiento y asistencia jurídica a las víctimas de violaciones de derechos humanos en Polonia, en particular a las personas encarceladas. Firmó en 2014 el informe sobre las condiciones carcelarias de Polonia del Observatorio Penitenciario Europeo.

18 Véase, European Prison Observatory. Disponible en: http://www.prisonobservatory.org

19 Véase, MCCARTHY, D. y ADAMS, M.: "Prison visitation as human 'right' or earned 'privilege'? The differing tales of England/Wales, and Scotland". *Journal of Social Welfare and Family Law, 39*(4), 2017, pp. 403-416.

cia fue conocida gracias al estudio elaborado por Hutton en 2017 tras efectuar una revisión de la literatura existente en la materia[20].

III. RESULTADOS

Una vez desarrollado el procedimiento metodológico contemplado en los protocolos, cada ítem fue resuelto contestando afirmativa o negativamente a la existencia de la regla o práctica. Además, las respuestas fueron posteriormente analizadas por expertos internacionales dándose todas ellas por aceptadas. Tal y como se puede observar en la tabla 1, la regla 55 únicamente fue contestada con un sí en Nueva York, la regla 62 en California y Nueva York, y la 64 en estas dos últimas e Inglaterra y Gales. Sin duda el indicador que más respuestas positivas aglutinó fue el 68, pues se cumple en todos los países a excepción de España. Cabe destacar, por tanto, que toda la exclusión medida por los tres primeros ítems de la cesta corresponden a estados norteamericanos y, en menor medida, a Inglaterra y Gales.

Tabla 1. Resultados de los protocolos para cada ítem según país

	Indicadores			
Países	**55**	**62**	**64**	**68**
Alemania	No	No	No	Sí
California	No	Sí	Sí	Sí
España	No	No	No	No
Italia	No	No	No	Sí
Nueva York	Sí	Sí	Sí	Sí
Polonia	No	No	No	Sí
Inglaterra y Gales	No	No	Sí	Sí

20 Véase, HUTTON, M.A.: "Prison Visits and Desistance: A Human Rights Perspective", en HART, E.L. y VAN GINNEKEN, E.F.J.C., *New Perspectives on Desistance. Theoretical and Empirical Developments,* Springer, United Kingdom, 2017, pp. 187-209.

A simple vista el país con mayor número de síes es Nueva York y, en el extremo contrario, se encontraría España con mayor suma de noes. No obstante, para situar de forma precisa a los países en un continuo de exclusión, se ha calculado su posición relativa en una escala de 0 a 10 en la que 0 es menos exclusión y 10 es más exclusión. Tal y como se muestra en el gráfico 1, España es el país menos excluyente con una puntuación de 0 seguido a igual distancia por Italia, Polonia y Alemania (2.52 puntos). Dichos países están lejos de alcanzar un punto medio de exclusión de 5 puntos, esto es, la mitad de la escala, por lo que su nivel de exclusión es bajo. Por el contrario, Inglaterra y Gales con 4,97 puntos, ostenta un nivel de exclusión medio siendo el tercer país más excluyente. Los estados de California (7,48 puntos) y Nueva York (10 puntos) son los países más excluyentes de la cesta.

Gráfico 1. Posición en el continuo de todos los países analizados en la cesta de régimen penitenciario en una escala de menos a más exclusión social

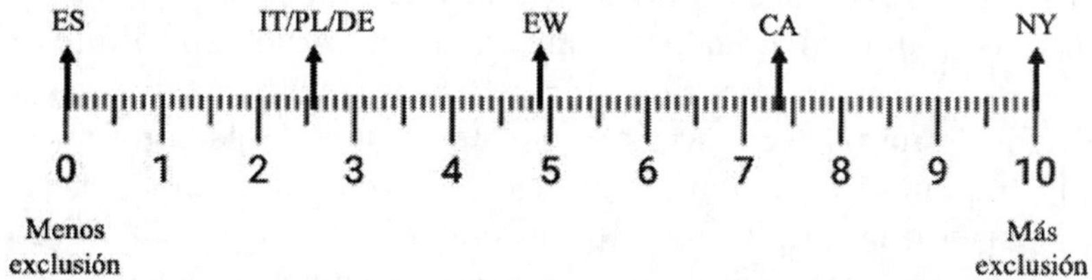

De cara a identificar tendencias en la exclusión manifestada por cada país es necesario examinar el motivo por el que algunos de ellos aglutinan un mayor número de respuestas positivas, o bien no presentan una tendencia clara de exclusión al haber un equilibrio entre las respuestas afirmativas y negativas. Al respecto cabe decir que el ítem 55 no se confirma porque en la mayor parte de los países analizados se atiende a las particulares necesidades de los jóvenes adultos ajustando el régimen penitenciario a su desarrollo cognitivo y evolutivo. Este no es el caso de Nueva York que, a pesar de que el Departamento Correccional de la Ciudad de Nueva York aplique en ciertos casos un régimen específico[21], para los jóvenes a nivel estatal carece de tal previsión, por lo que el grueso de presos jóvenes está cumpliendo condena en las mismas condiciones que los adultos.

En cuanto al indicador 62, sólo se confirma en California y en Nueva York. En California la sexta enmienda a la Constitución de los Estados Unidos establece el derecho a un abogado en los procesos penales. La Corte Suprema de Estados Unidos estableció que las personas que no pueden pagar los honorarios legales tienen derecho a un defensor público gratuito. Sin embargo, todo ello se refiere al derecho a un defensor público antes y durante el juicio, pero no después, una vez se encuentra el sujeto en prisión. Según la página web oficial del Congreso de los Estados Unidos, la Ley de reforma de litigios penitenciarios de 1995 requiere que los presos paguen las tasas de presentación judicial en su totalidad, aunque pueden pagarla a plazos si carecen de recursos suficientes. En Nueva York no se encontraron disposiciones legales sobre asistencia jurídica gratuita. Según se indica en el informe Jailhouse Lawyer's Handbook[22], los temas penitenciarios se consideran de naturaleza civil y, para este tipo de casos, a diferencia de los penales, no se tiene derecho a un abogado gratuito. De ahí que exista una amplia red de asistencia jurídica para los presos en asuntos penitenciarios prestada por organizaciones como los

---

[21] En el año 2013 dicho departamento aprobó unas reglas que preveían la aplicación de un régimen específico para jóvenes adultos con condenas de hasta un año de duración recluidos en cárceles locales. Tal previsión aparece regulada en la sección 1, del capítulo 1, título 40, de las Reglas de la Ciudad de Nueva York.

[22] Véase, NATIONAL LAWYERS GUILD AND THE CENTER FOR CONSTITUTIONAL RIGHTS, *The Jailhouse Lawyers Handbook*, 2010, Disponible en: http://jailhouselaw.org.

Servicios Legales de Prisioneros de Nueva York (*Prisoner's Legal Services of New York)*[23].

Con respecto al ítem 64, es necesario analizar los motivos por los que fue respondido de modo afirmativo en California, Nueva York e Inglaterra y Gales. En California se requieren tasas de apelación para la revisión judicial de las decisiones penitenciarias federales, aunque no para las estatales. La norma federal promulgada en 1996 y denominada Ley de Reforma de Litigios Penitenciarios (*The Prison Litigation Reform Act -PLRA-*), limita el acceso de los reclusos a los tribunales imponiendo el pago total y obligatorio de las tasas para reclamar cualquier situación o decisión penitenciaria. No obstante, contempla la posibilidad de pagar la tasa en cuotas mensuales si el preso no tiene recursos para anticipar el pago. En la práctica se exige una cuantía inicial de un 20% de los ingresos acreditados y unas cuotas mensuales del mismo porcentaje hasta finalizar el pago de la tasa. En Nueva York si un recluso desea impugnar una decisión tomada por la administración penitenciaria -como la denegación de la libertad condicional o la reclusión en régimen de aislamiento-, puede hacerlo a través del procedimiento especial del artículo 78 de la Ley y Reglamento de Práctica Civil de Nueva York (*New York Civil Practice Law and Rules (NYCPLR)*. Este artículo se utiliza para apelar una decisión administrativa de una agencia local o estatal, considerada ilegal, ante la Corte Suprema del Estado de Nueva York. Si bien la petición debe cumplir algunos requisitos y uno de ellos es el pago de 190 dólares, a no ser que se alegue carecer de recursos mediante declaración jurada. En Inglaterra y Gales se deben pagar algunos costes legales si se requiere un abogado[24] y los honorarios del tribunal por utilizar sus servicios. La Ley de Asistencia Legal Penal (*Criminal Legal Aid Act*) ayuda a los reclusos a pagar tales gastos

---

23 Véase, Prisoners' Legal Services of New York. Disponible en: https://plsny.org

24 No obstante, los reclusos pueden representarse a sí mismos en la audiencia de la Junta de Libertad Condicional si no disponen de un abogado.

y, tal como aparece contemplado en varias secciones del artículo 12[25], debe ser interpretado en los términos del artículo 15, en el que la asistencia jurídica gratuita está condicionada a la elegibilidad económica del sujeto. Para obtener esta asistencia legal los reclusos deben contar con bajos ingresos y con ahorros u otros activos muy limitados. Así mismo deben abonar los mencionados honorarios cuyas cuantías están previamente establecidas por el Ministerio de Justicia británico[26], aunque pueden ser eximidos o reembolsados en casos de bajos ingresos.

Por último, el indicador 68 es la práctica que más exclusión genera en casi todos los países. Para responder de forma más adecuada a esta práctica, nos ha parecido interesante diferenciar entre las visitas familiares y las visitas íntimas. En la tabla inferior se muestra si las visitas familiares o íntimas tienen lugar en intervalos inferiores a un mes o, en otras palabras, si no se cumple el ítem. Tal y como se observa, todos los países cumplen en la práctica el requisito de intervalos inferiores a un mes cuando se trata de visitas familiares, no sucediendo lo mismo con las visitas íntimas.

---

25 Las condiciones para obtener asistencia legal son: (f) solicitar asesoramiento y asistencia con respecto al tratamiento o la disciplina de la persona en una prisión, una institución para delincuentes juveniles o un centro de formación seguro (que no sea con respecto a procedimientos reales o previstos relacionados con lesiones personales, muerte o daños a la propiedad); (g) ser objeto de procedimientos ante la Junta de Libertad Condicional; (h) requerir asesoramiento y asistencia con respecto a la representación en relación con una sentencia de cadena perpetua obligatoria u otra revisión de libertad condicional.

26 En concreto se exige el pago de 154 libras al solicitar un permiso para la revisión judicial al comienzo del caso; 385 libras al solicitar que se reconsidere una denegación de permiso en una audiencia oral; y 770 libras por una audiencia completa. Véase, MINISTRY OF JUSTICE: EX50A, May 2021. Disponible en: https://assets.publishing.service.gov.uk/government/uploads/system/uploads/attachment_data/file/1011044/ex50a-eng.pdf.

Es interesante además conocer la situación que al respecto tiene lugar en cada país analizado, ya que nos hemos encontrado con países en los que no se contempla ni siquiera la posibilidad de que los reclusos puedan solicitar visitas íntimas (Alemania, Italia e Inglaterra y Gales). En cambio, en otros, a pesar de que se ofrece esta posibilidad, las visitas íntimas se consideran un privilegio o premio al alcance de unos pocos y por ello tienen lugar en un intervalo superior a un mes (California, Nueva York o Polonia). España es el único país donde no se cumple el ítem[27].

Tabla 2. Resultados del ítem 68 según tipo de visita a prisión -familiar o íntima- según país

Países	Visitas familiares en < 1 mes	Visitas íntimas en < 1 mes	Se cumple el ítem
Alemania	Sí	No	Sí
California	Sí	No	Sí
España	Sí	Sí	No
Italia	Sí	No	Sí
Nueva York	Sí	No	Sí
Polonia	Sí	No	Sí
Inglaterra y Gales	Sí	No	Sí

En *Alemania* el artículo 24 de la Ley de prisiones (*Gesetz über den Vollzug der Freiheitsstrafe und der freiheitsentziehenden Maßregeln der Besserung und Sicherung)* establece que: "(1) Se permitirá al preso recibir visitas a intervalos regulares. La duración total será de al

27 Todos los subdirectores de tratamiento o de seguridad que fueron entrevistados respondieron de forma unánime que las visitas familiares e íntimas tienen lugar al menos una vez al mes. Destacaron que las "visitas de convivencia", aquellas que tienen lugar con familias e hijos durante una jornada completa, se realizan al menos una vez cada tres meses, siendo más frecuentes en algunos centros penitenciarios (C.P. Texeiro y C.P. Alava, por ejemplo) En estos centros nos confirmaron que este tipo de visitas se utilizan como incentivo para que los reclusos participen en actividades penitenciarias y para promover el buen comportamiento, por lo que es posible que se conceda más de una visita de convivencia al mes.

menos una hora al mes. Todo lo demás al respecto estará regulado por el reglamento de la institución". En la práctica las normas de visita difieren según la ubicación de la prisión en Alemania y cada instalación correccional (*Justizvollzugsanstalt o JVA*) tiene reglas diferentes, es decir, existen diferencias entre los estados o *Länder*. Sin embargo, esto no ocurre con las visitas íntimas, porque no se establece una periodicidad clara y no siempre existen las habitaciones adecuadas para este tipo de visitas en cada instalación.

En *California* las visitas familiares aparecen reguladas en el Código de Regulaciones de California Tit.15 § 3170.1, (*California Code of Regulations*,) y permiten al recluso compartir espacio hasta con cinco visitantes y tener un contacto físico limitado con ellos (besar y/o abrazar al comienzo y al final de la visita y sostener las manos durante misma). Se producen en los días de visita (sábados, domingos y cuatro días festivos durante cada año) con un máximo de 12 horas a la semana (*California Code of Regulations.* Tit.15 § 3172.2). En cuanto a las visitas íntimas (*California Code of Regulations.* Tit. 15 § 3177), estas tienen lugar en instalaciones privadas (apartamentos), duran aproximadamente entre 30 y 40 horas y están restringidas a familiares inmediatos del preso (padres, hijos, hermanos, cónyuges legales o parejas de hecho registradas). Son consideradas un privilegio (*California Code of Regulations.* Tit. 15 § 3177 (b)) reservado generalmente a presos que trabajan en el centro y con capacitación profesional. En la práctica, disfrutan de ellas una vez cada tres o cinco meses.

En *Italia* la ley establece diferentes regímenes de visitas en función del nivel de seguridad en el que está clasificado el preso. Si la seguridad es media pueden recibir hasta seis visitas de una hora al mes, si es alta hasta cuatro visitas de una hora por mes, y si se trata de reclusos sometidos al "régimen especial de detención" (art. 41 bis), es decir, personas pertenecientes a la mafia y terroristas, solo pueden recibir una visita sin contacto por mes. La única información empírica al respecto se encuentra en los informes del CPT, en cuyas observaciones se confirma que dicha supervisión legal se cumple en la práctica. No se contempla en ningún momento las visitas íntimas o conyugales, tal y como se ha adelantado anteriormente.

En *Nueva York*, al igual que sucedía en California, las visitas íntimas o también llamadas "nocturnas", aparecen reguladas en el artículo 220, capítulo IV, del Título séptimo de la compilación oficial de códigos, reglas y regulaciones del estado de Nueva York (*Official compilation of codes, rules and regulations of the New York State -NYS-*) y en la Directiva DIR 4500 DTD. 4/2/2011 del Departamento de Correcciones y Supervisión Comunitaria del Estado de Nueva York (*Directive DIR 4500 DTD. 4/2/2011 of the Corrections and Community Supervision Department of NYS*). Aunque se prevea su existencia y tenga lugar en un ambiente privado similar al hogar (apartamentos, caravanas o unidades modulares), los reclusos deban cumplir con algunos requisitos vinculados al tiempo ingresado en prisión y el historial de conducta para solicitarlas, lo que en la práctica supone que la resolución de su concesión tarda hasta 5 semanas en comunicarse.

En *Polonia*, de acuerdo con la ley, todos los reclusos tienen derecho a recibir visitas familiares y, al igual que sucedía en Italia, su periodicidad depende del nivel de seguridad en el que esté clasificado el preso. Si este es alto, se prevén dos visitas al mes con una duración de 60 minutos cada una. Si es medio, el número asciende a tres y, si es bajo, el número es ilimitado. Según el informe de la Fundación Helsinki para los Derechos Humanos las visitas se producen en habitaciones grandes, ruidosas y compartidas con muchos presos. Además, hay dificultades para visitar a un familiar (madre, hermano, etc.) que esté cumpliendo condena en un bloque diferente del mismo establecimiento o en una prisión diferente[28].También se producen largos tiempos de espera y colas

---

28 Véase, EUROPEAN COMMITTEE FOR THE PREVENTION OF TORTURE AND INHUMAN OR DEGRADING TREATMENT OR PUNISHMENT (CPT), Report to the Polish Government on the visit to Poland in 2017, 2018. Disponible en: https://rm.coe.int/16808c7a91 y Report to the Polish Government on the visit to Poland in 2013, 2014. Disponible en: https://rm.coe.int/1680697928; PRISON INSIDER, Poland, 2018. Disponible en : https://www.prison-insider.com/files/9614b50a/

de visitantes fuera de los establecimientos por falta de listas de reserva. Sin embargo, a pesar de lo anterior, no hay evidencia que sugiera que no se esté respetando la frecuencia establecida en la ley para este tipo de visitas.

Con respecto a las visitas íntimas, contempladas en el artículo 138, apartados 1 a 3 del Código Penal Ejecutivo (*Polish Penal Executive Code),* un preso puede ser recompensado o premiado con el derecho a visitas adicionales o más largas, el derecho a una visita sin supervisión y el derecho a visitas en un lugar separado y más privado. En cuanto a lo que sabemos sobre estas en la práctica, el Observatorio Europeo de Prisiones, en su informe sobre las condiciones carcelarias en Polonia, expresó su preocupación ya que no todas las cárceles contaban con instalaciones para visitas no supervisadas[29]. De ahí que el Observatorio Penitenciario Europeo indicase que los presos de algunas cárceles no pudiesen recibir este premio. La situación parece estar mejorando en los últimos años debido a la puesta en marcha del Programa de Modernización 2017-2020 del Servicio Penitenciario[30] y lo declarado por la portavoz del Servicio Penitenciario de Bydgoszcz en 2020. Según ella, "las visitas íntimas están disponibles 2-3 veces al mes. Sin embargo, incluso la persona más merecedora no puede recibir este premio si su ser querido no es su esposa". Así mismo, según el

---

fp_pologne_en.pdf y Poland, 2019. Disponible en : https://www.prison-insider.com/fichepays/prisonspologne-2019?s=vue-d-ensemble#-vue-d-ensemble.

29 Véase, KŁADOCZNY, P. y WOLNY, M.: "Prison conditions in Poland", European Prison Observatory. 2013. Disponible en: http://www.prisonobservatory.org/index.php?option=com_content&view=article&id=13:prison-conditions-in-poland&catid=13&Itemid=116#CONTACTS

30 Los principales objetivos de este Programa de Modernización han sido: mejorar la seguridad de las cárceles y centros de detención, mejorar las condiciones laborales del personal y modernizar el sistema de tratamiento y modernizar las infraestructuras. Véase, General Director of the Prison Service. Disponible en: https://justice-trends.press/the-polish-prison-modernisation-programme-as-a-turning-point/

director adjunto de la prisión de Włocławek, el tiempo medio de espera para las visitas íntimas en 2009 era de unos dos meses.

Por último, en *Inglaterra y Gales*, de acuerdo con las Reglas Penitenciarias de 1999 (*The Prison Rules 1999*), sección 35.2, "Un preso convicto tendrá derecho: (...) (b) a recibir una visita dos veces en cada período de cuatro semanas, pero solo una vez en cada período si así lo indica el Secretario de Estado". Este es el requisito legal básico y cualquier visita adicional depende de la institución y de los incentivos y privilegios otorgados a los presos. Hasta septiembre de 2017 las visitas "privilegiadas" estaban reguladas por un sistema de incentivos denominado "Incentivos y Privilegio Ganado", o *Incentives and Earned Privilege (IEP)*, previstos para internos cuyo comportamiento era responsable y participativo. De esta forma los internos tenían acceso a visitas adicionales según los niveles de clasificación, siendo estos: nivel básico (con menos privilegios), nivel estándar (para sujetos que se comportan correctamente) y nivel mejorado (destinado a quienes durante tres meses demuestren un compromiso con su rehabilitación y desistimiento delictivo). A colación, Hutton señalaba que, en la práctica, existían diferencias en la frecuencia según el centro penitenciario y que casi todos los presos recibían dos visitas de una hora al mes pudiendo aumentar el número si se les concedía como premio por buen comportamiento[31].

En cuanto a las visitas conyugales o íntimas que puedan tener carácter sexual, están prohibidas por motivos de seguridad y mantenimiento del orden penitenciario. Algunos tribunales han respaldado dichos motivos indicando que si se permite a los presos casados llevar a cabo su vida matrimonial dentro de la prisión la seguridad y orden correrían grave peligro. La imposibilidad de muchos reclusos para mantener relaciones sexuales con sus parejas a efectos de paternidad y las dificultades para acceder a la técnica de inseminación artificial son cuestiones señaladas en algunas sentencias del Tribunal Europeo, ya que ambas prácticas

---

31 Véase, Hutton, 2017, op. cit.

suponen una infracción del artículo 8 de la Ley de Derechos Humanos sobre el derecho a la familia y la vida privada (véase: Sentencia de la Gran Sala Dickson V. Reino Unido 873 4.12.2007[32]).

IV. CONCLUSIONES

Según los resultados de la aplicación del instrumento RIMES, existe una clara tendencia político criminal excluyente en materia penitenciaria en los países anglosajones analizados, donde destaca Nueva York con una puntuación de 10, le sigue California con una puntuación de 7,48 e Inglaterra y Gales con una puntuación de 4,97. Los valores excluyentes se moderan notablemente en Alemania, Polonia e Italia (todas con una puntuación de 2,52). España es el único país que responde negativamente a todos los ítems y al que por consiguiente podemos considerar el menos excluyente. Nuestros resultados avalan la hipótesis planteada en base a la cual los países anglosajones son más excluyentes socialmente que los europeos, y concretamente, en el entorno anglosajón, son los regímenes penitenciarios de los estados de Nueva York y California más excluyentes que el de Inglaterra y Gales. De forma similar, dentro de Europa hay que diferenciar entre los regímenes penitenciarios de países centroeuropeos como Polonia o Alemania de los mediterráneos como Italia y España, aunque el primero ha obtenido una puntuación similar a los centroeuropeos a diferencia del segundo, que ha resultado ser el menos excluyente en este aspecto.

---

32 European Court of Human Rights. Grand Chamber Judgment Dickson V. The United Kingdom, 873 4.12.2007. Disponible en: https://www.globalhealthrights.org/wp-content/uploads/2018/05/Case-of-Dickson-v-the-United-Kingdom-United-Kingdom-2007.pdf

Gráfico 2. Peso de la cesta de régimen penitenciario en exclusión social según el instrumento RIMES (valores de 0 a 10 de menor a mayor exclusión) en todas las jurisdicciones analizadas

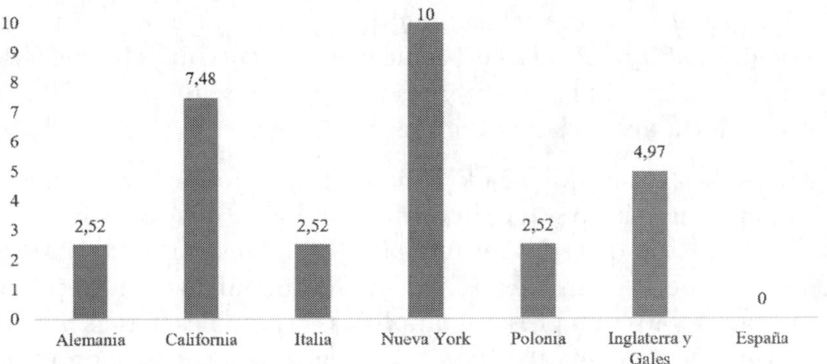

Cabe destacar que la respuesta negativa a la regla 55 en todos los países analizados excepto Nueva York permite demostrar que es el indicador menos excluyente de toda la cesta. En este sentido en prácticamente todos los países existe un régimen penitenciario diferenciado para aquellos jóvenes adultos que son condenados a penas de prisión, lo que permite una mejor atención penitenciaria de cara a la resocialización de esas personas. Del mismo modo, se puede concluir que la respuesta afirmativa a la práctica 68 en todos los países analizados menos en España determina que se configure como el indicador más excluyente de toda la cesta, debido en gran parte a las restricciones y prohibiciones que se dan en las visitas íntimas o de carácter sexual, lo que impide que los reclusos mantengan contacto con las personas de su entorno exterior y por ende, dificulta la reinserción de estas personas una vez hayan terminado su condena.

En cuanto a las reglas de la cesta analizada, son las que repercuten en que los países anglosajones puntúen en mayor medida que el resto en exclusión social. De hecho, en las tres jurisdicciones anglosajonas los reclusos deben pagar tasas para revisar las decisiones judiciales (ítem 64), en California y Nueva York no tienen prevista una asistencia jurídica penitenciaria gratuita (ítem 62) y solo en Nueva York se carece de un régimen penitenciario específico para jóvenes (ítem 55).

En lo que respecta a los resultados, estos fueron considerados válidos y fiables por los expertos internacionales que efectuaron la revisión posterior de los protocolos, lo cual otorgó mayor peso y robustez al procedimiento metodológico empleado en su consecución. Salvada esta circunstancia, se advirtió que el estado de Nueva York era el más excluyente de la cesta, seguido de California y, a cierta distancia, de Inglaterra y Gales.

A todo esto, hay que añadir que los resultados de la cesta de régimen penitenciario son coherentes con los resultados definitivos de la aplicación de todos los indicadores del instrumento RIMES. Como se puede comprobar en el siguiente gráfico, son los países anglosajones los que presentan políticas criminales más excluyentes, situándose Alemania, Italia y Portugal en una situación intermedia y resultando ser España el país menos excluyente de todos.

Gráfico 3. Posición en el continuo de todos los países analizados en una escala de menos a más exclusión social

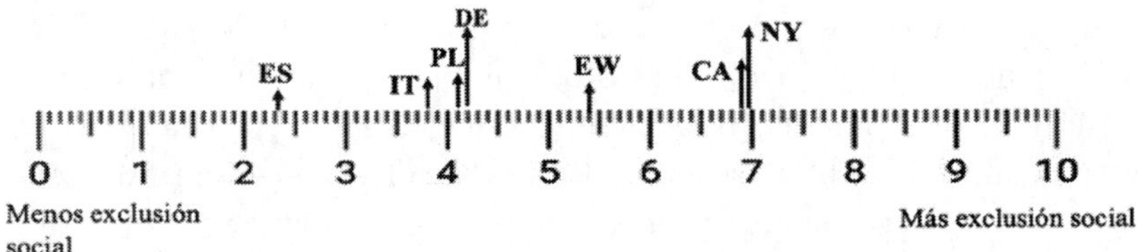

Finalmente, aunque los ítems que conforman la cesta han permitido discriminar entre países europeos y estados norteamericanos, cabe preguntarse si la capacidad de discriminación de aquellos ítems que aglutinan un mayor número de noes (ítem 55) o síes (68) es suficiente. Se trata de unos resultados muy descriptivos y generales, que dejan fuera matices importantes, pero que permiten vislumbrar una clara tendencia política criminal excluyente en el país norteamericano, por lo que precisan de una explicación más profunda y compleja en base a la cual plantear nuevas hipótesis y futuros estudios de investigación.

V. REFERENCIAS BIBLIOGRÁFICAS

ARENAS GARCIA, L.: "Cesta 5. Régimen penitenciario", en GARCÍA ESPAÑA, E. y CEREZO DOMINGUEZ, A.I. (coords.), *La exclusión social generada por el sistema penal. Su medición internacional por RIMES,* Tirant lo Blanch, Valencia, 2023, pp. 269-292.

AUTY, K.M., y LIEBLING, A.: "Exploring the Relationship between Prison Social Climate and Reoffending". *Justice Quarterly, 37(2),* 2020, pp. 358-381.

DÍEZ RIPOLLÉS, J. L.: "La dimensión inclusión/exclusión social como guía de la política criminal comparada", *Revista Electrónica de Ciencia Penal y Criminología,* nº *13-12,* 2011, pp. 1-36. Disponible en: http://criminet.ugr.es/recpc/13/recpc13-12.pdf

DÍEZ RIPOLLÉS, J. L.: *El nuevo modelo penal de la seguridad ciudadana* (2ª edición), Tirant lo Blanch, Valencia, 2013.

DÍEZ RIPOLLÉS, J. L.: *La política criminal en la encrucijada* (2ª edición), B de F, 2015

DÍEZ RIPOLLÉS, J.L.: "Overuse of the Criminal Justice System: Rules and Practices", *European Criminal Law Review, 9*(1), 2019, pp. 40-58.

DÍEZ RIPOLLÉS, J.L.: "La utilidad política criminal del instrumento RIMES", en CEREZO DOMÍNGUEZ, A. I. (ed.). *La política criminal y la exclusión social,* Tirant lo Blanch, Valencia, 2021, pp. 103-120.

DÍEZ RIPOLLÉS, J.L. y GARCÍA ESPAÑA, E.: "RIMES: An instrument to compare national criminal justice policies from the social exclusion dimension", *International E-Journal of Criminal Sciences, 1* (13), 2019, pp. 1-27. Disponible en: https://www.ehu.eus/ojs/index.php/inecs/article/view/20866

DRAKE, D.: "The 'dangerous other' in maximum-security prisons". *Criminology & Criminal Justice, 11(4),* 2011, pp. 367-382.

GARCÍA ESPAÑA, E.: "Instrumento RIMES: Una propuesta para el análisis comparado de la política criminal", en CEREZO DOMÍNGUEZ, A.I. (ed.). *La Política criminal y exclusión social.* Tirant lo Blanch, Valencia, 2021, pp. 69-102.

GARCÍA ESPAÑA. E. y CEREZO DOMÍNGUEZ, A.I.: "La política criminal comparada según resultados de la aplicación de RIMES", en GARCÍA ESPAÑA, E. y CEREZO DOMINGUEZ, A.I. (coords.), *La exclusión social generada por el sistema penal. Su medición internacional por RIMES,* Tirant lo Blanch, Valencia, 2023, pp. 395-427.

HUTTON, M.A.: "Prison Visits and Desistance: A Human Rights Perspective", en HART, E.L. y VAN GINNEKEN, E.F.J.C., *New Perspectives on Desistance.*

Theoretical and Empirical Developments, Springer, United Kingdom, 2017, pp. 187-209.

KŁADOCZNY, P. y WOLNY, M.: "Prison conditions in Poland", European Prison Observatory. 2013. Disponible en: http://www.prisonobservatory.org/index.php?option=com_content&view=article&id=13:prison-conditions-in-poland&catid=13&Itemid=116#CONTACTS

LIEBLING, A., DURIE, L., STILES, A., y TAIT, S. "Revisiting prison suicide: the role of fairness and distress", en LIEBLING, A. y MARUNA, S. (Eds.), *The Effects of Imprisonment.* London; New York: Routledge, Taylor & Francis Group, 2011.

MCCARTHY, D. y ADAMS, M.: "Prison visitation as human 'right' or earned 'privilege'? The differing tales of England/Wales, and Scotland". *Journal of Social Welfare and Family Law, 39*(4), 2017, pp. 403-416.

MCDONALD, M.: "Overcrowding and its impact on prison conditions and health". *International Journal of Prisoner Health, 14 (2),* 2018, pp. 65-68.

MINISTRY OF JUSTICE: EX50A, May 2021. Disponible en: https://assets.publishing.service.gov.uk/government/uploads/system/uploads/attachment_data/file/1011044/ex50a-eng.pdf

NATIONAL LAWYERS GUILD AND THE CENTER FOR CONSTITUTIONAL RIGHTS, *The Jailhouse Lawyers Handbook,* 2010, Disponible en: http://jailhouselaw.org/)

NILSSON, A.: "Living Conditions, Social Exclusion and Recidivism Among Prison Inmates". *Journal of Scandinavian Studies in Criminology and Crime Prevention, 4(1),* 2003, pp. 57-83.

PRISON INSIDER, Poland, 2018. Disponible en : https://www.prison-insider.com/files/9614b50a/fp_pologne_en.pdf

PRISON INSIDER, Poland, 2019. Disponible en : https://www.prison-insider.com/fichepays/prisonspologne-2019?s=vue-d-ensemble#vue-d-ensemble

EUROPEAN COMMITTEE FOR THE PREVENTION OF TORTURE AND INHUMAN OR DEGRADING TREATMENT OR PUNISHMENT (CPT), Report to the Polish Government on the visit to Poland in 2013, 2014. Disponible en: https://rm.coe.int/1680697928

EUROPEAN COMMITTEE FOR THE PREVENTION OF TORTURE AND INHUMAN OR DEGRADING TREATMENT OR PUNISHMENT (CPT). Report to the Italian Government on the visit to Italy carried out by the European Committee for the Prevention of Torture and Inhuman or Degrading Treatment or Punishment (CPT) from 8 to 21 April 2016. Disponible en: https://rm.coe.int/16809986b4

EUROPEAN COMMITTEE FOR THE PREVENTION OF TORTURE AND INHUMAN OR DEGRADING TREATMENT OR PUNISHMENT (CPT), Report to the Polish Government on the visit to Poland in 2017, 2018. Disponible en: https://rm.coe.int/16808c7a91

EUROPEAN COMMITTEE FOR THE PREVENTION OF TORTURE AND INHUMAN OR DEGRADING TREATMENT OR PUNISHMENT (CPT). Report to the Italian Government on the visit to Italy carried out by the European Committee for the Prevention of Torture and Inhuman or Degrading Treatment or Punishment (CPT) from 12 to 22 March 2019. Disponible en: https://rm.coe.int/16809986b4

TALINI, S.: *La privazione della libertà personale. Metamorfosi normative, apporti giurisprudenziali, applicazioni amministrative.* Editoriale Scientifica. Napoli, 2018.

TALINI, S.: "Prison Leave in Italy: Legislation and Practical Application Is the Italian Regulation on Prison Leave Ensuring the Constitutional Purpose of Punishment?", *European Journal on Criminal Policy and Research,* 26(2), 2020, pp. 1-18.

VAN GINNEKEN, E.F., SUTHERLAND, A., y MOLLEMAN, T.: "An ecological analysis of prison overcrowding and suicide rates in England and Wales, 2000-2014". *International Journal of Law Psychiatry,* 50, 2016, pp. 76-82.

El efecto desaliento de las penas de prisión[1]

DAVID COLOMER BEA
Profesor permanente laboral de Derecho penal
Universitat de València

I. INTRODUCCIÓN

El efecto desaliento no es un efecto exclusivo de las penas de prisión, ni siquiera de las sanciones penales, pero el temor a ser encarcelado inhibe más que cualquier otra medida que puedan adoptar legítimamente los poderes públicos[2]. El objeto del presente trabajo es analizar si y, en su caso, en qué grado el ejercicio extralimitado de un derecho fundamental puede ser castigado con penas de prisión, en consideración a su efecto desaliento.

II. CUESTIÓN PRELIMINAR: ¿QUÉ ES EL EFECTO DESALIENTO Y POR QUÉ ES INDESEABLE?

Con la expresión "efecto desaliento" se alude a la disuasión indirecta en el ejercicio de un derecho fundamental que produce una actuación o medida adoptada por los poderes públicos. Esta actuación o medida no tiene por objeto disuadir el ejercicio legítimo del derecho fundamental afectado, sino un comportamiento

---

1 Este trabajo se enmarca en el Proyecto I+D+i "Estudio crítico del uso de sanciones alternativas penales: una mirada a la salud mental y al género" (ref.: PID2021-126236OB-I00; AEI/FEDER, UE).

2 SCHAUER, F.: "Fear, Risk and the First Amendment: Unraveling the Chilling Effect", *Boston University Law Review*, vol. 58, 1978, p. 697.

antijurídico que se encuentra próximo a aquel; proximidad que explica el posible temor de los ciudadanos a ejercer el correspondiente derecho por la incertidumbre de que les resulte aplicable dicha actuación o medida[3].

Esa incertidumbre se produce cuando "es borrosa la frontera que separa lo lícito de lo ilícito"[4]. La falta de certeza sobre si una determinada conducta cae en el ámbito del ejercicio legítimo de un derecho fundamental o en el terreno de lo ilícito es lo que provoca el efecto desaliento.

Para entender el efecto desaliento, hay que tener en cuenta que el ámbito material de algunos derechos fundamentales no coincide plenamente con su ámbito de protección jurídica[5], lo que permite hablar de un ejercicio "extralimitado" de derechos, situación que se da cuando una conducta se enmarca en el ámbito material de un derecho fundamental, pero queda excluida de su ámbito de protección jurídica. Pues bien, cuando los límites del correspondiente derecho fundamental no están marcados de manera clara, una determinada reacción frente al ejercicio extralimitado de dicho derecho puede disuadir del ejercicio del mismo "ante el temor de que cualquier extralimitación sea severamente sancionada"[6].

La medida desalentadora se proyecta, pues, sobre un comportamiento ilícito encuadrado en el ámbito material de algún derecho

---

3 CUERDA ARNAU, M. L.: "La doctrina del efecto de desaliento en la jurisprudencia del Tribunal Constitucional español. Origen, desarrollo y decadencia", *InDret*, n.º 2, 2022, pp. 92-93.

4 LASCURAÍN SÁNCHEZ, J. A.: "Todo a la vez: la limitación de la expresión y la desprotección del honor", *Revista Jurídica de la Universidad Autónoma de Madrid*, n.º 36, 2017, p. 127.

5 Sobre la distinción entre el ámbito material y el ámbito jurídicamente protegido de los derechos fundamentales, *vid.* MARTÍNEZ-PUJALTE, A. L.: "Ámbito material de los derechos fundamentales, dimensión institucional y principio de proporcionalidad", *Persona y Derecho*, n.º 54, 2006, pp. 76 y ss.

6 STC 136/1999, de 20 de julio (TOL81.189), FJ 20.

fundamental. La disuasión del ejercicio legítimo de este derecho se presenta como un efecto "concomitante" o "colateral" de la medida adoptada por los poderes públicos[7]. Cuando no resulta fácil para los ciudadanos identificar los límites del ámbito de protección jurídica de un derecho fundamental, la sanción —o determinado tipo de sanción— de las extralimitaciones puede llevarlos a una actitud de abstención o retraimiento en el ejercicio de tal derecho.

Dicha actitud de abstención o retraimiento resulta indeseable cuando implica el ejercicio de derechos fundamentales que contribuyen a la promoción de intereses sociales, como, por ejemplo, la libertad de expresión y el derecho de reunión, cuyo ejercicio favorece el pluralismo político. De ahí que el efecto desaliento sobre tales derechos deba ser evitado, al ir "en detrimento de la sociedad en su conjunto"[8].

III. EL EFECTO DESALIENTO DE LAS PENAS DE PRISIÓN EN LA JURISPRUDENCIA DEL TRIBUNAL EUROPEO DE DERECHOS HUMANOS

En la jurisprudencia del Tribunal Europeo de Derechos Humanos (TEDH), el efecto desaliento constituye un factor para valorar la proporcionalidad y, por tanto, la "necesidad en una sociedad democrática" de una determinada medida restrictiva de derechos fundamentales adoptada por los poderes públicos[9]. Su operatividad se ha planteado, principalmente, en el contexto de

---

7 DE DOMINGO PÉREZ, T.: "La argumentación jurídica en el ámbito de los derechos fundamentales: en torno al denominado 'chilling effect' o 'efecto desaliento'", *Revista de Estudios Políticos*, n.º 122, 2003, p. 153.

8 STEDH, Gran Sala, de 17 de diciembre de 2004, *Cumpănă y Mazăre c. Rumanía* (TOL9.086.063), § 114.

9 CHYBALSKI, P., "'Chilling Effect' in the Judicial Decisions of the Polish Constitutional Tribunal as an Example of Legal Transplant", *Review of European and Comparative Law*, vol. 48, n.º 1, 2022, p. 216.

protestas o debates sobre asuntos de interés público. Y es que las acciones que se desenvuelven en dicho contexto gozan de una protección reforzada[10], existiendo poco margen para su restricción[11]. Por ello, los poderes públicos deben actuar con la máxima cautela en este ámbito, evitando que las sanciones o medidas que impongan disuadan a los ciudadanos de involucrarse en dichas acciones[12], vinculadas con el ejercicio de la libertad de expresión (art. 10 CEDH) y del derecho de reunión (art. 11 CEDH).

En el contexto de un debate sobre asuntos de interés público, las penas de prisión resultan, en principio, ilegítimas, al entender el TEDH que "una sanción de este tipo, por su propia naturaleza, producirá inevitablemente un efecto desaliento"[13]. En este sentido se pronuncia la sentencia del caso *Cumpănă y Mazăre c. Rumanía*:

> "La imposición de una pena de prisión por un delito de prensa solo será compatible con la libertad de expresión de los periodistas garantizada por el artículo 10 del Convenio en circunstancias excepcionales, especialmente cuando otros derechos fundamentales se hayan visto gravemente afectados, como, por ejemplo, en el caso del discurso del odio o de incitación a la violencia [...].
> Las circunstancias del presente caso —un caso clásico de difamación de una persona en el contexto de un debate sobre un asunto

---

10 STEDH, Sección 1.ª, de 20 de abril de 2006, *Raichinov c. Bulgaria* (TOL9.082.731), § 49 ("Su opinión [...] podría considerarse que, hasta cierto punto, forma parte de un debate sobre un asunto de interés general, que requiere una protección reforzada en virtud del artículo 10").

11 STEDH, Sección 5.ª, de 1 de diciembre de 2011, *Schwabe y M.G. c. Alemania* (TOL2.647.824), § 113 ("Hay poco margen en virtud del artículo 10 del Convenio —a la luz del cual el artículo 11 debe ser interpretado— para las restricciones del discurso político o del debate sobre cuestiones de interés público").

12 STEDH, Gran Sala, de 17 de diciembre de 2004, *Cumpănă y Mazăre c. Rumanía* (TOL9.086.063), § 111 ("El Tribunal también debe actuar con la máxima cautela cuando las medidas adoptadas o las sanciones impuestas por las autoridades nacionales sean tales que disuadan a la prensa de participar en el debate sobre asuntos de legítimo interés público").

13 *Ibid.*, § 116

> de legítimo interés público— no justifican en modo alguno la imposición de una pena de prisión. Dicha sanción, por su propia naturaleza, tendrá inevitablemente un efecto desaliento, y el hecho de que los demandantes no hayan cumplido su pena de prisión no altera esa conclusión, dado que los indultos individuales que recibieron son medidas sujetas al poder discrecional del Presidente de Rumanía; además, aunque tales actos de clemencia dispensan a las personas condenadas de tener que cumplir su pena, no anulan su condena"[14].

Vemos, pues, que lo que el TEDH toma en cuenta para valorar el efecto desaliento de las penas de prisión es la existencia de una condena a dicha pena y no su efectivo cumplimiento. Así lo señala también la sentencia del caso *Malisiewicz-Gąsior c. Polonia*:

> "Lo importante aquí no es que no se haya ejecutado su pena de prisión, sino que la demandante haya sido condenada. Además, la decisión de no ejecutar la pena de prisión no anula su condena ni sus antecedentes penales"[15].

Por tanto, las penas de prisión suspendidas no tienen cabida, por lo general, en el contexto del debate sobre asuntos de interés público. Al efecto desaliento de este tipo de penas se refiere la sentencia del caso *Balaskas c. Grecia*:

> "Las circunstancias del presente caso —un ejemplo clásico de crítica de una persona conocida en una comunidad local en el contexto de un debate sobre un asunto de interés público— no justificaban la imposición de una pena de prisión. Dicha sanción, por su propia naturaleza, tendrá inevitablemente un efecto desaliento sobre el debate público, y la circunstancia de que la condena del demandante fue de hecho suspendida no altera esa conclusión, en particular porque la condena en sí misma no fue cancelada"[16].

---

14 *Ibid.*, §§ 115-116.

15 STEDH, Sección 1.ª, de 6 de abril de 2006, *Malisiewicz-Gąsior c. Polonia* (TOL9.082.859), § 68.

16 STEDH, Sección 1.ª, de 5 de noviembre de 2020, *Balaskas c. Grecia* (TOL8.174.879), § 61.

También se incluyen en dicha prohibición general las penas de prisión indultadas. En este caso, resulta ilustrativo el siguiente fragmento de la sentencia del caso *Sallusti c. Italia*:

> "El hecho de que la pena de prisión del demandante haya sido suspendida no altera dicha conclusión, teniendo en cuenta que la conmutación individual de una pena de prisión por una multa es una medida sujeta al poder discrecional del Presidente de la República Italiana. Además, si bien tal acto de clemencia dispensa a los condenados de tener que cumplir su pena, no anula su condena"[17].

Ni la suspensión de la pena de prisión ni el indulto suponen la cancelación de la condena y de los antecedentes penales, lo que sí implica la amnistía. Ello no impide que en la sentencia del caso *Mahmudov y Agazade c. Azerbaiyán* el TEDH reconozca el efecto desaliento de una pena de prisión amnistiada:

> "El hecho de que los demandantes no cumplieran su pena de prisión y de que sus condenas fueran canceladas no altera esta conclusión [el efecto desaliento de las penas de prisión sobre el ejercicio de la libertad periodística], dado que se les eximió de cumplir su condena únicamente debido a la afortunada coincidencia de una ley de amnistía que se aplicó a una amplia variedad de casos penales en el período de tiempo correspondiente y que no se adoptó con el objetivo específico de reparar la situación particular de los demandantes"[18].

El mismo tratamiento que las penas de prisión recibe la prisión provisional. Al efecto desaliento de esta medida cautelar se refiere la sentencia del caso *Şahin Alpay c. Turquía:*

> "La prisión preventiva de toda persona que exprese opiniones críticas produce una serie de efectos adversos, tanto para los propios detenidos como para la sociedad en su conjunto, ya que la imposición de una medida privativa de libertad, como en el presente caso, tendrá inevitablemente un efecto desaliento sobre la libertad

---

17 STEDH, Sección 1.ª, de 7 de marzo de 2019, *Sallusti c. Italia* (TOL7.087.865), § 62.

18 STEDH, Sección 1.ª, de 18 de diciembre de 2008, *Mahmudov y Agazade c. Azerbaiyán* (TOL9.074.372), § 51.

> de expresión al intimidar a la sociedad civil y silenciar las voces disidentes. El Tribunal observa, además, que un efecto desaliento de este tipo puede producirse incluso cuando el detenido es posteriormente absuelto"[19].

Hay que tener en cuenta que, para el TEDH, el carácter "penal" de una sanción no viene determinado por la calificación que le dé el legislador del correspondiente Estado, sino por aspectos materiales, como "el alcance general de la infracción", su finalidad "punitiva y disuasoria"[20] o "el grado de severidad de la sanción"[21]. Desde esta perspectiva, las sanciones administrativas o disciplinarias que comporten privación de libertad de cierta duración deben considerarse equiparables a las penas de prisión en relación con la prohibición general de su imposición en el contexto del debate sobre asuntos de interés público.

Incluso las penas de multa cuyo incumplimiento conlleve privación de libertad son contempladas con recelo por el TEDH, debido a su potencial efecto desaliento. Así queda reflejado en la sentencia del caso *Benítez Moriana e Iñigo Fernández c. España*:

> "La pena alternativa de privación de libertad podría haberse impuesto en caso de que se hubiera dejado de abonar la multa. Este tipo de sanciones penales, por su propia naturaleza, producirán inevitablemente un efecto desaliento"[22].

En los supuestos de difamación en el marco de un debate sobre asuntos de interés público, las penas de prisión solo se consideran legítimas "en circunstancias excepcionales, especialmente cuan-

---

19 STEDH, Sección 2.ª, de 20 de marzo de 2018, *Şahin Alpay c. Turquía* (TOL6.538.732), § 182.

20 STEDH, Gran Sala, de 15 de noviembre de 2018, *Navalnyy c. Rusia* (TOL6.899.360), § 79.

21 STEDH, Pleno, de 8 de junio de 1976, *Engel y otros c. Países Bajos* (TOL163.349), §§ 82 y 85.

22 STEDH, Sección 3.ª, de 9 de marzo de 2021, *Benítez Moriana e Iñigo Fernández c. España* (TOL8.339.939), § 59.

do otros derechos fundamentales se [ven] gravemente afectados, como, por ejemplo, en el caso del discurso del odio o de incitación a la violencia"[23]. Pero la mayoría de estos casos son tratados por el TEDH no propiamente como excepciones a la prohibición general de penas de prisión en el contexto de debates sobre asuntos de interés público, sino, más bien, como situaciones excluidas de dicho ámbito, al entender que los discursos del odio o de incitación a la violencia no contribuyen en modo alguno a tales debates[24].

La prohibición general de penas de prisión también se reconoce expresamente en relación con conductas vinculadas con la participación en manifestaciones pacíficas. La sentencia del caso *Kudrevičius y otros c. Lituania* es muy clara al respecto:

> "En principio, una manifestación pacífica no debe estar sujeta a la amenaza de una sanción penal y, en particular, a la privación de libertad. Así pues, el Tribunal debe examinar con especial cuidado los casos en los que las sanciones impuestas por las autoridades nacionales por conductas no violentas impliquen una pena de prisión"[25].

En este ámbito, sí que hay una clara excepción: los supuestos de alteración del orden público. Por ejemplo, en la sentencia del caso *Barraco c. Francia*, el TEDH consideró proporcionada la condena a una pena de prisión de tres meses, suspendida, impuesta al demandante por bloquear totalmente el tráfico de una autopista, junto a otros manifestantes, al tratarse de un hecho que "va más allá de las simples molestias que provoca cualquier manifestación

---

23 STEDH, Sección 1.ª, de 7 de marzo de 2019, *Sallusti c. Italia* (TOL7.087.865), § 59.

24 *Vid.* STEDH, Sección 3.ª, de 11 de mayo de 2021, *Kilin c. Rusia* (TOL8.416.503), §§ 82 y 94.

25 STEDH, Gran Sala, de 15 de octubre de 2015, *Kudrevičius y otros c. Lituania*, (TOL6.403.943) *§ 146.*

en la vía pública"[26]. La sentencia del caso *Kudrevičius y otros c. Lituania* señala sobre este tipo de acciones:

> "La estructuración de una manifestación, o de parte de ella, de forma que perturbe la vida ordinaria y otras actividades en un grado superior al inevitable en las circunstancias del caso constituye una conducta que no puede gozar de la misma protección privilegiada en virtud del Convenio que las expresiones políticas o el debate sobre cuestiones de interés público o la manifestación pacífica de opiniones sobre dichos asuntos"[27].

Ahora bien, el contexto reivindicativo en el que se enmarca la alteración del orden público influye en la valoración de la proporcionalidad de las penas. En este sentido, cabe apuntar que la pena de prisión enjuiciada en el caso *Barraco c. Francia* fue de corta duración y, además, no llegó a ejecutarse. En cambio, penas mayores, como la del caso *Taranenko c. Rusia*, se han considerado incompatibles con los artículos 10 y 11 CEDH. En la sentencia del último caso citado, el TEDH concluyó que

> "si bien las exigencias de orden público podrían haber justificado una sanción por las acciones de la demandante [participación en unos disturbios realizados como acción de protesta en un edificio del gobierno ruso], el largo período de prisión provisional y la larga pena de prisión suspendida que se le impuso no fueron proporcionales al objetivo legítimo perseguido. El Tribunal considera que la sanción extraordinariamente severa impuesta en el presente caso debe haber tenido un efecto desaliento sobre la demandante y otras personas que toman parte en acciones de protesta"[28].

---

26 STEDH, Sección 5.ª, de 5 de marzo de 2009, *Barraco c. Francia* (TOL9.073.733), § 47.

27 STEDH, Gran Sala, de 15 de octubre de 2015, *Kudrevičius y otros c. Lituania* (TOL6.403.943), § 156.

28 STEDH, Sección 1.ª, de 15 de mayo de 2014, *Taranenko c. Rusia* (TOL9.056.530), § 95.

IV. EL EFECTO DESALIENTO DE LAS PENAS DE PRISIÓN EN LA JURISPRUDENCIA DEL TRIBUNAL CONSTITUCIONAL

1. Primera etapa: el efecto desaliento de las penas de prisión excesivas

Inicialmente, el Tribunal Constitucional español vinculó el efecto desaliento con la severidad de las penas de prisión. La STC 136/1999, de 20 de julio, primera en referirse al efecto desaliento[29], declaró ilegítima la pena de siete años de prisión impuesta, por delito de colaboración con banda armada, a varios miembros de Herri Batasuna en razón de su participación en la difusión, en el marco de las elecciones generales de 1996, de varios vídeos y cintas en los que se exponía la propuesta de mínimos de ETA para abandonar la lucha armada. Si bien se negó que dicho comportamiento constituyese ejercicio legítimo de los derechos a la libertad de expresión e información (art. 20.1 CE), a la libertad ideológica (art. 16.1 CE) y a participar en asuntos públicos (art. 23.1 CE), el Tribunal Constitucional consideró que la norma penal aplicada a los demandantes de amparo —el artículo 174 bis a) del Código Penal de 1973— "no guarda, por su severidad en sí y por el efecto que la misma comporta para el ejercicio de las libertades de expresión y de información, una razonable relación con el desvalor que entrañan las conductas sancionadas"[30], tomando en cuenta las siguientes circunstancias:

> "a) En cuanto a las conductas sancionadas no cabe duda de que son potencialmente peligrosas en la medida en que son constitutivas de colaboración con banda armada, pero resultaron en

---

29 Con anterioridad, había aludido al efecto desaliento el magistrado Vives Antón en tres votos particulares: los emitidos en las SSTC 78/1995, de 22 de mayo (TOL82.817); 79/1995, de 22 de mayo (TOL82.818), y STC 46/1998, de 2 de marzo (TOL268.081).

30 STC 136/1999, de 20 de julio (TOL81.189), FJ 29.

la realidad muy alejadas de los peligros que la norma aplicada quiere finalmente evitar. Recuérdese, en primer lugar, que no estamos ante una conducta directamente constitutiva de un resultado de colaboración con banda armada, como lo hubiera sido por ejemplo la difusión efectiva de la intimidación contenida en los mensajes televisivos y radiofónicos a que se ha hecho referencia, sino ante un acto de colaboración -tal como lo calificó la Sala sentenciadora- tendente a tal resultado de efectiva colaboración. Los recurrentes, en efecto, no emprendieron directamente la realización de la actividad difusora, sino que remitieron las cintas a los respectivos organismos públicos. Repárese además, en segundo lugar, en que perdieron con ello el dominio del curso de riesgo que conducía del acuerdo delictivo al efectivo apoyo a la organización terrorista; dominio que les hubiera permitido mantener el acto de colaboración hasta la producción de su efectivo resultado, del beneficio para la organización terrorista y del perjuicio para la sociedad. En el previsible horizonte que se daba tras el Acuerdo de difusión se encontraba la seria probabilidad de que el curso de riesgo por ellos desatado se viera interrumpido, como así fue, por la intervención de la autoridad judicial o por la negativa de los medios de comunicación afectados a la emisión delictiva pretendida, negativa previa a la denuncia ante la autoridad judicial.

b) Por el contrario, en el otro plato de la balanza, en el de los costes fácticos que la medida comporta para los valores constitucionales, debe destacarse, en primer lugar, la muy significativa entidad de la pena: una privación de libertad de una duración mínima de seis años y un día y máxima de doce y una multa de cuantía comprendida entre 500.000 y 2.500.000 pesetas. Esta misma pena de prisión mayor, se asignaba en el Código Penal de 1973, por ejemplo, a los integrantes de bandas armadas (art. 174.3), a los ejecutores de una sedición (art. 219.3º), al aborto doloso no consentido por la embarazada (art. 411, párrafo 1º.1), a las mutilaciones de miembro no principal (art. 419), a las agresiones sexuales graves (art. 430), al robo con torturas (art. 501.4º) o al incendio de masas forestales con peligro para la vida de las personas [art. 553 bis a)].

[...]

c) En la relativización de la gravedad de los comportamientos sancionados y en los costes sociales de la norma penal incide el hecho de que la misma se aplica a la expresión de ideas e informaciones por parte de los dirigentes de una asociación política legal en el seno de una campaña electoral y dirigida a la petición del voto de los ciudadanos. Hemos reiterado que la difusión de estas ideas e informaciones y este modo de participación en la actividad política no constituye un ejercicio lícito de las libertades de expresión,

de información y de participación política y, por ello, no están tuteladas por esos derechos constitucionales y por ello pueden ser objeto de sanción penal; sin embargo, también hemos señalado que es indudable que las conductas incriminadas son actividades de expresión de ideas e informaciones y constituyen una forma de participación política y, en consecuencia, una sanción penal desproporcionada puede producir efectos de desaliento respecto del ejercicio lícito de esos derechos. En suma, aun admitiendo la legitimidad del recurso a la vía penal, la pena no puede proyectarse con la dureza que el tipo previene sobre la universalidad de los componentes del órgano dirigente de una asociación política que, si bien extralimitándose, han actuado en un ámbito en el que las formaciones políticas deben operar con la mayor libertad sin más limitaciones que las estrictamente necesarias para preservar la libertad de los ciudadanos.
[....]
La aplicación de un precepto que contempla una pena mínima de seis años y un día produce un claro efecto disuasorio del ejercicio de las libertades de expresión, comunicación y participación en la actividad pública, aunque las conductas sancionadas no constituyan ejercicio legítimo de las mismas.
d) Finalmente debe tenerse en cuenta que ese efecto disuasorio se refuerza en supuestos como el presente en el que la relativa indeterminación del precepto, aunque no plantee problemas desde el punto de vista de la taxatividad, puede crear alguna incertidumbre acerca de si la expresión de unas ideas, la comunicación de una información o la participación en una determinada actividad pública es lícita o, por el contrario, resulta muy severamente penada. Esta incertidumbre puede inhibir de modo natural el ejercicio de tales libertades, necesarias para el funcionamiento democrático de la sociedad y radicalmente imprescindibles cuando tal ejercicio se refiere a los partidos políticos y al momento en el que se dirigen a recabar la voluntad de los ciudadanos"[31].

De este modo, el Tribunal Constitucional atribuye el efecto desaliento a la severidad de la pena de prisión asignada por el legislador al tipo penal, de donde deriva su inconstitucionalidad:

"El precepto resulta, en efecto, inconstitucional únicamente en la medida en que no incorpora previsión alguna que hubiera permiti-

---

31 *Idem.*

> do atemperar la sanción penal a la entidad de actos de colaboración con banda armada que, si bien pueden en ocasiones ser de escasa trascendencia en atención al bien jurídico protegido, no por ello deben quedar impunes. Expresado en otros términos, no es la apertura de la conducta típica de colaboración con banda armada la que resulta constitucionalmente objetable, sino la ausencia en el precepto de la correspondiente previsión que hubiera permitido al juzgador, en casos como el presente, imponer una pena inferior a la de prisión mayor en su grado mínimo. A partir, por tanto, de la apreciación por parte de la Sala sentenciadora de que nos encontramos ante uno de los mencionados 'actos de colaboración' con banda armada, el precepto legal en cuestión hubiera debido permitir la imposición de una pena proporcionada a las circunstancias del caso: no habiéndolo hecho así, el reiterado precepto incurre en inconstitucionalidad en el sentido que se acaba de indicar"[32].

En conclusión, la pena impuesta a los recurrentes se consideró ilegítima porque la norma penal aplicada no permitía castigar el comportamiento ilícito enjuiciado con una pena inferior a la de prisión de seis años y un día. Es el *quantum* de la pena abstracta, no su naturaleza —pena de prisión— ni su concreta aplicación —siete años de prisión—, lo que determina la ilegitimidad, por desproporcionada y desalentadora, de la condena de los demandantes.

2. *Segunda etapa: el efecto desaliento de las sanciones penales*

El Tribunal Constitucional reconoció nuevamente el efecto desaliento de una sanción penal en la STC 185/2003, de 27 de octubre, pero lo hizo en unos términos muy distintos, vinculando dicho efecto con la naturaleza penal de la sanción, no con su gravedad. La mencionada sentencia dice que "no resulta constitucionalmente admisible la aplicación de un tipo penal a conductas que constituyan actos de ejercicio de un derecho fundamental", es decir, que "inequívocamente han de ser calificadas como pertenecientes al ámbito objetivo de ejercicio del mismo", dado que

---

32 *Ibid.*, FJ 30.

"los hechos probados no pueden ser a un mismo tiempo valorados como actos de ejercicio de un derecho fundamental y como conductas constitutivas de un delito"[33]. A continuación, añade:

> "El instrumento penal sólo será constitucionalmente lícito cuando, con independencia de lo alegado por el recurrente, pueda afirmarse que estamos sólo frente a un aparente ejercicio de un derecho fundamental y que la conducta enjuiciada, por su contenido, por la finalidad a la que se orienta o por los medios empleados, desnaturaliza el ejercicio del derecho y se sitúa objetivamente, al margen del contenido propio del mismo y, por ello, en su caso, en el ámbito de lo potencialmente punible"[34].

Por el contrario, en los supuestos en los que el comportamiento enjuiciado se enmarque claramente en el ámbito material de un derecho fundamental, la imposición de una sanción penal constituiría "una reacción innecesaria y desproporcionada, con un efecto disuasorio o desalentador del ejercicio" del derecho fundamental implicado[35].

La STC 104/2011, de 20 de junio, consolidó este cambio de planteamiento, al señalar:

> "No cabe incluir entre los supuestos penalmente sancionables aquellos que sean ejercicio regular del derecho fundamental de que se trate, y [...] tampoco puede el Juez, al aplicar la norma penal (como no puede el legislador al definirla), reaccionar desproporcionadamente frente al acto conectado con el derecho fundamental, ni siquiera en el supuesto de que no constituya un ejercicio plena y escrupulosamente ajustado a las condiciones y límites del mismo. Por tanto, la sanción penal sólo será constitucionalmente posible cuando estemos frente a un 'aparente ejercicio' del derecho fundamental, y siempre que, además, la conducta enjuiciada, por su contenido, por la finalidad a la que se orienta o por los medios empleados, desnaturalice o desfigure el derecho y se sitúe objetiva-

---

33 STC 185/2003, de 27 de octubre (TOL319.133), FJ 5.

34 *Idem.*

35 *Ibid.*, FJ 7.

> mente al margen de su contenido esencial, quedando por ello, en su caso, en el ámbito de lo potencialmente punible"[36].

De ahí que, en relación con el caso enjuiciado —condena por delito de desobediencia (art. 556 CP) a una pena de seis meses de prisión a la representante de un comité de huelga por introducirse en el despacho del concejal de asuntos sociales del ayuntamiento en el que trabajaba y permanecer en él durante unos diez minutos tras ser requerida para que lo abandonase—, concluya la citada sentencia que

> "la conexión de la conducta de la recurrente con el ejercicio del derecho fundamental de huelga determina que la imposición de una sanción penal a la misma constituya una reacción desproporcionada, vulneradora del derecho a la legalidad penal (art. 25.1 CE) por su efecto disuasorio o desalentador del ejercicio de aquel derecho fundamental (art. 28.2 CE)"[37].

Actualmente, el Tribunal Constitucional sigue vinculando el efecto desaliento con la naturaleza penal de las sanciones, no con su gravedad, como puede observarse en el siguiente fragmento de la STC 170/2021, de 7 de octubre:

> "Existe un uso desproporcionado del derecho penal, y por lo tanto ilegítimo desde una perspectiva constitucional, cuando se sanciona una conducta merecedora de ser encuadrada en el ámbito objetivo de aplicación del derecho fundamental invocado; esto es, cuando la conducta presente una conexión clara e incontestable con el derecho, aunque se haya incurrido en exceso en su ejercicio"[38].

Ahora bien, en la práctica, la doctrina del efecto desaliento lleva muchos años sin ser aplicada por el Tribunal Constitucional —la última vez lo fue en la STC 104/2011, de 20 de junio—. El problema radica en la apreciación de la conexión entre el comportamiento ilícito y el derecho fundamental alegado, una cuestión que depen-

---

36 STC 104/2011, de 20 de junio (TOL2.164.478), FJ 6.

37 *Ibid.*, FJ 9.

38 STC 170/2021, de 7 de octubre (TOL8.629.504), FJ 8.

de de la sensibilidad del tribunal, que en los últimos tiempos es nula. Sirvan de ejemplo las resoluciones de los recursos de amparo contra la sentencia del *procés*[39], en las que se niega el efecto desaliento de las condenas por delito de sedición, al considerar que las conductas enjuiciadas se situaban al margen del ejercicio de los derechos a la libertad de expresión y de reunión:

> "Tampoco cabe apreciar el denominado 'efecto desaliento', bajo el alegato de que las penas impuestas desincentivan el ejercicio de esos derechos. La conducta del recurrente no constituye un mero exceso o extralimitación en el ejercicio de derechos fundamentales pues, como así se recoge en la sentencia, lo que aquel pretendía era neutralizar las decisiones adoptadas por este tribunal y los órganos judiciales sirviéndose de la movilización ciudadana para ese propósito. Por ello, tal conducta queda al margen del ejercicio de los mencionados derechos, de manera que no puede ampararse en un eventual 'efecto desaliento' para tildar de desproporcionadas las penas impuestas"[40].

En la reciente sentencia del TEDH recaída en el caso *Fragoso Dacosta c. España*, se ha puesto de manifiesto esa falta de sensibilidad del Tribunal Constitucional en la apreciación de los supuestos de ejercicio extralimitado de derechos fundamentales. La STC 190/2020, de 15 de diciembre, denegó el amparo solicitado por un sindicalista que había sido condenado por delito de ultrajes a España (art. 543 CP) por pronunciar expresiones ofensivas contra la bandera de España durante una concentración de protesta contra el impago de salarios a los trabajadores de una empresa de limpieza del arsenal militar de Ferrol, al entender que dichas expresiones fueron proferidas "al margen del contexto y sin vinculación alguna al objetivo legítimo de formular unas reivindicaciones laborales", de modo que "ni siquiera es posible apreciar una extralimitación en el ejercicio de la libertad de expresión, pues su

---

39 STS, Sala Segunda, n.º 459/2019, de 14 de octubre (TOL7.515.425).

40 STC 91/2021, de 22 de abril (TOL8.420.790), FJ 11.5.2.3; STC 106/2021, de 11 de mayo (TOL8.451.608), FJ 11.5.2.3, y STC 121/2021, de 2 de junio (TOL8.486.032), FJ 12.5.2.3.

conducta [...] no contribuye a la formación de una opinión pública que merezca el calificativo de libre"[41]. El TEDH considera, por el contrario, que las declaraciones del demandante debieron ser enmarcadas en el contexto de la protesta laboral:

> "El Tribunal observa [...] que el demandante era un representante sindical que hizo las declaraciones durante una protesta por el impago de salarios. Por tanto, puede admitirse que se trataba de un debate sobre un asunto de interés general para los empleados de la empresa de limpieza. El Tribunal reitera, a este respecto, que los miembros de un sindicato deben poder expresar a su empresario las reivindicaciones con las que pretenden mejorar la situación de los trabajadores en su empresa. Además, aunque cualquier persona que participa en un debate público de interés general —como el demandante en el presente caso— no debe sobrepasar ciertos límites, en particular en lo que se refiere al respeto por la reputación y los derechos de los demás, se permite cierto grado de exageración o, incluso, de provocación; en otras palabras, se permite cierto grado de desmesura"[42].

Teniendo en cuenta dicho contexto, el TEDH concluye que la condena penal del demandante —en este caso, consistente en una pena de multa— "podría haber tenido un efecto desaliento en el ejercicio de su libertad de expresión"[43], resultando desproporcionada y vulneradora del artículo 10 CEDH[44].

---

41 STC 190/2020, de 15 de diciembre (TOL8.441.195), FJ 5.

42 STEDH, Sección 5.ª, de 8 de junio de 2023, *Fragoso Dacosta c. España* (TOL9.592.474), § 32.

43 *Ibid.*, § 38.

44 *Ibid.*, §§ 33-34.

V. EL EFECTO DESALIENTO DE LAS PENAS DE PRISIÓN EN LA JURISPRUDENCIA DE LA SALA SEGUNDA DEL TRIBUNAL SUPREMO

La Sala Segunda del Tribunal Supremo apenas ha aplicado la doctrina del efecto desaliento, mostrándose hasta hace poco siempre reacia a declarar la inexistencia de responsabilidad criminal por el ejercicio extralimitado de derechos fundamentales. No obstante, en los últimos años se han archivado tres querellas bajo el argumento del efecto desaliento. En estas resoluciones de archivo ha podido influir la STC 35/2020, de 25 de febrero, que recuerda a los órganos jurisdiccionales su deber de pronunciarse sobre el posible efecto desaliento de las condenas penales[45].

Los tres supuestos enjuiciados por el Tribunal Supremo versan sobre declaraciones efectuadas por un ministro contra alguna institución del Estado: el primero se refiere a una entrevista al anterior Ministro de Consumo, Alberto Garzón, en la que alude a una "policía patriótica", utilizada por la "derecha política" como "banda

[45] STC 35/2020, de 25 de febrero (TOL7.868.042), FJ 5 ("El Tribunal considera que también estas argumentaciones resultan insuficientes, pues se observa la ausencia de consideraciones en relación con la dimensión institucional de la libertad de expresión: valoración de la importancia de los mensajes controvertidos desde el punto de vista de la formación de la opinión pública libre y del intercambio de ideas en consonancia con el pluralismo propio de una sociedad democrática; ponderación de si tales mensajes son susceptibles de ser interpretados como manifestaciones de adhesión a opciones políticas legítimas; consideración acerca de si la condena penal de los mensajes podría producir un efecto desaliento o acarrear la desnaturalización del derecho a la libertad de expresión por parte de quienes se propongan ejercitarla mediante la utilización de medios o con contenidos similares; estudio de si el contenido y la finalidad de los mensajes, en su autoría, contexto y circunstancias de quien los emite y de sus destinatarios, es equiparable a la defensa de actitudes violentas contra el orden legal y constitucional").

organizada para el espionaje"[46]; el segundo, a un tuit de Ione Belarra, en aquel momento Ministra de Derechos Sociales y Agenda 2030, en la que tilda de "prevaricación" la condena del exdiputado Alberto Rodríguez por delito de atentado a la autoridad[47]; y el tercero, a las declaraciones de la entonces Ministra de Igualdad, Irene Montero, y de la Delegada del Gobierno contra la Violencia de Género, Victoria Rosell, que se refirieron a los jueces que rebajaban las penas por delitos contra la libertad sexual tras la entrada en vigor de la Ley Orgánica 10/2022, de 6 de septiembre, como "machistas", "fascistas de toga" o "prevaricadores"[48]. En los tres casos, se archivaron las querellas formuladas por delitos de injurias o calumnias contra las Instituciones del Estado (art. 504 CP) —castigados con pena de multa, no de prisión— por enmarcarse los hechos en debates políticos, en cuyo ámbito las sanciones penales provocan

> "un claro efecto desalentador o desincentivador en relación con la libre expresión de ideas u opiniones, generado por el temor que pudiera provocar a quien las manifiesta, de estimarse aquéllas como excesivas o hirientes, la eventual imposición de sanciones de naturaleza penal"[49].

También en estos autos de archivo de la Sala Segunda del Tribunal Supremo el efecto desaliento se vincula con el carácter penal de las sanciones, no con su modalidad ni con su gravedad.

---

46 ATS, Sala Segunda, de 21 de enero de 2021 (Rec. 20473/2020) (TOL8.303.537).

47 ATS, Sala Segunda, n.º 20217/2022, de 18 de marzo (TOL8.896.447), confirmado por el ATS, Sala Segunda, de 12 de mayo de 2022 (Rec. 20926/2021) (TOL8.975.935).

48 ATS, Sala Segunda, n.º 20001/2023, de 11 de enero (TOL9.373.891).

49 *Ibid.*, FJ 3.

VI. RECAPITULACIÓN

(1) En la jurisprudencia del TEDH, las penas de prisión, como regla general, no pueden utilizarse para sancionar comportamientos ilícitos enmarcados en el contexto de un debate sobre asuntos de interés público. Esta prohibición afecta tanto a las penas de prisión de efectivo cumplimiento, como a las suspendidas, indultadas o amnistiadas, e igualmente a las penas de multa cuyo impago puede determinar privación de libertad. En aquellos casos excepcionales en los que se permite la imposición de penas de prisión, como los supuestos de alteración del orden público en el transcurso de manifestaciones pacíficas, el contexto reivindicativo en el que se encuadra la acción obliga a ser moderado en la determinación del *quantum* de la pena, para evitar la provocación de un efecto desaliento.

(2) Originariamente, el Tribunal Constitucional solo impedía la imposición de penas de prisión para castigar conductas antijurídicas efectuadas en el ejercicio extralimitado de derechos fundamentales cuando dichas penas eran excesivas en su duración, en cuyo caso podían disuadir del ejercicio legítimo de tales derechos.

(3) En la jurisprudencia actual del Tribunal Constitucional y de la Sala Segunda del Tribunal Supremo, la conexión de un comportamiento ilícito con el ejercicio legítimo de un derecho fundamental determina la ilegitimidad de cualquier sanción penal —no solo de las penas de prisión—, por su potencial efecto desaliento.

VII. TOMA DE POSICIÓN

El efecto desaliento se proyecta sobre comportamientos antijurídicos enmarcados en el ámbito material de algún derecho fundamental. La antijuridicidad de tales comportamientos permite a los poderes públicos adoptar medidas reactivas, pero su conexión con el ejercicio de derechos fundamentales les obliga a actuar con moderación. El Tribunal Constitucional entiende que esa moderación implica la prohibición de imponer sanciones penales, debiendo optar por medidas previstas en otros sectores del ordenamiento. Así lo explica con claridad el ATC 377/2004, de 7 de octubre:

> "Teniendo en cuenta los principios de *ultima ratio* e intervención mínima que han de orientar la intervención penal en un Estado social y democrático de Derecho, como el consagrado por nuestra Constitución, el límite a la posibilidad de intervención penal no puede establecerse sin embargo en función del respeto estricto a los límites del ejercicio del derecho fundamental. En efecto no sería constitucionalmente acogible la aplicación de una sanción penal en aquellos supuestos en que el ejercicio no pueda calificarse de legítimo (por haber incurrido en alguna extralimitación), pero en los que la conducta se enmarque inequívocamente en el ámbito objetivo del ejercicio del derecho fundamental, en el haz de garantías y posibilidades de actuación o resistencia que otorga, en atención al contenido y finalidad del acto enjuiciado y a los medios empleados. En esos supuestos, el exceso puede convertir la conducta en antijurídica (y merecedora, en su caso, de algún tipo de sanción civil, laboral o administrativa, en función del tipo de derecho ejercitado o del ámbito donde se perfeccione), aunque no alcance a legitimar una sanción penal. En efecto, hemos afirmado reiteradamente que la dimensión objetiva de los derechos fundamentales, su carácter de elementos esenciales del Ordenamiento jurídico, impone a los órganos judiciales, al aplicar una norma penal, la obligación de tener presente el contenido constitucional de tales derechos, impidiendo reacciones que, por su severidad, supongan un sacrificio innecesario o desproporcionado de los mismos o tengan un efecto disuasor o desalentador de su ejercicio (SSTC 85/1992, de 8 de junio, FJ 4; 136/1999, de 20 de julio, FJ 20; 110/2000, de 5 de mayo, FJ 5; 2/2001, de 15 de enero, FJ 3 y 196/2002, de 28 de octubre, FJ 6). De otro modo existirían sólo dos terrenos, el de lo constitucionalmente protegido y el de lo punible, lo que no puede admitirse"[50].

---

[50] ATC 377/2004, de 7 de octubre, FJ 1.

En esta línea, Rodríguez Montañés concibe el efecto desaliento como una "causa de exclusión de la tipicidad penal o del injusto penal"[51]. La falta de relevancia penal de las conductas formalmente típicas realizadas en el ejercicio extralimitado de un derecho fundamental encuentra acomodo, según la citada autora, en los instrumentos de "la adecuación social no justificante, el principio de insignificancia o la tolerancia social"[52].

En mi opinión, el efecto desaliento de una sanción penal no determina automáticamente su ilegitimidad, ni siquiera en el caso de las penas de prisión. La conexión de un comportamiento ilícito con el ejercicio de un derecho fundamental disminuye su antijuridicidad y hace que merezca un trato más benigno, pero no tiene por qué traducirse siempre en la inaplicabilidad de sanciones penales. Esta solución entiendo que tiene sentido en aquellos supuestos en los que el tipo penal aplicable posee escasa gravedad, situándose en el umbral de intervención del Derecho penal, en cuyo caso la proximidad del comportamiento con el ejercicio de un derecho fundamental "empuja hacia abajo la pena imponible"[53] hasta el punto de resultar improcedente su imposición. En cambio, cuando el comportamiento antijurídico encaja en un tipo penal que lleva aparejada una pena mayor, no creo que su conexión con el ejercicio de un derecho fundamental deba impedir su castigo. La exclusión de toda pena como consecuencia necesaria del efecto desaliento puede llevar a que los órganos jurisdiccionales adopten una posición reacia a apreciar la existencia de la referida conexión cuando el hecho enmarcado en el ámbito

---

51 RODRÍGUEZ MONTAÑÉS, T.: *Libertad de expresión, discurso extremo y delito. Una aproximación desde la Constitución a las fronteras del derecho penal*, Tirant lo Blanch, Valencia, 2012, pp. 97-98

52 *Ibid.*, p. 98.

53 CUERDA ARNAU, M. L.: "Proporcionalidad penal y libertad de expresión: la función dogmática del efecto de desaliento", *Revista General de Derecho Penal*, n.º 8, 2007.

material del derecho fundamental alegado revista cierta gravedad, quedando de tal modo sin operatividad el efecto desaliento.

Para los supuestos en los que el comportamiento antijurídico encaja en un tipo penal castigado con pena de prisión, considero que la solución más adecuada para afrontar los supuestos de efecto desaliento pasa por aplicar la eximente incompleta de ejercicio de un derecho (art. 21.1.ª CP, en relación con el art. 20.7.º CP), rebajando la pena en uno o dos grados (art. 68 CP). Esta solución, propuesta por un sector de la doctrina[54], fue asumida por el magistrado Conde-Pumpido Tourón en su voto particular a la STC 133/2021, de 24 de junio, desestimatoria del recurso de amparo contra la sentencia de la Sala Segunda del Tribunal Supremo recaída en el caso *Aturem el Parlament*, que condenó a los acusados a una pena de tres años de prisión como autores de un delito contra las instituciones del Estado del artículo 498 CP[55]. Según Conde-Pumpido, las conductas de los condenados por el caso *Aturem el Parlament* "constituyeron actos de protesta y reivindicación extralimitados que [...] se encuentran directamente relacionados con las críticas políticas y de carácter social que justificaron la convocatoria de la reunión pública y manifestación ante el Parlamento

---

54 *Vid.* MIR PUIG, S.: "Principio de proporcionalidad y fines del Derecho Penal", en ECHANO BASALDÚA, J. I. (coord.): *Estudios Jurídicos en Memoria de José María Lidón*, Universidad de Deusto, Bilbao, 2002, p. 365; PAREDES CASTAÑÓN, J. M.: "Tipicidad y atipicidad en el delito de coacciones a parlamentarios (art. 498 CP): comentario sobre el caso '*Aturem el Parlament*'", en BACIGALUPO SAGGESE, S./FEIJOO SÁNCHEZ, B. J./ECHANO BASALDUA, J. I. (coords.): *Estudios de Derecho penal (homenaje al profesor Miguel Bajo)*, Editorial Universitaria Ramón Areces, Madrid, 2016, p. 1251; PORTILLA CONTRERAS, G.: "La contrarrevolución preventiva emprendida por el Derecho penal y administrativo para hacer frente a los movimientos de protesta y desobediencia civil", en CUERDA ARNAU, M. L./GARCÍA AMADO, J. A. (Dirs.): *Protección jurídica del orden público, la paz pública y la seguridad ciudadana*, Tirant lo Blanch, Valencia, 2016, pp. 77, 79 y 82.

55 STS, Sala de lo Penal, n.º 161/2015, de 17 de marzo (TOL4.770.855).

de Cataluña" y que, por ello, "no quedan fuera del marco general de protección que la Constitución otorga a los derechos de libre expresión, reunión y manifestación"[56]. Tales conductas, "por su contenido coercitivo, [...] no pueden ser consideradas ejercicio plenamente legítimo del derecho de reunión y manifestación" y, por tanto, no resulta aplicable la causa de justificación del artículo 20.7.º CP[57]. Ahora bien, dado que "las conductas enjuiciadas exteriorizaban una protesta política y social, esta[ndo] directamente relacionadas con el ejercicio de los derechos fundamentales alegados", debería haberse apreciado en ellas

> "una menor antijuridicidad, un menor contenido lesivo que, de haber sido tenido en cuenta al valorar jurídico-penalmente la conducta de los recurrentes, hubiera llevado a atenuar la duración concreta de la pena privativa de libertad impuesta por debajo del mínimo legal abstracto establecido"[58].

Esa aminoración de pena —concluye el voto particular— puede llevarse a cabo a través de la eximente incompleta de ejercicio de un derecho, que permite "individualizar y atemperar la reacción penal a la antijuridicidad de las conductas" realizadas en el ejercicio extralimitado de derechos fundamentales[59]. Por esta vía puede llegar a excluirse la imposición de la pena de prisión, sustituyéndose por multa, trabajos en beneficio de la comunidad o localización permanente[60].

---

56 Voto particular de Cándido Conde-Pumpido Tourón a la STC 133/2021, de 24 de junio (TOL8.505.477), FJ 1.2.

57 *Ibid.*, FJ 3.2.

58 *Idem.*

59 *Idem.*

60 Art. 71.2 CP: "No obstante, cuando por aplicación de las reglas anteriores proceda imponer una pena de prisión inferior a tres meses, ésta será en todo caso sustituida por multa, trabajos en beneficio de la comunidad, o localización permanente, aunque la ley no prevea estas penas para el delito de que se trate, sustituyéndose cada día de prisión por dos

Si, pese a reducir el marco penal en uno o dos grados, siguiera resultando aplicable una pena de prisión de duración considerable, cabría plantearse la inconstitucionalidad del correspondiente tipo penal. La imposición de dicha sanción iría en contra del principio de proporcionalidad, infringido por el legislador al no permitir su exclusión o una mayor atenuación en los supuestos enmarcados en el ámbito material del ejercicio de algún derecho fundamental.

En los casos en los que el tipo penal tiene asignada pena alternativa a la de prisión, aplicar la otra pena también constituye una solución adecuada para compensar la disminución de la antijuridicidad del comportamiento. Esta solución fue adoptada por la Sentencia del Juzgado de lo Penal n.º 1 de Palma de Mallorca n.º 336/2014, de 15 de septiembre, en un caso de desórdenes públicos del artículo 558 CP, delito castigado con pena de prisión de tres a seis meses o multa de seis a doce meses:

> "Dado que, como se ha expuesto, la libertad de expresión necesita de un amplio espacio que ha de ser respetado rigurosamente por el juez para no hacer del Derecho Penal un factor de disuasión del ejercicio de la libertad, el Tribunal Europeo de derechos humanos exige, para reconocer legitimidad a la sanción de conductas relacionadas con el ejercicio de derechos fundamentales, no sólo que —como en el caso que nos ocupa— fuera necesaria la limitación en una sociedad democrática, sino que también atiende a la naturaleza y gravedad de la sanción y el consiguiente efecto desaliento que conllevan, sobre todo las penas de prisión.
> Por tanto, en la alternativa, se optará, conforme a la petición del Ministerio Fiscal, por la pena de multa, en extensión de 8 meses, a razón de 3 euros diarios (atendida la condición de estudiantes de los acusados a los que han de suponerse escasos ingresos económicos), con responsabilidad personal subsidiaria de un día de privación de libertad por cada dos cuotas impagadas *ex* art. 53 CP"[61].

---

cuotas de multa o por una jornada de trabajo o por un día de localización permanente".

61 SJP n.º 1 de Palma de Mallorca n.º 336/2014, de 15 de septiembre (TOL4.507.372), FJ 6.

BIBLIOGRAFÍA

CHYBALSKI, P., "'Chilling Effect' in the Judicial Decisions of the Polish Constitutional Tribunal as an Example of Legal Transplant", *Review of European and Comparative Law*, vol. 48, n.º 1, 2022, pp. 209-234.

CUERDA ARNAU, M. L.: "Proporcionalidad penal y libertad de expresión: la función dogmática del efecto de desaliento", *Revista General de Derecho Penal*, n.º 8, 2007.

CUERDA ARNAU, M. L.: "La doctrina del efecto de desaliento en la jurisprudencia del Tribunal Constitucional español. Origen, desarrollo y decadencia", *InDret*, n.º 2, 2022, pp. 88-131.

DE DOMINGO PÉREZ, T.: "La argumentación jurídica en el ámbito de los derechos fundamentales: en torno al denominado 'chilling effect' o 'efecto desaliento'", *Revista de Estudios Políticos*, n.º 122, 2003, pp. 141-166.

LASCURAÍN SÁNCHEZ, J. A.: "Todo a la vez: la limitación de la expresión y la desprotección del honor", *Revista Jurídica de la Universidad Autónoma de Madrid*, n.º 36, 2017, pp. 119-134.

MARTÍNEZ-PUJALTE, A. L.: "Ámbito material de los derechos fundamentales, dimensión institucional y principio de proporcionalidad", *Persona y Derecho*, n.º 54, 2006, pp. 75-116.

MIR PUIG, S.: "Principio de proporcionalidad y fines del Derecho Penal", en ECHANO BASALDÚA, J. I. (coord.): *Estudios Jurídicos en Memoria de José María Lidón*, Universidad de Deusto, Bilbao, 2002, pp. 349-366.

PAREDES CASTAÑÓN, J. M.: "Tipicidad y atipicidad en el delito de coacciones a parlamentarios (art. 498 CP): comentario sobre el caso '*Aturem el Parlament*'", en BACIGALUPO SAGGESE, S./FEIJOO SÁNCHEZ, B. J./ ECHANO BASALDUA, J. I. (coords.): *Estudios de Derecho penal (homenaje al profesor Miguel Bajo)*, Editorial Universitaria Ramón Areces, Madrid, 2016, pp. 1233-1256.

PORTILLA CONTRERAS, G.: "La contrarrevolución preventiva emprendida por el Derecho penal y administrativo para hacer frente a los movimientos de protesta y desobediencia civil", en CUERDA ARNAU, M. L./GARCÍA AMADO, J. A. (Dirs.): *Protección jurídica del orden público, la paz pública y la seguridad ciudadana*, Tirant lo Blanch, Valencia, 2016, pp. 63-82.

RODRÍGUEZ MONTAÑÉS, T.: *Libertad de expresión, discurso extremo y delito. Una aproximación desde la Constitución a las fronteras del derecho penal*, Tirant lo Blanch, Valencia, 2012.

SCHAUER, F.: "Fear, Risk and the First Amendment: Unraveling the Chilling Effect", *Boston University Law Review*, vol. 58, 1978, pp. 685-732.

Abusar de la prisión sin provocar un colapso: algunas pistas sobre el caso Español

JAVIER GUARDIOLA GARCÍA
*Universitat de València**

I. PLANTEAMIENTO DE LA CUESTIÓN

La reflexión que recogen las páginas siguientes pretende explorar algunas pistas en torno a la cuestión con la que concluyen un excelente estudio Blay y Varona:[1] ¿cómo ha sido capaz España de gestionar un crecimiento tan sostenido del sistema [penal] sin colapsarse?

En efecto, el discurso político-criminal de los últimos años parece gravemente marcado por la asunción de que no hay prohibición eficaz si no es una prohibición penal, y de que no hay una verdadera intervención penal si no viene respaldada con la amenaza de una pena de prisión. La amenaza con sancionar de cualquier otro modo se presenta a menudo –y es asumida por

---

* El presente trabajo incorpora resultados de la investigación desarrollada en el Proyecto PID2021-123441NB-I00 financiado por MCIN /AEI /10.13039/501100011033 y por FEDER Una manera de hacer Europa; así como del Proyecto PID2020-117964RB-I00 financiado por MCIN/ AEI /10.13039/501100011033; y trae causa de la comunicación defendida el 6 de octubre de 2023 en el Congreso Internacional *Punitivismo y Revisión del sistema de penas: uso y abuso de la prisión*, organizado por el Proyecto PID2021-126236OB-I00, AEI/FEDER, UE.

1 BLAY GIL, E./VARONA GÓMEZ, D.: "El castigo en la España del siglo XXI: Cartografiando el iceberg de la penalidad", *Política Criminal*, 16–31, 2021, p. 140.

la opinión pública– como una suerte de condescendencia con el criminal, al que el derecho penal 'de verdad' debería responder con pena de prisión; asumiendo así un lema que no por repetido resulta demostrado,[2] de acuerdo con el cual la prisión sería un instrumento efectivo para evitar delincuencia y, por tanto, una previsión dispensadora de protección para las víctimas (actuales y futuras, aunque no suelen sentarse distingos al respecto). Valga como ejemplo lo recientemente acontecido con la Ley Orgánica de protección Integral de la Libertad Sexual:[3] la verificación de que el nuevo texto normativo daba lugar a excarcelaciones[4] (por cierto ya inevitables una vez había entrado en vigor la norma[5]) no

---

2 La credibilidad que se atribuye de antemano a la prisión como pena contrasta con la exigencia de acreditar una eficacia no inferior que se requiere de cualquier 'alternativa' a la misma; cfr. BLAY GIL, E.: "Nueve tópicos acerca del trabajo en beneficio de la comunidad: la necesidad de una discusión basada en conocimientos empíricos", *InDret*, n.º 4/2007, 2007, p. 15; y GUARDIOLA GARCÍA, J.: "Las penas comunitarias en el sistema español: sobre las 'alternativas a la prisión'", *Revista Electrónica de Ciencia Penal y Criminología*, n.º 26–04, 2024, p. 2.

3 Ley Orgánica 10/2022, de 6 de septiembre (TOL9.180.525).

4 Aunque las reducciones de pena superaron el millar, de acuerdo con los datos del Consejo General del Poder Judicial a 24 de noviembre de 2023, las excarcelaciones acordadas fueron 126 (según Comunicación accesible en www.poderjudicial.es).

5 Y que 1) una disposición transitoria difícilmente hubiera evitado, si tenemos en cuenta el alcance del artículo 49.1 *in fine* de la Carta de Derechos Fundamentales de la Unión Europea (TOL131.225); y 2) no anunciaban necesariamente la imposición de penas mucho más bajas en lo sucesivo, habida cuenta de que el despliegue de las circunstancias cualificantes previstas en la nueva normativa que no podían aplicarse retroactivamente porque no se habían declarado probadas en algunos casos revisados (con independencia de su concurrencia, porque en su momento no eran relevantes para determinar la sanción), pero estaban llamadas a desplegar su eficacia en lo sucesivo, podía implicar que la aplicación *ex novo* de la normativa fuera mucho más severa que su efecto en la revisión de casos ya condenados. No puedo detenerme aquí a desarrollar esto, pero no me resisto a apuntarlo.

abrió un debate general sobre la eficacia y eficiencia de la pena de prisión y sobre el nivel de protección que las nuevas previsiones concedían a las víctimas, sino que se sentó en el debate público una ecuación que equiparaba cualquier reducción de la sanción de prisión y desprotección de la víctima, y cerrando las puertas a una evaluación pausada se emprendió una campaña encaminada no a optimizar, sino a endurecer la normativa para garantizar el castigo con prisión de los delincuentes sexuales.[6]

El resultado de este punto de partida ha sido, como era esperable, una hipertrofia del sistema penal: proliferación de delitos y condenas e imposición de sanciones.[7] En efecto, si a principios de siglo había menos de 100.000 condenas por delito anuales en España, en los últimos años son más de 400.000[8] (y la explicación no puede buscarse fundamentalmente en un crecimiento de población: la tasa de condenas se multiplica por 3,6 del año 2000 al 2022;[9] por cierto que algunas condenas se concentran en los

---

6 Dando lugar a la apresurada modificación de la normativa por la Ley Orgánica 4/2023, de 27 de abril (TOL9.513.314).

7 Los datos que siguen en texto y en nota al pie, cuando no se indica lo contrario, están tomados de INSTITUTO NACIONAL DE ESTADÍSTICA [en adelante abreviado INE]: *Estadística de condenados: Adultos*, accesible en línea en www.ine.es (de acuerdo con su nota metodológica, en 1998-2006 explota datos de estadística judicial, y desde 2007 el Registro Central de Penados; los datos atienden a sentencias firmes inscritas en el año natural); para el cálculo de las tasas he empleado la estimación a 1 de julio de cada año de la operación *Cifras de población* accesible también en www.ine.es.

8 Las cifras correspondientes a cada año son 1998: 110.672; 1999: 99.936; 2000: 98.500; 2001: 97.847; 2002: 102.031; 2003: 119.979; 2004: 134.053; 2005: 128.927; 2006: 142.746; 2007: 213.740; 2008: 266.847; 2009: 278.703; 2010: 266.548; 2011: 273.965; 2012: 275.130; 2013: 275.196; 2014: 277.956; 2015: 288.756; 2016: 365.202; 2017: 394.301; 2018: 406.327; 2019: 412.571; 2020: 311.271; 2021: 410.842; 2022: 426.416.

9 Son respectivamente, por cada 100.000 habitantes, para el año 1998: 275; 1999: 248; 2000: 243; 2001: 240; 2002: 246; 2003: 284; 2004: 313; 2005: 295; 2006: 322; 2007: 472; 2008: 580; 2009: 601; 2010: 572; 2011:

mismos penados[10]). Pero si las condenas se multiplican, las penas –que las doblan en número– no crecen mucho menos.[11]

Esta multiplicación del sistema penal no responde estrictamente, ni a los mismos delitos (el despliegue de la lucha contra la violencia doméstica y de género a partir de 2003, la criminalización masiva de conductas que ponen en riesgo la seguridad vial desde 2007, y los delitos leves desde 2015, explican buena parte del crecimiento de esta estadística criminal),[12] ni a las mismas penas (no sólo ni principalmente por la desaparición del arresto de fin de

---

586; 2012: 589; 2013: 591; 2014: 599; 2015: 623; 2016: 787; 2017: 848; 2018: 870; 2019: 876; 2020: 657; 2021: 868; 2022: 892.

10 Desde 2007 la base aporta datos separados de infracciones y personas condenadas; lo que nos permite contrastar el número de condenas por persona penada cada año (así en 2007: 1,33; 2008: 1,29; 2009: 1,26; 2010: 1,24; 2011: 1,24; 2012: 1,24; 2013: 1,25; 2014: 1,27; 2015: 1,30; 2016: 1,34; 2017: 1,38; 2018: 1,42; 2019: 1,44; 2020: 1,41; 2021: 1,46; 2022: 1,38). Las tasas de personas condenadas por cada 100.000 habitantes son para 2007: 356; 2008: 449; 2009: 479; 2010: 462; 2011: 474; 2012: 473; 2013: 472; 2014: 471; 2015: 480; 2016: 585; 2017: 613; 2018: 614; 2019: 609; 2020: 468; 2021: 596; 2022: 646.

11 Desde 2007 las condenas se han multiplicado por 1,99, y las penas, por 1,95; las tasas de condenas, por 1,88, y las de penas por 1,84. Las cifras de penas impuestas, y las correspondientes tasas por cada 100.000 habitantes –se indican entre paréntesis–, desde que la base analizada recoge diversas penas impuestas y no sólo una por delito (y sin tener en cuenta responsabilidades personales subsidiarias por impago de multa, por cuanto aun previstas en sentencia sólo se aplicarán si se impaga la multa, y la base las recoge sólo entre 2007 y 2014), son las siguientes: 2007: 431.368 (954); 2008: 614.246 (1.336); 2009: 649.465 (1.401); 2010: 616.726 (1.325); 2011: 544.185 (1.164); 2012: 556.126 (1.190); 2013: 608.860 (1.307); 2014: 615.630 (1.326); 2015: 617.696 (1.332); 2016: 695.013 (1.497); 2017: 734.919 (1.580); 2018: 753.803 (1.614); 2019: 769.459 (1.634); 2020: 592.957 (1.252); 2021: 789.329 (1.667); 2022: 842.272 (1.763).

12 Lo que no significa que las modalidades delictivas ‘clásicas’ desaparezcan de nuestra estadística criminal; vid. GUARDIOLA GARCÍA, *op. cit.*, pp. 15-19.

semana y la aparición de la localización permanente: un abultadísimo número de inhabilitaciones, el despliegue de las prohibiciones de aproximación y comunicación, el afianzamiento de los trabajos de fin de semana y el enorme crecimiento de las multas son de gran relevancia).[13] Pero en un escenario de notable crecimiento, la prisión sigue jugando un papel conceptual muy importante[14]...

Si atendemos sólo a las penas impuestas en las sentencias como sanción principal[15] (prisiones, multas y trabajos en beneficio de la comunidad fundamentalmente[16]), las poco más de 75.000 penas impuestas a principio de siglo han llegado a 490.000.[17] Es cierto que,

---

[13] Vid. GUARDIOLA GARCÍA, *op. cit.*, *passim.*

[14] "El legislador penal siempre ha pensado en la prisión como la pena básica del sistema penal", en expresión de VARONA GÓMEZ, D.: *El Sistema Punitivo Español,* Atelier, Barcelona, 2023, p. 138.

[15] Las reformas normativas han generalizado la imposición de sanciones accesorias –inhabilitaciones, prohibiciones de aproximación y comunicación, etc.– anejas a la pena principal; y además el cambio de criterios estadísticos en el registro de las sanciones impuestas (vid. *supra* nota 7) dificulta la interpretación de las cifras si recogemos todas las sanciones. Atenderé pues, en los cálculos que siguen, sólo a las tres penas que cito en el texto y a las referidas en la nota siguiente.

[16] La localización permanente, pese a la tendencia creciente en su imposición (se imponían unas 400 anuales en el periodo 2007-2014; pero a partir de la reforma de 2015 se multiplican por 10 y en 2022 se han impuesto más de 6.000) nunca ha pasado de representar el 1,25% de las penas principales; más peso tuvo el arresto de fin de semana desde 1998 hasta 2003 (alcanzaba el 7,6% de las penas principales de todo este periodo, imponiéndose algo más de 6.000 al año), pero fue derogado y desaparece en el periodo sucesivo; hasta 2005 la estadística recoge aún casos de arresto mayor; la expulsión de extranjeros acordada en sentencia nunca ha llegado al 1% de las penas impuestas.

[17] Sumando prisión, multa, trabajos en beneficio de la comunidad, localización permanente, arresto de fin de semana, expulsión y arresto mayor, las cifras de imposición en sentencia acumuladas de cada año son: 1998: 88.114; 1999: 77.777; 2000: 75.280; 2001: 72.976; 2002: 77.384; 2003: 96.118; 2004: 113.360; 2005: 112.182; 2006: 128.644; 2007:

en términos relativos, la prisión ha perdido protagonismo: eran prisiones 7 de cada 10 penas principales impuestas en el año 2000; en 2007, 5 de cada 10;[18] en 2022, 3 de cada 10. Pero esto no significa que se impongan menos penas de prisión:[19] desde 1998 hasta 2014, las condenas de prisión se triplican –de 50.800 a 156.799–;[20] en los años siguientes se frena el crecimiento, pero (con la única excepción de 2020, año del confinamiento por pandemia) se siguen imponiendo todos los años más de 140.000 penas de prisión.

De acuerdo con estas cifras, el sistema penal español en los últimos 25 años ha triplicado las penas de prisión impuestas.

¿Cómo ha sobrevivido el sistema penitenciario español a este crecimiento, que no se ha acompañado con una dotación de recursos materiales proporcional? Obviamente, las prisiones españolas

---

234.344; 2008: 369.533; 2009: 411.138; 2010: 372.524; 2011: 299.641; 2012: 307.508; 2013: 335.087; 2014: 341.545; 2015: 346.768; 2016: 415.148; 2017: 446.556; 2018: 458.382; 2019: 464.214; 2020: 349.691; 2021: 463.642; 2022: 490.105.

18 Atiendo a los datos de 2007 porque en este año la estadística estudiada cambia de metodología (cfr. nota 7); pero también porque el despegue de la sanción penal de la criminalidad vial marca un importante cambio.

19 Las cifras de prisiones impuestas en la serie analizada son las siguientes: 1998: 50.802; 1999: 52.066; 2000: 53.137; 2001: 53.224; 2002: 56.007; 2003: 63.687; 2004: 64.403; 2005: 50.700; 2006: 80.965; 2007: 121.217; 2008: 129.890; 2009: 139.663; 2010: 141.849; 2011: 135.713; 2012: 142.444; 2013: 153.950; 2014: 156.799; 2015: 152.937; 2016: 145.577; 2017: 145.494; 2018: 142.699; 2019: 142.513; 2020: 109.344; 2021: 141.066; 2022: 151.794. La prisión ha ido pasando de representar el 70% de las penas principales impuestas a ser sólo el 30%, porque además se imponen otras penas (trabajos en beneficio de la comunidad –pero centrados sobre todo en algunas categorías de infracciones, destacadamente delitos contra la seguridad vial y casos menos graves de violencia doméstica y de género– y multas –que desde 2016 son la pena que más se impone en España– juegan un destacado papel), pero no porque se hayan impuesto menos penas de prisión. Cfr. GUARDIOLA GARCÍA, *op. cit.*

20 En toda la serie sólo en 2005 y 2011 se imponen menos prisiones que en el año anterior.

no acogen a todos los penados con pena de prisión –la población reclusa en España creció continuadamente desde inicios de siglo hasta 2009, pero el máximo histórico fue de poco más de 76.000 reclusos, entre preventivos y penados; a partir de aquí las cifras se moderan hasta colocarse en torno a los 55.000 internos–.[21]

---

[21] De acuerdo con los datos del *Anuario Estadístico del Ministerio del Interior* de 2022, p. 314, la población reclusa a 31 de diciembre en España en cada año de lo que va de siglo era la siguiente: 1998: 44.370; 1999: 44.197; 2000: 45.104; 2001: 47.571; 2002: 51.882; 2003: 56.096; 2004: 59.375; 2005: 61.054; 2006: 64.021; 2007: 67.100; 2008: 73.558; 2009: 76.079; 2010: 73.929; 2011: 70.472; 2012: 68.597; 2013: 66.765; 2014: 65.017; 2015: 61.614; 2016: 59.589; 2017: 58.814; 2018: 58.883; 2019: 58.517; 2020: 55.180; 2021: 55.097; 2022: 55.751. Esto nos coloca ante una tasa de población reclusa (preventiva y penada; en 2000 los preventivos eran 9.100, lo que deja la cifra de los penados en algo más de 35.000 – *Anuario Estadístico del Ministerio del Interior* de 2000, p. 470–; en 2022 los preventivos son 9.025, lo que deja los penados en 45.421) que parte de 111 por cada 100.000 habitantes, crece hasta llegar a 164 en 2009 y a partir de aquí desciende hasta colocarse en 117 (si dejamos aparte los preventivos, la tasa de reclusos penados en 2022 queda en 95 por cada 100.000 habitantes; podría pensarse que es este un indicador mejor que la tasa de reclusos, pero buena parte de los presos preventivos se transforman después en penados, y la prisión preventiva sufrida se computa como pena cumplida, de forma que aunque no sea su finalidad principal la prisión preventiva es en este sentido cumplimiento adelantado de pena). Debe tenerse en cuenta además que no todos los penados son de nuevo ingreso; si acudimos a los datos de la SECRETARÍA GENERAL DE INSTITUCIONES PENITENCIARIAS: *Informe General*, accesible en línea en www.interior.gob.es, tenemos datos sobre reclusos de nuevo ingreso en el ámbito de la Administración General del Estado (v.gr. en diciembre de 2022 –pp. 24 y 25 del Informe– serían 1.705, a lo largo de todo el año 2022 un total de 23.935; téngase en cuenta que estos datos se refieren sólo a la A.G.E., que de acuerdo con el Ministerio del Interior se ocuparía de 46.468 de los 55.751 reclusos… lo que, si aplicamos la fórmula que siguiendo a Tournier proponen AEBI, M.F./LINDE, A./DELGRANDE, N.: “Is there a relationship between Imprisonment and Crime in Western Europe?” *European Journal of Criminal Policy and Research*, n.º 21, 2015, p. 430, nos daría una estancia media en prisión de en torno a dos años,

Instituciones premiales (conformidad, y particularmente conformidad en juicios rápidos), suspensión simple de la pena, suspensión condicionada al cumplimiento de otra sanción, tercer grado (en particular en la modalidad de control telemático) y liberación condicional de los condenados a prisión juegan un importante papel para comprender lo que realmente sucede con las prisiones que se imponen. La presente contribución se aproxima a este fenómeno, explorando sucintamente cómo se configura la previsión legal de penas de prisión y sus alternativas, cómo pasa la previsión legal a convertirse en pena impuesta, y qué vicisitudes de la ejecución de la pena son relevantes a estos efectos.

---

renovándose anualmente en torno a la mitad de la población penitenciaria). El estudio de CID, J.: "El futuro de la prisión en España", *Revista Española de Investigación Criminológica*, n.º 18 (1), 2020, pp. 8, proporciona tasas de entrada en prisión para el periodo 1980-2018, pero a partir de una reconstrucción compleja de fuentes que incluyen datos directamente proporcionados al autor por las administraciones estatal y catalana, y sin facilitar las cifras a partir de las que calcula las tasas; en la p. 17 de este estudio se proporciona una estimación de la duración media del encarcelamiento en España aplicando la misma fórmula aquí empleada (según los datos de CID, la duración media de la estancia en prisión prácticamente se habría duplicado de inicios de siglo hasta 2022). Se pueden contrastar los datos aquí utilizados con los empleados por SERRANO MAÍLLO, A.: *La evolución del encarcelamiento en España (1971-2020): un estudio de series temporales*, JM Bosch Editor, 2021, pp. 54-57, que analiza en profundidad la evolución de la serie en un periodo mucho más prolongado –desde 1970–; y con los estudios de CID, J.: "El incremento de la población reclusa en España entre 1996-2006: Diagnóstico y remedios", *Revista Española de Investigación Criminológica*, n.º 6 (2), 2008, pp. 1-31; y CID: "El futuro…", *cit.*, que a su vez citan y discuten estudios anteriores. Por demás el crecimiento de la población reclusa hasta 2010 se corresponde con el patrón europeo occidental (AEBI/LINDE/DELGRANDE, *op. cit.*, pp. 433 y 442).

II. LEGALIDAD PENAL

Antes de abordar los mecanismos que explican cómo se cohonesta un expansionismo penal centrado en la prisión como sanción fundamental con una (relativa) contención de la población reclusa, es prudente preguntarse si efectivamente el diseño legislativo ha cargado tintas en la pena de prisión, y hasta qué punto ha previsto alternativas a esta sanción.

1. ¿Punitivismo legislativo?

La primera pregunta a plantear es, pues, si realmente existe un recrudecimiento de las leyes penales al que pueda atribuirse el crecimiento de las condenas y en particular de las penas de prisión; esto es, si el problema es de criminalización y no de criminalidad. Porque es hipotéticamente posible un escenario en que sea un aumento de la delincuencia cometida el que dé lugar al incremento de presos; y la referencia al preocupante incremento de la criminalidad no es una invocación extraña en la argumentación de la política criminal española, con frecuencia trasladada a exposiciones de motivos de reformas penales. Pero basta con contrastar la evolución de la estadística policial española[22] para encontrar argumentos que apoyan la idea de que, en palabras de

---

[22] De acuerdo con los datos del *Anuario Estadístico del Ministerio del Interior*, el total de hechos conocidos por las fuerzas de seguridad a principios de siglo estaba en torno al millón; en la segunda década del siglo alcanza los dos millones y en este promedio de dos millones se mueve en el último lustro registrado (2018-2022). Si acudimos a las detenciones e imputaciones, en 1999-2003 había unas 250.000 detenciones al año, al iniciar la segunda década del siglo entre detenciones e imputaciones penales sin detención algo más de 450.000, y tras algunos años con cifras más bajas 2021 vuelve a superar la cifra de 450.000 y 2022 se cierra con más de medio millón de detenciones e imputaciones. Aun dejando de lado la evidencia de que el incremento de infracciones registradas por la policía responde en buena medida a la criminalización de con-

Cervelló Donderis, "no es el volumen de delincuencia lo que determina el número de presos, sino el abuso de la prisión derivado de la política legislativa que no deja de ampliar el número de conductas delictivas castigadas con esta pena".[23]

Realizar un mapa preciso de la penalidad prevista para todas las infracciones en el Código penal de 1995 (y en el persistente aluvión de reformas, de mayor o menor calado, que llueve sobre esta norma desde sus inicios hasta nuestros días) no es una empresa fácil. En efecto, reconducir la redacción del texto legal a un esquema claro de marcos penales diferenciados no siempre es sencillo,[24] y mucho menos si quiere ponderarse la aplicabilidad previsible de cada uno de ellos; pero además el rápido ritmo de reformas legales convierte este cuadro en un escenario en constante modificación. Quienes, pese a las dificultades expuestas, han afrontado este empeño,[25] han concluido afirmando el indiscutible protagonismo de la prisión en el diseño del sistema punitivo.[26]

---

ductas antes no consideradas delictivas, las cifras policiales se duplican pero en el mismo periodo ¡las de condenas se cuadruplican!

23 CERVELLÓ DONDERIS, V.: *Derecho penitenciario: 5ª edición*, Tirant lo Blanch, Valencia, 2022, p. 401.

24 Valgan como ejemplo las dificultades señaladas en su trabajo por BARQUÍN SANZ, J./LUNA DEL CASTILLO, J. DE D.: "En los dominios de la prisión: Distribución numérica de las penas en el Código y en la justicia penal", *Revista Electrónica de Ciencia Penal y Criminología*, n.º 16 (14), 2012, pp. 7 y 9.

25 Vid. el destacable esfuerzo de BARQUÍN SANZ/LUNA DEL CASTILLO: "En los dominios...", *cit.*, *passim*; MORILLAS CUEVA, L./BARQUÍN SANZ, J. (dtores.): *La aplicación de las alternativas a la pena de prisión en España*, Madrid, 2013; BARQUÍN SANZ, J./LUNA DEL CASTILLO, J. DE D.: "Aplicación práctica de la suspensión y la sustitución de las penas privativas de libertad: una aproximación estadística", *Revista de Derecho Penal y Criminología*, n.º 10, 2013, pp. 415-470.

26 "La sanción penal por excelencia sigue siendo la prisión", BARQUÍN SANZ/LUNA DEL CASTILLO: "En los dominios...", *cit.*, p. 51, donde estiman que está prevista en el 73,39% de los preceptos.

Las reformas del texto legal, lejos de modificar este paradigma, en una abrumadora mayoría aportan o incrementan penas privativas de libertad (al menos hasta el final de la primera década del presente siglo,[27] y en los años posteriores el recurso a las sanciones comunitarias en la previsión legal[28] no ha venido de la mano de una supresión correlativa de la previsión de penas de prisión; es más, de hecho se ha apoyado en última instancia en la prisión –baste pensar en la frecuente alternativa de prisión en los trabajos en beneficio de la comunidad, y en la función de la responsabilidad personal subsidiaria ante el impago de la multa–).

2. La previsión de alternativas penales

El Código penal de 1995 unificó la denominación de las penas de prisión, estableciendo para esta una duración mínima de 6 meses y máxima de 20 –sólo excepcionalmente 30– años;[29] pronto se

---

27 Vid. la columna de la derecha del análisis de DÍEZ RIPOLLÉS, J.L.: "Rigorismo y reforma penal: cuatro legislaturas homogéneas (1996-2011)", Parte I y II, *Boletín Criminológico*, n.° 142, 2013, pp. 2-3, y n.° 143, 2013, pp. 2-3, referido específicamente a esta cuestión; el autor concluye que un 67,5% de las reformas incrementan penas privativas de libertad (n.° 142, p. 4), y que éstas se expanden mientras las alternativas pierden relevancia (n.° 143, p. 4).

28 Criticado, por otra parte, por no afrontar sus problemas más importantes; *cfr.* VARONA GÓMEZ, D.: "La reforma de las penas no privativas de libertad (LO 15/2003): ¿Un paso adelante en el sistema de penas alternativas a la prisión?", *Revista Española de Investigación Criminológica*, n.° 2, 2004, pp. 1-14.

29 Sobre la pena de prisión en España y su aplicación práctica, vid. BRANDARIZ GARCÍA, J.A.: "La evolución de la penalidad en el contexto de la Gran Recesión: La contracción del sistema penitenciario español", *Revista de Derecho Penal y* Criminología, n.° 12, 2014, pp. 309-342; BRANDARIZ GARCÍA, J.A.: "La evolución del sistema penitenciario español, 1995-2014: Transformaciones de la penalidad y modificación° de la realidad", *Revista Crítica Penal y Poder*, n.° 9, 2015, pp. 1-31; CID: "El incremento...", *cit.*; CID: "El futuro...", *cit.*; CID, J./LARRAURI, E.: "Development of cri-

redujo el mínimo a 3 meses y se amplió el máximo a 40 años, y desde 2015 se instaura la posibilidad de prisión permanente revisable.[30]

Pero, además de esto, el nuevo texto punitivo previó la suspensión de la ejecución de las penas privativas de libertad, la libertad condicional en la pena de prisión y la expulsión de extranjeros penados; otorgó un importante papel a la multa, apostó por el arresto de fin de semana y contó con los trabajos en beneficio de la comunidad como pena sustitutiva.[31] Más adelante, en 2003, se

---

me, social change, mass media, crime policy, sanctioning practice and their impact on prison population rates", *Sistema Penal & Violência,* n.º 1 (1), 2009, pp. 1-21; DAUNIS RODRÍGUEZ, A.: "Ocupación carcelaria: Hipótesis acerca del descenso de la población penitenciaria en España", *Estudios Penales y Criminológicos,* n.º XXXVI, 2016, pp. 447-483; GONZÁLEZ SÁNCHEZ, I.: "Aumento de presos y Código penal: una explicación insuficiente", *Revista Electrónica de Ciencia Penal y Criminología,* n.º 13 – 04, 2011, pp. 1-22; GONZÁLEZ SÁNCHEZ, I.: "La cárcel en España: mediciones y condiciones del encarcelamiento en el siglo XXI", *Revista de Derecho Penal y Criminología,* n.º 8, 2012, pp. 351-402; GONZÁLEZ SÁNCHEZ, I.: *Neoliberalismo y castigo,* Bellaterra Edicions, Bellaterra, 2021; MONTERO HERNANZ, T.: "La evolución de la población penitenciaria en España: datos para un diagnóstico", *Revista de Derecho y Proceso Penal,* n.º 34, 2014, pp. 103-120; MONTERO PÉREZ DE TUDELA, E./NISTAL BURÓN, J.: "La evolución de la población penitenciaria en España entre 1996 y 2014: algunas causas explicativas", *Cuadernos de Política Criminal,* n.º 116, 2015, pp. 159-200; NIETO MARTÍN, A./MUÑOZ DE MORALES ROMERO, M./RODRÍGUEZ YAGÜE, C.: "Alternativas a la prisión: una evaluación sobre su impacto en la población penitenciaria española", *Revista General de Derecho Penal,* n.º 28, 2017, pp. 1-100; ROLDÁN BARBERO, H.: "El uso de la libertad condicional y su influencia en el tamaño de la población reclusa en España", *Revista Electrónica de Ciencia Penal y Criminología,* n.º 12 (4), 2010, pp. 1-17; y SERRANO MAÍLLO, *op. cit.*

30 Sobre esta pena, CERVELLÓ DONDERIS, *op. cit.*, pp. 91 ss.

31 Sobre la inicial conformación de las alternativas a la prisión en el Código penal de 1995, las ulteriores reformas que han modificado este sistema, y la aplicación práctica de las mismas, valga aquí con remitir a GUARDIOLA GARCÍA, *op. cit.*, *passim,* donde hallará el lector abundantes referencias bibliográficas.

eliminó el arresto de fin de semana, reemplazándolo por trabajos en beneficio de la comunidad y una nueva sanción, la localización permanente. Diversas reformas (violencia de género en 2004; derecho penal de la seguridad vial en 2007) potenciaron la aplicación de trabajos en beneficio de la comunidad; mientras la reforma de 2010 amplió los delitos sancionables con esta pena, pero posibilitó que en seguridad vial se impusiera multa sin trabajos o trabajos sin multa (cuando el texto precedente obligaba a imponer ambas penas cumulativamente), y previó que la localización permanente pudiera sustituir penas de prisión de hasta seis meses. La supresión de las faltas en 2015 y la eliminación de la sustitución de penas recortaron los espacios de la localización permanente (que sólo en supuestos de violencia doméstica de menor gravedad seguía siendo pena principal), al tiempo que los trabajos en beneficio de la comunidad adquirían protagonismo en delitos leves y podían convertirse en condición de la suspensión de la pena.

En este trabajo nos ocuparemos de la suspensión de la prisión y de la libertad condicional; en cuanto al resto, es destacable el profuso empleo práctico de la multa –incuestionablemente hoy por hoy la sanción penal más impuesta en España (desde la reforma de 2015 más de la mitad de las penas principales impuestas cada año son multas), que, por cierto, puede ser pena única, alternativa o cumulativa; y pena sustitutiva o condición de suspensión de la privación de libertad–, y los trabajos en beneficio de la comunidad (a mucha más distancia queda la localización permanente) han logrado encontrar un relevante espacio aplicativo en la práctica de nuestros tribunales. Pero debe tenerse en cuenta que los trabajos en beneficio de la comunidad no se presentan como pena que el juzgador esté obligado a imponer como sanción principal, sino como alternativa posible en un abanico de sanciones…

del que también puede formar parte la multa, y en el que no es extraño dar cabida también a la prisión.[32]

Esta inclusión de la prisión como (valga la expresión) alternativa a las alternativas juega una doble función: por una parte, permite siempre asignar prisión a los casos más graves; por otra, garantiza que la imposición de prisión sea siempre posible, lo que como se ha apuntado ya adquiere un importante peso en el debate público. Pero, en tales condiciones, la previsión de sanciones penales distintas de la prisión no garantiza que se impongan una o las otras. Ciertamente abre puertas a una aplicación del Código menos centrada en la prisión, pero no la garantiza, lo que obliga a atender a la aplicación efectiva para poder valorar el alcance de estas previsiones.[33]

III. PERSECUCIÓN Y ENJUICIAMIENTO

El sistema procesal penal español para adultos no se caracteriza precisamente por dejar excesivos espacios formales al principio de oportunidad, pero aun más allá de la obviedad de que los delitos que no se detectan ni persiguen nunca se condenan, lo cierto es que el enjuiciamiento de las infracciones penales puede condicionar gravemente la pena que a las mismas se impone, cuando menos en ciertos casos. En nuestro sistema, la expresión más clara de estos mecanismos es la que proporciona el instituto de la conformidad en los juicios penales; y ello, tanto respecto de las llamadas conformidades *premiales* –en juicios rápidos ante el Juzgado de guardia–, en las que está legalmente previsto el efecto de reducción de la sanción, como con respeto a las conformida-

---

[32] Así sucede en las previsiones de los artículos 153.1 y 2, 171.4 y 5, 172.2, 172ter.2, 172quater.1, 379, 384 y 385 del Código penal (TOL223.185); aunque no en las de los artículos 171.7, 172.3, 173.4, 244, 270.4, 274.3, 340bis.4, 340ter del Código penal (TOL223.185).

[33] Nuevamente se remite, a tal efecto, a GUARDIOLA GARCÍA, *op. cit.*, *passim*.

des con carácter general... conviene detenerse separadamente en ambos mecanismos.

1. Juicios rápidos

La mayor reforma contrapunitivista del Código penal de 1995 ha sido, en realidad, una reforma procesal. Con todos los peros que se ponían y ponen a cualquier reforma que rebaje la gravedad de las sanciones, al legislador no le dolieron prendas para incentivar las conformidades ofreciendo una sustanciosa rebaja a quienes se acogieran a ellas en el marco –más centrado en la agilidad que en las garantías– del enjuiciamiento rápido de determinados delitos,[34] expresamente llamado a lograr la 'aceleración de la Justicia penal'[35] pero con un sustancioso efecto adicional de alivio para el sistema de ejecución de –al menos algunas– penas. Por cierto que la incorporación de esta previsión, cuya naturaleza es penal sustantiva, a través de una norma procesal (con rango, eso sí, de Ley Orgánica[36]) ha provocado que la atención doctrinal prestada a la misma fuera mucho menor que si se hubiera incluido modificando

---

34 Introducido en los arts. 795 y siguientes de la Ley de Enjuiciamiento Criminal (TOL214.466); cfr. art. 801.

35 Véase la Exposición de Motivos de la Ley 38/2002, de 24 de octubre, de reforma parcial de la Ley de Enjuiciamiento Criminal, sobre procedimiento para el enjuiciamiento rápido e inmediato de determinados delitos y faltas, y de modificación del procedimiento abreviado (TOL210.452).

36 El art. 801 de la LECrim (TOL214.466) fue modificado para introducir la previsión que nos ocupa por la Ley Orgánica 8/2002, de 24 de octubre, complementaria de la Ley de reforma parcial de la Ley de Enjuiciamiento Criminal, sobre procedimiento para el enjuiciamiento rápido e inmediato de determinados delitos y faltas, y de modificación del procedimiento abreviado (TOL210.453), con rango por tanto de Ley Orgánica... Es cuestionable que más tarde se reformara el apartado cuarto por una ley ordinaria (Ley 13/2009, de 3 de noviembre, de reforma de la legislación procesal para la implantación de la nueva

el Código Penal;[37] pero este es un lamentable efecto colateral de la triste escisión académica entre lo sustantivo y lo procesal en la Universidad española… y esa es harina de otro costal.

La conformidad prestada en el seno del procedimiento para el enjuiciamiento rápido ante el juzgado de guardia, que dicta inmediatamente sentencia, respecto de delitos cuyas penas no pueden exceder de tres años de prisión –artículo 801 de la Ley de Enjuiciamiento Criminal (TOL214.466)–,[38] tiene asociado un doble efecto premial: por una parte se 'impondrá la pena solicitada reducida en un tercio, aun cuando suponga la imposición de una pena inferior al límite mínimo previsto en el Código Penal'; por otra parte, se facilita la suspensión de la pena privativa de libertad (que, rebajada, no podrá superar los dos años), simplificando requisitos y aceptando 'el compromiso del acusado' como cumplimiento de los mismos. Lo cual supone, no sólo la reducción de un tercio de la pena prevista en decenas de miles de delitos, sino además facilitar la suspensión de esta pena reducida.

Del total de diligencias urgentes –instrucción de los juicios rápidos–, más de la mitad se resuelven en conformidades en los últimos 10 años (hablamos de un promedio de más de 100.000 conformidades anuales desde 2008);[39] y en los Juzgados de Ins-

---

Oficina judicial, TOL210.452), pero sea como fuere las previsiones que nos ocupan ahora no están recogidas en dicho apartado.

37 En cualquier caso, la conformidad en general, premiada o no, ha recibido una atención más escasa de lo que debería tanto por penalistas como por procesalistas, como subraya con acierto VARONA GÓMEZ, D. (2023). "La cara oculta de la justicia penal: la conformidad del acusado: A propósito de la STS 15-4-2021", *InDret*, n.º 3.2021, 2021, p. vii.

38 Se prevé en el artículo 801 que 'el juzgado de guardia realizará el control de la conformidad prestada en los términos previstos en el artículo 787'; véase más abajo, sin embargo, lo que se advierte a este respecto al analizar dicho artículo, que es también aquí aplicable.

39 CONSEJO GENERAL DEL PODER JUDICIAL [en adelante abreviado CGPJ, salvo para la primera cita de cada fuente]: *Justicia Dato a Dato*,

trucción son más del 60% las diligencias urgentes resueltas por conformidad.[40]

2. Conformidades

La conformidad '*no premial*' juega también un importantísimo papel en la comprensión de la contención de la aplicación efectiva de penas de prisión en nuestro sistema penal. En efecto, aun fuera de los casos en que la ley prevé una reducción de las sanciones a imponer en los casos de conformidad, de los que nos hemos ocupado más arriba, el recurso a la conformidad supone una reducción efectiva de la gravedad de las prisiones impuestas.

En primer lugar, porque la lógica contrapartida del aquietamiento de la defensa con la sanción propuesta es casi siempre una sustanciosa reducción de esta petición de pena[41] (renunciando a la

accesible en línea en www.poderjudicial.es, 2003-2022, de acuerdo con cuyas cifras el número de conformidades en diligencias urgentes y el porcentaje sobre el total de las mismas fue: en 2022, 120.144, 52,8%; en 2021, 108.168, 52,7%; en 2020, 82.027, 51%; en 2019, 102.974, 50,6%; en 2018, 93.939, 47,3%; en 2017, 93.937, 49,3%; en 2016, 92.175, 49,3%; en 2015, 91.649, 49,5%; en 2014, 98.183, 49,8%; en 2013, 101.456, 49,1%; en 2012, 105.382, 47,9%; en 2011, 110.815, 46,4%; en 2010, 104.574, 46%; en 2009, 120.064, 48%; en 2008, 111.112, 47,2%; en 2007, 66.059, 38,9%; en 2006, 58.898, 37%; en 2005, 48.067, 39,9%; en 2004, 46.850, 40,1%.

40 Más de 80.000 al año; en 2016 y 2017, respectivamente 80.134 y 81.096, ambos años un 61,9% de las diligencias urgentes resueltas en Juzgado de Instrucción; en 2018, 85.300, un 62,3%; en 2019, 87.670, un 62,9%; en 2020, 68.757, un 63,1%; en 2021, 94.445, un 64,2%; en 2022, 101.143, un 64,4%; y en 2023, 96.968, un 60,8%; todo ello de acuerdo con los datos disponibles en CONSEJO GENERAL DEL PODER JUDICIAL: *Base de datos de la Estadística Judicial en PC-AXIS*, accesible en línea en www.poderjudicial.es.

41 En expresión de las Sentencias del Tribunal Supremo (Sala Penal) 526/2023, de 29 de junio (ECLI:ES:TS:2023:3028 TOL9.638.762), Fun-

prisión allí donde haya alternativas legales, y proponiendo una prisión más breve –lo que implica en no pocas ocasiones modificar la calificación jurídica de los hechos– donde no las haya); reducción de la que es frecuente exigir que coloque el umbral de sanción por debajo de aquel que permite después la suspensión de la efectiva entrada en prisión de la persona condenada. Ciertamente, el órgano jurisdiccional tiene la obligación de comprobar la legalidad del acuerdo propuesto;[42] obligación que podría ser entendida en el sentido de requerir una evaluación de la calidad técnica de la calificación de los hechos reconocidos y de su encuadre legal, pero que en la práctica y en el contexto de agilidad que rige a la tramitación de las conformidades suele conformarse con verificar que el marco penal impuesto es teóricamente posible… admitiendo calificaciones que muy dudosamente hubieran dado lugar a una condena penal en idénticos términos en un proceso adversarial,[43] por más que desde un punto de vista teórico no sean imposibles.

En segundo lugar, porque frecuentemente el acuerdo que da lugar a la sustanciación procesal de una conformidad incluye ya, se explicite en este momento por escrito o se articule en forma

---

damento de Derecho segundo: "En la práctica sabemos que además de la conocida figura de la conformidad de la guardia por la vía del art. 801 LECrim., las conformidades que se producen en los juicios orales se verifican tras un acuerdo de rebaja de la más grave de las acusaciones".

42 El art. 787 de la Ley de Enjuciamiento Criminal (TOL214.466) exige al juzgador comprobar 'que la calificación aceptada es correcta y que la pena es procedente según dicha calificación'; pero ha de hacerlo partiendo 'de la descripción de los hechos aceptada por todas las partes'. No podría ser de otro modo, como apunta la Sentencia del Tribunal Supremo (Sala Penal) 256/2023, de 17 de abril (ECLI:ES:TS:2023:1461 TOL9.514.583), Fundamento de Derecho segundo, "la sentencia de conformidad no puede contener una valoración probatoria por una poderosa razón: no se ha producido prueba alguna".

43 V.gr. complicidades en tentativas de tráfico de droga; valga como ilustración la Sentencia de la Audiencia Provincial de Barcelona (Secc. 10ª) de 28 de noviembre de 2023 (ECLI:ES:APB:2023:13182 TOL9.903.143).

de compromiso verbal para la actuación procesal sucesiva, la no oposición de las partes acusadoras a la suspensión de esa prisión de duración reducida con la que ahora se conforma el reo.[44] Y si se ha impuesto una prisión cuyo marco punitivo lo permite, se dan las condiciones legales y las partes acusadoras no se oponen, la suspensión es más que probable.[45]

Lo que provoca en definitiva la imposición de menos penas de prisión,[46] de penas de prisión más breves, y de penas respecto de las cuales la suspensión de la efectiva entrada en prisión va a facilitarse.

Pues bien: desde el año 2003, el artículo 787 de la Ley de Enjuiciamiento Criminal (TOL214.466), en el seno del Procedimiento Abreviado, regula la conformidad referida a penas que no pueden exceder de seis años de prisión; institución cuyo uso ha sido realmente profuso.[47]

---

44 Para VARONA GÓMEZ, D.: "La suspensión de la pena de prisión: Razones de una historia de éxito", *Revista Española de Investigación Criminológica,* n.º 17 (10), 2019, pp. 34, "no es casualidad que ambas instituciones –conformidad y suspensión– se entremezclen", por cuanto su aplicación práctica estaría presidida por la necesidad de preservar el sistema.

45 Cfr. VARONA, D./KEMP, S.: "Suspended Sentences in Spain: An alternative to Prison or a 'Bargaining chip' in Plea Negotiations?", *European Journal of Crime, Criminal Law and Criminal Justice,* n.º 28, 2020, pp. 354-378.

46 El castigo con pena alternativa (allí donde la ley la posibilita) y la conformidad del acusado se asocian en la práctica, según los resultados de VARONA/KEMP, *op. cit.,* p. 376, y de VARONA, D./KEMP, S./BENÍTEZ, O.: "La conformidad en España: Predictores e impacto en la penalidad", *InDret,* n. 1/2022, 2022, p. 330.

47 A su impulso ayudó, en su momento, la revisión del valor asignado en los módulos de rendimiento de Jueces y Magistrados a las sentencias de conformidad (ciertamente la conformidad no depende del juzgador, pero esto no significa que no pueda alentarla o desincentivarla); cfr. sobre esta cuestión DOMÉNECH PASCUAL, G.: *Juzgar a destajo: la perniciosa influencia de las retribuciones variables de los jueces sobre el sentido de sus decisiones,* Civitas, 2009.

En torno a la mitad de las sentencias de los Juzgados de lo Penal parten de una previa conformidad del acusado, lo que implica más de 70.000 conformidades al año desde 2012 (con la única excepción de 2020);[48] en las Audiencias Provinciales –que resuelven más recursos que procedimientos de primera instancia, y en estos últimos tramitan sumarios y causas del jurado además de procedimientos abreviados[49]– las conformidades explican en torno al 5% de las sentencias penales (en el último lustro más del 6%, llegando casi a 5.000 sentencias en 2022 y casi al 9% de las sentencias en 2023).[50]

Pero no se agotan aquí los efectos de esta previsión. La generalización de la conformidad en el seno del procedimiento abre-

---

48 En lo que va de siglo, un 46,4% de las sentencias dictadas por Juzgados de lo Penal responden a una previa conformidad del acusado; y desde 2020, más de la mitad. Las cifras, de acuerdo con los datos disponibles en la Base de datos de la estadística judicial (CGPJ, *cit.*), son: en 2000, 55.240 (47,9%); en 2001, 61.031 (49,5%); en 2002, 65.363 (52%); en 2003, 69.509 (53,3%); en 2004, 65.956 (50%); en 2005, 58.241 (46%); en 2006, 53.756 (42,1%); en 2007, 53.865 (40,5%); en 2008, 54.945 (38m9%); en 2009, 58.056 (38,9%); en 2010, 62.721 (39,9%); en 2011, 66.345 (40,8%); en 2012, 70.300 (41,8%); en 2013, 70.947 (43,1%); en 2014, 75.874 (45,7%); en 2015, 77.760 (46,7%); en 2016, 78.368 (47,7%); en 2017, 78.425 (48,2%); en 2018, 76.262 (48,3%); en 2019, 75.665 (48,8%); en 2020, 56.393 (50,8%); en 2021, 79.211 (51,7%); en 2022, 80.651 (52,4%); en 2023, 72.933 (53%).

49 Aunque es preciso advertir que los procedimientos abreviados triplican los otros dos citados.

50 Se trata, siempre de acuerdo con los datos disponibles en la Base de datos de la estadística judicial (CGPJ, *cit.*), de 3.055 sentencias dictadas previa conformidad en 2000 (4,3%); 3.337 en 2001 (5%); 1.728 en 2002 (3,5%); 2.088 en 2003 (3%); 2.284 en 2004 (3,6%); 2.442 en 2005 (3,4%); 2.526 en 2006 (3,6%); 2.778 en 2007 (3,9%); 2.751 en 2008 (3,9%); 2.771 en 2009 (3,7%); 2.903 en 2010 (3,8%); 3.314 en 2011 (4,4%); 3.219 en 2012 (4,1%); 3.340 en 2013 (4,3%); 3.306 en 2014 (4,4%); 3.447 en 2015 (4,8%); 3.443 en 2016 (5,3%); 3.566 en 2017 (5,5%); 3.730 en 2018 (5,9%); 3.932 en 2019 (6,4%); 3.460 en 2020 (7,2%); 4.607 en 2021 (8%); 4.951 en 2022 (8,5%); 4.772 en 2023 (8,7%).

viado, su incorporación a la práctica habitual de la justicia penal, ha tenido un –esperable– efecto expansivo en esta jurisdicción. En efecto, habituados los operadores jurídicos a recurrir a la conformidad en los procedimientos abreviados, sus prácticas se extienden también a las causas instruidas como sumarios.[51] La garantía de una resolución condenatoria, el acortamiento de las sanciones a imponer como consecuencia de la negociación, y el ahorro de la dedicación y los recursos que un enjuiciamiento penal completo exige, pueden lograrse también, en ausencia de previsión legal expresa, cuando juzgador y partes actúan *como si la hubiera...* y aunque los excesos en este proceder han provocado alguna vez tirones de orejas por parte del Tribunal Supremo, la práctica de esta suerte de *conformidades impropias* (previa negociación, la acusación corrige a la baja su calificación de los hechos a cambio de un reconocimiento de los mismos por la persona acusada; y habiéndose confesado el delito la prueba a practicar se reduce a mínimos, renunciando las partes a los medios que habían propuesto inicialmente en cuanto se obtiene un mínimo indicio incriminatorio en que fundamentar la condena) se ha instalado en nuestra práctica forense.[52] La mani-

---

51 Vid. v.gr. Sentencia del Tribunal Supremo (Sala Penal) 268/2024, de 19 de marzo (ECLI:ES:TS:2024:1653 TOL9.957.701), Ponente Sr. Sánchez Melgar.

52 Provocado "que en la praxis se hayan abierto paso fórmulas que alivian la carga probatoria del juicio oral basadas en compromisos previos entre las partes que se concretan en aceptación de los hechos, renuncia a pruebas, y modificación de conclusiones para rebajar las penas que, no constituyendo conformidad en sentido legal, permiten un desarrollo más ágil del plenario. Su desenlace será una sentencia que no es *de conformidad*, pero que puede prescindir ante la aceptación de los hechos, y coincidencia en la calificación jurídica y penalidad, de una motivación elaborada remitiéndose a esa confesión y allanamiento frente a las peticiones del Fiscal y ajustar su penalidad por virtud de las exigencias del principio acusatorio a la concreta efectuada por la acusación y normalmente pactada extraoficialmente con las defensas", en expresión de la Sentencia del Tribunal Supremo (Sala Penal) 280/2020, de 4 de junio (ECLI:ES:TS:2020:1642 TOL7.969.707), Ponente Sr. Del Moral García, Fundamento de Derecho

fiesta necesidad de actualización de algunos de nuestros preceptos procesales (en una ley rituaria cuyo texto inicial tiene más de 140 años) contribuye a generar la conciencia de que buscar espacios de creatividad en los entresijos de la norma no es una praxis incorrecta; pero sobre todo, y en esto me gustaría insistir, una vez una institución adquiere carta de naturaleza en un sistema jurídico y es asumida como forma adecuada de gestión por los operadores jurídicos, su uso tiende a expandirse y a generalizarse. Esto, que es cierto respecto de las penas, también lo es respecto de las prácticas procesales, y desde luego la conformidad no es una excepción.

Por demás, esta la práctica se ha extendido, también (y pese al tenor del párrafo segundo de artículo 697 de la Ley de Enjuiciamiento Criminal (TOL214.466), que prevé la continuación del juicio si 'cualquiera de los procesados no se confiesa reo del delito que se le haya imputado'), a las conformidades parciales,[53] esto es, prestadas sólo por alguna/as de las personas acusadas y no por todas ellas.

---

primero, de la que se hacen eco las Sentencias 258/2024, de 14 de marzo (ECLI:ES:TS:2024:1522 TOL9.950.634), Fundamento de Derecho primero, y 256/2023, de 17 de abril (ECLI:ES:TS:2023:1461 TOL9.514.583), Fundamento de Derecho quinto.

53 Vid. Sentencia del Tribunal Supremo (Sala Penal) 526/2023, de 29 de junio (ECLI:ES:TS:2023:3028 TOL9.638.762), Ponente Sr. Magro Servet, Fundamentos de Derecho segundo –en el que prevé la continuación del juicio "declarando como acusado conformado quien aceptó el pacto con las acusaciones, sin que el juez pueda imponer mayor pena que la conformada" mientras "el no conformado no tiene derecho a que se le imponga la misma pena que aceptó quien se conformó como tope máximo"– y cuarto; Sentencias del Tribunal Supremo (Sala Penal) 256/2023, de 17 de abril (ECLI:ES:TS:2023:1461 TOL9.514.583), Ponente Sr. Del Moral García, Fundamento de Derecho segundo, tercero y quinto, y 258/2024, de 14 de marzo (ECLI:ES:TS:2024:1522 TOL9.950.634), Ponente Sra. Polo García, Fundamento de Derecho primero –donde tras citar diversas resoluciones que se apoyan en el art. 697p.2 de la ley rituaria para negar que tal conformidad resulte totalmente ajustada a las pautas legales, afirman que no debe anularse si no produjo indefensión–; y las que estas citan.

No deja de ser verdad que la práctica de las conformidades invoca con cierta frecuencia –y no sólo en la opinión pública– la alusión a un 'mercadeo',[54] y con él un deterioro de la opinión pública sobre la administración de justicia; por más que se invoque su constatable efecto en la agilidad de la justicia y se prediquen excelencias de eficiencia procesal, convencer de que el recurso a las conformidades es no ya una forma de salir del atasco sino una manera hacer mejor justicia es una empresa que no parece fácil. Pero, sea como fuere, quiero destacar aquí que además de tener un impacto sobre tiempos de enjuiciamiento y consumo de recursos judiciales, las conformidades tienen también un incuestionable efecto sobre las sanciones que resultan de las condenas conformadas.[55]

IV. IMPOSICIÓN JUDICIAL

Las cifras de las que se daba cuenta en la introducción responden a las penas impuestas en las sentencias penales. Si más arriba apuntábamos que reducir la previsión legal de penas a un esquema claro que permita valorar su impacto real resulta complicado, en cambio la estadística de condenados nos deja (pese a ciertas limitaciones y aun asumiendo algunos errores) un mapa de la aplicación judicial de esta normativa.

1. ¿Jueces no punitivistas?

La toma de decisiones de quienes han de juzgar delitos y ejecutar las penas impuestas es una cuestión compleja, y analizarla no

---

54 V.gr. y por todos (con matices) CARO HERRERO, G.: "La conformidad penal y su aplicación en nuestro sistema: Funcionamiento y problemática derivada", *Revista General de Derecho Procesal*, n.º 50, 2020, p. 30.

55 En este sentido, contribuyen a la preservación del sistema y a la evitación de su colapso, en expresión de VARONA/KEMP, *op. cit.*, p. 376.

es una empresa fácil.[56] Por más que su actuación haya de sujetarse a la ley, la legislación penal española deja en manos del juzgador un importante margen en la concreción de la sanción, lo que permite que puedan modular sus efectos;[57] y aunque ciertamente las reformas legales dejan sentir su influencia en las decisiones de los tribunales,[58] también se ha señalado que estas responden, en ocasiones y al menos en parte, a otro tipo de criterios.[59]

---

56 Valga para una primera aproximación la exposición de BLAY GIL, E./GONZÁLEZ SÁNCHEZ, I.: *Los jueces penales: Una introducción al estudio de la profesión,* Iustel, Madrid, 2020, pp. 127-144.

57 El juez penal español está, en este sentido, muy lejos de ser una mera boca que pronuncia las palabras de la ley sin mitigar su rigor, según el modelo del Barón de Montesquieu (SECONDAT, C. DE, BARÓN DE MONTESQUIEU: *De l'esprit des lois,* Éditions Gallimard, [1758] 1995, p. 116 (Libro XI Cap. VI): "*les juges de la nation ne sont* [...] *que la bouche qui prononce les paroles de la loi; des êtres inanimés qui n'en peuvent modérer ni la force ni la rigueur*". *Cfr.* asimismo p. 65 (Libro VI Cap. III).

58 En este sentido se ha señalado que el legislador propicia una visión judicial de la pena (VARONA GÓMEZ, D.: "El arresto de fin de semana: lecciones a aprender de su breve historia: Sobre las razones y excusas para su reforma", *Revista de Derecho Penal y Criminología,* n.º 13, 2004, p. 62), y que las normas generan cultura judicial (CID, J./LARRAURI, E. (coords.): *Jueces penales y penas en España: Aplicación de las penas alternativas a la privación de libertad en los juzgados de lo penal,* Tirant lo Blanch, Valencia, 2002, p. 107).

59 Señalan v.gr. resistencias de los jueces a las dinámicas que impulsan las reformas legislativas BLAY GIL, E./VARONA GÓMEZ, D./LÓPEZ-RIBA, J.M./JIMÉNEZ GARCÍA, J.R.: "Jueces penales y punitivismo en España", *Revista Española de Investigación Criminológica,* n.º 19 (1), 2021, pp. 1-30; BLAY GIL/VARONA GÓMEZ, *op. cit.*; STANCU, O./VARONA, D.: "¿Punitivismo también judicial?: Un estudio a partir de las condenas penales por homicidio en España (2000-2013)", *Revista Electrónica de Ciencia Penal y Criminología,* n.º 19 (12), 2017, pp. 1-33. En la jurisdicción penal de menores, subrayan reticencias de la práctica judicial a reformas que lo aproximan al derecho penal para adultos BERNUZ BENEITEZ, M.J./FERNÁNDEZ MOLINA, E.: "La gestión de la delincuencia juvenil como riesgo: Indicadores de un nuevo modelo", *Revista Electrónica de Ciencia Penal y Criminología,* n.º 10 (13), 2008, p. 17;

En efecto, los (desgraciadamente escasos) estudios empíricos sobre aplicación de las penas en España no han detectado 'populismo punitivo' judicial ni en imposición ni en ejecución de las penas;[60] atribuyendo la creciente imposición de penas de prisión a las reformas legales y no al margen de decisión judicial.[61] La reiterada doctrina jurisprudencial de acuerdo con la cual la imposición de la pena mínima legalmente prevista para la infracción por la que se condena no requiere argumentación, pero imponer una sanción más grave exige motivación, sin duda favorece la benignidad de algunas resoluciones; pero no creo que explique por sí misma la constatada prudencia de los órganos judiciales en la aplicación de las sanciones que posibilita el texto legal. Si detrás de ella hay una suerte de reticencia a una deriva punitiva excesiva (una suerte de lucha contra el sistema), un empeño en evitar el colapso de un sistema penal cuyos recursos se verían desbordados si se hiciera una aplicación de máximos (una suerte de tutela del sistema), sencillamente razones utilitarias personales (menor carga de trabajo en la justificación de la sanción, simplificación de la ejecución de la sentencia), o una combinación de estos u otros factores,[62] es una cuestión que no estoy aquí en condiciones de resolver.

CANO PAÑOS, M.A.: "¿Supresión, mantenimiento o reformulación del pensamiento educativo en el Derecho penal juvenil?", *Revista Electrónica de Ciencia Penal y Criminología,* n.° 13-13, 2011, p. 52; y FERNÁNDEZ MOLINA, E.: "El internamiento de menores: una mirada hacia la realidad de su aplicación en España", *Revista Electrónica de Ciencia Penal y Criminología,* n.° 14 – 18, pp. 1-20.

60 BLAY GIL *et al.*, *op. cit.*, p. 26. Con algunas reservas, constatan asimismo resistencias judiciales al 'clima punitivo' STANCU/VARONA, *op. cit.*, pp. 25-27. Concluyen que los jueces "no están privilegiando la prisión como respuesta a la delincuencia" BLAY GIL/VARONA GÓMEZ, *op. cit.*, p. 139.

61 BLAY GIL *et al.*, *op. cit.*, p. 25.

62 Lo que no asume su respectiva independencia: podría ser ingenuo atribuir a la casualidad la generación de mecanismos que faciliten una posi-

Sea como fuere, teniendo en cuenta los marcos penales previstos por el Código para las distintas infracciones y las sanciones efectivamente impuestas por los juzgadores en las sentencias, es preciso asumir que la judicatura no acude, sistemáticamente, a las sanciones más graves en su mayor extensión. Cuando pueden elegir, los juzgadores no acuden siempre a la pena de prisión; y cuando imponen penas de prisión, casi siempre son prisiones de corta duración,[63] que como veremos seguidamente en buena parte acaban suspendiendo su ejecución.[64]

V. EJECUCIÓN DE LA PENA

Que se haya impuesto una pena de prisión no significa necesariamente que se ingrese en un centro penitenciario para cumplirla; ya apuntábamos más arriba que las prisiones no tienen capacidad real para internar a todos los penados a pena de prisión cada año en España. Y en efecto, la estimación es que entran en prisión aproximadamente la cuarta parte de las personas condena-

---

ción de los juzgadores poco proclive a extremar la dureza de las sanciones que se proponen, cuando la decisión contraria colapsaría el sistema.

63 De acuerdo con los datos del INE, *Estadística de condenados: Adultos, cit.*, desde el año 2011 hasta 2022 las penas de prisión de hasta dos años de duración son el 92% de las penas de prisión impuestas (ningún año llega a diferir en un 1% de este promedio); las penas de más de 2 y hasta 5 años de prisión son el 6%, y las de más de 5 años no llegan al 1,5%. Es indudable que los marcos penales previstos en la ley contribuyen a explicar estas cifras; pero también lo es que con frecuencia los juzgadores tienen la opción de imponer una prisión que puede o no exceder de dos años, y no tienden a rebasar esa cifra con carácter general.

64 En palabras de VARONA GÓMEZ, D.: "Fundamentación y aplicación práctica de la suspensión de la pena de prisión", *Cuadernos penales José María Lidón*, n.º 15/2019, 2019, p.254: "en el gran grueso de la delincuencia que queda fuera de los focos de atención mediática, la pena de prisión es normalmente suspendida".

das a prisión.[65] Buena parte de las penas de prisión impuestas son suspendidas en su ejecución (imponiendo o no reglas especiales de conducta, o incluso una sanción sustitutoria); y algunas sustituidas por expulsión del territorio nacional.[66] Además, algunos de los que entran en prisión son clasificados en tercer grado (que puede implicar el retorno diario a un establecimiento penitenciario, pero también admite modalidades de cumplimiento extrapenitenciario) o disfrutan de una libertad condicional,[67] lo que les permite salir de prisión antes de haber cumplido toda la pena impuesta.

1. La suspensión simple de la pena de prisión

El Código penal prevé la suspensión de las penas privativas de libertad de hasta dos años para delincuentes primarios que hayan satisfecho las responsabilidades civiles, "cuando sea razonable

---

65 En la estimación de Cid, un 26% (CID, J.: "¿Un derecho penal sin pena de prisión", en SILVA, J./QUERALT, J./CORCOY, M./CASTIÑEIRA, M.T. (coords.): *Estudios de derecho penal: homenaje al profesor Santiago Mir Puig*, B de F, Montevideo, 2017, pp. 41-54). En los datos de BLAY GIL / VARONA GÓMEZ, *op. cit.*, p. 138, un 75% de los penados con pena de prisión ven su pena suspendida o sustituida por una sanción alternativa, el ingreso efectivo en prisión se ciñe al 18%.

66 En la expulsión de extranjeros condenados con pena de prisión no me detendré ulteriormente en este trabajo; pero no me resisto a advertir que la expulsión acordada en sentencia no ha llegado nunca a atender un 1% de las penas impuestas, y que aunque en ejecución de sentencia puede también acordarse del acuerdo a la ejecución efectiva media una importante distancia, y dependiendo del país de origen es muy difícil que llegue a llevarse a efecto.

67 Aunque es preciso advertir que en el seno del que se pretende sistema progresivo español más de la mitad de los presos concluirá su pena en prisión, sin haber accedido a tercer grado ni a libertad condicional (pese a la clara asociación entre liberación progresiva –supervisada– y reinserción que los estudios contrastan), según la estimación de CID, J.: "La reinserción postpenitenciaria en España: el camino hacia la universalidad", *Cuadernos de Política Criminal*, n.º 134, 2021, p. 213.

esperar que la ejecución de la pena no sea necesaria para evitar la comisión futura por el penado de nuevos delitos". La judicatura suele hacer una aplicación "generosa"[68] de esta institución, de forma que se concede a casi todos los delincuentes primarios que satisfacen –o se comprometen verosímilmente a satisfacer– las responsabilidades civiles derivadas del delito; y mucho más, como queda apuntado más arriba, si se han conformado con la acusación. Aunque no es fácil obtener datos fiables sobre el recurso a la suspensión cuando no va acompañada de reglas de conducta (porque no se remite mandamiento de ejecución al servicio de penas y medidas alternativas, los datos quedan en la pieza de ejecución judicial de sentencia y no son fácilmente recuperables),[69] los estudios sobre expedientes de ejecución acreditan un uso muy profuso de esta.[70]

---

68 En el sentido de que, cumpliéndose los requisitos, no suele realizarse un pronóstico de peligrosidad ni una evaluación criminológica de la necesidad de pena de prisión, concediéndose automáticamente la suspensión, como afirma VARONA: *El Sistema…*, *cit.*, p. 140. En la investigación de CID, J./LARRAURI, E. (coords.): *Jueces penales, cit.*, la suspensión se concedía en más de un 84% de los casos en que era legalmente posible, y en el 98,5% de los casos en que el penado no tenía antecedentes; la generosa concesión de suspensiones resulta también confirmada en los estudios de VARONA GÓMEZ: "La suspensión…", *cit.*; y BLAY GIL/VARONA GÓMEZ, *op. cit.*

69 Vid. argumentadamente VARONA GÓMEZ: "La suspensión…", *cit.*, pp. 7-11.

70 Ya a inicios de siglo CID, J./LARRAURI, E. (coords.): *Jueces penales, cit.*; más adelante ANTÓN GARCÍA, L./LARRAURI PIJOAN, E.: "Violencia de género ocasional: Un análisis de las penas ejecutadas", *Revista Española de Investigación Criminológica*, n.º 7(2), 2009, pp. 1-26; recientemente VARONA GÓMEZ: "La suspensión…", *cit.*, pp. 15 ss., detectando no sólo un elevado recurso a la suspensión sino además que en dos décadas su uso ha crecido notablemente (p. 18). Se trata, en todos los casos, de estudios centrados en Juzgados de lo Penal, cuyos datos son difícilmente extrapolables a Audiencias Provinciales si atendemos al rango de penas del que se ocupan unos y otras; las Audiencias ciertamente conceden suspensiones simples, pero no pueden alcanzar porcentajes

La suspensión simple de la pena implica la no ejecución de la sanción impuesta sin más condición que la no comisión de delitos durante el periodo fijado (el incumplimiento de este requisito dará lugar a la ejecución de la pena suspendida, sin perjuicio del castigo que corresponda al nuevo delito cometido), periodo que para penas de prisión será de dos a cinco años. En estos términos, y teniendo en cuenta que no delinquir es una regla de conducta exigible a toda la ciudadanía, la suspensión simple es una inejecución de la pena, en la esperanza de que la imposición formal de la misma haya sido advertencia suficiente para provocar un cambio de conducta en el sujeto que impida la reiteración de actos delictivos. Por supuesto, es una inejecución condicionada y la amenaza de ejecutar la pena persiste durante un periodo relativamente prolongado; pero en los numerosos casos en que no se hace necesario revocar la suspensión, el sistema ha logrado amenazar con prisión, imponer prisión, y sin embargo no tener que ejecutar una prisión.[71]

2. La suspensión condicionada de la pena de prisión

La suspensión de la pena puede (y en ciertas ocasiones debe por imperativo legal[72]) someterse a una serie de condiciones o reglas de conducta que pueden tener un carácter rehabilitador, de control o incapacitador.[73] Es fácilmente comprensible que el re-

---

tan elevados. Una estimación precisa del número total de suspensiones de prisión concedidas es extremadamente arriesgada.

71 Para BLAY GIL/VARONA GÓMEZ, *op. cit.*, p. 141, "Una importante dosis de pragmatismo subyace a la decisión judicial de suspender la mayoría de penas de prisión".

72 En la actual redacción del Código penal, sucede así en relación a los delitos de violencia de género, delitos contra la libertad sexual, matrimonio forzado, mutilación genital femenina y trata de seres humanos (artículo 83.2 del Código Penal (TOL223.185)).

73 Siguiendo la clasificación de LARRAURI, E.: *Introducción a la criminología y al sistema penal*, 2ª edición, Trotta, Madrid, 2018, p. 166.

curso a una suspensión condicionada tenga una acogida más tibia por parte de quienes tienen la responsabilidad de imponer, pero también de ejecutar las penas, que la suspensión simple: si esta última simplifica la ejecución, la primera la complica. Esto contribuye a explicar por qué, salvo cuando resulta legalmente obligado condicionar la suspensión de la privación de libertad, se recurre con más facilidad a la suspensión simple que a la condicionada;[74] de hecho, hasta las reformas que obligaron a condicionar la suspensión en violencia de género en 2004,[75] y la expansión de los programas en seguridad vial, el recurso a suspensiones condicionadas se ciñó prácticamente a los programas de deshabituación de la adicción a tóxicos.[76]

En efecto, mención aparte merece la suspensión de la pena prevista para penados drogodependientes que cometen su delito a causa de su adicción (en este caso, sin requerir primariedad delictiva; y para penas de hasta 3 años de prisión en redacción inicial del Código, que son de hasta 5 años desde la reforma de 2003), condicionada siempre a que el penado se encuentre "deshabituado o sometido a tratamiento para tal fin en el momento de decidir sobre la suspensión"; en estos casos, "se condicionará la suspensión de la ejecución de la pena a que no abandone el tratamiento hasta su finalización" –lo que por cierto puede dar lugar a revocaciones muy tardías de la suspensión, obligando a cumplir la pena diferidamente–. Pese a que la práctica concede no pocas suspensiones de penas de prisión por esta vía, lo cierto es que no siempre que se solicita es concedida. La mayor reticencia judicial a recurrir a este instituto (frente a la suspensión simple) se ha atribuido a la dificultad de acreditación de los requisitos –no sólo drogodependencia, sino carácter causal de ésta en la comisión del delito; y sumisión a programa de deshabituación–, pero también

---

[74] VARONA GÓMEZ: "La suspensión…", *cit.*, n. 46 en p. 35, señala la escasa aplicación de esta salvo cuando resulta legalmente obligada.

[75] Cfr. ANTÓN GARCÍA/LARRAURI PIJOAN, op. cit.

[76] VARONA GÓMEZ: *El Sistema…*, *cit.*, p. 148.

a tratarse de una suspensión no dirigida a delincuentes primarios, que encajan mejor con el perfil que 'cierta cultura judicial' (que no el texto legal) asocia a la suspensión de la pena.[77]

A diferencia de las suspensiones sin condiciones añadidas, que quedan en las ejecutorias de los juzgados y tribunales, las suspensiones con obligaciones adicionales asociadas requieren a menudo el apoyo, bien de los servicios de gestión de penas y medidas alternativas (v.gr. cuando se imponen programas formativos), bien de las fuerzas y cuerpos de seguridad (v.gr. cuando se imponen como reglas de conducta prohibiciones de aproximación y comunicación). Si respecto de estas últimas no disponemos, hasta donde se me alcanza, de una fuente fácilmente accesible para contrastar su número,[78] respecto de los casos en que se requiere la intervención de los servicios de penas y medidas alternativas (y

---

77 VARONA GÓMEZ: *El Sistema…*, *cit.*, pp. 142-143.

78 La *Estadística de condenados* del INE proporciona datos de penados a prohibiciones de aproximación y comunicación (donde se da cuenta de unas 30.000 prohibiciones de aproximación anuales en el periodo 2007-2014, ascendiendo las cifras continuadamente desde ese momento –con la única excepción de 2020– hasta ser casi 59.000 en 2022; las prohibiciones de comunicación son menos de la mitad que las de aproximación los primeros años, pero en 2013 son ya más de 28.000, y a partir de aquí ascienden –con la única excepción de 2020– hasta ser más de 55.000 en 2022), pero con toda probabilidad –cuando menos, salvo que se tratara de suspensiones directamente acordadas en sentencia, y no por auto posterior; cfr. MORILLAS CUEVA/BARQUÍN SANZ (dtores.), *op. cit.*, p. 218; y VARONA GÓMEZ, "La suspensión…", *cit.*, pp. 9-10– se trata de penas impuestas en virtud del art. 57 del Código penal y no de condiciones de suspensión. Y el *Portal Estadístico de Violencia de Género* del Ministerio de Igualdad (https://estadisticasviolenciagenero.igualdad.gob.es/) proporciona datos sobre órdenes de protección (en promedio unas 37.000 al año de 2009 a 2022); pero las órdenes de protección son medidas cautelares y no condiciones de suspensión de la pena. Se trata, en uno y otro caso, de prohibiciones de aproximación y comunicación cuya supervisión es encomendada a fuerzas y cuerpos de seguridad; pero no de las que aquí nos interesan.

lo planteo en plural porque hoy por hoy son tres administraciones concurrentes: la administración general del Estado, la administración catalana y la administración vasca[79]) sí tenemos referencias: de acuerdo con los datos proporcionados por el Ministerio del Interior, los mandamientos gestionados como medidas penales alternativas en virtud de suspensiones o sustituciones de penas[80] no llegaban al millar en el primer lustro del siglo, pero inician después un continuado crecimiento y en 2008 son más de 10.000, en 2009 más de 20.000 y en 2012 casi 25.000; en 2015 han bajado a menos de 19.000, y a partir de aquí emprenden un continuado ascenso –truncado sólo en 2020– hasta ser casi 24.000 en 2022.[81]

---

79 Lo que, de hecho, obliga a cierto esfuerzo para reconstruir series de datos; cfr. MARTÍ, M./ GÜERRI, C./PEDROSA, A.: "Fuentes de datos para la investigación criminológica en el ámbito penitenciario en España", *Revista Española de Investigación Criminológica*, n.º 19-9-2, pp. 1-31.

80 Téngase en cuenta que en las suspensiones sin condiciones adicionales no se emite mandamiento de gestión; y que cuando se trata de sustituciones por trabajos en beneficio de la comunidad o de medidas de seguridad no se incluyen en este cómputo.

81 *Anuario Estadístico del Ministerio del Interior* de 2022, p. 342. Las cifras exactas son: 2000: 114; 2001: 175; 2002: 217; 2003: 251; 2004: 312; 2005: 789; 2006: 2.787; 2007: 5.184; 2008: 10.281; 2009: 20.718; 2010: 21.746; 2011: 21.569; 2012: 24.987; 2013: 24.865; 2014: 20.061; 2015: 18.645; 2016: 19.283; 2017: 19.405; 2018: 20.634; 2019: 21.457; 2020: 19.731; 2021: 22.977; 2022: 23.990. En el ámbito de la administración catalana, que publica los datos de los últimos años en https://justicia.gencat.cat/ca/departament/Estadistiques/mesures_penals/descriptors-mpa/ (pero va borrando años anteriores a medida que publica datos sucesivos; la serie que aquí proporciono se ha reconstruido a partir de los recogidos por Cristina Güerri en LARRAURI, *op. cit.*, p. 173, y por VARONA GÓMEZ, *El Sistema…*, *cit.*, p. 147) las cifras de programas formativos gestionados son: 2005: 954; 2006: 1.720; 2007: 2.118; 2008: 2.264; 2009: 2.403; 2010: 2.324; 2011: 1.982; 2012: 1.867; 2013: 1.770; 2014: 1.531; 2015: 1.637; 2016: 1.830; 2017: 1.805; 2018: 2.025; 2019: 1.961; 2020: 1.567; 2021: 2.338; 2022: 2.311.

3. La suspensión sustitutoria de la pena de prisión

Hasta la reforma penal de 2015, el Código admitía la posibilidad de sustituir penas de prisión que no excedieran de un año –excepcionalmente dos– por multa o por trabajos en beneficio de la comunidad (hasta 2004 era arresto de fin de semana y no trabajos en beneficio de la comunidad, aunque a su vez los arrestos de fin de semana impuestos como pena en sentencia -el Código vetaba expresamente la sustitución de penas sustitutorias- podían sustituirse por trabajos o multas; desde 2005, también por localización permanente, si la prisión no excedía seis meses), añadiendo o no obligaciones o deberes adicionales. Desde la reforma penal de 2015, la sustitución sólo es legalmente posible, en su caso, por expulsión del territorio nacional; pero en su lugar es posible condicionar la suspensión de la pena privativa de libertad al pago de una multa o a la realización de trabajos en beneficio de la comunidad, "especialmente cuando resulte adecuado como forma de reparación simbólica a la vista de las circunstancias del hecho y del autor"; con el límite máximo, respectivamente, de dos cuotas de multa o un día de trabajos por cada día de prisión sobre un límite máximo de dos tercios de su duración.

Las sustituciones por multa no dan lugar a actividad del servicio de penas y medidas alternativas, y sólo examinando las ejecuciones de sentencia podrían cuantificarse; pero los trabajos en beneficio de la comunidad que excusan una pena de prisión dan lugar a un mandamiento de ejecución. Los datos proporcionados por Cataluña separan estos trabajos en beneficio de la comunidad (unos 1.800 al año desde 2019, un 27% de los mandamientos de ejecución tramitados) de los impuestos como pena;[82] los datos del Ministerio del Interior no hacen este desglose, pero las condenas a trabajos en beneficio de la comunidad en toda la serie histórica

---

82 https://justicia.gencat.cat/ca/departament/Estadistiques/mesures_penals/descriptors-mpa/ arroja las siguientes cifras: 2017: 967; 2018: 1.016; 2019: 1.980; 2020: 1.403; 2021: 2.128; 2022: 1.866; 2023: 1.760.

corresponden a poco más de la mitad de los mandamientos de ejecución de trabajos recibidos en el sistema de penas y medidas alternativas...[83] ciertamente la reapertura de una causa archivada puede dar lugar a un doble cómputo de mandamiento de ejecución para una misma pena (y por tanto no podemos dar las cifras por seguras), pero explicar por esta vía casi la mitad de los mandamientos no parece razonable: es asumible pues que en su mayor parte responden a sustituciones (o suspensiones condicionadas a pena) de prisiones; y son varias decenas de miles al año.[84]

4. La ejecución carcelaria de penas distintas a la prisión

Si en las líneas precedentes he insistido en que buena parte de las prisiones impuestas no se cumple como pena de prisión (o cuando menos se ofrece la oportunidad de cumplirla de otro modo; téngase en cuenta que v.gr. la suspensión de la pena será revocada, ingresando el penado en prisión, si incumple gravemente las reglas de conducta impuestas), es prudente apuntar también que otras penas impuestas pueden acabar cumpliéndose como privación de libertad carcelaria. Así sucede, hasta cierto punto, con las multas impagadas que se transforman en responsabilidad personal subsidiaria.

---

[83] Si contrastamos los datos recogidos en el *Anuario Estadístico del Ministerio del Interior* de 2022, p. 342, con las condenas a trabajos en beneficio de la comunidad reflejadas en la *Estadística de condenados* del INE.

[84] Si restamos de los mandamientos las penas impuestas, los mandamientos añadidos serían en 2005: 3.131; en 2006: 8.528; en 2007: 8.561; [en 2008 hay más condenas a esta pena, 91.045, que mandamientos de ejecución, 46.617; en dicho año prescribieron buena parte de los trabajos en beneficio de la comunidad impuestos sin poderse ejecutar]; en 2009: 50.349; en 2010: 107.563; en 2011: 100.133; en 2012: 67.544; en 2013: 77.927; en 2014: 67.228; en 2015: 69.530; en 2016: 71.591; en 2017: 55.155; en 2018: 47.030; en 2019: 44.008; en 2020: 39.107; en 2021: 51.398; en 2022: 46.792.

5. El tercer grado penitenciario

Iniciado el cumplimiento de la pena de prisión, la clasificación en tercer grado posibilita la salida del reo del interior de la prisión de forma habitual... pero supone, en principio, una permanencia mínima de ciertas horas en un establecimiento penitenciario, aunque sea de régimen abierto. La modalidad de control telemático, ya en expansión prometedora hace 10 años,[85] y enormemente potenciada por las circunstancias excepcionales de la pandemia,[86] abrió puertas a la generalización de unidades extrapenitenciarias, y posibilita el cumplimiento del tercer grado incluso en el propio domicilio de la persona penada. El control de presencialidad durante las horas estipuladas no exige –a diferencia de lo que sucede con ciertos casos de prohibiciones de aproximación, o con ciertos permisos de salida o libertades vigiladas[87]– una geolocalización constante, y es suficiente con una pulsera o tobillera de radiofrecuencia que comunique con un receptor ubicado en la localiza-

---

85 LEGANÉS GÓMEZ, S.: *La prisión abierta: nuevo régimen jurídico*, Edisofer, Madrid, 2013, pp. 438-477; en p. 474 da cuenta de que el despliegue de estos sistemas se inicia en abril del año 2000, y en 2010 hay ya más de 2.000 internos dependientes de la Secretaría General de Instituciones Penitenciarias acogidos a este régimen (detalle de cifras de evolución en nota 815; la nota 818 en la p. 475 estima el porcentaje sobre el total de penados en el periodo 2004-2010, que crece hasta casi un 25% en la Administración General del Estado y un 17% en Cataluña).

86 De acuerdo con los datos de la SECRETARÍA GENERAL DE INSTITUCIONES PENITENCIARIAS: *Informe General 2022*, p. 163, en número de instalaciones de dispositivos para estos fines fue, en cada año: 2010: 2.366; 2011: 2.688; 2012: 2.199; 2013: 2.232; 2014: 2.605; 2015: 2.512; 2016: 2.484; 2017: 2.343; 2018: 2.590; 2019: 3.420; 2020: 7.546; 2021: 6.340; 2022: 5.059; descontando las bajas quedarían activos en 2010: 2.057; 2011: 1.992; 2012: 1.758; 2013: 1.689; 2014: 1.801; 2015: 1.788; 2016: 1.738; 2017: 1.755; 2018: 1.960; 2019: 2.288; 2020: 4.486; 2021: 4.041; 2022: 3.788.

87 SECRETARÍA GENERAL DE INSTITUCIONES PENITENCIARIAS: *Informe General 2022*, pp. 163-165.

ción convenida cuanto la persona penada está en sus proximidades.[88] No pretendo cuestionar, ni el efecto rehabilitador del tercer grado, ni la oportunidad de posibilitar el cumplimiento domiciliario o en unidades externas de éste; quiero sólo apuntar que, nuevamente, se trata de un mecanismo que alivia notablemente los costes de la prisión y hace sostenible el sistema.

6. La liberación condicionada

Finalmente, la libertad condicional de la persona penada (que fue una forma de cumplimiento del final de la prisión hasta la reforma penal de 2015, y desde entonces se ha convertido en una modalidad de suspensión de la pena[89]) participa, aún en mayor medida (y nuevamente sin que esta afirmación pretenda cuestionar ni su conveniencia ni su importancia) de la condición de alivio del sistema penitenciario: si en torno a una décima parte de las personas penadas acaban disfrutando de ella[90] –convendría preguntarse por qué no alcanza a más penados–, ello supone que parte de esas penas de prisión se suspende y por tanto alivia el sistema penitenciario.

---

88 SECRETARÍA GENERAL DE INSTITUCIONES PENITENCIARIAS: *Informe General 2022*, p. 161.

89 Vid. CERVELLÓ DONDERIS, *Derecho penitenciario, cit.*, pp. 313 ss., donde encontrará el lector una exposición detallada de las condiciones para acceder a la libertad condicional.

90 De acuerdo con los datos del *Anuario Estadístico del Ministerio del Interior* de 2022, p. 362, la libertad condicional en el ámbito de la Administración General del Estado alcanzaría en dicho año un 10% de los penados. El estudio de CID, "El futuro…", *cit.*, p. 22, recoge la evolución de este dato para el conjunto del territorio español hasta 2018, de acuerdo con sus datos en lo que va de siglo sólo el año 2000 y el periodo 2010-2015 habrían alcanzado un 15% de libertades condicionales, sin que en ningún año cayeran por debajo del 10%.

VI. A MODO DE RECAPITULACIÓN

Comenzábamos apuntando que se castigan hoy muchos más delitos y se imponen muchas más penas que a principio de siglo; apuntábamos que, aunque desde luego no es hoy la sanción más impuesta, la imposición de penas de prisión ha venido creciendo desde entonces.

Sin embargo, como hemos tenido ocasión de comprobar, la mayor parte de las penas de prisión impuestas son de duración de hasta dos años, y diversos mecanismos coadyuvan a que buena parte de estas penas impuestas (¿hasta tres cuartas partes?) no dé lugar a un ingreso en prisión de la persona penada; o cuando menos alivian la duración de su permanencia en régimen cerrado.

Lo que no significa que no se hayan impuesto penas, y en buena parte de los casos que no se ejecuten. El mapa de la penalidad ha cambiado, se ha expandido y se ha modificado cualitativamente. Y si las prisiones impuestas no siempre se cumplen, los mecanismos de supervisión y control crecen.

Si la histórica falta de registro sistematizado de las condenas por faltas[91] quedó totalmente superada con la desaparición de estas y la tipificación de delitos leves (cuyas cifras sí se incorporan sistemáticamente la estadística judicial, lo que ciertamente puede explicar el salto abrupto de las cifras de condenas por delitos a partir de la refor-

---

91 No es ocioso recordar que la disposición transitoria tercera del Real Decreto 95/2009, de 6 de febrero, por el que se regula el Sistema de registros administrativos de apoyo a la Administración de Justicia (TOL1.426.875) preveía que 'La inscripción de resoluciones firmes en los Registros de Penados y Rebeldes y Medidas Cautelares, Requisitorias y Sentencias No Firmes por la comisión de una falta, se producirá a partir del momento en que se encuentre en funcionamiento el sistema de envío automático de datos previsto en el artículo 13.2 del presente real decreto', previsión que a su vez disponía: 'En cuanto las condiciones técnicas lo permitan, la transmisión de la información se realizará directamente desde las aplicaciones de gestión procesal'.

ma de 2015, aunque no tanto la persistencia de este incremento en años sucesivos como ha pretendido en alguna ocasión el Ministerio del Interior en sus Anuarios[92]), no debe dejar de tenerse en cuenta que además a partir de la nueva Ley Orgánica de Protección de la Seguridad Ciudadana –Ley Orgánica 4/2015 (TOL4.788.339), artículo 43– se crea un Registro Central de Infracciones contra la Seguridad Ciudadana, afirmando la exposición de motivos de la norma que resulta 'indispensable para poder apreciar la reincidencia de los infractores y permitir, de este modo, sancionar adecuadamente a quienes de modo voluntario y reiterado incurren en conductas merecedoras de reproche jurídico'. Si a ello se suma la existencia (quizá de larga trayectoria histórica, pero mucho más preocupante desde el momento en que su gestión informatizada permite un acceso masivo a las fuerzas y cuerpos de seguridad de cualquier punto del territorio e incluso en virtud de mecanismos de cooperación internacional más allá de las fronteras) de registros de antecedentes policiales –que pueden ser de gran utilidad e incluso necesarios para la labor policial, pero que acaban teniendo trascendencia a otros efectos con cuestionable respeto de la presunción constitucional de inocencia–, es preciso asumir que la extensión del control de los ciudadanos en materias relacionadas con el derecho penal ha crecido exponencialmente.

Sería un error asumir sin más que lo que salió por la puerta entró por la ventana con la transformación de faltas en delitos leves: las cifras son clamorosas, y es claro que las causas por delitos leves son muchas menos que las que había por juicios de faltas.[93] Si en los

---

92 La advertencia de que el aumento de las cifras obedecía a "una nueva clasificación de las categorías penales" que hacía el *Anuario Estadístico del Ministerio del Interior* de 2017, p. 150, es mucho más compartible que la reiteración en términos casi idénticos de esta argumentación en el Anuario de 2018 (p. 150) y en el de 2019 (p. 160).

93 Esto puede tener aterrizajes distintos en algunas modalidades típicas; pero que el número de 'asuntos menores' (por emplear la expresión utilizada por la Ley Orgánica 1/2015 (TOL4.788.288)) se ha reduci-

siete años posteriores a la reforma de 2015 se ha resuelto un promedio de algo más de 430.000 juicios por delitos leves al año (un 18% de ellos como juicios rápidos), en los siete años precedentes se resolvió un promedio de más de un millón de juicios de faltas (un 11% de ellos como juicios rápidos).[94] Pero la constancia de los antecedentes por delincuencia leve es mucho mayor desde que se derogaron las faltas, y aunque se veten sus efectos sobre la reincidencia y la suspensión de la pena (artículos 22.8 y 80.2 del Código penal (TOL223.185)) no deja de tratarse de antecedentes penales.

No sólo esto: en todo el diseño del sistema punitivo, la prisión juega un papel sin duda esencial; en lo simbólico, y en lo material (la amenaza de revocación de la suspensión tiene una carga punitiva nada despreciable). Y actúa de manera selectiva: respecto de determinados delitos y respecto de determinados perfiles de infractores. Las penas comunitarias encuentran un espacio importante de crecimiento, que absorbe buena parte de la expansión del sistema, pero de forma selectiva.

Entre tanto, los delitos que pueblan las prisiones no son los mismos que a principios de siglo: si en el año 2000 más de la mitad de los reclusos penados eran reos de delitos patrimoniales, y entre estos y el tráfico de drogas se explicaba el 85% de la población penitenciaria penada;[95] a principios de la década siguiente estas

---

do notablemente no me parece discutible –pese a lo argumentado por LINDE, A./AEBI, M.F.: "¿Realmente *theft* quiere decir hurto? y otras equivalencias dudosas entre las definiciones legales y criminológicas de las infracciones: Consecuencias para el estudio de la delincuencia", *Revista Española de Investigación Criminológica,* vol. 19(2), artículo 3, p. 20–.

94 Tomo las cifras para estos cálculos de CGPJ: *Justicia Dato a Dato,* cit., 2008 p. 60, 2009 p. 6, 2010 p. 64, 2011 p. 63, 2012 p. 63, 2013 p. 64, 2014 p. 64, 2016 p. 68, 2017 p. 70, 2018 p. 70, 2019 p. 69, 2020 p. 69, 2021 p. 72 y 2023 p. 73.

95 *Anuario Estadístico del Ministerio del Interior* de 2000, p. 476: los delitos contra el patrimonio y el orden socioeconómico (14.038) explican el 53% de la población penitenciaria penada; los delitos contra la salud

categorías sumaban sólo el 65%, y homicidios, lesiones y delitos sexuales estaban por encima del 5%;[96] en 2022, los delitos patrimoniales siguen siendo un 38% de la población reclusa penada, pero la salud pública baja al 16%, violencia de género explica un 10%, delitos sexuales casi un 9% y homicidios un 7%.[97]

No quisiera poner punto final a estas líneas sin señalar una cuestión que para mí es de la mayor importancia. La reflexiones que anteceden se centran en explorar los *mecanismos técnicos* por los que se ha producido la contención del incremento de tasas de población reclusa en un contexto de escalada punitiva que supone imposición de cada vez más penas de prisión. Pero explicar los mecanismos no es explicar las causas; explicar cómo no explica por qué, y comprender esto último puede ser mucho más importante que lo primero.[98] Si se trata de contención de excesos de un rigorismo punitivo cuyo discurso no quiere abandonarse pero cuyos efectos tampoco pueden asumirse, si es un problema de viabilidad en gestión de recursos ante una pena cuyo coste económico (el de mantenimiento, seguridad y gastos ordinarios, y el añadido de amortización de construcción de prisiones –que no siempre se ha tenido en cuenta en los cálculos–) es elevadísimo, o si se trata

---

pública (8.465), el 32%, sobre un total de 26.303 presos penados clasificados; ninguna otra categoría delictiva llega al 4%.

96 *Anuario Estadístico del Ministerio del Interior* de 2011, p. 269: los delitos contra el patrimonio y el orden socioeconómico (ahora 22.302) explican el 39% de la población penitenciaria penada; los delitos contra la salud pública (14.903), el 26%; los delitos sexuales (3.572, cuando en 2000 eran apenas 1.005), el 6%; las lesiones (3.374, cuando eran sólo 655 en 2000) casi otro tanto; los homicidios (3.113, en 2000 eran 922), más de un 5%; el total es de 56.816.

97 *Anuario Estadístico del Ministerio del Interior* de 2022, p. 320: los delitos patrimoniales y socioeconómicos (17.398) son el 38% del total de penados; la salud pública (7.479) explica el 16%; la violencia de género (4.782) un 10,5%; los 4.023 delitos sexuales un 8,8%; y 3.335 homicidios un 7,3% del total de 45.465 penados.

98 GONZÁLEZ SÁNCHEZ: "Aumento…", *cit.*, p. 18.

realmente de un mecanismo intencionado destinado en definitiva a extender el control a estratos cada vez más amplios de la población en un paradigma que no renuncia a invocar la prisión pero ya no ciñe su alcance a intramuros... son cuestiones sobre las que poco pueden decirnos las consideraciones precedentes, pero a cuya cuidadosa atención deberían sin duda conducirnos estas mismas consideraciones. Si no queremos quedar atrapados en un círculo tautológico, será preciso afrontar el desafío de comprender el castigo como una institución social compleja.[99] Que ese esfuerzo exceda con creces de lo que aquí es viable desarrollar no es excusa para omitir esta obligada advertencia.

REFERENCIAS BIBLIOGRÁFICAS

AEBI, M.F./LINDE, A./DELGRANDE, N.: "Is there a relationship between Imprisonment and Crime in Western Europe?", *European Journal of Criminal Policy and Research,* n.º 21, 2015, pp. 425-446.

ANTÓN GARCÍA, L./LARRAURI PIJOAN, E.: "Violencia de género ocasional: Un análisis de las penas ejecutadas", *Revista Española de Investigación Criminológica,* n.º 7(2), 2009, pp. 1-26.

BARQUÍN SANZ, J./LUNA DEL CASTILLO, J. DE D.: "Aplicación práctica de la suspensión y la sustitución de las penas privativas de libertad: una aproximación estadística", *Revista de Derecho Penal y Criminología,* n.º 10, 2013, pp. 415-470.

BARQUÍN SANZ, J./LUNA DEL CASTILLO, J. DE D.: "En los dominios de la prisión: Distribución numérica de las penas en el Código y en la justicia penal", *Revista Electrónica de Ciencia Penal y Criminología,* n.º 16 (14), 2012, pp. 1-52.

BERNUZ BENEITEZ, M.J./FERNÁNDEZ MOLINA, E.: "La gestión de la delincuencia juvenil como riesgo: Indicadores de un nuevo modelo", *Revista Electrónica de Ciencia Penal y Criminología,* n.º 10 (13), 2008, pp. 1-20.

BLAY GIL, E.: "Nueve tópicos acerca del trabajo en beneficio de la comunidad: la necesidad de una discusión basada en conocimientos empíricos", *InDret,* n.º 4/2007, 2007, pp. 1-18.

---

[99] GONZÁLEZ SÁNCHEZ: *Neoliberalismo y castigo, cit.,* p. 22.

BLAY GIL, E./GONZÁLEZ SÁNCHEZ, I.: *Los jueces penales: Una introducción al estudio de la profesión*, Iustel, Madrid, 2020.

BLAY GIL, E./VARONA GÓMEZ, D.: "El castigo en la España del siglo XXI: Cartografiando el iceberg de la penalidad", *Política Criminal*, n.º 16–31, 2021, pp. 115-145.

BLAY GIL, E./VARONA GÓMEZ, D./LÓPEZ-RIBA, J.M./JIMÉNEZ GARCÍA, J.R.: "Jueces penales y punitivismo en España", *Revista Española de Investigación Criminológica*, n.º 19 (1), 2021, pp. 1-30.

BRANDARIZ GARCÍA, J.A.: "La evolución de la penalidad en el contexto de la Gran Recesión: La contracción del sistema penitenciario español", *Revista de Derecho Penal y* Criminología, n.º 12, 2014, pp. 309-342.

BRANDARIZ GARCÍA, J.A.: "La evolución del sistema penitenciario español, 1995-2014: Transformaciones de la penalidad y modificación de la realidad", *Revista Crítica Penal y Poder*, n.º 9, 2015, pp. 1-31.

CANO PAÑOS, M.A.: "¿Supresión, mantenimiento o reformulación del pensamiento educativo en el Derecho penal juvenil?", *Revista Electrónica de Ciencia Penal y Criminología*, n.º 13-13, 2011, pp. 1-55.

CARO HERRERO, G.: "La conformidad penal y su aplicación en nuestro sistema: Funcionamiento y problemática derivada", *Revista General de Derecho Procesal*, n.º 50, 2020, pp. 1-31.

CERVELLÓ DONDERIS, V.: *Derecho penitenciario: 5ª edición*, Tirant lo Blanch, Valencia, 2022.

CID, J.: "El incremento de la población reclusa en España entre 1996-2006: Diagnóstico y remedios", *Revista Española de Investigación Criminológica*, n.º 6 (2), 2008, pp. 1-31.

CID, J.: "El futuro de la prisión en España", *Revista Española de Investigación Criminológica*, n.º 18 (1), 2020, pp. 1-32.

CID, J.: "La reinserción postpenitenciaria en España: el camino hacia la universalidad", *Cuadernos de Política Criminal*, n.º 134, 2021, pp. 195-229.

CID, J.: "¿Un derecho penal sin pena de prisión", en SILVA, J./QUERALT, J./CORCOY, M./CASTIÑEIRA, M.T. (coords.): *Estudios de derecho penal: homenaje al profesor Santiago Mir Puig*, B de F, Montevideo, 2017, pp. 41-54.

CID, J./LARRAURI, E.: "Development of crime, social change, mass media, crime policy, sanctioning practice and their impact on prison population rates", *Sistema Penal & Violência*, n.º 1 (1), 2009, pp. 1-21.

CID, J./LARRAURI, E. (coords.): *Jueces penales y penas en España: Aplicación de las penas alternativas a la privación de libertad en los juzgados de lo penal*, Tirant lo Blanch, Valencia, 2002.

CONSEJO GENERAL DEL PODER JUDICIAL: *Base de datos de la Estadística Judicial en PC-AXIS*, accesible en línea en www.poderjudicial.es, 1995-2023.

CONSEJO GENERAL DEL PODER JUDICIAL: *Justicia Dato a Dato*, accesible en línea en www.poderjudicial.es, 2003-2022.

DAUNIS RODRÍGUEZ, A.: "Ocupación carcelaria: Hipótesis acerca del descenso de la población penitenciaria en España", *Estudios Penales y Criminológicos*, n.º XXXVI, 2016, pp. 447-483.

DÍEZ RIPOLLÉS, J.L.: "Rigorismo y reforma penal: cuatro legislaturas homogéneas (1996-2011)", Parte I y II, *Boletín Criminológico*, n.º 142 y 143, 2013, pp. 1-5 y 1-5.

DOMÉNECH PASCUAL, G.: *Juzgar a destajo: la perniciosa influencia de las retribuciones variables de los jueces sobre el sentido de sus decisiones*, Civitas, 2009.

FERNÁNDEZ MOLINA, E.: "El internamiento de menores: una mirada hacia la realidad de su aplicación en España", *Revista Electrónica de Ciencia Penal y Criminología*, n.º 14 – 18, pp. 1-20.

GONZÁLEZ SÁNCHEZ, I.: "Aumento de presos y Código penal: una explicación insuficiente", *Revista Electrónica de Ciencia Penal y Criminología*, n.º 13 – 04, 2011, pp. 1-22.

GONZÁLEZ SÁNCHEZ, I.: "La cárcel en España: mediciones y condiciones del encarcelamiento en el siglo XXI", *Revista de Derecho Penal y Criminología*, n.º 8, 2012, pp. 351-402.

GONZÁLEZ SÁNCHEZ, I.: *Neoliberalismo y castigo*, Bellaterra Edicions, Bellaterra, 2021.

GUARDIOLA GARCÍA, J.: "Las penas comunitarias en el sistema español: sobre las 'alternativas a la prisión'", *Revista Electrónica de Ciencia Penal y Criminología*, n.º 26 – 04, 2024, p. 2.

INSTITUTO NACIONAL DE ESTADÍSTICA: *Cifras de población*, accesible en línea en www.ine.es, 1998-2022.

INSTITUTO NACIONAL DE ESTADÍSTICA: *Estadística de condenados: Adultos*, accesible en línea en www.ine.es, 1998-2022.

LARRAURI, E.: *Introducción a la criminología y al sistema penal*, 2ª edición, Trotta, Madrid, 2018.

LEGANÉS GÓMEZ, S.: *La prisión abierta: nuevo régimen jurídico*, Edisofer, Madrid, 2013.

LINDE, A./AEBI, M.F.: "¿Realmente *theft* quiere decir hurto? y otras equivalencias dudosas entre las definiciones legales y criminológicas de las infracciones: Consecuencias para el estudio de la delincuencia", *Revista Española de Investigación Criminológica*, vol. 19(2), 2021, artículo 3, pp. 1-30.

MINISTERIO DE IGUALDAD – GOBIERNO DE ESPAÑA: *Portal Estadístico de la Delegación del Gobierno contra la Violencia de Género*, accesible en línea en https://estadisticasviolenciagenero.igualdad.gob.es/

MINISTERIO DEL INTERIOR – GOBIERNO DE ESPAÑA: *Anuario Estadístico del Ministerio del Interior*, accesible en línea en www.interior.gob.es, 1998-2022.

MONTERO HERNANZ, T.: "La evolución de la población penitenciaria en España: datos para un diagnóstico", *Revista de Derecho y Proceso Penal*, n.º 34, 2014, pp. 103-120.

MONTERO PÉREZ DE TUDELA, E./NISTAL BURÓN, J.: "La evolución de la población penitenciaria en España entre 1996 y 2014: algunas causas explicativas", *Cuadernos de Política Criminal*, n.º 116, 2015, pp. 159-200.

MORILLAS CUEVA, L./BARQUÍN SANZ, J. (dtores.): *La aplicación de las alternativas a la pena de prisión en España*, Madrid, 2013.

NIETO MARTÍN, A./MUÑOZ DE MORALES ROMERO, M./RODRÍGUEZ YAGÜE, C.: "Alternativas a la prisión: una evaluación sobre su impacto en la población penitenciaria española", *Revista General de Derecho Penal*, n.º 28, 2017, pp. 1-100.

SECONDAT, C. DE, BARÓN DE MONTESQUIEU: *De l'esprit des lois*, Éditions Gallimard, [1758] 1995.

SECRETARÍA GENERAL DE INSTITUCIONES PENITENCIARIAS–MINISTERIO DEL INTERIOR – GOBIERNO DE *ESPAÑA*: *Informe General*, accesibles en línea en www.interior.gob.es, 1998-2022.

SERRANO MAÍLLO, A.: *La evolución del encarcelamiento en España (1971-2020): un estudio de series temporales*, JM Bosch Editor, 2021.

STANCU, O./VARONA, D.: "¿Punitivismo también judicial?: Un estudio a partir de las condenas penales por homicidio en España (2000-2013)", *Revista Electrónica de Ciencia Penal y Criminología*, n.º 19 (12), 2017, pp. 1-33.

VARONA, D./KEMP, S.: "Suspended Sentences in Spain: An alternative to Prison or a 'Bargaining chip' in Plea Negotiations?", *European Journal of Crime, Criminal Law and Criminal Justice*, n.º 28, 2020, pp. 354-378.

VARONA GÓMEZ, D.: "El arresto de fin de semana: lecciones a aprender de su breve historia: Sobre las razones y excusas para su reforma", *Revista de Derecho Penal y Criminología*, n.º 13, 2004, pp. 47-80.

VARONA GÓMEZ, D.: *El Sistema Punitivo Español*, Atelier, Barcelona, 2023.

VARONA GÓMEZ, D.: "Fundamentación y aplicación práctica de la suspensión de la pena de prisión", *Cuadernos penales José María Lidón*, n.º 15/2019, 2019, pp. 229-258.

VARONA GÓMEZ, D.: "La cara oculta de la justicia penal: la conformidad del acusado: A propósito de la STS 15-4-2021", *InDret*, n.º 3.2021, 2021, pp. vii-ix.

VARONA GÓMEZ, D.: "La reforma de las penas no privativas de libertad (LO 15/2003): ¿Un paso adelante en el sistema de penas alternativas a la prisión?", *Revista Española de Investigación Criminológica*, n.º 2, 2004, pp. 1-14.

VARONA GÓMEZ, D.: "La suspensión de la pena de prisión: Razones de una historia de éxito", *Revista Española de Investigación Criminológica*, n.º 17 (10), 2019, pp. 1-37.

VARONA, D./KEMP, S./BENÍTEZ, O.: "La conformidad en España: Predictores e impacto en la penalidad", *InDret*, n.º 1/2022, 2022, pp. 1-30.

Suspensión de la prisión permanente revisable: normas cuestionables tras las última jurisprudencia del TEDH[1]

MARGARITA ROIG TORRES
Catedrática de Derecho penal
Universitat de València

I. INTRODUCCIÓN

La prisión permanente revisable fue introducida en nuestro Derecho por la LO 1/2015, de 30 de marzo. En esta decisión político criminal tuvo una notable influencia la presión social ante ciertos sucesos mediáticos y no se adoptó solo por motivos preventivos. Eso explica el régimen especialmente riguroso que se estableció para esta nueva pena. En la época en que se presentó el Anteproyecto el Ministro del Interior anunciaba que el índice de criminalidad en España era de los más bajos de la Unión Europea[2] y, en concreto, el de asesinatos[3], que es el principal delito castiga-

---

1 Este trabajo se enmarca en el Proyecto I+D+i "Estudio crítico del uso de sanciones alternativas penales: una mirada a la salud mental y al género" (ref.: PID2021-126236OB-I00; AEI/FEDER, UE)

2 https://www.icndiario.com/2014/01/balance-de-la-criminalidad-en-espana-infracciones-penales-descienden-un-43/. Recuperado el 29 de enero de 2024.

3 Según informaba el Ministro del Interior, la tasa media en la Unión Europea era de 1,00 asesinatos u homicidios por cada 100.000 habitantes, mientras en España era de 0,64. Además, se había producido un descenso en la criminalidad. En 2011, cuando se tramitó el Anteproyecto, las infracciones se redujeron un 0,5% respecto al año anterior, en 2012 un 0,7%, en 2013 un 4,3%, en 2014 un 3,6%, y en 2015, en que

do con esta sanción[4]. Por otra parte, en el texto original se preveía tan solo para las muertes terroristas[5], lo que chocaba puesto que en ese momento ETA ya había cesado en su actividad. Sin embargo, en las siguientes versiones del Anteproyecto[6] se amplió el abanico de ilícitos que la llevaban aparejada. Este incremento fue una respuesta a la demanda de castigo frente a hechos que causaron una gran alarma social (casos Mari Luz, Marta del Castillo, José Bretón...)[7], además de la que motivó la excarcelación de conoci-

---

se aprobó la ley, un 1,9%. (Disponible en: https://www.interior.gob.es/es/prensa/balances-e-informes).

4 Sobre la disparidad entre este endurecimiento del Derecho penal y la delincuencia real, BORJA JIMÉNEZ, E.: *Curso de política criminal*, 3ª edición, Tirant lo Blanch, Valencia, 2021, p. 84; CUERDA ARNAU, M.L: “La expansión del Derecho penal versus la eficacia del modelo de justicia”, en DOMÍNGUEZ DOMÍNGUEZ, C. (Dir.): Colaborando a superar la crisis. Una apuesta decidida por la modernización (Ámbito penal), *Cuadernos Digitales de Formación*, nº 5, 2013, pp. 14 y ss; y DE LEÓN VILLALBA, F.J.: “Prisión permanente revisable y derechos humanos”, en ARROYO ZAPATERO, L./LASCURAÍN SÁNCHEZ, J.A./PÉREZ MANZANO, M. (Dir.)/ RODRÍGUEZ YAGÜE, C. (Coord.): *Contra la cadena perpetua*, Ediciones de la Universidad de Castilla-La Mancha, 2016, pp. 92 y ss.

5 Anteproyecto de Ley Orgánica por la que se modifica la Ley Orgánica 10/1995, de 23 de noviembre, del Código Penal, de 16 de julio de 2012.

6 Anteproyecto de Ley Orgánica por la que se modifica la Ley Orgánica 10/1995, de 23 de noviembre, del Código Penal, de 11 de octubre de 2012; y Anteproyecto de Ley Orgánica por la que se modifica la Ley Orgánica 10/1995, de 23 de noviembre, del Código Penal, de 3 de abril de 2013.

7 ABEL SOUTO, M.: “Cadena perpetua y delitos contra la comunidad internacional (arts. 605.1, 607 y 607 bis)”, en GONZÁLEZ CUSSAC, J.L. (Dir.)/GÓRRIZ ROYO, E./MATALLÍN EVANGELIO, Á. (Coord.): *Comentarios a la Reforma del Código Penal de 2015*, 2ª edición, Tirant lo Blanch, Valencia, 2015, p. 1357; ACALE SÁNCHEZ, M.: *La prisión permanente revisable: ¿Pena o cadalso?*, Iustel, Madrid, 2016, pp. 136 y ss; CARBONELL MATEU, J.C.: “Los Proyecto de reforma penal en España: un retroceso histórico”, *Teoría y Derecho: Revista de Pensamiento Jurídico*, nº 4, 2013, pp. 280 y ss; CERVELLÓ DONDERIS, V.: *Prisión perpetua y de larga duración*, Tirant lo Blanch, Valencia, 2015, pp. 173 y ss;

dos delincuentes, con penas muy largas, al anularse la "doctrina Parot". Así se reconoce en el Preámbulo de la LO 1/2015, donde se indica que "se introduce la prisión permanente revisable para aquellos delitos de extrema gravedad, en los que los ciudadanos demandaban una pena proporcional al hecho cometido".

Esa ausencia de un fundamento jurídico sólido determina que en la Exposición de Motivos del Anteproyecto se justifique su regulación indicando que se trata de un modelo extendido en el Derecho europeo que el TEDH ha considerado ajustado al CEDH.

Pero el legislador tomó como modelo para regular la prisión permanente revisable el Derecho alemán, donde la cadena perpetua se revisa siempre a los 15 años. En cambio, en nuestro ordenamiento ese plazo se amplió, estableciéndose como regla general 25 años, pudiendo alcanzar los 28, 30 o 35 años. Además, antes

---

CUERDA RIEZU, A.: *La cadena perpetua y las penas muy largas de prisión: por qué son inconstitucionales en España*, Atelier, Barcelona, 2011, pp. 30 y 31; JUANATEY DORADO, C.: "Política criminal, reinserción y prisión permanente revisable", *Anuario de Derecho Penal y Ciencias Penales*, vol. LXV, 2012, p. 133; "Una «moderna barbarie»: la prisión permanente revisable", *Revista General de Derecho Penal*, nº 20, 2013, p. 1; y *Manual de Derecho penitenciario*, Iustel, Madrid, 2016, p. 31; LARRAURI PIJOÁN, E.: "La economía política del castigo", *Revista Electrónica de Ciencia Penal y Criminología*, 11-06, 2009, p. 2; LASCURAÍN SÁNCHEZ, J.A.: "Carta a los Senadores: protéjannos de la pena", *Claves de Razón Práctica*, nº 239, 2015, pp. 66 y ss; MUÑOZ CONDE, F./GARCÍA ARÁN, M.: *Derecho penal. Parte general*, Tirant lo Blanch, Valencia, 11ª edición, 2022, p. 478; y PÉREZ CEPEDA, A.I.: "Justificación y claves político-criminales del Proyecto de reforma del Código penal de 2013", *Ars Iuris Salmanticensis: AIS: Revista Europea e Iberoamericana de Pensamiento y Análisis de Derecho, Ciencia Política y Criminología*, vol. 2, nº 1, 2014, p. 28.

de la reforma en España la pena máxima de prisión ya era de 40 años[8], mientras en Alemania no supera los 15 años[9].

Por otra parte, efectivamente el TEDH afirma que la prisión indefinida no es contraria al CEDH. Pero requiere que sea revisable *de iure* y *de facto*, de forma que se garantice la liberación del penado cuando ya no haya motivos penológicos legítimos para mantener su internamiento. A estos efectos ha señalado que, a la vista del Derecho comparado, nadie debería permanecer en prisión más de 25 años sin que se revise su condena. Ahora bien, la STEDH de 28 de octubre de 2021, sobre el Caso Bancsók y László Magyar contra Hungría, afirma que un plazo de revisión de 40 años es excesivo y vulnera el artículo 3 CEDH, que prohíbe las penas inhumanas o degradantes. Lógicamente, la duda que surge es si la diferencia entre 40 años y 35 años que prevé nuestro Derecho es suficiente como para que la prisión permanente revisable sea conforme al Convenio. La respuesta afirmativa es difícilmente sostenible, puesto que en esa resolución el argumento principal

---

8 Indicaba que en la práctica esto podía suponer un régimen más severo que el de la prisión permanente revisable, LÓPEZ PELEGRÍN, C.: "Más motivos para derogar la prisión permanente revisable", *Revista Penal de Ciencia Penal y Criminología*, 20-30, 2018, p. 3. Se ha llegado a solicitar la aplicación retroactiva de la prisión permanente revisable, en lugar de la pena de 40 años, al estimarla menos grave, aunque el Tribunal Supremo lo ha desestimado. RODRÍGUEZ YAGÜE, C.: "Seis frentes abiertos de la prisión permanente revisable" (1), *Diario La Ley*, nº 9479, Sección Tribuna, 17 de septiembre de 2017, pp. 4 y 5.

9 Critican la introducción de esta sanción sin realizar una revisión general del sistema de penas, TAMARIT SUMALLA, J.M.: "La prisión permanente revisable", en QUINTERO OLIVARES, G. (Dir.): *Comentario a la reforma penal de 2015*, Aranzadi, Pamplona, 2015, p. 96; y TAMARIT SUMALLA, J.M./GARCÍA ALBERO, R./TORRES ROSELL, N.: "De las penas privativas de libertad", en QUINTERO OLIVARES, G. (Dir.)/MORALES PRATS, F. (Coord.): *Comentarios al Código penal español*, vol. 1, 7ª edición, Aranzadi, Pamplona, 2016, p. 432.

es que 40 años dista mucho de los 25 años recomendados como máximo para la revisión.

La falta de razones preventivas que respaldaran la prisión permanente revisable, junto a su normativa concreta, generaron numerosas críticas en la doctrina. Siguiendo el ejemplo alemán, se reguló la suspensión de su ejecución, tras unos periodos muy superiores a los de ese sistema. Además, de forma novedosa se incorporaron disposiciones de naturaleza penitenciaria. Pero no se dedicó un artículo o apartado específico a su régimen jurídico entre las penas privativas de libertad, estableciéndose en normas dispersas. Por otra parte, a diferencia de otros países donde la cadena perpetua sustituyó a la pena de muerte, ambos castigos se habían eliminado del Código penal, de manera que la primera no rigió ni siquiera durante la dictadura y la de muerte se suprimió una vez alcanzada la democracia. Por lo tanto, incorporar en estos momentos la prisión indefinida suponía un retroceso en nuestro ordenamiento constitucional. Todo ello hizo que muchos autores, entre quienes me incluyo, la consideráramos contraria a los principios de proporcionalidad, resocialización, taxatividad y humanidad de las penas. Sin embargo, las dudas que suscitaba fueron resueltas por la STC -Pleno- 169/2021, de 6 de octubre, confirmando su adecuación a la Constitución, con algunos matices en cuanto a la revocación de la suspensión.

Por eso, en las páginas siguientes comentaré la cadena perpetua en el Derecho alemán, puesto que nuestro legislador la tomó como referente para regular la prisión permanente revisable, y compararé esa normativa con la española. A continuación, apuntaré de modo sintético los argumentos de la STC -Pleno- 169/2021, de 6 de octubre, que avalaron esta nueva pena. Después me centraré en la jurisprudencia del TEDH, que la LO 1/2015, de 30 de marzo, cita como soporte para preverla. Pondré un especial énfasis en la STEDH de 28 de octubre de 2021, posterior a la citada STC -Pleno- 169/2021, puesto que abre interrogantes relevantes sobre la conformidad de la prisión permanente revisable al artículo 3 CEDH.

II. LA CADENA PERPETUA EN EL DERECHO ALEMÁN

1. Regulación legal

En Alemania la cadena perpetua (*lebenslange Freiheitsstrafe*) se prevé en algunos casos como obligatoria[10] y en otros como facultativa[11]. Se regula en el § 57 a StGB la "Suspensión del resto de la pena en la cadena perpetua", donde se establecen varias condiciones para suspenderla. En primer lugar, "que se hayan cumplido 15 años de la pena". Por lo tanto, se revisa siempre a los 15 años, sin que exista ninguna excepción. En segundo lugar, que "la especial gravedad de la culpabilidad del condenado no haga necesario el resto de cumplimiento"[12]. Es decir, puede prolongarse más de 15 años si el tribunal al revisar la condena lo estima necesario porque la culpabilidad que se deduce de la sentencia es particularmente

---

10 Es preceptiva en el asesinato y el genocidio con muertes. Al respecto, DESSECKER, A.: "Die Vollstreckung lebenslanger Freiheitsstrafen Dauer und Gründe der Beendigung im Jahr 2015", *Elektronische Schriftenreihe der KrimZ,* Band 9, Wiesbaden, 2017, p. 1. Disponible en https://www.ssoar.info/ssoar/handle/document/51850. Recuperado el 19 de enero de 2024; y NEUMANN, U./SALIGER, F., en KINDHÄUSER, U./NEUMANN, U./PAEFFER H.U. (Hrsg): *Strafgesetzbuch,* Band 2, 5 Auflage, Nomos, Baden-Baden, 2017, pp. 1840 y 1841.

11 Es potestativa en los delitos de homicidio grave (§ 212 StGB), alta traición (§ 81 StGB), relaciones que pongan en peligro la paz (§100 StGB), Además, en los abusos sexuales a menores de 14 años (§ 176 d StGB), agresión sexual o violación (§ 178 StGB), y robo (§ 251 StGB), cuando en estos casos se causa la muerte de la víctima al menos por imprudencia, y en el incendio doloso si se causa la muerte de alguna persona al menos por imprudencia (§ 306 c StGB).

12 Afirma que la cadena perpetua es contradice el principio de culpabilidad, FISCHER, T.: "Höchststrafe Schafft Lebenslang ab!", en *Zeit on line,* 2015, p. 2. Disponible en https://www.zeit.de/gesellschaft/zeitgeschehen/2015-02/lebenslange-freiheitsstrafe-schuld/seite-4. Recuperado el 19 de enero de 2024.

grave, atendiendo al delito cometido y a la personalidad del autor. En la práctica judicial se suele ampliar si hubo varias víctimas, o se empleó una brutalidad extraordinaria[13]. En tercer lugar, se requiere que "se pueda justificar teniendo en cuenta los intereses de la seguridad del público en general". Por lo tanto, se valora la peligrosidad del sujeto[14]. Finalmente, se recoge una condición llamativa, que "la persona condenada consienta" su liberación. De hecho, hay penados que optan por seguir en prisión[15], lo que supone reconocer que la cárcel puede tener un efecto contrario al fin perseguido de reinserción social[16]. En este sentido, se apunta que las personas internas a veces no se sienten capaces de salir en libertad y de adaptarse a la vida social[17]. Además, el § 57 a StGB dispone que, "en la decisión -de conceder la suspensión- se valorará, en particular, la personalidad del condenado, su vida anterior, las circunstancias de su acción, la probabilidad de reincidir en el delito, el comportamiento del condenado en prisión, así como el efecto que podrá tener la suspensión de la pena en sus futuras condiciones de vida". Si se dan estos requisitos, el Tribunal acuerda la suspensión durante 5 años y somete al condenado a supervi-

---

[13] TRÖNDLE, H./FISCHER, T.: *Strafgesetzbuch und Nebengesetze (Beck'sche Kurz Kommentar. Band 10)*, C.H.Beck, München, 2006, pp. 481 y 482.

[14] MOSBACHER, A., en SATGER, H./SCHMITT, B./WIDMAIER, G.: *Strafgesetzbuch Kommentar,* 1 Auflage, Carl Heymanns, München, 2009, p. 523.

[15] FISCHER, T.: *Strafgesetzbuch und Nebengesetze,* 59 Auflage, C.H.Beck, München, 2012, p. 517.

[16] Pueden verse los informes del Comité europeo para la prevención de la tortura, sobre los efectos negativos para la sociabilidad de los condenados a penas largas o de cadena perpetua en, RODRÍGUEZ YAGÜE, C.: "Los estándares internacionales sobre la cadena perpetua del Comité europeo para la prevención de la tortura", *Revista de Derecho Penal y Criminología,* nº 17, 2017, pp. 225 y ss.

[17] FISCHER, T.: *Strafgesetzbuch...*, cit., p. 517; KÜHL, K./HEGER, M.: *Strafgesetzbuch Kommentar,* 29 Auflage, C.H.Beck, München, 2018, p. 513; y MOSBACHER, A., en SATGER, H./SCHMITT, B./WIDMAIER, G.: *Strafgesetzbuch...*, cit., pp. 525 y 526.

sión. En caso de no admitirla, puede fijar un plazo máximo de 2 años en los que el penado no podrá volver a solicitar la revisión.

Pues bien, teniendo en cuenta todos estos factores, la media de cumplimiento en Alemania se sitúa en 19 años y en casos de culpabilidad grave en 24 años, por debajo de los 25 años que es el plazo mínimo para la revisión en España[18].

2. Postura del Tribunal Constitucional Federal

El Tribunal Constitucional Federal alemán (*Bundesverfassungsgericht*) se pronunció sobre la cadena perpetua obligatoria por asesinato en la sentencia de 21 de junio de 1977[19]. El órgano judicial que planteó la cuestión argumentaba que al imponerse con carácter preceptivo no pueden valorarse las circunstancias particulares. El Tribunal Constitucional la avaló, declarando que respeta la dignidad de la persona proclamada en el artículo 1 de la Ley Fundamental[20]. Ahora bien, señala que es necesario ofrecerle al condenado una "oportunidad concreta y realizable" de recuperar su libertad y precisa que a estos efectos no basta la vía del indulto. Además, en la medida en que puede recuperar de nuevo su libertad, la pena debe orientarse a la resocialización. Afirma que en Alemania se respetan estas garantías, puesto que la condena se revisa siempre y la permanencia en prisión depende de la peligrosidad del interno. Pero resulta llamativa la postura del Tribunal Constitucional respecto a los fines de la cadena perpetua. Señala que cumple un objetivo expiatorio y rechaza su aplicación por motivos de prevención especial. Por una parte, porque los índices

---

18 FISCHER, T.: "Höchststrafe Schafft Lebenslang ab!", cit., p. 2.

19 (BVerfGE 45, 187). Disponible en https://dejure.org/gesetze/BGB. Recuperado el 29 de enero de 2024.

20 Acerca de esta resolución, ROIG TORRES, M.: *La cadena perpetua en el Derecho alemán y británico: la prisión permanente revisable*, Iustel, Madrid, 2015, pp. 45 y ss.

de reincidencia en el asesinato son muy bajos. Y por otra, porque el pronóstico de peligrosidad, dice, "es extremadamente difícil y, a menudo, también muy inseguro a largo plazo".

En efecto, declara que en el ordenamiento alemán se admiten como fines de la pena dar una respuesta adecuada a la culpabilidad y la expiación. Por lo tanto, puesto que en el asesinato concurre una elevada culpabilidad y una extrema injusticia, la sanción debe ser excepcionalmente alta. En cambio, no cabe imponerla por razones de prevención especial. El Tribunal apunta que la tasa de reincidencia en el asesinato es alrededor del 5%, mientras en los delitos habituales es del 50 al 80%. Por lo tanto, la seguridad no justifica la cadena perpetua. Por otra parte, su duración no depende, en principio, de un pronóstico criminal extremadamente difícil y, a menudo, también muy inseguro a largo plazo.

Posteriormente, en la sentencia de 30 de junio de 2009, el Tribunal Constitucional se volvió a referir a la cadena perpetua regulada en el § 57 a StGB[21]. Argumenta que este precepto crea un equilibrio entre los derechos a la resocialización y la libertad del condenado, y la seguridad ciudadana. Por eso, cuando la ejecución excede el tiempo mínimo de cumplimiento y no hay una particular culpabilidad, el tribunal debe razonar con especial precisión el pronóstico de peligrosidad. Ahora bien, cuanto más valiosos sean los bienes jurídicos en juego, menor debe ser el riesgo de reincidencia. El alto valor de una vida permite la ejecución adicional, no solo cuando persiste la peligrosidad, sino también cuando el riesgo es dudoso.

Por consiguiente, en Alemania se atribuye un fin retributivo a la cadena perpetua, pero se revisa a los 15 años. En cambio, en nuestro país se aplica por motivos preventivos y, sin embargo, se fijan periodos más extensos. Desde luego, resulta paradójico que habiendo seguido el legislador la normativa alemana ese plazo se

---

21 (2 BVR 2009/08) (ECLI:DE:BVerfG:2009:es20090630.2bve000208).

amplíe de 15 a 25 años, pudiendo alcanzar los 35 años. Leyendo el Preámbulo de la LO 1/2015 el único motivo que se aporta es la alarma social que han desatado ciertos hechos, no por ser frecuentes, sino por la influencia de los medios de comunicación. Pero, obviamente, esto no es un fundamento penal válido para establecer semejantes periodos de reclusión.

III. LA PRISIÓN PERMANENTE REVISABLE

1. Regulación legal

El legislador siguió el Derecho alemán y lo que en realidad reguló es la suspensión de la ejecución de la prisión permanente revisable[22], aunque a diferencia de ese sistema se impone siempre con carácter preceptivo[23]. El artículo 33.2 CP la califica como pena grave y el artículo 35 CP la incluye entre las privativas de libertad. Sin embargo, no hay una normativa específica entre estas sanciones dedicada a ella. El artículo 36.1 CP remite en cuanto a su revisión al artículo 92 CP. No obstante, establece algunas disposiciones particulares de carácter penitenciario, que no se prevén en el Derecho alemán. El artículo 92 CP, ubicado en la Sección dedicada a la «Libertad condicional», regula la suspensión de su ejecución. Por otra parte, en casos de concursos de delitos graves rige el artículo 78 bis CP, que contempla tanto la suspensión como

22 Apoya tal planteamiento, SALAT PAISAL, M.: "Artículo 92", en QUINTERO OLIVARES, G. (Dir.)/MORALES PRATS, F. (Coord.): *Comentarios al Código penal español*, cit., pp. 690 y 691.

23 Señala que el carácter obligatorio de esta pena conlleva que, precisamente en los delitos más graves el juez no deba motivar su concreta opción punitiva, HERNÁNDEZ GARCÍA, J.: "De las penas privativas de libertad", en CUERDA ARNAU, M.L. (Dir.)/RAGA VIVES, A. (Coord.): *Comentarios al Código penal*, Tomo I, Tirant lo Blanch, Valencia, 2023, p. 429.

las reglas penitenciarias. Además, hay algunas especialidades en materia de determinación de pena (arts. 70.4 y 76 CP)[24].

De manera que el artículo 92.1 CP recoge las normas generales sobre la suspensión, estableciendo los siguientes presupuestos: que el penado haya cumplido 25 años de su condena, a excepción de lo dispuesto en el artículo 78 bis CP, que se encuentre clasificado en tercer grado, y que exista un pronóstico favorable de reinserción social[25]. Para evaluar este pronóstico el tribunal, a la vista de los informes, debe valorar ciertos factores: la personalidad del penado, sus antecedentes, las circunstancias del delito cometido, la relevancia de los bienes jurídicos que podrían verse afectados por una reiteración delictiva, su conducta durante el cumplimiento de la pena, sus circunstancias familiares y sociales, y los efectos que quepa esperar de la propia suspensión de la ejecución y del cumplimiento de las medidas que fueren impuestas[26].

---

24 Sobre esta regulación, ROIG TORRES, M.: *La cadena perpetua...*, cit., pp. 141 y ss.

25 Respecto a ese pronóstico, ROIG TORRES, M.: "El pronóstico de reinserción social en la prisión permanente revisable", *InDret,* nº 1, 2018, pp. 2 y ss.

26 Entienden que el pronóstico se debería basar en circunstancias posteriores al delito que dependan del sujeto, GARCÍA RIVAS, N.: "La prisión permanente revisable en los informes de los órganos consultivos", en ARROYO ZAPATERO, L.A./LASCURAÍN SÁNCHEZ, J.A./PÉREZ MANZANO, M. (Dir.)/RODRÍGUEZ YAGÜE, C. (Coord.): *Contra la cadena perpetua,* cit., p. 112; GUTIÉRREZ AZANZA, D.A.: "Artículo 92", en CUERDA ARNAU, M.L. (Dir.)/RAGA VIVES, A. (Coord.): *Comentarios al Código penal,* cit., p. 725; LASCURAÍN SÁNCHEZ, J.A.: "La insoportable levedad de la sentencia del Tribunal Constitucional sobre la prisión permanente revisable", *Revista General de Derecho Constitucional,* nº 36, 2022, p. 14; LÓPEZ PELEGRÍN, C.: "Más motivos para derogar...", cit., p. 29; y "Algunos problemas que plantea la determinación y ejecución de la pena de prisión permanente revisable", *Revista Penal,* nº 21, 2022, p. 56; MUÑOZ CONDE, F./GARCÍA ARÁN, M.: *Derecho penal. Parte general,* cit., p. 491; SERRANO SALAMANCA, E.I.: "La prisión permanente revisable. Regulación y finalidad. Postura jurisprudencial. Críticas", *La*

Es un precepto similar al § 57 a StGB, pero la trascripción de esta disposición llevó a introducir algunos elementos criticables, como la referencia a la "personalidad del penado". El Consejo de Ministros lo corrigió en el artículo 80 CP, donde lo sustituyó por la atención a las "circunstancias personales", un dato más adecuado a nuestro Derecho penal del hecho, pero se mantuvo en el artículo 92 CP. Por otra parte, la mención a los "antecedentes" debería ceñirse a los penales. De nuevo la atención a la regulación germana llevó a utilizar ese término, porque en ella se tienen en cuenta los "antecedentes vitales" (*Vorleben*), es decir, los datos que pueden reflejar la peligrosidad del condenado[27]. En cuanto a las "circunstancias del delito cometido"[28], entiendo que aluden a la forma de comisión y a las demás particularidades que proporcionen información sobre la peligrosidad. Respecto a la "relevancia de los bienes jurídicos que podrían verse afectados por una reiteración delictiva", es un factor que probablemente dificultará la suspensión, teniendo en cuenta los ilícitos castigados con esta

---

Ley Penal, nº 161, 2023, p. 6. (Universitat de València. Trobes [en línea]: catàleg de la biblioteca. Valencia: Servei de Biblioteques i Documentació. [Recuperado el 25 de enero de 2023]); y RODRÍGUEZ YAGÜE, C.: *La ejecución de las penas de prisión permanente revisable y de larga duración*, Tirant lo Blanch, Valencia, 2018, p. 168.

27 ROIG TORRES, M.: *La cadena perpetua...*, cit., pp. 161 y ss.

28 Una crítica a esas circunstancias en, DAUNIS RODRÍGUEZ, A.: "La prisión permanente revisable. Principales argumentos en contra de su incorporación al acervo punitivo", *Revista de Derecho Penal y Criminología*, nº 10, 2013, p. 99; FUENTES OSORIO, J.L.: "¿La botella medio llena o medio vacía? La prisión permanente revisable: el modelo vigente y la propuesta de reforma", *Revista de Derecho Constitucional Europeo*, nº 21, 2014, p. 343; y GARCÍA RIVAS, N.: "El Proyecto de reforma del Código penal de 2013 como programa inocuizador de delincuentes peligrosos. (Prisión permanente revisable y medidas de seguridad indeterminadas)", *Diritto Penale Contemporáneo*, nº 3-4, 2014, p. 195. Disponible en: https://archiviodpc.dirittopenaleuomo.org/d/3231-el-proyecto-de-reforma-del-cdigo-penal-de-2013-como-programa-inocuizador-de-delincuentes-peligrosos. Recuperado el 19 de enero de 2024.

pena[29]. Como se desprende del Preámbulo de la LO 1/2015, se introdujo en respuesta a ciertos sucesos mediáticos y al revuelo social que generó la excarcelación de asesinos y delincuentes sexuales[30] con condenas muy largas que eran liberados a los 20 años al anularse la doctrina Parot, elaborada por el Tribunal Supremo justamente para evitar esa salida[31]. El criterio de "la conducta

---

29 TERRADILLOS BASOCO, J.: "Penas privativas de libertad", en DEMETRIO CRESPO, E./RODRÍGUEZ YAGÜE, C. (Coord.): *Curso de Derecho penal. Parte general,* 3ª edición, Ediciones Experiencia, Madrid, 2016, p. 432. Disponible en: file:///G:/PROY.MEDIACI%C3%93N/PUBLICACI%C3%93N/Terradillos.pdf. Recuperado el 25 de enero de 2024.

30 Destacan el contraste entre la demanda social de penas más duras y la limitada eficacia de esta medida, ROBLES PLANAS, R.: "«*Sexual Predators*». Estrategias y límites del Derecho penal de la peligrosidad»", *InDret,* nº, 4, 2007, pp. 3 y 4; y SILVA SÁNCHEZ, J.: "El populismo punitivo", *Escritura Pública,* nº 55, 2009, pp. 15 y ss. Disponible en: https://www.notariado.org/liferay/c/document_library/get_file?folderId=12092&name=DLFE-10803.pdf. Recuperado el 8 de diciembre de 2023. Sobre ese populismo punitivo, SILVA SÁNCHEZ, J.: *Aproximación al Derecho penal contemporáneo,* Bosch, Barcelona, 1992, pp. 304 y ss; y *La expansión del Derecho penal. Aspectos de la política criminal en las sociedades post-industriales,* Civitas, Madrid, 1999, pp. 20 y ss. Pueden verse estudios empíricos en cuanto al apoyo de la opinión pública a la cadena perpetua en, CAMARA ARROYO, S./FERNÁNDEZ BERMEJO, D.: *La prisión permanente revisable: el ocaso del humanitarismo penal y penitenciario,* Aranzadi, Pamplona, 2016. (Universitat de València. Trobes [en línea]: catàleg de la biblioteca. Valencia: Servei de Biblioteques i Documentació); y MIRÓ LLINARES, F.: "La demanda social de la prisión permanente revisable: ¿Premisa fundada? ¿Argumento irrelevante? ¿Razón suficiente? (1)", *La Ley Penal,* nº 138, 2019, pp. 6 y 7. (Universitat de València. Trobes [en línea]: catàleg de la biblioteca. Valencia: Servei de Biblioteques i Documentació. [Recuperado el 25 de enero de 2023]).

31 ACALE SÁNCHEZ, M.: "Apuntes sobre la inconstitucionalidad de la pena de prisión permanente revisable desde la perspectiva del Derecho penitenciario", en ARROYO ZAPATERO, L./LASCURAÍN SÁNCHEZ, J.A./PÉREZ MANZANO, M. (Dir.)/RODRÍGUEZ YAGÜE, C. (Coord.): *Contra la cadena perpetua,* cit., p. 164; CERVELLÓ DONDERIS, V.: *Prisión perpetua…,* cit., pp. 141 y ss; DÍAZ-MAROTO Y VILLAREJO, J.: "El afán

durante el cumplimiento de la pena", puede ejercer un efecto desfavorable a la vista de algunos estudios empíricos que reflejan un comportamiento peor en los condenados a prisión de larga duración[32]. También las "circunstancias familiares y sociales" son un dato negativo, porque después de periodos de cumplimiento tan extensos es muy posible que se hayan roto los lazos familiares o incluso que algunos parientes hayan fallecido. Finalmente, el tribunal debe considerar "los efectos que quepa esperar de la propia suspensión de la ejecución y del cumplimiento de las medidas que fueren impuestas", para lo que ha de partir del pronóstico de peligrosidad, sabiendo que es incierto y, además, está condicionado por esos factores negativos[33]. Los elemenos a juzgar para

---

de reformar", *Revista Jurídica de la Universidad Autónoma de Madrid*, nº 25, 2012, pp. 12 y 13; GARCÍA VALDÉS, C.: "Sobre la prisión permanente y sus consecuencias penitenciarias", en ARROYO ZAPATERO, L./LASCURAÍN SÁNCHEZ, J.A./PÉREZ MANZANO, M. (Dir.)/RODRÍGUEZ YAGÜE, C. (Coord.): *Contra la cadena perpetua*, cit., p. 172; GRUPO DE ESTUDIOS DE POLÍTICA CRIMINAL: "«No hay derecho. Por un Código penal de todos». Comunicado ante la reforma del Código penal", 26 de febrero de 2015, pp. 1 y 2. Disponible en: https://www.uab.cat/doc/No_hay_derecho_cast. Recuperado el 19 de enero de 2024; LÓPEZ PELEGRÍN, C.: "Algunos problemas…", cit., p. 50; REQUEJO RODRÍGUEZ, F.J.: "Peligrosidad criminal y Constitución", *InDret*, nº 3, 2008, p. 3; y VALEIJE ÁLVAREZ, I.: "Penas y medidas de seguridad en los delitos sexuales contra menores", en LAMEIRAS FERNÁNDEZ, M./ORTS BERENGUER, E. (Coord.): *Delitos sexuales contra menores. Abordaje psicológico, jurídico y policial*, Tirant lo Blanch, Valencia, 2014, pp. 381 y ss.

32 SERRANO GÓMEZ, A./SERRANO MAÍLLO, A.: *Constitucionalidad de la prisión permanente revisable y razones para su derogación*, Dykinson, Madrid, 2016, pp. 143 y 144.

33 En torno a las dificultades de superar los requisitos del artículo 92.1 CP, CANCIO MELIÁ, M.: "La pena de cadena perpetua («prisión permanente revisable») en el Proyecto de reforma del Código penal", *Diario La Ley*, nº 8175, 2013, p. 3; LÓPEZ PELEGRÍN, C. "Más motivos para derogar…", cit., p. 26; NÚÑEZ FERNÁNDEZ, J.: "Análisis crítico de la libertad condicional en el Proyecto de Reforma de Código Penal de 20 de septiembre de 2013 (especial referencia a la prisión permanente revi-

decidir la excarcelación deberían basarse en el comportamiento del interno tras el delito y en su actitud para lograr la reinserción social, lo que favorecería su esfuerzo para conseguir la libertad.

En el artículo 92.2 CP se añaden requisitos para suspender la prisión permanente a los condenados por delitos referentes a organizaciones y grupos terroristas o delitos de terrorismo: que el penado muestre signos inequívocos de haber abandonado los fines y los medios de la actividad terrorista, y que haya colaborado activamente con las autoridades[34]. Ahora bien, a la vista de la STEDH de 13 de junio de 2019, sobre el Caso Marcello Viola contra Italia, a la que luego me referiré, el incumplimiento de esta condición no puede impedir la suspensión de la condena, sino que al igual que ocurre con los demás internos, habrá que valorar en cada caso los progresos hacia la resocialización.

En cuanto a las normas penitenciarias, el artículo 36.1 CP establece que los condenados no podrán acceder al tercer grado hasta cumplir de 15 años de prisión efectiva y 20 años en los delitos de terrorismo. Igualmente, solo podrán disfrutar de permisos de salida tras 8 años y 12 años, respectivamente.

Por otra parte, el artículo 78 bis CP prevé unas reglas particulares para los casos en que el sujeto sea condenado por varios delitos y al menos uno de ellos esté castigado con prisión permanente revisable y el resto sumen más de 5 años. El periodo mínimo de cumplimiento

---

sable)", *La Ley Penal*, nº 110, 2014, p. 10. (Universitat de València. Trobes [en línea]: catàleg de la biblioteca. Valencia: Servei de Biblioteques i Documentació. [Recuperado el 25 de enero de 2023]); PÉREZ CEPEDA, A.: "Justificación y claves político-criminales...", cit., p. 29; y VIVES ANTÓN, T.S.: "La dignidad de todas las personas", Diario *El País*, de 29 de enero de 2015. Disponible en: https://elpais.com/elpais/2015/01/29/opinion/1422553991_283553.html. Recuperado el 8 de enero de 2023.

34 Sobre esta regulación específica, LANDA GOROSTIZA, J.M.: "Prisión perpetua y de muy larga duración tras la LO 1/2015: ¿derecho a la esperanza?", *Revista Electrónica de Ciencia Penal y Criminología*, 17-20, 2015, pp. 13 y ss.

es de 25 o 30 años y si se trata de delitos de terrorismo o cometidos en el seno de organizaciones criminales de 28 o 35 años. Es decir, es posible que el penado tenga que esperar 35 años hasta que se revise su condena. Además, esa norma prevé unos límites mayores para el acceso al tercer grado, que van desde los 18 hasta los 22 años, y en terrorismo y delincuencia organizada de 24 a 32 años[35].

Finalmente, el artículo 92.3 CP recoge unas normas comunes para todos los supuestos anteriores. Si el tribunal acuerda la suspensión, tendrá una duración de 5 a 10 años. A estos efectos, declara aplicables algunos artículos relativos a la suspensión de la prisión (arts. 80, 83, 86, 87, y 91 CP)[36]. No se entiende la remisión al artículo 80.1 CP, párrafo 2 CP, donde se fijan las circunstancias que el órgano judicial debe valorar para acordar la suspensión de esta pena, cuando el propio artículo 92 CP enumera las que ha de observar en la prisión permanente revisable. Por otra parte, dispone que el juez de vigilancia penitenciaria revocará la libertad condicional si se produce un cambio en las circunstancias que no permita mantener el pronóstico de falta de peligrosidad. Sin embargo, no precisa por qué causas concretas cabe acordar el reingreso en prisión. De manera que podrían valorarse condiciones ajenas a la persona condenada, como la pérdida de trabajo o de vículos familiares, lo que sería totalmente inadecuado. Tampoco especifica si en caso de revocación rigen las normas de revisión del artículo 92.3 CP, generando una enorme inseguridad jurídica.

Si se deniega la suspensión el tribunal deberá revisar de nuevo la condena al menos cada 2 años. No obstante, el penado podrá solicitarla antes, pero el órgano judicial puede fijar un plazo de hasta un

---

35 Explica que los plazos de acceso al tercer grado pueden ser más simbólicos que reales, según la normativa penitenciaria, GARCÍA ALBERO, R.: "Artículo 78 bis", en QUINTERO OLIVARES, G. (Dir.)/MORALES PRATS, F. (Coord.): *Comentarios al Código penal español*, cit., pp. 623 y 624.

36 Respecto a los problemas que plantea esta regulación desde el punto de vista de la seguridad jurídica, CERVELLÓ DONDERIS, V.: *Prisión perpetua...*, cit., pp. 171 y ss.

año en el cual no cursará nuevas solicitudes. De todos modos, si se considera que el sujeto no está preparado para salir en libertad después de cumplir 25, 28, 30 o 35 años, veo difícil que esta decisión cambie en solo 2 años. El legislador quiso respetar la jurisprudencia del TEDH sobre la necesidad de realizar revisiones periódicas[37].

2. STC -Pleno- 169/2021, de 6 de octubre

En este epígrafe apuntaré sucintamente los argumentos del Tribunal Constitucional en esta sentencia que avaló la prisión permanente revisable, aunque estableciendo una interpretación vinculante en cuanto a la revocación de la suspensión y el régimen posterior de revisión[38]. En el recurso de inconstitucionalidad[39] se alegaba que esta pena vulnera la prohibición de penas inhumanas o degradantes de los artículos 15 CE y 3 CEDH, los principios de culpabilidad y proporcionalidad y el derecho a la libertad del artículo 17 CE, el mandato de determinación de la pena derivado del principio de legalidad del artículo 25.1 CE, y el de resocialización del artículo 25.2 CE[40].

---

37 Cita los casos donde se ha aplicado esta pena, CÓCERA SALÓ, A.: "La prisión permanente revisable. Regulación y finalidad", *Diario La Ley*, nº 10258, Sección Tribuna, 29 de marzo de 2023, pp. 12 y ss. (Universitat de València. Trobes [en línea]: catàleg de la biblioteca. Valencia: Servei de Biblioteques i Documentació. [Recuperado el 19 de enero de 2023]).

38 STC -Pleno- 169/2021, de 6 de octubre (TOL.8.627.366).

39 El recurso fue promovido por diputados de los Grupos Parlamentarios Socialista; Catalán de Convergencia i de Unió; IU, ICV-EUiA, HA: La Izquierda Plural; Unión Progreso y Democracia; Grupo Vasco (EAJ-PNV) y Grupo Mixto.

40 Pueden verse críticas en este sentido en, ACALE SÁNCHEZ, M., en ÁLVAREZ GARCÍA, F.J. (Dir.)/DOPICO GÓMEZ-ALLER, J. (Coord.): *Estudio crítico sobre el Anteproyecto de reforma penal de 2012*, Tirant lo Blanch, Valencia, 2013, p. 187; BASSO, G.J.: "Reflexiones sobre la ilegitimidad de la prisión permanente revisable", *Revista General de Derecho Penal*, nº 34, 2020, pp. 7 y ss; BONET ESTEVA, M.: "8 razones por las que la reforma del Código

penal recorta las garantías de la ciudadanía", *elDiario.es,* 26 de marzo de 2015. https://www.eldiario.es/temas/impacto-social/. Recuperado el 19 de enero de 2024; CANCIO MELIÁ, M.: "La pena de cadena perpetua...", cit., p. 8; CARBONELL MATEU, J.C.: "Prisión permanente revisable I (arts. 33 y 35)", en GONZÁLEZ CUSSAC, J.L. (Dir.)/GÓRRIZ ROYO, E./ MATALLÍN EVANGELIO, Á. (Coord.): *Comentarios a la Reforma...*, cit., p. 220; y "Los proyectos de reforma penal en España: un retroceso histórico", *Teoría y Derecho: Revista de Pensamiento Jurídico,* nº 14, 2013, pp. 280 y ss; CERVELLÓ DONDERIS, V.: "Prisión permanente revisable II (art. 36)", en GONZÁLEZ CUSSAC, J.L. (Dir.)/GÓRRIZ ROYO, E./MATALLÍN EVANGELIO, Á. (Coord.): *Comentarios a la Reforma...*, cit., p. 240; y *Derecho penitenciario,* 5ª edición, Tirant lo Blanch, 2022, pp. 99 y ss; CUERDA RIEZU, A.: "Inconstitucionalidad de la prisión permanente revisable y de las penas muy largas de prisión", *Otrosí,* nº 12, 2012, pp. 31 y 32. Disponible en: https://www.pensamientopenal.com.ar/system/files/2014/04/doctrina38568.pdf. Recuperado el 29 de enero de 2024; DEL CARPIO DELGADO, J.: "La pena de prisión permanente en el Anteproyecto de 2012 de reforma del Código penal (1)", *Diario La Ley,* nº 8004, 2013, p. 9; FUENTES OSORIO, J.L.: "¿La botella medio llena o medio vacía?..", cit., p. 335; GARCÍA RIVAS, N.: "El Proyecto de reforma del Código penal de 2013 ...", cit., p. 29; HIDALGO BLANCO, S.: "Comentario jurídico-social sobre la modificación del Código penal. La prisión permanece revisable en España", *Revista General de Derecho Penal,* nº 19, 2013, p. 4; JUANATEY DORADO, C.: "Una «moderna barbarie» ...", cit., pp. 8 y 9; LÓPEZ PELEGRÍN, C. "Más motivos para derogar...", cit., p. 6; y "Algunos problemas...", cit., pp. 50 y ss; MARÍN DE ESPINOSA Y CEBALLOS, E.B./GONZÁLEZ TASCÓN, M.M.: "Prisión perpetua (Art. 36.3 y 4 CP)", en ÁLVAREZ GARCÍA, F.J. (Dir.)/DOPICO GÓMEZ-ALLER, J. (Coord.): *Estudio crítico...*, cit., p. 204; ORTS BERENGUER, E./GONZÁLEZ CUSSAC, J.L.: *Compendio de Derecho penal. Parte general,* 10ª edición, Tirant lo Blanch, Valencia, 2023, p. 478 y ss; RÍOS MARTÍN, J.C.: "La pena de prisión permanente revisable. Razones de su inconstitucionalidad", en VALLE MARISCAL DE GANTE, M. (Coord.): *La reforma penal de 2013: Libro de Actas. Jornadas de profesores y estudiantes de Derecho penal de las Universidades de Madrid,* 2014, p. 146. Disponible en: https://docta.ucm.es/rest/api/core/bitstreams/68f4f711-42dc-45c2-b69d-7caa736891a0/content. Recuperado el 25 de enero de 2024; SERRANO GÓMEZ, A.: "Notas al Anteproyecto de reforma del Código penal español de octubre de 2012", *Revista Electrónica de Ciencia Penal y Criminología,* nº 15, 2013, p. 3; y URRUELA MORA, A.: "La cadena per-

1) Prohibición de las penas inhumanas o degradantes:

- Fundamentos del recurso: (I) Por su duración temporal: posibilidad de que dure toda la vida. (II) Por la especial intensidad de los sufrimientos psíquicos que puede causar su duración.
- Fundamentos del Tribunal Constitucional:

(I) Posibilidad de que dure toda la vida: "La calificación como inhumana o degradante de una pena no viene determinada exclusivamente por su duración (...), pues depende de la ejecución (...), de forma que (...), no acarree sufrimientos de una especial intensidad (penas inhumanas) o provoquen una humillación o sensación de envilecimiento (...), superior al que suele llevar aparejada la simple imposición de la condena". En este punto reproduce la doctrina sobre la revisión de la cadena perpetua establecida en la STEDH -Gran Sala- 9 de julio de 2013[41]. La *de iure* está garantizada en el artículo 92 CP. La

petua revisable en la legislación española desde la perspectiva del Derecho penal", *Actualidad Jurídica Aranzadi,* nº 838, 2012, p. 9. Además, más de 100 catedráticos y catedráticas de Derecho penal de todas las Universidades públicas españolas firmaron un MANIFIESTO CONTRA LA PRISIÓN PERMANENTE REVISABLE. Disponible en: https://museo-etnografico.com/pdf/puntodefuga/181003manifiesto.pdf. Recuperado el 3 de octubre de 2023.

41 Ponen de relieve que el TEDH establece un estándar mínimo y cada Estado puede fijar requisitos más rigurosos, como hace el artículo 25.2 CE, COLOMO IRAOLA, I.: "La pena interminable: una reflexión crítica sobre la prisión permanente revisable a propósito de la STC 169/2021, de 6 de octubre", *Revista de Derecho Penal y Criminología,* nº 28, 2022, p. 23; y NÚÑEZ FERNÁNDEZ, J.: "¿Prosperaría una demanda contra España ante el TEDH por parte del primer condenado a prisión permanente?: Reflexiones críticas y últimas tendencias tras la STC 169/2021, de 6 de octubre", *Revista General de Derecho Penal,* nº 37, 2022, p. 6.

de facto depende de la aplicación de los medios de resocialización que sí prevé la ley penitenciaria.

(II) Intensidad de los sufrimientos: la normativa penitenciaria regula el sistema de individualización científica (permisos de salida, comunicaciones, etc.), dirigido a paliar los efectos de la prisión.

Por lo tanto, no cabe afirmar *ex ante* que la pena es inhumana o degradante.

2) Proporcionalidad de la pena:

- Fundamentos del recurso: (I) La pena no era necesaria: bajos índices de delincuencia. (II) Proporcionalidad estricta: periodos mínimos de cumplimiento excesivos. (III) Carácter obligatorio de la pena: el tribunal no puede adecuar la condena a las circunstancias concretas. (IV) Principio de legalidad y seguridad jurídica. A) Indeterminación: 1. No hay un marco penológico para graduar la pena según las circunstancias. 2 No existe un término concreto de conclusión, que depende de un criterio impreciso: la posibilidad de reinserción social. B) Falta de taxatividad sobre el régimen aplicable si se revoca la suspensión concedida.
- Fundamentos del Tribunal Constitucional:

(I) Necesidad de la pena: competencia de la ley, expresión de la voluntad popular.

(II) Proporcionalidad estricta: es función del legislador fijar la pena concreta, salvo desproporción patente, que aquí no se advierte puesto que los plazos de revisión no superan los ya previstos en artículo 76 CP.

(III) Carácter obligatorio de la pena: ha sido admitido por el TEDH y está justificado por la gravedad de los delitos sancionados.

(IV) Principio de legalidad y seguridad jurídica:

A) Indeterminación: 1. No hay un marco penológico para graduar la pena: las circunstancias concretas se tienen en cuenta en las reglas de determinación de la pena (arts. 70.4), y en el pronóstico de reinserción social (art. 92). 2. No existe un límite máximo y se vincula la suspensión al criterio impreciso de la reinserción social: es el criterio general seguido para conceder la libertad condicional. Se establece legalmente un periodo mínimo de cumplimiento y después se supedita la suspensión a la evolución personal del penado.

B) Falta de taxatividad en cuanto a la revocación de la suspensión concedida: el artículo 92.3 CP dispone lo siguiente: "Asimismo, el juez de vigilancia penitenciaria revocará la suspensión de la ejecución del resto de la pena y la libertad condicional concedida cuando se ponga de manifiesto un cambio de las circunstancias que hubieran dado lugar a la suspensión que no permita mantener ya el pronóstico de falta de peligrosidad en que se fundaba la decisión adoptada". "Se ha de dar la razón en este punto a los recurrentes: la ley otorga al juez de vigilancia penitenciaria (...), una facultad casi omnímoda para ordenar el reingreso en prisión del liberado en virtud de una valoración de sus circunstancias personales exenta de pautas legales". "El artículo 92.3 (...), es susceptible de generar en el liberado condicional la sensación insuperable de incertidumbre (...), pues podrían integrar el fundamento de la decisión revocatoria circunstancias personales del liberado condicional completamente desconectadas con el fundamento de su condena y de su ulterior liberación -un determinado modo de conducirse por la vida- e incluso ajenas a su voluntad -la pérdida del puesto de trabajo, o de un apoyo familiar o institucional-. La consecuencia asociada a estos supuestos, el retorno a prisión, resulta manifiestamente desproporcionada".

(1) Dado que el artículo 92.3 CP remite al artículo 86.1 CP (revocación de la suspensión de la prisión), el Tribunal Consti-

tucional afirma que las únicas causas de revocación son las previstas en este precepto.

(2) Además, la ley no dice nada sobre las consecuencias de la revocación: el Tribunal Constitucional establece que debe efectuarse la revisión al menos cada 2 años y la posibilidad de conceder de nuevo la suspensión. "Aun reconociendo que el régimen jurídico de suspensión condicional de la pena de prisión permanente establecido en la LO 1/2015 no enuncia explícitamente la existencia de un efecto preclusivo derivado de su revocación, tampoco concreta el régimen de revisión de la pena que habrá de aplicarse con posterioridad al acto revocatorio, lo que genera un margen de incertidumbre que este Tribunal se ve obligado a acotar, en la medida en que comprometen los valores y derechos fundamentales citados. Estimamos, por ello, que el régimen jurídico de la revocación de la libertad condicional resulta constitucionalmente insatisfactorio por incompleto, aunque de ello no se ha de seguir una declaración de inconstitucionalidad por omisión (...), siendo suficiente con fijar como única interpretación constitucionalmente conforme con los valores y derechos fundamentales en juego la de que, tras la revocación de la libertad condicional, habrán de estimarse subsistentes las exigencias impuestas al tribunal sentenciador en el artículo 92.4 CP de verificar, con una periodicidad bianual, el cumplimiento de los requisitos para el acceso a la libertad condicional y de resolver las peticiones que el penado le dirija con los condicionamientos temporales establecidos en dicha norma"[42].

---

[42] Indica CERVELLÓ DONDERIS que la situación sigue siendo preocupante, puesto que Instituciones Penitenciarias todavía no ha publicado ninguna Instrucción sobre la ejecución de la prisión permanente revisable, ni es previsible que se reforme la Ley General Penitenciaria o el Reglamento Penitenciario. Sin embargo, el Tribunal Constitucional parece dejar mensajes velados dirigidos a la fase de cumplimiento que de-

3) Resocialización:

- Fundamentos del recurso: los periodos mínimos de cumplimiento reducen las posibilidades de reinserción social y anulan las expectativas de resocialización.
- Fundamentos del Tribunal Constitucional: por medio de la suspensión el reo puede reinsertarse. La restricción de los medios de reinserción (permisos, tercer grado) está justificada por la importancia de los bienes jurídicos protegidos (vida, libertad sexual...). No se anula la expectativa del penado de liberación porque se garantiza la revisión. Se aplica el sistema de individualización científica: permisos de salida, programas individualizados de tratamiento, etc., además de regular el acceso al tercer grado y la libertad condicional[43].

Por lo tanto, el Tribunal Constitucional niega la violación de los principios constitucionales alegados, excepto los de seguridad jurídica y legalidad, en lo que atañe al régimen de revocación. Afirma que el artículo 92 CP atribuye al juez de vigilancia penitenciaria una facultad excesivamente amplia, puesto que podrá acordarla cuando cambien las circunstancias y ya no pueda mantenerse el pronóstico inicial, sin que se especifiquen los motivos por los que cabe ordenar el reingreso en prisión. Así pues, podría entender que falla ese pronóstico por causas ajenas al fundamento de la reclusión, como la forma de vida del condenado, e incluso

---

ben tenerse en cuenta para cumplir con el mandado de resocialización y de humanidad de las penas. Así, alude al "desarrollo de estrategias de humanización de su cumplimiento" y afirma que "no hay que convertir la gravedad de la pena y su duración en el fundamento dirimente de las decisiones en materia de régimen y tratamiento". CERVELLÓ DONDERIS, V.: "Una lectura de la STC 169/2021 de 6 de octubre en clave de ejecución: evitar la perpetuidad de la prisión permanente revisable", *Revista General de Derecho Penal*, nº 40, 2023, pp. 2 y ss.

[43] Apoya este argumento, GUTIÉRREZ AZANZA, D.A.: "Artículo 78 bis", en CUERDA ARNAU, M.L. (Dir.)/RAGA VIVES, A. (Coord.): *Comentarios al Código penal*, cit., pp. 642 y 643.

independientes de su voluntad, como la pérdida de trabajo o la ruptura de sus vínculos familiares. Por eso, atendiendo al principio de vigencia que rige la interpretación de la ley penal, declara que dado que el artículo 92.3 CP remite al artículo 86.1 CP, las únicas razones que permiten dejar sin efecto la suspensión de la prisión permanente revisable son las enumeradas en este precepto. Lo mismo sucede con el régimen posterior a la revocación de la suspensión. La ley no indica si esta decisión conlleva o no un efecto preclusivo, es decir, si puede concederse de nuevo la suspensión y, en su caso, el sistema de revisión. El Tribunal Constitucional afirma que subsisten para el tribunal sentenciador las obligaciones previstas en el artículo 92.4 CP[44].

No obstante, la sentencia contó con tres votos particulares, de los magistrados Xiol Ríos y Cándido Conde-Pumpido Tourón y de la magistrada Balaguer Callejón, quienes consideran que el fallo debería haber declarado la inconstitucionalidad de la regulación de la pena de prisión permanente revisable. Los argumentos aducidos esquemáticamente son los siguientes:

- La jurisprudencia del TEDH sobre la cadena perpetua y su adecuación al artículo 3 CEDH se refiere a países donde esta pena sustituyó a la de muerte: constituye un avance humanizador. En España es un retroceso en el proceso de humanización de las penas, basado en la dignidad y prohibición de penas inhumanas y degradantes -arts. 10.1 y 15 CE-: la cadena perpetua se eliminó en 1928, las penas indeterminadas en 1932; ni siquiera durante la dictadura, en que se retomó la pena de muerte, se regularon esas sanciones. Las siguientes en gravedad eran penas determinadas; en 1978 se suprimió la pena de muerte (salvo en caso de guerra). Por lo tanto, se

44 Critica la fundamentación insuficiente de la sentencia, LASCURAÍN SÁNCHEZ, J.A.: "La insoportable levedad de la sentencia del Tribunal Constitucional...", cit., pp. 2 y ss.

vulnera el principio de no regresión en el respeto de los valores democráticos y la protección de derechos fundamentales.

- No hay razones excepcionales de necesidad que justifiquen esa regresión. El legislador se ha excedido en su libertad para fijar política criminal: las causas aducidas en Exposición Motivos de la LO 1/2015 son insuficientes (demanda social).

Adicionalmente el magistrado Cándido Conde-Pumpido Tourón añade:

- La pena es irrevisable de facto: extensos plazos de revisión, condiciones penitenciarias (tercer grado, permisos de salida) y criterios a valorar para la suspensión (se atiende al pasado -antecedentes, delito cometido...-, no se centran en la evolución del penado).
- La regulación es retribucionista (lo reconoce la propia sentencia): infringe los principios de proporcionalidad, taxatividad y reinserción social.

Como se deduce de la sentencia, los reproches en materia de proporcionalidad hay que achacárselos al legislador, sin que el Tribunal Constitucional deba pronunciarse sobre la necesidad y contenido de la pena salvo que sea palmariamente desproporcionada. En este punto, la baja tasa de los delitos castigados con prisión permanente revisable y la sustitución del principio de necesidad por el deseo social de introducir este castigo, ponen de relieve que no se cumple dicho principio fundamental. Además, como afirmará después la STEDH de 28 de octubre de 2021, hacer esperar a la persona condenada un tiempo muy superior a 25 años convierte la pena en inhumana, puesto que es probable que esté en condiciones de reintegrarse a la sociedad y esta evolución debe comprobarse mucho antes, sin esperar 40 años o, en nuestro caso, 35 años.

IV. DOCTRINA DEL TEDH SOBRE LA REVISIÓN DE LA PRISIÓN INDEFINIDA

1. STEDH -Gran Sala- de 9 de julio de 2013

La STEDH, de la Gran Sala, de 9 de julio de 2013, sobre el Caso Vinter y otros contra el Reino Unido[45], citada por la STC -Pleno- 169/2021, de 6 de octubre, desarrolla la doctrina sobre la cadena perpetua[46].

En Inglaterra y Gales se prevé la cadena perpetua potestativa, en delitos graves violentos y sexuales, con un plazo de revisión. Pero junto a ella se regula la obligatoria para los delitos de asesinato. En este caso normalmente el tribunal ha de fijar ese plazo. Pero en los supuestos más graves puede acordar una "orden de por vida" (*whole life order*), sin revisión. La única vía de excarcelación es la facultad que el artículo 30 de la *Crime Sentences Act* 1997 le atribuye al Secretario de Estado de liberar a cualquier condenado a cadena perpetua por motivos humanitarios. Esta ley fue desarrollada por una Circular penitenciaria que establece los criterios orientativos para acordar la salida: que el interno sufra una enfermedad terminal, o esté incapacitado o postrado, por ejemplo, parapléjico o con un derrame cerebral grave[47].

Los recurrentes habían sido condenados a cadena perpetua por asesinato con una orden de por vida y alegaban que esta sanción era contraria al artículo 3 CEDH. La Gran Sala señala que la cadena perpetua no es en sí misma contraria a ese precepto.

---

45 Caso *Vinter and others v. The United Kingdom*, de 9 de julio de 2013 (TOL.9.060.791).

46 Ampliamente sobre esta sentencia, ROIG TORRES, M.: "La cadena perpetua: los modelos inglés y alemán. Análisis de la STEDH de 9 de julio de 2013. La «prisión permanente revisable» a examen", *Cuadernos de Política Criminal*, nº 111, 2013, pp. 97 y ss.

47 Circular del Servicio de Prisiones nº 4700 de 2010 (*Prison Service Order* 4700).

Ahora bien, subraya que para respetar el CEDH es necesario que sea revisable *de iure* y *de facto*, de modo que la legislación nacional prevea la revisión de la condena, para valorar los progresos hacia la resocialización y la vigencia de los motivos que justifican la privación de libertad. Además, dice que a la vista del Derecho comparado e internacional ese término no debería superar los 25 años. Afirma que el penado tiene derecho a conocer desde el principio lo que debe hacer para que se valore su excarcelación, así como el momento en el que podrá solicitar la revisión. Añade que se le debe ofrecer la posibilidad de rehabilitación, junto con una perspectiva de libertad si lo logra.

Pues bien, en este supuesto la Corte entendió que el artículo 30 de la Ley de 1997 no era suficiente para asegurar la revisión y la expectativa de liberación. En consecuencia, la Gran Sala concluyó que la cadena perpetua obligatoria por asesinato con una orden de cumplimiento íntegro era inhumana o degradante y, por lo tanto, infringía el artículo 3 CEDH.

2. STEDH de 3 de febrero de 2015

Posteriormente, el TEDH dictó una segunda sentencia de 3 de febrero de 2015, en el Caso Hutchinson contra el Reino Unido[48], sobre la cadena perpetua obligatoria por asesinato con una orden de por vida. Ahora bien, en esta ocasión señala que esta pena no es contraria al artículo 3 CEDH, apartándose de la resolución anterior, pese a que era de la Gran Sala y esta de una de las Secciones -de la Sección 4ª-[49].

Después del Caso Vinter y otros contra el Reino Unido, de 9 de julio de 2013, el Tribunal de Apelación de Inglaterra y Gales se pronunció sobre esa pena en una sentencia de 18 de febrero

---

48 Caso *Hutchinson v. The United Kingdom*, de 3 de febrero de 2015 (TOL.6.407.711).

49 Caso *R. v. Ian McLoughlin; R. v. Lee William Newell*, (2014) EWCA Crim 188.

de 2014 (Caso *R. v. Ian McLoughlin*) y esta resolución determinó que la Corte llegara a una conclusión opuesta a la anterior[50]. El Tribunal de Apelación británico, partiendo de la citada STEDH del Caso Vinter de 2013, interpretó en sentido amplio al artículo 30 de la Ley de 1997. Estableció que el Secretario de Estado debe liberar a un condenado a cadena perpetua siempre que por cualquier razón la continuación del internamiento convierta la pena en inhumana o degradante. Añade que los "motivos humanitarios" a los que se refiere el artículo 30 no se limitan a los fijados en la norma penitenciaria, sino que el Secretario de Estado ha de valorar en cada caso todas las circunstancias a fin de decidir si se trata de un supuesto excepcional. A la vista de esta sentencia la Corte declara que la cadena perpetua obligatoria con una orden de cumplimiento para toda la vida no viola el artículo 3 CEDH.

3. STEDH -Gran Sala- de 17 de enero de 2017

En la STEDH de 17 de enero de 2017, la Gran Sala confirmó la resolución anterior sobre el Caso Hutchinson contra el Reino Unido de 2015[51]. Argumenta que el Tribunal de Apelación británico, en la sentencia de 18 de febrero de 2014, estableció el deber del Secretario de Estado de poner en libertad al preso cuando la reclusión ya no pueda justificarse por motivos penológicos legítimos.

En consecuencia, afirma que la cadena perpetua obligatoria por asesinato con una orden de cumplimiento íntegro es reducible y, por lo tanto, se adecúa al artículo 3 CEDH. De esta forma, la Corte refrenda una pena de prisión indefinida que carece de un plazo concreto de revisión, dado que el Secretario de Estado no está obligado a valorar la suspensión de la ejecución después

---

50 Sobre esta sentencia, ROIG TORRES, M.: *La cadena perpetua...*, cit., pp. 129 y ss.

51 Caso *Hutchinson v. The United Kingdom,* de 17 de enero de 2017 (TOL.6.411.505).

de un tiempo concreto. No se garantiza al penado el derecho a conocer desde su ingreso en prisión cuándo podrá optar a la libertad y, por tanto, carece de una expectativa real de obtenerla si se esfuerza por lograr la resocialización. Además, se omite el periodo de 25 años como máximo recomendado antes de efectuar la revisión. El TEDH trata de respetar la soberanía de los órganos judiciales nacionales, en la medida en que se han pronunciado expresamente sobre esta condena, y da por válidos los matices realizados respecto a una legislación que no reúne las exigencias marcadas por la STEDH -Gran Sala- de 9 de julio de 2013. Pero esta posición es totalmente censurable en tanto contradice frontalmente la doctrina anterior de la Corte, necesaria para evitar la inhumanidad de la prisión indefinida.

4. STEDH de 13 de junio de 2019

La STEDH de 13 de junio de 2019, de la Sección 1ª, sobre el Caso Marcello Viola contra Italia[52], se refirió a la exigencia de colaboración con las autoridades para suspender la cadena perpetua a los condenados por delitos de terrorismo o por pertenencia a organizaciones criminales de tipo mafioso. Esta resolución me parece relevante dado que el artículo 92 CP prevé una condición semejante para suspender la prisión permanente revisable.

El recurrente se negó a colaborar alegando temor a represalias a él o a su familia. En consecuencia, no se revisó su condena. El TEDH declara que la falta de colaboración no siempre es el resultado de una elección libre, ni supone la conservación de los valores criminales ni de los vínculos con la organización. La negativa puede deberse a otras circunstancias, como el temor a represalias contra la propia persona o su familia. A la inversa, la cooperación puede responder a razones puramente oportunistas. Por lo tanto, para valorar el progreso del individuo haca larsocialización

---

52 Caso *Marcello Viola v. Italy (nº 2)*, de 13 de junio de 2019 (TOL.7.274.513).

es necesario tener en cuenta otras circunstancias. En el supuesto concreto, esa presunción impidió que el tribunal examinara la solicitud de libertad condicional y determinara si el penado, en el curso de su internamiento, había cambiado y avanzado hacia la reinserción social hasta tal punto que su privación de libertad carecía ya de fundamento. Por consiguiente, la Corte concluye que al no efectuar el tribunal competente la revisión basándose solo en la no colaboración se infringió la prohibición de penas inhumanas o degradantes del artículo 3 CEDH.

En mi opinión, esta sentencia debería conllevar la supresión del apartado 2 del artículo 92 CP, donde se exige para suspender la prisión permanente revisable de las personas codenadas por delitos referentes a organizaciones o grupos terroristas o por delitos de terrorismo, que el penado muestre signos inequívocos de haber abandonado los fines y los medios de la actividad terrorista y haya colaborado activamente con las autoridades. Según la resolución de la Corte estos requisitos *sine qua non* son contrarios al artículo 3 CEDH.

V. POSTURA DEL TEDH SOBRE EL PLAZO DE REVISIÓN DE 40 AÑOS

La STEDH de 28 de octubre de 2021, de la Sección 1ª, sobre el Caso Bancsók y László Magyar, es especialmente importante teniendo en cuenta que declara contrario al artículo 3 CEDH el plazo de revisión de 40 años en la prisión indefinida y que esta resolución es posterior a la STC -Pleno- 169/2021, de 6 de octubre. Anteriormente, en el año 2014 el TEDH dictó otra sentencia relativa al primer solicitante, quien recurrió ante la Corte porque se le impuso cadena perpetua de por vida, mientras que el otro condenado podía optar a la libertad condicional. En la sentencia de 2021 se resolvió el recurso de ambos, puesto que se les aplicó un plazo de revisión de 40 años y a la luz de los cambios legales en el país y la jurisprudencia de la Corte consideraban que este tiempo era contrario al artículo 3 CEDH.

1. STEDH de 20 de mayo de 2014

La STEDH de 20 de mayo de 2014, de la Sección 2ª, sobre el Caso László Magyar contra Hungría declaró que la pena de cadena perpetua prevista en ese país era contraria al artículo 3 CEDH[53]. Los coacusados habían cometido varios robos contra ancianos, a quienes retuvieron, amenazaron y golpearon, muriendo algunas víctimas como consecuencia de los hechos. Fueron condenados a cadena perpetua sin derecho a libertad condicional. El Tribunal de apelación confirmó la pena de uno de elllos (Magyar). En cambio, mitigó la del otro (Bancsók), estableciendo un plazo de revisión a los 40 años, porque durante el proceso contribuyó al esclarecimiento de los hechos y expresó arrepentimiento. La Sentencia fue confirmada por el Tribunal Supremo.

En el momento de los hechos el Código penal permitía al tribunal imponer la cadena perpetua sin revisión o fijarla no antes de 20 o 30 años. Además, la Ley Fundamental atribuía al Presidente de la República el derecho a conceder el indulto individual. Ante el TEDH el solicitante, Magyar, argumentó que su condena a cadena perpetua de por vida no era ni *de iure* ni *de facto* reducible y, por lo tanto, violaba el artículo 3 CEDH. La concesión del indulto era una decisión política puramente discrecional porque ninguna norma establecía los méritos para obtenerlo.

El TEDH reproduce la doctrina del Caso Vinter y otros contra el Reino Unido, de 9 de julio de 2013. A continuación, señala que un recluso de por vida no debe estar obligado a cumplir un número indeterminado de años sin poder alegar que su condena ya no está justificada legalmente y quebranta el artículo 3 CEDH, porque se vulneraría la seguridad jurídica. Además, sería ocioso esperar que el recluso trabaje en su propia resocialización. Un preso

---

53 *Caso László Magyar v. Hungary,* de 20 de mayo de 2014. Disponible en: https://hudoc.echr.coe.int/eng?i=001-144109. Recuperado el 26 de enero de 2024.

por tiempo indefinido tiene derecho a saber, desde la sentencia, qué debe hacer para que se valore su libertad y en qué momento se revisará su condena. Cuando la legislación interna no prevea ningún mecanismo de revisión, la infracción del artículo 3 CEDH surge en el momento de su imposición.

Por otra parte, la legislación interna no obliga al Presidente de la República a evaluar, cada vez que un prisionero pide el indulto, si su privación de libertad está basada en motivos penológicos legítimos. Tampoco se recoge ninguna orientación específica sobre qué criterios han de tenerse en cuenta en la valoración de la solicitud, ni existe obligación de motivar la decisión.

Por lo tanto, según la Corte la ley no garantiza una consideración adecuada de los cambios y los avances hacia la reinserción social del interno. En consecuencia, la cadena perpetua del demandante no puede considerarse reducible y se ha violado el artículo 3 CEDH.

Así pues, el TEDH confirma que la prisión indefinida debe tener un plazo concreto de revisión. No basta la posibilidad de obtener el indulto, puesto que esta medida no comporta la revisión de todas las condenas a cadena perpetua, carece de un término fijo de evaluación y el penado no conoce las pautas a seguir para obtenerlo. Por otra parte, la Corte apunta algo relevante. Indica que si el interno no ve la posibilidad de alcanzar la libertad no se esforzará por progresar hacia su reinserción social. No obstante, no precisa todavía qué margen temporal se puede prolongar la prisión sin que el recluso pierda esa esperanza, pero sí dice que es necesario mantenerla.

2. STEDH de 28 de octubre de 2021

En la STEDH de 28 de octubre de 2021, de la Sección 1ª, del Caso Bancsók y László Magyar (nº 2) contra Hungría[54], la Corte desarrolló la doctrina anterior fijando criterios trascendentes. No se limita a recomendar la revisión de la prisión indefinida tras un tiempo máximo de 25 años, basándose en el Derecho comparado. Afirma que un plazo de revisión de 40 años es excesivo y determina que la pena viole el artículo 3 CEDH.

Después de recaer la anterior STEDH de 20 de mayo de 2014, tanto la defensa jurídica de Magyar como el fiscal solicitaron a la Kúria una revisión del juicio. Mientras tanto, el Parlamento húngaro modificó la legislación, estableciendo un procedimiento obligatorio de indulto para todos los condenados a cadena perpetua sin derecho a libertad condicional. El fiscal pidió que mantuviera la cadena perpetua de por vida de Magyar, pero sujetándola al proceso de indulto una vez cumplidos 40 años. Magyar, argumentó que la obligatoriedad de considerar el indulto después de 40 años de prisión no subsanó la violación del artículo 3 CEDH y solicitó a la Kúria que fijara la revisión a los 25 años. La Kúria confirmó la condena pero estableciendo la revisión a los 40 años.

Los demandantes entendían que la pena impuesta, revisable tras 40 años, era de facto irreducible. Ante la Corte adujeron que la posibilidad de liberación no podía considerarse real si estaba tan lejana que solo permitiría la perspectiva de morir en un centro de atención o en un hospicio. Teniendo en cuenta su edad, simplemente no vivirían lo suficiente para poder alcanzar la libertad y cualquier cambio en su comportamiento sería irrelevante para este propósito. Por consiguiente, sus condenas eran meramente retributivas y no servían al fin de reinserción social.

---

54 Caso *Bancsók and* László Magyar (no. 2) v. Hungary, de 28 de octubre de 2021 (TOL.8.754.303).

El TEDH reproduce los fundamentos del Caso Vinter. Aplicando esta doctrina al supuesto concreto, señala que 40 años es un período significativamente más largo que el de 25 años recomendado, sobre la base de un consenso en el Derecho comparado e internacional. Además, reitera que la posibilidad de obtener el indulto o la libertad por motivos de salud no proporciona la perspectiva de liberación necesaria. En consecuencia, establece que el hecho de que los solicitantes tengan que esperar 40 años a que se revisen sus condenas determina que no puedan considerarse reducibles. Un período tan largo retrasa indebidamente el examen por las autoridades nacionales para valorar si los cambios en el recluso son tan importantes y si ha avanzado tanto hacia la reinserción social, que ya no hay razones penológicas legítimas que justifiquen la prisión. Así pues, afirma la violación del artículo 3 CEDH.

Por consiguiente, la Sección 1ª del TEDH que dictó esta sentencia vuelve a la postura mantenida por la Gran Sala en el Caso Vinter de 2013. Pero en esta ocasión da un paso más y no solo aconseja que el plazo de revision de la prisión indefinida no supere los 25 años. Declara que 40 años es un tiempo claramente excesivo y determina que la pena sea inhumana o degradante infringiendo la prohibición del artículo 3 CEDH.

En nuestro Derecho el plazo de revisión puede llegar a 35 años, muy superior a los 25 años indicados por la Corte. Por lo tanto, entiendo que en este caso se viola el principio de resocialización y la pena se convierte en inhumana, vulnerando el artículo 15 CE y el artículo 3 CEDH.

VI. CONCLUSIONES

La prisión permanente revisable fue introducida en nuestro ordenamiento por la LO 1/2015, de 30 de marzo, en un momento en el que los índices de delincuencia eran de los más bajos de la Unión Europea y, en particular, el de asesinatos que es el principal delito castigado con esta pena. Sin embargo, había una presión social creciente para que el Estado incorporara la cadena perpetua. Los conocidos sucesos mediáticos ocurridos por esa época, de niñas violadas y asesinadas, el caso José Bretón, y la salida de la cárcel de personas con condenas largas al anularse la doctrina Parot, determinaron que esta sanción prevista en el Anteproyecto inicial tan solo para las muertes terroristas se extendiera a un grupo más amplio de delitos. Por otra parte, en otros países la prisión indefinida había supuesto una evolución positiva en cuanto a la humanización de las penas, al sustituir a la de muerte, que en España se abolió con la llegada de la democracia, salvo para los casos de guerra, excepción que eliminó la LO 11/1995, de 27 de noviembre, al suprimirla también del Código penal militar. Esa incongruencia entre los datos de criminalidad y la implantación de un castigo severo que no rigió ni siquiera durante la dictadura de Franco llevó al legislador a justificar esta sanción, no en razones preventivas que no existían, sino en su vigencia en la mayoría de países europeos y en la postura del TEDH que avalaba la cadena perpetua.

En concreto, tomó como referencia el Derecho alemán y reguló su suspensión, ubicándola dentro del capítulo de la libertad condicional, sin dedicarle una normativa autónoma, a diferencia de las demás penas privativas de libertad. Ahora bien, en el Código penal alemán (§ 57 a StGB) la cadena perpetua se revisa en todo caso a los 15 años. El Tribunal Constitucional Federal alemán ha ratificado esta pena, pero no la ha basado en razones preventivas sino expiatorias. Por una parte, porque la reincidencia de los condenados por asesinato es baja. Por otra, porque los pronósticos de peligrosidad muchas veces son difíciles e inseguros a largo plazo.

Aquí también se advierte una clara laguna acerca del fundamento de los plazos de revisión de la prisión permanente revisable. En la doctrina insistimos en que en nuestro sistema democrático los fines de la pena son preventivos, que no cabe la retribución, que no es posible castigar por simple venganza, puesto que eso sería contrario a los artículos 1, 10, 15... CE. Sin embargo, a diferencia de Alemania, donde la cadena perpetua cumple una función expiatoria, en España la prisión permanente no se puede suspender hasta los 25 años como mínimo, y en casos más graves hasta 28, 30 o 35 años. Paradójicamente, además, cuando la cadena perpetua se prolonga en Alemania más de 15 años atendiendo a la culpabilidad o peligrosidad del interno, con ese periodo adicional no llega como media a los 25 años.

Así pues, se introducía una sanción contraria a los principios de humanidad de las penas, resocialización, seguridad jurídica y proporcionalidad. Suponía un endurecimiento extraordinario de la respuesta penal no fundado en motivos preventivos, pues no era necesario frenar los delitos para los que se prevé que, en general no iban en aumento sino en retroceso. En realidad, su adopción era un guiño a cierto sector de la ciudadanía que reclamaba una mayor dureza ante determinados crímenes que causaron un especial revuelo. Por lo tanto, se prescindía de los principios que deben regir la regulación de las penas por el mero afán de satisfacer esa demanda social. Pero en este caso la decisión no consistía en una pequeña elevación del tiempo de la sanción, sino en la creación de un castigo que puede durar de por vida.

Por otra parte, los criterios que ha de observar el tribunal según el artículo 92.1 CP para resolver la suspensión son semejantes a los del § 57 a StGB. Pero esos plazos de revisión más extensos que se fijan en España hacen que dichos factores dificulten la excarcelación. Así sucede, por ejemplo, con las circunstancias personales y familiares del penado, que posiblemente no serán favorables después de un internamiento tan prolongado, pues es muy probable que se rompan los lazos familiares, incluso por fallecimiento de algunos parientes. Además, le puede resultar difícil procurar su propia subsistencia, ante las dificultades para encontrar trabajo y la falta de apoyo de esos allegados. Ante esta realidad, en Alemania se ofrece al condenado la opción de permanecer en prisión una vez extinguida la condena y muchos reclusos siguen en la cárcel. En nuestro país, es muy posible que el tribunal niegue la suspensión ante esa falta de autonomía para vivir en libertad. Algo similar sucede con las circunstancias del delito cometido, teniendo en cuenta que la prisión permanente revisable se aplica sobre todo a asesinatos graves. E, igualmente, con los bienes que podrían verse afectados por una reiteración delictiva, tratándose de personas que han atentado contra la vida de un modo especialmente reprochable.

Todos estos desajustes llevaron a varios Grupos parlamentarios a plantear recurso de inconstitucionalidad frente a la regulación de la prisión permanente revisable. El recurso fue resuelto en la STC -Pleno- 169/2021, de 6 de octubre, negando la vulneración de los derechos alegados, aunque realizando una interpretación vinculante sobre la revocación de la suspensión.

Respecto a la prohibición de las penas inhumanas o degradantes, que los recurrentes consideraban infringida, determinó que esta condición no depende de la duración de la sanción sino de su ejecución, de modo que no produzca sufrimiento o humillación superiores a los inherentes a la condena. Por una parte, no puede negarse que sea revisable de facto, por cuanto depende de la aplicación de los medios para favorecer la reinserción social que sí prevé la legislación penitenciaria. Por otra, esa violación no cabe fundarla en la intensidad de los sufrimientos que provoca la prisión indefinida, en tanto rige el sistema de individualización científica dirigido a paliar esos efectos.

Sobre la proporcionalidad de la pena recuerda que incumbe al legislador tanto valorar su necesidad como fijar la sanción concreta, salvo que la desproporción sea palmaria, cosa que no ocurre en este caso porque los plazos de revisión no superan los ya previstos para la prisión. Además, el carácter obligatorio de la prisión indefinida ha sido admitido por el TEDH y está justificado por la gravedad de los delitos sancionados.

Por otra parte, no se quebranta el principio de resocialización, puesto que se garantiza la revisión y se aplica el sistema de individualización científica.

Sin embargo, como se deriva de la propia sentencia los reproches han de orientarse al legislador, quien establece una pena innecesaria y, por lo tanto, desproporcionada. Además, fija unos plazos de revisión que pasan de 15 años en el Derecho alemán a 25 y hasta 35 años en nuestro ordenamiento, sin dar ninguna explicación en términos jurídico-penales en cuanto a esta ampliación, pese a ser los porcentajes de delitos a los que se aplica la prisión permanente revisable más bajos que los de la cadena perpetua germana.

En cambio, el Tribunal Constitucional admite la falta de taxatividad en la normativa que regula la revocación de la suspensión concedida del artículo 92.3 CP *in fine*. La ley atribuye al juez de vigilancia penitenciaria la facultad de acordar el reingreso en prisión atendiendo a las circunstancias personales, pero no hay pautas legales que precisen estos factores. Aquí sí establece que en tanto el artículo 92.3 CP remite al artículo 86.1 CP, las únicas causas de revocación son las previstas en este precepto. Además, cuando se acuerde el ingreso de nuevo en prisión, deberá efectuarse la revisión al menos cada 2 años, pudiendo concederse otra vez la suspensión.

Pues bien, en mi opinión, pese a esta declaración de constitucionalidad algunas sentencias del TEDH ponen en tela de juicio la adecuación de la prisión permanente revisable al CEDH. La Corte estableció los principios básicos aplicables a la prisión indefinida al examinar la cadena perpetua con una orden "de por vida" que se puede acordar en Inglaterra y Gales para el delito de asesinato. De modo que carece de un plazo concreto de revisión y la única vía de excarcelación es la liberación por motivos humanitarios.

En la STEDH de la Gran Sala, de 9 de julio de 2013, sobre el Caso Vinter y otros contra el Reino Unido, la Corte declara que para respetar el CEDH es necesario que la prisión indefinida sea revisable *de iure* y *de facto*, con el fin de valorar los progresos hacia la reinserción social y la vigencia de los motivos que justifican la privación de libertad. Además, apoyándose en el Derecho comparado e internacional, señala que el plazo de revisión no debería superar los 25 años. Afirma que el condenado tiene derecho a conocer desde el principio lo que debe hacer para poder acceder a la libertad, así como el momento en el que podrá solicitar que se revise su condena. Añade que se debe mantener el objetivo de resocialización del interno, junto con una perspectiva de libertad si lo logra.

En cambio, en la STEDH de 3 de febrero de 2015, sobre el Caso Hutchinson contra el Reino Unido, la Sección 4ª declara que esa misma pena es conforme al artículo 3 CEDH, apartándose de la postura de la Gran Sala. En realidad, esta decisión se debió a que después de la anterior STEDH de 2013 sobre el Caso Vinter, un tribunal nacional -el Tribunal de Apelación de Inglaterra y Gales- se pronunció sobre esa forma de cadena perpetua de por vida y la Corte quiso respetar la soberanía del órgano estatal. En esta resolución el Tribunal de Apelación simplemente precisó que, de acuerdo con lo dispuesto en el Caso Vinter, el Secretario de Estado no solo debía liberar a un condenado a cadena perpetua por “motivos humanitarios”, sino siempre que por cualquier causa la prisión pierda su fundamento. Pero no indica que el Secretario de Estado haya de revisar todas las condenas ni, por lo tanto, el momento en que debe hacerlo. En definitiva, el TEDH respalda una prisión indefinida no sujeta a revisión, prescindiendo de esta garantía necesaria para que la pena no sea inhumana, como había señalado. Sin embargo, la Gran Sala confirmó esta resolución en la STEDH de 17 de enero de 2017, basándose igualmente en la del Tribunal de Apelación de Inglaterra y Gales.

Ahora bien, hay dos sentencias de la Corte que sí hacen cuestionable el régimen de la prisión permanente revisable, una de ellas anterior a la STC -Pleno- 169/2021, de 6 de octubre, y otra posterior, más importante en cuanto se pronuncia sobre el plazo de revisión.

La STEDH de 13 de junio de 2019, de la Sección 1ª, sobre el Caso Marcello Viola contra Italia, concluyó que la exigencia de colaboración con las autoridades para suspender la cadena perpetua a los condenados por delitos de terrorismo o por pertenencia a organizaciones criminales de tipo mafioso es contraria al artículo 3 CEDH. La Corte indica que la falta de cooperación no significa necesariamente que el penado sea peligroso, porque esa decisión puede no ser libre y deberse al miedo a sufrir actos de venganza. Por lo tanto, hay que observar otras circunstancias a fin de valorar si ha habido un avance relevante hacia la reinserción social. Pese a esta resolución sigue vigente el artículo 92.2 CP que requiere la colaboración activa con las autoridades a los condenados a prisión permanente revisable por delitos de terrorismo o que pertenezcan a un grupo u organización terrorista. En el recurso de inconstitucionalidad no se cuestionó esta condición concreta, por lo que el Tribunal Constitucional no la examinó. Pero, a mi juicio, el legislador a la vista de la sentencia de la Corte necesariamente debe reformar el Código penal y eliminar esta exigencia.

La STEDH de 28 de octubre de 2021, de la Sección 1ª, sobre el Caso Bancsók y László Magyar contra Hungría, declaró que un plazo de revisión de 40 años viola el artículo 3 CEDH. Argumenta que un período de espera tan largo retrasa indebidamente el examen por las autoridades nacionales para valorar si el recluso ha progresado tanto hacia la reinserción social que la prisión ya resulta infundada. Esta resolución recayó después de que la STC -Pleno- 169/2021, de 6 de octubre, declarara que los plazos de revisión de la prisión permanente revisable no son contrarios al artículo 15 CE. Obviamente, el interrogante que surge es si 35 años, que se prevé en nuestro Derecho para algunos casos, es adecuado al artículo 3 CEDH. Teniendo en cuenta que la Corte dice que 40 años se aparta mucho de los 25 años recomendados como término máximo para la revisión, una disminución de tan solo 5 años y un periodo todavía tan alejado del señalado no creo que lleve a la Corte a una decisión distinta, declarando que hacer esperar 35 años para optar a la suspensión no es excesivo. Ahora bien, el Tribunal Constitucional húngaro no se había pronunciado cuando recayó la STEDH de 28 de octubre de 2021. En cambio, en nuestro país ya ha resuelto el Tribunal Constitucional y a la vista de los precedentes relativos al Derecho británico no hay que descartar que el TEDH tratara de respetar la postura de dicho órgano y admitiera los plazos de revisión previstos. De todas formas, también contamos con resoluciones, como la STEDH del Caso Stern Taulats y Roura Capellera contra España, de 13 de marzo de 2018, relativa a la quema de la imagen del Rey, y que dio la razón a los recurrentes, en contra de lo establecido en la STC -Pleno- 177/2015, de 22 de julio. En cualquier caso, el legislador debería tomar en consideración la postura del TEDH y modificar los periodos de revisión de la prisión permanente revisable, además de incorporar al Código penal los requisitos establecidos en la STC -Pleno- 169/2021, de 6 de octubre, en lo que atañe a los motivos de la revocación de la suspensión y la revisión posterior.

Ahora bien, si tenemos en cuenta que el principal argumento aportado para su incorporación fue la demanda de una parte de la sociedad de aplicar la prisión indefinida a determinados crímenes, divulgados en los medios de comunicación, pero menos frecuentes que en los países de nuestro entorno, lo procedente sería suprimirla, en aras al principio de proporcionalidad. Además, los de humanidad de las penas y resocialización determinan la eliminación de las condenas con plazos de revisión muy largos, según ha declarado el TEDH.

VII. REFERENCIAS BIBLIOGRÁFICAS

ABEL SOUTO, M.: "Cadena perpetua y delitos contra la comunidad internacional (arts. 605.1, 607 y 607 bis)", en GONZÁLEZ CUSSAC, J.L. (Dir.)/ GÓRRIZ ROYO, E./MATALLÍN EVANGELIO, Á. (Coord.): *Comentarios a la Reforma del Código Penal de 2015*, 2ª edición, Tirant lo Blanch, Valencia, 2015.

ACALE SÁNCHEZ, M.: "Prisión permanente revisable", en ÁLVAREZ GARCÍA, F.J. (Dir.)/DOPICO GÓMEZ-ALLER, J. (Coord.): *Estudio crítico sobre el Anteproyecto de reforma penal de 2012*, Tirant lo Blanch, Valencia, 2013.

- *La prisión permanente revisable: ¿Pena o cadalso?*, Iustel, Madrid, 2016.

- "Apuntes sobre la inconstitucionalidad de la pena de prisión permanente revisable desde la perspectiva del Derecho penitenciario", en ARROYO ZAPATERO, L./LASCURAÍN SÁNCHEZ, J.A./PÉREZ MANZANO, M. (Dir.)/RODRÍGUEZ YAGÜE, C. (Coord.): *Contra la cadena perpetua*, Ediciones de la Universidad de Castilla-La Mancha, 2016.

BASSO, G.J.: "Reflexiones sobre la ilegitimidad de la prisión permanente revisable", *Revista General de Derecho Penal*, nº 34, 2020, pp. 1-34.

BONET ESTEVA, M.: "8 razones por las que la reforma del Código penal recorta las garantías de la ciudadanía", *elDiario.es*, 26 de marzo de 2015. Disponible en: https://www.eldiario.es/temas/impacto-social/. Recuperado el 19 de enero de 2024.

BORJA JIMÉNEZ, E.: *Curso de política criminal*, 3ª edición, Tirant lo Blanch, Valencia, 2021.

CAMARA ARROYO, S./FERNÁNDEZ BERMEJO, D.: *La prisión permanente revisable: el ocaso del humanitarismo penal y penitenciario*, Aranzadi, Pamplona, 2016. (Universitat de València. Trobes [en línea]: catàleg de la biblioteca. Valencia: Servei de Biblioteques i Documentació. [Última consulta: 17/11/2022]).

CANCIO MELIÁ, M.: "La pena de cadena perpetua («prisión permanente revisable») en el Proyecto de reforma del Código penal", *Diario La Ley*, nº 8175, 2013, pp. 1-5.

CARBONELL MATEU, J.C.: "Los proyectos de reforma penal en España: un retroceso histórico", *Teoría y Derecho: Revista de Pensamiento Jurídico*, nº 14, 2013, pp. 280-292.

- "Prisión permanente revisable I (arts. 33 y 35)", en GONZÁLEZ CUSSAC, J.L. (Dir.)/GÓRRIZ ROYO, E./MATALLÍN EVANGELIO, Á. (Coord.): *Comentarios a la Reforma del Código Penal de 2015*, 2ª edición, Tirant lo Blanch, Valencia, 2015.

CERVELLÓ DONDERIS, V.: *Prisión perpetua y de larga duración*, Tirant lo Blanch, Valencia, 2015.

- "Prisión permanente revisable II (art. 36)", en GONZÁLEZ CUSSAC, J.L. (Dir.)/GÓRRIZ ROYO, E./MATALLÍN EVANGELIO, Á. (Coord.): *Comentarios a la Reforma del Código Penal de 2015*, 2ª edición, Tirant lo Blanch, Valencia, 2015.

- *Derecho penitenciario*, 5ª edición, Tirant lo Blanch, 2022.

- "Una lectura de la STC 169/2021 de 6 de octubre en clave de ejecución: evitar la perpetuidad de la prisión permanente revisable", *Revista General de Derecho Penal*, nº 40, 2023, pp. 1-37.

CÓCERA SALÓ, A.: "La prisión permanente revisable. Regulación y finalidad", *Diario La Ley*, nº 10258, Sección Tribuna, 29 de marzo de 2023. (Universitat de València. Trobes [en línea]: catàleg de la biblioteca. Valencia: Servei de Biblioteques i Documentació. [Recuperado el 19 de enero de 2023]).

COLOMO IRAOLA, I.: "La pena interminable: una reflexión crítica sobre la prisión permanente revisable a propósito de la STC 169/2021, de 6 de octubre", *Revista de Derecho Penal y Criminología*, nº 28, 2022, pp. 13-57.

CUERDA ARNAU, M.L: "La expansión del Derecho penal versus la eficacia del modelo de justicia", en DOMÍNGUEZ DOMÍNGUEZ, C. (Dir.): Colaborando a superar la crisis. Una apuesta decidida por la modernización (Ámbito penal), *Cuadernos Digitales de Formación*, nº 5, 2013, pp. 1-30.

CUERDA RIEZU, A.: *La cadena perpetua y las penas muy largas de prisión: por qué son inconstitucionales en España,* Atelier, Barcelona, 2011.

- "Inconstitucionalidad de la prisión permanente revisable y de las penas muy largas de prisión", Otrosí, nº 12, 2012, 29-33. Disponible en: https://www.pensamientopenal.com.ar/system/files/2014/04/doctrina38568.pdf. Recuperado el 29 de enero de 2024.

DAUNIS RODRÍGUEZ, A.: "La prisión permanente revisable. Principales argumentos en contra de su incorporación al acervo punitivo", *Revista de Derecho Penal y Criminología,* nº 10, 2013, pp. 65-114.

DE LEÓN VILLALBA, F.J.: "Prisión permanente revisable y derechos humanos", en ARROYO ZAPATERO, L./LASCURAÍN SÁNCHEZ, J.A./PÉREZ MANZANO, M. (Dir.)/RODRÍGUEZ YAGÜE, C. (Coord.): *Contra la cadena perpetua,* Ediciones de la Universidad de Castilla-La Mancha, 2016.

DEL CARPIO DELGADO, J.: "La pena de prisión permanente en el Anteproyecto de 2012 de reforma del Código penal (1)", *Diario La Ley,* nº 8004, 2013, pp. 89-108.

DESSECKER, A.: "Die Vollstreckung lebenslanger Freiheitsstrafen Dauer und Gründe der Beendigung im Jahr 2015", *Elektronische Schriftenreihe der KrimZ,* Band 9, Wiesbaden, 2017, 1-45. Disponible en: https://www.ssoar.info/ssoar/handle/document/51850. Recuperado el 19 de enero de 2024.

DÍAZ-MAROTO Y VILLAREJO, J.: "El afán de reformar", *Revista Jurídica de la Universidad Autónoma de Madrid,* nº 25, 2012, pp. 11-16.

FISCHER, T.: *Strafgesetzbuch und Nebengesetze,* 59 Auflage, C.H.Beck, München, 2012.- "Höchststrafe Schafft Lebenslang ab!", en *Zeit on line,* 2015, 1-4. Disponible en: https://www.zeit.de/gesellschaft/zeitgeschehen/2015-02/lebenslange-freiheitsstrafe-schuld/seite-4. Recuperado el 19 de enero de 2024.

FUENTES OSORIO, J.L.: "¿La botella medio llena o medio vacía? La prisión permanente revisable: el modelo vigente y la propuesta de reforma", *Revista de Derecho Constitucional Europeo,* nº 21, 2014, pp. 309-345.

GARCÍA ALBERO, R.: "Artículo 78 bis", en QUINTERO OLIVARES, G. (Dir.)/MORALES PRATS, F. (Coord.): *Comentarios al Código penal español,* vol. 1, 7ª edición, Aranzadi, Pamplona, 2016.

GARCÍA RIVAS, N.: "El Proyecto de reforma del Código penal de 2013 como programa inocuizador de delincuentes peligrosos. (Prisión permanente revisable y medidas de seguridad indeterminadas)", *Diritto Penale Contemporáneo,* nº 3-4, 2014, pp. 178-199. Disponible en: https://archiviodpc.dirittopenaleuomo.org/d/3231-el-proyecto-de-reforma-del-cdigo-penal-de-2013-como-programa-inocuizador-de-delincuentes-peligrosos. Recuperado el 19 de enero de 2024.

- "La prisión permanente revisable en los informes de los órganos consultivos", en ARROYO ZAPATERO, L.A./LASCURAÍN SÁNCHEZ, J.A./PÉREZ MANZANO, M. (Dir.)/RODRÍGUEZ YAGÜE, C. (Coord.): *Contra la cadena perpetua*, Ediciones de la Universidad de Castilla-La Mancha, 2016.

GARCÍA VALDÉS, C.: "Sobre la prisión permanente y sus consecuencias penitenciarias", en ARROYO ZAPATERO, L./LASCURAÍN SÁNCHEZ, J.A./PÉREZ MANZANO, M. (Dir.)/RODRÍGUEZ YAGÜE, C. (Coord.): *Contra la cadena perpetua. Ediciones de la Universidad de Castilla-La Mancha*, 2016.

GRUPO DE ESTUDIOS DE POLÍTICA CRIMINAL: "«No hay derecho. Por un Código penal de todos». Comunicado ante la reforma del Código penal", 26 de febrero de 2015. Disponible en: https://www.uab.cat/doc/No_hay_derecho_cast. Recuperado el 19 de enero de 2024.

GUTIÉRREZ AZANZA, D.A.: "Artículo 78 bis", en CUERDA ARNAU, M.L. (Dir.)/RAGA VIVES, A. (Coord.): *Comentarios al Código penal*, Tomo I, Tirant lo Blanch, Valencia, 2023.

- "Artículo 92", en CUERDA ARNAU, M.L. (Dir.)/RAGA VIVES, A. (Coord.): *Comentarios al Código penal*, Tomo I, Tirant lo Blanch, Valencia, 2023.

HERNÁNDEZ GARCÍA, J.: "De las penas privativas de libertad", en CUERDA ARNAU, M.L. (Dir.)/RAGA VIVES, A. (Coord.): *Comentarios al Código penal*, Tomo I, Tirant lo Blanch, Valencia, 2023.

HIDALGO BLANCO, S.: "Comentario jurídico-social sobre la modificación del Código penal. La prisión permanece revisable en España", *Revista General de Derecho Penal*, nº 19, 2013, pp. 18-20.

JUANATEY DORADO, C.: "Política criminal, reinserción y prisión permanente revisable", *Anuario de Derecho Penal y Ciencias Penales*, vol. LXV, 2012, pp. 127-153.

- "Una «moderna barbarie»: la prisión permanente revisable", *Revista General de Derecho Penal*, nº 20, 2013, pp. 1-13.

- *Manual de Derecho penitenciario*, Iustel, Madrid, 2016.

KÜHL, K./HEGER, M.: *Strafgesetzbuch Kommentar*, 29 Auflage, C.H.Beck, München, 2018.

LANDA GOROSTIZA, J.M.: "Prisión perpetua y de muy larga duración tras la LO 1/2015: ¿derecho a la esperanza?", *Revista Electrónica de Ciencia Penal y Criminología*, 17-20, 2015, pp. 1-40.

LARRAURI PIJOÁN, E.: "La economía política del castigo", *Revista Electrónica de Ciencia Penal y Criminología*, 11-06, 2009, pp. 1-22.

LASCURAÍN SÁNCHEZ, J.A.: "Carta a los Senadores: protéjannos de la pena", *Claves de Razón Práctica,* nº 239, 2015, pp. 66-75.

- "La insoportable levedad de la sentencia del Tribunal Constitucional sobre la prisión permanente revisable", *Revista General de Derecho Constitucional,* nº 36, 2022, pp. 1-45.

LÓPEZ PELEGRÍN, C.: "Más motivos para derogar la prisión permanente revisable", *Revista Penal de Ciencia Penal y Criminología,* nº 20-30, 2018, pp. 1-49.- "Algunos problemas que plantea la determinación y ejecución de la pena de prisión permanente revisable", *Revista Penal,* nº 21, 2022, pp. 49-61.

MANIFIESTO CONTRA LA PRISIÓN PERMANENTE REVISABLE. Disponible en: https://museo-etnografico.com/pdf/puntodefuga/181003manifiesto.pdf. Recuperado el 3 de octubre de 2023.

MARÍN DE ESPINOSA Y CEBALLOS, E.B./GONZÁLEZ TASCÓN, M.M.: "Prisión perpetua (Art. 36.3 y 4 CP)", en ÁLVAREZ GARCÍA, F.J. (Dir.)/ DOPICO GÓMEZ-ALER, J. (Coord.): *Estudio crítico sobre el Anteproyecto de reforma penal de 2012,* Tirant lo Blanch, Valencia, 2013.

MIRÓ LLINARES, F.: "La demanda social de la prisión permanente revisable: ¿Premisa fundada? ¿Argumento irrelevante? ¿Razón suficiente? (1)", *La Ley Penal,* nº 138, 2019. (Universitat de València. Trobes [en línea]: catàleg de la biblioteca. Valencia: Servei de Biblioteques i Documentació. [Recuperado el 25 de enero de 2023]).

MOSBACHER, A.: "§ 57 a StGB", en SATGER, H./SCHMITT, B./WIDMAIER, G.: *Strafgesetzbuch Kommentar,* 1 Auflage, Carl Heymanns, München, 2009.

MUÑOZ CONDE, F./GARCÍA ARÁN, M.: *Derecho penal. Parte general,* 11ª edición, Tirant lo Blanch, Valencia, 2022.

NEUMANN, U./SALIGER, F.: "§ 57 a StGB", en KINDHÄUSER, U./NEUMANN, U./PAEFFER H.U. (Hrsg): *Strafgesetzbuch,* Band 2, 5 Auflage, Nomos, Baden-Baden, 2017.

NÚÑEZ FERNÁNDEZ, J.: "Análisis crítico de la libertad condicional en el Proyecto de Reforma de Código Penal de 20 de septiembre de 2013 (especial referencia a la prisión permanente revisable)", *La Ley Penal,* nº 110, 2014. (Universitat de València. Trobes [en línea]: catàleg de la biblioteca. Valencia: Servei de Biblioteques i Documentació. [Recuperado el 25 de enero de 2023]).

- "¿Prosperaría una demanda contra España ante el TEDH por parte del primer condenado a prisión permanente?: Reflexiones críticas y últimas tendencias tras la STC 169/2021, de 6 de octubre", *Revista General de Derecho Penal,* nº 37, 2022, pp. 1-40.

ORTS BERENGUER, E./GONZÁLEZ CUSSAC, J.L.: *Compendio de Derecho penal. Parte general,* 10ª edición, Tirant lo Blanch, Valencia, 2023.

PÉREZ CEPEDA, A.I.: "Justificación y claves político-criminales del Proyecto de reforma del Código penal de 2013", *Ars Iuris Salmanticensis: AIS: Revista Europea e Iberoamericana de Pensamiento y Análisis de Derecho, Ciencia Política y Criminología,* vol. 2, nº 1, 2014, pp. 25-35.

REQUEJO RODRÍGUEZ, F.J.: "Peligrosidad criminal y Constitución", *InDret,* nº 3, 2008, pp. 1-23.

RÍOS MARTÍN, J.C.: "La pena de prisión permanente revisable. Razones de su inconstitucionalidad", en VALLE MARISCAL DE GANTE, M. (Coord.): *La reforma penal de 2013: Libro de Actas. Jornadas de profesores y estudiantes de Derecho penal de las Universidades de Madrid,* 2014, pp. 133-149. Disponible en: https://docta.ucm.es/rest/api/core/bitstreams/68f4f711-42dc-45c2-b69d-7caa736891a0/content. Recuperado el 25 de enero de 2024.

ROBLES PLANAS, R.: "«*Sexual Predators*». Estrategias y límites del Derecho penal de la peligrosidad»", *InDret,* nº 4, 2007, 1-25.

RODRÍGUEZ YAGÜE, C.: "Seis frentes abiertos de la prisión permanente revisable" (1), *Diario La Ley,* nº 9479, Sección Tribuna, 17 de septiembre de 2017, pp. 1-26.

- "Los estándares internacionales sobre la cadena perpetua del Comité europeo para la prevención de la tortura", *Revista de Derecho Penal y Criminología,* nº 17, 2017, pp. 225-275.

- *La ejecución de las penas de prisión permanente revisable y de larga duración,* Tirant lo Blanch, Valencia, 2018.

ROIG TORRES, M.: "La cadena perpetua: los modelos inglés y alemán. Análisis de la STEDH de 9 de julio de 2013. La «prisión permanente revisable» a examen", *Cuadernos de Política Criminal,* nº 111, 2013, pp. 97-144.

- *La cadena perpetua en el Derecho alemán y británico: la prisión permanente revisable,* Iustel, Madrid, 2015.

- "El pronóstico de reinserción social en la prisión permanente revisable", *InDret,* nº 1, 2018, pp. 1-40.

SALAT PAISAL, M.: "Artículo 92", en QUINTERO OLIVARES, G. (Dir.)/ MORALES PRATS, F. (Coord.): *Comentarios al Código penal español,* vol. 1, 7ª edición, Aranzadi, Pamplona, 2016.

SERRANO GÓMEZ, A.: "Notas al Anteproyecto de reforma del Código penal español de octubre de 2012", *Revista Electrónica de Ciencia Penal y Criminología,* nº 15, 2013, pp. 1-18.

SERRANO GÓMEZ, A./SERRANO MAÍLLO, A.: *Constitucionalidad de la prisión permanente revisable y razones para su derogación,* Dykinson, Madrid, 2016.

SERRANO SALAMANCA, E.I.: "La prisión permanente revisable. Regulación y finalidad. Postura jurisprudencial. Críticas", *La Ley Penal,* nº 161, 2023. (Universitat de València. Trobes [en línea]: catàleg de la biblioteca. Valencia: Servei de Biblioteques i Documentació. [Recuperado el 25 de enero de 2023]).

SILVA SÁNCHEZ, J.: *Aproximación al Derecho penal contemporáneo,* Bosch, Barcelona, 1992.

- *La expansión del Derecho penal. Aspectos de la política criminal en las sociedades post-industriales,* Civitas, Madrid, 1999.

- "El populismo punitivo", *Escritura Pública,* nº 55, 2009, 15. Disponible en: https://www.notariado.org/liferay/c/document_library/get_file?folderId=12092&name=DLFE-10803.pdf. Recuperado el 8 de diciembre de 2023.

TAMARIT SUMALLA, J.M.: "La prisión permanente revisable", en QUINTERO OLIVARES, G. (Dir.): *Comentario a la reforma penal de 2015,* Aranzadi, Pamplona, 2015.

TAMARIT SUMALLA, J.M./GARCÍA ALBERO, R./TORRES ROSELL, N.: "De las penas privativas de libertad", en QUINTERO OLIVARES, G. (Dir.)/MORALES PRATS, F. (Coord.): *Comentarios al Código penal español,* vol. 1, 7ª edición, Aranzadi, Pamplona, 2016.

TERRADILLOS BASOCO, J.M.: "Penas privativas de libertad", en DEMETRIO CRESPO, E./RODRÍGUEZ YAGÜE, C. (Coord.): *Curso de Derecho penal. Parte general,* 3ª edición, Ediciones Experiencia, Madrid, 2016. Disponible en: file:///G:/PROY.MEDIACI%C3%93N/PUBLICACI%C3%93N/Terradillos.pdf. Recuperado el 25 de enero de 2024.

TRÖNDLE, H./FISCHER, T.: *Strafgesetzbuch und Nebengesetze (Beck'sche Kurz Kommentar. Band 10),* C.H.Beck, München, 2006.

URRUELA MORA, A.: "La cadena perpetua revisable en la legislación española desde la perspectiva del Derecho penal", *Actualidad Jurídica Aranzadi,* nº 838, 2012, pp. 8-9.

VIVES ANTÓN, T.S.: "La dignidad de todas las personas", *Diario El País,* de 29 de enero de 2015. Disponible en: https://elpais.com/elpais/2015/01/29/opinion/1422553991_283553.html. Recuperado el 8 de enero de 2023.

SEGUNDA PARTE:
SOLUCIONES DESCARCELATORIAS RELACIONADAS CON LA SALUD MENTAL

Enfermedad mental y prisión: una lectura de la legislación española desde la normativa internacional[1]

M.ª ASUNCIÓN COLÁS TURÉGANO
Profesora de Dret penal
Universitat de València

I. CONSIDERACIONES PREVIAS

Probablemente uno de los más relevantes desafíos a los que se enfrentan las modernas sociedades es el representado por los problemas de salud mental de la población. La concienciación sobre esta problemática se ha intensificado desde la pandemia de COVID que sometió a las sociedades y ciudadanos a niveles de estrés e inseguridad desconocidos en las últimas décadas. Hay cierto consenso[2] en afirmar que la atención a la salud mental es deficitaria en recursos personales y materiales. Si este es el complejo panorama en

---

1 Este trabajo se enmarca en el Proyecto I+D+i "Estudio crítico del uso de sanciones alternativas penales: una mirada a la salud mental y al género" (ref.: PID2021-126236OB-I00; AEI/FEDER, UE).

2 CALCEDO-BARBA A., ANTÓN-BASANTA J., PAZ RUIZ S.: *Libro Blanco sobre la atención sanitaria a las personas con trastornos mentales graves en los centros penitenciarios de España,* SEPL Madrid y SESP Barcelona, 2023, pp. 58-90. GARCÍA ORTIZ, A.M.: "Los trastornos mentales en el medio penitenciario: Situación actual y propuestas de mejora", *Revista de Estudios Penitenciarios,* N.º 263, 2021, p. 38. RODRIGUEZ YAGÜE, C.: "La gestión de la sanidad penitenciaria: un reto inmediato del sistema español" en MATA MARTÍN (Dir.) MONTERO HERNANZ (coord.): *Salud mental y privación de libertad. Aspectos Jurídicos e intervención,* Bosch, Barcelona, 2021, p. 172.

el ámbito comunitario, cuando focalizamos nuestro análisis en la población penitenciaria las conclusiones son, si cabe, más desalentadoras en términos de insuficiencia de medios para un abordaje mínimamente respetuoso con la dignidad de la persona.

A tal sombrío horizonte se suma, en el mundo penitenciario, la denuncia de sobre representación de la enfermedad mental. Los centros penitenciarios son, a un tiempo, polos que generan y que atraen a personas con problemas de salud mental[3]. Se han dado diferentes razones[4] que explicarían esta situación: la especial vulnerabilidad del enfermo mental unido, en muchas ocasiones, al consumo de tóxicos; la existencia de una enfermedad mental previa no diagnosticada y tratada por los servicios comunitarios y las dificultades para derivar su tratamiento a estos cuando es diagnos-

---

3 "La tasa de prevalencia de trastorno mental en población reclusa...es 5,3 veces superior a la población general" ZABALA BAÑOS, C.: *Prevalencia de los trastornos mentales en prisión: análisis de la relación con delitos y reincidencia.* Colección premios Victoria Kent. Ministerio del Interior. Secretaría General Técnica, Madrid, 2017, p. 197 GRUPO PRECA. *Informe de prevalencia de trastornos mentales en centros penitenciarios españoles (Estudio Preca),* Barcelona, 2011, p. 11. De los estudios realizados en los últimos 20 años se deduce "la elevada prevalencia de personas con trastornos mentales y necesidades altas de cuidados de su salud mental, así como de trastornos por consumo de sustancias en los centros penitenciarios españoles" CALCEDO-BARBA A., ANTÓN-BASANTA J., PAZ RUIZ S.: *Libro Blanco ...*, cit. p. 56.

4 WHO: *Mental health and prisons.* 2005, p.1. ZABALA BAÑOS, C.: *Prevalencia de los trastornos mentales...*, cit., p. 54. MATA MARTÍN, R.: "La protección de la salud mental en los centros penitenciarios", en MATA MARTÍN (Dir.) MONTERO HERNANZ (coord.): *Salud mental y privación de libertad. Aspectos jurídicos e intervención,* Bosch, Barcelona, 2021, pp. 24-25. En nuestro país, hay estudios que apuntan a la exclusión social, fracaso en la asistencia a la salud mental comunitaria, la descoordinación entre administraciones..., ARROYO COBO, J. M., ACEDO RAMIRO, M. R., RUIZ ARIAS, S., GIRÁLDEZ RAMÍREZ, P.I.: *Institución penitenciaria y salud mental: la última frontera,* Colección premios Victoria Kent. Ministerio del Interior, Secretaría General Técnica, Madrid, 2021, p. 33.

ticada en el entorno penitenciario[5], a su vez, el propio entorno favorece el desarrollo de la enfermedad, los prejuicios sociales y el estigma que acompañan a la salud mental. Todo ello ha llevado a considerar a los centros penitenciarios como grandes almacenes o aparcamientos de enfermos mentales[6].

Abundan los estudios[7] que subrayan la necesidad de afrontar la problemática de la salud mental con criterios médicos y en entornos sanitarios, sean o no presos quienes padezcan la enfermedad, tal principio se recoge en los textos internacionales que de manera general o específica han abordado la problemática y también en la legislación española. Efectivamente, en el año 2003[8] se aprueba la ley que dispone el tratamiento en los servicios comunitarios de las personas que habiendo cometido un delito presentan patologías mentales, la realidad, veintiún años después, es que dicho *desiderátum* sigue sin cumplirse. Probablemente, tal incumplimiento tenga mucho que ver con la insuficiencia de recursos para abordar dicho problema en el ámbito comunitario, problemática que se agravaría de tener que asumir también a la población bajo el régimen penitenciario.

Para mitigar tal carencia, la adaptación del entorno penitenciario a las necesidades del enfermo mental pudiera contribuir a aliviar el problema. En este sentido, la clasificación de los reclusos según sus características, entre ellas su estado mental, supone un importante avance en la evolución de los sistemas penitencia-

---

5 JUSTICIA I PAU: *La salud mental en el sistema penitenciari català. Visió de conjunt i reptes*, Barcelona, 2022, pp. 30 y ss.

6 JUSTICIA I PAU: *La salud mental ...*, cit., p. 30.

7 JUSTICIA I PAU: *La salud mental ...*, cit., pp. 37-38.

8 *La Ley de Cohesión y Calidad del Sistema Nacional de Salud*, Ley 16/2003, de 28 de mayo, si bien en algunas comunidades autónomas sí se ha asumido las competencias sanitarias de las personas privadas de libertad, así en Cataluña el Decret 399/2006, de 24 de octubre las asigna al Departamento de Salud de la Generalitat.

rios[9]. Identificar en el entorno penitenciario el problema de salud mental que presenta el interno puede contribuir a que la persona sea tratada de manera adecuada a sus específicas necesidades. Sin embargo, también son insuficientes los medios penitenciarios orientados al tratamiento de los internos con problemas de salud mental, pues como corroboran los expertos apenas hay unidades psiquiátricas penitenciarias, específicamente las unidades en Brians I y II[10] y la ubicada en el Centro Penitenciario de Zaballa (Álava) junto a los dos hospitales psiquiátricos penitenciarios, en Alicante y en Sevilla[11].

La generalización de esta problemática ha llevado a las autoridades penitenciarias a la elaboración de un programa específico para tratar los problemas de salud mental en prisión denominado PAIEM, completado por el programa Puente extendido para el acceso a la libertad.

Resulta de un interés indudable el contraste de la realidad penitenciaria española en el abordaje de la enfermedad mental con los estándares internacionales que se han ido aprobando con la finalidad de establecer unos mínimos en el tratamiento para el común de las naciones. Es tal el objetivo de la presente investigación

---

9 ZABALA BAÑOS, C.: *Prevalencia de los trastornos mentales…*, cit., p. 45.

10 Unidad Hospitalaria Psiquiátrica Penitenciaria, ubicada en Brians I, dedicada a los pacientes agudos y una Unidad Hospitalaria Psiquiátrica Penitenciaria de Rehabilitación, ubicada en Brians II, dedicada a la rehabilitación intensiva de patologías crónicas. JUSTICIA I PAU. *La salud mental …*, cit., p. 42.

11 SOLAR CALVO, P. LACAL CUENCA, P.: "Salud mental en el ámbito del TEDH". *Revista Aranzadi Unión Europea*, Número 3, 2023, p. S.p. Como indican los autores, únicamente la 'Unidad de Hospitalización Psiquiátrica Penitenciaria' del centro penitenciario Brians 1 (UHPP), específica para la población en Cataluña al estar transferidas las competencias en materia penitenciaria. Así también se refieren a otra Unidad en el CP de Zaballa en CALCEDO-BARBA A., ANTÓN-BASANTA J., PAZ RUIZ S.: *Libro Blanco…*, cit., p. 132.

en la que se analizarán los distintos textos aprobados tanto por las Naciones Unidas, como los surgidos en el entorno regional europeo, en particular, las normas dictadas por el Consejo de Europa, así como la doctrina derivada de los pronunciamientos del TEDH y del Comité Europeo para la Prevención de la Tortura y los Tratos Inhumanos y Degradantes. Del análisis de tales textos y resoluciones extraeremos los principios consensuados con la finalidad de verificar en qué puntos la legislación española es respetuosa con estos y en qué ámbitos serían necesarias propuestas de mejora.

II. NORMATIVA ONU

2.1. Documentos Generales

2.1.1 Reglas mínimas para el tratamiento de los reclusos de 1955

Desde su aprobación en 1955 "la Reglas Mínimas para el Tratamiento de los Reclusos" a pesar de no ser vinculantes, han sido uno de los instrumentos más importantes en la interpretación de los derechos de las personas privadas de libertad[12]. El texto recoge una serie de recomendaciones generales y normas específicas para determinadas categorías de internos.

Pese a hallarnos ante uno de los primeros textos internacionales en los que se aborda el trato de las personas presas, encontramos

---

12 Adoptadas por el Primer Congreso de las Naciones Unidas sobre Prevención del Delito y Tratamiento del Delincuente, celebrado en Ginebra en 1955, y aprobadas por el ECOSOC en sus resoluciones 663 C (XXIV), de 31 de julio de 1957, y 2076 (LXII), de 13 de mayo de 1977. NACIONES UNIDAS: *Derechos Humanos: Recopilación de instrumentos internacionales*, Volumen 1 (1ª parte): Instrumentos de carácter universal, Ginebra, 2002, pp. 305-323.

una preocupación particular por la salud mental de los internos. De esta forma, entre las recomendaciones generales, al regularse en la regla 22 y siguientes los servicios médicos de los establecimientos, se dispone en la regla 22.1.: *Todo establecimiento penitenciario dispondrá por lo menos de los servicios de un médico calificado que deberá poseer algunos conocimientos psiquiátricos... Los servicios médicos deberán organizarse íntimamente vinculados con la administración general del servicio sanitario de la comunidad o de la nación...* Indicándose de manera expresa la exigencia de un servicio psiquiátrico en prisión para el diagnóstico y tratamiento de las enfermedades mentales.

En el ámbito de las reglas específicas se dedica el ap. B a los reclusos alienados y enfermos mentales, en particular, de ellos se ocupan las reglas 82 y 83 indicándose que los alienados no deberán ser recluidos en prisiones sino trasladados a establecimientos para enfermos mentales; en tanto el resto de internos con otras enfermedades o anormalidades mentales deberán ser observados y tratados en instituciones especializadas dirigidas por médicos, garantizando a todos los demás reclusos asistencia médica y psiquiátrica durante su estancia en prisión[13]. Asimismo, se dispone la continuación del tratamiento tras la puesta en libertad, asegurando la asistencia social postpenitenciaria de carácter psiquiátrico.

En definitiva, se recoge en el texto una serie de principios y recomendaciones: asistencia sanitaria y psiquiátrica general, coordinación con los servicios sanitarios comunitarios, traslado de los enfermos con patologías mentales graves a centros médicos especializados, así como una asistencia psiquiátrica post penitenciaria.

2.1.2. Reglas Mandela de 2015

El 17 de diciembre de 2015 la Asamblea General adoptó por unanimidad la Resolución A/RES/70/175, por la que se aprueba

[13] SANCHA DIEZ, J. P.: *Derechos fundamentales de los reclusos,* Madrid, 2017, p. 62.

la revisión de las Reglas Mínimas para el Tratamiento de los Reclusos de 1955 como las Reglas Mínimas de las Naciones Unidas para el Tratamiento de los Reclusos, a las que se denominó "Reglas Nelson Mandela" en homenaje al legado del difunto presidente de la República de Sudáfrica[14].

Las nuevas Reglas Nelson Mandela abarcan los diferentes aspectos de la gestión penitenciaria, delimitando los estándares mínimos que se han de observar en el trato a las personas privadas de libertad[15]. El texto distingue una primera parte en la que se recogen una serie de reglas de aplicación general, en tanto la segunda parte contiene disposiciones que solo se aplican a categorías particulares de reclusos. En particular, con referencia a los problemas de salud mental que pueden presentar las personas privadas de libertad encontramos tres menciones específicas. En la primera parte, al regular en las reglas 24 a 35 los servicios médicos, alude a la necesidad de su existencia en los establecimientos penitenciarios como órgano "encargado de evaluar, promover, proteger y mejorar la salud física y mental de los reclusos (...)" (regla 25.1). Indicándose expresamente, que: "El servicio de atención sanitaria constará de un equipo interdisciplinario con suficiente personal calificado que actúe con plena independencia clínica y posea suficientes conocimientos especializados en psicología y psiquiatría" (regla 25.2). De manera que, implícitamente, se está admitiendo la importancia de la salud mental y el riesgo que el encarcelamiento supone para el interno. También en el ámbito de las reglas generales, al regular la imposición de sanciones disciplinarias, se indica en la regla 39. 3: "Antes de imponer sanciones disciplinarias, la administración del establecimiento penitenciario considerará en qué medida la enfermedad mental o discapacidad del desarrollo del recluso pueden haber contribuido a su conducta y a la comisión de la falta o hecho que haya motivado la sanción. La administración no sancionará

---

14 LEOZ INVERNÓN, J.: *El principio de trato humano a las personas privadas de libertad*, Universidad de Zaragoza, 2018, p. 89.

15 LEOZ INVERNÓN, J.: *El principio de trato humano...*, cit., p. 90.

ninguna conducta que se considere resultado directo de la enfermedad mental o discapacidad intelectual del recluso". En tercer lugar, en el marco de las categorías específicas de presos, en concreto las reglas 109 y 110 regulan la situación de los reclusos con discapacidades o enfermedades mentales. En concreto, se indica que: "las personas a quienes no se considere penalmente responsables o aquellos individuos a los que se les haya reconocido una discapacidad o diagnosticado una enfermedad mental grave, cuyo estado pudiera verse agravado durante el internamiento en prisión, deberán ser trasladados lo antes posibles a centros de salud mental o centros especializados" (Regla 109). "Todos los reclusos tendrán acceso a tratamientos psiquiátricos y se tomarán las medidas necesarias para garantizar su continuación tras la puesta en libertad" (Reglas 109 y 110)[16].

Como se deduce de la lectura de estas reglas específicas no se recomienda, en todo caso, que los reclusos con problemas de salud mental sean trasladados a centros comunitarios especializados en salud mental sino, únicamente en los casos en los que el encarcelamiento pueda agravar su enfermedad mental grave, es decir que solo se prevé el traslado para los internos que presenten una enfermedad mental grave para el caso que el encarcelamiento pueda agravar su previa enfermedad.

Así pues, en el texto se amplía la protección que ya se contemplaba en las reglas del 55 incorporándose algunas novedades importantes: la constitución de equipos interdisciplinarios con conocimientos en psicología y psiquiatría para atender los problemas de salud de los internos. En segundo lugar, en la aplicación de las sanciones disciplinarias se tendrá que valorar en qué medida ha podido contribuir la enfermedad mental en la comisión de la infracción y de confirmarse la causalidad no se sancionará. Finalmente, se insiste en la idea, ya recogida en las reglas del 55, del necesario traslado de los internos con una enfermedad men-

---

16 LEOZ INVERNÓN, J.: El principio de trato humano…, cit., p. 106.

tal grave a un centro de salud mental o especializado si su estado pudiera verse agravado por la estancia en prisión.

2.1.3. Reglas de Bangkok de 2010

En los últimos tiempos, también en el ámbito penitenciario, ha ido calando la perspectiva de género lo que ha llevado a Naciones Unidas a aprobar un texto centrado en las particularidades de la mujer en prisión, así el 21 de diciembre de 2010, las Naciones Unidas adoptaron las Reglas de las Naciones Unidas para el tratamiento de las reclusas y medidas no privativas de la libertad para las mujeres delincuentes (las conocidas como Reglas de Bangkok)[17].

De esta forma, con carácter general y como complemento a las reglas mínimas para el tratamiento de los reclusos, las Reglas de Bangkok disponen como añadidura a la regla 24 de aquellas que, en el reconocimiento previsto en el momento del ingreso cabrá determinar, entre otras circunstancias, *las necesidades de atención de salud mental, incluidos el trastorno postraumático del estrés y el riesgo de suicidio o de lesiones autoinfligidas* y también la *presencia de problemas de toxicomanía, abuso sexual u otras formas de violencia* importante, por la trascendencia que estas pueden tener en la salud mental de la mujer.

Por otro lado, las Reglas 12 y 13 se dedican a la especifica problemática de la salud mental en la mujer, indicándose que han de ponerse a disposición de esta, tanto en prisión como en medio abierto, programas *de atención de salud y rehabilitación individualizados, que tengan en consideración las cuestiones de género y estén habilitados para el tratamiento de los traumas.* (Regla 12). Asimismo, se dispone la especial sensibilización del personal penitenciario a los problemas específicos de la mujer ante posibles momentos de angustia para reaccionar adecuadamente y prestarles el apoyo que precisen (Regla 13).

---

[17] Resolución 64/229 (A/RES/65/229).

Igualmente, se abordan de manera específica para la mujer, programas de tratamiento del uso indebido de drogas, señalándose que los servicios sanitarios penitenciarios deberán suministrar o facilitar programas con tal finalidad, teniendo en cuenta su posible victimización anterior, las necesidades especiales de las mujeres embarazadas y las mujeres con niños, así como la diversidad de sus tradiciones culturales (Regla 15).

Finalmente, se recoge una mención específica a la prevención del suicidio y las autolesiones, con la directriz de elaborar y aplicar estrategias para su prevención, prestando el apoyo adecuado, centrado en las necesidades de las mujeres (Regla 16).

Cerezo[18] en su estudio comparativo de las reglas de Bangkok con las normas penitenciarias españolas destaca algunos aspectos en los que nuestra normativa desconoce la dimensión género. Así, la autora ha subrayado "las importantes carencias en las prisiones españolas en lo que a la atención a la salud mental respecta. En España no existen programas amplios de atención a la salud mental y su rehabilitación individualizados que tengan en consideración las cuestiones de género y estén habilitados para el tratamiento de los traumas como dispone la regla 12 de las Reglas de Bangkok".

2.2. Documentos específicos

En el seno de las Naciones Unidas, diferentes organismos han ido asentando una serie de buenas prácticas para el mejor abordaje y tratamiento de la problemática de la enfermedad mental en prisión.

---

18 CEREZO DOMÍNGUEZ, A.I.: "La aplicación de las reglas de Bangkok a la normativa penitenciaria española" en ACALE SÁNCHEZ, M., GÓMEZ LÓPEZ, R.: *Derecho Penal, género y nacionalidad*, Comares, Granada, 2015, 37 y ss.

2.2.1 Salud Mental en las Prisiones, OMS, 2005

En el informe que la Organización Mundial de la Salud elaboró en el año 2005 sobre salud mental y prisiones[19] se expone que los trastornos mentales se presentan en proporciones elevadas en estas debido a diversos factores[20]. Se subraya, asimismo, que muchos de estos desórdenes pueden presentarse antes de la entrada en prisión, pueden agravarse por el estrés que la prisión provoca e, incluso, desarrollarse durante el internamiento.

Concluye afirmando que las prisiones son negativas para la salud mental al ser utilizadas, con frecuencia, como establecimientos donde acomodar a las personas con trastornos mentales por la falta de alternativas. Ello expone a estas personas al estigma y a la discriminación que supone estar en prisión pues, aunque hay tratamientos efectivos posibles, con frecuencia exigen recursos costosos por lo que es complicado que se apliquen. Asimismo, se considera que la construcción de hospitales psiquiátricos separados no es adecuada porque son caros de gestionar, tienen una capacidad limitada y están separados de la sanidad comunitaria por lo que los controles son menores y ello puede propiciar violaciones de los derechos humanos.

Finalmente, incorpora una relación de recomendaciones, en concreto:

---

19 WHO: *Mental health and prisons,* 2005, https://static.prisonpolicy.org/scans/mh_in_prison.pdf consultado 30 de enero de 2024.

20 Se enumeran en el informe diversas razones que pueden contribuir a la sobrerrepresentación de la enfermedad mental en las prisiones: "la idea errónea de que todas las personas con trastornos mentales son un peligro para la sociedad; la intolerancia de muchas sociedades ante los comportamientos difíciles o perturbadores; la falta de tratamiento, atención y rehabilitación y, sobre todo, la falta de servicios de salud mental o el escaso acceso a ellos en muchos países." (traducción propia) WHO: *Mental health and prisons,* 2005, p.1.

- Incorporar como metas de salud pública dentro de prisión la detección, prevención y adecuado tratamiento de los trastornos mentales junto a la promoción de una buena salud mental.
- La derivación de las personas con trastorno a los sistemas de salud comunitaria en cualquiera de las fases del procedimiento penal. El encarcelamiento de personas con enfermedades mentales debería estar estrictamente prohibido por ley.
- Proporcionar el acceso de todos los internos a un adecuado asesoramiento, tratamiento y cuidado en salud mental.
- Proporcionar el acceso a los cuidados para los trastornos mentales graves en los pabellones psiquiátricos de hospitales generalistas para aquellos internos que lo requieran.
- Asegurar la viabilidad del soporte psicosocial y una prescripción racional de medicamentos psicotrópicos.
- Proporcionar formación al personal penitenciario (dirección, personal de seguridad y personal sanitario) en habilidades para el trato con los enfermos mentales incluyendo materias como la prevención del suicidio y, en general, favoreciendo el cuidado de la salud mental tanto del personal como de los internos.
- Proporcionar información a los internos y sus familias sobre cuestiones de salud mental.
- Promocionar en las prisiones altos estándares en la protección de los derechos humanos.
- Asegurar que las necesidades de los internos estén incluidas en los planes y políticas nacionales de salud mental.
- Promocionar la necesidad de dictar legislación sobre salud mental que proteja los derechos humanos.
- Fomentar la colaboración interdisciplinaria.

2.2.2. Manual sobre reclusos con necesidades especiales, UNODC, 2009

La Oficina de las Naciones Unidas contra la droga y el delito aprobó en el año 2009 el "Manual sobre Reclusos con necesidades especiales"[21], dedicando su primer capítulo a los "Reclusos con necesidades de cuidado de la salud mental". En el documento se lleva a cabo un análisis de la problemática, finalizando el capítulo con una serie de recomendaciones, entre las que destacan, en línea con lo ya expuesto por otros organismos:

Un primer grupo dirigidas a reducir la tasa de encarcelamiento de los enfermos mentales: atender el cuidado de la salud en la población, protección de los derechos de las personas con deficiencia mental, integración de los servicios de salud comunitarios y los penitenciarios, prohibir el encarcelamiento de personas con deficiencias mentales, incrementar las posibilidades de diversión, inspección de la situación de los enfermos mentales en prisión. La prisión debería ser el último recurso para las personas con problemas mentales.

Un segundo grupo dirigido a mejorar la situación de los internos con trastorno mental en prisión y en el momento de su puesta en libertad: promoción de la salud y de la salud mental en los establecimientos penitenciarios, sensibilización y capacitación del personal penitenciario. Acceso a la justicia a los internos con enfermedad mental. Supervisión médica y traslado a establecimientos especializados. Equivalencia en el cuidado de la salud y de la salud mental, evaluación inicial de su estado de salud por especialistas en salud mental; acceso a los servicios de salud mental; información sobre tratamiento; tratamiento personalizado y multidisciplinar; confidencialidad; colaboración con los servicios de salud comunitaria; desarrollo de estrategias para evitar autole-

---

21 UNODC: *Manual sobre reclusos con necesidades especiales,* 2009, https://www.unodc.org/documents/justice-and-prison-reform/MANUAL_RECLUSOS_CON_NECESIDADES_ESPECIALES_1.pdf, Consultado 30 de enero de 2024.

siones y suicidio; reevaluar medidas disciplinarias en internos con enfermedad mental. Cooperación con servicios salud comunitarios en el momento de la puesta en libertad.

III. ESTÁNDARES EUROPEOS

3.1. Tribunal Europeo de los Derecho Humanos (en adelante TEDH)

Las resoluciones del TEDH son muy importantes para la elaboración de estándares en el tratamiento de la enfermedad mental en prisión[22]. En las relativas a esta materia se constata, fundamentalmente, la vulneración de los derechos recogidos en los arts. 2 (derecho a la vida) y 3 (prohibición de la tortura o penas o tratos inhumanos o degradantes) del Convenio Europeo de Derechos Humanos (en adelante CEDH) por las condiciones de la privación de libertad a los enfermos mentales.

Las resoluciones que consideran la vulneración del art. 2 están relacionadas con la falta de supervisión o detección de las tendencias suicidas, incumpliéndose las obligaciones positivas de protección del derecho a la vida de las personas bajo la responsabilidad de las autoridades penitenciarias[23]. También ante la falta de una evaluación médica adecuada en el momento del ingreso por lo que no se detecta la tendencia suicida de la persona[24].

Así también, abundan los pronunciamientos en los que se verifica la violación del art. 3 al considerar que las condiciones de

---

22 Subraya su importancia RODRÍGUEZ YAGÜE, C.: "Estándares penitenciarios europeos sobre enfermedad mental y privación de libertad", *Revista General de Derecho Penal*, 40, 2023, pp. 1-84.

23 Así, RODRÍGUEZ YAGÜE, C.: "Estándares penitenciarios europeos..., cit., p.71.

24 RODRÍGUEZ YAGÜE, C.: "Estándares penitenciarios europeos..., cit., p. 72. Asunto Isenc contra Francia de 04/02/2016 (TOL9.053.049).

privación de libertad al interno enfermo mental suponen un trato inhumano o degradante. En particular, se considera la especial vulnerabilidad de las personas aquejadas de esta situación[25], la necesidad de proporcionarles una asistencia sanitaria adecuada[26] y,

---

25 Así, en el caso Rivière contra Francia de 11/07/2006 (TOL9.081.918) el Tribunal establece que puede constituir una violación del artículo 3 del CEDH los casos de prisioneros con trastornos mentales graves y tendencias suicidas que requieren medidas adecuadas a su condición si no se toman estas medidas, los detenidos con trastornos mentales son más vulnerables que el resto, las características de la vida en prisión pueden poner en grave riesgo su salud incrementando su sentimiento de inferioridad y siendo una fuente de estrés y ansiedad, por todo ello, para determinar si las condiciones particulares de la detención son compatibles con los estándares de la convención el Tribunal toma en consideración su vulnerabilidad y su (in)capacidad para quejarse coherentemente o en absoluto sobre el trato que reciben así por ejemplo se pronuncia en el caso Rooman contra Bélgica de 31/01/2019 (TOL7.009.296) y Murray contra Países Bajos de 26/04/2016 (TOL6.414.294).

26 Para ser respetuosos con los criterios de la Convención las autoridades deben asegurar condiciones adecuadas en la detención de las personas con trastornos mentales y, en particular, procurarles un adecuado tratamiento médico teniendo en cuenta su estado de salud, así en el caso de Dybeku contra Albania de 18/12/2007(TOL9.077.813). En el caso Murray contra Países Bajos de 26/04/2016 (TOL6.414.294) se establece que el Estado debe, bajo el mandato del artículo 3, ir tan lejos como sea posible en la obligación de trasladar a los prisioneros a instituciones adecuadas y específicas para recibir el adecuado tratamiento y la mejor supervisión médica. En el caso Bamouhammad contra Bélgica de 17/11/2015 (TOL6.403.673) relativo a un recluso que padecía una psicosis carcelaria, se consideró que se había producido una violación del artículo 3 al estimar que el trato que se había dispensado a esta persona era degradante, pues los médicos en sus informes habían señalado la necesidad de una supervisión psicológica constante, sin embargo, los continuos traslados de centro penitenciario a que fue sometido impidieron dicha supervisión. También por considerar que se dispensa un trato inhumano o degradante, se ha considerado la violación del convenio si la conducta de un recluso con riesgo de autolesión y suicidio se pretende neutralizar mediante sanciones disciplinarias como mante-

si así lo exige su situación, su traslado a una institución médica especializada[27].

Además, también considera el Tribunal que las condiciones en las que las personas con trastornos mentales reciben tratamiento son relevantes para la "legalidad" de su privación de libertad en virtud del artículo 5 del Convenio. Según la jurisprudencia del Tribunal, existe un vínculo intrínseco entre la legalidad de una privación de libertad y sus condiciones de ejecución. Así en: Ilnseher contra Alemania de 04/12/2018 (TOL6.933.379).

En conclusión, de las diferentes resoluciones se deduce que el cumplimiento del CEDH exige en este caso que el interno sea tratado en un centro adecuado a su estado de salud en el que se le pueda aplicar el tratamiento que esa concreta persona necesite. Un hospital psiquiátrico puede ser una institución adecuada siem-

nerlo en una celda de aislamiento sin la supervisión y control necesarios, así en Renolde contra Francia de 16/10/2008 (TOL9.075.039).

27 En el caso Slawomir Musial contra Polonia de 20/01/2009 (TOL9.074.092) se valoró la situación de un prisionero que sufría de epilepsia desde su infancia, diagnosticado con esquizofrenia y otros graves desórdenes mentales. El Tribunal consideró que el interno necesitaba un tratamiento especializado y condiciones adaptadas para su detención, sin embargo, no fue trasladado a un hospital psiquiátrico y tampoco fue reconocido por un psiquiatra durante su internamiento, ello provocó una afectación a su salud y bienestar. Ante ello, el Tribunal consideró que las autoridades han de asegurar lo más pronto posible el traslado a una institución especializada competente para asegurar a esta persona el adecuado tratamiento psiquiátrico y una supervisión médica constante. En un reciente pronunciamiento relativo a una persona que padecía un trastorno de la personalidad y un trastorno bipolar que fue internado en una prisión ordinaria a pesar de la decisión del tribunal de que debía ser trasladado a un hospital psiquiátrico penitenciario; se consideró la violación del CEDH porque el estado mental de esta persona era incompatible con la estancia en prisión sin un tratamiento específico para su enfermedad mental. En esta situación, las autoridades están obligadas, de no haber plaza en una institución especializada, a encontrar una solución alternativa adecuada. Sy contra Italia de 24/01/2022 (TOL8.753.672).

pre que el internamiento en estos venga acompañado de un tratamiento eficaz mediante medidas terapéuticas individualizadas que, en algunos casos, pueden también proporcionarse en prisión. Véase Rooman contra Bélgica de 31/01/2019 (TOL7.009.296). Para la evaluación de la corrección del tratamiento, se ha de tener en cuenta la opinión de los profesionales de la salud en coordinación con las decisiones adoptadas por las autoridades. En definitiva, ha de tratarse de un proceso individualizado, específico para el tratamiento del trastorno en cuestión y dirigido a la reinserción de la persona en la sociedad. Así en Murray contra Países Bajos de 26/04/2016 (TOL6.414.294)[28].

---

28 La falta de una atención médica adecuada y de orientación a la reinserción ha llevado a declarar la violación del art. 3 del CEDH. Así en un supuesto de prisión de un delincuente sexual mentalmente enfermo que fue declarado irresponsable penalmente, pero fue internado en el ala psiquiátrica de una prisión ordinaria sin una atención médica adecuada durante más de 15 años. El Tribunal consideró que se había violado el artículo 3 del convenio pues el internamiento del demandante en el pabellón psiquiátrico, sin una atención médica adecuada y sin una perspectiva realista de cambio había constituido un trato particularmente duro que causaba unos daños que van más allá del daño inevitablemente unido a la prisión. Claes contra Bélgica de 10/01/2013 (TOL9.062.156), Lankester contra Bélgica de 09/01/2014 (TOL9.058.950). Con relación a los enfermos mentales en Bélgica, el Tribunal ha dictado una serie de recientes pronunciamientos en los que se reitera la violación del art. 3 del CEDH al considerarse que la prolongada privación de libertad en un entorno penitenciario inadecuado para tratar la enfermedad mental sin un tratamiento médico y sin perspectivas de reinserción en la sociedad ha roto el vínculo necesario entre la finalidad y las condiciones del internamiento de estas personas en un pabellón psiquiátrico penitenciario. Considerando que el sistema de internamiento psiquiátrico belga es deficiente y falto de alternativas, estando el estado obligado a corregirlo con el fin de respetar la dignidad de estas personas (W.D. contra Bélgica de 06/09/2016 (TOL6.413.312); Rooman contra Bélgica de 31/01/2019 (TOL7.009.296); Venken and Others contra Bélgica de 06/04/2021(TOL8.375.099).

3.2. Comité Europeo para la Prevención de la Tortura y Tratos Inhumanos y Degradantes (en adelante CPT)

El CPT creado por el Convenio Europeo para la Prevención de la Tortura y las Penas o Tratos Inhumanos o Degradantes de 1987, ha prestado una atención especial a los centros penitenciarios y a otros centros de detención no voluntaria, como los psiquiátricos. Como resultado de su labor preventiva ha ido generando una serie de estándares, convirtiéndose en uno de los motores del Derecho Penitenciario europeo, junto a las resoluciones del TEDH y las Recomendaciones del Comité de Ministros del Consejo de Europa[29]. En dichas pautas o estándares ha ido abriéndose paso, poco a poco, la problemática de la enfermedad mental[30].

Como señala Rodríguez Yagüe[31], por su finalidad, una de las cuestiones que más ha preocupado al CPT en el trato a los enfermos mentales ha sido el relativo a las sujeciones mecánicas, revisando sus estándares en 2017, cuando se reitera la posibilidad de abuso y maltrato vinculado a su uso, apuntando al objetivo final de no utilización.

Otras cuestiones que también han sido del interés del CPT son, por ejemplo, el papel de los responsables de la prisión en la detección de la enfermedad mental, el principio de equivalencia de trato, la prioridad de asistencia en instituciones sanitarias, la prevención del suicidio, la utilización de recursos adecuados, el derecho a la información, el contacto con el exterior…[32].

También de especial relevancia los estándares del CPT sobre aquellas condiciones de la privación de libertad que pueden afec-

---

29 RODRÍGUEZ YAGÜE, C.: "Estándares penitenciarios europeos…", cit., p. 46.

30 RODRÍGUEZ YAGÜE, C.: "Estándares penitenciarios europeos…", cit., p. 47.

31 "Estándares penitenciarios europeos…", cit., p. 60.

32 RODRÍGUEZ YAGÜE, C.: "Estándares penitenciarios europeos…", cit., pp. 47 y ss.

tar a la salud mental. En concreto, se han abordado situaciones como: el aislamiento en solitario, la reclusión perpetua, la sobrepoblación penitenciaria, la situación de las mujeres subrayando la necesidad de tener en cuenta sus necesidades específicas...[33].

3.3. Normativa del Consejo de Europa

El Consejo de Europa ha desempeñado una relevante labor en la implementación de recomendaciones y reglas para atender a la situación de las personas que sufren una enfermedad mental. En materia penitenciaria destacan, por su vocación integral, las Reglas Penitenciarias Europeas, en las que también encontramos alusiones a esta específica situación. Asimismo, se han aprobado diferentes recomendaciones para afrontar la problemática de la enfermedad mental en las que encontramos referencias a las personas privadas de libertad[34]. En este punto destaca la Recomendación del Comité de Ministros del Consejo de Europa relativa a la protección de los derechos humanos y de la dignidad de las personas con trastornos mentales, adoptada el 22 de septiembre de 2004 que, aunque pretende abordar con carácter general la problemática de la enfermedad mental, contiene referencias explícitas a las personas con enfermedad mental en prisión[35].

---

33 RODRÍGUEZ YAGÜE, C.: “Estándares penitenciarios europeos..., cit., pp. 65-68.

34 RODRÍGUEZ YAGÜE, C.: “Estándares penitenciarios europeos..., cit., p. 7.

35 Como indica RODRÍGUEZ YAGÜE, C.: “Estándares penitenciarios europeos..., cit., p. 7 el texto tiene como objetivo mejorar la protección de la dignidad, derechos humanos y libertades fundamentales de las personas que padecen trastornos mentales, especialmente las sometidas a internamiento o tratamiento involuntario. Pese a su vocación general incorpora una serie de previsiones específicas relativas a las personas con problemas mentales en prisión. Así, en el c. VI se ocupa de las cuestiones que plantea la tutela a la dignidad y derechos humanos de las personas con trastorno mental, en este el art. 34 va referido a las personas con trastorno mental que se encuentran en las instituciones penales (prisiones,

3.3.1. Normativa General. Reglas penitenciarias europeas (Rev. 2020)[36].

El 1 de julio de 2020 el Comité de Ministros del Consejo de Europa revisó y modificó La Recomendación Rec (2006)2-rev sobre las Reglas Penitenciarias Europeas con las que se pretende guiar a los Estados miembros del Consejo en la legislación, políticas y prácticas penitenciarias. En el texto encontramos importantes referencias a la salud mental.

En primer lugar, en su primera parte, en el marco de los Principios fundamentales, dispone el art. 12.1 que: *Las personas que sufran enfermedades mentales o cuyo estado de salud mental sea incompatible con la detención en la prisión permanecerán detenidas en un establecimiento concebido a tal efecto.* Especificándose en el ap. 2º que, *si estas personas quedan detenidas excepcionalmente en una prisión, se regirán por reglas especiales que contemplen su situación y sus necesidades.* Por tanto, se recoge la directriz ya asentada en otros textos inter-

---

centros de detención, otras instituciones penales), marco en el que se recogen las siguientes directrices: principio de no discriminación, equivalencia de cuidado, deber de traslado si lo requieren las necesidades sanitarias, tratamiento terapéutico adecuado, supervisión independiente de las instituciones penitenciarias. Por su parte, el art. 27 recoge las garantías en la aplicación de las medidas de aislamiento y contención.

36 El Comité de Ministros del Consejo de Europa ha ido aprobando diferentes textos con recomendaciones para el tratamiento de las personas en prisión, así, ordenadas cronológicamente: la Resolución (73)5, con las Normas Mínimas para el Tratamiento de los Reclusos adoptada por el Comité de Ministros de 19 de enero de 1973; Recomendación del Comité de Ministros del Consejo de Europa a los Estados miembros sobre las Nuevas Reglas Penitenciarias Europeas (Recomendación (87) 3), de 12 de febrero de 1987; Recomendación del Comité de Ministros del Consejo de Europa a los Estados miembros sobre las Reglas Penitenciarias Europeas (Recomendación (2006) 2), de 11 de enero de 2006; Recomendación del Comité de Ministros del Consejo de Europa a los estados miembros sobre las Reglas Penitenciarias Europeas (Recomendación (2006) 2-rev, modificada de 1 de julio de 2020.

nacionales de la derivación de los enfermos mentales a establecimientos específicos adaptados a sus necesidades de salud y solo, de manera excepcional, se admite que permanezcan en prisión.

En segundo lugar, en la parte segunda de las Reglas dedicada a las condiciones de la detención y, en particular, sobre el ingreso en el centro dispone la regla 15.1.f que se registrarán, entre otras informaciones, las relativas al estado de salud para el bienestar físico y mental del interno que ingresa o de los demás. Lo que guarda especial importancia para la posible detección de trastornos mentales.

Finalmente, la tercera parte de las Reglas está dedicada a la salud dentro de los centros penitenciarios. Específicamente, con relación a la salud mental y su detección, dispone la regla 40.4 que: *Los servicios médicos de la prisión harán todos los esfuerzos para detectar y tratar enfermedades físicas o mentales, así como las discapacidades que puedan padecer los internos* y la regla 42.3 establece que el médico o enfermero cuando examine al interno debe prestar atención, especialmente, entre otras consideraciones: b. *El diagnóstico de las enfermedades físicas o mentales y a las medidas necesarias para su tratamiento y la necesidad de proseguir un tratamiento médico existente;* h. *La identificación de problemas de salud física o mental que puedan dificultar la reintegración de la persona afectada después de su puesta en libertad.* Y j. *la consecución de acuerdos con los servicios comunitarios de manera que el interesado pueda continuar cualquier tratamiento psiquiátrico o médico esencial después de su puesta en libertad, si el interno da su consentimiento a este acuerdo.* En la regla 43.1 se establece la responsabilidad del médico en el control de la salud física y mental de los internos, especificándose en la regla 43.3 que el médico está obligado a presentar un informe cuando crea que la salud física o mental de un interno corre riesgo grave si se prolonga la detención.

Pero, más explícitamente en materia de salud mental se insta a la organización de *centros o secciones penitenciarias especializadas bajo control médico para la observación y el tratamiento de internos afectados por problemas mentales que no se adecúen necesariamente a las disposiciones de la regla 12.* (Regla 47.1). Asimismo, se debe garantizar el tratamiento psiquiátrico de todos los internos que lo requieran, prestando una atención especial a la prevención del suicidio (Regla 47.2).

Por otro lado, al regular la aplicación de la medida especial de alta seguridad de incomunicación se dispone expresamente en la regla 53 A i que, *si esta tiene efectos negativos sobre la salud mental o física de un preso, se tomarán medidas para interrumpirla temporalmente o sustituirla por una sanción o una medida menos restrictiva.* Como también, al regular el régimen disciplinario y a la hora de aplicar un régimen de aislamiento dispone la regla 60.6.b que *La decisión de llevar a cabo una reclusión aislada tendrá en cuenta el estado de salud del interno afectado en ese momento. No se impondrá la reclusión aislada a los internos con discapacidades mentales o físicas, si su condición se puede agravar por ese aislamiento. En caso de que se decidiera la reclusión aislada, se interrumpirá o suspenderá la aplicación si se ha deteriorado el estado mental o físico del preso.*

Finalmente, encontramos una previsión relativa a la formación de los profesionales, la regla 81.3 dispone que *el personal que tenga que trabajar con grupos específicos de internos (extranjeros, mujeres, menores, enfermos mentales, etc.) deberá recibir formación específica adaptada a sus tareas especializadas.*

En conclusión, encontramos algunas de las ideas previamente recogidas relativas a la necesidad de proporcionar un tratamiento adecuado en el establecimiento especializado que la persona, por su situación, requiera. La importancia de la identificación de la enfermedad mental, la coordinación con los servicios comunitarios para la continuación del tratamiento. Las limitaciones en el régimen de incomunicación y para la aplicación de la medida sancionadora de aislamiento y, también de singular importancia, la relativa a la formación y especialización del personal.

3.3.2. Libro Blanco del Consejo de Europa relativo a la gestión de las personas con trastorno mental en las prisiones y en los servicios de *probation*

El 8 de febrero de 2023, el Comité Europeo de Problemas Criminales (CDPC) aprobaba el Libro Blanco relativo a la gestión por parte de los servicios penitenciarios y de *probation* de las personas con trastornos de salud mental.

El texto hace una revisión de las diferentes normas que, de manera directa o indirecta, se han pronunciado sobre esta problemática, incorporando un análisis de los avances de la investigación sobre esta. Se da cuenta, asimismo, de la encuesta que se ha dirigido a los países miembros relativa a la situación de estas personas con el fin de obtener una radiografía actualizada de la situación, hacer balance, elaborar un listado de buenas prácticas y recomendaciones dirigidas principalmente a las prisiones y a los servicios de *probation*, pero también, a otros actores del sistema de justicia penal como policía, jueces y justicia juvenil con la finalidad de mejorar el trabajo con estas personas[37].

Aunque el Consejo de Europa ha manifestado en diferentes ocasiones una preocupación especial por la situación de los enfermos mentales en prisión, la aprobación de este texto representa un significativo avance pues es el paso previo a la aprobación de una Recomendación, de la que se ha elaborado un borrador, en la que se quiere abordar de manera específica esta problemática. Así, en el texto se afirma que este debería servir de fundamento para una futura Recomendación del Comité de Ministros en la que se recojan directrices dirigidas a los Estados con el fin de implementar

---

[37] COUNCIL OF EUROPE, *White Paper regarding the management of persons with mental health disorders by the prisons and probation services*, pp.1-2, https://search.coe.int/cm/Pages/result_details.aspx?ObjectId=0900001680aa0b85 consultado 12 de febrero de 2024.

principios y estándares dirigidos a los servicios de prisión y *probation* que trabajan con personas que tienen problemas de salud mental.

El Libro Blanco concluye ofreciendo a los servicios penitenciarios y de *probation* una serie de principios rectores y de recomendaciones. Los Principios rectores son nueve:

- Toma de decisiones políticas:

Garantizar un alto nivel de las prestaciones en el área de salud mental, también para las personas en prisión o en servicios alternativos, en el marco de una estrategia nacional de salud mental. Tal política debe basar sus intervenciones en la investigación, ser llevada a cabo por equipos multidisciplinares, tener una perspectiva de género e involucrar a los usuarios del servicio.

- Establecer grupos de trabajos multidisciplinares

Integrados por personal penitenciario y de medidas alternativas, funcionarios de prisiones, psicólogos, trabajadores sociales, personal sanitario, incluyendo personal médico, de enfermería y psiquiatría, finalmente, voluntarios que trabajen en todos los sectores (prisión, *probation*, comunidad).

- Unificar el registro de datos de salud mental

Debería implementarse un sistema unificado de recogida y registro de datos de salud mental. La recogida regular y sistemática de datos y sus resultados, cotejados y anonimizados, tanto de prisión como de los servicios alternativos, permitirá identificar las necesidades más importantes y planificar los servicios.

- Detección temprana de los trastornos mentales

Todas las instituciones vinculadas a la justicia penal tienen la responsabilidad compartida de aplicar el principio de detección precoz de los problemas de salud mental. Es este un objetivo clave que puede propiciar la derivación desde la prisión a medidas alternativas o a los servicios de salud comunitaria. Dentro de la prisión, la detección temprana reducirá la probabilidad del suicidio, puede propiciar el traslado a un servicio de salud mental externo o el tratamiento dentro de la prisión por parte de profesionales especialistas en salud mental.

- Información sobre los riesgos de suicidio

Se deben controlar de forma rutinaria los riesgos de suicidio, acordando protocolos de actuación en prisión y en los servicios alternativos, es importante que se comparta la información con el fin de que el personal pueda detectar los signos de riesgo.

- Desarrollo profesional continuo

Se recomienda la formación continua tanto del personal que presta sus servicios en prisión, como de quienes trabajan en el ámbito de las alternativas. La formación es esencial para poder identificar problemas de salud mental y, en su caso, saber actuar correctamente.

- Coordinación de servicios e implicación de los usuarios

Es básica la conexión entre los diversos servicios implicados en el tratamiento a los enfermos mentales: servicios sociales, servicios de salud mental, servicios médicos de las prisiones, servicios sanitarios comunitarios implicando a los propios usuarios.

- Evaluación de la calidad

Utilización de estándares de calidad de la atención sanitaria que se presta a los internos con problemas de salud mental en prisión o en el marco de las medidas alternativas, aplicándose a estas personas el principio de equivalencia de trato.

- Priorizar la investigación en este ámbito.

Se insta a invertir en investigación y evaluación de la intervención en salud mental en prisión y en los servicios de *probation,* incluyendo estudios comparativos entre Estados.

Finalmente, el texto del Libro Blanco recoge una serie de recomendaciones. Las primeras son comunes a los servicios penitenciarios y de *probation.* En concreto:

- Acordar estándares para la gestión de estas personas.

- Definir el papel del personal en la detección, intervención y derivación a servicios de salud mental, con el fin de poder diseñar una formación adecuada.

- Desarrollar métodos para recopilar datos sobre salud mental respetando las normas europeas de protección de datos.

- Recopilar regularmente datos anonimizados de suicidio.

- Asignar suficiente financiación para la investigación.

- La intervención con equipos multidisciplinares y teniendo en cuenta la perspectiva de género, ha de basarse en la evidencia científica.

El segundo grupo de recomendaciones están dirigidas a los servicios de *probation*

- Desarrollar un modelo basado en estándares de intervención con personas que padezcan trastornos de salud mental y estén en *probation*.

- Continuidad de la atención de la prisión a *probation* y tras esta.

- Se debería investigar sobre salud mental con expertos que trabajen en entornos de *probation*.

- Los servicios de *probation* deben tener información sobre el acceso a los servicios de la salud mental y a otros relacionados (adicción alcohol, drogas).

El último y más amplio grupo de recomendaciones está dirigido a los servicios penitenciarios.

- Principio de equivalencia de trato, las personas privadas de libertad deben recibir una asistencia sanitaria y de salud mental con estándares de calidad equivalentes a los de la población general.

- Las personas que sufran una enfermedad mental incompatible con la privación de libertad, deben ser trasladadas a un establecimiento especializado, si excepcionalmente han de permanecer en prisión, debe de tenerse en cuenta su situación y necesidades (Regla 12 RPE).

- De acuerdo con lo establecido en las reglas 15.1. F, 16 a, y 42 RPE, los servicios penitenciarios deberían examinar a los nuevos internos en el momento de la admisión, respetando las normas de confidencialidad, asegurar que cualquier factor relevante para su bienestar mental es registrado. Esta información debe completarse con un examen médico.

- De acuerdo con las reglas 39 y 48 RPE, los servicios penitenciarios deben asegurar un acceso adecuado al tratamiento y cuidado a los reclusos, con la finalidad de mitigar los efectos del encarcelamiento sobre su salud incluyendo la salud mental.

- La administración penitenciaria debería establecer protocolos escritos para detectar signos tempranos de desórdenes mentales o estrés, así como indicadores de riesgo de suicidio habida cuenta que la entrada y estancia en prisión puede ser una experiencia traumática.

- El desarrollo y aplicación de programas integrados y adaptados para la derivación, el diagnóstico y el tratamiento precoces de las personas con trastornos mentales deben llevarse a cabo en todas las prisiones, preferiblemente con directrices y procedimientos escritos que deben seguirse a partir del ingreso.

- Se debería utilizar una herramienta de evaluación multidisciplinar por profesionales para identificar las necesidades individuales de las personas con trastornos mentales en prisión.

- Aplicación de un programa integrado y adaptado para la derivación, diagnóstico y tratamiento precoz de las personas con trastornos mentales con protocolos escritos que se deberían seguir en el momento del ingreso y durante todo el internamiento.

- El personal penitenciario debe recibir formación sobre los diferentes aspectos de la intervención con personas con problemas de salud mental incluyendo el enfoque restaurativo. También deben ser formados para la detección temprana de trastornos mentales y en el riesgo de suicidio.

- Los internos con problemas de salud mental no deberían ser excluidos de las actividades de tratamiento puesto que su participación en ellas puede reducir el impacto negativo de la privación de libertad sobre la salud mental.

- Estos deben recibir información de cómo solicitar ayuda, especialmente en el momento inicial de la intervención y dicha información debe ser comprensible para el destinatario.

- Las sanciones disciplinarias solo se aplicarán a personas con problemas de salud mental, si la infracción no deriva de su problema de salud mental. Si la sanción de separación afecta a la salud física o mental del interno debe ser sustituida por una menos restrictiva.

- La administración penitenciaria deben facilitar las relaciones entre internos por los beneficios de estas en la salud mental.

- El diseño de las prisiones debería responder al incremento de necesidades de las personas con desórdenes mentales.

- Coordinación con los servicios comunitarios para la continuación del tratamiento tras la puesta en libertad.

3.3.3. Normativa específica. Borrador de Recomendación del Consejo de cooperación penológica sobre salud mental

Tras la aprobación del Libro Blanco y sobre la base de las conclusiones en él reflejadas, se han puesto las bases para la elaboración de una Recomendación del Consejo de Cooperación Penológica sobre salud mental cuyo primer borrador fue presentado el 17 de marzo de 2023[38]. La previsión es que la Recomendación esté aprobada a finales del 2024. El primer texto presentado se estructura en tres partes: ámbito de aplicación, definiciones (desorden mental y servicios forenses) y principios generales.

---

[38] *Draft Recommendation on mental health.* Document prepared by Katharine Susan Wright, 17 March 2023,

Por lo que se refiere al ámbito de aplicación, la Recomendación se dirige a gestionar las necesidades de las personas aquejadas de un problema de salud mental que se encuentren en prisión, en medio abierto, cumpliendo una medida alternativa o en una institución psiquiátrica especializada, en todos los casos por la previa comisión de un delito. Se pretende con esta asistir a la administración penitenciaria y al personal que trabaja con victimarios con problemas de salud mental en la prevención y tratamiento de tales desórdenes con la finalidad de una trato más efectivo y humano dirigido a la rehabilitación y resocialización de la persona y una mejor protección de la sociedad[39].

Se recomienda a los Estados miembros del Consejo adoptar los siguientes principios generales en el trato a las personas con problemas de salud mental en prisión o en el ámbito de los servicios de *probation:*

- Equivalencia de trato

La atención a la salud mental en el ámbito penitenciario debe ser de calidad similar a la de la población general. La atención a la salud mental a la persona en prisión o en servicios alternativos debe realizarse en el marco del sistema nacional de salud. El tratamiento de la enfermedad mental debe realizarse fuera de las instituciones penitenciarias salvo en hospitales psiquiátricos o unidades específicas.

- Promoción de la salud mental

Deben procurarse mecanismos para una detección temprana de la enfermedad mental y de los riesgos de suicidio, así como un adecuado acceso al tratamiento.

Debe facilitarse a personas con enfermedad mental el acceso a la información relevante para ellas y, en particular, sobre cómo

---

[39] RODRÍGUEZ YAGÜE, C.: "Estándares penitenciarios europeos..., cit., pp. 36-37.

recibir ayuda, información que debe ser accesible. Por último, la persona he de tener acceso a las actividades del centro y a las que se oferten por los servicios de *probation*. También se les debe apoyar a la hora de mantener las relaciones con su entorno social y familiar reconociendo la importancia que estas actividades y relaciones juegan a la hora de promover su salud mental y rehabilitación.

- Estándares de atención

Elaboración y revisión periódica de protocolos basados en la evidencia científica, por personas con experiencia en salud mental, en los que se tendrá en cuenta la perspectiva de género. Dichos protocolos deben incluir criterios para la identificación temprana y, en su caso, derivación a servicios especializados atendidos por equipos multidisciplinares.

El diseño de la prisión ha de responder al incremento de necesidades y al cuidado de personas con problemas de salud mental, incluyendo programas de prevención del suicidio y las autolesiones.

En medio abierto, el personal responsable debe tener suficiente información sobre los servicios comunitarios de salud mental, también los relativos al tratamiento de adicciones.

Deberían implementarse sistemas de acreditación de la calidad.

- Continuidad de la atención

Coordinación de los servicios de salud mental en el ámbito penitenciario y los servicios de salud comunitarios. Creación de grupos de trabajo multidisciplinares (personal penitenciario, psicólogos, trabajadores sociales, sanitarios, personal del tercer sector). Elaborar protocolos para fijar criterios de colaboración para gestionar el paso de la persona desde prisión a los servicios comunitarios.

- Consentimiento

Se debe respetar la autonomía del paciente ante el tratamiento médico. Solo se puede suplir su consentimiento en casos de grave riesgo para su salud o vida. Si este se solicita con fines de investigación, solo será válido si la intervención redunda en beneficio del paciente.

- Enfoque coordinado y multidisciplinar

Es necesario un enfoque coordinado y multidisciplinar para garantizar que las necesidades de las personas con un trastorno mental se tengan suficientemente en cuenta.

Las necesidades de la persona con trastorno mental deben tener prioridad sobre las sanciones disciplinarias cuando están tengan su origen en un hecho relacionado la enfermedad, en el caso de la sanción de separación, si afecta negativamente a la salud física o mental del preso debe suspenderse y sustituirse por otra menos lesiva.

- Desarrollo profesional y apoyo al personal

El personal no sanitario ha de estar adecuadamente formado para reconocer las alteraciones de las personas con enfermedad mental y saber responder de manera adecuada. Como mínimo tiene que recibir formación adecuada sobre salud mental básica y medidas de prevención del suicidio, también para atender en situaciones de crisis, se menciona expresamente el enfoque restaurativo para resolver estas.

-Sistemas de información e intercambio de información

Deben recopilarse sistemáticamente datos anónimos y agregados sobre la prevalencia de los trastornos mentales en el sistema de justicia penal.

Asimismo, de forma periódica, se han de recopilar datos sobre suicidio y autolesión.

La información que se tenga sobre el cuidado de una persona debe compartirse con otros profesionales que también estén implicados en el tratamiento de esa persona.

-Inversión en investigación

Se precisa de manera urgente investigación respecto a intervenciones eficaces en personas con trastornos mentales en prisión o en servicios de *probation*.

Precisamente, la falta de estudios de la problemática de la salud mental en los sistemas de *probation* recomienda que se cree un programa específico de investigación sobre salud mental en este ámbito.

También se debería disponer de fondos de investigación suficientes para evaluar la aplicación de políticas y prácticas de salud mental o su impacto en la salud y en la reincidencia.

El borrador final de la recomendación preparado por Dirk van Zyl Smit y Ronald Gramigna ha sido presentado en Estrasburgo el 18 de octubre de 2023[40]. Esta última versión consta de cinco partes. La primera concreta el alcance y principios generales de la Recomendación. En cuanto al alcance, el objetivo prioritario de esta es extender la promoción de la salud mental, así como la gestión de los presos y los sometidos a los servicios de *probation*. Para ello, el texto incorpora una definición de los tres conceptos: persona con trastorno mental, servicios penitenciarios y servicios de *probation*.

Tras ello, el proyecto de Recomendación incorpora seis principios generales:

1. Cuidado de la salud mental y respeto a la dignidad humana.
2. Equivalencia de la atención.
3. Derecho a una información accesible relativa a su salud mental.
4. Respuesta alternativa adecuada a la prisión o a las sanciones comunitarias cuando la sanción o medida impuesta sea incompatible con su salud mental.

---

40 *Draft Recommendation regarding the Promotion of Mental Health and the Management of Persons with Mental Disorders by Prison and Probation Services.* Document prepared by Dirk van Zyl Smit (United Kingdom) and Ronald Gramigna (Switzerland), PC-CP (2023) 8 rev 2.

5. Coordinación de las actuaciones tratamentales con la promoción de la salud mental.
6. Continuidad en la atención a la salud mental.

La segunda parte plantea como objetivo la promoción de la salud mental, incorporando medidas de prevención primaria, secundaria y terciaria.

La tercera parte se enfoca al segundo de los objetivos: la gestión de personas con problemas de salud mental en prisión o *probation*. Se fijan tres niveles de actuación: evaluación, valoración y tratamiento. Finalmente, se recogen las indicaciones a tener en cuenta en los casos en que se produzca una situación de crisis mental.

La cuarta parte se dedica al personal y su formación.

La quinta y última parte recoge las recomendaciones relativas a la información y a la investigación.

Nos encontramos probablemente ante el texto más evolucionado y amplio a la hora de abordar el grave problema de los trastornos mentales, pues, a la visión tradicional centrada en las personas presas, se incorpora una expresa previsión relativa a las personas con problemas mentales en servicios de *probation*. Otra referencia importante el que se plantea el afrontamiento de esta problemática en el marco de una estrategia general de salud mental, la necesidad de informar a la persona y finalmente, la expresa previsión de investigar en la materia.

IV. RECAPITULACIÓN: LOS PRINCIPIOS DERIVADOS DE LA NORMATIVA INTERNACIONAL

Tras el examen de los principales textos de Naciones Unidas y del contexto europeo, podemos afirmar la existencia de un cierto consenso en los principios y prácticas aplicables en el trato a las personas con trastorno mental en prisión y también en los servicios de *probation* en la ampliación incorporada al Libro Blanco y al borrador de Recomendación dirigidos ambos a la gestión de esta problemática en el ámbito de los países miembros del Consejo de Europa.

Los estándares o pautas de atención pueden ser sistematizados en tres niveles, así, el más general que afecta a la política general de los Estados, al indicarse en algunos textos la prioridad de que la problemática de los enfermos mentales en prisión se aborde como parte de la estrategia estatal ante la salud mental y, en segundo lugar, subrayándose la importancia de la investigación en este ámbito.

Un segundo nivel de recomendaciones relativas a las personas que prestan sus servicios en los establecimientos penitenciarios y en los servicios de *probation*. Estas deben recibir formación inicial y continua a efectos de abordar, de la manera más adecuada, la identificación de los problemas de salud mental, su tratamiento y afrontamiento, especialmente en situaciones de crisis. En este punto, la normativa internacional presta una atención particular a las vías para prevenir el suicidio o los actos de autolesión. En relación con ello, se insiste en la necesidad de establecer protocolos para la identificación temprana, el tratamiento y la prevención del suicidio y los actos de autolesión.

Para una mejor atención y gestión de la enfermedad mental en prisión y en *probation*, esta debe ser realizada desde equipos multidisciplinares para una mejor comprensión y abordaje del problema.

Finalmente, se reclama la necesaria coordinación con los servicios de salud mental comunitarios tanto en el momento del ingreso para un mejor diagnóstico e identificación del problema, como durante el cumplimiento y, especialmente, a su finalización con el objetivo de que se continue atendiendo adecuadamente la problemática de la persona enferma.

Por último, el tercer nivel de recomendaciones va dirigido directamente al reconocimiento de derechos de la propia persona que padece el trastorno mental:

En primer lugar, encontramos el principio de equivalencia trato, dado que el derecho a la salud no se encuentra afectado por la condena, la persona debe recibir un trato médico de la misma calidad que la generalidad de los ciudadanos.

En segundo lugar, en cuanto al lugar en el que recibir el tratamiento, se insiste en que este se aborde en establecimientos especializados, en función de la gravedad de la dolencia, se insta a la derivación a servicios comunitarios o el propio trato en prisión, pero, siempre, en establecimientos o unidades especializadas.

En tercer lugar, se incide en el derecho que la persona tiene de recibir información accesible de cómo abordar su problema de salud mental. Su consentimiento es necesario a efectos de aplicar un tratamiento.

En cuarto lugar, en materia regimental, la situación de la persona interna con problemas de salud mental se tendrá especialmente en cuenta a la hora de aplicar el régimen disciplinario, no debiendo aplicar sanciones por hechos que deriven directamente de su problema mental. Así también, se debe vigilar la aplicación de la sanción de aislamiento por sus posibles efectos negativos en la salud mental de la persona, limitándose en el caso de internos con trastorno mental.

Finalmente, por lo que se refiere al tratamiento, este debe también ofrecerse a los internos con problemas psiquiátricos, como también es especialmente importante potenciar las relaciones de estos con su entorno personal y familiar con el fin de favorecer su recuperación y rehabilitación.

V. CONCLUSIONES. ACOMODO DE LA LEGISLACIÓN ESPAÑOLA A LOS ESTÁNDARES INTERNACIONALES

Verificados cuales son los principales estándares en la atención a la enfermedad mental, tanto en prisión como bajo los servicios de *probation*, procede que analicemos el acomodo de la legislación española a tales desideratas.

Antes de examinar el cumplimiento de dichos estándares, cabe recordar que la realidad penitenciaria de las personas que presentan un trastorno mental es muy diversa, puede que el trastorno sea previo al ingreso y que haya dado lugar o no a la apreciación de una circunstancia eximente, completa o incompleta o una atenuante analógica por la afectación a la imputabilidad en el momento de la comisión de delito o que no se hayan apreciado dichas circunstancias. Es posible también que el trastorno, existiendo, no se haya detectado previamente o que se haya desencadenado durante el cumplimiento de la pena. Tal diversidad de situaciones da lugar a que nos encontremos con la presencia de la enfermedad mental en prácticamente todos los establecimientos penitenciarios cerrados o abiertos, cumpliendo los sujetos penas o medidas de seguridad[41].

Así, en primer lugar, en cuanto al nivel general, si nos atenemos a lo dispuesto en la vigente Estrategia de Salud Mental del Sistema Nacional de Salud 2022-2026[42] localizamos diversas menciones a la situación de la enfermedad mental en el entorno penitenciario. En concreto, al desarrollar las diferentes líneas estratégicas encontramos las siguientes referencias: en la 1ª. Autonomía y Derechos. Atención centrada en la persona, dentro de esta, en el objetivo general 1.2. Erradicar la discriminación y favorecer la inclusión social con perspectiva de género, se recoge el objetivo específico. 1.2.3 realizar y evaluar un plan integral de intervención contra el estigma, citando, entre otros ámbitos, expresamente al

---

41 Para el cumplimiento de la medida de seguridad de internamiento psiquiátrico contamos en España únicamente con dos hospitales psiquiátricos penitenciarios el de Sevilla, en funcionamiento desde 1990 y el de Fontcalent, Alicante desde 1984.

42 MINISTERIO DE SANIDAD: *Estrategia de Salud Mental del Sistema Nacional de Salud*, Periodo 2022-2026, Madrid, 2022.

penitenciario[43]. En el marco de la línea estratégica 2ª. Promoción y prevención de la salud mental, en el objetivo 2.2. prevenir la aparición de problemas de salud mental, trastornos por uso de sustancias y adicciones, objetivo específico 2.2.7 impulsar campañas de promoción de la salud y prevención de los problemas de salud mental en centros penitenciarios y hospitales psiquiátricos penitenciarios[44]. En el marco de la línea estratégica 3ª relativa a la prevención, detección y atención a la conducta suicida, objetivo general 3.1., detectar de forma precoz y prevenir las conductas suicidas, objetivo específico, detectar precozmente y prevenir el riesgo de suicidio, menciona específicamente, entre los colectivos vulnerables, a los residentes en centros penitenciarios[45]. Y, con carácter más general, se incluye en dicho texto, la línea estratégica 10 sobre la Investigación, innovación y conocimiento[46].

Por lo que se refiere al segundo nivel, relativo a las recomendaciones de formación, actuación en situaciones de riesgo, multidisciplinariedad y coordinación con los servicios comunitarios, recomendaciones relativas a la actuación del personal penitenciario es destacable que la institución penitenciaria creó el Programa Marco de Atención Integral a Enfermos Mentales en Centros Penitenciarios (PAIEM) que viene a cumplir algunos de los postulados relativos a la especialización del personal al establecerse como objetivos de este:

1º. Detectar, diagnosticar y tratar a todos los internos que sufran algún tipo de trastorno mental. 2º. Mejorar la calidad de vida de los enfermos mentales, aumentando su autonomía personal y la adaptación al entorno.

---

43 MINISTERIO DE SANIDAD: *Estrategia de Salud Mental del Sistema Nacional de Salud,* cit., p. 70.

44 MINISTERIO DE SANIDAD: *Estrategia de Salud Mental del Sistema Nacional de Salud,* cit., p. 79.

45 MINISTERIO DE SANIDAD: *Estrategia de Salud Mental del Sistema Nacional de Salud,* cit., p. 81.

46 MINISTERIO DE SANIDAD: *Estrategia de Salud Mental del Sistema Nacional de Salud,* cit., pp. 112 y ss.

3º. Optimizar la reincorporación social y la derivación adecuada a un recurso sociosanitario comunitario.[47]

Para el cumplimiento de dichos objetivos se plantean en el programa criterios similares a los requeridos en los estándares internacionales con relación al personal de los centros. De esta forma, encontramos referencias explícitas a la formación[48], actuación en equipos multidisciplinares[49], importancia de la detección temprana[50], tratamiento y plan de reincorporación social, atribuyendo al equipo multidisciplinar actividades dirigidas a impulsar la red social de apoyo y las de derivación a recursos comunitarios[51]. Como complemento del programa PAIEM y dirigido a aquellas personas en medio abierto, encontramos el programa Puente de Mediación Social dirigido a internos con trastorno mental grave, este programa se desarrolla fundamentalmente en los CIS y facilita la continuidad del tratamiento[52].

---

47 SECRETARÍA GENERAL DE INSTITUCIONES PENITENCIARIAS: *Protocolo de aplicación del programa marco de atención integral a enfermos mentales en centros penitenciarios (PAIEM),* Madrid, 2009, p. 3. SECRETARÍA GENERAL DE INSTITUCIONES PENITENCIARIAS: *PAIEM renovado. Protocolo de aplicación del programa marco de atención integral enfermos mentales en centros penitenciarios,* Madrid, 2013, p. 3.

48 SECRETARÍA GENERAL DE INSTITUCIONES PENITENCIARIAS: *PAIEM renovado...*, cit., p. 5.

49 SECRETARÍA GENERAL DE INSTITUCIONES PENITENCIARIAS: *PAIEM renovado...*, cit., p. 6.

50 SECRETARÍA GENERAL DE INSTITUCIONES PENITENCIARIAS: *PAIEM renovado...*, cit., p. 8; también encontramos referencias a la detección temprana en: SECRETARÍA GENERAL DE INSTITUCIONES PENITENCIARIAS: *Programa puente extendido. Salud mental en penas y medidas alternativas.* Documentos penitenciarios, 18, Madrid, 2018, p. 13.

51 SECRETARÍA GENERAL DE INSTITUCIONES PENITENCIARIAS: *PAIEM renovado...*, cit., p. 12.

52 CEREZO DOMÍNGUEZ, A., DÍAZ, D.: “El enfermo mental en el medio penitenciario español”, *International E-Journal of Criminal Scences,* Art. 2, Núm. 10, 2016, p. 12.

Ambos programas penitenciarios se aplican a los internos que están cumpliendo su pena bien en un establecimiento de cumplimiento, bien en medio abierto[53]. Por lo que se refiere al cumplimiento de tales exigencia en los centros destinados al cumplimiento de la medida de seguridad de internamiento psiquiátrico, el RP dedica el C. VII del T. VII a los establecimientos o unidades psiquiátricas, en los que se cumplen medidas de seguridad; en concreto se prevé el ingreso en los siguientes casos: de los detenidos o presos con patología psiquiátrica para su observación de acuerdo con lo establecido por la autoridad judicial, de quienes les haya sido aplicada la medida de seguridad de internamiento en centro psiquiátrico o, finalmente, a los penados a quienes por una enfermedad sobrevenida se le ha aplicado una medida de seguridad por mor de lo dispuesto en el art. 60 del CP. Pues bien, se recogen en la regulación aspectos referidos en la normativa supranacional como la multidisciplinariedad de los equipos en el art. 185 del RP y también a la realización de actividades rehabilitadoras para facilitar su vuelta al medio social y familiar en el art. 189. Por lo que se refiere a la coordinación con los servicios comunitarios para facilitar dicha reintegración se contempla de manera expresa en el ap. 2º del art. 185 del RP[54].

---

53 El PAIEM se presenta como solución de urgencia ante la evidencia de la multitud de sujetos internos en CP y con problemas de salud mental a los que no se ha aplicado una medida de seguridad, el objetivo declarado del programa en la detección temprana y el tratamiento de los TM menos graves que no han supuesto la inimputabilidad del condenado, vid. LACAL CUENCA, P., PEÑARANDA DEL RÍO, J., SOLAR CALVO, P.: "¿Debe un enfermo mental estar en prisión? Situación actual y cuestiones que plantea la STC 84/2018, de 16 de julio", *Revista General de Derecho Pena*l, 30, 2018, pp. 16-17.

54 Así, se ha indicado que el objetivo principal de los establecimientos especializados "es conseguir la estabilización psicopatológica de los internos y la reducción de su peligrosidad, así como garantizar una atención especializada, todo ello, como paso previo a una posible sustitución de la medida de seguridad privativa de libertad por una medida de tratamiento que le permita continuar con el tratamiento y seguimiento en el

Finalmente, hemos de verificar en qué medida se cumplen las previsiones supranacionales en el tercer nivel, dirigido a los propios internos con enfermedad mental. Así, por lo que atañe al principio de equivalencia de trato se deriva con carácter general del art. 14 de la CE y del art. 3 de la LOGP y de forma más específica del art. 208 del RP que expresamente garantiza "una atención médico sanitaria equivalente a la dispensada al conjunto de la población". Sin embargo, en la práctica ello se complica por la carencia de medios humanos[55]. En concreto, por lo que se refiere a la asistencia psiquiátrica es patente el déficit de especialistas, no solo en los Centros penitenciarios polivalentes sino, lo que es más grave, también en los dos hospitales psiquiátricos penitenciarios[56]. Dicha carencia de recursos personales propicia un ambiente más custodial que terapéutico, incumpliéndose, de esta forma el principio de equivalencia[57].

---

seno de la comunidad" ZABALA BAÑOS, C.: *Prevalencia de los trastornos mentales...*, cit., p. 51. Sin embargo, los estudios realizados sobre la realidad penitenciaria destacan la falta de coordinación entre los servicios penitenciarios y los servicios de salud comunitarios. HAVA GARCÍA, E.: "Enfermedad mental y prisión: análisis de la situación penal y penitenciaria de las personas con trastorno mental grave (TMG)", *Estudios penales y criminológicos*, vol. XII, 2021, p. 83.

55 HAVA GARCÍA, E.: "Enfermedad mental ..., cit., p. 83.

56 RODRIGUEZ YAGÜE, C.: "La gestión de la sanidad penitenciaria..., cit., p. 172. Probablemente dicha merma de medios que redunda en la vulneración del principio de equivalencia de trato se vería amortiguada de cumplirse el mandato legal de transferencia de la asistencia sanitaria de los internos a las CCAA, como se viene incumpliendo sistemáticamente en buena parte del territorio nacional desde el año 2003. RODRIGUEZ YAGÜE, C.: "La gestión de la sanidad penitenciaria..., cit., p. 174. Así también se confirma dicho incumplimiento en: CALCEDO-BARBA A., ANTÓN-BASANTA J., PAZ RUIZ S.: *Libro Blanco...*, cit., pp. 58-90.

57 GARCÍA ORTIZ, A.M.: "Los trastornos mentales en el medio penitenciario...cit., p. 38. Mención aparte merece el tratamiento dispensado a los enfermos mentales en el sistema penitenciario catalán, que cuenta con la asistencia sanitaria transferida al Departamento de salud de la Generalitat

En segundo lugar, por lo que se refiere a la especialización de las unidades en las que atender los problemas de salud mental, la legislación penitenciaria contempla la existencia de establecimientos especiales y el RP regula el régimen de las unidades y establecimientos penitenciarios en sus arts. 183 y ss.; regulación que es aplicable a las personas que están cumpliendo una medida de seguridad. En el caso de aquellos internos que cumpliendo una pena o en régimen abierto se detecte un trastorno mental, debería serle de aplicación el protocolo PAIEM o el programa Puente en función de su situación penitenciaria.

Asimismo, el RP contempla en su art. 215.2 el derecho del interno a ser informado de forma clara y comprensible sobre todo lo referente a su estado de salud. Por otro lado, el art. 210 del RP establece que el tratamiento médico sanitario se llevará a cabo con el consentimiento informado del interno con excepciones basadas en situaciones de urgencia vital. Por su parte, el art. 211 RP regula las investigaciones médicas, los internos solo podrán ser objeto de ellas cuando quepa esperar un beneficio directo y significativo para su salud en condiciones equivalentes a las personas en libertad. Se han de aplicar de forma estricta las normas sobre consentimiento informado y cumplirse las normas éticas.

En cuarto lugar, en materia regimental, el art. 188 del RP expresamente dispone la excepcionalidad en el uso de medios coercitivos en los establecimientos o unidades psiquiátricas, no aplicándose en estos el régimen disciplinario. Con carácter general, para los penados aquejados de una enfermedad mental que no estén internados en una unidad especializada, el art. 72 del RP únicamente prevé en su ap. 2 que estos no podrán aplicarse a los enfermos convalecientes de una enfermedad grave salvo inminente peligro para su integridad o la de terceros. Con respecto a la

---

y cuenta con importantes recursos asistenciales con dos unidades psiquiátricas especializadas que aproximan a esta comunidad al cumplimiento del principio de equivalencia. JUSTICIA I PAU. *La salud mental* ..., cit., p. 57.

aplicación del régimen sancionador y, en particular, de la sanción de aislamiento en celda, no se recoge ninguna particularidad para la persona que pueda tener problemas de salud mental, aunque sí se exige que antes de su imposición haya un informe previo y un reconocimiento por parte del médico del establecimiento quien vigilará al interno, informando de su estado de salud física y mental diariamente y, en su caso, sobre la conveniencia de suspender o modificar la sanción, art. 254 del RP[58].

Por último, en lo relativo al tratamiento, la regulación específica de los establecimientos o unidades psiquiátricas contempla potenciar las relaciones de estos con su entorno personal y familiar con el fin de favorecer su recuperación y rehabilitación, previéndose una programación de actividades rehabilitadoras, así como programas individuales. Art. 189 del RP. Se establece asimismo en el art. 191 del RP que a la hora de fijar la ubicación de los centros uno de los factores a tener en cuenta será la distribución territorial de las unidades psiquiátricas para favorecer la rehabilitación del enfermo a través del arraigo en su entorno familiar y social. A pesar de esta mención la realidad penitenciaria española es que solo contamos con dos hospitales penitenciarios y dos unidades psiquiátricas por lo que en este punto es especialmente complejo cumplir el estándar internacional[59]. Más factible para aquellos internos que pueden terminar de cumplir su condena en medio abierto en tanto puedan acceder al programa Puente extendido, continuación del programa PAIEM, que plantea como uno de sus

---

58 En la práctica se encuentran internos con patología psiquiátrica inmersos en procesos disciplinarios, si bien, finalmente no cumplen la sanción por razones médicas. Así se expone en: LACAL CUENCA, P., PEÑARANDA DEL RÍO, J., SOLAR CALVO, P.: "¿Debe un enfermo mental ..., cit., pp. 13-14.

59 LACAL CUENCA, P., PEÑARANDA DEL RÍO, J., SOLAR CALVO, P.: "¿Debe un enfermo mental ..., cit., p. 14. Con relación a los recursos especializados en nuestro país, Vid. Nota 10.

objetivos la utilización de los dispositivos sociosanitarios para facilitar la resocialización de la persona[60].

VI. REFERENCIAS BIBLIOGRÁFICAS

ARNAU-PEIRÓ, F., GARCÍA-GUERRERO, J., HERRERO-MATÍAS, A., CASTELLANO-CERVERA, J. C., VERA-REMARTÍNEZ, E. J., JORGE-VIDAL, V. & IRANZO-TATAY, C.: "Descripción de la consulta psiquiátrica en centros penitenciarios de la Comunidad Valenciana", *Revista Española Sanidad Penitenciaria,* 14(2), 2012, pp. 50-61.

ARROYO-COBO, J. M.: "Estrategias asistenciales de los problemas de salud mental en el medio penitenciario, el caso español en el contexto europeo", *Revista Española la de Sanidad Penitenciaria,* 13, 2011, pp. 100-111.

ARROYO COBO, J. M., ACEDO RAMIRO, M. R., RUIZ ARIAS, S., GIRÁLDEZ RAMÍREZ, P. I.: *Institución penitenciaria y salud mental: la última frontera,* Colección premios Victoria Kent. Ministerio del Interior, Secretaría General Técnica, Madrid, 2021.

BARBERET, R., JACKSON. C.: "Reglas de las Naciones Unidas para el tratamiento de las reclusas y medidas no privativas de libertad para las mujeres delincuentes (Reglas de Bangkok). Derechos Humanos y Criminología feminista", *Papers,* 102/2, 2017, pp. 1-16.

CALCEDO-BARBA A., ANTÓN-BASANTA J., PAZ RUIZ S.: *Libro Blanco sobre la atención sanitaria a las personas con trastornos mentales graves en los centros penitenciarios de España.* Ed. SEPL Madrid y SESP Barcelona, 2023.

CERVELLÓ DONDERIS, V.: "Mujer, prisión y no discriminación: del legado de concepción arenal a las reglas de Bangkok", *Estudios Penales y Criminológicos,* vol. XLI, 2021, pp. 551-591.

CEREZO DOMÍNGUEZ, A.I.: "La aplicación de las reglas de Bangkok a la normativa penitenciaria española" en Acale Sánchez, M.; Gómez López, R.: *Derecho Penal, género y nacionalidad.* Comares, Granada, 2015, pp. 25-44.

CEREZO DOMÍNGUEZ, A. DÍAZ, D.: "El enfermo mental en el medio penitenciario español", *International E-Journal of Criminal Scences,* Art. 2, Núm. 10, 2016, pp. 1-24.

---

[60] SECRETARÍA GENERAL DE INSTITUCIONES PENITENCIARIAS: *Programa puente extendido...,* cit., p. 13.

COUNCIL OF EUROPE, *White Paper regarding the management of persons with mental health disorders by the prisons and probation services*, 2023.

DEFENSOR DEL PUEBLO ANDALUZ: *Informe especial sobre la situación de los enfermos mentales internados en centros penitenciarios andaluces*. Sevilla, 1997.

FANEGA GUIJARRO, M.: "Jurisprudencia del TEDH: ¿Derecho a tratamiento penitenciario?", *Revista Aranzadi de Derecho y Proceso Penal*, n. 50, abril-junio 2018, pp. 161-168.

GARCÍA ORTIZ, A.M.: "Los trastornos mentales en el medio penitenciario: Situación actual y propuestas de mejora", *Revista de Estudios Penitenciarios*, N.º 263, 2021, pp. 9-67.

GEPC, *Una propuesta alternativa para un nuevo régimen penal aplicable a las personas con enfermedad mental o con discapacidad intelectual*, Valencia, 2023.

GRUPO PRECA: *Informe de prevalencia de trastornos mentales en centros penitenciarios españoles (Estudio Preca)*, Barcelona, 2011.

HAVA GARCÍA, E.: "Enfermedad mental y prisión: análisis de la situación penal y penitenciaria de las personas con trastorno mental grave (TMG)", *Estudios penales y criminológicos*, vol. XII, 2021, pp. 59-135.

JUSTICIA I PAU: *La salud mental en el sistema penitenciari català. Visió de conjunt i reptes*, Barcelona, 2022.

LACAL CUENCA, P., PEÑARANDA DEL RÍO, J., SOLAR CALVO, P.: "¿Debe un enfermo mental estar en prisión? Situación actual y cuestiones que plantea la STC 84/2018, de 16 de julio", *Revista General de Derecho Penal*, 30, 2018, pp. 1 a 36.

LEOZ INVERNÓN, J.: *El principio de trato humano a las personas privadas de libertad*, Universidad de Zaragoza, 2018.

MATA MARTÍN, R.: "La protección de la salud mental en los centros penitenciarios", en MATA MARTÍN (Dir.) MONTERO HERNANZ (coord.) *Salud mental y privación de libertad. Aspectos Jurídicos e intervención*, Bosch, Barcelona, 2021, pp-23-43.

MINISTERIO DE SANIDAD: *Estrategia de Salud Mental del Sistema Nacional de Salud. Periodo 2022-2026*, Madrid, 2022.

NACIONES UNIDAS: *Derechos Humanos: Recopilación de instrumentos internacionales*, Volumen 1 (1ª parte): Instrumentos de carácter universal, Ginebra, 2002.

MONTEIRO SANTANA GARCÍA, V.: *Peligrosidad post delictual, garantías penales y derechos humanos de los inimputables por anomalía o alteración psíquica*, Granada, 2021.

RODRIGUEZ YAGÜE, C.: "La gestión de la sanidad penitenciaria: un reto inmediato del sistema español" en MATA MARTÍN (Dir.) MONTERO HERNANZ (coord.) *Salud mental y privación de libertad. Aspectos Jurídicos e intervención,* Bosch, Barcelona, 2021, pp. 157-187.

RODRÍGUEZ YAGÜE, C.: "Estándares penitenciarios europeos sobre enfermedad mental y privación de libertad", Revista *General de Derecho Penal,* 40, 2023 pp. 1-84.

SANCHA DIEZ, J.: "Derechos fundamentales de los reclusos", Madrid, 2017.

SECRETARÍA GENERAL DE INSTITUCIONES PENITENCIARIAS: *Protocolo de aplicación del programa marco de atención integral a enfermos mentales en centros penitenciarios (PAIEM),* Madrid, 2009.

SECRETARÍA GENERAL DE INSTITUCIONES PENITENCIARIAS: *PAIEM renovado. Protocolo de aplicación del programa marco de atención integral enfermos mentales en centros penitenciarios,* Madrid, 2013.

SECRETARÍA GENERAL DE INSTITUCIONES PENITENCIARIAS: *Programa puente extendido. Salud mental en penas y medidas alternativas,* Documentos penitenciarios, 18, Madrid, 2018.

SOLAR CALVO, P., LACAL CUENCA, P.: "Salud mental en el ámbito del TEDH". *Revista Aranzadi Unión Europea,* Número 3, 2023.

UNODC, *Manual sobre Reclusos con necesidades especiales,* Nueva York, 2009

VAN ZYL SMIT, D., SNACKEN, S.: *Principios de Derecho y Política Penitenciaria Europea. Penología y Derechos Humanos,* Tirant lo Blanch, Valencia, 2013.

WHO. *Mental health and prisons.* 2005.

ZABALA BAÑOS, C.: *Prevalencia de los trastornos mentales en prisión: análisis de la relación con delitos y reincidencia.* Colección premios Victoria Kent. Ministerio del Interior, Secretaría General Técnica, Madrid, 2017.

El influjo de las "Residencias para la Ejecución de las Medidas de Seguridad (REMS)" italianas en los modelos de reforma del sistema de internamiento psiquiátrico penal español[1]

MARÍA SÁNCHEZ VILANOVA
Profesora Permanente Laboral
Universidad de Valencia

I. INTRODUCCIÓN

El sistema de internamiento penitenciario italiano fue el elegido por el legislador español postconstitucional como modelo en la configuración de la ejecución de las medidas de seguridad privativas de libertad en caso de trastornos psíquicos[2]. No en balde, hasta hace unos pocos años Italia contaba con diferentes hospitales psiquiátricos judiciales (*Ospedali psichiatrici giudiziari* -conocidos como OPG-), análogos a los psiquiátricos penitenciarios actualmente existentes en España, si bien, ante las duras y constantes críticas por su estructura y obsoletas instalaciones, y tras muchas propuestas para su abolición, estas instalaciones fueron

---

1 Este trabajo se enmarca en los Proyectos I+D+i "Estudio critico del uso de sanciones alternativas penales: una mirada a la salud mental y al genero" (ref.: PID2021-126236OB-I00; AEI/FEDER, UE) y "La erosión del principio de legalidad en el sistema de justicia penal contemporáneo: diagnóstico y propuestas de solución" (ref.: PID2021-123441NB-I00).

2 No obstante, el Código Penal italiano prevé, a diferencia de lo que ocurre en territorio español, una medida cautelar de internamiento.

definitivamente clausuradas en el año 2017, siendo sustituidas por las actuales Residencias para la Ejecución de las Medidas de Seguridad (*Residenza per l'Esecuzione delle Misure di Sicurezza* -conocidas como REMS-). Pues precisamente estas nuevas estructuras, de gestión regional y basadas en los "principios de orientación terapéutica y recuperación[3]", vuelven a ser señaladas como referentes en las recientes propuestas de reforma del sistema de internamiento psiquiátrico español, que propugnan como inspiración el proceso de reforma que en el ordenamiento italiano se produjo. De hecho, esta es la línea seguida, como más adelante se detallará, en la reciente propuesta de reforma del régimen de ejecución de las medidas de seguridad del Grupo de Estudios de Política criminal, que junto con la preferencia por los recursos sociosanitarios ordinarios y comunitarios, apuestan, con clara inspiración italiana, por la creación complementaria de unidades psiquiátricas penitenciarias de reducido tamaño en cada comunidad autónoma[4].

Ahora bien, con independencia de la incuestionable mejora que la gran reforma psiquiátrica italiana comportó en este país, lo cierto es que la configuración de las REMS ha sido diversa, tanto en su gestión –publica, pero también privada-, como también en su configuración (difiriendo, por ejemplo, el número de camas disponibles en cada una de estas residencias, entre muchos otros aspectos). Asimismo, en la actualidad muchos cuestionan el avance real de esta reforma y advierten que, al final, las REMS no serían más que simples sustitutas de los antiguos psiquiátricos penitenciarios. Por ello, ante las propuestas legislativas que parten de esta reforma de desinstitucionalización italiana (que efectivamente terminó con el cierre de los seis hospitales psiquiátricos ju-

---

3 MEZZINA, R.: "La pena y la cura. Servicios de salud mental en Italia después del cierre de los hospitales psiquiátricos judiciales", *Revista Asociación Española Neuropsiquiatría*, nº 42(141), 2022, pp. 227- 228.

4 GRUPO DE ESTUDIOS DE POLÍTICA CRIMINAL: *Una propuesta alternativa para un nuevo régimen penal aplicable a las personas con enfermedad mental o discapacidad intelectual*, Tirant lo Blanch, Valencia, 2023.

diciales hasta entonces existentes y la implantación de las REMS) como modelo para la transformación del deficiente sistema de cumplimiento de las medidas de seguridad privativas de libertad español, se entiende que se debería efectuar un estudio en profundidad, y no una mera aproximación, de las particularidades y del estado final de este proceso, ya que el mismo no ha sido todo lo satisfactorio que en un primer momento se pensó.

Así pues, el objetivo del presente capítulo es verdaderamente modesto, limitándose a constatar, como punto de partida, la necesidad de reforma del sistema de internamiento psiquiátrico penitenciario, con la sobreocupación de los dos únicos hospitales psiquiátricos penitenciarios existentes y, en consecuencia, la presencia en los establecimientos penitenciarios ordinarios de un elevado porcentaje de presos con trastornos mentales graves, pues, aunque el Tribunal Europeo de Derechos Humanos no se ha pronunciado, específicamente, respecto de las instituciones psiquiátricas-penitenciarias, sí ha rechazado el internamiento de las personas con trastornos mentales en centros penitenciarios ordinarios[5], e inclusive en anexos psiquiátricos de Centros penitenciarios[6], como ocurre en España[7]. Tras ello, y como núcleo del estudio, se efectuará un análisis crítico del sistema actualmente existente en el ordenamiento italiano, al que, como se acaba de

---

5 TRIBUNAL EUROPEO DE DERECHOS HUMANOS. STEDH 10.1.2013, Swennen c. Bélgica, § 82 (TOL2.719.733).

6 TRIBUNAL EUROPEO DE DERECHOS HUMANOS. STEDH 18.7.2017, Rooman c. Bélgica, §§ 99-101 (TOL6.206.786).

7 De todos modos, lo cierto es que, conforme con los arts. 8 de la LOGP y 12 del RP, siempre que el internamiento pendiente efectivo no supere los 6 meses, se permite se cumplimiento en un centro penitenciario ordinario, considerando el TEDH admisible estos ingresos por espacios de tiempo corto y con la condición de que no se causen daños a su salud mental, como se estimó en el caso Novak c. Croacia. TRIBUNAL EUROPEO DE DERECHOS HUMANOS. STEDH, 14.6.2007, Novak c. Croacia, § 46 (TOL9.079.444).

mencionar, parte de la doctrina apunta como modelo para la reforma española, centrado especialmente en los aspectos más complejos todavía hoy pendientes de resolver, pues es importante tener presente los problemas que con su sustitución continúan sin resolverse en Italia para adoptar en nuestro país las medidas más pertinentes.

II. EL INTERNAMIENTO PSIQUIÁTRICO PENAL EN ESPAÑA

2.1. Notas Previas

Antes de abordar el análisis de la gran reforma psiquiátrica italiana, conviene efectuar un breve repaso del sistema español de internamiento psiquiátrico penal en casos de trastornos psíquicos[8], que, para empezar, no hay que desconocer, siguiendo a Barrios Flores[9], que posee un carácter dual, ya que en teoría sería admisible que esta medida de seguridad se cumpliera tanto en instituciones psiquiátricas penitenciarias especiales como en otras de carácter no penitenciario, dado que el artículo (en adelante, art.)

---

8 Cabe señalar que los ingresos en los Establecimientos o Unidades psiquiátricas están previstos, conforme con en el artículo 184 del Real Decreto 190/1996, de 9 de febrero, por el que se aprueba el Reglamento Penitenciario: (a) en casos de detenidos o presos con patología psiquiátrica (previa autorización judicial) para su observación; (b) en casos de inimputabilidad o semiimputabilidad, siempre que haya sido aplicada una medida de seguridad de internamiento en centro psiquiátrico penitenciario (art. 20.1 y 101 CP); finalmente, (c) en los supuestos en los que, por enfermedad mental sobrevenida, se haya impuesto a los penados una medida de seguridad por el Tribunal sentenciador. (art. 60 CP).

9 BARRIOS FLORES, L. F.: "El internamiento psiquiátrico penal en España. Situación actual y propuestas de futuro", *Norte de Salud Mental,* Vol. 17, nº. 64, 2021, p. 25.

101.1 de Código Penal (en adelante, CP)[10] simplemente se refiere a la posibilidad de internamiento en un "establecimiento adecuado" al tipo de anomalía o alteración psíquica que se aprecie. No en balde, aunque es cierto que a partir del Reglamento Penitenciario de 1948[11] se planificó la existencia de un centro especial de carácter penitenciario (tanto para reclusos condenados a los que se les diagnosticara una "demencia sobrevenida", como también, posteriormente, para aquellos sujetos exentos de responsabilidad penal por la apreciación de un trastorno psíquico), nunca se ha establecido en la legislación penal española la necesidad de que el "establecimiento adecuado" deba ser, obligatoriamente, de carácter penitenciario[12]. Es más, el Real Decreto 840/2011, de 17 de junio, por el que se establecen las circunstancias de ejecución de las penas de trabajo en beneficio de la comunidad y de localización permanente en centro penitenciario, de determinadas medidas de seguridad, así como de la suspensión de la ejecución de las penas privativas de libertad y sustitución de penas[13], prevé

---

10 Ley Orgánica 10/1995, de 23 de noviembre, del Código Penal. BOE-A-1995-25444.

11 Reglamento de Servicio de Prisiones por Decreto de 5 de marzo de 1948. BOE-1948-148.

12 En todo caso, con independencia del tipo de establecimiento donde se ejecute la medida de internamiento penal, conforme con el art. 98 CP, el Juzgado de Vigilancia Penitenciaria es el competente para elevar al Juez o Tribunal sentenciador, al menos una vez al año, una propuesta de mantenimiento, cese, sustitución o suspensión de la medida de internamiento (con la valoración, como dispone el art. 98.1 CP, de los informes emitidos por los facultativos y profesionales que asistan al sometido a medida de seguridad -los Equipos Multidisciplinares-.; órgano jurisdiccional que, como establece el art. 97 CP, deberá decidir la opción pertinente.

13 Real Decreto 840/2011, de 17 de junio, por el que se establecen las circunstancias de ejecución de las penas de trabajo en beneficio de la comunidad y de localización permanente en centro penitenciario, de determinadas medidas de seguridad, así como de la suspensión de la ejecución de las penas privativas de libertad y sustitución de penas. BOE-A-2011-10598.

en su art. 20 la posibilidad de que los inimputables puedan ser internados en establecimientos psiquiátricos no penitenciarios[14]. En cualquier caso, la propia jurisprudencia tampoco ha adoptado un criterio claro, con resoluciones manifiestamente dispares, pues mientas que en algunos pronunciamientos se especifica el lugar de cumplimiento de la medida de seguridad privativa de libertad en un psiquiátrico penitenciario, en ocasiones simplemente se hace alusión a "a establecimientos de régimen cerrado" o "establecimientos adecuados"[15].

Pues bien, la posibilidad de internamientos en centros no penitenciarios deviene especialmente interesante ante la constantemente denunciada sobreocupación de los únicos hospitales psiquiátricos penitenciarios existentes[16] (en Alicante y Sevilla), bajo la responsabilidad del Ministerio de Interior y dependientes de la administración penitenciaria[17], que ha comportado que, aunque las cifras no sean concluyentes, se constate la existencia en los

---

14 Concretamente, el citado art. 20 dispone que: "Las medidas de seguridad se cumplirán en los centros adecuados, públicos o concertados de las Administraciones públicas competentes por razón de la materia y del territorio".

15 BARRIOS FLORES, L. F.: *Op. Cit.*, p. 26.

16 Centros que, como señala Rodríguez Yagüe, se han restringido reglamentariamente para el cumplimiento de las medidas de libertad privativas de libertad -art. 183 RP-, no creándose asimismo unidades específicas para la atención de los enfermos mentales en prisión, pese a su previsión reglamentaria. RODRÍGUEZ YAGÜE, C.: "El Derecho Penitenciario Humanitario", *Anuario de derecho penal y ciencias penales*, Tomo 72, Fasc/Mes 1, 2019, p. 450.

17 Sin olvidar, de todos modos, la Unidad de Hospitalización Psiquiátrica Penitenciaria dependiente de la Generalitat de Catalunya (el anexo del Centro Penitenciario de Can Brians), y la Unidad de Psiquiatría Legal del Hospital Aita Menni, en Mondragón, en el País Vasco, con un régimen no penitenciario. Cabe mencionar, además, diferentes módulos, en casos de discapacidad intelectual, que tendrían el carácter de "centros educativos especiales" en los Centros Penitenciarios de Segovia, de Estremera (Madrid) y Quatre Camins (Barcelona).

centros penitenciarios de un gran porcentaje de internos con trastornos mentales, siendo especialmente preocupante que, según diferentes fuentes, alrededor del 4% de los internos padecerían un trastorno mental grave, frente al 2% en la población general[18].

Para ilustrar esta situación se hará referencia, conforme con Hava García[19], a diferentes estudios sobre la presencia de personas con trastornos mentales en las prisiones españolas. El primero de ellos[20], que data del año 2006, y realizado en el seno de las propias Instituciones Penitenciarias, concluyó que el 25,6% de la población reclusa presentaba algún tipo de patología psiquiátrica (y concretamente el 4,4% padecía un trastorno psicótico), llamando especialmente la atención que el 17,6% de los internos tuvieran antecedentes psiquiátricos previos a su ingreso en prisión[21]. Ahora bien, la metodología empleada[22] en este primer estudio

---

18 OBSERVATORIO DERECHOS HUMANOS, SALUD MENTAL Y PRISIÓN.: *Informe 2022*, Àmbit, 2022, pp. 1-60.

19 HAVA GARCÍA, E.: "Enfermedad mental y prisión: análisis de la situación penal y penitenciaria de las personas con trastorno mental grave (TMG)", *Estudios penales y criminológicos*, nº 41, 2021, p. 76.

20 MINISTERIO DEL INTERIOR.: *Estudio sobre Salud Mental en el Medio Penitenciario. Diciembre – 2006*", Dirección General de Instituciones Penitenciarias, 2007, pp. 1-60.

21 MINISTERIO DEL INTERIOR.: *Op. Cit.*, p. 6.

22 La muestra estaba conformada por 1008 internos de centros penitenciarios dependientes de la Dirección General de Instituciones Penitenciarias (a excepción de los hospitales psiquiátricos), si bien es importante señalar que los datos se extrajeron de las historias clínicas de los individuos seleccionados, por lo que, como Hava García refiere, simplemente aportaban la prevalencia registrada en su correspondiente historia clínica, lo que podría explicar la prevalencia inferior de trastornos en relación con los resultados obtenidos en estudios similares, como el realizado en Reino Unido, donde se concluyó que nueve de cada diez internos presentaban algún trastorno psíquico. De hecho, en este mismo estudio se concluyó que, si se incluía el abuso o dependencias de las drogas, la proporción era mayor, situándose casi en la mitad de los internos (49,6%). SINGLETON, N., MELTZER, H., GATWARD, R.

realizado en territorio español puede explicar el bajo porcentaje de prevalencia de presos con trastornos mentales en relación con el siguiente estudio realizado, conocido con el nombre "PRECA (Prevalencia Carceles)"[23], y publicado en el año 2011, fruto de la colaboración de profesionales de distintos ámbitos de la salud mental, del grupo de trabajo de Salud Mental en Prisiones de la Sociedad Española de Sanidad Penitenciaria y de la Asociación Española de Neuropsiquiatría. Esta investigación, primera con un enfoque epidemiológico descriptivo (conforme a la clasificación del Manual diagnóstico y estadístico de los trastornos mentales -DSM-IV-), con una muestra de 707 penados varones, internados en los módulos ordinarios de cinco prisiones ubicadas en las comunidades de Cataluña, Madrid y Aragón, concluyó que el 84,4% de los internos presentaban algún tipo de trastorno mental, aunque lo cierto es que fue el trastorno por consumo de sustancias el más frecuente (76,2%). Interesa señalar, en igual sentido, la nada desdeñable tasa de prevalencia del 10,7% que se obtuvo para el trastorno psicótico, presentándose como trastorno comórbido con el consumo de sustancias tóxicas o estupefacientes en un 13,7% de los casos, o que solamente un 8% de los reclusos presentaran un trastorno mental sin historial de consumo de drogas.

2.2. Luces y sombras de la reforma psiquiátrica posconstitucional española

La situación a la que se acaba de hacer referencia ha sido producto de la gran reforma psiquiátrica que con la transición se emprendió en España. Como bien es sabido, la Constitución de 1978

COID, J. y DEASY, D.: *Psychiatric morbidity among prisoners in England and Wales*, London, Stationery Office, 1998; HAVA GARCÍA, E.: *Op. Cit.*

23 VICENS, E., TORT, V., DUEÑAS, R. M., MURO, A., PÉREZ-ARNAU, F., ARROYO J. M., ACÍN, E., DE VICENTE, A., GUERRERO, R., LLUCH, J., PLANELLA, R. y SARDA, P., "The prevalence of mental disorders in Spanish prisons", *Criminal Behaviour and Mental Health*, nº 21, 2011, p. 323.

comportó una transformación del estatuto y tratamiento jurídico de las personas con trastornos mentales, con base tanto en razones técnicas como, especialmente, éticas, tras el reconocimiento de los derechos fundamentales de la ciudadanía y la consagración de la dignidad humana como valor superior del ordenamiento[24]. Gracias a esta reforma, como refiere Hava García[25], se promovió el proceso de "desinstitucionalización" en la década de los ochenta, abogando por un modelo comunitario que potenciara "los recursos asistenciales a nivel ambulatorio y los sistemas de hospitalización parcial y atención a domicilio", y desarrollando "los servicios de rehabilitación y reinserción social necesarios para una adecuada atención integral de los problemas del enfermo mental"[23]. De este modo, todas las estructuras y servicios públicos sanitarios (incluidos los correspondientes a la asistencia psiquiátrica) pasaron a estar integrados en el Sistema Nacional de Salud, correspondiendo a las distintas comunidades autónomas la organización de sus respectivos servicios[24]. Como consecuencia de ello, la hospitalización (en las unidades psiquiátricas de los hospitales generales) de personas que presentaran trastornos mentales solamente se permitiría en casos de necesidad, sujetándose en el orden civil el internamiento voluntario a control judicial (actualmente, conforme al art. 763 de la Ley de Enjuiciamiento Civil[26]), y clausurándose en el terreno penitenciario los establecimientos

---

24 En este sentido, no hay que desconocer que la LO 1/1979, de 26 de septiembre, General Penitenciaria (LOGP), primera ley aprobada tras la Constitución de 1978, implantó un modelo de ejecución penitenciaria que, como señala Rodríguez Yagüe, siendo un ejemplo de "legislación progresista y humanitaria", aprobada en uno de los peores momentos de la historia penitenciaria española. GARCÍA VALDÉS, C.: *Estudios de Derecho Penitenciario,* Tecnos, Madrid, 1982, p. 110. RODRÍGUEZ YAGÜE, C.: *Op. Cit.*, p. 440.

25 HAVA GARCÍA, E.: Op. Cit., p. 71.

26 Ley 1/2000, de 7 de enero, de Enjuiciamiento Civil. BOE-A-2000-323.

franquistas, que fueron sustituidos por los actuales hospitales psiquiátricos penitenciarios[27].

Pero, aunque es innegable que la reforma psiquiátrica postconstitucional supuso una incuestionable mejora respecto de la asistencia sanitaria y el tratamiento de las personas que padecen trastornos mentales, los presupuestos destinados para salud mental en España fueron y siguen siendo, con carácter general, insuficientes[28]. La escasez de recursos y de servicios comunitarios comporta que la mayoría de personas con trastornos mentales graves no sean atendidas por los servicios de atención psiquiátrica, al centrarse estos casi por completo en los pacientes que visitan de forma regular los servicios de salud mental, lo que provoca que puedan terminar en "las redes del sistema judicial[29]". Como la Secretaría General de Instituciones Penitenciarias ya denunciaba en su propuesta de acción del año 2011[30]: "Los pacientes con enfermedades mentales crónicas, que en otro tiempo utilizaban centros sanitarios de larga estancia, ahora son transeúntes y foco de conflictos en un medio familiar y social cada vez con menor capacidad de soporte. En una frecuencia no despreciable acaban en la cárcel. Para algunos autores las cárceles se han convertido en los nuevos manicomios del siglo XXI". Es por ello que desde la

---

27 No obstante, no será hasta los años noventa hasta cuando se cierre el Departamento de Oligofrénicos de León, el Centro de Psicópatas de Huesca y el Sanatorio Psiquiátrico Penitenciario de Madrid. LÓPEZ LÓPEZ, A.: "El enfermo mental y la legislación penitenciaria. Psiquiatría penitenciaria, perspectiva histórica y actual", en DELGADO BUENO, S. (dir.): *Tratado de Medicina Legal y Ciencias Forenses V: Psiquiatría Legal y Forense,* Bosch, Barcelona, 2013, pp. 343-368.

28 MUÑOZ ESCANDELL, I.: *Informe sobre el estado de los derechos humanos en salud mental 2019,* Confederación Salud Mental, Madrid, 2020, pp. 68-69.

29 HAVA GARCÍA, E.: Op. Cit., p. 73.

30 SECRETARÍA GENERAL DE INSTITUCIONES PENITENCIARIAS.: *Hospitales Psiquiátricos dependientes de la Administración Penitenciaria. Propuesta de Acción,* 2011, p. 36.

Asociación Española de Neuropsiquiatría[31] se recomienda reforzar los "servicios comunitarios de salud mental e introducir cambios sustanciales en su organización para afianzar ese carácter comunitario, con especial énfasis precisamente en la atención a esos pacientes que no solicitan y/o tienden a rechazar los tratamientos". Especialmente por la situación de vulnerabilidad en la que estas personas se encuentran, pues en los juicios rápidos, por la propia celeridad procesal, estos trastornos suelen pasar desapercibidos, terminando de normal con una sentencia de conformidad, que si bien generalmente conlleva la suspensión de la ejecución de la pena privativa de libertad si no cuentan con antecedentes penales y el hecho cometido no es grave, esta suspensión se supedita al cumplimiento de otras penas o medidas alternativas (arts. 83 y 84 CP), las cuales son frecuentemente quebrantadas por estas personas al no proporcionarles tratamiento alguno, comportando ello su ingreso definitivo en prisión[32].

En todo caso, el diagnóstico del trastorno no implicaría que la situación sea más esperanzadora, pues, como nuevamente Hava García[33] describe, aunque la reforma posconstitucional supuso la desaparición de los manicomios, la disponibilidad de plazas hospitalarias continua en descenso, de modo que, no planteándose alternativas serias al encarcelamiento en estos casos, la "sobreocupación permanente" de los hospitales psiquiátricos penitenciarios es la tónica habitual, por lo que, como anteriormente se ha señalado, es cada vez más frecuente la espera en prisiones ordinarias de personas con trastornos mentales graves. Y no hay que desconocer que a la falta de plazas en hospitales destinadas a la atención de problemas mentales se ha de añadir la escasez de recursos materiales y personales del sistema penitenciario español, al no dispensarse

---

31 ASOCIACIÓN ESPAÑOLA DE NEUROPSIQUIATRÍA (AEN).: *Por una atención integral a las personas con trastornos graves de salud mental basada en el respeto de sus derechos,* Madrid, 2009, p. 5.

32 HAVA GARCÍA, E.: Op. Cit., p. 74.

33 HAVA GARCÍA, E.: Op. Cit., p. 75.

en los centros de cumplimiento ordinario de algunas comunidades autónomas atención psiquiátrica, siendo imprescindible en tales casos acudir a los centros de salud mental comunitarios. Sin embargo, esta posibilidad deviene verdaderamente difícil teniendo en cuenta que, salvo Cataluña, País Vasco y recientemente Navarra, los servicios sanitarios dependientes de Instituciones Penitenciarias no han sido transferidos a las comunidades autónomas[34]. Asimismo, pese a que ante la extrema situación de vulnerabilidad de las personas con diagnósticos psiquiátricos en prisión[35] se puso en funcionamiento en el año 2009 el Programa de Atención Integral al Enfermo Mental en Prisión (PAIEM), que pretende la atención clínica, la rehabilitación psicosocial y la reincorporación de estas personas desde un enfoque multidisciplinar[36], el mismo resulta claramente insuficiente, pues, como seguidamente se detallará, la situación actual requiere de una importante y completa reforma que potencie el modelo comunitario en salud mental; como Rodríguez Yagüe[37] refiere: "La tutela de los derechos fundamentales a la vida y a la integridad física y moral en la prisión bajo el paradigma del principio de respeto a la dignidad humana en la ejecución penitenciaria exige una actuación activa de la Administración penitenciaria en los distintos frentes en los que puede producirse un menoscabo

---

34 Y ello pese a que la Ley 16/2003, de 28 de mayo, de cohesión y calidad del Sistema Nacional de Salud, en su disposición adicional sexta establecía un plazo de 18 meses desde su entrada en vigor para dicha transferencia. HAVA GARCÍA, E.: Op. Cit., p. 76.

35 Lo cierto es que el encarcelamiento de estas personas se produce tanto en casos donde, aunque presentaban sintomatología e incluso en algunos de ellos disponían de un diagnóstico, el mismo no se tuvo en cuenta al ser juicios rápidos, como también cuando el diagnóstico es realizado en la prisión, o cuando, pese a ser inimputables, se procede de forma inadecuada a su encarcelameinto. OBSERVATORIO DERECHOS HUMANOS, SALUD MENTAL Y PRISIÓN.: *Op. Cit.*, p. 14.

36 OBSERVATORIO DERECHOS HUMANOS, SALUD MENTAL Y PRISIÓN.: *Op. Cit.*, p. 13.

37 RODRÍGUEZ YAGÜE, C.: *Op. Cit.*, p 441.

para la vida o salud de los internos", yendo este deber del Estado "más allá de la simple prevención de los tratos crueles, inhumanos o degradantes" y proyectándose "tanto en la obligación de articular un sistema con condiciones de encarcelamiento apropiadas, como en el establecimiento de los medios adecuados para proteger específicamente la salud de las personas privadas de libertad". Como lleva años advirtiendo el TC, por ejemplo en su famosa sentencia 48/1996, de 25 de marzo[38]: "Los derechos a la vida y a la integridad física y moral del art. 15 CE, soporte existencial del resto de derechos, tienen un carácter absoluto, siendo la primera consecuencia la imposibilidad de verse limitados por pronunciamiento judicial alguno ni por ninguna pena, habiendo sido excluidas de nuestro Ordenamiento la de muerte y la tortura y prohibidos los tratos inhumanos y degradantes y los trabajos forzados", debiendo por ello la Administración penitenciaria no solo "cumplir el mandato constitucional con una mera inhibición respetuosa, negativa pues, sino que le es exigible una función activa para el cuidado de la vida, la integridad corporal y, en suma, la salud de los hombres y mujeres separados de la sociedad por medio de la privación de su libertad".

No en balde, desde hace años se viene denunciando la insuficiencia del marco normativo actual previsto para el cumplimiento de la medida de internamiento penal en el ámbito penitenciario[39], especialmente importante respecto de la regulación penitenciaria, junto con la ausencia de regulación de la medida cautelar

---

38 TRIBUNAL CONSTITUCIONAL. STC 48/1996, de 25 de marzo (TOL104.646).

39 Las únicas previsiones respecto de la medida de seguridad de internamiento penal por el padecimiento de un trastorno psíquico se encuentran en los arts. 20.1, 97-101.1 del CP, y 184-191 y 265.4 del RP.

de internamiento[40] (reiteradamente denunciada tanto doctrinal[41] como jurisprudencialmente, y señalada por el mismo TC[42], como

---

40 Una de las funciones de Instituciones Penitenciarias es la de retención y custodia de detenidos, presos y penados (art. 1o, pfo. 1o LOGP y 2o RP), si bien ante la ausencia de regulación de esta medida cautelar, aunque se aprecie en los procesados signos de trastorno mental, son destinados igualmente a centros penitenciarios ordinarios, pues su ingreso en un establecimiento o unidad psiquiátrica solamente es posible para la observación y emisión del oportuno informe a la Autoridad judicial. En cualquier caso "una vez emitido el informe, si la autoridad judicial no decidies la libertad del interno, el Centro Directivo podrà decidir su traslado al Centro que le corresponda" (art. 184.a) RP. Esta laguna legislativa no existía, por el contrario, en el anterior RP de 1981, que la contemplaba en el art. 57.2, estableciendo el ingreso de detenidos y presos en "Centros Psiquiátricos Penitenciarios "cuando fuese acordado por la entonces Dirección General de Instituciones Penitenciarias, a propuesta de las Juntas de Régimen y Administración de los Establecimientos, y pese a que en el Anteproyecto de Código Penal de 1992 hubo una propuesta, la ausencia de regulación se mantiene. BARRIOS FLORES, L. F.: *Op. Cit.*, p. 32.

41 MAZA MARTÍN J.M.: "La necesaria reforma del Código Penal en materia de medidas de seguridad. Cuadernos de Derecho Judicial (Ejemplar dedicado a "Las penas y medidas de seguridad)", *Cuadernos de derecho judicial*, nº 14, 2006, pp. 15-47; BARRIOS FLORES, L. F.: Op. Cit., p. 32; RODRÍGUEZ YAGÜE, C.: *Op. Cit.*, p 456.

42 TRIBUNAL CONSTITUCIONAL. SSTC 191/2004, de 2 de noviembre (TOL508.781); 217/2015, de 22 de octubre (TOL5.572.483) y 84/2018, de 16 de julio (TOL6.680.701). En esta última resolución, respecto de la posible apreciación del art. 763 LEC (internamiento psiquiátrico civil de carácter involuntario), el TC estimó que la misma "no deja de ser una posibilidad extraordinaria, no exenta de problemas orgánicos y procedimentales entre tribunales de dos órdenes de jurisdicción llamados a conocer e injerirse en la situación de libertad de una misma persona en tiempo simultaneo". Asimismo, hay que recordar que mientras el internamiento psiquiátrico civil requiere la autorización judicial, el internamiento psiquiátrico del orden penal exige un mandato judicial, y su duración no está ligada a una decisión facultativa –sin perjuicio de los eventuales recursos ante la autoridad judicial-, como si ocurre en el orden civil, obedeciendo exclusivamente a la jurisdicción penal.

también por el Ministerio Fiscal[43] o el Defensor del Pueblo[44]), así como la mala praxis de la institución penitenciaria de regularse con base en normas propias (como son las Circulares e Instrucciones), o la misma estructura organizativa de los centros psiquiátricos penitenciarios y sus dimensiones[45], pues en la actualidad la tendencia es la creación de unidades de reducido tamaño[46], como se señala en el Criterio 89 de los Criterios de Actuación de los Jueces de Vigilancia Penitenciaria, o en la reciente propuesta del Grupo de Estudios de Política Criminal[47], que efectivamente permitiría cumplir con el contenido del art. 191.2 del RP, que exige que: "La distribución territorial de las instalaciones psiquiátricas penitenciaria favorezca la rehabilitación de los enfermos a través del arraigo en su entorno familiar"; arraigo familiar que, como bien señaló la STC 84/2018, de 16 de julio[48], es una clara utopía (y más aún en mujeres[49]). Desafortunadamente, en el año 2021 se dio a conocer un proyecto que pretende la construcción de un macro

---

43 FISCALIA GENERAL DEL ESTADO.: *Memoria de la Fiscalía General del Estado,* Madrid; 2001.

44 DEFENSOR DEL PUEBLO.: *Situación jurídica y asistencial del enfermo mental en España. Informes, Estudios y Documentos,* Madrid, 1991.

45 BARRIOS FLORES, L. F.: *Op. Cit.*, pp. 30-33.

46 Como el Comité Europeo para la Prevención de la Tortura y de las Penas o Tratos Inhumanos o Degradantes concluyó: "Actualmente está muy aceptado que los grandes establecimientos psiquiátricos suponen un riesgo significativo de institucionalización tanto para los pacientes como para el personal, tanto más si están situados en poblaciones aisladas". CONSEJO DE EUROPA.: *Informe al gobierno español sobre la visita a España realizada por el Comité Europeo para la Prevención de la Tortura y Tratos o Penas Inhumanas o Degradantes,* nº 27, 2021, p. 9.

47 GRUPO DE ESTUDIOS DE POLÍTICA CRIMINAL.: *Op. Cit.*, p. 69

48 TRIBUNAL CONSTITUCIONAL. STC 84/2018, de 16 de julio (TOL6.680.701).

49 Pues solamente se cuenta con el Pabellón del HPP de Alicante.

centro psiquiátrico penitenciario en Siete Aguas (Valencia)[50], que como expresamente se recoge en el informe del Observatorio de Derechos Humanos, Salud Mental y Prisión (ODSP) de 2022: "Va en dirección opuesta a las estrategias en materia de salud mental (...)". Un proyecto al que se opuso el Parlamento Valenciano, tras la presión ejercida por la Plataforma Salud Mental, pero que, sin embargo, fue aprobado por el Defensor del Pueblo[51].

Por consiguiente, autores como Barrios Flores[52] demandan la elaboración de un Estatuto jurídico propio de estos establecimientos que vele por los derechos de los pacientes y su régimen de vida y se instaure "una estructura netamente hospitalaria", pues, actualmente la única diferencia de los hospitales psiquiátricos penitenciarios con los centros penitenciarios ordinarios es la existencia en los primeros de un Subdirector de Enfermería, cumpliendo con ello con la Recomendación de 21 de marzo de 2014 del Mecanismo Nacional de Prevención de la Tortura (MNP) a la Secretaría General del Instituciones Penitenciarias, con la intención de que se adoptaran las medidas necesarias "para dotar a la estructura organizativa de los Hospitales Psiquiátricos Penitenciarios de Sevilla y Fontcalent de Alacant/Alicante de un carácter más asistencial, a fin de que dichos centros se asemejen a instituciones hospitalarias", dado que, como prosigue el citado autor, "en la practica el Consejo de Dirección –integrado por el Director y Subdirectores– viene asumiendo funciones que en pura lógica debieran corresponder a los Equipos Multidisciplinares o al per-

---

50 OBSERVATORIO DERECHOS HUMANOS, SALUD MENTAL Y PRISIÓN.: *Op. Cit.*, p. 7.

51 MATA, A.: "España resucita los manicomios prohibidos con este macrocentro psiquiátrico de 70.000 m^2", El confidencial, 21/06/2021.

52 BARRIOS FLORES, L. F.: *Op. Cit.*, p. 30. Como señala este autor, componen el cuadro directivo de los dos Hospitales Psiquiátricos Penitenciarios españoles un Director Gerente, un Subdirector Médico, un Subdirector de Enfermería, un Subdirector de Tratamiento, un Subdirector de Régimen, un Subdirector de Seguridad y un Administrador

sonal sanitario". Del mismo modo, resulta esclarecedor que en los Hospitales Psiquiátricos Penitenciarios nunca haya pertenecido a su cuadro directivo psiquiatra alguno, a lo que hay que añadir que la coordinación de los psiquiatras en estos dos establecimientos ha estado al mando de un facultativo de atención primaria, con lo que se ha incumplido el art. 248.8a RP de 1981, lo que comporta una "degradación" en las funciones atribuidas a los psiquiatras.

Es igualmente preocupante que el reclutamiento tanto del personal de tratamiento no sanitario, como del personal de vigilancia se realice de la misma manera que en los centros penitenciarios ordinarios, o que al personal de enfermería no se le exija la cualificación en salud mental, lo que provoca que el personal de estas instituciones, sea sanitario o no, no posea una formación específica, recibiendo tan solo algunos empleados meros "cursillos", por lo que se incumplen los estándares formativos que al respecto ha establecido el Consejo de Europa. Asimismo, la composición y régimen de los Equipos Multidisciplinares es también deficiente, denunciando Barrios Flores[53] que no forman parte de estos Equipos Multidisciplinares figuras esenciales, y presentes en los centros penitenciarios ordinarios, como son el jurista y el educador (estos equipos se integran solamente por psiquiatras, psicólogos y médicos generales), pues estos profesionales son necesarios tanto para conocer la legalidad de las actuaciones adoptadas como las necesidades especiales de estos internos, que no se debe desconocer que son personas especialmente vulnerables.

Finalmente, se ha de reiterar el antes mencionado escaso nivel dotacional de recursos humanos de Instituciones Penitenciarias,

---

53 BARRIOS FLORES, L. F.: *Op. Cit.*, p. 32. En efecto, este autor advierte como estos Equipos "ni tan siquiera han venido teniendo en la practica la consideración de órganos colegiados", si bien esta irregularidad administrativa, que contradice el art. 20.1 Ley 40/2015, de 1 de octubre, de Régimen Jurídico del Sector Publico, según el mismo: "parece que va en camino de desaparecer". Ley 40/2015, de 1 de octubre, de Régimen Jurídico del Sector Público. BOE-A-2015-10566.

sobre el que se han pronunciado tanto Naciones Unidas[54] como el Comité Europeo para la Prevención de la Tortura y de las Penas o Tratos Inhumanos o Degradantes[55]. Para ver claramente la situación en la que se encuentran estos centros, conviene reproducir unas líneas de Barrios Flores al respecto, denunciando, expresamente del Hospital Psiquiátrico de Alicante que: "A 2 de junio de 2020 la plantilla asignada al HPP Alicante era de 7 Psiquiatras, aunque el puesto solo lo ocupaban 3 Psiquiatras; la de Psicólogos eran 4 plazas. Pero a fecha de 19 de octubre de 2020 la plantilla real era de 2 Psiquiatras y 2 Psicólogos. Durante buena parte del tiempo en que se escribía este artículo no había un solo psiquiatra en el HPP Alicante (una se jubiló y los otros dos estaban de baja médica). A día de hoy, (8 de diciembre de 2020) solo presta servicio una especialista de Psiquiatría[56]".

III. SIGUIENDO LOS PASOS ITALIANOS

3.1. Proceso de desinstitucionalización

En Italia tuvo lugar una gran reforma psiquiátrica, un proceso de desinstitucionalización que terminó con el cierre de los seis hospitales psiquiátricos judiciales del país, tradicionalmente cuestionados por sus obsoletas y deficientes instalaciones, donde predominaba principalmente la función de custodia[57], y su progresi-

---

54 Principio 14.1.a) de los Principios para la protección de los enfermos mentales y el mejoramiento de la atención de la salud mental, adoptados por la Asamblea General en su resolución 46/119, de 17 de diciembre de 1991.

55 CONSEJO DE EUROPA.: *Internamiento involuntario en establecimientos psiquiátricos. Extracto del 8º Informe General, 1998*, p. 6.

56 BARRIOS FLORES, L. F.: *Op. Cit.*, p. 33.

57 BARBUI, C./SRACENO, B.: "Closing forensic psychiatric hospitals in Italy: a new revolution begins?", *The British Journal of Psychiatry*, 206, 2015, pp.

va sustitución, entre los años 2011 a 2017, por pequeñas unidades forenses (REMS).

La famosa "Ley Basaglia[58]", también denominada Ley 180 sobre salud mental, se transformó en 1978 en la ley número 833, que estableció el Servicio Nacional de Salud y abolió la antigua "hospitalización forzosa" basada en la peligrosidad, supeditando los tratamientos de salud obligatorios a medidas temporales para proteger la salud, y proponiendo la clausura gradual de los hospitales psiquiátricos[59]. Ahora bien, siguiendo a Mezzina[60], la Ley Basaglia tuvo que afrontar el complejo problema existente respecto de los hospitales psiquiátricos judiciales, pues durante el Código Penal de la era fascista (el conocido "Código Rocco" de 1930), en virtud de la denominada doble vía, a los delincuentes declarados no imputables por razón de "enfermedad mental" (total o parcial), siempre que se constatase su "peligrosidad social" (mediante un informe pericial psiquiátrico), se les sometía a una medida de seguridad en estos hospitales psiquiátricos judiciales o en un "hogar de custodia de ancianos"; medidas con una duración de entre 5 a 10 años prorrogables que, en la práctica, comportaban una "cadena perpetua blanca", fundamentalmente porque, aunque con esta célebre ley se derogó el "estatus especial" de las personas con trastornos mentales, que volvieron a gozar de ciudadanía plena, aboliéndose los asilos civiles en 1999, los psiquiátricos judiciales persistieron, teniendo en cuenta su tardía declaración de inconstitucionalidad por parte del Tribunal Constitucional italiano, que previamente simplemente había afirmado, en repetidas ocasiones, que: "La persistencia de un trastorno y la

---

445–446, p. 445; PELOSO P.F./ D'ALEMA, M./FIORITTI, A.: "Mental health care in prisons and the issue of forensic hospitals in Italy", *The Journal of Nervous and Mental Disease,* 202, 2014, *pp*. 473-478.

58 Ley de Reforma Psiquiátrica número 180, sobre Investigaciones y Tratamiento Sanitario Voluntario y Obligatorio

59 MEZZINA, R.: *Op. Cit.*, p. 229.

60 MEZZINA, R.: *Op. Cit.*, p. 230.

peligrosidad debían ser evaluadas en el momento de la aplicación de la medida de seguridad, con el consiguiente envío de la persona a un OPG", junto con diferentes circulares ministeriales que solamente limitaban el envío para la observación desde prisión o para valoración pericial psiquiátrica[61].

Y, en este proceso de clausura de los OPG cabe señalar, por su importancia, el informe al Consejo de Europa del Comité para la Prevención de la Tortura y del Trato Inhumano o Degradante[62] del año 2008, pues, al margen de hacerse eco, con carácter general, de diferentes denuncias de presuntos malos tratos físicos y/o uso excesivo de la fuerza por parte de funcionarios, específicamente respecto de los hospitales psiquiátricos penitenciarios denunció las malas condiciones de los mismos y la necesidad de mejorar el régimen diario de hospitalización de los pacientes, debiéndose aumentar el número y la variedad de sus actividades terapéuticas diarias, y advirtiendo, a la par, que algunos pacientes habían permanecido recluidos en estos establecimientos más allá del plazo fijado por la orden de internamiento.

Un hito clave lo protagonizará, por otro lado, el decreto de 2008, que promulgó la introducción de un servicio de salud penitenciaria gestionado por el Servicio Nacional de Salud, pues posibilitó el inicio del proceso de regionalización de los OPG. No obstante, las críticas y escándalos por el mal estado de estos centros persistió, sobre todo a raíz de una denuncia en forma de película que provocó el pronunciamiento del Presidente de la República reclamando una solución definitiva del problema[63]. A partir de entonces, con la creación de una coordinación nacional de aso-

---

61 MEZZINA, R.: *Op. Cit.*, p. 230.

62 CONSEJO DE EUROPA.: *Comitato del Consiglio d'Europa per la prevenzione della tortura e dei trattamenti inumani o degradanti (CPT)*, 2008. Disponible en: https://www.coe.int/it/web/cpt/-/council-of-europe-anti-torture-committee-publishes-report-on-ita-1

63 MEZZINA, R.: *Op. Cit.*, p. 231.

ciaciones de la sociedad civil, llamada StopOPG, se promovió la superación de estas arcaicas instituciones. A nivel legislativo, cabe señalar el Decreto-ley 211/2011, convertido en Ley 9/2012, y finalmente la Ley 81/2014, de 30 de mayo, relativa a "Disposiciones urgentes relativas a la superación de los hospitales psiquiátricos judiciales", que posibilitó el cierre definitivo del último OPG en el año 2017[64]. Así las cosas, muchos entienden que esta ley ha comportado una revolución tildada de "suave", la cual, a pesar de los problemas todavía existentes, gracias a la contribución del Comisionado Parlamentario para la Superación de los OPG, con el suministro de informes semestrales y anuales hasta el año 2018, y a un sistema de monitoreo específico adoptado por 19 de las 20 regiones, conocido como SMOP, ha posibilitado un importante avance en el camino de superación de los OPG, al fijar la Ley 81/2014 diferentes plazos y procedimientos que obligó a las autoridades regionales a seguir estrictamente los pasos para el proceso de cierre, aparte de exigirse, entre otros aspectos importantes, que se desarrollasen programas de alta individualizados dentro de un plazo determinado, con la garantía de condiciones seguras[65].

3.2. Nueva realidad: las conocidas REMS

Como se acaba de señalar, la Ley 81/2014, de 30 de mayo, sustituyó la ejecución de las medidas de seguridad en los OPG por el envío a las REMS, siendo posible el cierre de estos hospitales psiquiátricos judiciales gracias a la construcción, por cada región, y en virtud del principio de territorialidad, de estructuras residenciales con un máximo de 20 camas[66]. Las REMS, con fines

---

64 MEZZINA, R.: *Op. Cit.*, p. 231.

65 BARBUI, C./SRACENO, B.: *Op. Cit.*, p. 445.

66 Las REMS varían en relación a sus dimensiones, pues existen REMS de 2 a 20 camas, que es el máximo permitido por ley, aunque se denuncia la creación en el antiguo OPG de Castiglione delle Stiviere un conjunto "polimodular" para unas 200 plazas.

terapéuticos y gestionadas por un equipo multiprofesional, aunque puntualmente pueden ser gestionadas de forma privada, en general son públicas y están administradas por el Departamento de Salud Mental (DSM) de la región en particular en la que se encuentren. Por su parte, en cuanto a la seguridad, se ha excluido su contradictoria y cuestionada gestión por parte del personal sanitario, optando por la seguridad privada, si bien de forma conjunta con las autoridades de seguridad pública mediante un "control perimetral", llevado a cabo por sistemas de vigilancia remota.

Además, con la mencionada ley el Departamento de Salud Mental tiene un papel protagonista, pues a diferencia de lo que pasaba anteriormente, donde era el juez el que tenía la última palabra respecto de las medidas a implementar en estos casos (excepto que se solicitara de forma expresa un programa), actualmente el Departamento de Salud Mental es fundamental para evaluar y proponer alternativas, a través de protocolos específicos con el poder judicial, en todos los momentos de la investigación y en el juicio, junto con el plan de tratamiento en las REMS y el Proyecto Terapéutico de Rehabilitación Individual (PTRI), que se ha de aportar dentro del plazo de 45 días desde el ingreso en estas residencias, con el objetivo de buscar alternativas a las mismas[67]. Al respecto se pronunció de forma positiva el Comité Nacional de Bioética italiano[68], subrayando los "principios de residualidad de la medida de seguridad, de territorialidad en su ejecución, de individualidad del proyecto terapéutico y, sobre todo, del principio de primacía de la salud del paciente sobre las necesidades de control social", destacando especialmente Mezzina[69] otros aspectos clave, como la continuidad

---

67 MEZZINA, R.: *Op. Cit.*, p. 236.

68 COMITATO NAZIONALE PER LA BIOETICA.: *La cura delle persone con malattie mentali: alcuni problemi bioetici*, Presidenza del Consiglio dei Ministri, Roma, 21 settembre 2017. Disponible en: http://bioetica.governo.it/it/comunicazione/notizie/la-cura-delle-persone-con-malattie-mentali-alcuni-problemi-bioetici/.

69 MEZZINA, R.: *Op. Cit.*, p. 237.

terapéutica y la globalidad e integración de las intervenciones con un equipo multidisciplinar. Asimismo, subraya este autor la importancia de la prevención secundaria, mediante la "práctica proactiva y asertiva de los subgrupos de continuidad terapéutica, que operan en los diversos Centros de Salud Mental (CSM), abiertos las 24 horas, cada uno con 6 camas, dirigidos a personas de alta prioridad con criterios definidos". Estas intervenciones, que pueden realizarse en el domicilio de la persona en cuestión, pretenden prevenir los tratamientos sanitarios obligatorios, enfocándose en una gestión global de las necesidades personales y sociales, y centradas en los ejes hogar-trabajo-vida social. En relación con ello, se señala que la tasa de tratamientos sanitarios obligatorios habría caído en los últimos años en Italia.

En definitiva, se ha apostado por una responsabilidad compartida entre el sujeto en cuestión, la REMS pertinente y el centro de salud de referencia, evitando que en la práctica estas instituciones se conviertan en nuevos mini-OPG, y ofreciendo de hecho alternativas al poder judicial que eviten el envío a las REMS[70].

3.3. Deficiencias

La implantación de las REMS se ha tenido que enfrentar, como previamente se ha adelantado, a múltiples problemas. Y, entre los variados hándicaps existentes, la mayor dificultad en la sustitución de los OPG ha sido, siguiendo a Mezzina[71], "la aplicación del sistema penitenciario en una estructura que, por ley, está exclusivamente bajo gestión sanitaria interna". Igualmente, se denuncia el circulo vicioso existente con los sujetos que padecen patologías crónicas o algún trastorno de la personalidad de difícil tratamiento y rehabilitación en contextos reales, y ello a pesar de que la nueva ley estipula que esta medida no podrá exceder de la

---

70 MEZZINA, R.: *Op. Cit.*, p. 241.

71 MEZZINA, R.: *Op. Cit.*, p. 235.

duración de la pena prevista para el delito, o la creación (para algunos autores, sin fundamento) de la nueva categoría de "peligro social atenuado", si bien en estos casos el consultor técnico puede proponer, tras un trabajo terapéutico y rehabilitador, el cambio de la medida de seguridad de detención por otra no privativa de libertad. No en balde, conforme con el Tribunal Constitucional, la medida de seguridad privativa de libertad debe considerarse en todo caso como "una solución residual y extrema que debe imponerse únicamente en los casos en que ninguna otra forma de tratamiento pueda considerarse adecuada", por lo que las REMS serían, en realidad, excepcionales[72].

Conviene apuntar, a la par, otro aspecto no menos importante, como es que la implementación de las REMS se ha visto influida por las políticas y el entorno cultural de cada región, mostrándose reticentes la mayoría de estas en su creación[73], y siendo necesario llegar a acuerdos en la Conferencia Estado-Regiones[74], pues lo cierto es que, mientras que en algunas regiones existe más de una REMS, en otras no existe ninguna, debiéndose apoyar, en tales casos, en regiones vecinas. También es destacable que en muchos de estos centros las estructuras de "control perimetral" han ido acompañadas de la permanencia de modelos de custodia (como ejemplo, algunas regiones propusieron inicialmente adaptar las instalaciones penitenciarias en desuso para estas REMS), o cuentan con vigilantes internos, lo que, sin duda, contradice el espíritu de esta reforma.

---

72 MEZZINA, R.: *Op. Cit.*, p. 235.

73 LORITO, C./ *CASTELLETTI, L./LEGA, I./GUALCO, B./SCARPA, F./ VÖLLM, B.:* "The closing of forensic psychiatric hospitals in Italy: Determinants, current status and future perspectives. A scoping review", *International journal of law and psychiatry,* nº 55, 2017, pp. 54-63. En el citado artículo se puede consultar la distribución de REMS en cada región sanitaria, las camas existentes y el porcentaje de ocupación.

74 MEZZINA, R.: *Op. Cit.*, p. 241.

No es de extrañar, como refiere Mezzina[75], que las REMS hayan sido calificadas como "mini-OPG[76]". En cualquier caso, hay que reconocer que las mismas han tenido que enfrentarse al desafío de conformar una alternativa real a los viejos hospitales psiquiátricos penitenciarios, que ha sido posible gracias a una coordinación nacional entre el Ministerio y las Regiones, que han atendido a las recomendaciones de asociaciones tan relevantes como StopOPG. En esta línea, la base territorial ha sido esencial para su puesta en marcha, siendo destacables especialmente los Departamentos de Salud Mental respectivos, que deben garantizar la reinserción social a través de medidas terapéuticas y soluciones habitacionales. Y, precisamente para hacer frente a estas deficiencias, a finales del año 2021 se constituyó un órgano de coordinación ministerial sobre el proceso de superación de los OPG, mientras que el Departamento de Salud Mental se ha comprometido a garantizar la realización de proyectos alternativos a las REMS, en consenso con el Poder Judicial.

Ciertamente, se detecta una tendencia a alargar la estancia de los pacientes en las REMS (donde se tienden a acumular pacientes con delitos graves y una duración entre 5-10 años), si bien no se tienen datos exactos de las "listas de espera" al no existir un sistema nacional fiable, sin olvidar que en la mayoría de ocasiones se recurre a la cuestionable práctica de la medida de seguridad provisional. De todos modos, es destacable que el número de sujetos que esperaban ingresar en las REMS desde la prisión se redujo, en el año 2021, respecto del 2020, de 98 a 35, con independencia de que la judicatura siga reclamando de forma constante la necesidad de un aumento del número de camas. En relación con lo apuntado, cabe señalar que recientemente el Tribunal Europeo de Derechos Humanos (TEDH), en su sentencia de 24 de enero

---

75 MEZZINA, R.: *Op. Cit.*, p. 241.

76 Al final, se podría haber producido la "transinstitucionalización" a la que aludían Barbui y Saraceno. BARBUI, C./SRACENO, B.: *Op. Cit.*, p. 446.

de 2022[77], condenó a Italia por permitir, ante la ausencia de plazas en una REMS, la detención ordinaria de un hombre que padecía un trastorno bipolar agravado por la toxicomanía, pese a las decisiones de los jueces nacionales que ordenaron su traslado a una residencia psiquiátrica, pues conforme con diferentes informes periciales su estado de salud era incompatible con su permanencia en un régimen penitenciario ordinario.

Así pues, lo cierto es que no se ha conseguido el objetivo del legislador de superar definitivamente la lógica basada en el internamiento, pues el nuevo sistema de las REMS se ha promulgado en un momento de declive del sistema de salud mental italiano, como consecuencia de la ausencia de inversión general y la constante falta de equidad entre las regiones[78]. Por ello, pese a que desde el primer decreto-ley de 2011 se previó el fortalecimiento de las REMS, no se ha cumplido con la citada previsión, produciéndose, por el contrario, una reducción adicional y considerable de los recursos, con el riesgo de retroceso de las REMS con el Proyecto de Ley de Justicia nº 103/17. Además, no hay que desconocer que un Tribunal de Tívoli presentó una cuestión de inconstitucionalidad sobre la nueva ley (Ley 81/2014), y, aunque Tribunal Constitucional rechazó su admisión[79], al ser consciente del "vacío regulatorio" que ello hubiese significado, señaló la necesidad de regulación orgánica de una situación que fue abordada y reglamentada de manera provisional. De hecho, para Mezzina[80], el mayor riesgo existente es que "lo que era transitorio, diseñado para superar los OPG (para los que ni siquiera se utilizó la dicción REMS hasta 2014), se convierta en un sistema estabilizado con mayor número de camas, mayores y obligatorios automatismos,

77 TRIBUNAL EUROPEO DE DERECHOS HUMANOS. STEDH 24.1.22, Sy C. Italia (TOL8.753.672).

78 MEZZINA, R.: *Op. Cit.*, p. 243.

79 CORTE COSTITUZIONALE. Sentenza nº 22/2022, relativa alla costituzionalità della legge n. 81/ 2014 sollevata dal Tribunale di Tivoli.

80 MEZZINA, R.: *Op. Cit.*, p. 244.

en definitiva, que se institucionalice una nueva y problemática doble vía, lo que legitima plenamente incluso la impugnación de medidas provisionales de seguridad".

IV. REFLEXIONES FINALES

La respuesta penitenciaria prevista en el ordenamiento jurídico español ante la ejecución de las medidas de seguridad privativas de libertad es verdaderamente deficiente, especialmente ante la escasez de recursos materiales y personales, que ha comportado la saturación de los pocos establecimientos psiquiátricos penitenciarios existentes, provocando ello una alta prevalencia en las prisiones ordinarias de personas con graves problemas de salud mental. Ante este escenario, sería conveniente efectuar las reformas pertinentes, tanto legislativas como presupuestarias, en aras de conseguir hacer frente a la situación de extrema vulnerabilidad que presentan las personas con trastornos mentales que cometen conductas delictivas. Y, para ello, se entiende que sería necesario contar con más recursos no penitenciarios para el tratamiento de estos casos, así como con la garantía de una asistencia social postpenitenciaria de carácter psiquiátrico, debiendo ser preferente, como en la reciente propuesta del Grupo de Estudios de Política Criminal se señala, la ejecución de las medidas de seguridad en los recursos sociosanitarios ordinarios y comunitarios[81].

En aras de ello, se deberían fortalecer los servicios públicos y la implementación de protocolos de colaboración interinstitucional. Y, precisamente en Italia se tiene un claro precedente de este proceso de desinstitucionalización, que terminó con la sustitución de los hasta hace unos pocos años existentes OPG, fuertemente objetados por sus obsoletas instalaciones y su modelo de custodia imperante, por las populares REMS, de gestión regional y con una

---

81 GRUPO DE ESTUDIOS DE POLÍTICA CRIMINAL.: *Op. Cit.*, p. 12.

clara orientación terapéutica. No en balde, autores como Barrios Flores[82], tras reclamar una imprescindible distinción entre el sistema asistencial y la labor pericial/informativa, inexistente en la actualidad[83], recomienda seguir las reformas que en países como el italiano se han realizado, apostando igualmente por trasladar al ámbito no penitenciario el cumplimiento de las medidas de seguridad; traspaso permitido tanto por el art. 101.1 CP, como por el art. 20 RD 840/2011. En esta línea, dada la incompetencia de la Administración penitenciaria en la gestión de estos internamientos penales, apuesta por la conveniencia del traspaso de su gestión a las Comunidades Autónomas, y ello con independencia del incumplimiento (salvo excepciones) del mandato legal, establecido en la Disposición Adicional 6ª de la Ley 16/2003 de 28 de mayo, de cohesión y calidad del Sistema Nacional de Salud[84], de traspaso a las Comunidades Autónomas de las competencias sobre sanidad penitenciaria. No obstante, como el autor supra citado reconoce, aunque sería difícil la creación de unidades especiales para el cumplimiento de estas medidas en todas las Comunidades Autónomas (en atención al coste de estas y el escaso número de internados sujetos a una medida de seguridad de internamiento psiquiátrico penal), sería factible la suscripción de Convenios intercomunitarios, conforme con el art. 145.2 de la Constitución, pudiendo ofrecer, de esto modo, todas las Comunidades, aten-

---

82 BARRIOS FLORES, L. F.: *Op. Cit.*, p. 34.

83 Pues, conforme señala este autor, ello provoca una "contaminación de roles", y dificulta la relación terapéutica. Por tanto, propone como modelo de referencia las Comisiones de Seguimiento Médico francesas, pero con la salvedad de que en el nombramiento de sus integrantes estén las autoridades sanitarias y judiciales. BARRIOS FLORES, L. F.: *Op. Cit.*, p. 35.

84 Ley que, como señala Rodríguez Yagüe, intentó superar el modelo de convenios que el RP de 1996 previó, consistente en un modelo mixto en el que la prestación de la asistencia primaria continuaba en manos de IIPP pero derivaba la atención especializada al Sistema Nacional de Salud. RODRÍGUEZ YAGÜE, C.: *Op. Cit.*, p. 471.

ción en la misma región o regiones próximas, y cumpliendo así con el contenido del art. 191.2 del RP que establece que: "la distribución territorial de las instalaciones psiquiátricas penitenciaria favorezca la rehabilitación de los enfermos a través del arraigo en su entorno familiar". Unidades que deberían estar del mismo modo disponibles para los casos en los que, conforme con el art. 60.1 CP, se decrete una medida privativa de libertad ante un trastorno mental sobrevenido de reclusos penados.

De la misma manera, en la propuesta antes citada del Grupo de Estudios de Política Criminal, junto con la preferencia por la ejecución de las medidas de seguridad en los recursos sociosanitarios ordinarios y comunitarios (por lo que los internamientos en psiquiátricos penitenciarios los reservan exclusivamente "para aquellos casos en los que la duración del internamiento considerado adecuado en la sentencia sea superior a dos años, o el sujeto haya cometido hechos delictivos con reiteración, y sea imprescindible asegurar un nivel de control máximo[85]"), se apuesta también por la creación de unidades psiquiátricas penitenciarias, en centros polivalentes, que complementen los Servicios autonómicos del Sistema Nacional de Salud, en cada comunidad, con un límite de 20 personas (en su propuesta de introducir un nuevo artículo 184 en la LOGP), con una clara y expresa inspiración italiana[86].

Sin embargo, y pese a la idoneidad de estas propuestas, se entiende que se corre el riesgo de que estos centros o unidades puedan derivar, simplemente, en meros "mini-psiquiátricos penitenciarios", teniendo en cuenta que, como ha ocurrido en Italia, que

---

85 Para consultar la propuesta de la nueva redacción del artículo 101 CP, consultar: GRUPO DE ESTUDIOS DE POLÍTICA CRIMINAL.: *Op. Cit.*, p. 54. Interesa destacar, por su importancia en estos casos, que en los casos de patología dual se regula por primera vez, de forma específica, la opción de disponer del lugar más adecuado para la ejecución de la medida de internamiento según las circunstancias concretas del sujeto.

86 GRUPO DE ESTUDIOS DE POLÍTICA CRIMINAL.: *Op. Cit.*, p. 68.

es en este punto un claro espejo de lo que podría ocurrir también en territorio español de efectuarse esta reforma, es verdaderamente cuestionable que el sistema de salud ordinario pudiese absorber la demanda existente, dada la falta de inversión general y el desequilibrio en las diferentes comunidades existente, pues, como la totalidad de autores que propugnan estas reformas ciertamente reconocen de forma expresa, la apuesta por la vía extra penitenciaria se enfrenta a un obstáculo importante, como es la infradotación de recursos en el sistema de salud mental. En cualquier caso, las razones presupuestarias no deberían condicionar la propuesta de todas aquellas reformas necesarias para la protección de los derechos fundamentales de las personas con enfermedad mental que hayan cometido delitos. Es por ello que sería conveniente, como entiende Barrios Flores[87], la creación de un Estatuto de las personas sometidas a internamiento por razón penal, ya que estas personas, citando expresamente a este autor, "poseen dos peculiaridades especiales derivadas tanto del origen de esta medida (mandato judicial y no mera autorización, como sería el caso del internamiento psiquiátrico civil involuntario) como del hecho de la duración de la misma (sometida esta si a la autorización judicial previa)". Y esta situación particular demanda un marco de protección de sus derechos, en la actualidad insuficiente, y que debería partir de los postulados de Naciones Unidas, concretamente de los "Principios para la protección de los enfermos mentales y el mejoramiento de la atención de la salud mental", adoptados por la Asamblea General en su Resolución 46/119, de 17 de diciem-

[87] BARRIOS FLORES, L. F.: *Op. Cit.*, pp. 34-35.

bre de 1991 y la amplia labor del Comité de Derechos Humanos, la Unión Europea[88] y el Consejo de Europa[89].

En definitiva, se incide en la necesidad de reforma de la respuesta penitenciaria ante la ejecución de la medida de internamiento prevista en el ordenamiento jurídico español, siendo pertinente la potenciación de alternativas extrapenitenciarias y la sustitución de los grandes psiquiátricos penitenciarios, como ha ocurrido en Italia, por unidades regionales de reducido tamaño con una clara orientación terapéutica, complementarias a los recursos sociosanitarios ordinarios. Asimismo, se reitera la importancia de programas que permitan el tránsito entre las instituciones penitenciarias y las redes de salud mental comunitaria (como, por ejemplo, el ya existente "Programa Puente"), si no se quiere que, al final, los centros o unidades de internamiento, sean denominados residencias o psiquiátricos, sean, de facto, prisiones. Ahora bien, para poder llevar a cabo esta transformación es imprescindible una importante inversión general, puesto que el éxito de esta reforma, como se ha constatado en Italia, depende de la disposición de recursos y de una adecuada coordinación institucional y territorial.

---

88 VALENTI, E./BARRIOS FLORES, L..: "Mental Health and Human Rigths in Forensic Psychiatry in the European Union", En: SADOFF, R. L. (Ed.): *Ethical Issues in Forensic Psychiatry. Minimizing Harm,* Wiley-BlackwelL, West Sussex (UK), 2010, pp. 35-55.

89 LASAGABASTER HERRARTE, I. (Ed.): *Convenio Europeo de Derechos Humanos: comentario sistematico,* Civitas/Thomson Reuters, Cizur Menor (Navarra), 2009; BARRIOS FLORES, L.: "Los derechos del internado por razon penal en el ambito del Consejo de Europa", en: KRAUT, A.J. (Dir.):*Derechos humanos y salud mental. Una mirada interdisciplinaria. Tomo II,*, Rubinzal-Culzoni, Buenos Aires, 2020. pp. 463-496.

V. REFERENCIAS BIBLIOGRÁFICAS

ASOCIACIÓN ESPAÑOLA DE NEUROPSIQUIATRÍA (AEN): *Por una atención integral a las personas con trastornos graves de salud mental basada en el respeto de sus derechos,* Madrid, 2009.

BARBUI, C./SRACENO, B.: "Closing forensic psychiatric hospitals in Italy: a new revolution begins?", *The British Journal of Psychiatry,* 206, 2015, pp. 445–446.

BARRIOS FLORES, L. F.: "El internamiento psiquiátrico penal en España. Situación actual y propuestas de futuro", *Norte de Salud Mental,* Vol. 17, nº. 64, 2021, pp. 25-38,

BARRIOS FLORES, L.: "Los derechos del internado por razon penal en el ambito del Consejo de Europa", en: KRAUT, A.J. (Dir.):*Derechos humanos y salud mental. Una mirada interdisciplinaria. Tomo II,,* Rubinzal-Culzoni, Buenos Aires, 2020. pp. 463-496.

COMITATO NAZIONALE PER LA BIOETICA: *La cura delle persone con malattie mentali: alcuni problemi bioetici,* Presidenza del Consiglio dei Ministri, Roma, 21 settembre 2017.

CONSEJO DE EUROPA: C*omitato del Consiglio d'Europa per la prevenzione della tortura e dei trattamenti inumani o degradanti (CPT),* 2008. Disponible en: https://www.coe.int/it/web/cpt/-/council-of-europe-anti-torture-committee-publishes-report-on-ita-1

CONSEJO DE EUROPA: *Informe al gobierno español sobre la visita a España realizada por el Comité Europeo para la Prevención de la Tortura y Tratos o Penas Inhumanas o Degradantes,* nº 27, 2021.

CONSEJO DE EUROPA: *Internamiento involuntario en establecimientos psiquiátricos. Extracto del 8º Informe General, 1998.*

DEFENSOR DEL PUEBLO: *Situación jurídica y asistencial del enfermo mental en España. Informes, Estudios y Documentos,* Madrid, 1991.

FISCALIA GENERAL DEL ESTADO: *Memoria de la Fiscalía General del Estado,* Madrid; 2001.

GARCÍA VALDÉS, C.: *Estudios de Derecho Penitenciario,* Tecnos, Madrid, 1982.

GRUPO DE ESTUDIOS DE POLÍTICA CRIMINAL: *Una propuesta alternativa para un nuevo régimen penal aplicable a las personas con enfermedad mental o discapacidad intelectual,* Tirant lo Blanch, Valencia, *2023.*

HAVA GARCÍA, E.: "Enfermedad mental y prisión: análisis de la situación penal y penitenciaria de las personas con trastorno mental grave (TMG)", *Estudios penales y criminológicos,* nº 41, 2021, pp. 59-135.

LASAGABASTER HERRARTE, I. (Ed.): *Convenio Europeo de Derechos Humanos: comentario sistematico,* Civitas/Thomson Reuters, Cizur Menor (Navarra), 2009.

LÓPEZ LÓPEZ, A.: "El enfermo mental y la legislación penitenciaria. Psiquiatría penitenciaria, perspectiva histórica y actual", en DELGADO BUENO, S. (dir.): *Tratado de Medicina Legal y Ciencias Forenses V: Psiquiatría Legal y Forense,* Bosch, Barcelona, 2013, pp. 343-368.

LORITO, C./CASTELLETTI, L./LEGA, I./GUALCO, B./SCARPA, F./ VÖLLM, B.: "The closing of forensic psychiatric hospitals in Italy: Determinants, current status and future perspectives. A scoping review", *International journal of law and psychiatry,* nº 55, 2017.

MATA, A.: "España resucita los manicomios prohibidos con este macrocentro psiquiátrico de 70.000 m²", El confidencial, 21/06/2021.

MAZA MARTÍN J.M.: "La necesaria reforma del Código Penal en materia de medidas de seguridad. Cuadernos de Derecho Judicial (Ejemplar dedicado a "Las penas y medidas de seguridad)", *Cuadernos de derecho judicial,* nº 14, 2006, pp. 15-47.

MEZZINA, R.: "La pena y la cura. Servicios de salud mental en Italia después del cierre de los hospitales psiquiátricos judiciales", *Revista Asociación Española Neuropsiquiatría,* nº 42(141), 2022, pp. 227-249.

MINISTERIO DEL INTERIOR.: *Estudio sobre Salud Mental en el Medio Penitenciario. Diciembre – 2006*", Dirección General de Instituciones Penitenciarias, 2007, pp. 1-60.

MUÑOZ ESCANDELL, I.: *Informe sobre el estado de los derechos humanos en salud mental 2019,* Confederación Salud Mental, Madrid, 2020, pp. 68-69.

OBSERVATORIO DERECHOS HUMANOS, SALUD MENTAL Y PRISIÓN.: *Informe 2022,* Ámbit, 2022, pp. 1-60

PELOSO P.F./ D'ALEMA, M./FIORITTI, A.: "Mental health care in prisons and the issue of forensic hospitals in Italy", *The Journal of Nervous and Mental Disease,* 202, 2014, *pp.* 473-478.

RODRÍGUEZ YAGÜE, C.: "El Derecho Penitenciario Humanitario", *Anuario de derecho penal y ciencias penales,* Tomo 72, Fasc/Mes 1, 2019, pp. 439-482.

SECRETARÍA GENERAL DE INSTITUCIONES PENITENCIARIAS.: *Hospitales Psiquiátricos dependientes de la Administración Penitenciaria. Propuesta de Acción,* 2011.

SINGLETON, N., MELTZER, H., GATWARD, R. COID, J. y DEASY, D.: *Psychiatric morbidity among prisoners in England and Wales,* London, Stationery Office, 1998.

VALENTI, E./BARRIOS FLORES, L..: "Mental Health and Human Rigths in Forensic Psychiatry in the European Union", En: SADOFF, R. L. (Ed.): *Ethical Issues in Forensic Psychiatry. Minimizing Harm,* Wiley- BlackwelL, West Sussex (UK), 2010, pp. 35-55.

VICENS, E., TORT, V., DUEÑAS, R. M., MURO, A., PÉREZ-ARNAU, F., ARROYO J. M., ACÍN, E., DE VICENTE, A., GUERRERO, R., LLUCH, J., PLANELLA, R. y SARDA, P., "The prevalence of mental disorders in Spanish prisons", *Criminal Behaviour and Mental Health,* nº 21, 2011.

Prison, mental health, diversion and forensic care in the Netherlands[1]

MICHIEL VAN DER WOLF
Professor of Forensic Psychiatry, Leiden University
Associate professor in Criminal Law, University of Groningen
Deputy judge at the Criminal Court of Amsterdam
and Court of Appeal in Leeuwarden

I. INTRODUCTION: THE RELEVANT DUTCH SOCIETAL CONTEXT

1. The policies regarding 'confused persons'

On May 4th 2010, during the traditional two minutes of silence for remembrance day on Dam square in Amsterdam, in attendance of the royal family, a scream described by bystanders as bone-chilling and a 'death cry' breaks the protocol. A massive panic

---

1 This chapter is an extended version of the presentation given during the conference in Valencia. The first paragraph is a translated summary of my inaugural lecture as professor of Forensic Psychiatry in Leiden on April 11, 2022: VAN DER WOLF, M. J. F.: *In de war van verwarring. De (taak van de) forensische psychiatrie in deze tijd (oratie Leiden)*, Den Haag: Boom criminologisch, 2022. The other paragraphs are in part based on: VAN DER WOLF, M. J. F./MEVIS, P. A. M.: "Defendants and detainees with psychiatric disturbances in the criminal process and in the prison system in the Netherlands", in VAN KEMPEN, P. H./KRABBE, M. (eds.): *Mental health and criminal justice: international and domestic perspectives on defendants and detainees with mental illness*, Den Haag: Eleven, 2021, p. 359-386. For a comparison to Spain see in the same book: CEREZO, A.: "Defendants and detainees with psychiatric disorders in the Spanish criminal justice system", p. 449-464.

reaction follows, registered on live television, in which several members of the audience are injured. The first headline describing a testimony of the 'Damscreamer', as he will become known in media, is: 'I am not confused.'[2] It is a novelty that the word confused is being used in media to describe incomprehensible motives of a defendant, in this case of using false alarm cries and causing grievous bodily harm through recklessness, for which he was later convicted.[3] In his conviction confusion did not play an influential role as he explained 'My life was in that scream' – he was homeless and drank a lot at the time.[4] Nevertheless, in my retrospective analysis, this event is the 'moment of birth' of a policy area labeled 'confused persons'.

Later that year, during a carriage parade on Prince's day in The Hague someone throws a tea light holder at the royal family. This 'Tealightholderthrower' – notice how in the media frame these people are being equated with their acts, similar in the term 'confused persons' – will later be found diminished responsible on account of a mental disorder.[5] It is worldwide not uncommon that incidents involving the head of State accelerate policy and legislative reforms related to forensic psychiatry. To mention but two examples: the English case of Daniel M'Naghten, who committed an attempted homicide on the then prime minister (killing its secretary), is still considered '*the most significant case in the history*

---

2 STAM, Jaap: "Damschreeuwer: 'Ik ben niet verward'", *de Volkskrant,* 22 september 2011. In his conviction his mental state at the time of the crime was of no consequence.

3 Court of Amsterdam 6 October 2011, ECLI:NL:RBAMS:2011:BT6834 and Appeal court Amsterdam 9 March 2012, ECLI:NL:GHAMS:2012:BV8417.

4 ANNEMIEK CORNIELJE: "Damschreeuwer geeft interview: 'In die schreeuw zat mijn leven'", *Linda* 17 december 2015.

5 Court of The Hague 16 September 2011, ECLI:NL:RBSGR:2011:BT1745.

of the insanity defense'.[6] And for mental health law in the United States, the case of John Hinkley who attempted the same in 1981 regarding president Ronald Reagan, had a similar impact.[7]

Since 2011 – as mentioned no coincidence in my analysis – the Dutch police registers notifications of 'confused persons'. Figure 1 shows that every year since then the number of notifications has risen, up to about four hundred phone calls a day.[8]

Figure 1. Notifications of 'confused persons' 2011-2023

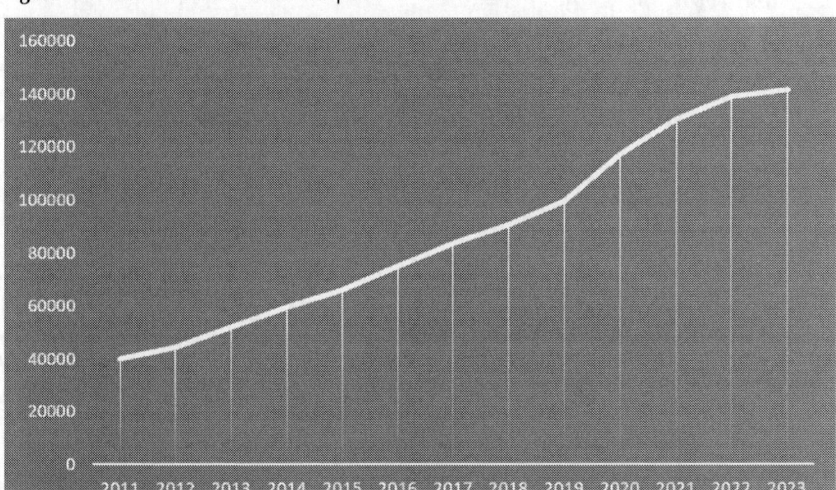

According to policy documents, confused persons are those who have an impairment in judgement due to a mental disorder, causing behavior that is dangerous to self or others and/or a threat to public order and security. Excluded are emotional reactions to

6 EULE, J.: "The presumption of sanity: Bursting the bubble", *University of California at Laos Angeles Law Review*, 25, 1978, p. 637-699, 644.

7 See for example APPELBAUM, P. S.: *Almost a Revolution. Mental Health Law and the Limits of Change*, New York: Oxford University Press, 1994.

8 Numbers are from the public data site of the police: https://data.politie.nl/#/Politie/nl/dataset/47021NED/table?ts=1670876134024

an event, substance use dependance and personality disorders, but such causes do explain a substantial part of the notifications nevertheless. It is estimated that in half of the notifications the persons are not actually confused, and only about a quarter to a third of the persons actually has a mental disorder.[9]

2. Explaining the rise of 'persons with confused and misunderstood behavior'

The question is of course what explains this enormous rise. Three types of explanations can be identified. The first is the one most often referred to: an increase of 'confused persons' on the streets. Generally, a failing mental health care system is considered to be the root cause of this development, or budget cuts or deinstitutionalization (reduction of secure beds) in regular mental health care. However, while it is hard to scientifically prove this causal relation, the also rising numbers of civil commitment to mental health care suggest that this cannot be the main explanation. A second type of explanations is the rise of the amount of persons with mental disorders in general. As explanations for this trend, larger developments that lead to a growing complexity of society are pointed to. For example crises related to economy, climate, migration and identity may confuse people to the point that they fit the definition. The fact that the notifications have increased most during the covid pandemic (see for example Figure 1 for the year 2021), could be considered support for this hypothesis. As to why modern society is increasingly intolerant for confusion, developments like the decline of a shared social order, a radical faith in equality and the immediate satisfaction of needs are mentioned. Such developments may explain feelings of fear,

9 Trimbos-instituut, Factsheet 'Verwarde personen' of 'mensen met een acute zorgnood' 2016, https://www.trimbos.nl/wp-content/uploads/sites/31/2021/09/af1491-verwarde-personen-of-mensen-met-acute-zorgnood-.pdf

emptiness, meaninglessness, guilt and in reaction the need for scapegoats, order, logic, certainty and clarity as truth.[10] Recently, behavioral scientists have diagnosed society as a whole with disorders like anxiety, borderline, narcissism and hysteria.[11] The ability to deal with ambivalence and confusion is in fact essential for mental health. Denying confusion is in the end the source of pathological confusion, as delusion is rigid: 'that's how it is and no way else.'[12] I think it is safe to conclude that Dutch society is itself confused by confusion.

Our own confusion automatically leads to a third type of explanation for the rise in notifications of confused persons. Could it be that our own judgement is impaired? It is the explanation that receives the least attention in policy documents, but which is actually the most obvious, because the rise in numbers is not in the amount of confused persons but in notifications by civilians about confused persons. These numbers probably say more about the notifiers, about our society, than about the confused persons themselves. Research shows that about half of the notifications is from strangers and more often based on observations of unrest, screaming or passivity than on actual threatening behavior. It is estimated that only five percent of cases are really about dangerous situations.[13] That police therefore has to frequently turn up unnecessarily has two detrimental effects: police have too little time for other, more important, police tasks, and confused persons are often kept detained in police cells without proper care causing symptoms to worsen.[14]

---

10 See MOOIJ, A. W. M.: "Verwarring", *Voordracht op het Jubileumsymposium van het Lutje PJG,* 2016.

11 Sources via my inaugural lecture, see the link in the first footnote.

12 Ibid MOOIJ.

13 KOEKKOEK, B.: *De kwestie verwarde personen. Naar een andere benadering van onbegrepen gedrag,* Amsterdam: LannooCampus, 2019.

14 INSPECTIE JUSTITIE EN VEILIGHEID: *Noodhulp. Incidentafhandeling door de politie,* Den Haag: Inspectie Justitie en Veiligheid, 2021.

This explanation eventually had consequences for the policy label of 'confused persons'. After a successful lobby from within the field of mental health, the label was changed to 'persons with confused behavior', no longer equating the person with his acts. A second change was the addition of 'misunderstood behavior', which is indeed much more factual what is being registered here, as it says more about the notifier than about the person looking confused.

While probably all three types of explanation account for a part of the trend in Figure 1, in my opinion the last type probably accounts for the largest proportion as it suggests that our society's tolerance for persons with misunderstood behavior is diminishing. This is of course related to the intuitive association with dangerousness. This association seems to be based more on high impact cases than on group-level science.[15] For example, the case of Bart van U. who killed a former Minister of Health care in 2014, which impacted the preparation of our mental health law.[16] And the case of Thijs H. who killed three random persons in a psychotic state, impacting our definition of not being criminally responsible.[17] This trend is also supported by what in criminological literature is called the security-paradox: as society keeps getting more secure, the perception of security becomes less, as our tolerance for remaining risks becomes lower.[18] Media plays a role in this development as for our target group studies have shown a trend of medialogic in which there has been more coverage on

---

15 See about the relation between disorder and dangerousness: BIJLSMA, J./KOOIJMANS, T./DE JONG, F./MEYNEN, G.: "Legal insanity and risk: An international perspective on the justification of indeterminate preventive commitment", *International Journal of Law and Psychiatry* 2019, 66:101462.

16 Appeal Court The Hague 16 March 2017, ECLI:NL:HR:2023:1295.

17 Supreme Court of the Netherlands 17 October 2023, ECLI:NL:HR:2023:1295.

18 See for example SCHUILENBURG, M.: *Hysterie: een cultuurdiagnose*, Den Haag: Boom filosofie, 2019.

incidents with forensic mental health patients, while there were in fact less incidents.[19]

Back to our target group, research suggests that there is a relatively small group in our country of about thousand mentally disordered persons who account for most of the nuisance, and who refuse care and therefore keep revolving between coerced mental health care and the criminal justice system.[20] However, in doing so, they do not support the well-known criminological hypothesis, named Penrose after its creator, that prison and mental health care are communicating vessels in the sense that deinstitutionalization in the latter leads to an influx of mentally disordered persons in the criminal justice system.[21] As we have now gotten to the core topic, for all the following it is important to know that everything takes place within the described prejudiced societal context.

II. THE DUTCH CONTEXT OF PRISON AND (FORENSIC) MENTAL HEALTH

1. The penal context

The Netherlands is known for its lenient penal climate. When it comes to incarceration rates per 100.000 population, Spain ranks in the top of Europe with 116, while the Netherlands are among

---

19 Raad voor Maatschappelijke Ontwikkeling, *Medialogica,* Bijlage bij het rapport van de Parlementaire onderzoekscommissie tbs 2006.

20 ANDERSSON ELFFERS FELIX: *Quickscan personen met ernstig verward gedrag en een hoog maatschappelijk veiligheidsrisico,* Utrecht: AEF, 2018.

21 See also: MUNDT, A. P.: "Asylums and deinstitutionalization: The Penrose hypothesis in the twenty-first century", in VÖLLM, B./BRAUN, P. (eds.), *Long-term forensic psychiatric care,* New York: Springer, 2019, p. 7-14.

the lowest ranked with 65.[22] As much as the Dutch judiciary has tried to shake off that soft image, originating from the sixties and seventies of the twentieth century, through imposing longer sentences, numbers still suggest that in comparison to other countries prison sentences are relatively short. For example about 23% of the prison population in Spain is sentenced to moren than ten years, in the Netherlands that is less than 10%.[23] However, these numbers have to be placed in context.

First of all, in the Netherlands, about 80% of the prison sentences (25.000/year) are shorter than 6 months. Custodial sentences of a few days are not exceptional, while that is exceptional in comparison to other European countries. Recently more attention is being given to the disproportionate damages due to short periods of detention, as loss of employment and housing are often among the consequences. Recidivism after short term detention is much higher than for example after community service as an alternative sentence, an ex-detainee is 17% more likely to reoffend and measured five years after release they have committed around 80% more criminal offences.[24] As detention is also much more expensive than supervising a community sentence during the execution, the costs of detention for society are multiplied. Our country has a longer tradition of community sentencing in com-

---

22 See https://worldpopulationreview.com/country-rankings/incarceration-rates-by-country

23 KAZEMIAN, L.: *Long sentences: an international perspective*, Council on Criminal Justice, 2022. https://counciloncj.foleon.com/tfls/long-sentences-by-the-numbers/an-international-perspective.

24 WERMINK, H. T./BLOKLAND, A. A. J./TOLLENAAR, N./BEEN, J./SCHUYT, P. M./ APEL, R.: "Een oude vraag opnieuw onderzocht: effecten van korte gevangenisstraffen ten opzichte van niet-vrijheidsbenemende straffen op recidive op basis van een instrumentele variabele benadering", *Tijdschrift voor Criminologie* 2022, 64(2), p. 147-169. En zie Jennifer 2 years after prison, 47% renewed contact with CJ, 26,5% in prison again

parison to Spain,[25] while the judiciary has a large discretionary competence in deciding on the type and length of the sentence. In the past decades judiciary have had to endure a few legislative changes, limiting the possibility of a community sentence in cases of certain (sexually) violent offences and recidivism. Nevertheless the judiciary keeps finding ways – for example through limiting the prison sentence to the period spent in pre-trial-detention – to impose community sentences.[26] The popularity of the community sentence is said to show a society with strong attachments and beliefs in rehabilitation, both among the people working in the criminal justice system and among the general public.[27]

2. The context of (forensic) mental health

These attachments and beliefs may also account for another popular sentencing option for the judiciary, the imposition of forensic care. Forensic care is a label for all care (including hospitalization) paid for by the Ministry of Justice and Security. It may be administered in three 'systems', 'pillars' or 'pathways' with specific legislative frameworks for the internal legal position: 1. the penitentiary system, governed by the Penitentiary Principles Act (PPA), 2. the TBS system, governed by the TBS-care Principles Act (TPA) and 3. The (forensic) mental health system, governed by civil (mental) health laws, different for voluntary care, coerced care for persons with mental disorders, coerced care for persons with

---

25 BOONE, M./BEYENS, K./BLAY GIL, E./MCLVOR, G.: "Community Service in Belgium, the Netherlands, Scotland and Spain: A Comparative Perspective", *European Journal of Probation 2010,* 2(1).

26 DE RIDDER, J./EMANS, B. J. M./HOVING, R. A./KROL, E./STRUIKSMA, N.: *Evaluatie Wet beperking oplegging taakstraffen,* Groningen: Rapport Rolf, 2018.

27 BOONE, M.: "Community punishment in the Netherlands: A history of crises and incidents" in ROBINSON, G./MCNEILL, F.: *Community Punishment. European perspectives,* Routledge, 2015.

psychogeriatric conditions or mental disabilities. Detainees may be treated within all three systems, for example through transfer (all relevant provisions will be discussed in the following paragraphs). Forensic care now covers almost thirty legal frameworks within the criminal law sphere, which can be divided roughly in care related to the TBS-status, care as a condition in a conditional legal framework, and care for detainees. Especially the last two categories cover multiple phases within the criminal process: the prosecution (including provisional detention), the trial (sentences imposed which involve care), and the execution of sentences. As a consequence several actors may decide on forensic care, like the prosecutor, the court and the Minister, as competencies are divided over the course of the criminal process. Community reintegration is generally within a conditional legal framework, like conditional release, in which the ex-detainee needs to adhere to certain conditions in order to not be placed (back) into detention. Since conditional frameworks generally require consent, in terms of the legal position they are viewed as people receiving voluntary care, and are largely covered by the same health legislation as voluntary (mental) health care – such as us going to our own general practitioner. Detainees transferred from prison to the (forensic) mental health system were similarly viewed as consenting with the transfer. When they consent to placement in a (forensic) mental health accommodation, since the enactment of new mental health legislation in 2020, however now some restrictions may be placed on these forensic patients related to receiving visits, liberties, or means of communication.[28]

In all three systems, special facilities exist for treatment. Within the penitentiary system, the most notable institutions for forensic care are the so-called Penitentiary Psychiatric Centers (PPC's), of which there are four in place throughout the country. The TBS-system consists of about seven Forensic Psychiatric Centers (FPC's).

---

[28] Art. 9:9 Wvggz and art. 51a Wzd (two laws for civil commitment).

Within the forensic mental health system, the facilities with the highest security–albeit one level less secure than FPC's–are Forensic Psychiatric Clinics (FPK's), five in total. There are also a number of Forensic Psychiatric Departments in psychiatric hospitals (FPA's). Within the realm of addiction care, there are separate clinics and departments in place with similar levels of security. Furthermore, any mental health facility who meets the criteria may have a contract with the Ministry of Justice and Security for delivering forensic care, including outpatient clinics. Finally, many homes for assisted living may be paid for on the basis of forensic care.

The Netherlands is top-ranked in terms of the prevalence of forensic in-patients per 100.000 inhabitants in European countries, with 23.9, while Spain is ranked lowest with 1.4. [29] Even though these numbers are from 2013, the number of in-patients in the Netherlands has risen since then,[30] so I am pretty sure the Dutch have not lost their top position. So the low incarceration rate also has to be understood in light of the rate of forensic in-patients, speaking of communicating vessels. Despite these many justice involved people in care, there is still an overflow of people with mental disorders in custody: 61% in prison, 37% in remand, not counting substance use disorders.[31] Dutch research shows that psychological functioning deteriorates in prison setting, especia-

---

29 TOMLIN, J./LEGA, I./BRAUN, P./KENNEDY, H. G./TORT HERRANDO, V./BARROSO, R./CASTELLETTI, L./MIRABELLA, F./SCARPA, F./VÖLLM, B.: "Forensic mental health in Europe: some key figures", *Soc Psychiatry Psychiatr Epidemiol*, 2021, 56(1), p. 109-117.

30 VAN DER WOLF, M. J. F./REEF, J./WAMS, A. C.: *Wie zijn geschiedenis niet kent… Een overzichtelijke tijdlijn van de stelselwijzigingen in de forensische zorg sinds 1988*, Den Haag: Textcetera, 2020.

31 See BLOEM, O./VERKES, R. J./BULTEN, E.: "Mentally disordered in prison? Prevalence, development of symptoms and recidivism", in VAN KEMPEN, P. H./KRABBE, M. (eds.): *Mental health and criminal justice: international and domestic perspectives on defendants and detainees with mental illness*, Den Haag: Eleven, 2021, p. 109-132.

lly for persons with mental disorders.[32] As a consequence, recidivism increases in (short) sober detention in comparison to alternative sentences (see before) or forensic care. If forensic care is combined with (periods of) sober detention, recidivism increases. [33] Other than the prison sentence, forensic care is specifically aimed at reducing recidivism. Maybe the increasing association between mental disorder and dangerousness described in paragraph 1 also accounts for the popularity of forensic care among judges. A popularity which is not matched by the general public, which is mainly based on incidents. Figure 2 shows that for the TBS-order, the most severe safety-measure for mentally disordered offenders, recidivism rates keep getting better, with the last cohort of those released only reoffending with a severe offense in 10% of the cases in a seven year follow up. But the severe incidents shown below, that do not seem to have a relation with the performance of the system as a whole, have more impact on legislation and policy.

---

32 E.g. MEIJERS, J.: *Do not restrain the prisoner's brain: Executive functions, self-regulation and the impoverished prison environment* (dissertation Amsterdam VU), Amsterdam: VU, 2018.

33 DRIESCHNER, K./HILL, J./WEIJTERS, G.: *Recidive na tbs, ISD en overige forensische zorg*, Den Haag: WODC-Cahier 2018-22, and for a commentary VAN DER VIS, C. L./STRUIJK, S./VAN DER WOLF, M. J. F.: "Recidivecijfers na forensische zorg: een juridische 'proof of the pudding'", *Ars Aequi* 2020, p. 321-330.

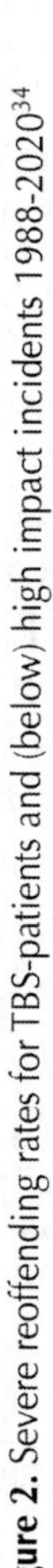

Figure 2. Severe reoffending rates for TBS-patients and (below) high impact incidents 1988-2020[34]

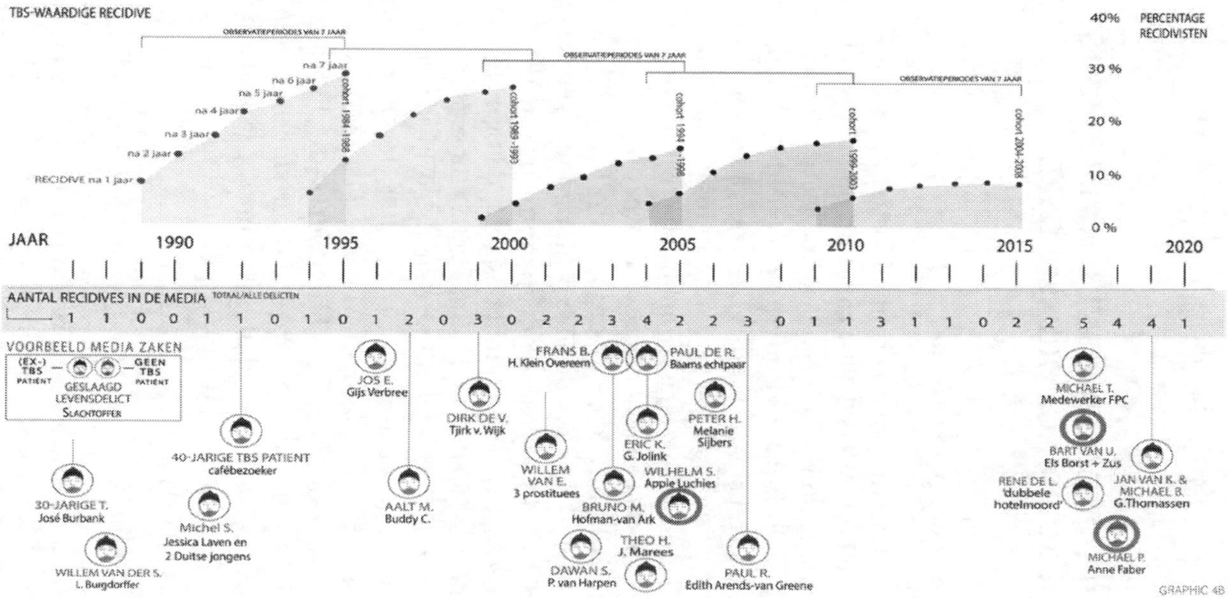

---

34 From Ibid Van der Wolf et al., 2020.

The popularity of forensic care can also be explained by this 'success' of the TBS-order, which has a long tradition.

III. TRADITION AND RECENT DEVELOPMENTS REGARDING FORENSIC CARE

1. The tradition regarding forensic care

On the topic of how the Dutch criminal justice system deals with mentally disordered offenders, historically and politically the 'track' attracting most attention is a safety-measure for non- or diminished responsible mentally disordered offenders considered dangerous. The Netherlands is well known for its TBS-order, a safety-measure of 'entrustment' for offenders to be executed in high security forensic mental health facilities. Why it has been 'much envied'[35] abroad can be explained by the fact that it succeeds in treating and reducing reoffending rates within a diverse group of offenders including personality disordered and sex offenders alongside offenders with psychotic disorders.[36] This treatment is paid for by the Ministry of Justice and Security, and carried out in designated Forensic Psychiatric Centres (FPC's). Even though since 2008, there is a broader approach to 'forensic care'–meaning that the Ministry of Justice and Security is paying also for care within the (forensic) mental health system, as it is for treatment with the penitentiary system, on the basis of a wider range of legal frameworks–the TBS-measure still attracts most attention in academia, and certainly in media and parliament. Probably because of all these forensic psychiatric investments into the TBS, treatment within prison is scarce and more

35 In the words of Conor Duggan, 'To move or not to move – that is the question! Some reflections on the transfer of DSPD patients in the face of uncertainty, *Psychology, Crime & Law, 13*, 2007, p. 113-121, p. 114.

36 Ibid DRIESCHNER/HILL/WEIJTERS.

and more dealt with through transfer or diversion into the (forensic) mental health system.

However, the mentioned recent developments should ensure that this aspect is given more attention. As most transitions within (forensic) mental health law,[37] these developments are only partly explained by scientific, legal, societal or political paradigm shifts, partly by financial arguments, and partly as a consequence of a high impact single case. Even though, from the perspective of security, treatment of detainees is now also administratively part of the realm of 'forensic care'–the 'Forensic Care Act (FCA)' was adopted in stages within the last couple of years–especially the case of Michael P., who killed a young women on leave even before his official parole, has switched attention more to security and treatment of mentally disordered offenders who have not been sentenced to a TBS-order but a 'mere' prison sentence (see for explanation below).[38]

The tradition for forensic care is long as the TBS-order came into force in 1928: TBS stands for 'terbeschikkingstelling' and literally translates as entrustment (at the Government's pleasure). It is a safety-measure for mentally disordered offenders that are assessed as dangerous, in practice also because of an established influence of the disorder in the offence and consequent diminished or non-responsibility. A multidisciplinary forensic evaluation is required for imposition, but also after every four years of execution as a counter expertise on the advice of the clinic. The order is of indeterminate duration but has to be reviewed by the court at the latest every two years. However, the duration is determined to four years in cases where no violent or hands-on sexual offence

---

37 See: APPELBAUM, P. S.: *Almost a Revolution. Mental Health Law and the Limits of Change*, New York: Oxford University Press, 1994.

38 See: VAN DER WOLF, M. J. F./MEVIS, P. A. M.: "Beschouwingen over weigeren en beveiligen n.a.v. de zaak Michael P. Rechtspraakrubriek", *DD* 2018/27, p. 321-366.

was committed, while also the conditional TBS-order is maximized at nine years. Within the execution an extensive system of leave exists, which is used as a treatment instrument in an individual case and ideally gradually becomes less restrictive. Every new phase in the leave system has to be warranted by the minister. As mentioned, it is its own system or pathway, with its own act for the internal legal position.

Especially since sentencing (used to be) exclusively related to criminal responsibility, offenders who were considered diminished responsible due to a mental disorder – which has always been recognized in the Netherlands[39]–could only receive a shorter sentence, even though their disorder made them more prone to reoffend.[40] So while traditionally only the non-responsible (or the 'mad') could be placed in a hospital setting, the TBS-order created the option also for diminished responsible (or the 'ugly' because they don't fit neatly into one of the outer categories). As the duration of the TBS-order is indeterminate and based on dangerousness to not be bound by the guilt-principle it is not called a 'penalty' but a 'safety-measure'. In theory this is explained through labeling the harm done by the commitment as not intended, even though in practice the TBS-order is feared most by defendants because of the indeterminate duration and invasive treatment.[41]

---

39 See VAN DER WOLF, M. J. F./VAN MARLE, H. J. C.: "Legal approaches to criminal responsibility of mentally disordered offenders in Europe", in GOETHALS, K. (ed.), *Forensic Psychiatry and Psychology in Europe. A Cross-Border Study Guide,* Basel: Springer International Publishing, 2018, p. 31-44.

40 VAN DER WOLF, M. J. F./HERZOG-EVANS, M.: "Mandatory measures: 'safety measures'. Supervision and detention of dangerous offenders in France and the Netherlands: a comparative and Human rights' perspective", in HERZOG-EVANS, M. (ed.): *Offender release and supervision: The role of Courts and the use of discretion*, Oisterwijk: Wolf Legal Publishers, 2014, p. 193-234.

41 See for a criticism of this bifurcated system, DE KEIJSER, J.: "Never Mind the Pain, It's a Measure! Justifying Measures as Part of the Dutch

However, as dogmatics require that a penalty could be imposed for the part that someone is still responsible, a twin-track system arose in which the TBS-treatment can be combined with and carried out after a (long) prison sentence.[42] In 1928 already mental hospitals lobbied to also have the TBS-order available for the non-responsible that are considered too dangerous for general mental health care. And very recently the Forensic Care Act uncoupled the requirement of non-responsibility for placement in (general) mental health care (see paragraph 4.1). This explains the arrows between the tracks of 'ugly' and 'mad' in Figure 3, which explains the current situation in relation to diminished responsibility, which is now more pragmatic than dogmatic.

Figure 3. The current sentencing and forensic care options related to criminal responsibility in the Netherlands

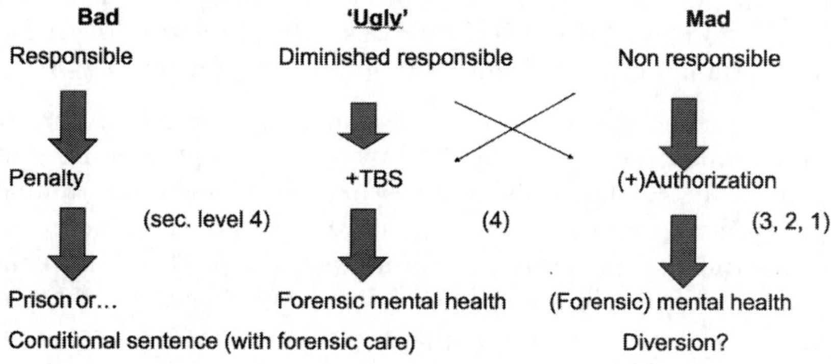

As the TBS has long been the preferred framework for the treatment of offenders, and maybe has also served as an argument not to invest too much in the treatment of other detainees, two main developments especially in the 1990's led to a different policy approach in Dutch forensic care. The costs of the TBS-system

Bifurcated System of Sanctions", in TONRY, M. (ed.): *Retributivism Has A Past. Has it a Future?*, Oxford University Press, 2011, p. 189-213.

42 Ibid VAN DER WOLF/HERZOG-EVANS.

had long been shared unequally, with 80% coming from the budget of the Ministry of Health and 20% from the Ministry of Justice. This division was based on the distinction between costs of treatment and costs of security. However throughout the 1990's the TBS-population started rising, under the influence of harsher penal policies and the increase of multi-problematic patients due to the influence of drug abuse. And as the costs rose similarly, cost effectiveness became an important issue. One of the ideas in the early 2000's for dealing with this issue was integrating the TBS-system into the general mental health system, in order to increase the outflow of patients to less secure facilities.[43] Increasing the options for TBS-outflow had already led to a more diversified forensic mental health field, with the development of FPK's and FPA's. Nevertheless, as imposing TBS requires a multidisciplinary forensic evaluation, the Dutch have a broad case selection for mental health evaluation: 1 in 4 serious cases, even though most (more recent) frameworks of forensic care do not require evaluation.[44]

At the same time, and due to the same developments in society as mentioned for the rise of the TBS-population, the number of people with psychiatric disturbances in other areas of the criminal justice system, such as prison or conditional sentences, increased as well. In 2008 the TBS-population reached a peak of 2.100, but it was also the year in which a new financial system was introduced for forensic care, completely opposite from the earlier suggestion. In fact, it would be the Ministry of Justice (and Security, after a telling name change) that would from then on pay for all forensic care, including that within general mental health facilities. Unofficially, the argument probably was that 'he who pays the piper calls the tune', both regarding the flow towards less secure facilities,

---

43 COMMISSIE KOSTO: *Veilig en wel: Een beleidsvisie op de tbs*, Den Haag: Ministerie van Justitie, 2001.

44 See VAN MARLE, H. J. C./MEVIS, P. A. M./ROZA, S./VAN DER WOLF, M. J. F. (red.): *Gedragskundige rapportage in het strafrecht, Derde herziene druk*, Deventer: Kluwer, 2022.

which would no longer be obstructed by financial barriers, and the demand for security and control regarding this target group. Especially this latter aspect had its roots in a few high-profile re-offenses, which had led to a Parliamentary Inquiry and the introduction of more safety regulations within the execution of the TBS-order,[45] causing the mean duration of inpatients to increase to over ten years. Especially this made the TBS-order less popular among defendants who refused to undergo forensic assessment often on the advice of their lawyers, and among judges who had to impose the order, resulting in a drop of the population to around 1.300 in 2018. This meant a further shift of the disturbed population towards prison. The introduction of the PPC's was also a recommendation of the Parliamentary Inquiry Commission.

2. Recent developments regarding forensic care

Officially the goals of this policy change (again) were the tailored placement of patients in terms of the required level of security and intensity of treatment ('the right patient on the right bed'), creating enough capacity for forensic care (mainly through the 'buying' of beds within the general mental health system), safeguarding the quality of care aimed at the protection of society and a good connection between forensic and general mental health care.[46] Of course, these goals presuppose that treatment of offenders is effective in protecting society (see for the scientific evidence paragraph 2). But the beneficial effects of forensic care, and its related popularity among legal decision-makers come at a cost.

The mentioned financial model that was introduced in 2008 has been codified in 2019 in the Forensic Care Act. Meanwhile, the yearly budget for forensic care has increased from around 500

---

45 COMMISSIE VISSER: *Tbs, vandaag over gisteren en morgen*, Den Haag: Sdu, 2006.

46 *Kamerstukken II* 2009/10, 32 398, nr. 3, p. 3.

million to more than 800 million euro's. Even though the TBS-population was dropping in these years, the populations in less secure facilities (and outpatients) have been rising ever since. The shift of the population from high to lower secure facilities is one of several explanations for this phenomenon. It can also be explained as an effect of the different and much broader system of registration, many existing patients now suddenly show up in the numbers. Another effect is probably the mentioned success of forensic care in reducing re-offending and policy changes to direct more offenders to this type of care. A growth in the actual target group could also be an option, possibly due to a decline in secure beds within regular psychiatry and societal barriers in reaching proper care in time (see also paragraph 1). And finally, there could be a contagious labelling effect, in which much more forensic patients now bare the double stigma of dangerous and disordered, as the policy change has made them more recognizable. This could explain the reluctance of societal facilities to take these patients in. It seems that the Ministry of Justice and Security has to buy its way deeper and deeper into society and general mental healthcare, to enable these patients to flow back into the community. This explains why recently especially many new contracts have been made with assisted living facilities. The barrier between forensic care and general care seems to have shifted instead of breached, as was the aim of this policy. It used to be that the barrier was between the TBS-system and the (forensic) mental health system, now it is between the forensic mental health system and general or community care. This is also visible in the problems that exist with another provision in the FCA, which is somewhat alien to the Act as it is on non-forensic care, and will be discussed in paragraph 4.1.

Meanwhile, the shift from high security TBS-care towards less secure forensic care in other frameworks met its lower limit. Eventually, the consequent mismatch of patient and bed, led to the high profile re-offense mentioned in the introduction. Michael P. was in a reintegration programme at the end of his prison sentence, placed in an FPA with leave liberties, when he raped and killed a student who went on a bike ride. The case became even more high profile because the girl was missing for a few days, with a lot of media attention for the search parties. The prison sentence Michael P. served was for the violent rape of two young girls, among other offences, because of which he was deemed very dangerous by the district court. But in two instances the judges did not apply a TBS-order, also because he did not cooperate with the forensic evaluation and no disorder–a requisite for TBS-imposition–could be established.[47] After many investigations into the incident, first of all there were legislative changes aimed at reducing the possibility of avoiding TBS for people who refuse evaluation. Secondly, it led to more leeway to share file information between prison and mental health facilities. And finally, policies were put in place to only transfer prisoners to the (forensic) mental health system after proper risk assessment and offence analysis.[48]

Not necessarily because of these changes, but probably more because of the raised awareness of risks, the TBS-population is rising again due to what is called a 'Michael P. effect'. In addition effective efforts to reduce the mean duration of TBS treatment, also through more cooperation between all parties involved (Ministry, clinics, solicitors), may make judges less reluctant to impose TBS in comparison to the past.[49] As the numbers in the other frameworks for forensic care are not diminishing as a result, the bud-

---

47 See for an analysis of the case VAN DER WOLF, M. J. F./MEVIS, P. A. M.: "Beschouwingen over weigeren en beveiligen n.a.v. de zaak Michael P. Rechtspraakrubriek", *DD* 2018/27, p. 321-366.

48 ONDERZOEKSRAAD VOOR VEILIGHEID: *Forensische zorg en veiligheid. Lessen uit de casus Michael P.*, Den Haag: Onderzoeksraad voor veiligheid, 2019, and for the new policy: *Kamerstukken II* 2018/19, 33 628, nr. 44, p. 8.

49 Both revolving conferences of all relevant parties in Lunteren, as well as individual case 'care conference' with all parties involved for cases of very long treatment or impasses. Because even though the mean duration of the TBS treatment has been diminished to about 8 years, the group of people who are still in TBS after 15 years is quite large. See VAN DER WOLF, M. J. F./REEF, J./GUNNINK, L./HERZBERGER, J./DOEKHIE,

get is severely under pressure. There have been legal procedures from facilities against the Ministry of Justice and Security which is slowly turning off the financial tap, even though several reports indicate that as a result of this the safety within facilities is decreasing, also because of a shortage of staff.[50] And now the opinion has been voiced again in academia to shift a part of the budget back to the Ministry of Health again, as there are more threats to these much needed investments if it remains on the Justice budget where it is more prone to cuts, as it fights with other priorities and a societal scepticism.[51] Investments into offenders are just less easy to sell to the public than investments in patients. Academics pointing towards risk assessment seem to fuel this development as it drives the focus away from mental disorder, which also from a human rights perspective ensures the right to treatment, in the direction of more sober detention and means of control in the community.[52] The scientifically sound argument that in the long run any investment in forensic care will be cost-effective because of its risk reducing effects is not always spent on politicians who think in four-year circles.

In sum, the cost of forensic care is not only financial, as the budget shift may have made these necessary investments less sustainable. The policy change has also broadened the stigma, as it used to be that only TBS incidents were headlines, while after Michael P. also patients who don't return from an unaccompanied

J. V. O. R.: *Binnen. Beeld. Buiten. Een evaluatie van zorgconferenties bij langverblijvers (15+) in de tbs*, Den Haag: WODC, Textcetera, 2022.

50 ANDERSSON ELFFERS FELIX: *Forensische zorgen; Onderzoek naar de kwaliteit en veiligheid in de forensische zorg*, 14 mei 2018.

51 STEINMANN, P. L. M.: *Stelselwijziging forensische zorg: Verklarend onderzoek naar een centralisatie van sturing in de zorg* (dissertatie Twente), Universiteit Twente: 2019.

52 Ibid BIJLSMA *et al.*

leave out of an FPA make the news.[53] And finally, as mentioned, the barrier between forensic care and general or community care has not been breached but shifted, as financial barriers still exist, next to barriers in legal position–as many necessary restrictions for such a breach are still not possible within general mental health legislation.[54]

IV. PRISON AND MENTAL HEALTH CARE: THREE OPTIONS

In turning back to the topic of mental health care for detainees, all of the information above is context for understanding why in the total system of forensic care in the Netherlands, it is still somewhat overlooked. Meanwhile, three legal options exist for care or treatment : 1. Forensic care in penitentiary institutions (for prisoners and remand prisoners, mainly being executed in PPC's), and those with a safety-measure for repetitive offenders (ISD); 2. Forensic care in forensic mental health facilities, through transfer (or as a condition in a conditional part of sentence); 3. Diversion towards (general) mental health facilities. The three options will be discussed in this paragraph in reverse order, after which the options for care during reintegration frameworks are discussed, also elaborating on recent developments.

---

53 "Gevaarlijke' patiënt ontsnapt uit forensische kliniek Den Dolder waar Michael P. verbleef', *De Volkskrant* 5 June 2019.

54 That's why more harmonization of these laws was suggested in LEGEMAATE, J./PLOEM, M. C./UIT BEIJERSE, J./MEVIS, P. A. M./VAN DER WOLF, M. J. F./AKERBOOM, C. P. M./SCHOL, M./WINTER, H./WOESTENBURG, N.: *Thematische wetsevaluatie gedwongen zorg*, Den Haag: ZonMW 2014.

1. Diversion towards (general) mental health facilities

Before 2020 the main options for diversion were police-led and prosecutor-led. In the Netherlands, there is a longstanding discretionary competence of the magistrate public prosecutor to not prosecute a defendant, for example on medical grounds and/or when civil commitment is chosen as a means of diversion. As a delegated competence, police can decide to bring a certain 'confused persons' to a mental health facility instead of the police station, even when that person seems to have committed an offense. The only court-led option that existed was placement in a psychiatric hospital during adjudication (at-trial), when the offender was considered not criminally responsible on account of a mental disorder (NCRMD). This safety-measure was already codified in 1886 for pragmatic reasons to not have to direct the person at hand to a civil court for commitment. This option was erased from the Criminal Code when art. 2.3 FCA was introduced. Above it is explained why in the Netherlands most treatment is administered under direction of the Ministry of Justice and Security and is therefore labeled forensic care, but even as this treatment may be done in the mental health system, it does not fit the international definition of diversion because of the minister's involvement.[55]

The new option for diversion in art. 2.3 FCA was enacted in 2020, a year later than the rest of the FCA in order to align it with new (civil) mental health legislation. So since the beginning of 2020, it hands the criminal court the opportunity to warrant coerced care, when the criteria from the civil mental health laws are met, in any stage of the criminal process–prosecution, trial/sentencing and execution of sentences. The article replaced the existing option, limited to the trial phase, to impose civil com-

---

55 See VAN MARLE, H. J. C./PRINSEN, M. M./VAN DER WOLF, M. J. F.: "Pathways in Forensic Care: The Dutch Legislation of Diversion", in OEI, K. T. I./GROENHUIJSEN, M. S. (eds.): *Progression in Forensic Psychiatry: About Boundaries*, Deventer: Kluwer 2012, p. 105-120.

mitment for offenders regarded NCRMD. Several consequences arise from this legislative change. First of all, it increases the possible scope of application. Not only because of the fact that it is no longer limited to the trial phase, but also because NCRMD is no longer required, the option confluence with other sentences or frameworks is created, as well as the combination with an acquittal. In practice, the combination with conditional prison sentences is most prevalent. In such a case, the new option in the mental health legislation to only warrant coerced medication, instead of commitment to a hospital, may also be of use.

However, there are a few reasons why, especially for the former group of NCRMD, the new option is less favorable than before. First of all, the maximum duration of the warrant is six months, instead of the former one year period. Secondly, other than the former option, art. 2.3 FCA is in policy not considered to be forensic care. This means that – especially since forensic care directives are also increasing – it is really hard to find secure enough beds within general mental health. Even though legally it is possible to be placed on a forensic bed, in practice it seems to be really hard. Thirdly, another difference with the old situation is the formal requirement of expert advice. A forensic evaluation used to be enough, but now a medical declaration and treatment plan from the receiving facility are necessary. If this facility does not want to have the patient, in not delivering these advices, they can avoid receiving the patient. As the prosecution is in charge of acquiring these documents and demanding the warrant, this has led to major discussions between the prosecution and criminal courts about the possibility of a warrant by the court ex officio, without the required documents being available. The Supreme Court of the Netherlands ruled that this should be possible for the court on the basis of the forensic evaluation for the criminal trial.[56] However, with this victory the battle is not won, because the

---

56 Supreme Court of the Netherlands 9 April 2021, ECLI:NL:HR:2021:534.

only thing the court can decide is warrant care, and not order or impose it. If the facility does not want to execute the warrant, the warrant will expire. And general mental health facilities do not want these forensic patients, because they do not have the same security as forensic facilities, fear the consequences of disruptive behavior for the wards, and have a different aim of treatment[57] – not reduction of reoffending, but merely the psychiatric condition – while it is an exclusion criterion in civil mental health law if treatment cannot be effective.

One of the possible consequences may be that as a resort, to ensure more security, TBS-orders will increasingly be used for this group, providing more security than needed. In the consequential debate, the plea has been made that the old safety-measure for the NCRMD should be re-enacted.[58] We have suggested to just start labeling art. 2.3 FCA warrants as forensic care. Especially, since the Minister of Justice and Security is already more involved in this provision than a strict definition of diversion may allow – a release from civil commitment before the term of the warrant ends can only be done by the hospital in deliberation with the Minister.

2. Transfer from detention to (f)mhs

As a consequence of the described situation above, there are two ways of receiving care for defendants with psychiatric disturbances in provisional or pretrial detention: through diversion or through forensic care. The options for diversion are described in the last paragraph. Art. 2.3 FCA may be applied whenever there are proceedings before a judge, for example when the provisio-

---

57 VISSCHER, A. *et al.*: "Behandel 'boeven' buiten de reguliere psychiatrie", *De Volkskrant* 12 July 2020.

58 VAN OPLOO, L. E./PRINSEN, M.M./BAKKUM, T. J. G.: "De invoering van artikel 2.3 Wet forensische zorg–Consequenties voor de strafrechtspraktijk", *NJB* 2020/2166, afl. 32, p. 2385-2386.

nal detention has to be prolonged, as the constitution renders the competence to deprive an individual of its liberty to a judge. But as mentioned earlier, it is also possible for the prosecution at any time during the criminal process to request an art. 2.3 FCA warrant, after which a hearing will take place. This option may lead to less use of the prosecutions own discretionary competence to end prosecution to ensure civil commitment through a civil court. The difference is that art. 2.3 FCA may be used without ending the prosecution, as it may be continued after the treatment.

The first option for forensic care is, however remarkably, also related to the discretionary competence of the prosecution. It may end the prosecution conditionally, under the condition that the defendant undergoes treatment.[59] As long as the defendant adheres to the conditions within the given timeframe, the prosecution will not proceed. A second option for forensic care in the phase of prosecution, is through the possibility that the prosecution can 'sentence' a defendant of minor crimes by way of a penal order without intervention of a judge. The sentence in a penal order – which cannot be a prison sentence – may also be conditionally, with the directive of treatment.[60] If the defendant does not consent to this penal order and the sentence applied therein, he can appeal to have the court decide his case. As these two options for forensic care are generally only used for minor offences, while provisional detention is less feasible in those cases – even though the Netherlands is known, and convicted by the ECHR, for its very wide and casual use of provisional detention[61] – only in theory applicable to defendants in provisional detention. A practically more relevant option for forensic care for this group is as a condition in the conditional suspension of provisional detention.[62]

---

59 Art. 167/ 242 CCP (Code of Criminal Procedure).

60 Art. 257a CCP.

61 See COLLEGE VOOR DE RECHTEN VAN DE MENS: *Tekst en uitleg. Onderzoek naar de motivering van voorlopige hechtenis*, Den Haag, 2017.

62 Art. 80 CCP.

In addition, two options for forensic care (for both provisional detainees and prisoners) exist in the PPA regarding for external transfer to the (forensic) mental health system. The first, in case it is necessary due to a mental disorder.[63] The second option is derived from the duty to provide the necessary care, which is placed on the institution. If such basic mental health care may not be delivered within its walls, transfer is in order.[64] On all transfers, the Minister eventually decides. As mentioned earlier, this has become less feasible since as a result of the Michal P. case, policies were put in place to only transfer prisoners to the (forensic) mental health system after proper risk assessment and offence analysis.[65] As in prisons not that many behavioural experts are present, this cannot always be done in practice, leading to less of these transfers.

There is one other option for convicted prisoners that does not apply to provisional detainees, and that is the placement in an FPC. The provision allows for placement in a TBS-institution if detainees 'are eligible' for it.[66] It is unclear what would make them eligible, and even when there were empty beds in FPC's due to a shrinking TBS-population, this provision was not used, even though the forensic treatment (aimed at risk reduction) would have been superior to that in PPC's. For a special group of prisoners, the provision mentions that their eligibility for this transfer should regularly be screened. These are the prisoners that, due to their diminished responsibility, are sentenced by the court to a combination of prison and the TBS-order, in that order of execution. This CCP-provision for this group is also hardly used by the Ministry, even though these are prisoners with an mental disorder established by a court, and many have argued that in prison the condition becomes worse af-

63 Art. 15 under 5 PPA.

64 Art. 43 PPA.

65 ONDERZOEKSRAAD VOOR VEILIGHEID: *Forensische zorg en veiligheid. Lessen uit de casus Michael P.*, Den Haag: Onderzoeksraad voor veiligheid, 2019, and for the new policy: *Kamerstukken II* 2018/19, 33 628, nr. 44, p. 8.

66 Art. 6:2:8 CCP.

ter which any treatment will be more difficult: 'it is like feeding the gastric patient pee soup before treatment'.[67] There has long been a provision, between 1997 and 2010, which promoted the transfer of these patients to the TBS-institution after serving a third of the prison sentence, even though in that time this could hardly be achieved due to the capacity shortage in the TBS-system at that time. Now, the moment of conditional release is the general transfer time. That used to be after serving two thirds of the prison sentence, however very recently, to better communicate the retributive aspect of the sentence to victims and society, this moment is pushed back for long sentences to two years before fully serving the sentence.[68] It is expected that judges will counter this development by imposing lower sentences.[69] Judges could also make more use of their competence to advice on when to transfer these prisoners to the TBS-institution.[70]

3. Mental health care in prison

Detainees in provisional detention and in prison are governed by the same internal legal position, as laid down in the so-called Pe-

---

67 See VAN MARLE, H. J. C./VAN DER WOLF, M.: "Boter aan de galg en erwtensoep aan de maagpatiënt", in HARTE, J./VERHAGEN, T./ZOMER, M. (red.), *Most probably the best professor of forensic psychiatry. Liber amicorum prof.dr. Dick Raes,* Nijmegen: Wolf Legal Publishers, 2009, p. 133-142.

68 *Staatsblad* 2020, 224, in force since 1 July 2021. This in theory and practice heavily criticized change of a vital element in Dutch prison approach is 'nevertheless' officially called 'Law on punishment and protection'.

69 UIT BEIJERSE, J. *et al.*: *De praktijk van de voorwaardelijke invrijheidstelling in relatie tot speciale preventie en re-integratie,* Den Haag: Boom juridisch 2018.

70 See LINDHOUT, T. J./VAN DER WOLF, M. J. F./VAN MARLE, H. J. C.: "De Fokkensregeling is dood; leve de Fokkensregeling!", *Sancties* 2011, p. 347-357.

nitentiary Principles Act (PPA). This means that, especially when it comes to special needs (almost) all provisions and services are also available during pretrial detention. The PPA formally distinguishes penitentiary institutions in prisons and houses of containment, with the former being reserved for people serving a prison sentence and the latter for almost all possible legal frameworks for deprivation of liberty, including pretrial detention and short prison sentences. Police cells do not fall under the PPA, but can be used for detainees in the execution of a sentence in case of non-available capacity in penitentiary institutions. In that case, the period in detention in police cells is for a maximum of ten days.[71] Another formal designation under the PPA are institutions for repetitive offenders, which are reserved for people who are convicted to a specific order (ISD). Similar to the TBS-order, this is considered a safety-measure, which is dogmatically different from a penalty (like a prison sentence) as it is not intended as retributive.[72]

Most treatment for detainees is being administered within the prison system. According to the PPA the option exists that psychiatric treatment is being brought into the ward from outside.[73] Of course on regular wards, other consensual treatment efforts are possible as basic mental health care (derived from the principle of equivalence of care compared to society), such as the distribution of medication or access to general psychological or medical staff, which has to be present in the penitentiary institution. If treatment of a higher intensity is needed, for example if someone is unfit for detention on a regular ward – which no longer is the official criterion, but in practice is still of influence – a (provisional) detainee may be transferred to a PPC. Four PPC's across the country have a total capacity of about 700 beds, which is 7% of the total beds in (remand) prison. PPC's are the only penitentiary facilities in which

---

71 Art. 15a PPA, and there are regulations for the quality of police cells.

72 See Ibid Van der Wolf & Herzog-Evans, 2014.

73 Art. 42 PPA.

coerced medication is possible outside acutely risky situations, if the detainee meets the criteria (of course also in FPC's coerced medication is possible for TBS-patients under the TPA, with similar conditions). The most lenient criterion for coerced medication is if not administering it will lead to an unreasonably lengthy period of restriction of liberty, which is surrounded with legal safeguards as in the Netherlands we have only recently moved away from a very strict position on coerced medication and were known as the world champions of using isolation cells, even in cases of psychiatric decompensation.[74] Academic criticism on the PPC's is that they generally only do crisis interventions, to stabilize individuals and place them back on regular wards, instead of aiming at reducing reoffending as may be expected of forensic care. It is telling that the mean duration of placement in a PPC is seventeen weeks and 70% of the population is on pre-trial detention. Psychotic disorders and manic episodes are highly prevalent, and these detainees are considered too dangerous to be transferred to forensic or general mental health care.[75] As PPC's are part of the penitentiary system placement therein is considered an internal transfer.

Other than the TBS-order the safety-measure for repetitive offenders is indeed executed within the penitentiary system, and these individuals are detainees in terms of the PPA. The placement in these so-called Institutions for Repetitive Offenders (ISD) differs from the TBS-order as it is not meant for severe offences, but for the repetition of minor offences often based on (drug) addiction, and it cannot be combined with a prison sentence. It is maximized at two years, which is in many cases disproportionate in relation to the minor offences (even when repetitive), but as a safety-measure it is not bound by such proportionality, the time is being used to try and break the pattern of offending through treatment. Therefore, (the execution of) this safety-measure is

---

74 Term used by Ibid COMMISSIE VISSER. See also LEGEMAATE *et. al.*

75 See LEGEMAATE *et. al.*

considered forensic care.[76] The sentencing court may, in applying this measure, order an intermediate review of this sanction. By using this non-obligatory option, the sentencing court opens the possibility that the execution of the order may be terminated in the course of the two years of execution if treatment progress is absent, to avoid two years 'bare' detention in an ISD-institution.[77]

4. Forensic care as part of a legal framework for reintegration

At the end of the prison sentence, forensic care can be part of a legal framework for reintegration into society. In general frameworks aimed at reintegration are no longer characterized as deprivation of liberty but as restriction of liberty. Such frameworks of supervision often consist of conditions, under which someone is allowed (back) in the community, and which are being supervised by the probation services. Of course all conditional frameworks require consent to the conditions, even though the conditions could even mean inpatient treatment in a forensic mental health facility. When these conditions do not merely consist of monitoring, controlling restrictions, but also of treatment, this will be also be considered forensic care. The most obvious frameworks are those of conditional release from prison[78] – while such a scheme also exists for the TBS-order.[79] But even the (partly) conditional prison sentence can be used in this way, the difference being that the probation period is specifically set by the imposing court,

---

76 Art. 38p CC (Criminal Code).

77 Art. 38n under 3 CC, STRUIJK, S.: "Punishing Repeat Offenders in the Netherlands: Balancing between Incapacitation and Treatment", *Behavioral Sciences & the Law* 2015-1, p. 148-66.

78 Art. 6:2:10 CCP.

79 Art. 38g CC. For the reintegration of TBS-patients of course the las stages of the system of leave are relevant as well as an instrument called Forensic Psychiatric Supervision, in which the clinic and probation share responsibilities.

instead of the remaining period of the sentence, and in general the time spent in prison is much shorter.[80] A specific option for prisoners prior to conditional release is a so-called penitentiary programme, in which for purposes of reintegration some liberties are already granted, and which may consist of treatment or transfer to a forensic mental health facility. In fact, this was the framework in which Michael P. was working towards his conditional release on an FPA, warranted by the Ministry. Another, very rare, possibility is a conditional pardon, granted by the Crown.[81]

Only one framework of restriction of liberty after a prison sentence does not require consent. It is a rather new safety-measure of supervision for violent and sexual offenders considered dangerous introduced in 2018 and called the Measure of Influencing Behavior or Restricting Liberty.[82] It is to be executed after a prison sentence or after the TBS-order, most logically after the two mentioned modalities of maximized duration. It has to be imposed by the trial court, while at the end of the prior sentence (or measure), a court has to decide whether its execution is still necessary and appropriate. As it may be of indeterminate duration, it is under a lot of scrutiny from academics.[83] Especially if it is not used for influencing behavior through treatment but only for control,

---

80 Art. 14a CC. The TBS-order and ISD-order may also be imposed conditionally as frameworks of care, but cannot be partially imposed.

81 Art. 13 Gratiewet jo art. 6:7:1 CCP. However, this framework may become more relevant as it is part of the provisions granting individuals sentenced to life imprisonment an evaluation after 27 years, which were put in place in order to adhere to ECHR case law requirements on providing 'perspective'. See VAN HATTUM, W./MEIJER, S.: "An Administrative Procedure for Life Prisoners: Law and Practice of Royal Pardon in the Netherlands", in VAN ZYL SMIT, D./APPLETON, C. (eds.): *Life Imprisonment and Human Rights*, Oxford: Hart Publishing Ltd, 2016, p. 141-165.

82 Art. 38z CC.

83 See STRUIJK, S./MEVIS, P. A. M.: "Legal Constraints on the Indeterminate Control of 'Dangerous' Sex Offenders in the Community: The Dutch Perspective", *Erasmus Law Review* 2016-2, p. 95-108.

it will be hard to prove any changes in the level of risk with lengthy supervision as a result.[84]

When all legal frameworks have expired, it is very hard to have any reintegration efforts or supervision paid for. However, after forensic care in some regions Forensic FACT (Flexible Assertive Community Treatment) teams may reach out to ex-prisoners. Another initiative in forensic mental health is that treatment staff will continue the therapeutic relationship after the legal framework has ended. It has shown to be effective in reducing reoffending.[85] However, as this is care that is paid for by the facility itself, or even completely voluntary, the question is how sustainable such aftercare can be.[86] If coercion is still needed when all the criminal justice frameworks are to expire, art. 2.3 FCA (civil) commitment may be used to keep someone off the streets, of course only when the individual meets the criteria from civil mental health law, which may be problematic if the framework is only used to avoid reoffending. It is of course more frequently used in case of termination of the TBS-order, than after a prison sentence, even though especially individuals that are still in a PPC at the end of their sentence are sometimes directed to the mental health system as well.

V. CONCLUSION

The entire field of forensic care in the Netherlands is diverse. Many options for mental health care exist for a large target group

---

84 VAN DER WOLF, M. J. F.: "Legal control on social control of sex offenders in the community: a European comparative and human rights perspective", *Erasmus Law Review* 2016-2, p. 39-54.

85 SCHAFTENAAR, P.: *Contact gezocht. Relationeel werken en het alledaagse als werkzame principes in de klinische forensische zorg (dissertation Tilburg)*, Amsterdam: SWU, 2018.

86 See VAN DER WOLF, M. J. F.: "De beperkingen van de strafrechtelijke plaatsing in de GGZ (artikel 37 Sr)", *Sancties* 2017, p. 74-80.

in the criminal justice system. And forensic care is very popular among decision makers, as it is associated with risk reduction. The first paragraph shows how ingrained the belief is in our country that persons with misunderstood behavior are somehow dangerous.

However, most of the forensic care aimed at reducing reoffending risk is for persons outside (remand) prison. Diversion to general mental health care provides too little security for most criminal justice-involved persons as there treatment is not aimed at recidivism risk reduction, but recovering from the mental disorder, and is therefore not that often used. Transfer from prison to forensic mental health is not that feasible anymore, since there is currently a capacity shortage in forensic mental health care, while a mentioned high-profile case has raised the bar too high for risk assessment requirements. And finally, Care in PPC's, within the penitentiary system is not aimed at risk reduction but at crisis intervention.

So in conclusion, the recent development of the broadening of forensic care from the TBS-order to the penitentiary and forensic mental health system has provided more detainees to profit from forensic care, even though some effects – also related to the responsibility of the Ministry of Justice and Security – jeopardize the sustainability of investments in forensic care (as discussed above). The diversity of care options for justice-involved persons should allow for the intended tailored approach, but this goal is being complicated by a similar complexity in the governing legal situation. In penitentiary institutions especially, much may still be gained in terms of screening for treatment needs and administering treatment aimed at risk reduction, as somehow such efforts are sometimes seen as contradictory to retribution. In communicating to society however, there is no better story to tell than forensic care in keeping people safe. Indeed, Dutch forensic care is great at reducing reoffending, but detainees still don't profit.

REFERENCES

ANDERSSON ELFFERS FELIX: *Forensische zorgen; Onderzoek naar de kwaliteit en veiligheid in de forensische zorg*, 14 mei 2018.

ANDERSSON ELFFERS FELIX: *Quickscan personen met ernstig verward gedrag en een hoog maatschappelijk veiligheidsrisico*, Utrecht: AEF, 2018.

ANNEMIEK CORNIELJE: "Damschreeuwer geeft interview: 'In die schreeuw zat mijn leven'", *Linda* 17 december 2015.

APPELBAUM, P. S.: *Almost a Revolution. Mental Health Law and the Limits of Change*, New York: Oxford University Press, 1994.

BIJLSMA, J./KOOIJMANS, T./DE JONG, F./MEYNEN, G.: "Legal insanity and risk: An international perspective on the justification of indeterminate preventive commitment", *International Journal of Law and Psychiatry* 2019, 66:101462.

BLOEM, O./VERKES, R. J./BULTEN, E.: "Mentally disordered in prison? Prevalence, development of symptoms and recidivism", in VAN KEMPEN, P. H./KRABBE, M. (eds.): *Mental health and criminal justice: international and domestic perspectives on defendants and detainees with mental illness*, Den Haag: Eleven, 2021.

BOONE, M.: "Community punishment in the Netherlands: A history of crises and incidents" in ROBINSON, G./MCNEILL, F.: *Community Punishment. European perspectives*, Routledge, 2015.

BOONE, M./BEYENS, K./BLAY GIL, E./MCLVOR, G.: "Community Service in Belgium, the Netherlands, Scotland and Spain: A Comparative Perspective", *European Journal of Probation 2010*, 2(1).

CEREZO, A.: "Defendants and detainees with psychiatric disorders in the Spanish criminal justice system", in VAN KEMPEN, P. H./KRABBE, M. (eds.): *Mental health and criminal justice: international and domestic perspectives on defendants and detainees with mental illness*, Den Haag: Eleven, 2021.

COLLEGE VOOR DE RECHTEN VAN DE MENS: *Tekst en uitleg. Onderzoek naar de motivering van voorlopige hechtenis*, Den Haag, 2017.

COMMISSIE KOSTO: *Veilig en wel: Een beleidsvisie op de tbs*, Den Haag: Ministerie van Justitie, 2001.

COMMISSIE VISSER: *Tbs, vandaag over gisteren en morgen*, Den Haag: Sdu, 2006.

DE KEIJSER, J.: "Never Mind the Pain, It's a Measure! Justifying Measures as Part of the Dutch Bifurcated System of Sanctions", in TONRY, M. (ed.): *Retributivism Has A Past. Has it a Future?*, Oxford University Press, 2011.

DE RIDDER, J./EMANS, B. J. M./HOVING, R. A./KROL, E./STRUIKSMA, N.: *Evaluatie Wet beperking oplegging taakstraffen*, Groningen: Rapport Rolf, 2018.

DRIESCHNER, K./HILL, J./WEIJTERS, G.: *Recidive na tbs, ISD en overige forensische zorg*, Den Haag: WODC-Cahier 2018-22.

EULE, J.: "The presumption of sanity: Bursting the bubble", *University of California at Laos Angeles Law Review*, 25, 1978.

INSPECTIE JUSTITIE EN VEILIGHEID: *Noodhulp. Incidentafhandeling door de politie*, Den Haag: Inspectie Justitie en Veiligheid, 2021.

KAZEMIAN, L.: *Long sentences: an international perspective*, Council on Criminal Justice, 2022. https://counciloncj.foleon.com/tfls/long-sentences-by-the-numbers/an-international-perspective.

KOEKKOEK, B.: *De kwestie verwarde personen. Naar een andere benadering van onbegrepen gedrag*, Amsterdam: LannooCampus, 2019.

LEGEMAATE, J./PLOEM, M. C./UIT BEIJERSE, J./MEVIS, P. A. M./VAN DER WOLF, M. J. F./AKERBOOM, C. P. M./SCHOL, M./WINTER, H./WOESTENBURG, N.: *Thematische wetsevaluatie gedwongen zorg*, Den Haag: ZonMW, 2014.

LINDHOUT, T. J./VAN DER WOLF, M. J. F./VAN MARLE, H. J. C.: "De Fokkensregeling is dood; leve de Fokkensregeling!", *Sancties* 2011.

MEIJERS, J.: *Do not restrain the prisoner's brain: Executive functions, self-regulation and the impoverished prison environment* (dissertation Amsterdam VU), Amsterdam: VU, 2018.

MOOIJ, A. W. M.: "Verwarring", *Voordracht op het Jubileumsymposium van het Lutje PJG*, 2016.

MUNDT, A. P.: "Asylums and deinstitutionalization: The Penrose hypothesis in the twenty-first century", in VÖLLM, B./BRAUN, P. (eds.), *Long-term forensic psychiatric care*, New York: Springer, 2019.

ONDERZOEKSRAAD VOOR VEILIGHEID: *Forensische zorg en veiligheid. Lessen uit de casus Michael P.*, Den Haag: Onderzoeksraad voor veiligheid, 2019.

SCHAFTENAAR, P.: *Contact gezocht. Relationeel werken en het alledaagse als werkzame principes in de klinische forensische zorg (dissertation Tilburg)*, Amsterdam: SWU, 2018.

SCHUILENBURG, M.: *Hysterie: een cultuurdiagnose*, Den Haag: Boom filosofie, 2019.

STAM, Jaap: "Damschreeuwer: 'Ik ben niet verward'", *de Volkskrant*, 22 september 2011.

STEINMANN, P. L. M.: *Stelselwijziging forensische zorg: Verklarend onderzoek naar een centralisatie van sturing in de zorg* (dissertatie Twente), Universiteit Twente: 2019.

STRUIJK, S.: "Punishing Repeat Offenders in the Netherlands: Balancing between Incapacitation and Treatment", *Behavioral Sciences & the Law* 2015-1.

STRUIJK, S./MEVIS, P. A. M.: "Legal Constraints on the Indeterminate Control of 'Dangerous' Sex Offenders in the Community: The Dutch Perspective", *Erasmus Law Review* 2016-2.

TOMLIN, J./LEGA, I./BRAUN, P./KENNEDY, H. G./TORT HERRANDO, V./BARROSO, R./CASTELLETTI, L./MIRABELLA, F./SCARPA, F./VÖLLM, B.: "Forensic mental health in Europe: some key figures", *Soc Psychiatry Psychiatr Epidemiol*, 2021, 56(1).

UIT BEIJERSE, J. *et al.*: *De praktijk van de voorwaardelijke invrijheidstelling in relatie tot speciale preventie en re-integratie*, Den Haag: Boom juridisch 2018.

VAN DER VIS, C. L./STRUIJK, S./VAN DER WOLF, M. J. F.: "Recidivecijfers na forensische zorg: een juridische 'proof of the pudding'", *Ars Aequi* 2020.

VAN DER WOLF, M. J. F.: "Legal control on social control of sex offenders in the community: a European comparative and human rights perspective", *Erasmus Law Review* 2016-2.

VAN DER WOLF, M. J. F.: "De beperkingen van de strafrechtelijke plaatsing in de GGZ (artikel 37 Sr)", *Sancties* 2017.

VAN DER WOLF, M. J. F.: *In de war van verwarring. De (taak van de) forensische psychiatrie in deze tijd (oratie Leiden)*, Den Haag: Boom criminologisch, 2022.

VAN DER WOLF, M. J. F./HERZOG-EVANS, M.: "Mandatory measures: 'safety measures'. Supervision and detention of dangerous offenders in France and the Netherlands: a comparative and Human rights' perspective", in HERZOG-EVANS, M. (ed.): *Offender release and supervision: The role of Courts and the use of discretion*, Oisterwijk: Wolf Legal Publishers, 2014.

VAN DER WOLF, M. J. F./MEVIS, P. A. M.: "Beschouwingen over weigeren en beveiligen n.a.v. de zaak Michael P. Rechtspraakrubriek", *DD* 2018/27.

VAN DER WOLF, M. J. F./MEVIS, P. A. M.: "Defendants and detainees with psychiatric disturbances in the criminal process and in the prison system in the Netherlands", in VAN KEMPEN, P. H./KRABBE, M. (eds.): *Mental health and criminal justice: international and domestic perspectives on defendants and detainees with mental illness*, Den Haag: Eleven, 2021.

VAN DER WOLF, M. J. F./REEF, J./WAMS, A. C.: *Wie zijn geschiedenis niet kent… Een overzichtelijke tijdlijn van de stelselwijzigingen in de forensische zorg sinds 1988*, Den Haag: Textcetera, 2020.

VAN DER WOLF, M. J. F./REEF, J./GUNNINK, L./HERZBERGER, J./DOEKHIE, J. V. O. R.: *Binnen. Beeld. Buiten. Een evaluatie van zorgconferenties bij langverblijvers (15+) in de tbs*, Den Haag: WODC, Textcetera, 2022.

VAN DER WOLF, M. J. F./VAN MARLE, H. J. C.: "Legal approaches to criminal responsibility of mentally disordered offenders in Europe", in GOETHALS, K. (ed.), *Forensic Psychiatry and Psychology in Europe. A Cross-Border Study Guide*, Basel: Springer International Publishing, 2018.

VAN HATTUM, W./MEIJER, S.: "An Administrative Procedure for Life Prisoners: Law and Practice of Royal Pardon in the Netherlands", in VAN ZYL SMIT, D./APPLETON, C. (eds.): *Life Imprisonment and Human Rights*, Oxford: Hart Publishing Ltd, 2016.

VAN MARLE, H. J. C./MEVIS, P. A. M./ROZA, S./VAN DER WOLF, M. J. F. (red.): *Gedragskundige rapportage in het strafrecht, Derde herziene druk*, Deventer: Kluwer, 2022.

VAN MARLE, H. J. C./VAN DER WOLF, M.: "Boter aan de galg en erwtensoep aan de maagpatiënt", in HARTE, J./VERHAGEN, T./ZOMER, M. (red.), *Most probably the best professor of forensic psychiatry. Liber amicorum prof.dr. Dick Raes*, Nijmegen: Wolf Legal Publishers, 2009.

VAN MARLE, H. J. C./PRINSEN, M. M./VAN DER WOLF, M. J. F.: "Pathways in Forensic Care: The Dutch Legislation of Diversion", in OEI, K. T. I./GROENHUIJSEN, M. S. (eds.): *Progression in Forensic Psychiatry: About Boundaries*, Deventer: Kluwer 2012.

VAN OPLOO, L. E./PRINSEN, M.M./BAKKUM, T. J. G.: "De invoering van artikel 2.3 Wet forensische zorg–Consequenties voor de strafrechtspraktijk", *NJB* 2020/2166, afl. 32.

VISSCHER, A. *et al.*: "Behandel 'boeven' buiten de reguliere psychiatrie", *De Volkskrant* 12 July 2020.

WERMINK, H. T./BLOKLAND, A. A. J./TOLLENAAR, N./BEEN, J./SCHUYT, P. M./ APEL, R.: "Een oude vraag opnieuw onderzocht: effecten van korte gevangenisstraffen ten opzichte van niet-vrijheidsbenemende straffen op recidive op basis van een instrumentele variabele benadering", *Tijdschrift voor Criminologie* 2022, 64(2).

Alternativas al encarcelamiento de internos con problemas de salud mental: posibilidades del art. 60 CP [1]

VICENTA CERVELLÓ DONDERIS
Catedrática de Derecho Penal
Universitat de València

I. INTRODUCCIÓN

Dentro de las disposiciones comunes del capítulo I del Título III del Código Penal, titulado las penas, clases y efectos, el art.60 establece que si después de pronunciada sentencia firme se apreciara en el penado una situación duradera de trastorno mental grave que le impida conocer el sentido de la pena, el Juez de Vigilancia suspenderá la ejecución de la pena privativa de libertad que se le hubiera impuesto, garantizando que reciba la asistencia médica precisa, para lo cual podrá decretar la imposición de una medida de seguridad privativa de libertad de las previstas en el Código Penal que no podrá ser, en ningún caso, más gravosa que la pena sustituida.

Con esta figura se abordan los problemas de la enfermedad mental sobrevenida después de pronunciada la sentencia firme, tanto con relación a penas privativas de libertad como a penas de otra naturaleza, sin embargo, en este caso solo se va a analizar el primer supuesto, por la especial problemática que presenta el tratamiento de la salud mental en el contexto de la privación de

---

1 Este trabajo se enmarca en el Proyecto I+D+i "Estudio crítico del uso de sanciones alternativas penales: una mirada a la salud mental y al género" (ref.: PID2021-126236OB-I00; AEI/FEDER, UE).

libertad[2] y la necesidad de encontrar soluciones alternativas al encierro.

Este precepto del Código Penal se reformó con la Ley 15/2003 de 25 de noviembre para resolver algunas dudas que había planteado su redacción anterior, pese a lo cual, algunas se mantuvieron, como la delimitación de la gravedad del trastorno mental y su incidencia en la pena de prisión o la forma de garantizar que los penados reciban la atención médica necesaria en el exterior y, además, introdujo nuevas controversias como la posibilidad de que los Jueces de Vigilancia puedan suspender penas e imponer medidas de seguridad.

Pese a estas reformas, el art. 60 CP sigue teniendo una escasa aplicación judicial motivada por una ubicación sistemática inadecuada por su separación del resto de supuestos de suspensión[3], el desconocimiento de sus posibilidades y el olvido que sufre la salud mental en prisión, todo lo cual invita a explorar sus efectos desde la perspectiva de una ejecución penitenciaria garantista dirigida a facilitar un tratamiento sanitario no carcelario de la enfermedad mental.

---

2 La Consulta FGE 5/1999 de 16 de diciembre sobre problemas que plantea el internamiento de quienes tienen suspendida la ejecución de una pena privativa de libertad por trastorno mental grave sobrevenido a la sentencia firme afirmaba que la situación del enfermo mental en prisión es uno de los problemas más graves al que se enfrenta el sistema penitenciario español, haciéndose eco de la opinión de estudios médicos que revelan "la potencial lesividad el encierro carcelario para la salud mental y los efectos perturbadores para el psiquismo de los reclusos que determinadas condiciones de vida y convivencia propias del mundo carcelario puede generar".

3 De hecho, en no pocas ocasiones, en casos de enfermedad mental sobrevenida se reclama la suspensión a través del art. 80 CP, y no del art.60 CP, o se dirige al órgano o Tribunal sentenciador, y no al Juez de Vigilancia.

2. La respuesta penitenciaria a la enfermedad mental.

El tratamiento penitenciario de la enfermedad mental es muy diverso, dependiendo de que en la sentencia se haya apreciado su afección en el momento de la comisión de los hechos delictivos y la necesidad de tratamiento terapéutico, o bien, que se haya manifestado durante el cumplimiento de la pena de prisión, en cuyo caso, si se trata de una enfermedad mental grave que impide conocer el sentido de la pena se podrá suspender judicialmente su ejecución y, en caso contrario, deberán valorarse las circunstancias del interno para acordar el destino, régimen y tratamiento acorde a sus necesidades de intervención.

De esta forma, se pueden diferenciar tres situaciones diferentes con relevancia penitenciaria en función de criterios jurídicos, cronológicos y sanitarios: a) internos a los que se les ha aplicado una medida de seguridad de internamiento psiquiátrico como consecuencia de la aplicación de una eximente completa o incompleta de anomalía psíquica o trastorno mental transitorio en sentencia firme, b) internos a los que no se les ha aplicado la eximente en sentencia, pese a que presentan algún problema de salud mental, que quedarán bajo la supervisión de los servicios sanitarios del centro penitenciario en el que ingresen para cumplir su condena, c) internos, sin problemas de salud mental previos, que desarrollan una enfermedad mental grave durante el cumplimiento de la condena que les impide conocer el sentido de la pena.

En el primer caso, la decisión judicial reflejada en la imposición de una medida de seguridad se materializa con el internamiento en un establecimiento psiquiátrico penitenciario, lo que, lejos de abordar la problemática sanitaria de los enfermos mentales condenados de una forma específica, resulta cuestionable por la escasez de plazas para el elevado número de internos con problemas mentales y porque su carácter más penitenciario que psiquiátrico permite dudar de la eficacia del sistema. En el segundo caso, los problemas de los internos cuya enfermedad mental no se vio reconocida en juicio, se agravan considerablemente porque al no haber sido considerado relevante su trastorno en el momento del juicio, quedan a disposición de la valoración y los medios que el centro penitenciario de cumplimiento ordinario disponga para atender la salud mental, lo cual va a presentar muchas más deficiencias que el caso anterior. El tercer supuesto, por su parte, recibe una respuesta específica del Código Penal, consistente en elegir entre asistencia extrapenitenciaria o carcelaria, siempre que se trate de una enfermedad sobrevenida y grave aparecida durante el cumplimiento de la condena, siendo objeto de este trabajo su interpretación reductiva para que el modelo más punitivo alcance al menor número de supuestos.

2.1. El cumplimiento en centros penitenciarios de internamiento psiquiátrico.

Para abordar la interpretación del art. 60 CP de modo que permita facilitar el tratamiento extrapenitenciario a internos con problemas graves de salud mental, resulta necesario hacer una breve referencia al rechazo que provocan los internamientos psiquiátricos penitenciarios al confluir en ellos la crítica a la propia privación de libertad, en si misma considerada, con la escasa eficacia de la privación de libertad para el tratamiento de las enfermedades mentales.

Pese a que el art. 96 CP recoge entre las medidas de seguridad privativas de libertad la de internamiento en centro psiquiátrico, al concretar en el art.101 CP las reglas de aplicación de las medidas de seguridad, establece que a quienes se les declare exentos de responsabilidad criminal conforme al art. 20.1 CP, se les podrá imponer, si fuera necesario, la medida de internamiento para tratamiento médico o educación especial en un "*establecimiento adecuado*" al tipo de anomalía o alteración psíquica que se aprecie. Con esta mención, la primera cuestión que puede llamar la atención es que los establecimientos psiquiátricos mencionados en el art. 96 CP pasan a ser establecimientos adecuados, lo que permite entender que no sean necesariamente establecimientos penitenciarios[4], si bien, sin especificar que se trate de centros públicos o privados, como sí se hace en el caso de los centros de deshabituación, algo que, en principio, no debería excluir a los centros psiquiátricos privados, siempre que se trate de centros acreditados y homologados[5]. En este sentido, el RD 840/2011 de 17 de junio por el que se establecen las circunstancias de ejecución de las penas de trabajo en beneficio de la comunidad y de localización permanente en centro penitenciario, de determinadas medidas de seguridad, así como de la suspensión de la ejecución de las penas privativas de libertad y sustitución de penas, acepta expresamente que se trate de centros públicos o concertados.

Esta flexibilidad en la descripción de los centros donde se puede cumplir la medida de seguridad de internamiento podría haber servido para resolver el problema que genera la insuficiencia de plazas en los establecimientos psiquiátricos penitenciarios[6], permitiendo su cumplimiento tanto en centros penitenciarios psiquiátricos, como en centros psiquiátricos no penitenciarios[7], sin embargo, el alcance de la reforma psiquiátrica en la sanidad pública causante del desmantelamiento de los antiguos psiquiátricos y los problemas de seguridad que pueden generar los centros psi-

---

4 BARRIOS FLORES, L.F.: "El internamiento psiquiátrico en España: situación actual y propuestas de futuro" *Norte de salud mental,* vol. XVII, 2021, p. 26.

5 RACIONERO CARMONA, F.: *Derecho Penitenciario y privación de libertad,* Dykinson, Madrid 1999, p. 99.

6 ROIG TORRES, M.:"Medidas de seguridad privativas de libertad: la regulación alemana y su reflejo en el proyecto de reforma del Código Penal español" *In Dret* 4/2014, p. 41 propone solventar la escasez de plazas en centros penitenciarios específicos con el ingreso en centros dependientes del Ministerio de Sanidad por ajustarse mejor a los principios constitucionales.

7 En contra de esta posibilidad JAVATO MARTÍN, A.: "La ejecución de la medida de seguridad de internamiento psiquiátrico" en MATA MARTÍN, R. (Dir.): *Salud mental y privación de libertad. Aspectos jurídicos e intervención,* Bosch, Madrid, 2021, p.63.

quiátricos no penitenciarios, abocan a que, en la práctica, la falta de plazas específicas conduzca a estos sujetos a los establecimientos penitenciarios ordinarios[8], aun a sabiendas de que no van a recibir el tratamiento adecuado al que se refiere el Código Penal.

La LOGP, por su parte, denomina en el art.11 como establecimientos psiquiátricos a los destinados al cumplimiento de medidas de seguridad privativas de libertad, siendo después redefinidos en el art.183 RP como establecimientos o unidades psiquiátricas, misma nomenclatura empleada por el RD 840/2011 de 17 de junio que regula los aspectos de ejecución de estos centros de internamiento.

En el ámbito de la Administración General del Estado se dispone de dos centros penitenciarios de internamiento psiquiátrico, el Hospital Psiquiátrico de Alicante con una capacidad máxima de 371 camas y el Hospital Psiquiátrico de Sevilla con una capacidad máxima de 158 camas[9], con lo cual, el primer problema que va a surgir es la dificultad para cumplir el mandato legal de cumplimiento de la medida de seguridad de internamiento psiquiátrico en un lugar adecuado, dado el insuficiente número de plazas en centros psiquiátricos penitenciarios y lo inhabitual de su cumplimiento en centros no penitenciarios. Esto puede explicar que, asumiendo esta lamentable realidad, la Instrucción SGIP 19/2011 de 16 de noviembre regulara las circunstancias de ejecución del cumplimiento de medidas de seguridad en centros penitenciarios no psiquiátricos, haciendo de la excepción la regla general. Este sería un segundo problema ya que la escasa y contradictoria regu-

---

8 LACAL CUENCIA, P./PEÑARANDA DEL RÍO, J./ SOLAR CALVO, P.: "¿Debe un enfermo mental estar en prisión? Situación actual y cuestiones que plantea la STC 84/2018 de 16 de julio". *RGDP* 30(2018) p. 12. HABA GARCÍA, E.: "Enfermedad mental y prisión: análisis de la situación penal y penitenciaria de las personas con trastorno mental grave (TMG)" *Estudios Penales y Criminológicos,* vol. XLI (2021) p.13.

9 RODRÍGUEZ YAGÜE, C.: "El Derecho penitenciario humanitario" *ADPCP* LXXII, 2019, p.450.

lación legal sobre la materia obliga a acudir en exceso a Circulares o Instrucciones[10] para conocer sus circunstancias de ejecución.

Al cumplimiento de la medida de seguridad de internamiento psiquiátrico se destinan los arts.182 a 191 RP, regulando en apenas diez artículos el contenido de una forma de ejecución totalmente diferente a la pena de prisión que abarca el tipo de destinatarios, órganos penitenciarios, régimen y tratamiento rehabilitador.

Con relación a los sujetos que pueden ser destinados a estos establecimientos o unidades psiquiátricas penitenciarias se distingue tres grupos: a) detenidos o presos con patologías psiquiátricas, si la autoridad judicial solicita su ingreso para observación e informe previsto en la LECR, b) personas que deben cumplir una medida de seguridad de internamiento psiquiátrico penitenciario, c) penados a los que por aplicación del art. 60 CP se les haya impuesto una medida de seguridad para ser cumplida en establecimiento o unidad psiquiátrica penitenciaria. En todos estos casos, el ingreso lo determinan los órganos judiciales correspondientes, es decir, no es una decisión que pueda tomar la Administración Penitenciaria por propia iniciativa[11].

En la organización de los centros penitenciarios recogida en el art. 265.4 RP se establece que los hospitales psiquiátricos penitenciarios dispondrán como únicos órganos de Consejo de Dirección, Junta Económico-Administrativa y Equipo multidisciplinar, con ello se eliminan órganos penitenciarios colegiados como el Equipo Técnico, la Junta de Tratamiento o la Comisión Disciplinaria[12], entre otras razones, porque el propio RP establece que

---

10 BARRIOS LÓPEZ, L.F.: "El internamiento psiquiátrico... " cit.pág.30.

11 RODRÍGUEZ YAGÜE, C.: "El Derecho penitenciario humanitario... cit. p. 450.

12 LACAL CUENCIA, P./PEÑARANDA DEL RÍO, J./SOLAR CALVO, P.: "¿Debe un enfermo mental... " cit. p.12. HABA GARCÍA, E.: "Enfermedad mental y prisión..." cit. p.105.

en estos establecimientos no se clasifica a los internos, ni se aplica régimen disciplinario.

Entre estos órganos adquiere un especial protagonismo el Equipo multidisciplinar, que según art.185 RP estará integrado por psiquiatras, psicólogos, médicos generales, enfermeros y trabajadores sociales para prestar la asistencia especializada que necesiten los pacientes internados y también por profesionales y personal auxiliar necesario para la ejecución de programas de rehabilitación. En sus inicios, sus funciones se reducían a informar o proponer, a modo de Equipo Técnico, para dejar las facultades decisorias al Consejo de Dirección, a modo de Junta de Tratamiento[13], más adelante, sin embargo, los equipos han ido tomando más protagonismo al priorizar la condición sanitaria, como pacientes, de los internos sobre la penitenciaria, marcando distancias con los órganos penitenciarios convencionales; de esta forma deben entenderse la funciones recogidas en el art. 186.2 RP referidas a la separación, traslado, programa de rehabilitación dentro y fuera del establecimiento.

En relación al régimen penitenciario, los arts. 186 y ss RP regulan de una forma muy genérica el procedimiento de ingreso, destino y tratamiento a seguir, con expresa prioridad de las necesidades asistenciales (art.188 RP) y una exclusión del régimen disciplinario que no impide el empleo de medios de contención, si bien, con especiales requisitos como son que se haya dado una conducta psicopatológica, que en todo caso los indique el facultativo y se comunique a la Autoridad judicial. En esta regulación hay aspectos positivos, como la expresa mención a las actividades rehabilitadoras para favorecer la desinstitucionalización o la referencia a pacientes que recoge el art. 189 RP, pero también algunas negativas, como que las comunicaciones y salidas queden sin concretar, en su modalidad, en su frecuencia, en el órgano com-

---

13 ARMENTA GONZÁLEZ-PALENZUELA, F.J./ RODRÍGUEZ RAMÍREZ, V.: *Reglamento penitenciario. Análisis sistemático, comentarios, Jurisprudencia*, Ed. Colex, Madrid, 2009, p.412.

petente para su concesión[14] (art.190 RP) dejándolas a merced del programa individual de rehabilitación, lo que supone menor seguridad jurídica y mayor indefensión.

Para resolver todas estas dudas hay que acudir a la Instrucción SGIP 9/2011 de 16 de noviembre donde ya se detallan todos estos extremos, si bien, teniendo en cuenta que en dicha Instrucción las medidas de seguridad se podrán cumplir en centros penitenciarios no psiquiátricos, lo que obliga a referirse a los órganos de estos centros, es decir, a la Junta de Tratamiento y Equipo Técnico. Los Equipos Técnicos de los centros no psiquiátricos no disponen de la misma composición que los equipos multidisciplinares previstos para los centros psiquiátricos, ya que en ellos solo se establece que sean específicos, si el número de internos lo requiere, con la única obligación de contar, en todo caso, con la presencia de un médico, lo que desvirtúa totalmente el mandato del art. 185 RP.

Con relación al régimen de vida y tratamiento que van a seguir los internos en los establecimientos o unidades psiquiátricas, al margen del programa general de actividades rehabilitadoras del hospital psiquiátrico penitenciario, una vez se haya producido el ingreso, la Junta de Tratamiento elaborará un Programa Individualizado de Reinserción (PIR) que siguiendo las indicaciones del art. 20 RP, recogerá el lugar de destino interior, el diagnóstico, los objetivos del programa de intervención, la planificación de actividades y las comunicaciones. Este PIR se comunica al Juez de Vigilancia en tres meses, sin perjuicio de su inmediata ejecución, lo que resulta un plazo un tanto excesivo. A partir de ese momento, dicho Juez de Vigilancia elevará al Juez o Tribunal sentenciador anualmente una propuesta de mantenimiento, cese, sustitución

---

14 Parece que debe ser el Juez de Vigilancia quien las autorice por ser el competente de la ejecución de las medidas de seguridad, FERNÁNDEZ AREVALO, L.: "Medidas de seguridad privativas de libertad y sistema de ejecución" en LEÓN ALAPONT (Dir.): *Guía práctica de Derecho Penitenciario,* Ed. Wolters Kluwer, Madrid, 2022, p.306.

o suspensión del internamiento, siguiendo los informes de los facultativos y profesionales que asistan a los internos (art. 98.1 CP).

La falta de concreción legal de la forma de cumplimiento del internamiento psiquiátrico, unida a la flexibilidad que caracteriza a las medidas de seguridad, provoca que en muchos casos resulte más perjudicial que beneficioso para los propios internos. Así puede suceder en los casos en los que el internamiento psiquiátrico termina siendo más prolongado y aflictivo que la propia pena de prisión, entre otros motivos, porque su duración se mide de forma abstracta, sin contemplar la aplicación de circunstancias atenuantes, cuando no les alcanza la aplicación de los beneficios penitenciarios previstos legalmente para las penas privativas de libertad o se encuentran dificultades en los posibles cambios que pudieran afectar a la duración o modalidad de cumplimiento de la medida como consecuencia de la escasez de recursos humanos y materiales[15]. Estas deficientes condiciones hacen que los dos hospitales psiquiátricos penitenciarios acaben siendo lugares de cumplimiento muy similares a la prisión tradicional, precisamente porque comparten los mismos inconvenientes como son la preferencia de las funciones de seguridad y custodiales, sin apenas diferencias relativas a la organización del centro, horarios o arquitectura y la escasez de personal, como incluso Instituciones Penitenciarias reconoce[16].

En los dos últimos años el número de pacientes ingresados en los dos centros psiquiátricos penitenciarios de Alicante y Sevilla arroja una cifra de 380 en el año 2021 y 376 en el año 2022, más de la mitad de ellos con trastornos psicóticos, lo que unido a los

---

15 CUENCA GÓMEZ, P.: "El tratamiento de las personas con problemas de salud mental en la normativa penal y penitenciaria. Reflexiones y propuestas". *Revista Asociación. Española Neuropsiquiatría,* 2022, 42 (141), p. 150.

16 SGIP: *Hospitales psiquiátricos dependientes de la Administración Penitenciaria: propuesta de acción.* Documento de análisis sobre la situación de los dos Hospitales psiquiátricos penitenciarios dependientes del Ministerio del Interior. Ed. Ministerio del Interior, Madrid, 2011, p.18.

internos que permanecen en centros ordinarios con problemas mentales, que alcanzaron la cifra de 1.834 personas en 2021 y 1.817 en 2022[17], en este caso, en su mayoría con trastornos psicóticos, patologías duales y trastornos de la personalidad, representa un porcentaje muy elevado de enfermedad mental en la población penitenciaria[18].

Este elevado número de enfermos mentales privados de libertad se enfrenta a diversos problemas como son la limitación de medios materiales y humanos y la deficiente regulación de la ejecución de las medidas de internamiento psiquiátrico, lo que provoca una merma de los derechos de los internos en su condición de pacientes, por ello sería deseable crear un estatuto jurídico propio de estos internos[19] con un régimen de vida específico, cuyo cumplimiento se llevara a cabo en el seno de una estructura hospitalaria de reducidas dimensiones, no penitenciaria y descentralizada y con la asistencia de equipos adecuados de profesionales, en los que los psiquiatras deberían formar parte del Consejo de Dirección y los encargados de vigilancia recibir una formación especializada.

De esta forma, las cuestiones más problemáticas que se pueden destacar de los internamientos psiquiátricos son las siguientes: a) en primer lugar, la ausencia de normas adecuadas de cumplimiento psiquiátrico, dada la parquedad de su regulación tanto en la LOGP como en el RP con un exceso de protagonismo de Circulares e Instrucciones, b) en segundo lugar, la difícil compatibilidad entre una atención especial al tratamiento, reflejada en que la separación interior, las comunicaciones y las salidas al exterior se rijan por motivos terapéuticos y el marcado carácter carcelario

---

17 Tomando como referencia los incluidos en el Programa PAIEM (Programa de Atención Integral al Enfermo Mental en las prisiones españolas).

18 https://www.institucionpenitenciaria.es/documents/20126/72836/Informe_General_2021_SGIIPP_acc.pdf.https://www.institucionpenitenciaria.es/documents/20126/72836/Informe%General% 2022.pdf

19 BARRIOS LÓPEZ, L.F.: "El internamiento… "cit. pp.30-34.

que presentan los establecimientos penitenciarios, c) en tercer lugar, la doble cara de la flexibilidad en la duración y modalidad del internamiento, porque pese a estar abierta a modificaciones a través del cese, la sustitución o la suspensión en atención a los resultados, los cambios no siempre son factibles por su excesiva duración, la escasez de recursos comunitarios extrapenitenciarios[20] y su dependencia del pronóstico de peligrosidad criminal.

2.2. La atención psiquiátrica en los centros penitenciarios ordinarios.

Las referencias en la legislación penitenciaria a la atención psiquiátrica que se pueda prestar a los internos en los centros penitenciarios ordinarios todavía son más escasas que las del supuesto anterior, precisamente porque se parte de la base de que no son lugares donde se pueda ofrecer tratamiento especializado, sino, en todo caso, una asistencia de tipo primario. En este sentido, el art.36 LOGP indica que en los centros habrá un médico general con conocimientos psiquiátricos para cuidar y velar por la salud física y mental de los internos, en el art 37 b) LOGP se establece que los centros dispondrán de una dependencia a la observación psiquiátrica y en el art.39 LOGP que los diagnósticos psiquiátricos que afecten a la situación penitenciaria de los internos deberán realizarse por un equipo técnico, integrado por un especialista en psiquiatría, un médico forense y el del establecimiento.

Debe tenerse en cuenta que los motivos que pueden dar lugar a que algunos internos requieran asistencia psiquiátrica en un centro penitenciario ordinario son muy diversos porque se puede deber a que el trastorno o anomalía no fuera considerado relevante en el juicio a efectos de imposición de la pena de prisión que está cumpliendo, que el trastorno o anomalía sobrevenido no haya dado lugar a la suspensión de la ejecución, que no hayan plazas disponibles en los centros psiquiátricos penitenciarios

---

20 HABA GARCÍA, E.: "Enfermedad mental y prisión..." cit. p.103.

teniendo que cumplir la medida de seguridad de internamiento en centro penitenciario ordinario o que se trate de internos preventivos, quienes, a salvo de ser remitidos a centro penitenciario psiquiátrico para la emisión de informes a la autoridad judicial, deben permanecer en centros penitenciarios ordinarios[21]al no estar prevista la medida cautelar de internamiento psiquiátrico[22].

Dejando al margen el último supuesto por sus especiales singularidades, por cierto, no suficientemente reguladas, como vienen denunciando doctrina y jurisprudencia[23], el resto puede dar lugar a que un número importante de internos necesite intervención psiquiátrica; así lo recogía el informe PreCa (Prevalencia de Trastornos Mentales en Cárceles) publicado en 2009[24] que denunciaba la alta prevalencia de los trastornos mentales en las prisiones españolas, alrededor de cinco veces superior a la población general, con datos muy preocupantes como que ocho de cada diez internos habían sufrido a lo largo de su vida un trastorno mental y cuatro de cada diez en el momento del estudio, con una estrecha relación entre consumo de drogas y trastorno mental, todo lo cual exigía abordar el tratamiento de los enfermos mentales en

---

21 BARRIOS LÓPEZ, L.F.: "El internamiento… "cit. p.32.

22 GARCÍA ORTIZ, A.: "Los trastornos mentales en el medio penitenciario. Situación actual y propuestas de mejora" *Revista de Estudios Penitenciarios* nº 263, 2021, p.25.

23 BARRIOS LÓPEZ, L.F.: "El internamiento… "cit. p.34. Es especialmente importante que la STC 84/2018 de 16 de julio (TOL 6.680.701) declarara que no cabe el internamiento psiquiátrico penitenciario preventivo por ausencia de regulación legal, en este caso se trataba de un sujeto absuelto en sentencia por aplicación de eximente completa de trastorno mental y aplicación de medida de seguridad de internamiento psiquiátrico que había sido internado mientras se resolvían los recursos impuestos

24 Grupo PRECA (Informe Prevalencia de trastornos mentales en centros penitenciarios españoles (Estudio Preca) Barcelona 2011, p.9.

un entorno que, en principio, no es el legalmente previsto, ni el más adecuado[25].

Aunque la LOGP y el RP parece que se decantan por vincular el cumplimiento de la medida de seguridad de internamiento psiquiátrico a los establecimientos o unidades psiquiátricas penitenciarias, la Instrucción SGIP 19/2011 de 16 noviembre que regula el cumplimiento de las medidas de seguridad competencia de la Administración Penitenciaria establece medidas organizativas y regimentales para los internos que cumplan medida de seguridad en centro penitenciario no psiquiátrico, asumiendo que en muchos casos las medidas de seguridad se cumplen en centros penitenciarios ordinarios por la limitación de plazas en los establecimientos psiquiátricos penitenciarios y la inexistencia de unidades psiquiátrica penitenciarias.

Una de las cuestiones más relevantes es la ubicación de estos sujetos en los centros de cumplimiento ordinario, teniendo en cuenta que, a falta de la creación de las unidades psiquiátricas previstas en el Reglamento Penitenciario[26], en el mejor de los casos acaban destinados en la enfermería o en módulos ordinarios[27]. El recurso al uso de la enfermería como destino facilita una atención menos masificada que de alguna manera protege al interno, pero no es el lugar más apropiado[28] por no poder ofrecer una atención

25 PALLARÉS NEILA. J./UTRERA CANALEJO, I.: "Salud mental y prisión, difícil encaje" en *Revista Asociación española de neuropsiquiatría 2022; 42(141)*, p.208.

26 El propio TC en sentencia 84/2018 de 16 de julio TOL 6.680.701 criticaba que se trataba de un recurso gramatical de la LOGP, inexistente en la realidad.

27 LACAL CUENCIA, P./PEÑARANDA DEL RÍO, J./SOLAR CALVO, P.: "¿Debe un enfermo mental…" cit. p.13.

28 GARCÍA ORTÍZ, A.: "El cumplimiento en prisiones ordinarias de las medidas de seguridad de internamiento psiquiátrico: especial referencia a la perspectiva de género" en RODRÍGUEZ YAGÜE (Dtora.): *Penas perpetuas,* Tirant lo Blanch, Valencia, 2023, p.585.

adecuada a los trastornos mentales graves al no haber asistencia psiquiátrica, sino generalista, y no ofertar actividades como en el resto de módulos, lo que les reduce mucho la oferta de ocio[29]. En este sentido, la Instrucción SGIP 19/2011 de 16 noviembre estableció que para la determinación del módulo de destino se tuviera en cuenta preferentemente los criterios de intervención terapéutica y, a falta de destino específico por razones de tratamiento, fueran destinados a módulos de respeto, aun así, según un estudio publicado en 2014 aproximadamente la mitad de los enfermos mentales permanece en módulos ordinarios y la otra mitad en módulos de respeto[30].

Como estas disposiciones pueden dar lugar a que internos con enfermedades mentales pueden estar en módulos distintos, se establece que dependerán de un mismo equipo técnico, con el objetivo de mantener uniformidad de criterios y favorecer la intervención y seguimiento de los casos, con independencia del módulo en el que se encuentren.

Dejando a un lado a los internos a los que se les haya aplicado el art. 60 CP, cuya situación específica se analiza en el epígrafe 3, en este caso nos vamos a referir a los internos que no se les impuso medida de seguridad en la sentencia, pese a padecer problemas mentales, a aquellos cuya inaplicación del art. 60 ha descartado la medida de internamiento o la suspensión de la pena, lo que supone que continúan cumpliendo la pena de prisión, y a aquellos que, simplemente, están cumpliendo la medida de seguridad impuesta judicialmente en centro ordinario.

---

29 VILALTA. J. (coord.): *Informe 2022 Observatorio Derechos Humanos salud mental y prisión*. Coordina Asociación Ambit, p.18.

30 SANZ, J./GÓMEZ-PINTADO, P./RUÍZ, A/POZUELO, F./ARROYO, JM.: "Programa de atención integral al enfermo mental en las prisiones españolas (PAIEM). Valoración tras cuatro años de funcionamiento" *Revista española de Sanidad Penitenciaria* 2014; 16, p.35

Ante la falta de unidades psiquiátricas penitenciarias específicas y la existencia de internos en centros ordinarios con problemas graves de salud mental necesitados de intervención psiquiátrica[31], en 2009 se diseñó el programa PAIEM (Programa marco de atención integral a enfermos mentales en el medio penitenciario)[32], la finalidad era proporcionar una actuación específica con los objetivos de diagnosticar los trastornos mentales, mejorar la calidad de vida de los enfermos mentales y optimizar la reinserción social. La idea central del programa era abandonar las viejas prácticas que limitaban la atención sanitaria prestada a los enfermos mentales a los cuidados clínicos y farmacológicos, fundamentalmente para evitar conflictos de convivencia, transitando hacia un modelo que facilitara que estos internos pudieran participar en actividades resocializadoras en la medida en que su enfermedad se lo permitiera[33]. Este cambio es muy positivo, pero a veces difícil de cumplir, por la similitud del programa con el que reciben los internos en los centros penitenciarios psiquiátricos[34], lo que demuestra que sus necesidades terapéuticas son muy parecidas, pero muy diferente el contexto en el que se atienden por las tensiones que puede generar el equilibrio de las necesidades tratamentales específicas de estos internos con las exigencias regimentales de los centros penitenciarios ordinarios.

El resto de circunstancias de ejecución vienen recogidas en la Instrucción SGIP 19/2011 de 16 noviembre que, como ya se ha advertido, prácticamente unifica el cumplimiento en centros penitenciarios psiquiátricos con el cumplimiento en centros penitenciarios ordinarios.

---

31 RODRÍGUEZ YAGÜE, C.: "El Derecho penitenciario humanitario"... cit. p.450.

32 SANZ, J./GÓMEZ-PINTADO, P./RUÍZ, A/POZUELO, F./ARROYO, JM.: "Programa de atención..." cit. p. 33.

33 SANZ, J./GÓMEZ-PINTADO, P./RUÍZ, A/POZUELO, F./ARROYO, JM.: "Programa de atención..." cit. p.39.

34 HABA GARCÍA, E.: "Enfermedad mental y prisión..." cit. p. 86.

Las unidades psiquiátricas previstas en el Reglamento Penitenciario podían haber proporcionado una intervención más adecuada, evitando la desvinculación familiar derivada del traslado a los dos únicos hospitales psiquiátricos en territorio nacional o el ingreso en centros penitenciarios ordinarios, sin embargo, se ha optado por normalizar el cumplimiento de medidas de seguridad o el tratamiento de las personas con trastornos mentales en centros ordinarios. Una respuesta diferente parece que es la que quiere seguir la Generalitat de Cataluña al anunciar la creación de unidades psiquiátricas en varios centros penitenciarios (Figueres, Brians, Lledoners y Mas Enric) con la finalidad de ofrecer una atención más especializada, mejorar la convivencia en las cárceles y reducir la reincidencia[35].

A falta de este tipo de centros específicos, los serios problemas que genera la estancia de internos con patologías psiquiátricas graves en centros penitenciarios ordinarios justifica la necesidad de explorar recursos legales que permitan un tratamiento más asistencial y menos punitivista[36], especialmente teniendo en cuenta la preocupante cifra de internos con patologías psiquiátricas[37].

El Defensor del Pueblo en su Informe anual de 2021[38] denunció esta situación porque la existencia de solo dos hospitales psiquiátricos penitenciarios supone un esfuerzo para el desplazamiento de los familiares, pero la alternativa de permanecer en los centros penitenciarios ordinarios, sin recibir la asistencia especializada necesaria, aumenta su vulnerabilidad, razón por la cual aboga por

---

35 https://www.elperiodico.com/es/sociedad/20240126/carcel-figueras-tendra-primera-unidad-97388062. Recuperado el 26.01.2024.

36 Desarrollados en el epígrafe 4.

37 HABA GARCÍA, E.: "Enfermedad mental y prisión..." cit. p..81 se hace eco de diversos estudios que llegan a concluir que en algunos casos más de un 80 % de internos presentan patologías duales (trastornos por uso de sustancias junto con trastornos mentales).

38 https://www.defensordelpueblo.es/wp-content/uploads/2022/03/Informe_anual_2021.pdf, p.77.

"la creación de alternativas arquitectónicas y regimentales que sirvan para atender adecuadamente las exigencias derivadas del tratamiento individualizado de personas con enfermedad mental". El problema es que cita como ejemplo de alternativa el proyecto de creación de un Hospital Psiquiátrico en Siete Aguas (Valencia) con una capacidad de 500 camas, decisión muy criticada desde los profesionales de sanidad penitenciaria y asociaciones colaboradoras del tercer sector[39] por responder a un modelo obsoleto basado en la exclusión y la masificación.

2.3. Problemática específica de la enfermedad mental grave sobrevenida

Este tercer supuesto puede suceder tanto durante el cumplimiento de penas privativas de libertad, como de otro tipo de penas, lo importante es que se produzca un trastorno mental grave y duradero que impida conocer los efectos del cumplimiento de la condena, lo que ocurre es que si la enfermedad mental sobrevenida se manifiesta durante la ejecución de una pena privativa de libertad, los problemas se multiplican por los efectos perniciosos que el encierro puede causar en la evolución y tratamiento de la enfermedad mental.

En este sentido la particularidad es que en el momento de decidir las consecuencias del trastorno mental grave sobrevenido, el sujeto ya se encuentra cumpliendo su condena en el centro penitenciario, con lo cual se abre la posibilidad de suspender su ejecución, dando paso a su transformación en medida de seguridad o su sometimiento a tratamiento médico externo, o de mantener la pena de prisión que ya se estaba ejecutando.

Como este supuesto presenta una problemática específica, más allá de la que rodea al cumplimiento de las medidas de internamien-

---

39 VILALTA, J. (coord.): *Informe 2022 Observatorio Derechos Humanos… cit.* p. 7.

to psiquiátrico en general, a continuación se analizan las consecuencias penitenciarias de la enfermedad mental sobrevenida, teniendo en cuenta el ámbito de aplicación recogido en el art. 60 CP y las previsiones de la legislación penitenciaria que, a falta de referencias tanto en la LOGP como en el RP, solo dispone de la Instrucción SGIP 2/2020 de 11 de junio que establece el procedimiento de actuación para posibilitar la aplicación de lo dispuesto en el art. 60 CP.

3. Los trastornos mentales sobrevenidos durante el cumplimiento de la pena de prisión.

3.1. Regulación legal: evolución del art. 60 CP

En la respuesta del Código Penal a la enfermedad mental sobrevenida en prisión se pueden diferenciar tres posturas claramente diferenciadas.

El Código Penal de 1973 instaba a la sustitución de la pena por medida de seguridad sin las debidas garantías penales, en consonancia con el modelo preconstitucional de medidas de seguridad; el Código Penal de 1995, con el objetivo de superar los excesos del sistema anterior y evitar el cambio automático a medida de seguridad, optó por suspender el cumplimiento de la pena garantizando que el penado recibiera asistencia médica externa sin demasiada concreción; finalmente, la reforma del Código Penal de 2003 vuelve al cambio de pena por medida de seguridad, en este caso opcional, e incorporando, por un lado, mayores garantías, pero, por otro, nuevas contradicciones.

El art. 82 del Código Penal de 1973[40] en los casos de enajenación mental después de pronunciada sentencia firme disponía la

---

[40] SÁNCHEZ YLLERA, I.: "ART. 60" en VIVES ANTÓN. T. (Coord.): *Comentarios al Código Penal de 1995*. Vol I, Tirant lo Blanch, Valencia, 1996, p. 360.

suspensión de la ejecución para aplicar la misma consecuencia que la enajenación en el momento del delito, es decir, el internamiento en establecimiento destinado a estos enfermos hasta que el Tribunal autorizara su salida, lo cual era una aplicación automática de medida de seguridad de duración indeterminada, sin necesidad de valoración de peligrosidad criminal y, además, sin ser computable el cumplimiento de la misma si se recobraba el juicio y volvía a cumplir la pena.

El art. 60 CP en su redacción del CP 1995 (LO 10/1995 de 23 de noviembre) quiso mejorar la regulación de esta problemática de una forma más garantista, aclarando que sería el Juez o Tribunal sentenciador el que suspendería la ejecución de la pena privativa de libertad impuesta, garantizando que recibiera la asistencia médica precisa. Con ello, si bien, sin la precisión que hubiera sido deseable, se pretendía no identificar la suspensión de la ejecución de la pena con internamiento psiquiátrico, sino con la necesidad de asegurar al penado asistencia médica adecuada y valorar de forma flexible la necesidad de cumplir la pena al recobrar la salud mental en aplicación del sistema vicarial.

Estas mejoras dejaban en el aire a qué tipo de asistencia médica se refería el legislador, pero aclaraban que no se trataba de una remisión al internamiento psiquiátrico, sino a otro tipo de intervención extrapenitenciaria incompatible con la estancia en prisión, por eso cuando apenas unos meses después, se aprobó el RP de 1996 (RD 190/1996 de 9 de febrero), permitiendo en el art. 184 c) el ingreso en las unidades psiquiátricas de penados a los que por enfermedad mental sobrevenida se les hubiera impuesto una medida de seguridad, se entendió que creaba confusión ya que, con la redacción del art. 60 CP de ese momento, no había un cambio automático de pena por medida de seguridad que justificara el ingreso en un establecimiento de internamiento psiquiátrico, tan solo una respuesta terapéutica extrapenitenciaria que en caso de considerar el Juez que requiriera internamiento, lo seria civil, pese a que el mencionado artículo del RP permitía entender lo contrario[41] . Así lo interpretó también la Consulta FGE 5/1999 de 16 de diciembre sobre problemas que plantea el internamiento de quienes tienen suspendida la ejecución de una pena privativa de libertad por trastorno mental grave sobrevenido a la sentencia firme afirmando que, una vez se diera traslado al Ministerio Fiscal, se debía instar en el orden jurisdiccional civil las medidas procedentes en materia de incapacitación o internamiento del afectado por el trastorno.

Esta situación de sustitución de la pena de prisión por la asistencia médica que precisara el penado, decidida por el órgano judicial sentenciador, cambió en la reforma del Código Penal de 2003 (LO 15/2003 de 25 de noviembre) al modificar el precepto con dos importantes novedades: la competencia de la suspensión de la ejecución pasaría a los Jueces de Vigilancia Penitenciaria que, a partir de ese momento, podrían imponer medidas de seguridad. Con la pretensión de resolver la indefinición de la redacción anterior se generan nuevos problemas como el regreso de las medidas de seguridad[42], de nuevo sin referencias a la necesidad de pronóstico de peligrosidad criminal, como ya hiciera el CP de 1973, y que, en lugar de ser impuestas por los órganos sentenciadores, lo fueran por los Jueces de Vigilancia Penitenciaria.

Esta vuelta a la posibilidad de imposición de medida de seguridad de internamiento, fue interpretada por la Consulta FGE 2/2004 de 25 noviembre sobre aplicación de la reforma del Código Penal operada por la LO 15/2003 de 25 de noviembre de una forma bastante restrictiva y adaptada a los contornos postconstitucionales de las medidas de seguridad, especialmente en cuanto

---

[41] GARCÍA ALBERO, R.: "art. 60" en QUINTERO OLIVARES (Dir.): *Comentarios al Código penal español"*. Tomo I 7ª Ed. Thomson Reuters Aranzadi, Cizur Menor, 2016, p.516.

[42] VIZUETA FERNÁNDEZ, J.:" El trastorno mental grave apreciado después de dictarse sentencia firme" *Revista electrónica de Ciencia Penal y Criminología* 09-04(2007), p.6.

a la necesidad de juicio pronóstico de peligrosidad criminal, aplicación del sistema vicarial y garantía de asistencia tras la excarcelación.

3.2. Destinatarios.

La referencia legal a "situación sobrevenida de trastorno mental grave y duradero que impida conocer el sentido de la pena después de pronunciada sentencia firme", exige la presencia de un requisito biológico-psicológico y otro cronológico: respecto al primero exige que se trate de un trastorno mental grave y duradero (lo que incluye los trastornos crónicos[43]), que le impida conocer el sentido de la pena y, en cuanto al segundo, que se produzca después de pronunciada la sentencia firme.

La situación duradera de trastorno mental grave que sustituyó a la anterior enajenación mental, constituye una fórmula mixta que combina criterios médico-psiquiátricos[44] con elementos psicológicos[45] que informan del efecto de la enfermedad en el sujeto, por ser necesario que la enfermedad le impida conocer el sentido de la pena[46]. Este efecto del trastorno mental sobrevenido, grave y duradero que le impide al sujeto conocer el sentido de

---

43 MATEO AYALA, E.J.: *La medida de seguridad de internamiento psiquiátrico. Su ejecución y control.* Edersa, Madrid, 2004, p.176.

44 La más extendida es la formulada por el Instituto de Salud Mental de Estados Unidos (NIMH) que apoya la gravedad del trastorno en la alteración mental de duración prolongada acompañada de discapacidad y disfunción social HABA GARCÍA, E.: "Enfermedad mental y prisión…" cit. p. 61. MATEO SOLER, M. y otros: *Programa puente extendido. Salud mental en penas y medidas alternativas.* Documentos Penitenciarios nº 18. Ed. Ministerio del Interior. Madrid 2018, p. 15.

45 VIZUETA FERNÁNDEZ, J.:" El trastorno mental grave…" cit. p.6.

46 BAUCELLS LLADÓS, J.:" Art. 60 " en CORDOBA RODA, J./GARCÍA ARÁN, M:. *Comentarios al Código Penal. Parte General.* Marcial Pons, Madrid, 2011, p.577.

la pena debe entenderse como el interés del legislador en que no siga cumpliendo la pena de prisión impuesta quien no es capaz de comprender por qué cumple la pena y para qué la cumple[47], en definitiva, que la pena es un castigo impuesto como consecuencia del delito que ha cometido. Como señalaba la Consulta FGE 5/1999 de 16 de diciembre sobre problemas que plantea el internamiento de quienes tienen suspendida la ejecución de una pena privativa de libertad por trastorno mental grave sobrevenido a la sentencia firme, el art.60 CP, superando pretensiones retribucionistas, contempla un significado utilitarista de la pena inspirado en el principio de necesidad, en el que su imposición y cumplimiento deben servir a fines socialmente útiles, de manera que pierde sentido mantener en prisión al interno que no comprende el carácter aflictivo de la pena, ni es susceptible de tratamiento penitenciario, ya que, de lo contrario, se atentaría a su dignidad humana y se vulneraría el principio de humanidad.

Esta incapacidad de comprender el sentido de la pena, además, debe ser duradera en el tiempo, como recuerda el Auto AN 22.07.2020 (TOL 8.046.670) que, revocando el Auto denegatorio del Juez de Vigilancia, acepta suspender la ejecución de la pena de prisión por un trastorno bipolar ya que, aunque en las poco habituales fases de remisión el interno podía comprender el sentido de la pena, en la mayor parte del tiempo los síntomas de la enfermedad no se lo permitían.

Con la finalidad de distinguir las consecuencias de la manifestación del trastorno mental a lo largo de las distintas etapas del proceso, como pueda ser el momento de comisión de los hechos o el de su enjuiciamiento, el art. 60 se dirige claramente al momento de la ejecución señalando como referencia el pronunciamiento de sentencia firme. Con ello se excluye los casos en los que el trastorno mental aparece antes de la celebración del juicio oral, en cuyo caso

47 GARCÍA ALBERO, R.: "art. 60" en QUINTERO OLIVARES (Dir.): *Comentarios al Código penal...* cit. p. 515.

procede el archivo según dispone el art. 383 LECR, y lo limita a los casos en los que ya haya sido penado con sentencia firme, aunque no se haya iniciado la ejecución[48]. Por el mismo motivo tampoco incluye a los internos preventivos respecto a los cuales el art. 383 LECR dispone un discutible archivo de la causa hasta que recobre la salud y el art.184 a) RP 1996 establece que solo podrán ser ingresados en establecimientos psiquiátricos a los meros efectos de emitir informe para proceder a continuación a su puesta en libertad por la autoridad judicial con archivo de la causa o trasladado al centro que correspondiera, algo que con la dicción del art. 60 CP debe descartarse que se trate de un centro penitenciario, debiéndose optar por uno de naturaleza civil, según las previsiones del art. 211 CC[49].

3.3. Consecuencias penales y asistenciales

Mediante la aplicación del art. 60 CP el Juez de Vigilancia podrá optar entre dos posibles soluciones: a) suspender la ejecución de la pena garantizando que el penado reciba asistencia médica precisa, siendo una opción la imposición de una medida de seguridad privativa de libertad y otra el tratamiento médico extrapenitenciario b) mantener el cumplimiento de la pena.

La referencia a que se trate de sujetos que se encuentren cumpliendo una condena a pena privativa de libertad debe extenderse a todas las contempladas en el art.35 CP es decir, prisión, responsabilidad personal subsidiaria por impago de multa, localización permanente y prisión permanente revisable.

Con ello, la primera decisión judicial reside en valorar hasta qué punto el trastorno mental sobrevenido invalida seguir cumpliendo la pena justificando su suspensión y, tras ello, en caso de

48 SÁNCHEZ YLLERA, I.: "Art.60" en VIVES ANTÓN. T. (Coord.): *Comentarios al Código Penal...* cit. p.359.

49 GARCÍA ALBERO, R.: "art. 60" en QUINTERO OLIVARES (Dir.): *Comentarios al Código penal...* cit. pp. 514-515.

suspensión, garantizar que el penado reciba asistencia médica, bien a través de tratamiento médico extrapenitenciario o de internamiento psiquiátrico. Esto excluye la posibilidad de imponer medidas de seguridad no privativas de libertad[50] y reduce la respuesta a elegir entre internamiento psiquiátrico o tratamiento médico exterior no penitenciario.

Aunque el Código Penal en el art. 60 no disponga nada al respecto, para tomar dicha decisión, el Juez de Vigilancia debería tener en cuenta los informes del centro penitenciario que contemplen la propuesta de tratamiento más adecuada a la situación psiquiátrica del interno, lo que implica manifestar la necesidad o no del internamiento para el tratamiento de la enfermedad mental que padezca el interno. Así lo dispone la Instrucción SGIP 2/2020 de 11 de junio que regula el procedimiento de actuación para posibilitar la aplicación de lo dispuesto en el art. 60 CP al establecer los pasos a seguir para formular propuestas de necesidad de internamiento o posibilidad de recurso extrapenitenciario para los supuestos de internos que presenten enfermedad mental. Para ello dispone que solo se propondrá el traslado a establecimiento psiquiátrico penitenciario en los casos en los que sus características clínicas y conductuales requieran para su estabilización un especial seguimiento de la patología que padecen, siendo el objetivo de esta limitación evitar los perjuicios terapéuticos que puede provocar en el interno el alejamiento de su entorno social de referencia. En el resto de casos, el Equipo Técnico propondrá recursos comunitarios no penitenciarios que faciliten la recuperación del interno, para lo cual será necesaria la colaboración de las Comunidades Autónomas ya que la enfermedad mental convierte a los internos en pacientes del servicio sanitario público. En esta Instrucción se apunta la posibilidad de extender los efectos del art. 60 CP a los discapacitados intelectuales, siguiendo los Autos JV 07.05.12 Bilbao y Auto JV nº 1 Baracaldo 03.07.09.

---

50 VIZUETA FERNÁNDEZ, J.:" El trastorno mental grave..." cit. p.12.

La propuesta de estas distintas posibilidades la formulará el Equipo Técnico del PAIEM, conforme a lo previsto en el art. 39 LOGP[51], y contendrá en todo caso un informe del especialista en psiquiatría, del médico forense y del médico del establecimiento, acompañado en todo caso de informe del equipo de observación o de tratamiento para incluir un informe psicológico y un informe social que abarque la máxima información sobre el alcance de la enfermedad y de los recursos sociales comunitarios más adecuados desde el punto de vista terapéutico para el paciente.

Con toda esa información el Juez de Vigilancia decidirá la posibilidad de suspender la ejecución de la pena con tratamiento médico extrapenitenciario, la necesidad de cumplir una medida de seguridad de internamiento o la continuación del cumplimiento de la pena que ya estaba cumpliendo el sujeto.

3.3.1. Suspensión de la ejecución con garantía de asistencia médica extrapenitenciaria

Teniendo en cuenta que la regulación anterior del art. 60 CP solo permitía la suspensión de la ejecución en estos casos de enfermedad mental sobrevenida, esta debería ser la opción preferente, así se puede deducir también de la Instrucción SGIP 2/2020 de 11 de junio que regula el procedimiento de actuación de lo dispuesto en el art. 60 CP que parece optar por dar prioridad a los recursos extrapenitenciarios, limitando el traslado a centros de internamiento solo a los casos estrictamente necesarios para el seguimiento de determinadas patologías con especiales características clínicas y conductuales.

En este sentido conviene recordar el rechazo que provocaba la solución del internamiento en la Consulta FGE 5/1999 de 16 de diciembre sobre problemas que plantea el internamiento de

---

51 FERRER GUTIÉRREZ, A.: *Manual práctico sobre ejecución penal y derecho penitenciario* (versión on line) Tirant lo Blanch, Valencia, 2ª Ed. *2022,* p. 121.

quienes tienen suspendida la ejecución de una pena privativa de libertad por trastorno mental grave sobrevenido a la sentencia firme, interpretando el art. 60 CP en su versión anterior que expresamente lo descartaba, al entender que lo que procedía era "garantizar al penado una asistencia médica con un sentido asistencial y tuitivo, *absolutamente extraño* a una medida institucional de reacción penal".

Por estas razones debería ser la opción prioritaria que el Juez de Vigilancia deje en suspenso la ejecución de la pena garantizando que se preste en todo caso al interno asistencia fuera del sistema penitenciario, bien sea en el ámbito público o privado[52], pero sin que en ningún caso quepa suspender la ejecución de la pena dejando sin asistencia al interno en el exterior porque lo que ha motivado la suspensión precisamente es la enfermedad mental que padece. El Grupo de Estudios de Política Criminal también se ha decantado por esta opción al pronunciarse a favor del incremento de recursos no penitenciarios y de garantizar la asistencia social postpenitenciaria psiquiátrica para poder integrar a los enfermos en los programas de rehabilitación comunitaria[53].

La Ley 16/2003 de 28 de mayo de cohesión y calidad del sistema nacional de salud estableció que los servicios sanitarios dependientes de Instituciones Penitenciarias se transferían a las Comunidades Autónomas para su plena integración en los correspondientes servicios autonómicos de salud dando un plazo de dieciocho meses para proceder al traspaso de competencias, lo que se debería haber cumplido antes de noviembre de 2004[54].

---

52 BAUCELLS LLADÓS, J.:" Art. 60 "... cit p. 581.

53 GRUPO DE ESTUDIOS DE POLÍTICA CRIMINAL: *Una propuesta alternativa para un nuevo régimen penal aplicable a las personas con enfermedad mental o con discapacidad intelectual.* Ed. Tirant lo Blanch, Valencia 2023, pp.67-69.

54 Hasta la fecha solo Cataluña, País Vasco y Navarra han integrado la sanidad penitenciaria en su sistema autonómico de salud. Sobre las ventajas de este traspaso de competencias al País Vasco LACAL CUENCA,

Esta previsión, además de seguir el mandato de las reglas penitenciarias europeas de integrar la sanidad penitenciaria en el sistema nacional de salud pública, supone reconocer el derecho a una asistencia integral de los reclusos en las mismas condiciones que cualquier ciudadano. A la espera de que se produzca el traspaso de competencias, los Convenios con las Comunidades Autónomas han caducado sin ser renovados, provocando una total incertidumbre, lo que les ha llevado a reclamar a Instituciones Penitenciarias en vía judicial los gastos de las prestaciones sanitarias ofrecidas a las personas privadas de libertad[55].

Un modelo de asistencia sanitaria extrapenitenciaria para enfermos mentales es el que recoge el Programa puente extendido para personas con trastornos mentales graves que cumplan penas o medidas alternativas como pena de trabajos en beneficio de la comunidad o reglas de conducta de penas suspendidas en el que, además de valorar la capacidad del sujeto para cumplir la pena, sugiriendo, en su caso, las necesarias adaptaciones, se les deriva a los recursos del sistema público de salud supervisando su evolución[56].

3.3.2. Imposición de medida de seguridad de internamiento.

La novedad de esta posibilidad respecto a la redacción anterior a la reforma del CP de 2003 es, no solo la recuperación de la imposición de medida de internamiento, sino también que sea competencia del Juez de Vigilancia Penitenciaria. En efecto, hasta la LO 15/2003 de 25 de noviembre la suspensión de la ejecución de la pena por enfermedad mental sobrevenida era competencia del Tribunal sentenciador, como sigue diciendo el art. 993 LECR,

---

P./PEÑARANDA DEL RÍO, J./ SOLAR CALVO, P.: ¿Debe un enfermo mental…" cit. pp.30-33.

55 Sobre la problemática judicial de esta reclamación, RODRÍGUEZ YAGÜE, C.: "El Derecho penitenciario humanitario"… cit. pp.472-473.

56 MATEO SOLER, M. y otros: *Programa puente extendido…* cit. p13.

desde entonces ha pasado al Juez de Vigilancia, lo que simplifica el procedimiento y asegura una mayor cercanía y especialización en la línea de asignar a los Jueces de Vigilancia la competencia de todas las decisiones que afecten a la ejecución, en consonancia con el art.76 LOGP, al mismo tiempo que evita los conflictos para determinar el Tribunal sentenciador en los casos de cumplimiento simultáneo de varias penas.

El problema es que, si la consecuencia de dicha suspensión es la imposición de una medida de seguridad de internamiento, se vulnera el art. 3 CP que establece que la ejecución de las medidas de seguridad requiere de sentencia firme, por ello en estos casos se trataría de medidas impuestas mediante Auto[57], de hecho, con la redacción anterior, la propia Consulta FGE 5/1999 de 16 de diciembre sobre problemas que plantea el internamiento de quienes tienen suspendida la ejecución de una pena privativa de libertad por trastorno mental grave sobrevenido a la sentencia firme ya afirmaba que las medidas de seguridad solo se pueden imponer en sentencia que pone fin al proceso penal, sin ser adecuado imponerlas, ni en autos de sobreseimiento, ni en incidentes de ejecución, lo que puede haber forzado la redacción actual, aunque se salte los principios penales fundamentales.

Teniendo en cuenta el carácter de última ratio de las medidas privativas de libertad, si se decide imponer internamiento psiquiátrico, porque es potestativo y no imperativo, deberían cumplirse los requisitos de imposición de las medidas de seguridad privativas de libertad previstos en el Código Penal, es decir, pronóstico de peligrosidad criminal[58] y necesidad del internamiento por descartar

---

57 GARCÍA ALBERO, R.: "art. 60" en QUINTERO OLIVARES (Dir.): *Comentarios al Código penal...* cit. p.518. Incorpora matices VIZUETA FERNÁNDEZ, J." El trastorno mental grave..." cit. p.10.

58 Lo contrario supondría imponer una medida de seguridad no por la peligrosidad criminal, sino por ser un enfermo psíquico, MATEO AYALA, E.J.: *La medida de seguridad de internamiento...* cit. p.179.

otro tipo de medida no privativa de libertad, entendidos respectivamente como probabilidad de repetición delictiva[59] e insuficiencia de las medidas en medio abierto[60]. Para ello, teniendo en cuenta su finalidad estrictamente asistencial, puede ser orientativo seguir algunas recomendaciones efectuadas desde Sanidad Penitenciaria[61] en su propuesta de reservar los ingresos en hospitales psiquiátricos a las personas que reúnan alguna de las siguientes características: psicóticos con psicopatología de la percepción y trastornos del pensamiento evidentes, fracaso de medidas terapéuticas previas, incapacidad para adaptación al régimen de un psiquiátrico civil, lo que descarta el ingreso en ellos de trastornos por toxicomanía, trastorno de personalidad o retraso mental, al margen de valorar en cada caso la presencia de patología dual grave.

El Juez de Vigilancia Penitenciaria debe tener en cuenta que la medida de internamiento no puede ser más gravosa que la pena sustituida, lo que implica varias consecuencias, en primer lugar, tomar como referencia como límite máximo la pena abstracta del delito cometido, no la pena concreta impuesta a la que sustituye, como señala el art. 6.2 CP, lo que es más favorable porque rebaja los mínimos[62], en segundo lugar, abonar el tiempo de pena ya cumplido por el interno a efectos de liquidación de condena, STS 730/14 de 5 de noviembre (TOL 4.551.817) y, en tercer lugar, que la gravosidad no solo es de duración, sino de las circunstancias de cumplimiento en general, vgr el Auto AP Las Palmas 01-06-2011 (TOL 3.608.123) que consideró más gravoso el internamiento en

---

59 En estos casos la referencia al hecho delictivo realizado, como señala el art. 6.1 CP, pierde sentido porque en ese momento el sujeto era imputable.

60 GARCÍA ALBERO, R.: "art. 60" en QUINTERO OLIVARES (Dir.): *Comentarios al Código penal*... cit. p.518.

61 SGIP: *Hospitales psiquiátricos*... cit. p.29.

62 DE MARCOS MADRUGA, F.: "art. 60" en GOMEZ TOMILLO, M. (Dir.): *Comentarios prácticos al Código Penal* Tomo I. Aranzadi, Cizur Menor, 2015, p.608.

el psiquiátrico penitenciario que en una residencia de la localidad porque le alejaba del entorno familiar.

El lugar de cumplimiento no se determina en el art. 60 CP, lo que obliga a remitirse al desarrollo reglamentario. El RD 840/2011 de 17 de junio por el que se establecen las circunstancias de ejecución de determinadas medidas de seguridad establece que en los casos en los que el Juez de Vigilancia haya hecho uso del art. 60 CP se seguirán las reglas de cumplimiento de las medidas de seguridad privativas de libertad en establecimiento o unidad psiquiátrica penitenciaria recogidas en los arts. 183 a 191 RP, lo que supone que se podrá cumplir en establecimiento o unidad psiquiátrica penitenciaria o en centro penitenciario ordinario, ya que la Instrucción SGIP 19/2011 de 16 noviembre sobre cumplimiento de medidas de seguridad también extiende sus instrucciones a los supuestos de aplicación del art. 60 CP. El Reglamento de desarrollo de las medidas de seguridad y la Instrucción SGIP equiparan el cumplimiento de una medida de seguridad impuesta en sentencia con la medida de seguridad por aplicación del art. 60 CP impuesta por el Juez de Vigilancia y, en ambos casos, permiten que se cumpla en centro penitenciario psiquiátrico o no psiquiátrico y en las unidades psiquiátricas, por cierto todavía no puestas en funcionamiento. Otra posibilidad que no debe descartarse es que se pueda cumplir el internamiento en centro de deshabituación si el trastorno lo ha provocado el consumo de drogas[63]

Al tener el sujeto hasta ese momento la condición de penado por estar cumpliendo una pena de prisión, el sujeto estaría clasificado en alguno de los grados de clasificación penitenciaria, por ello, la Instrucción SGIP 2/2020 de 11 de junio dispone que la Junta de Tratamiento propondrá dejar sin efecto la clasificación y, si el Juez de Vigilancia decide el internamiento en un hospital psiquiátrico penitenciario, se solicitará a la Subdirección General de Coordinación de Sanidad Penitenciaria el traslado al mismo. Como

---

63 BAUCELLS LLADÓS, J.:" Art. 60 "... cit. p.580.

este traslado puede tardar por encontrase el interno en lista de espera, mientras tanto, permanecerá, en su caso, en la enfermería. Es importante destacar que no se trata de un cambio de destino del penado que pasa de un centro a otro[64], sino de la imposición de una medida de seguridad con todas sus consecuencias, es decir, abierta a cambios en función de la evolución del penado.

Hay que recordar en este sentido que la Consulta FGE 5/1999 de 16 de diciembre sobre problemas que plantea el internamiento de quienes tienen suspendida la ejecución de una pena privativa de libertad por trastorno mental grave sobrevenido a la sentencia firme ya se pronunció, afirmando que los establecimientos o unidades psiquiátricas no eran adecuados para las penas suspendidas por enfermedad mental sobrevenida por ser lugares previstos para el cumplimiento de medidas de seguridad postdelictuales, es decir, las medidas de seguridad impuestas en sentencia por aplicación de las normas previstas en el Código Penal para los supuestos de inimputabilidad.

Las normas de su ejecución son las mismas que las previstas para el cumplimiento de las medidas de internamiento psiquiátrico, es decir, prioridad de los criterios de intervención terapéutica para la elección del módulo de destino, a falta de destino específico ser remitidos por razones de tratamiento a módulos de respeto y diseño de PIR (Programa Individual de Reinserción) con todos sus contenidos. Pasar del cumplimiento de una pena a medida de seguridad supone que los internos dejarán de estar clasificados, sin acceder a permisos de salida (aunque sí a salidas terapéuticas[65]), ni a comunicaciones o visitas que tenían hasta ese momento, lo que puede resultar más riguroso[66], con la paradoja de que a veces no ha habido cambio de establecimiento.

---

64 FERRER GUTIÉRREZ, A.: *Manual práctico...* cit. p.121.

65 GARCÍA ORTÍZ, A. :"Los trastornos..." cit. p.40.

66 GRUPO DE ESTUDIOS DE POLÍTICA CRIMINAL: *Una propuesta alternativa...* cit. p.16.

Los hospitales psiquiátricos penitenciarios responden a un modelo superado de intervención sanitaria por considerarse inapropiado su marcado carácter carcelario, por ello sería deseable la desaparición progresiva de este tipo de establecimientos y su transformación en una red de centros reducidos de atención especializada integrados en el sistema nacional de salud[67]. Un modelo a seguir puede ser el utilizado en Italia, donde se ha producido un cambio radical del sistema con el cierre de los hospitales psiquiátricos judiciales y su sustitución por unidades forenses descentralizadas denominadas REMS (Residencias para la Ejecución de Medidas de Seguridad) que se basan en la terapia y la rehabilitación[68].

Este internamiento decretado por el Juez de Vigilancia no puede quedar sometido a las reglas del art.98 CP que permiten hacer propuestas de mantenimiento, cese, sustitución o suspensión para que el Juez o Tribunal sentenciador pueda adaptar la intervención a la evolución del sujeto, entre otros motivos porque ninguno de estos últimos ha intervenido en la imposición de dicha medida de seguridad[69]. Cuestión diferente es que el propio Juez de Vigilancia que dispuso la sustitución de pena por medida de seguridad de

---

67 CUENCA GÓMEZ, P.:"El tratamiento de las personas..." cit. p.154. PALLARÉS NEILA. J./UTRERA CANALEJO, I.: "Salud mental y prisión..." cit. p.211. Un modelo concreto de residencia terapéutica es el propuesto por el Informe 2023 *Observatorio Derechos Humanos salud mental y prisión*. Coordina Asociación Ambit, p.44 consistente en centros residenciales destinados al cumplimiento de medidas de seguridad con una capacidad de veinte plazas para desarrollar programas individualizados de recuperación e inserción comunitaria.

68 MEZZINA, R.: "La pena y la cura. Servicios de salud mental en Italia después del cierre de los hospitales psiquiátricos judiciales". *Rev.Asoc. Esp.Neuropsiq*, 2022; 42(141), pp.231 y ss.

69 SAEZ MALCEDIÑO, E.: "Las medidas de seguridad penales: en especial, la anudadura a la interrupción de la condena por inimputabilidad sobrevenida del penado" *Diario La Ley* nº9374 de 11 de marzo de 2019 (versión on line).

internamiento, pueda autorizar la interrupción del internamiento psiquiátrico para continuar un tratamiento ambulatorio en el exterior, aunque la falta de recursos comunitarios externos pueda dificultar esta vía[70]. La equiparación de esta imposición de internamiento por vía del art. 60 CP a las medidas de seguridad impuestas en sentencia así lo justifican, para no dar un tratamiento más perjudicial a los supuestos de enfermedad mental sobrevenida.

Un ejemplo de ello puede ser el que se utiliza en el Hospital psiquiátrico penitenciario de Alicante en virtud del cual cuando el Equipo multidisciplinar considera que el interno puede pasar a tratamiento médico externo se contacta con el centro de salud mental más próximo a la residencia del interno para formular una propuesta de intervención que se podrá realizar a través de permisos terapéuticos con la ayuda de informes periódicos entre el establecimiento psiquiátrico y el centro de salud externo y el control del Juez de Vigilancia[71].

3.4. Extinción de la pena o medida de seguridad.

Dos son las opciones que ofrece el art. 60 CP que pueden modificar la suspensión de la pena por enfermedad mental sobrevenida adoptada por el Juez de Vigilancia, el propio transcurso del tiempo de la pena suspendida y la recuperación de la salud mental del sujeto.

La suspensión de la ejecución de la pena por aplicación del art. 60 CP va asociada a la garantía de que se reciba asistencia médica, siendo una opción, pero no la única, que se imponga una medida de seguridad de internamiento, en cuyo caso el Juez de Vigilancia al tomar esta decisión determinará su duración, que nunca podrá ser más gravosa que la pena suspendida. De no haberse impuesto

---

70 GARCÍA ORTÍZ, A.: "Los trastornos…" cit. p.41.

71 BARRIOS FLORES, L.F.: "El tratamiento médico externo por razón penal " *Derecho y salud*, vol. 22 (2023-2) p.54.

medida de seguridad porque el interno en el marco de la pena suspendida esté recibiendo asistencia médica en el exterior, dicha asistencia tampoco debe durar más tiempo que el que hubiera durado la pena inicialmente impuesta.

Podría suceder que en el transcurso de la suspensión el penado recuperara la salud mental, en cuyo caso, el Juez o Tribunal sentenciador podría ordenar el reingreso en prisión para seguir cumpliendo la pena pendiente, siempre que no hubiera prescrito la pena restante por cumplir y se abonara el tiempo de pena suspendida para lo que quede por cumplir[72]. En caso de haberse sustituido por medida de internamiento, el abono del tiempo cumplido cobra especial relevancia si se ha cumplido en centro penitenciario, porque en realidad puede haber supuesto materialmente una pena[73].

La otra opción es que el Juez o Tribunal sentenciador de por extinguida la pena pendiente de cumplimiento, por razones de equidad, si se considera que el cumplimiento de la pena restante resulta innecesaria o contraproducente. La diferencia respecto a la regulación anterior es que antes solo estaba previsto el cumplimiento si no había prescrito y ahora se abre la puerta a extinguir la pena o reducir su duración por razones de equidad y necesidad, lo que es mucho más adecuado y positivo porque permite que el sujeto no vuelva al centro penitenciario, lo que puede ser contraproducente, no solo para el sujeto, sino para su dolencia y la posibilidad de recaída.

Las soluciones que optan por dar por extinguida la pena o su duración pueden ser mucho más adecuadas en términos de intervención sanitaria y penitenciaria, entendiendo que la reducción de la duración depende especialmente de la menor necesidad de intervención. De esta forma, si se opta por la extinción de la pena o la reducción de su duración, la referencia principal debe ser la

---

72 VIZUETA FERNÁNDEZ, J.:" El trastorno mental grave..." cit. p.14.

73 GARCÍA ALBERO, R.: "art. 60" en QUINTERO OLIVARES (Dir.): *Comentarios al Código penal...* cit. p.519.

innecesariedad de cumplir la pena teniendo en cuenta sus fines o que sea contraproducente para su recuperación.

Precisamente porque la aplicación el art. 60 CP no da lugar al archivo de la causa, sino solo a la suspensión de la ejecución, la evolución sanitaria del sujeto debe ser revisada periódicamente, por esa razón, antes de que acabe el cumplimiento de la pena suspendida, el Juez de Vigilancia debe comunicarlo al Ministerio Fiscal para que pueda disponer lo previsto en la DA 1ª del CP, en virtud de la cual atendiendo a las circunstancias del caso decidirá la procedencia de adoptar o revisar judicialmente medidas de apoyo a la persona con discapacidad. Este compromiso de seguimiento sanitario del sujeto después de la finalización de la condena lo ratifica el art.185.2 RP al disponer que la Administración Penitenciaria solicite la colaboración de los servicios de salud pública para continuar el tratamiento psiquiátrico en el exterior cuando fuere preciso, lo que incluye tanto el tratamiento médico como el socio-sanitario en el contexto de los programas de atención sanitaria comunitaria.

4. Alternativas legales no punitivistas frente a la no suspensión de la ejecución de la pena.

La denegación de la aplicación del art. 60 CP significa que el Juez de Vigilancia no considera necesario interrumpir el cumplimiento de la pena de prisión por la falta de gravedad de la enfermedad mental o su no repercusión en la comprensión del sentido de la pena, pero en ningún caso puede provocar la desatención de la salud mental del sujeto, sino, más bien al contrario, la planificación de una estrategia de intervención con los recursos legales penitenciarios que tanto en el interior de la prisión como en medio abierto se dirijan al tratamiento psiquiátrico de la dolencia y a facilitar la reinserción social.

Esto exige analizar las posibilidades legales menos carcelarias que se abren frente a la inaplicación del art. 60 CP, cuando no se haya suspendido la ejecución de la pena ni se haya impuesto medida de seguridad de internamiento psiquiátrico, lo que implica que va a continuar la ejecución de la pena que se venía cumpliendo, permaneciendo el sujeto en el centro penitenciario ordinario, si bien, con unas necesidades asistenciales específicas que deben ir más allá de encontrar en el destino de la enfermería una solución[74] para buscar una intervención específica y especializada a través de otros recursos penitenciarios como la clasificación penitenciaria y los contactos con el exterior.

En el ámbito de la clasificación penitenciaria son dos los recursos que pueden permitir un tratamiento especializado no carcelario a aquellos sujetos que, presentando síntomas de enfermedad mental durante el cumplimiento de la pena de prisión, no haya sido considerada grave o no lo suficiente para permitir la suspensión de la pena o su ingreso en un centro de internamiento psiquiátrico, como son el régimen abierto en sus diversas modalidades y la aplicación del principio de flexibilidad.

Teniendo en cuenta las críticas que recibe el ingreso en módulos ordinarios de personas con problemas de salud mental, lo que conlleva que sigan el régimen de vida ordinario propio de la clasificación en segundo grado de tratamiento, por su excesivo carácter carcelario, una alternativa que facilite un mejor tratamiento asistencial puede ser la progresión a tercer grado para que el disfrute de un régimen abierto facilite una convivencia flexible e integradora más acorde con la atención sanitaria de los enfermos mentales. Las ventajas del medio abierto para este tipo de internos son numerosas porque permiten seguir el tratamiento en el entorno comunitario y hacer partícipe a la familia en la recuperación del paciente, sin embargo, las características individuales de los enfermos mentales a veces encuentran obstáculos para cum-

---

74 En el caso de los internos del programa PAIEM se recomienda que el ingreso en la enfermería sea el tiempo mínimo imprescindible para su diagnóstico y estabilización clínica SANZ, J./GÓMEZ-PINTADO, P./RUÍZ, A/ POZUELO, F./ARROYO, JM.: "Programa de atención..." cit. p.39.

plir los requisitos necesarios para la progresión, por mostrar problemas de convivencia o necesitar una asistencia más intensa que la que se presta en estos centros.

No debe olvidarse que con frecuencia los incidentes regimentales que impiden la progresión se deben en muchas ocasiones a la propia enfermedad mental, por eso el Informe anual del Defensor del Pueblo de 2021[75] alerta de que la ausencia de un diagnóstico claro y preciso de la enfermedad a veces los cataloga como inadaptados, resultando necesario sustituir la aplicación del régimen disciplinario por medidas menos gravosas y que den mejor respuesta a esta problemática.

Para evitar estos problemas pueden ser útiles una serie de figuras penitenciarias que pueden flexibilizar el tercer grado para personalizar los requisitos de acceso y adaptarlos a las necesidades asistenciales individuales.

Son dos las opciones que puede ofrecer la clasificación en tercer grado de tratamiento penitenciario para los sujetos que sufren enfermedades mentales, en primer lugar, el supuesto específico de concesión por motivos humanitarios que establece el art.36.4 CP para los casos de enfermedad muy grave con padecimientos incurables y, en segundo lugar, el supuesto general de concesión de tercer grado en sus distintas modalidades.

La amplitud del requisito de la existencia de una enfermedad muy grave con padecimientos incurables puede presentar problemas para la concesión de tercer grado por motivos humanitarios en el caso de las enfermedades mentales, especialmente cuando Instituciones Penitenciarios lo concreta con la exigencia de que representen un peligro patente para la vida al asimilarlo a la enfermedad en fase terminal en el que el fallecimiento es inminente o a corto plazo, algo no recogido en el texto legal que, además se aparta de

---

75 https://www.defensordelpueblo.es/wp-content/uploads/2022/03/Informe_anual_2021.pdf. p.76.

la finalidad del precepto, más ligada a dignificar la vida del interno que a evitar muertes en prisión[76]. Por ello podría plantearse su aplicación para enfermedades mentales graves cuando el nivel de asistencia en prisión es insuficiente para las necesidades asistenciales del interno, hasta el punto de afectar de forma desfavorable para su vida y su salud la permanencia en el centro penitenciario[77], mismo objetivo que se puede cumplir con el supuesto específico de libertad condicional previsto en el art. 91.1 CP.

Con relación al tercer grado general, las dificultades que pueden presentar los internos con enfermedad mental para reunir los requisitos relativos a la capacidad de vivir en semilibertad se pueden vencer haciendo uso del régimen abierto restringido, previsto en el art. 82 RP, en virtud del cual determinadas condiciones personales del interno pueden aconsejar disfrutar de un tercer grado con limitación de salidas al exterior, lo que podría facilitar un entorno menos carcelario como es el régimen abierto, pero con una preparación progresiva y adaptada a las salidas al exterior.

Otras vía pueden ser la aplicación del art. 86.4 RP que permite pernoctar fuera del establecimiento siempre que el interno se someta voluntariamente al control de un dispositivo telemático, entre cuyas indicaciones recogidas en la Instrucción SGIP 8/2019 de 23 de abril, se establece como uno de los supuestos las convalecencias médicas y otras circunstancias personales o sanitarias que requieran modificar horarios o no permanecer en el centro durante la noche, siendo un paso más el destino a unidades dependientes, reguladas en el art.165 y ss RP, que al estar ubicadas fuera del recinto carcelario con grupos reducidos, permiten un cumplimiento más humano con una asistencia integral individualizada, siempre que la Junta de Tratamiento seleccione a los internos en el seno de un programa de tratamiento y lo notifique al Juez de Vigilancia.

---

[76] RODRÍGUEZ YAGÜE, C.: "El Derecho penitenciario humanitario"... cit. p. 460.

[77] MATEO AYALA, E.J.: *La medida de seguridad de internamiento...* cit. p.181.

Estas diversas modalidades de cumplimiento del tercer grado exigen cuidar las actividades de tratamiento que se puedan llevar a cabo en el interior de los establecimientos para facilitar un tránsito progresivo a la libertad. Con esta finalidad, en 2012 el programa PAIEM se extendió a los centros abiertos a través del Programa de Unidades puente destinando a facilitar la reinserción a la comunidad de los internos con enfermedades mentales graves que estuvieran cumpliendo tercer grado o libertad condicional[78].

Para los casos en los que no se haya podido clasificar en tercer grado, el principio de flexibilidad puede ser una herramienta que permita adaptar la modalidad de cumplimiento a las necesidades terapéuticas del interno. En virtud del mismo se facilita que la Junta de Tratamiento, a propuesta del Equipo Técnico, adopte un modelo de ejecución para cada penado que permita combinar aspectos característicos de varios grados que deben ser concretados en la propuesta. Para ello es necesario que se fundamente la aplicación de este precepto en un programa específico de tratamiento que no se pueda ejecutar de otra forma y que lo autorice el Juez de Vigilancia. La Instrucción DGIP 9/2007 de 21 de mayo, exige que se incluya el programa específico de tratamiento que vaya a seguirse, las actividades a desarrollar, las modificaciones necesarias de clasificación para llevarlas a cabo y su planificación temporal, confirmando que se trata de un programa individualizado y planificado de tratamiento.

Un supuesto de aplicación de esta figura para tratamiento de enfermedad mental es el recogido en el Auto 18.10.2023 del Juzgado Central de Vigilancia Penitenciaria de la Audiencia Nacional en el que el plan específico de ejecución se concreta en la aplicación de aspectos de tercer grado como es la autorización para permanecer en unidad psiquiátrica extrapenitenciaria con asistencia a tratamiento ambulatorio en los términos previstos en el tratamiento médico y con remisión quincenal de informe sobre su evolución.

---

78 PALLARÉS NEILA. J./UTRERA CANALEJO, I.: "Salud mental y prisión…" p.208.

El acceso al tercer grado y a los permisos de salida, como paso previo, para las personas con trastorno mental grave no es fácil porque suelen cumplir largas condenas, sin que los limitados recursos de las entidades del tercer sector puedan cubrir la falta de apoyo familiar e institucional[79]. De esta forma, para aquellos internos que permanezcan en régimen ordinario porque no consiguen ser progresados a régimen abierto, deben explorarse otras vías dirigidas a externalizar un tratamiento psiquiátrico que, dentro del recinto carcelario, ni es posible, ni conveniente. En este caso se pueden citar dos figuras de especial interés, por un lado, que el Juez de Vigilancia autorice la participación en un programa de atención especializada en el exterior para internos de baja peligrosidad con el fin de poder acudir hasta ocho horas al día a una institución para realizar un programa concreto de atención especializada, según dispone el art 117 RP y, por otro, los permisos extraordinarios de salida de hasta doce horas de duración para consulta ambulatoria extrapenitenciaria o de dos días si se trata de ingreso hospitalario, recogidos en el art. 155.4 RP.

El panorama no se muestra muy alentador porque la eficacia de estas dos figuras depende en gran medida de dos pilares: la red de recursos públicos de salud mental y la colaboración con el entorno familiar del interno. En ambos casos las cifras no son muy optimistas, si se tiene en cuenta que solo un tercio de los centros con programa PAIEM tienen contacto personal y directo con la familia, siendo la forma de comunicación más frecuente la telefónica y que, solo un tercio de internos se derivan a recursos comunitarios, siendo lo más usado como medio rehabilitador los permisos de salida y lo menos, otras medidas reglamentarias más terapéuticas[80].

---

79 VILALTA, J. (coord.): *Informe 2022 Observatorio Derechos Humanos*... cit. p.18.

80 SANZ, J./GÓMEZ-PINTADO, P./RUÍZ, A/POZUELO, F./ARROYO, JM. "Programa de atención..." cit. p.39.

Esto indica claramente las estrategias a seguir hasta que una reforma en profundidad de atención a la salud mental como problema de salud pública incorpore la sanidad penitenciaria en la sanidad pública: a) utilizar el art. 60 CP para excarcelar a personas con trastorno mental grave asegurando su atención en la red de recursos de la salud pública y, solo excepcionalmente, derivar al internamiento psiquiátrico en centro especializado, no centros ordinarios y b) en los casos en los que no se aplique el art. 60 CP, dar una asistencia especializada que favorezca la atención sanitaria en medio abierto con los recursos propios de la legislación penitenciaria.

5. Conclusiones.

La respuesta legal a la enfermedad mental sobrevenida de las personas privadas de libertad recogida en el art. 60 CP ha sufrido una involución porque la respuesta más humanitaria que se había alcanzado en 1995, al suprimir la sustitución de la pena por internamiento psiquiátrico para optar por la suspensión de la ejecución con garantía de asistencia extrapenitenciaria, se abandonó en la reforma de 2003 al recuperar la posibilidad de internamiento, en este caso, con una cuestionable imposición de medida de seguridad por el Juez de Vigilancia.

Si el condenado presenta un trastorno mental grave durante el cumplimiento de la pena que le impide conocer el sentido de la pena el Juez de Vigilancia debe suspender la ejecución de la pena privativa de libertad con dos opciones: garantizar que el penado reciba la asistencia médica precisa en el exterior y, solo en caso de que sea necesario, imponer una medida de seguridad de internamiento psiquiátrico.

La opción de suspender la pena para recibir la asistencia sanitaria en el exterior debe ser la preferente por razones de última ratio y porque el medio carcelario es contraproducente para los cuidados psiquiátricos, siendo necesaria la colaboración de las Comunidades Autónomas para la integración de la sanidad penitenciaria en el sistema público de salud.

Los internamientos psiquiátricos deben ser impuestos en los casos más graves que requieran una atención más intensa, pero necesitan de centros adecuados, penitenciarios o no penitenciarios, que respondan a los criterios de atención especializada en grupos reducidos y con la colaboración de la asistencia comunitaria. Pese a ello, en la mayoría de los casos, al suspender la pena y sustituirla por medida de seguridad, el interno permanece en el mismo centro ordinario en el que cumplía su condena, lo cual es una disfunción por tratarse de un lugar inadecuado en el que no se puede llevar a cabo una intervención integral y especializada.

Los problemas de escasez de plazas en los dos centros de internamiento psiquiátrico penitenciario no deben resolverse con la construcción de grandes centros de características similares, por resultar un modelo fallido, sino con la creación de centros reducidos y especializados, integrados en la red se salud pública y carentes de elementos carcelarios.

Los internos con trastornos mentales que por inaplicación del art 60 CP continúen cumpliendo la pena de prisión, merecen una atención individualizada materializada en recibir una asistencia psiquiátrica especializada orientada a facilitar la aplicación de todos los mecanismos legales que reduzcan los efectos nocivos del encarcelamiento y fomenten los contactos con el exterior.

BIBLIOGRAFÍA

ARMENTA GONZÁLEZ-PALENZUELA, F.J.: *Reglamento penitenciario. Análisis sistemático, comentarios, Jurisprudencia*, Ed. Colex, Madrid, 2009.

BARRIOS FLORES, L.F.: "El internamiento psiquiátrico en España: situación actual y propuestas de futuro" *Norte de salud mental,* 2021, vol. XVII.

BARRIOS FLORES, L.F.: "El tratamiento médico externo por razón penal" *Derecho y salud,* vol. 22 (2023-2).

BAUCELLS LLADÓS, J.:" Art. 60 "en CORDOBA RODA, J./GARCÍA ARÁN, M. *Comentarios al Código Penal. Parte General.* Marcial Pons, Madrid, 2011.

CUENCA GÓMEZ, P.: "El tratamiento de las personas con problemas de salud mental en la normativa penal y penitenciaria. Reflexiones y propuestas. *Revista Asociación. Española Neuropsiquiatría,* 2022, 42 (141).

DE MARCOS MADRUGA, F.: "art. 60" en GOMEZ TOMILLO, M. (Dir.) *Comentarios prácticos al Código Penal* Tomo I. Aranzadi, Cizur Menor, 2015.

FERNÁNDEZ AREVALO, L.: "Medidas de seguridad privativas de libertad y sistema de ejecución" en LEÓN ALAPONT (Dir.) *Guía práctica de Derecho Penitenciario,* Ed. Wolters Kluwer, Madrid, 2022.

FERRER GUTIÉRREZ, A.: *Manual práctico sobre ejecución penal y derecho penitenciario* (versión on line) Tirant lo Blanch, Valencia, 2ª Ed, 2022.

GARCÍA ALBERO, R.: "art. 60" en QUINTERO OLIVARES (Dir.) *Comentarios al Código penal español.* Tomo I "7ª Ed. Thomson Reuters Aranzadi, Cizur Menor, 2016.

GARCÍA ORTIZ, A.: "Los trastornos mentales en el medio penitenciario. Situación actual y propuestas de mejora" *Revista de Estudios Penitenciarios* nº 263 (2021).

GARCÍA ORTIZ, A.: "El cumplimiento en prisiones ordinarias de las medidas de seguridad de internamiento psiquiátrico: especial referencia a la perspectiva de género" en RODRÍGUEZ YAGÚE, C. (Dtora.) *Penas perpetuas,* Tirant lo Blanch, Valencia, 2023.

GRUPO DE ESTUDIOS DE POLITICA CRIMINAL: *Una propuesta alternativa para un nuevo régimen penal aplicable a las personas con enfermedad mental o con discapacidad intelectual.* Ed. Tirant lo Blanch, Valencia 2023,

GRUPO PRECA: *Informe Prevalencia de trastornos mentales en centros penitenciarios españoles* (Estudio Preca) Barcelona 2011.

HABA GARCÍA, E.: "Enfermedad mental y prisión: análisis de la situación penal y penitenciaria de las personas con trastorno mental grave (TMG)" *Estudios Penales y Criminológicos,* vol. XLI (2021).

LACAL CUENCIA, P./PEÑARANDA DEL RÍO, J./ SOLAR CALVO, P.: ¿Debe un enfermo mental estar en prisión? Situación actual y cuestiones que plantea la STC 84/2018 de 16 de julio". *RGDP* 30(2018).

JAVATO MARTÍN, A.: "La ejecución de la medida de seguridad de internamiento psiquiátrico" en MATA MARTÍN, R. (Dir.) *Salud mental y privación de libertad. Aspectos jurídicos e intervención,* Bosch, Madrid, 2021.

MATEO AYALA, E.J.: *La medida de seguridad de internamiento psiquiátrico. Su ejecución y control.* Ed. Edersa, Madrid 2004.

MATEO SOLER, M. y otros: *Programa Puente extendido. Salud mental en penas y medidas alternativas.* Documentos penitenciarios nº 18. Edita Ministerio del Interior, Madrid, 2018.

MEZZINA, R.: "La pena y la cura. Servicios de salud mental en Italia después del cierre de los hospitales psiquiátricos" *Rev. Asoc.Esp.Neuropsiq* 2022, 42(141).

ORTEGA MATESANZ, A.: "Trastornos mentales apreciados durante la ejecución de la pena. La suspensión de la ejecución de la pena por la vía del art. 60 CP" en MATA MARTÍN, R. (Dir.) *Salud mental y privación de libertad. Aspectos jurídicos e intervención*, Bosch, Madrid, 2021.

PALLARÉS NEILA. J./UTRERA CANALEJO, I.: "Salud mental y prisión, difícil encaje" en *Revista Asociación española de neuropsiquiatría 2022; 42(141).*

RACIONERO CARMONA, F.: *Derecho Penitenciario y privación de libertad,* Dykinson, Madrid 1999.

RODRÍGUEZ YAGÜE, C.: "El Derecho penitenciario humanitario" *ADPCP* 2019.

ROIG TORRES, M.: "Medidas de seguridad privativas de libertad: la regulación alemana y su reflejo en el proyecto de reforma del Código Penal español " *In Dret* 4/2014.

SAEZ MALCEDIÑO, E.: "Las medidas de seguridad penales: en especial, la anudadura a la interrupción de la condena por inimputabilidad sobrevenida del penado" *Diario La Ley* nº9374 de 11 de marzo de 2019 (versión on line Legalteca (smarteca.es).

SÁNCHEZ YLLERA, I.: "Art. 60" en VIVES ANTÓN. T. (Coord.): *Comentarios al Código Penal de 1995.* Vol I, Tirant lo Blanch, Valencia, 1996.

SANZ, J./GÓMEZ-PINTADO, P./RUÍZ, A/POZUELO, F./ARROYO, JM.:"Programa de atención integral al enfermo mental en las prisiones españolas (PAIEM). Valoración tras cuatro años de funcionamiento" *Revista española de Sanidad Penitenciaria* 2014; 16.

SGIP: *Hospitales psiquiátricos dependientes de la Administración Penitenciaria: propuesta de acción.* Documento de análisis sobre la situación de los dos Hospitales psiquiátricos penitenciarios dependientes del Ministerio de Interior. Ed. Ministerio del Interior. Madrid 2011.

VILALTA, J.: (coord). *Informe 2022 y 2023 Observatorio Derechos Humanos, salud mental y prisión.* Coordina Asociación Ambit.

VIZUETA FERNÁNDEZ, J.:" El trastorno mental grave apreciado después de dictarse sentencia firme" *Revista electrónica de Ciencia Penal y Criminología* 09-04(2007).

Salud mental y permisos de salida[1]

CÉSAR CHAVES PEDRÓN
Profesor Ayudante Doctor de Derecho Penal
Universitat de València

1. INTRODUCCIÓN

La privación de libertad supone un impacto personal que afecta a muchos aspectos de la persona encarcelada, entre ellos, a su salud mental. Para evitar que parezca una afirmación gratuita conviene poner de relieve las posibles consecuencias de la propia privación de libertad, y una vez determinadas, la vinculación que tienen con las posibles causas de afección psicológica y psiquiátrica de los internos de un centro penitenciario.

También hay que hacerse eco de los supuestos en los que las personas que ingresan en la cárcel ya presentan problemas mentales y cuáles son las condiciones de vida en un centro penitenciario. Esto nos llevará a valorar cómo es la realidad de la prisión española respecto de la parte de población reclusa que los padece. Y una vez hecha la referencia a los problemas de salud mental de los internos, debe abordarse la cuestión relativa al tratamiento que les dispensa Instituciones Penitenciarias. Para ello hay que hacer una reseña a cuáles son las funciones de la prisión respecto de los internos, es decir, aquellas que determina la legislación penitenciaria y, por tanto, las obligaciones que puedan derivarse de las mismas. Una de ellas es la relativa a prestaciones penitenciarias, en particular las referentes a la salud, y dentro de estas las que tratan las enfermedades y trastornos mentales.

---

1 Este trabajo se enmarca en el Proyecto I+D+i "Estudio crítico del uso de sanciones alternativas penales: una mirada a la salud mental y al género" (ref.: PID2021-126236OB-I00; AEI/FEDER, UE).

Abordada la cuestión que antecede resulta de gran interés examinar el programa específico de tratamiento para enfermos mentales, sobre todo su programación y eficacia; todo ello después de valorar los datos relativos al número de internos que participan y qué valoración le dan otros órganos del centro penitenciario, como por ejemplo la Comisión Disciplinaria.

Una vez tratadas las cuestiones expuestas, y para vincular la salud mental de los internos de la prisión española con los permisos de salida procede hacer, aunque sea mínima, una referencia a su regulación: clases de permisos y naturaleza. Esto nos aproximará a la realidad penitenciaria sobre la concesión o denegación de permisos ordinarios a enfermos mentales. Pero no basta con esta referencia, sino, que, debido a la previsión legal sobre los extraordinarios para tratamiento médico cabe valorar el posicionamiento de la Secretaría General de Instituciones Penitenciarias y los tribunales españoles a la hora de concederlos. Su frecuencia o, en su caso, ausencia de ella determinará cuál es la realidad del tratamiento para los presos con problemas de salud mental, y, en su caso, la necesidad de que se articulen salidas al exterior de los internos con problemas de salud mental a través de los citados permisos.

2. Salud mental en prisión

El concepto de salud mental, en la actualidad, queda englobado dentro de un concepto mucho más amplio, que es el concepto de salud. Tanto es así que la Organización Mundial de la Salud (OMS) considera la salud mental como una parte integrada de la salud. Se confiere, así, la misma importancia a la salud física como a la salud mental porque, ambas, son determinantes para el bienestar general y global de las personas y de la sociedad, considerando la salud "no solamente como la ausencia de afecciones o enfermedades, sino un estado de completo bienestar físico, mental y social"[2]. Desde esta perspectiva, la salud mental puede concebirse como un estado de salud integral, en un estado de bienestar caracterizado por la consciencia de las propias capacidades de la persona para afrontar las tensiones normales de la vida, trabajar de forma productiva y hacer una contribución a la comunidad considerando la salud como la base del bienestar y el funcionamiento adecuado de la persona y la comunidad[3].

Una vez hecha la referencia a la salud mental cabe partir de dos situaciones: una, las personas que ingresan en prisión y, previamente, tienen algún problema mental; la segunda, cuando la vida en prisión es la desencadenante del problema.

Por tanto, no resulta ocioso exponer las consecuencias de afección personal que supone la privación de libertad, así como las condiciones de vida en prisión para, de este modo, valorar la incidencia que todo esto tiene en la salud mental de los internos.

2.1. Consecuencias personales de la privación de libertad

Para abordar este apartado no puede dejar de destacarse la repercusión psicológica de la privación de libertad. En la casi totalidad de la población reclusa la prisión produce ansiedad, estrés y depresión, además de otros casos más graves de enfermedades y trastornos mentales. Así, la privación de libertad en sí misma es motivo de alteración y desesperación de las persones recluidas por diversos motivos. El primero que puede destacarse es el hecho de afrontar la vida en un espacio totalmente desconocido y, por tanto, de difícil adaptación. La persona que ingresa en una prisión lo

---

2 Vid. Organización Mundial de la Salud (OMS): *Informe sobre la salud en el mundo 2001. Salud mental: nuevos conocimientos, nuevas esperanzas,* Biblioteca de la OMS, Francia 2001, p. 3.

3 Véase, más ampliamente, ZABALA BAÑOS, C.: *Prevalencia de trastornos mentales en prisión: Análisis de la relación con delitos y reincidencia,* Ministerio del Interior, Madrid 2017, p. 26.

hace en un medio totalmente inusual y desconocido de lo que ha sido su vida y ambiente hasta ese momento. Además, se trata de un hábitat hostil y que condiciona la convivencia porque comienza con tensión y un importante grado de ansiedad. Tanto es así que un estudio demuestra que el mayor nivel de depresión suele producirse el primer año de reclusión[4]. Para paliar, en la medida de lo posible, el impacto negativo que supone el ingreso en prisión, Instituciones Penitenciarias dictó la Instrucción 14/2011 sobre protocolo de acogida al ingreso en el medio penitenciario[5]. A través de esta Instrucción se trata de proporcionar una atención individualizada de información, orientación y tranquilidad sobre el ingreso en la cárcel. La intervención que se lleva a cabo en estos casos consta de los siguientes pasos: manejos de la ansiedad -técnicas de respiración y relajación -; ideas irracionales y distorsiones cognitivas–sobre la situación y circunstancias del encarcelamiento, el futuro, el rechazo familiar, la capacidad de resistencia, etc. -; educación para la salud–autocuidado, prevención del consumo de droga, sobremedicación, cuidado del entorno, promoción de la salud -; autoestima y autoconcepto–protección contra el etiquetamiento, aprovechamiento del tiempo de reclusión para hacer algo útil, las responsabilidades familiares, evitar comportamientos y actitudes dependientes y pasivas -, relaciones interpersonales con funcionarios e internos–habilidades sociales básicas, estereotipos, resolución dialogada de conflictos -; control de emociones negativas–frustración, ira, soledad, vergüenza, miedo, tristeza y aislamiento -.

A lo que se acaba de destacar hay que añadir el llamado código de conducta carcelario, algo paralelo al régimen ordinario establecido en la legislación penitenciaria, y que es impuesto por los propios internos, y hace que asuman unas normas de conducta

---

4 Vid. BASCÓN DÍAZ, M. J. y VARGAS GIRÓN, V.: "Salud mental en reclusos. Un análisis pre-post intervención psicosocial con grupo control de comparación" en *Anales de psicología,* vol. 32, nº 2 (mayo), 2016, p. 380.

5 Se puede obtener en https://www.institucionpenitenciaria.es/es/web/home/fondo-documental/instrucciones-y-circulares.

para evitar la presión constante por parte del resto. Un ejemplo de estas normas no escritas son la no colaboración con los funcionarios, aceptar una pelea cuando se es retado por otro, castigar con agresiones determinados delitos – libertad sexual y violencia de género – y no denunciar a otro interno, lo que desatará reacciones violentas entre los compañeros de módulo. Cuanto más larga es la estancia en prisión más se interiorizarán estas normas y, por ello, más dificultad para una futura vida en libertad con garantías de reinserción[6]. Consecuencia de lo expuesto es una convivencia tensa y con actitud defensiva, lo que influye de manera negativa en la salud mental de los internos. Además, el hecho de estar con otras personas totalmente desconocidas y con una convivencia obligada en un ambiente tenso y hostil supone que no puedan evitarse en el momento de mayor intensidad de alteración emocional. La persona se encuentra en un espacio cerrado y sin intimidad, y ello unido a la desconfianza en la administración penitenciaria para poner en su conocimiento cualquier circunstancia que les afecte hace que surjan los conflictos[7] lo que acentúa el impacto psicológico de la vida en prisión.

También cabe destacar el alejamiento progresivo, en muchos casos, de la familia y, por tanto, del apoyo necesario para soportar su vida penitenciaria y favorecer una pretendida reinserción social. Esta ruptura o distanciamiento familiar produce unos efectos psicológicos negativos que, obviamente, va a menoscabar su salud mental. Pensemos en la nueva situación de la persona encarcelada que va perdiendo su rol familiar, pues, ya no participará de las decisiones familiares – al menos tan activamente como antes de

---

6 Véase, CERVELLÓ DONDERIS, V.: *Derecho penitenciario*, 5ª ed. Tirant lo Blanch, Valencia 2022, pp. 404 y 405.

7 Vid. RÍOS MARTÍN, J. C. PASCUAL RODRÍGUEZ, E.; BIBIANO GUILLÉN, A.; SEGOVIA BERNABÉ, J. L.; ETXEBARRÍA ZARRABEITIA, X. Y LOZANO ESPINA, F.: *La mediación penal y penitenciaria. Experiencias de diálogo en el sistema penal para la reducción de la violencia y el sufrimiento humano*, 3ª ed. Colex, Madrid 2012, pp. 174 y ss.

ser privado de libertad -, pierde el control familiar, y también es posible que se acreciente un sentimiento de vergüenza ante los miembros de esta[8].

Otra consecuencia propia de la privación de libertad es la incertidumbre respecto a sí mismo y el futuro, algo que indudablemente va a incidir de forma negativa en aspectos perisológicos del interno.

Tampoco debemos olvidar la propia realidad de la prisión. La estructura arquitectónica de una cárcel, estructura de hormigón, rejas, puertas de apertura controlada por los funcionarios desde sus cabinas, parece generar una situación de diferencia entre los internos y los funcionarios (mediante las barreras que se acaban de exponer) y, también, con otros internos. Todo ello les transmite la idea de que están unos frente a otros[9], lo que acrecienta la tensión y hostilidad con la que se vive en prisión.

Por último, y no por ello menos importante, cabe mencionar la respuesta que los internos tienen ante la situación que se acaba de exponer. La tensión propia de la vida en prisión y el ambiente hostil provoca reacciones, en muchos casos, violentas de los internos que comportan consecuencias disciplinarias. En primer lugar, podría destacarse la llamada incompatibilidad, esto es, que los internos son declarados incompatibles y, por tanto, no pueden compartir el mismo módulo y tampoco pueden coincidir en ninguna parte de la prisión. ¿Cómo afecta esta incompatibilidad a la vida en prisión? Pues limitándola en cuanto a participación en actividades (educativas, culturales, deportivas, recreativas, etc.)

---

8 Véase, más ampliamente, OSPINA GÓMEZ, Y. y BEDOYA GALLEGO, D. M.: "Efectos psicológicos generados tras la ruptura de lazos con el grupo primario de apoyo debido al fenómeno de prisionización" en *INTERDISCILINARIA*, nº 36, 1, 2019, p. 179.

9 Cfr. CHAVES PEDRÓN, C.: "Mediación penitenciaria: una necesidad en la realidad de la prisión" en ARANDA JURADO, M. (directora): *La mediación en el sistema jurídico español. Análisis y nuevas propuestas,* Tirant lo Blanch, Valencia 2018, p. 77.

y las salidas del módulo; es decir, una vida restringida, lo que, indudablemente, afectará a su salud mental. Otra de las consecuencias disciplinarias es el expediente sancionador que contempla la legislación penitenciaria española, con la sanción de aislamiento en celda como la más grave de las que se regulan. Esta se ejecuta llevando al interno sancionado al módulo de aislamiento (salvo que la pueda cumplir en su propia celda – que no será posible en la mayoría de los casos -) y pasando el día en una celda individual salvo dos horas para paseo en el patio. La previsión máxima de esta sanción es de cuarenta y dos días[10].

La sucesión de incidencias disciplinarias puede desembocar en dos situaciones más; la primera, un posible traslado a otro centro penitenciario lo que supondrá un alejamiento del círculo familiar y social si se encontraba en la prisión más cercana a su domicilio; la segunda, aunque menos habitual salvo supuesto de agresiones muy graves a otros internos o funcionarios, una regresión de grado, particularmente cuando se clasifica en primer grado – a los penados – o se les aplica el régimen de vida cerrado – a los preventivos -. Incluso pueden ser considerados FIES[11], en concreto del grupo 1 – control directo[12] -, lo que afectará al régimen de vida y valoración por la junta de tratamiento[13].

---

10 Supuestos previstos de acumulación de sanciones por el triplo de la mayor que es de catorce días (art. 236.2 RP).

11 Acrónimo de Ficheros de Internos de Especial Seguimiento.

12 Actualmente regulado por Instrucción de la SGIP 12/2011 con las sucesivas revisiones y correcciones. Se puede encontrar en https://www.institucionpenitenciaria.es/documents/20126/78885/CIRCULAR_12_-_2011.pdf.

13 Así lo expone RÍOS MARTÍN, J. C.: "Los Ficheros de Internos de Especial Seguimiento (FIES)" en *Cuadernos de Derecho Penitenciario nº 3, 15 de enero de 2004, Madrid, p. 5.*

2.2. Internos con problemas de salud mental

Tal y como ya se ha hecho mención respecto de los internos con problemas de salud mental, esto se debe a dos situaciones, una de quienes ya ingresan con los referidos problemas, y segunda, los que debido a la situación que se vive en la prisión comienzan a tenerlos.

Respecto de la situación de quienes ya tienen problemas de salud mental cuando ingresan en prisión cabe decir que cuando están en libertad el tratamiento no es el deseable. Tanto es así que existen determinados factores de carácter socio-económico que implican un mayor riesgo de sufrir privación de libertad si se sufre una enfermedad mental grave[14]. A esta situación debe añadirse la tendencia de nuestros tribunales a imponer únicamente pena en los casos de eximente incompleta por problemas mentales, eso sí, con la pena más reducida en aplicación de lo dispuesto en el artículo 68 del Código penal. Todo ello, a pesar de que nuestro sistema penal permite, en esos casos, aplicar medida de seguridad y pena cumpliendo en primer lugar la medida de seguridad y posteriormente la pena si fuera necesario y abonando como tiempo de la pena el de la medida de seguridad (artículo 99 del Código penal). Un ejemplo de la tendencia jurisprudencial aludida lo encontramos en la STS 158/2015 de 17 de marzo (TOL4.807.285). En este caso, la persona fue condenada a delito de asesinato y de aborto a la pena de dieciséis años por aplicación de la eximente incompleta por tener gravemente mermadas sus facultades intelectivas y/o volitivas en el momento de la comisión del hecho delictivo. En este caso, el tribunal ni si quiera se planteó la posibi-

---

14 Así lo expone MIRAS RUIZ, R.: "RE-CORDIS. Memoria y Emoción tras las Rejas. Trauma. Arteterapia y Danzaterapia. Salud Mental en Prisión (1ª parte)" en *Arteterapia, 13,* 2018, p. 193. La autora considera que la salud mental ha dejado de ser un derecho para convertirse en un privilegio, todo ello debido a la escasez de recursos para el tratamiento adecuado de las personas con problemas de salud mental.

lidad de medida de seguridad y pena[15]. El ejemplo expuesto ofrece una clara visión de las escasas probabilidades de recuperación de quien padece una enfermedad o trastorno mental grave, y que debe ingresar a cumplir una pena prolongada en un ambiente que ha quedado descrito en el punto anterior.

Pero, incluso, en los casos en los que se ha impuesto una medida de seguridad, encontramos ejemplos en los que se ordena su cumplimiento en centro penitenciario ordinario. Así el AAP Zaragoza, sección 1ª, nº 770/2017 de 6 de julio (TOL6.316.452) argumenta que "*....la medida de seguridad de internamiento impuesta puede cumplirse en el centro penitenciario de Zuera, con la aclaración de que el interno debe permanecer "en el área de enfermería" del centro mientras subsista la medida y no se deje sin efecto por innecesaria. En efecto, se informa por el centro que se cuenta con medios suficientes para el tratamiento médico y terapéutico del interno, ya que en el momento actual se encuentra estable, abstinente, en medio protegido, haciendo vida normal en el módulo residencial del centro y con revisiones periódicas del psiquiatra consultor. Se indica también por Instituciones Penitenciarias, área de ordenación sanitaria, que en el caso de situaciones agudas o urgentes se acudiría a la red sanitaria pública. Por otra parte, consta en las actuaciones que el interno no puede ser internado en su centro de referencia, Hospital Reina Sofía de Tudela, ya que dicho centro, según informa al Juzgado, "no cuenta con medidas de seguridad suficientes para hacer frente a un internamiento psiquiátrico cerrado por tiempo de dos años*". Como puede observarse, se obliga al cumplimiento de una medida de seguridad en la enfermería de un centro penitenciario ordinario con consultas psiquiátricas periódicas, algo que no parece apropiado para estos internos. Además de la situación expuesta, también encontramos supuestos de oposición a los traslados de prisión de los internos con estas características; así, por ejemplo, el AAP Sevilla, sección 7ª, 8633/2016 de 14 de octubre (TOL5.925.436) conside-

---

15 Véase, HAVA GARCÍA, E.: "Enfermedad mental y prisión: análisis de la situación penal y penitenciaria de las personas con trastorno mental grave (TMG)" en *Estudios Penales y Criminológicos*, vol. XLI (2021), p. 111.

ró que los traslados penitenciarios son una cuestión de organización penitenciaria. Todo ello a pesar de lo previsto en la legislación española y las Reglas Penitenciarias Europeas que en su art. 47.1 establece que: "*Se organizarán centros o secciones penitenciarias especializadas bajo control médico para la observación y el tratamiento de internos afectados por problemas mentales que no se adecúen necesariamente a las disposiciones de la regla 12*"[16].

La otra situación es la de quienes desarrollan una enfermedad o trastorno mental a consecuencia de los efectos personales de la propia privación de libertad, tal y como se ha expuesto anteriormente.

Y una vez explicada la tensión de la vida en prisión, así como las consecuencias personales que los internos sufren con la privación de libertad, no es difícil concebir la idea de que se desarrollen enfermedades o trastornos mentales en internos que antes de su ingreso no las padecían. Una vez comienzan con estados de ansiedad, depresión, estrés, etc. si no se da el tratamiento oportuno (psicológico y médico) reúnen todas las condiciones para que padezcan algún tipo de trastorno o enfermedad mental. Y en el caso de que alguna de estas aparezca suele darse la situación de prevalencia.

Otro factor desencadenante de afección mental, y que no podemos pasar por alto, no es otro que el consumo de droga, porque desarrolla el trastorno por uso de sustancias (TUS) y que, en muchos casos, les trae como consecuencia una patología dual (PD) en alrededor del 72% de los drogodependientes. Además, la población con TUS muestra un alto índice de trastornos mentales severos (TMS)[17].

---

16 CONSEJO DE EUROPA: *Reglas penitenciarias europeas. Actualización 2020,* Generalitat de Catalunya, Centre d´Estudis Jurídics i FormacióEspecialitzada, Barcelona 2020.

17 Vid. VÁZQUEZ VÁZQUEZ, J. M.: "Intervención en Patología Dual: ¿tratamos de forma adecuada? en *Revista de Sanidad Penitenciaria, Suplemento 2- volumen 20,* Barcelona 2018, p. 30.

En las prisiones españolas existe una elevada presencia de personas con trastornos mentales, de tal forma que está considerada por diferentes asociaciones de profesionales (sanitarios, jurídicos, sociales, asociaciones de defensa de los derechos humanos y por la propia Secretaría General de Instituciones Penitenciarias – SGIP -) como el principal problema de salud en los centros penitenciarios junto con las toxicomanías. Tanto es así, que ha desbancado al consumo de heroína y la infección por VIH que eran los principales problemas de salud en los años 80 y 90[18].

Por tanto, la carga de enfermedad mental entre los internos es significativamente más alta que la que cabría esperar en un grupo de edades similares de personas en libertad. Las cifras existentes arrojan un resultado de un 39% de Trastornos Mentales Comunes, un 50% con problemas de Adicción a Drogas y un 4% con Trastornos Mentales Graves, sin que estos porcentajes deban ser tomados de forma excluyente entre sí. También cabe destacar el último informe que realizó la Comisión Europea sobre las personas con trastornos mentales que se encuentran en las prisiones europeas, que establece que alrededor del 12% de los reclusos, necesitaban tratamiento psiquiátrico especializado y esta cifra se prevé que vaya en aumento[19].

Ante la elevada presencia de internos que padecen problemas de salud mental, cabe preguntarse si se hará uso o no del artículo 60 del Código penal, es decir, si, en el caso de trastorno mental grave, se suspenderá la ejecución de la pena privativa de libertad y se aplicará el tratamiento médico adecuado, o, por el contrario, seguirán en el centro penitenciario. La respuesta es poco alentadora, pues, en la mayoría de los casos, seguirán en la prisión en módulos no específicos para estos internos, y solo los casos más

---

18 Véase, más ampliamente, ZABALA BAÑOS, C.: *op. cit.* p. 100.

19 Así lo exponen ARROYO COBO, J. M.; ACEDO RAMIRO, Mª R.; RUIZ ARIAS, S. y GIRÁLDEZ RAMÍREZ, P. I.: *Institución penitenciaria y salud mental: la última frontera*, Ministerio del Interior, Madrid 2022, pp. 23 y 24.

graves pasarán a la enfermería de los centros penitenciarios. Situación que propiciará un mayor aislamiento porque disminuirá la posibilidad de participar en actividades del centro con otros internos[20].

Tras lo expuesto puede afirmarse que los centros penitenciarios hacen las veces de instituciones psiquiátricas de larga estancia, contando con un elevado porcentaje de población reclusa con graves trastornos mentales (trastornos psicóticos, de personalidad y patología dual)[21].

3. Tratamiento de la salud mental en el ámbito penitenciario

Para abordar esta parte es necesario partir de las obligaciones de la Secretaría General de Instituciones Penitenciarias con los internos. No podemos orillar las funciones que la Ley Orgánica General Penitenciaria – LOGP–encomienda a la prisión, así en el artículo 1 del citado cuerpo legal las establece claramente: custodial, reinsertadora y asistencial. Pues bien, dentro de la última es donde están incluidas las prestaciones penitenciarias que abarcan, también, las sanitarias (dentro de las que se incluyen las psiquiátricas) y las psicológicas. La referida función asistencial trae como consecuencia la obligación de la Administración Penitenciaria respecto de una intervención en la salud mental de los internos, ya sea con tratamiento psicológico o con médico-psiquiátrico.

---

20 Vid. GARCÍA ORTIZ, A. Mª: "Los trastornos mentales en el medio penitenciario: Situación actual y propuesta de mejora" en *Revista de Estudios Penitenciario, nº 263-2021,* Ministerio del Interior, Madrid 2021, p. 46.

21 Vid. MIRAS RUIZ, R.: *op. cit.* p. 193. Para ratificar este dato conviene consultar el estudio realizado por GRUPO PRECA: *Informe prevalencia de trastornos mentales en centros penitenciarios españoles (estudio PRECA),* Barcelona, junio 2011, p. 11, donde se concluye que ocho de cada diez reclusos han sufrido un trastorno mental, y cuatro de cada diez lo mantienen (se puede obtener en https://consaludmental.org/publicaciones/EstudioPRECA.pdf).

3.1. Prestaciones sanitarias

Las prestaciones penitenciarias son todas las necesarias para que el interno no vea restringidos aquellos derechos fundamentales que no están limitados por la propia condena. La relación de sujeción especial también obliga a la Administración Penitenciaria a proveer a los internos de lo necesario para su vida en prisión. Esta relación implica una dependencia especial entre la Administración y un determinado grupo de administrados, que en este caso son los internos. Esta figura llegó al Derecho Administrativo español por vía del alemán en la década de los setenta del siglo pasado. Los tribunales españoles (Tribunal Supremo, Tribunal Constitucional, Audiencias Provinciales y Juzgados de Vigilancia Penitenciaria) han recurrido a ella para resolver sobre situaciones surgidas en la vida penitenciaria de los internos[22]. Pero esta relación de sujeción especial también obliga a la Administración Penitenciaria a proporcionar a los internos todo tipo de prestaciones y recursos, y, entre ellas, como no podía ser de otro modo, la sanitaria (dentro de la que se incluye la psiquiátrica) y la psicológica.

Por tanto, todos los internos tienen derecho a la asistencia sanitaria ya que la Administración tiene el deber de velar por la vida, integridad y salud de los internos, art.3.4 LOGP, de tal manera que incluso se puede afirmar que tiene una posición de garante respecto de las personas privadas de libertad que ven reducidas sus posibilidades de autoprotección dentro de la prisión[23]. Por ello a todos sin excepción se les garantizará una atención médico-sanitaria equivalente a la dispensada al conjunto de la población (art.208.1 RP); tal atención es extensible a la prestación farmacéutica y prestaciones complementarias básicas que se deriven de esta. Para ello la Administración Penitenciaria formalizará los correspondientes convenios de colaboración con instituciones pú-

---

22 Vid. CERVELLÓ DONDERIS, V.: *op. cit.* pp. 149-151.

23 Así lo expresa, JUANATEY DORADO, C.: *Manual de Derecho Penitenciario,* 3ª ed. Iustel, Madrid 2016, p. 96.

blicas y privadas. Así pues, por imperativo legal y por la relación de sujeción especial los internos tienen derecho, entre otras, a una prestación sanitaria completa dirigida tanto a la prevención, como a la curación o la rehabilitación[24].

Además, es posible solicitar servicios médicos privados en el interior de la prisión con la autorización del Centro Directivo, art.212.3 RP.

La atención sanitaria se presta en la propia prisión en lo que respecta a la atención primaria; en cuanto a la especializada: odontología, ginecología en los centros de mujeres y pediatría – en aquellas prisiones que tengan módulo de madres -. Pero la legislación penitenciaria completa esta asistencia sanitaria en prisión con la psiquiatría (art. 209.1. 1° Reglamento Penitenciario – RP -). Además, diferencia la psiquiatría de otra atención médica especializada porque indica que se presta a través del sistema nacional de salud, mediante consultas externas, o en los casos en que la demanda sea alta, en el propio centro penitenciario (art. 209.1. 2° RP). Es decir, que la atención psiquiátrica, que es una especialidad médica, se prestará en la propia prisión porque específicamente lo dispone la legislación penitenciaria, lo que viene a confirmar que el problema de salud mental de los internos es más que evidente para el legislador y prevé dicha asistencia en los propios centros penitenciarios.

Pero, además de lo dicho, procede detenerse en otro artículo de la LOGP, en concreto en el 39, el cual dispone que los diagnósticos psiquiátricos que afecten a la situación penitenciaria de los internos deberán realizarse por un equipo técnico, integrado por un especialista en psiquiatría, un médico forense y el del establecimiento, acompañándose en todo caso informe del equipo de observación o de tratamiento. Es decir, que cuestiones relativas a la salud mental de los internos puede afectar a su situación pe-

---

24 ALBINYANA OLMOS, J. L. y CERVERA SALADOR, S.: *Vida en prisión. Guía práctica de derecho penitenciario,* fe d´erratas, Madrid 2014, p. 343.

nitenciaria, o, dicho de otro modo, que cuando un interno tenga afectada su salud mental de tal forma que no sea conveniente que mantenga la misma situación en prisión, la Administración Penitenciaria deberá actuar. Y ¿cuál es esa posible actuación? Pues, a primera vista, y tal y como dispone nuestra legislación, con la aplicación del artículo 60 del Código Penal, lo que no es habitual que se produzca, sirva como muestra el AAP Zaragoza, sección 3ª, 751/2017 de 4 de septiembre (TOL6.433.392) que desestimó esta posibilidad por considerar que en el centro penitenciario recibía todo el tratamiento necesario; dos, el tratamiento psiquiátrico adecuado y, desde luego, fuera de prisión, o si es dentro de ella en un lugar idóneo para tal fin, que desde luego no es mantenerlo en la enfermería alejado de la participación en actividades del centro y junto con otros internos, tal y como se ha expuesto anteriormente. Pero, además, puede afirmarse que los internos con problemas de salud mental en un centro penitenciario ordinario suelen ser vistos como personas anómalas que causan disfunciones en el desarrollo regular de las actividades de la prisión[25].

Pero para seguir con la cuestión relativa a la prestación penitenciaria respecto de la salud mental, procede comentar cuál es la situación actual en cuanto medios humanos con los que cuenta la prisión española. Nuevamente nos encontramos ante una situación poco o nada halagüeña, pues, resulta alarmante la falta de personal sanitario, de tal manera que hay prisiones con ausencia total de dicho personal[26]. Esto ha sido motivo de reproche por parte del Tribunal Europeo de Derechos Humanos (TEDH). En las SSTED nº rec.20378/2013, fecha 9 de julio de 2015 (TOL6.404.588) – Martzaklis contra Grecia – y nº rec. 77457/2013 de fecha 16 de julio

---

25 Así lo expresa MATA y MARTÍN, R. M.: "Apuntes sobre la esperada reforma penitenciaria" en *Diario La Ley Nº 9516,* Sección Doctrina, 12 de noviembre de 2019, p. 10.

26 Vid. SOLAR CALVO, P. y LACAL CUENCA, P.: "La progresiva desaparición de la sanidad penitenciaria y su relación con la salud mental. Una perspectiva europea" en *Revista Aranzadi Unión Europea, nº 8-9,* 2023, p. RR-6.1.

de 2020 (TOL8.010.038) – Dikaiou contra Grecia -, estableció una relación directa entre las condiciones sanitarias del centro penitenciario (incluyendo tanto las condiciones de salubridad como la atención médica) y la salud mental[27].

A lo dicho anteriormente debe añadirse la generalización de los tratamientos farmacológicos en lugar del abordaje terapéutico. Así, por un lado, tenemos los tratamientos de benzodiacepinas. La recomendación médica a este respecto es limitarlas a periodos cortos, sin embargo, continúa haciéndose un uso prolongado de este tratamiento[28]. Procede y, además, es posible una reducción del número de prescripciones de benzodiacepinas en los centros penitenciarios[29]. Por otro lado, nos encontramos con los tratamientos antipsicóticos inyectables de larga duración (en todo caso mejor que el tratamiento oral)[30], lo que supone, también en este caso, un tratamiento farmacológico sin mayor acometimiento terapéutico. No obstante, respecto a esta última afirmación merece una mención aparte la esquizofrenia, pues, se trata de un trastorno de los más incapacitantes y que mayor resistencia presenta a los antipsicóticos y recaídas por falta de adherencia al tratamiento[31]. Es posible que en este caso proceda un tratamien-

---

27 Se hace un completo análisis de las sentencias por parte de SOLAR CALVO, P. y LACAL CUENCA, P.: *op. cit.*, p. RR-6.3.

28 Véase, MARTÍNEZ DE CARVAJAL HEDRICH, V. y TOUZON LÓPEZ, C.: "Programa de Buenas Prácticas Clínicas con Benzodiacepinas (BZD)" en *Revista de Sanidad Penitenciaria, Suplemento 2- volumen 20,* Barcelona2018, p. 24.

29 Vid. MARTÍNEZ DE CARVAJAL HEDRICH, V. y TOUZON LÓPEZ, C.: *op. cit.* p. 25.

30 Vid. MARTÍNEZ RAGA, J. y LÓPEZ CERVERÓ, M.: "Inyectables de larga duración, de la farmacología a la clínica" en *Revista de Sanidad Penitenciaria, Suplemento 2- volumen 20,* Barcelona 2018, p. 28.

31 Así lo expone, MACIÀ ASTORCH, L.: "Retos en el tratamiento de larga duración: adherencia al tratamiento y vinculación terapéutica" en *Revista de Sanidad Penitenciaria, Suplemento 2- volumen 20,* Barcelona 2018, p. 33.

to farmacológico prolongado, pero no es lo recomendable en el resto de los supuestos.

3.2. Programa de tratamiento específico.

La innegable realidad de la prevalencia de problemas de salud mental en un porcentaje considerable de la población reclusa obligó a la SGIP a plantearse una intervención mayor en este aspecto. Fue en 2007 cuando se publicó el llamado "Plan de Salud Mental de IIPP" y posteriormente, tras la evaluación de resultados, es cuando se elabora el Programa de Atención Integral a Enfermos Mentales (PAIEM), en concreto en 2009[32].

Este programa que se proporciona a los presos con problemas de salud mental está diseñado para una intervención en personas privadas de libertad y que padezcan algún tipo de trastorno mental, a través de actuación integral, terapéutica, educativa y reinsertadora[33]. Por ello, y en palabras de la propia Secretaría General de Instituciones Penitenciarias, se pretende dar respuesta a las necesidades en materia de salud mental de la población interna en centros penitenciarios[34].

El programa trata de abordar una atención global de la enfermedad mental con la necesaria atención especializada hacia las personas presas con algún tipo de patología o trastorno men-

---

32 Véase, ARROYO COBO, J. M.: "Estrategias asistenciales de los problemas de salud mental en el medio penitenciario, el caso español en el contexto europeo" en *Revista Española de Sanidad Penitenciaria, nº 13,* 2011, pp. 106 y 107.

33 Vid. AÑAÑOS BEDRIÑANA, F. T.; BURGOS JIMÉNEZ, R.; RODRÍGUEZ SAMJUÁN, A.; TURBI PINAZO, A.M.; SORIANO, C. y LLOPIS LLÁCER, J.J.: "Salud mental en prisión. Las paradojas socioeducativas" en *eduPsykhé,* vol. 16-1, 2017, p. 105.

34 https://www.institucionpenitenciaria.es/es/web/home/reeducacion-y-reinsercion-social/programas-especificos-de-intervencion/enfermos-mentales

tal. Para ello, se establecen tres objetivos: uno, detectar, diagnosticar[35] y tratar a todos los internos que sufran algún tipo de trastorno mental; dos, mejorar la calidad de vida de los enfermos mentales, aumentando su autonomía personal y la adaptación al entorno; y tres, optimizar la reincorporación social y la derivación adecuada a un recurso socio-sanitario comunitario. El referido programa parece basarse en un modelo asistencial. Además, esta intervención requiere de la participación del entorno social más cercano, ofreciendo salidas y permisos extraordinarios al paciente que permitan una integración social progresiva[36].

En datos ofrecidos por la SGIP referidos a 2019, un 4,24% de internos en régimen cerrado y ordinario han participado en el programa[37]. A fecha de 30 de junio de 2020 los internos adscritos al programa eran el 3,29% de la población reclusa total[38].

---

35 Existen diversos indicios que sirven para detectar y, posteriormente, diagnosticar enfermedades o trastornos mentales en la población reclusa: elevada impulsividad – se enfada, amenaza o se irrita con facilidad, no se puede estar quieto -; grave deterioro del cuidado personal y de la celda; lenguaje incoherente o disgregado o escasamente comprensible; manifestar que percibe o escucha cosas que los demás no pueden; sentido de sí mismo exageradamente engrandecido – creer tener habilidades especiales, etc. _; mímica y contacto personal fuera de la normalidad; además de información en el sentido de problemas mentales proporcionada por familiares, o porque conste en su historial médico antecedentes en este sentido. Así lo establece la SGIP en *Protocolo de aplicación del programa marco de atención integral a enfermos mentales en centros penitenciarios (PAIEM),* 2009, p. 13.

36 Vid. AÑAÑOS BEDRIÑANA, F. T.; BURGOS JIMÉNEZ, R.; RODRÍGUEZ SAMJUÁN, A.; TURBI PINAZO, A.M.; SORIANO, C. y LLOPIS LLÁCER, J.J.: *op. cit.* p. 98.

37 Vid. SGIP: *Informe General 2019,* Ministerio del Interior, Madrid 2020, p. 269.

38 Vid. GONZÁLEZ TEJEDOR, D.: "Programa de intervención en enfermos mentales en el medio penitenciario" en MATA y MARTÍN, R. M. (director): *Salud mental y privación de libertad. Aspectos jurídicos e intervención,* Boscheditor, Barcelona 2021, p. 219.

Ahora bien, llegados a este punto cabe plantearse ¿Es efectivo el PAIEM? Pues al parecer los datos no son alentadores. Sirva como ejemplo los relativos a expedientes sancionadores debido a incidentes regimentales protagonizados por internos incluidos en el PAIEM, solo en un 17,7% de los casos la Comisión Disciplinaria valora el informe elaborado por el Equipo PAIEM[39]. Esto supone que prima el carácter regimental sobre el asistencial[40]. Además, y pese a los esfuerzos de Instituciones Penitenciarias, existen graves problemas estructurales que dificultan su efectividad[41].

El tratamiento psiquiátrico parece tener una mayor expectativa de mejora del enfermo cuando se presta en el exterior de las prisiones o, al menos, se continúa tras la intervención del PAIEM[42]. Tanto es así, que incluso en los supuestos de internamiento en psiquiátrico penitenciario por imposición de medida de seguridad, se propone, de *lege ferenda,* que los citados internamientos sean en centros no penitenciarios y sí del Sistema Nacional de Salud. Para ello se propone la modificación del art. 183 RP para que el cumplimiento sea en centros psiquiátricos no penitenciarios y, muy especialmente, la prohibición de que estén en centros ordinarios[43].

---

39 Vid. HAVA GARCÍA, E.: *op. cit.* p. 88.

40 Así lo expresan LACAL CUENCA, P. y SOLAR CALVO, P.: "El enfermo mental en prisión. ¿Interno o paciente?" en MATA y MARTÍN, R. M. (director): *Salud mental y privación de libertad. Aspectos jurídicos e intervención,* Boscheditor, Barcelona 2021, p. 246.

41 Vid. ARROYO COBO, J. M.: *op. cit.* p. 109.

42 Vid. ARROYO COBO, J. M.: *op. cit.* p. 108.

43 Así lo propone el GRUPO DE ESTUDIOS DE POLÍTICA CRIMINAL: *Una propuesta alternativa para un nuevo régimen penal aplicable a las personas con enfermedad mental o con discapacidad intelectual,* Tirant lo Blanch, Valencia 2023, pp. 73-75.

4. Permisos de salida

Los permisos de salida vienen regulados en los artículos 47 y 48 de la LOGP, y estos pueden ser ordinarios o extraordinarios. La naturaleza y, por tanto, función de unos y otros es bien distinta. Mientras que los primeros es una figura jurídica de preparación para la vida en libertad; los segundos son un derecho de los internos y su disfrute es por motivos familiares o de salud.

Respecto de los permisos extraordinarios conviene mencionar, en orden a resaltar su función, que incluso los presos preventivos podrán gozar de estos permisos de salida y será competente para su concesión el órgano judicial del que dependen. En este sentido cabe mencionar el AAP Málaga, Secc. 2ª, 241/2019 de 3 de mayo (TOL8.676.626). Afirma la citada resolución que la Ley Penitenciaria y su Reglamento prevé la concesión de permisos de salida de los Centros Penitenciarios a los internos en sus arts. 47 y 154 respectivamente. Dos tipos de permisos : extraordinarios -que deben concederse salvo que concurran circunstancias excepcionales que lo impidan- en los casos de enfermedades graves o fallecimiento de los parientes más próximos o personas íntimamente vinculadas con los internos, en supuestos de alumbramiento de las esposas de éstos o por otras y comprobadas razones; y otros permisos de carácter ordinario que deben servir para la preparación a la vida en libertad, que se podrán conceder, previo informe del equipo técnico del establecimiento, siempre que el interno se encuentre en determinado grado de cumplimiento y observen buena conducta; estableciendo el art. 159 del Reglamento Penitenciario, que los permisos de salida regulados en este Capítulo podrán ser concedidos a internos preventivos previa aprobación, en su caso, de la Autoridad Judicial correspondiente. Ahora bien, esta regulación del art. 159 del Reglamento Penitenciario hay que interpretarla de conformidad con la Sentencia del Tribunal Constitucional 19/1999, de 22 de febrero (TOL81.099), la cual establece en su fundamento jurídico quinto que los internos en situación de prisión provisional no pueden obtener permisos de salida. Ello resulta conforme con los fines de la prisión provisional, al tratarse de una medida cautelar de naturaleza personal, que tiene como primordial finalidad la de asegurar la disponibilidad física del imputado. De ello se deduce que los únicos permisos regulados en el Reglamento Penitenciario que no estarían vedados a los internos preventivos serían los permisos extraordinarios regulados en el art. 155 del Reglamento antes mencionados, que recoge circunstancias excepcionales y son concedidos con las medidas de seguridad adecuadas al caso. Por lo expuesto, debe dictarse resolución denegando el permiso de salida solicitado, de conformidad con la Sentencia del Tribunal Constitucional reflejada, toda vez que no consta en este recurso que se solicite el permiso por circunstancias excepcionales, cuya concurrencia ni se alega siquiera.

5. Permisos extraordinarios por motivos sanitarios. Regulación

Una vez se ha expuesto la función de cada uno de los permisos (ordinarios y extraordinarios), cabe reseñar que una de las posibilidades de obtener permisos extraordinarios es por motivos sanitarios.

El art. 155.4 RP prevé la posibilidad de estos permisos para atención médica fuera del centro penitencio, siempre que haya un informe médico previo que lo aconseje. Solo podrán disfrutarlos los penados que estén clasificados en segundo o tercer grado. Además, no hará falta conducción cuando se trate de un condenado que se encuentre en tercer grado de clasificación penitenciario, o de un segundo grado que habitualmente disfrute de permisos de salida. En estos casos, lo harán en el llamado régimen de autogobierno[44]. Así, el permiso extraordinario se convierte en

[44] Se llama así a los casos en que los internos salen del centro penitenciario por sus medios sin necesidad de custodia por parte de las Fuerzas y Cuerpos de Seguridad del Estado.

una herramienta útil para la asistencia a consulta médica o, incluso, hospitalización[45].

Por tanto, el interno puede solicitar permisos extraordinarios para tratamiento médico extra-penitenciario y para ingreso en centro hospitalario no penitenciario, tal y como establece el art.155 RP. En ambos casos es necesario que sea acordado por el Centro Directivo (art. 35 RP).

La salida para tratamiento médico tendrá una duración de doce horas. En los supuestos de traslado a un hospital del Servicio Nacional de Salud, si es para más de dos días requerirá la autorización del Centro Directivo para terceros grados y la del Juez de Vigilancia Penitenciaria para segundos grados[46].

5.1. Naturaleza de los permisos

Por un lado, los permisos de salida extraordinarios son por causas familiares y deben ser concedidos salvo que, excepcionalmente, no sea posible por comprobados motivos de seguridad, ya que responden a criterios de humanidad (nacimiento de un hijo, fallecimiento de un familiar o allegado y motivos de análoga naturaleza)[47]. Se pueden conceder a internos con independencia de su grado de clasificación, incluso pueden tenerlos los prime-

---

45 Véase, ARMENTA GONZÁLEZ-PALENZUELA, F. J. y RODRÍGUEZ RAMÍREZ, V.: *Reglamento Penitenciario comentado: análisis sistemático y recopilación de legislación,* MAD S. L., Sevilla 1999, p. 272.

46 Vid. RÍOS MARTÍN, J. C.; ETXEBARRÍA, X.; CASTILLA JIMÉNEZ, J.; SANTOS ITOIZ, E.; PASCUAL RODRÍGUEZ, E.; SANTISTEVE ROCHE, P.; SEGOVIA BERNABÉ, J. L. y GALLEGO DÍAS, M.: *Manual de Ejecución Penitenciaria. Defenderse de la cárcel,* 6º ed. Colex, Madrid 2011, p. 419.

47 Vid. ZÚÑIGA RODRÍGUEZ, L.: *Lecciones y materiales para el estudio del Derecho Penal,* Tomo VI, *Derecho Penitenciario,* coordinador: BERDUGO DE LA TORRE, I., 2ª edición, Iustel Madrid 2016, p. 218.

ros grados[48]. Y no solo a los penados, también a quienes se encuentren en la situación de prisión preventiva, y será el tribunal del que dependan, es decir, aquél que haya dictado la medida cautelar que les priva de libertad, quien acuerde las medidas de custodia adecuadas[49].

Por tanto, la esencia de estos permisos está en razones de tipo humanitario por su índole familiar o social[50]. Y se concederán por el tiempo estrictamente necesario aunque sin limitar, de antemano, el número de veces que podrán concederse dentro del año[51].

Pero además de lo dicho, tal y como se ha expuesto anteriormente, los permisos extraordinarios también son por motivos de salud, lo que no obsta para que sigan teniendo una vertiente humanitaria.

5.2. Posible aplicación para tratamiento de salud mental.

Los presos con problemas de salud mental tienen verdaderas dificultades para la obtención y posterior disfrute de permisos ordinarios de salida[52]. Podemos encontrar diferentes resoluciones en las que la valoración del riesgo incide, entre otros motivos, en

---

48 Vid. RÍOS MARTÍN, J. C, ETXEBARRÍA ZARRABEITIA, X, CASTILLA JIMÉNEZ, J, SANTOS ITOIZ, E, PASCUAL RODRÍGUEZ, E, SANTISTEVE ROCHE, P, SEGOVIA BERNABÉ, J. L, GALLEGO DÍAz, M, *Manual de ejecución penitenciaria. Defenderse de la cárcel,* 6ª edición, Colex, Madrid 2011, pág. 279. En este caso el competente para concederlos es el Juez de Vigilancia Penitenciaria con independencia de su duración.

49 Véase, ALBINYANA OLMOS, J. L. y CERVERA SALADOR, S.: *op. cit.* p. 380.

50 Vid. RENART GARCÍA, F., *Los permisos de salida en el derecho comparado,* Ministerio del Interior. Secretaría General Técnica, Madrid 2010, pág. 24.

51 Vid. GARCÍA VALDÉS, C.: *Comentarios a la legislación penitenciaria,* Civitas, Madrid 1995, p. 157.

52 Recordemos que se trata de una figura jurídica de preparación para la vida en libertad.

la salud mental del interno. Sirvan de ejemplo las siguientes resoluciones judiciales:

Así, el AAP Madrid, secc. 5ª, 3220/2004 de 26 de octubre (TOL768.890) establece: "*El penado cumple los requisitos legales de tiempo, grado y conducta para solicitar el permiso. Sin embargo, no puede estimarse el recurso porque las posibilidades de mal uso del permiso son elevadas. Ha de tenerse en cuenta que el interno es un enfermo mental en tratamiento cuyo seguimiento ha de ser controlado y que, en su caso, no estamos hablando de una sola agresión sexual sino de dos separadas entre sí por menos de dos años. No es posible asumir el riesgo de que reitere el delito por lo que eso significaría de lesión de bienes jurídicos esenciales. Se desestimará el recurso*".

También cabe destacar el AAP Pontevedra, secc. 2ª, 1355/2023 de 21 de junio (TOL9.785.610). La valoración que hizo la Sala sobre el interno recurrente por denegación de permiso es que estaba diagnosticado de trastorno de personalidad límite con acusada inestabilidad emocional y ansiedad manifiesta, y, que, a pesar de que desde julio de 2022 estaba incluido en el programa PAIEM (Programa de Atención Integral a Enfermos Mentales) tenía una evolución irregular, presentando en ese momento una clara inestabilidad con episodio bulímico activo, tal y como se desprendía del informe psicológico. Por tanto, añadía la Sala, era fácil intuir el desenlace, y, por ello, el recurso fue desestimado.

En el mismo sentido podemos destacar el AAP Pontevedra, secc. 2ª, 1360/2023 de 26 de junio (TOL9.785.612), resolución por la cual se desestima el recurso del interno contra la denegación de permiso ordinario de salida porque presenta una historia toxicofílica como consumidor de alcohol, ludopatía, historial de anorexia y bulimia. Además, está diagnosticado de trastorno de personalidad límite con acusada inestabilidad emocional y ansiedad manifiesta. A pesar de ser derivado a un módulo de atención integral a enfermos mentales, la evolución en el programa es irregular. En el momento de recurrir estaba pendiente de evolución tratamental en especial de estabilización anímica. Valora, además, la Sala que los informes emitidos por los profesionales del equipo técnico cuya objetividad o imparcialidad y formación no se cuestiona, refieren una asunción deficiente de la responsabilidad delictiva y que, aunque desde julio de 2022 está incluido en el programa PAIEM (Programa de Atención Integral a Enfermos Mentales), su evolución es irregular, presentando en ese momento una clara inestabilidad con episodio bulímico activo (informe psicológico).Por la evolución irregular y la inestabilidad de su patología se considera que existe un grave riesgo para sí mismo y para los demás de autorizarse, en tales circunstancias, el permiso de salida, por ello se procede a la desestimación del recurso.

Como puede observarse, la concesión de un permiso ordinario de salida a un interno con problemas de salud mental es verdaderamente difícil, en muy pocas ocasiones se opta por la concesión, en este sentido sirva de ejemplo el AAP Madrid, secc. 5ª, 1635/2004 de 27 de febrero (TOL7.772.208) en el caso de un interno que ingresa en prisión en condiciones psíquicas y anímicas muy malas. Pero ante una buena evolución del tratamiento a través del trabajo de múltiples especialistas a favor de la recuperación y la reinserción del penado. Éste había mejorado notablemente su nivel cultural, controlando su drogodependencia mediante un programa de mantenimiento con metadona con progresiva reducción de las dosis, además, su evolución en el Programa de Intervención Psicosocial con enfermos mentales es muy positiva. Por todo ello, la Sala le estimó el recurso y le concedió el permiso solicitado.

Ante esta tendencia de los tribunales a denegar el disfrute de permisos ordinarios de salida, y con la clara consecuencia de las escasas oportunidades de salidas al exterior por parte de estos internos, cabe plantearse como premisa necesaria la opción de los permisos extraordinarios para tratamiento médico en el exterior. No obstante, también en estos casos nos encontramos con denegaciones de este tipo de permisos, tal y como se ejemplifica con las siguientes resoluciones judiciales:

El AAP Álava, secc. 2ª, 156/2020 de 24 de noviembre (TOL8.321.569) denegó el permiso con el siguiente argumento: "*El derecho a la asistencia sanitaria del reo no es fundamento bastante de su solicitud si no se demuestra de manera suficiente que su salud requiere del tratamiento pretendido y mejorará si lo recibe, y no es el caso presente. Ha de tenerse en cuenta que las consultas periódicas requerirían de la oportuna custodia policial y que, siendo limitados los medios personales y materiales de la administración pública, ese despliegue debe quedar reservado a casos excepcionales y verdaderamente importantes*". Como puede observarse en esta resolución, para la Sala primó el aspecto custodial sobre el tratamental.

También cabe reseñar el AAP Madrid, secc. 2ª, 156/2012 de 12 de marzo (TOL3.543.656) expone: "*El interno puede solicitar permisos extraordinarios para tratamiento médico extra penitenciario, de conformidad con lo establecido en el artículo 155 del RP o incluso un traslado a un hospital extra penitenciario, lo que requiere la autorización del Centro directivo, y por supuesto al tratarse de preso preventivo del juez instructor de quien dependa, artículo 35 del RP; y es posible también solicitar servicios médicos privados en el interior de la prisión con la autorización del Centro directivo, y del juez instructor(en el presente caso por tratarse de preso preventivo) artículo 212. 3 del RP.*

De lo expuesto se deduce que, la providencia dictada denegando el reconocimiento por el médico forense adscrito al juzgado, para el tratamiento médico del interno es conforme a derecho. No obstante, el juez instructor deberá velar por la asistencia adecuada del interno en el centro penitenciario, a la vista precisamente de la documental aportada con el mismo respecto al tratamiento médico sanitario que necesite para la enfermedad que padece, por ello deberá dirigirse al Centro Penitenciario donde se encuentre a fin de que se le preste la atención sanitaria adecuada conforme a las normas dictadas y en caso necesario, será el propio Centro el que interese del juzgado la autorización para traslado".

A todo ello se une la resistencia al tratamiento ambulatorio incluso en los casos de medida de seguridad con internamiento en psiquiátrico penitenciario. El AAP Córdoba, sección 3ª, 1141/2017 de 20 de octubre (TOL6.455.099), el motivo de denegación fue por considerar que el interno no estaba preparado para abandonar el psiquiátrico penitenciario y seguir un tratamiento ambulatorio.

No obstante, sí encontramos algún supuesto de concesión de permiso extraordinario para tratamiento médico extra penitenciario, por ejemplo, véase AAP Tarragona 537/2017 de 27 de junio (TOL6.420.182) que lo autorizó para una intervención quirúrgica. En todo caso, no se encuentra resolución judicial de concesión de este tipo de permisos para tratamiento de salud mental en el exterior de la prisión.

Ante la situación expuesta debe reforzarse, más si cabe, la idea de la necesidad del tratamiento médico de salud mental en el exterior de la prisión a través de los permisos extraordinarios de salida.

6. Conclusiones

La privación de libertad tiene como consecuencias pérdidas en la vida personal de los internos, como distanciamiento familiar, fin de la relación laboral, incertidumbre sobre el futuro, ausencia de intimidad, etc. Esto unido al ambiente hostil que reina en la prisión debido a una convivencia obligada con personas totalmente desconocidas y el imperante código de conducta carcelario, la salud mental se ve afectada.

Un alto porcentaje de las personas privadas de libertad padecen enfermedad o trastorno mental a lo largo de su vida penitenciaria, bien porque al ingresar ya la padecían, bien porque se desarrolla en el transcurso de su estancia en prisión.

Además de los psiquiátricos penitenciarios, los centros penitenciarios ordinarios hacen las veces de aquellos por la presencia de internos condenados a medida de seguridad que deberían cumplirla en los primeros.

Los tribunales españoles son poco permeables a la aplicación del art. 60 CP, lo que trae como consecuencia que las personas a las que se le debería suspender la pena y aplicar el tratamiento adecuado siguen en el centro penitenciario ordinario, posiblemente, en enfermería con poca o nula participación en actividades de la prisión, lo que supone un mayor aislamiento.

El tratamiento psicológico y psiquiátrico en los centros penitenciario deriva de la obligación de Instituciones Penitenciarias de proporcionar la necesaria prestación sanitaria. Pero esta se encuentra en situación de precariedad debido al escaso personal sanitario que presta sus servicios en prisión.

La Secretaría General de Instituciones Penitenciarias creó en 2009 el Programa de Atención Integral a Enfermos Mentales (PAIEM), consistente en una actuación integral, terapéutica, educativa y reinsertadora. No obstante, debido a problemas estructurales y la escasa valoración del mismo por otros órganos de la prisión, no está teniendo el éxito deseado.

La efectividad del tratamiento psiquiátrico para enfermos mentales tiene una mayor expectativa de mejora cuando se presta en el exterior de las prisiones. La prisión es un ámbito en el que esas personas no evolucionan favorablemente si no hay salidas frecuentes al exterior una vez iniciado su tratamiento psiquiátrico.

Actualmente, las personas privadas de libertad con problemas de salud mental tienen más dificultades de salidas al exterior que el resto de los internos, debido a los criterios jurisprudenciales en los que impera la denegación de permisos ordinarios de salida.

Los permisos extraordinarios de salida contemplan la posibilidad de salida al exterior para tratamiento médico, dentro del que debe estar incluido el de salud mental.

La utilización de estos permisos para tratamiento de salud mental es nula o, como mínimo, prácticamente inexistente.

Una posibilidad de salida al exterior para tratamiento de salud mental es fundamental para la mejora del tratamiento psiquiátrico.

Debe hacerse un uso frecuente y prolongado de los permisos extraordinarios de salida para tratamiento en el exterior porque favorecerá la mejora de los enfermos mentales y ayudará, enormemente, a su reincorporación a la vida en libertad.

BIBLIOGRAFÍA

ALBINYANA OLMOS, J. L. Y CERVERA SALADOR, S.: *Vida en prisión. Guía práctica de derecho penitenciario,* Fe d´erratas, Madrid 2014.

AÑAÑOS BEDRIÑANA, F. T.; BURGOS JIMÉNEZ, R.; RODRÍGUEZ SAMJUÁN, A.; TURBI PINAZO, A.M.; SORIANO, C. y LLOPIS LLÁCER, J.J.: "Salud mental en prisión. Las paradojas socioeducativas" en *eduPsykhé,* vol. 16-1, 2017, pp. 98-116.

ARMENTA GONZÁLEZ-PALENZUELA, F. J. y RODRÍGUEZ RAMÍREZ, V.: *Reglamento Penitenciario comentado: análisis sistemático y recopilación de legislación,* MAD S. L., Sevilla, 1999.

ARROYO COBO, J. M.: "Estrategias asistenciales de los problemas de salud mental en el medio penitenciario, el caso español en el contexto europeo" en *Revista Española de Sanidad Penitenciaria, nº 13,* 2011, pp. 100-111.

BASCÓN DÍAZ, M. J. y VARGAS GIRÓN, V.: "Salud mental en reclusos. Un análisis pre-post intervención psicosocial con grupo control de comparación" en *Anales de psicología,* vol. 32, nº 2 (mayo), 2016, pp. 374-382.

CERVELLÓ DONDERIS, V.: *Derecho penitenciario,* 5ª ed. Tirant lo Blanch, Valencia 2022.

CHAVES PEDRÓN, C.: "Mediación penitenciaria: una necesidad en la realidad de la prisión" en ARANDA JURADO, M. (directora): *La mediación en el sistema jurídico español. Análisis y nuevas propuestas,* Tirant lo Blanch, Valencia 2018, pp. 75-98.

CONSEJO DE EUROPA: *Reglas penitenciarias europeas. Actualización 2020,* Generalitat de Catalunya, Centre d´Estudis Jurídics i FormacióEspecialitzada, Barcelona 2020.

GARCÍA ORTIZ, A. Mª: "Los trastornos mentales en el medio penitenciario: Situación actual y propuesta de mejora" en *Revista de Estudios Penitenciario, nº 263-2021,* Ministerio del Interior, Madrid 2021, pp. 9-67.

GARCÍA VALDÉS, C.: *Comentarios a la legislación penitenciaria,* Civitas, Madrid 1995.

GONZÁLEZ TEJEDOR, D.: "Programa de intervención en enfermos mentales en el medio penitenciario" en MATA y MARTÍN, R. M. (director): *Salud mental y privación de libertad. Aspectos jurídicos e intervención,* Boscheditor, Barcelona 2021, pp. 213-232.

GRUPO DE ESTUDIOS DE POLÍTICA CRIMINAL: *Una propuesta alternativa para un nuevo régimen penal aplicable a las personas con enfermedad mental o con discapacidad intelectual,* Tirant lo Blanch, Valencia 2023.

GRUPO PRECA: *Informe prevalencia de trastornos mentales en centros penitenciarios españoles (estudio PRECA)*, Barcelona, junio 2011, p. 1-16, en https://consaludmental.org/publicaciones/EstudioPRECA.pdf.

HAVA GARCÍA, E.: "Enfermedad mental y prisión: análisis de la situación penal y penitenciaria de las personas con trastorno mental grave (TMG)" en *Estudios Penales y Criminológicos*, vol. XLI (2021), p. 59-135.

JUANATEY DORADO, C.: *Manual de Derecho Penitenciario*, 3ª ed. Iustel, Madrid 2016.

MACIÀ ASTORCH, L.: "Retos en el tratamiento de larga duración: adherencia al tratamiento y vinculación terapéutica" en *Revista de Sanidad Penitenciaria, Suplemento 2- volumen 20*, Barcelona 2018, pp. 33-37.

MARTÍNEZ DE CARVAJAL HEDRICH, V. y TOUZON LÓPEZ, C.: "Programa de Buenas Prácticas Clínicas con Benzodiacepinas (BZD)" en *Revista de Sanidad Penitenciaria, Suplemento 2- volumen 20*, Barcelona 2018, pp. 24-25.

MARTÍNEZ RAGA, J. y LÓPEZ CERVERÓ, M.: "Inyectables de larga duración, de la farmacología a la clínica" en *Revista de Sanidad Penitenciaria*, Suplemento 2- volumen 20, Barcelona 2018, pp. 26-29.

MATA y MARTÍN, R. M.: "Apuntes sobre la esperada reforma penitenciaria" en *Diario La Ley, Nº 9516*, Sección Doctrina, 12 de noviembre de 2019, pp. 1-12.

MIRAS RUIZ, R.: "RE-CORDIS. Memoria y Emoción tras las Rejas. Trauma. Arteterapia y Danzaterapia. Salud Mental en Prisión (1ª parte)" en *Arteterapia, 13*, 2018, pp. 191-207.

OSPINA GÓMEZ, Y. y BEDOYA GALLEGO, D. M.: "Efectos psicológicos generados tras la ruptura de lazos con el grupo primario de apoyo debido al fenómeno de prisionización" en *INTERDISCILINARIA*, nº 36, 1, 2019, pp. 171-185.

RÍOS MARTÍN, J. C. PASCUAL RODRÍGUEZ, E.; BIBIANO GUILLÉN, A.; SEGOVIA BERNABÉ, J. L.; ETXEBARRÍA ZARRABEITIA, X. Y LOZANO ESPINA, F.: *La mediación penal y penitenciaria. Experiencias de diálogo en el sistema penal para la reducción de la violencia y el sufrimiento humano*, 3ª ed. Colex, Madrid 2012.

RÍOS MARTÍN, J. C.; ETXEBARRÍA, X.; CASTILLA JIMÉNEZ, J.; SANTOS ITOIZ, E.; PASCUAL RODRÍGUEZ, E.; SANTISTEVE ROCHE, P.; SEGOVIA BERNABÉ, J. L. y GALLEGO DÍAS, M.: *Manual de Ejecución Penitenciaria. Defenderse de la cárcel*, 6º ed. Colex, Madrid 2011.

RÍOS MARTÍN, J. C.: "Los Ficheros de Internos de Especial Seguimiento (FIES)" en *Cuadernos de Derecho Penitenciario nº 3*, 15 de enero de 2004, Madrid, pp. 3-22.

SGIP: *Informe general 2019,* Ministerio del Interior, Madrid 2020.

Protocolo de aplicación del Programa Marco de Atención Integral a Enfermos Mentales en Centros Penitenciarios (PAIEM), Madrid 2009.

SOLAR CALVO, P. y LACAL CUENCA, P.: "La progresiva desaparición de la sanidad penitenciaria y su relación con la salud mental. Una perspectiva europea" en *Revista Aranzadi Unión Europea, nº 8-9,* 2023, pp. RR-6.1-RR. 6.4.

"El enfermo mental en prisión. ¿Interno o paciente?", en MATA y MARTÍN, R. M. (director): *Salud mental y privación de libertad. Aspectos jurídicos e intervención,* Boscheditor, Barcelona 2021, pp. 233-257.

VÁZQUEZ VÁZQUEZ, J. M.: "Intervención en Patología Dual: ¿tratamos de forma adecuada?" en *Revista de Sanidad Penitenciaria, Suplemento 2- volumen 20,* Barcelona 2018, pp. 30-32.

ZABALA BAÑOS, C.: *Prevalencia de trastornos mentales en prisión: Análisis de la relación con delitos y reincidencia,* Ministerio del Interior, Madrid 2017.

ZÚÑIGA RODRÍGUEZ, L.: *Lecciones y materiales para el estudio del Derecho Penal, Tomo VI, Derecho Penitenciario,* coordinador: Berdugo de la Torre, I., 2ª edición Iustel, Madrid 2016.

Un nuevo régimen penal aplicable a las personas con enfermedad mental o con discapacidad intelectual: la propuesta alternativa del Grupo de Estudios de Política Criminal[1]

LUCÍA MARTÍNEZ GARAY
Profesora Titular de Derecho penal
Universitat de València

I. INTRODUCCIÓN

Este trabajo presenta y analiza críticamente el contenido y los fundamentos de la "Propuesta alternativa para un nuevo régimen penal aplicable a las personas con enfermedad mental o con discapacidad intelectual", elaborada en 2023 por el Grupo de Estudios de Política Criminal[2] (en adelante, GEPC o el Grupo). Describiré

---

1 Este trabajo es parte del proyecto de I+D+i PID2021-123441NB-I00, financiado/a por MCIN/AEI/10.13039/501100011033/ y "FEDER Una manera de hacer Europa".

2 El Grupo es una asociación de juristas dedicados al Derecho penal y provenientes tanto de la Universidad como de la práctica forense, que se creó en 1989 como grupo permanente de trabajo centrado en el estudio e impulso de investigaciones y propuestas político-criminales. El Grupo ha elaborado a lo largo de los años numerosas propuestas de reforma penal, accesibles en acceso abierto en su página web (www.politicacriminal.es). La que se analizará en estas páginas fue discutida y aprobada en tres reuniones del Grupo a lo largo de 2022 y 2023. Quien suscribe este trabajo es miembro del GEPC, y participó directamente en la redacción de la Propuesta. Pero las opiniones y valoraciones que

primero el problema al que se intenta hacer frente, que si bien existe desde hace tiempo y no es exclusivo de nuestro país, presenta entre nosotros algunas características particulares. A continuación, explicaré los rasgos que considero más relevantes de la Propuesta por lo que hace a las modificaciones que introduce en el texto del Código Penal. Y, por último, extraeré algunas conclusiones sobre la necesidad y viabilidad de los cambios propuestos.

II. DESCRIPCIÓN DEL PROBLEMA

1. La sobrerrepresentación de personas con trastorno mental o discapacidad intelectual en prisión

En España hay una importante sobrerrepresentación de personas con trastornos mentales en prisión: los trastornos mentales comunes serían dos veces más frecuentes entre la población penitenciaria que entre la población general, y los trastornos mentales graves serían cuatro veces más habituales[3]. La Secretaría General de Instituciones Penitenciarias (en delante, SGIP) estima que el 4,2% de las personas internas en los centros penitenciarios españoles tiene un trastorno mental grave[4]; diversos estudios se-

---

expongo aquí son estrictamente personales, y no vinculan al Grupo ni expresan su parecer, que es el que puede encontrarse en los textos del Manifiesto y de la Propuesta, accesibles en su página web.

3 CALCEDO-BARBA, A / ANTÓN-BASANTA, J. / PAZ RUIZ, S.: *Libro Blanco sobre la atención sanitaria a las personas con trastornos mentales graves en los centros penitenciarios de España*, Ed. SEPL Madrid y SESP, Barcelona, 2023, p. 51.

4 El término Trastorno Mental Grave (TMG) se refiere a determinadas alteraciones psiquiátricas (generalmente esquizofrenia y grupo de trastornos psicóticos, trastorno bipolar y grupo de los trastornos afectivos mayores, y – aunque la inclusión de esta categoría es controvertida – algunos trastornos de personalidad), de duración prolongada (más de dos años) y que conllevan un grado importante de discapacidad y dis-

ñalan que entre el 80 y el 90% de los presos padecen a lo largo de su vida algún trastorno mental (incluyendo el consumo de sustancias), y que puede llegar al 50% el porcentaje de personas que lo presentan en el último mes, siendo además muy habitual que el trastorno coexista con el abuso o la dependencia de sustancias[5].

Este problema no es en modo alguno exclusivo de nuestro país, pues diversas investigaciones muestran que la sobrerrepresentación se da en muchas otras latitudes, y que el fenómeno tiene causas complejas[6]. Entre ellas se han citado la "transinstitucionalización" (el trasvase de enfermos mentales a las prisiones cuando se cerraron los grandes hospitales psiquiátricos), la falta de suficientes recursos y tratamientos efectivos de salud mental en la comunidad -que favorecería el empeoramiento de los síntomas y eventualmente la aparición de conductas disruptivas que provocan la intervención del sistema policial-judicial-, o la desigualdad y exclusión social, pues el riesgo de padecer un trastorno mental aumenta en las situaciones de marginación, a su vez la marginalidad dificulta el acceso a los recursos asistenciales y con ello al tratamiento, lo que puede agravar los síntomas y los problemas de conducta[7].

---

función social (cfr. ESPINOSA LÓPEZ, R. / VALIENTE OTS: "¿Qué es el Trastorno Mental Grave y Duradero?", *EduPsykhé: Revista de Psicología y Educación*, Vol. 16, N°. 1, 2017, pp. 4-14).

5 Cfr. un completo resumen de diversos estudios publicados desde 2006 con muestras de población penitenciaria española en CALCEDO-BARBA, A. / ANTÓN-BASANTA, J. / PAZ RUIZ, S.: *Libro blanco…*, cit., pp. 51-56.

6 LÓPEZ ÁLVAREZ, M. / LAVIANA, M. / SAAVEDRA, F. J. / LÓPEZ, A. mencionan "cifras globales de prevalencia habitualmente situadas entre el 50 y el 80% del total de personas encarceladas, frente a no más del 20-25% en estudios poblacionales" ("Problemas de salud mental en población penitenciaria. Un enfoque de salud pública", *Revista de la Asociación Española de Neuropsiquiatría*, Vol. 41, N°. 140, 2021, p. 90).

7 Sobre todo ello cfr., con más detalle y ulteriores referencias, LÓPEZ ÁLVAREZ, M. / LAVIANA, M. / SAAVEDRA, F. J. / LÓPEZ, A.: "Problemas de salud mental…", cit., pp. 94 y ss.; PÉREZ MARTÍNEZ, E. / HERNÁN-

En todo caso, parece claro que entre las causas de esta sobrerrepresentación no se cuenta la mayor peligrosidad del colectivo como tal, pues a pesar de los prejuicios sociales que subsisten al respecto, y de los casos puntuales de crímenes graves que reciben una amplia cobertura mediática, los estudios señalan que la relación entre enfermedad mental y delito es "débil e indirecta": la mayoría de las personas con trastorno mental no cometen ningún delito en su vida, cuando sí los cometen la mayor parte son leves, y "la persona con trastorno mental que delinque comparte factores de riesgo (biográficos, psicosociales, sociodemográficos) con el resto de la población que comete delitos. No es fácil sopesar en cada caso la contribución del factor diagnóstico psiquiátrico a la comisión del delito"[8].

Ocurre, además, que estas personas son más vulnerables ante el sistema penal, pues tienen menos posibilidades de defenderse adecuadamente durante el proceso y por ello más probabilidad de acabar condenadas. Y esto a pesar de que el Derecho penal dis-

---

DEZ MONSALVE, M.: "Alternativas al encarcelamiento de las personas con problemas de salud mental: experiencias internacionales". *Revista de la Asociación Española de Neuropsiquiatría*, Vol. 42, Nº. 141, 2022, pp. 253 y s.; ARROYO COBO, J.M / ACEDO RAMIRO, M DEL R. / RUIZ ARIAS, S. / GIRÁLDEZ RAMÍREZ, P. I.: *Institución penitenciaria y salud mental: la última frontera.* Ministerio del Interior–Secretaría General Técnica, 2022, pp. 17 y ss, 26 y ss. Respecto de la relación entre exclusión social y trastorno mental, cfr. los datos relativos a nuestro país en el informe de la Subdirección General de Información Sanitaria del MINISTERIO DE SANIDAD: *Salud mental en datos: prevalencia de los problemas de salud y consumo de psicofármacos y fármacos relacionados a partir de registros clínicos de atención primaria.* BDCAP Series 2. Madrid: Ministerio de Sanidad. 2021, p. 6: "Es frecuente la existencia de gradiente social (el problema de salud es más prevalente a medida que disminuye el nivel de rentas) en especial en las psicosis (esquizofrenia, 12 veces más en el nivel de renta más bajo respecto al más alto), los trastornos de la personalidad (11 veces más) y los trastornos de somatización (7 veces más)."

8 PÉREZ MARTÍNEZ, E. / HERNÁNDEZ MONSALVE, M.: "Alternativas al encarcelamiento...", cit. p. 256.

pone de eximentes y atenuantes que deberían eliminar o suavizar la presión penal en estos casos en razón de su menor culpabilidad (las causas de inimputabilidad e imputabilidad disminuida; en nuestro caso los arts. 20.1°, 2° y 3° CP, y 21.1ª, 2ª y 7ª CP). Sin embargo, los tribunales suelen ser exigentes en la acreditación de los presupuestos de aplicación de estos preceptos, de manera que no es muy frecuente la exención completa de responsabilidad ni siquiera en los casos de trastornos mentales graves. Y, por otro lado, la vulnerabilidad se manifiesta a través de muchas vías (falta de conciencia de la enfermedad que conduce a que el interesado ni siquiera la alegue, carencia de habilidades y recursos para articular una defensa eficaz, juicios rápidos y conformidades con una instrucción acelerada que no permiten detectar ni analizar la patología mental), que desembocan con frecuencia en la condena, incluso sin apreciación de atenuantes[9].

Una vez en prisión, el encarcelamiento es un contexto hostil para el tratamiento y contribuye al deterioro de la persona con patología psiquiátrica, que tiene más riesgo de verse envuelta en agresiones o incidentes en prisión (especialmente como víctima), lo que puede generar responsabilidad disciplinaria y complicar el pronóstico de reinserción social. Esto dificulta la excarcelación anticipada a través del tercer grado o la libertad condicional, cosa que de nuevo favorece, cerrando el círculo, la sobrerrepresentación de estas personas en prisión.

Puesto que se trata de un problema generalizado en muchos países y que obedece a causas múltiples y complejas, resulta evidente que es imposible tratar de solucionarlo sólo con una reforma del código penal o de la legislación penitenciaria. Ahora

---

9 Cfr. HAVA GARCÍA, E.: "Enfermedad mental y prisión: análisis de la situación penal y penitenciaria de las personas con trastorno mental grave (TMG)". *Estudios Penales y Criminológicos*, vol. 41, 2021, pp. 72 y ss., y 94 y ss., con un interesante estudio de 105 sentencias del Tribunal Supremo dictadas entre 2015 y 2020.

bien, puesto que la regulación procesal y penal-penitenciaria es un factor más dentro del conjunto de circunstancias que condicionan esta situación, su reforma sí puede ser un elemento que contribuya a orientar su evolución en un sentido o en otro. Y ése es el objetivo que inspiró la propuesta del GEPC que se analiza en este trabajo: elaborar una propuesta alternativa que, si bien no puede por sí misma solucionar el problema, sí podría, al menos, paliarlo, e incluso quizá impulsar también cambios necesarios a otros niveles.

2. La situación en España

La situación en España de las personas con trastorno mental o discapacidad intelectual que cumplen penas o medidas de seguridad, o que se enfrentan a un proceso penal, está condicionada por una regulación y unas estructuras penal-penitenciarias particulares, que añaden perfiles propios a la situación descrita en los párrafos anteriores.

Por ejemplo, nuestra normativa procesal penal sólo contiene alusiones muy puntuales y fragmentarias a la situación de quien es acusado de cometer un delito y padece un trastorno mental o algún tipo de discapacidad intelectual[10]. No regula un estatuto procesal propio para estas personas que contemple sus necesidades especiales de apoyo y asistencia (como sí existe ya, desde 2021, en el proceso civil[11]), no prevé tampoco medidas cautelares

---

[10] Cfr. SÁNCHEZ GARCÍA DE PAZ, I.: "Tratamiento de la incapacidad para ser enjuiciado". En DOVAL PAIS / GUTIÉRREZ PÉREZ (dirs.), *Manifestaciones de desigualdad en el sistema de justicia penal*, Vol. 1, Aranzadi, 2023, pp. 143 y ss, con referencias a recomendaciones y estándares supranacionales que imponen exigencias que nuestro Derecho vigente no satisface.

[11] En virtud de la Ley 8/2021, de 2 de junio, por la que se reforma la legislación civil y procesal para el apoyo a las personas con discapacidad en el ejercicio de su capacidad jurídica.

específicas para estos casos[12], ni da una solución satisfactoria a los supuestos de incapacidad procesal[13].

Por otro lado, en las prisiones ordinarias los recursos para atender los problemas de salud mental son muy deficientes. En los centros dependientes del Ministerio del Interior la asistencia primaria la presta la propia administración penitenciaria[14], a través de un cuerpo propio de facultativos de sanidad penitenciaria, y la asistencia especializada se presta a través del sistema nacional de salud. Desde hace tiempo existe una alarmante escasez de médicos penitenciarios, que además se agrava cada año por las jubilaciones y porque no se cubren las plazas que se convocan, de-

---

12 Problema que el Tribunal Constitucional ha destacado ya en dos importantes sentencias: STC (Pleno) 217/2015, de 22 de octubre y STC (Sala Segunda) 84/2018, de 16 de julio. En la doctrina penal, Sanz Morán ha denunciado en repetidas ocasiones los problemas que plantea esta situación, y analizado la regulación que al respecto han incluido los sucesivos Anteproyectos de ley de enjuiciamiento criminal; cfr, últimamente en SANZ MORÁN, A. J.: "Una reforma inaplazable. El nuevo status procesal del inimputable en el Anteproyecto de LECr. de 2020". En GÓMEZ MARTÍN et al (dirs.), *Un modelo integral de Derecho penal. Libro homenaje a la profesora Mirentxu Corcoy Bidasolo*, Agencia Estatal BOE, Madrid, 2022, pp. 1593 y ss.

13 Sobre la situación de desventaja del discapacitado psíquico en el proceso, cfr. GÓMEZ-ESCOLAR MAZUELA, P.: "La posición de desventaja del discapacitado psíquico en el sistema penal". En DOVAL PAIS / GUTIÉRREZ PÉREZ (dirs.), *Manifestaciones de desigualdad en el sistema de justicia penal*, Vol. 1, Aranzadi, 2023, pp. 96-104.

14 Excluyendo por tanto a las comunidades autónomas de Cataluña y País Vasco y, recientemente, Navarra. Cataluña tiene transferida la competencia de gestión penitenciaria, incluida la sanidad penitenciaria, desde 1983, y en 2014 el Departament de Salut de la Generalitat se hizo cargo de la asistencia sanitaria en las prisiones a través del Instituto Catalán de la Salud. El País Vasco asumió las competencias en materia de sanidad penitenciaria en 2011 (y en 2021 se produjo la transferencia de la gestión penitenciaria completa). En 2021 se traspasó la competencia sobre sanidad penitenciaria a la Comunidad Foral de Navarra.

bido a la menor retribución y las peores condiciones de trabajo en comparación con los facultativos del sistema nacional de salud[15]. En cuanto a la asistencia psiquiátrica, se lleva a cabo mediante médicos psiquiatras que actúan como interconsultores, con diversas formas de vinculación contractual, y una dedicación media aproximada de 3 horas semanales por centro penitenciario en el mejor de los casos[16], lo que supone ratios muy inferiores a las recomendadas[17], habiendo ocurrido que en prisiones con más de 1000 personas internas pasen muchos meses sin que el psiquiatra acuda ni una sola vez[18]. Una escasez de recursos humanos que choca con la alta demanda existente: la de psiquiatría es la segun-

15 Cfr. los datos que ofrecen CALCEDO-BARBA, A / ANTÓN-BASANTA, J. / PAZ RUIZ, S.: *Libro Blanco…*, cit., pp. 69 – 75, así como los que aparecen en el *Informe al Gobierno español sobre la visita a España realizada por el Comité europeo para la prevención de la tortura y tratos o penas inhumanas o degradantes*, noviembre de 2021 (CPT/Inf (2021) 27), p. 66: "el número global de puestos médicos para las prisiones era de 500 y que actualmente había 200 vacantes. […] incluso cuando se convocaban oposiciones para nuevos puestos médicos, no había suficientes candidatos. […] muchos de los médicos con los que se reunió la delegación plantearon cuestiones como los salarios más bajos en comparación con los médicos del servicio nacional de salud, la falta de independencia y los largos horarios como factores importantes que desaniman a los médicos que solicitan entrar en el servicio de prisiones." El último informe del Mecanismo Nacional de Prevención de la Tortura (2022) insiste también en este problema (DEFENSOR DEL PUEBLO–MECANISMO NACIONAL DE PREVENCIÓN: *Informe anual 2022*. https://www.defensordelpueblo.es/informe-mnp/mecanismo-nacional-prevencion-informe-anual-2022/, p. 33)

16 CALCEDO-BARBA, A / ANTÓN-BASANTA, J. / PAZ RUIZ, S.: *Libro Blanco…*, cit., p. 75.

17 En el *Informe* del Comité Europeo para la Prevención de la Tortura (cit. en nota 15) se recomienda que en cada centro penitenciario haya al menos el equivalente a un psiquiatra a tiempo completo (p. 71).

18 El mismo *Informe* señala que en el momento en que se realizó la visita del Comité (2020), "en la prisión de Valencia Picassent, ningún psiquiatra había visitado el establecimiento durante casi un año." (p. 70).

da especialidad médica más frecuentemente consultada en prisiones, y un tercio de los ingresos en el módulo de enfermería lo son por patología psiquiátrica[19]. Y que podría explicar quizá en parte el alto gasto en fármacos psicotrópicos de la SGIP[20].

Con el objetivo de equiparar la calidad de la asistencia sanitaria que se presta a los reclusos con la de la generalidad de la población[21], la Disposición Adicional Sexta de la Ley 16/2003, de cohesión y calidad del Sistema Nacional de Salud, dispuso que los servicios sanitarios penitenciarios debían integrarse en los servicios autonómicos de salud, mediante su traspaso a las Comunidades Autónomas, en un plazo de 18 meses desde la entrada en vigor de la Ley. Sin embargo, más de 20 años después dicha integración sólo se ha llevado a cabo en Cataluña, País Vasco y Navarra.

La falta de integración de la sanidad penitenciaria en el sistema nacional de salud provoca también otros problemas, señaladamente el de descoordinación: los facultativos de uno y otro ámbito no pueden acceder automáticamente al historial clínico

---

19 CALCEDO-BARBA, A / ANTÓN-BASANTA, J. / PAZ RUIZ, S.: *Libro Blanco...*, cit., pp. 78-83.

20 Considero revelador el dato que aportan, nuevamente, Calcedo-Barba, Antón-Basanta y Paz Ruiz: "Entre 2016 y 2021, el gasto farmacéutico anual correspondiente a las compras centralizadas de la Administración Penitenciaria tendió a disminuir; sin embargo, el gasto en fármacos neurolépticos incrementó en más del 50% [...]. El gasto en fármacos neurolépticos aumentó entre 2016 y 2021 a pesar de que la población penitenciaria hubiese disminuido considerablemente en ese periodo [...]" (CALCEDO-BARBA, A / ANTÓN-BASANTA, J. / PAZ RUIZ, S.: *Libro Blanco...*, cit., p. 87).

21 Objetivo que la Administración penitenciaria está obligada a cumplir por mor tanto de la normativa nacional (art. 3.4 de la Ley Orgánica 1/1979, General Penitenciaria) como de las recomendaciones internacionales: la regla 24 de las *Reglas Mínimas de las Naciones Unidas para el Tratamiento de los Reclusos* (2015) dispone que "Los reclusos gozarán de los mismos estándares de atención sanitaria que estén disponibles en la comunidad exterior y tendrán acceso gratuito a los servicios de salud necesarios".

del enfermo, y cuando la persona es excarcelada no hay una derivación directa a los servicios de salud comunitarios, lo que puede redundar en la interrupción del tratamiento, la agudización de los síntomas y, eventualmente, algún nuevo incidente que desemboque en la vuelta del enfermo a prisión[22].

Por lo que hace a quienes cumplen medidas de seguridad de internamiento, los recursos disponibles son también escasos, están concentrados, mal dotados, y mal coordinados con la red sanitaria y asistencial extra penitenciaria. Escasos y concentrados porque para todo el territorio dependiente de la SGIP sólo hay dos hospitales psiquiátricos penitenciarios, el de Alicante y el de Sevilla, sin que se hayan creado Unidades psiquiátricas penitenciarias en ningún centro ordinario[23]. Esto comporta el desarraigo de las personas que han de cumplir medidas de seguridad de internamiento, muchas veces a cientos e incluso miles de kilómetros de sus lugares habituales de residencia, y con ello de sus entornos familiares y sociales, en clara vulneración además del art. 191.2 del Reglamento Penitenciario, que dispone que "La Administración Penitenciaria procurará que la distribución territorial de las instalaciones psiquiátricas penitenciarias favorezca la rehabilitación de los enfermos a través del arraigo en su entorno familiar, mediante los correspondientes acuerdos y convenios con las Administraciones sanitarias competentes"[24].

---

22 BASTIDA RIBAS, L. A.: "¿Se puede obligar a tratar a un enfermo mental en prisión?". *Cuadernos de Psiquiatría comunitaria,* Vol. 12, Nº. 1, (Ejemplar dedicado a: Cárcel y salud mental), 2014, pp. 41-43; CALCEDO-BARBA, A / ANTÓN-BASANTA, J. / PAZ RUIZ, S.: *Libro Blanco…*, cit., pp. 121 y ss.

23 Sí existen en algunos centros tipo módulos para discapacitados psíquicos, en Segovia y Estremera.

24 La situación se agrava para las internas, pues solo el hospital de Alicante tiene plazas para mujeres, y en unas condiciones que han provocado que el Defensor del Pueblo haya efectuado varias recomendaciones a la SGIP (DEFENSOR DEL PUEBLO: *Ficha de seguimiento de la visita realizada por el MNP al Hospital Psiquiátrico Penitenciario de Alicante* 2021).

En la estructura organizativa de los hospitales psiquiátricos penitenciarios predomina además lo penitenciario por encima de lo asistencial, gran parte del personal de vigilancia y de tratamiento no tiene cualificación en salud mental[25], y ambos centros padecen una grave infradotación crónica de médicos y personal especializado en psiquiatría, como han puesto de manifiesto numerosas instancias[26].

La escasez de plazas en estas instituciones psiquiátricas penitenciarias ha provocado incluso que un porcentaje no despreciable de medidas de seguridad se cumplan en centros penitencia-

---

25 COMITÉ EUROPEO PARA LA PREVENCIÓN DE LA TORTURA Y TRATOS O PENAS INHUMANAS O DEGRADANTES: *Informe al Gobierno español...*, cit., pp. 142, 161, 162; BARRIOS FLORES, L. F.: "El internamiento psiquiátrico penal en España: situación actual y propuestas de futuro". *Norte de Salud Mental*, Vol. 17, Nº. 64, 2021, p. 31.

26 Cfr. COMITÉ EUROPEO PARA LA PREVENCIÓN DE LA TORTURA Y TRATOS O PENAS INHUMANAS O DEGRADANTES *Informe al Gobierno* español..., cit., apartados 149 ("grave escasez crónica de personal en puestos clave"), 159 y 160. Cfr. así mismo BARRIOS FLORES, L. F.: "El internamiento psiquiátrico penal en España...", cit., p. 33: "A 2 de junio de 2020 la plantilla asignada al HPP Alicante era de 7 Psiquiatras, aunque el puesto solo lo ocupaban 3 Psiquiatras; la de Psicólogos eran 4 plazas. Pero a fecha de 19 de octubre de 2020 la plantilla real era de 2 Psiquiatras y 2 Psicólogos. Durante buena parte del tiempo en que se escribía este artículo no había un solo psiquiatra en el HPP Alicante (una se jubiló y los otros dos estaban de baja médica). A día de hoy, (8 de diciembre de 2020) solo presta servicio una especialista de Psiquiatría." Según CALCEDO-BARBA, A / ANTÓN-BASANTA, J. / PAZ RUIZ, S.: *Libro Blanco...*, cit., pp. 137 y s.): "Las ratios estimadas de especialista psiquiatra por cada 100 personas internas para el año 2020 eran de 0,8 especialistas psiquiatras por cada 100 personas internas en Alicante y de 2,6 en Sevilla [...]. Esta dotación de personal psiquiátrico, incluso la correspondiente a la plantilla asignada [que casi nunca es real porque hay muchas vacantes sin cubrir durante largos periodos de tiempo], es significativamente inferior a la de otros países europeos como Alemania, Francia, Italia y Reino Unido [...] cuya ratio de especialistas psiquiatras por cada 100 personas internas se estima alrededor de 5".

rios ordinarios[27], en lo que los Fiscales de Vigilancia Penitenciara consideran una vulneración de la legalidad vigente[28], además de que agrava aún más la sobrerrepresentación de enfermos mentales en prisión, y provoca problemas por la imposibilidad de aplicar en los centros ordinarios los recursos y el régimen previstos para los centros psiquiátricos penitenciarios[29].

Se añade además la paradoja de que muchos de los internamientos en los hospitales psiquiátricos penitenciarios son de corta duración, ocupando plazas en un recurso pensado para estancias

---

27 Según el *Anuario Estadístico* del MINISTERIO DEL INTERIOR para 2022 (pp. 316, 329-332), último disponible en el momento de cerrar este trabajo, a 31 de diciembre de 2022 había 508 personas cumpliendo medidas de seguridad de internamiento. Descontando a quienes lo hacían en los Hospitales psiquiátricos penitenciarios de Alicante (221) y Sevilla (144) y en las unidades psiquiátricas de Cataluña (41), quedaban 102 personas cumpliendo medidas de seguridad en prisiones ordinarias. Es decir, un 20% del total. Cerezo y Díaz ofrecen para el año 2014 cifras y porcentajes parecidos (CEREZO, A. / DÍAZ, C.: "El enfermo mental en el medio penitenciario español". *International e-Journal of Criminal Science,* Artículo 2, Número 10, 2016, p. 12).

28 MINISTERIO FISCAL – VIGILANCIA PENITENCIARIA, *Conclusiones vigentes sistematizadas de encuentros de Fiscales de Vigilancia Penitenciaria 2011-2023,* 2023, Conclusión 113. Aunque la SGIP ha intentado dotarla de cobertura a través de la Instrucción 19/2011, sobre cumplimiento de las medidas de seguridad competencia de la Administración Penitenciaria, y hace un esfuerzo para prestar un tratamiento específico a estas personas a través del PAIEM (Programa de Atención Integral al Enfermo Mental en Prisión; véase información sobre este programa en https://www.institucionpenitenciaria.es/es/web/home/vida-en-prision/atencion-sanitaria/atencion-psiquiatrica#Programa%20de%20Atenci%C3%B3n%20Integral%20a%20Enfermos%20Mentales%20(PAIEM), consultada por última vez el 14/02/2024).

29 Cfr. GÓMEZ-ESCOLAR MAZUELA, P.: "Enfermedad mental y prisión. A propósito de la STC 84/2018, de 16 de julio". *Diario La Ley,* Nº 9285 (24 de octubre de 2018); así como GARCÍA ORTIZ, A. M.: "Los trastornos mentales en el medio penitenciario: situación actual y propuestas de mejora". *Revista de Estudios Penitenciarios,* Nº. 263, 2021, pp. 49-54.

largas ante la ausencia de alternativas (es decir, de plazas en recursos asistenciales no penitenciarios), habiendo reconocido la propia SGIP que alrededor de un 30% de las personas ingresadas en los psiquiátricos penitenciarios no cumplen con los criterios clínicos para que la atención que se les presta en estos recursos les pueda ser útil[30].

Hay por tanto un abuso del internamiento, que probablemente esté relacionado con la insólita ausencia en España de una regulación legal y de una infraestructura material destinadas a asegurar el cumplimiento de las medidas de seguridad no privativas de libertad, especialmente la libertad vigilada (art. 106 CP). En efecto, de manera difícilmente comprensible, la regulación vigente no asigna la ejecución y supervisión de las diversas obligaciones y prohibiciones en que puede consistir dicha medida en los casos de inimputables o semiimputables a la Administración penitenciaria[31], pero tampoco a ningún otro órgano, por lo que el tribunal sentenciador que quiera imponer a una persona con trastorno mental la obligación de seguir un programa formativo, o un tratamiento médico externo o control médico periódico, se encuentra sin ayuda para localizar el recurso adecuado donde éste debiera tener lugar, y con la reticencia de la red socio-sanitaria para recibir personas de este perfil. Y ante la tesitura de no saber a quién encomendar la ejecución material de medidas de seguridad ambulatorias, si se estima necesario un control del riesgo de reincidencia se opta por la más grave: el internamiento.

---

[30] CALCEDO-BARBA, A / ANTÓN-BASANTA, J. / PAZ RUIZ, S.: *Libro Blanco...*, cit., p. 143. Cfr. así mismo GARCÍA ORTIZ, "Los trastornos mentales...", cit., pp. 36 y s. y GÓMEZ-ESCOLAR MAZUELA, "Enfermedad mental y prisión...", cit.

[31] Que sólo se considera competente para los supuestos de libertad vigilada postpenitenciaria, esto es, la impuesta a sujetos imputables para que se ejecute una vez cumplida la pena de prisión (art. 23 RD 840/2011 y Orden de Servicio 5/2021 de la Dirección General de Ejecución Penal y Reinserción Social).

Por último, pero no menos importante, también otros aspectos esenciales del régimen jurídico de todas las medidas de seguridad carecen de una suficiente regulación legal: por ejemplo, ni el Código penal ni la normativa penitenciaria regulan el abono de medidas cautelares; tampoco la concurrencia entre medidas o entre éstas y las penas (a excepción del concreto caso de pena y medida privativas de libertad, art. 99 CP); y no existe un estatuto legal del sometido a medidas de seguridad equiparable a la regulación de los derechos y deberes de los penados. Hasta el punto de que los Fiscales de Vigilancia Penitenciaria han denunciado desde hace años que "las normas sobre ejecución de las medidas son tan insuficientes que permiten cuestionar la observancia de la garantía ejecutiva del principio de legalidad consagrado en el art. 3.2 CP."[32]

Y todo ello sin olvidar que, en cuanto a los aspectos de las medidas que sí están regulados, subsiste desde la aprobación del Código penal en 1995 un debate doctrinal acerca del modo en que la ley ha plasmado la exigencia de proporcionalidad, combinando el grado de peligrosidad criminal y la gravedad del hecho cometido para fijar tanto el tipo de medidas aplicables (privativas o no privativas de libertad) como, especialmente, su límite máximo de duración[33].

---

32 MINISTERIO FISCAL – VIGILANCIA PENITENCIARIA, *Conclusiones vigentes...*, cit., Conclusión 111. Por lo que hace a la doctrina, vid. por todos SANZ MORÁN, A. J., *Las medidas de corrección...*, cit., pp. 293 y ss, con ulteriores referencias.

33 Sobre este problema, cfr. la muy completa exposición de los argumentos manejados por las distintas posturas en liza en ALONSO RIMO, A.: "Medidas de seguridad y proporcionalidad con el hecho cometido: a propósito de la peligrosa expansión del derecho penal de la peligrosidad". *Estudios Penales y Criminológicos*, Nº. 29, 2009, pp. 107 y ss., passim.

III. LA PROPUESTA DEL GRUPO DE ESTUDIOS DE POLÍTICA CRIMINAL

1. El Manifiesto[34]

Ante esta situación, el GEPC dio a conocer en 2022 el *Manifiesto para un nuevo régimen penal aplicable a las personas con enfermedad mental o con discapacidad intelectual*, que persigue dos objetivos básicos: en primer lugar, primar la orientación terapéutica y asistencial sobre el paradigma de la peligrosidad, y, en segundo lugar, completar las lagunas en la regulación existente. Y para ello fijó una serie de líneas de actuación que debían desarrollarse después en la propuesta de regulación, y que pueden sintetizarse como sigue: 1) limitar la intervención penal sobre las personas con trastorno mental o discapacidad intelectual, potenciando el uso de recursos de la red sanitaria y asistencial no penitenciaria; 2) reducir los internamientos psiquiátricos en número y duración; 3) replantear el límite máximo de las medidas de internamiento; 4) solucionar los problemas de abono y concurrencia de medidas que carecen en la actualidad de previsión legal; 5) modificar la regulación actual de la negativa a seguir tratamiento médico en el art. 100 CP; 6) modificar el régimen del trastorno mental sobrevenido en el art. 60 CP; y 7) regular el estatuto procesal de la persona con discapacidad, las medidas cautelares aplicables, y los casos de incapacidad procesal.

Antes de explicar cómo concreta la *Propuesta* estas líneas generales, es necesario hacer una advertencia importante: el Grupo es

---

34 La forma de trabajar del GEPC consiste en aprobar primero un manifiesto, en el que se establecen las bases y líneas generales con que ha de ser abordado cada asunto político-criminal que es objeto de estudio. A partir de ese texto una comisión elabora una Propuesta alternativa, que desarrolla y fundamenta las modificaciones legales necesarias para un adecuado tratamiento del problema, y que es después discutida y aprobada por la asamblea.

muy consciente de que una de las mayores dificultades que enfrentaría esta *Propuesta* en caso de que hubiera voluntad política para llevarla a la práctica sería la escasez de recursos existentes en la red sanitaria no penitenciaria. Pues, obviamente, el objetivo de reducir la intervención penal y los internamientos psiquiátricos penitenciarios requiere ineludiblemente que (al menos algunas de) las personas que ahora son atendidas en las prisiones y en dichos centros especiales pasaran a serlo por los servicios sociosanitarios del sistema nacional de salud, que a su vez están precariamente dotados[35]. Ello no obstante, el Grupo consideró que la escasez de medios para la atención a la salud mental en el sistema nacional de salud no puede ser una razón válida para perpetuar un estado de cosas tan dramático como el que se ha descrito, y al que esa misma escasez de medios está contribuyendo en buena medida, como se ha explicado *supra*.

2. La Propuesta alternativa

Como es fácil imaginar a partir de los objetivos que debía cumplir, la *Propuesta alternativa para un nuevo régimen penal aplicable a las personas con enfermedad mental o discapacidad intelectual* es muy extensa, pues abarca no sólo cambios en el texto de varios preceptos del Código penal, sino también regulaciones alternativas en materia procesal y penitenciaria, incluyendo una propuesta de

---

35 Como ha señalado en repetidas ocasiones el DEFENSOR DEL PUEBLO en sus informes, cfr. por ejemplo el documento *Personas con discapacidad en el Informe anual 2022*, p. 36. Cfr. también MINISTERIO DE SANIDAD, ASUNTOS SOCIALES E IGUALDAD: *Documento de Consenso de las Comisiones de Análisis de Casos de Personas con Enfermedad Mental sometidas a Penas y Medidas de Seguridad*, 2014, p. 15, que constata que "Hay escasez de recursos socio-sanitarios para personas con enfermedad mental que necesitan mayor atención en el contexto comunitario (personas con enfermedad mental con escaso control ambulatorio, nula o baja conciencia de enfermedad, escasa o nula red social, bajo nivel económico y necesidad de servicios asistenciales muy especializados)".

regulación prácticamente *ex novo* de las medidas cautelares y del estatuto procesal penal de la persona con discapacidad, así como modificaciones de calado en el Reglamento Penitenciario y en el Real Decreto 840/2011 para diseñar, entrando en detalles orgánicos y de régimen, los lugares y las condiciones de cumplimiento de las medidas de seguridad privativas y no privativas de libertad.

Las limitaciones de espacio de esta contribución impiden analizar todos estos puntos en detalle, por lo que no me detendré aquí – salvo alguna referencia puntual – en las partes procesal y penitenciaria de la Propuesta, a pesar de que no son, ni mucho menos, de menor importancia. Me limitaré a exponer los cambios que el GEPC propone introducir en el texto del Código penal, explicando en primer lugar las modificaciones que afectan al régimen de ejecución de las penas, y después las relativas a las medidas de seguridad, aunque el espacio disponible impedirá analizarlos con la exhaustividad que la complejidad de la materia requeriría[36].

2.1. Limitar la entrada en prisión de personas con trastorno mental

Como se ha explicado *supra*, una de las razones por las que acaban ingresando en prisión personas con trastornos mentales, a las que eventualmente se podía haber aplicado una exención completa o incompleta de la responsabilidad, es que pasan inadvertidos en el proceso penal. En consecuencia, para evitarlo

---

[36] En particular, y además de algunos otros aspectos, quedarán fuera de este análisis las importantes modificaciones que se proponen para regular el abono de medidas cautelares, y los supuestos de concurrencia de penas y medidas y de medidas de seguridad entre sí, respecto de lo cual remito al lector al texto de la Propuesta, que contiene no sólo la redacción alternativa de los preceptos del Código penal correspondientes, sino también una fundamentación de las razones para todos ellos (GRUPO DE ESTUDIOS DE POLÍTICA CRIMINAL: *Una propuesta alternativa para un nuevo régimen penal aplicable a las personas con enfermedad mental o discapacidad intelectual*, 2023, pp. 25 y ss., 47 y ss).

es necesario ante todo prever mecanismos que posibiliten dicha detección, y que garanticen un adecuado ejercicio del derecho de defensa. A ello está destinado el nuevo estatuto procesal de la persona con discapacidad que se prevé en la propuesta[37].

Ahora bien, incluso si se corrigieran esos problemas, seguirían quedando casos de personas con discapacidad o trastorno mental en prisión, porque: a) el trastorno surge o se agrava tras la imposición de la pena, o incluso cuando la persona está ya cumpliendo condena; b) porque aunque se haya aplicado una eximente incompleta no hay riesgo de reincidencia, y por ello no está indicado aplicar una medida de seguridad, quedando no obstante una pena que, aunque atenuada, se tiene que cumplir; o bien c) porque aunque el trastorno o la discapacidad hayan influido en la comisión del delito, el grado de alteración de la imputabilidad no fue suficiente para aplicar una exención completa ni incompleta, sino solo una atenuante, lo que en principio no abre la vía de las medidas de seguridad[38].

---

37 Cfr. las pp. 95 y ss., previendo entre otras cosas un incidente contradictorio para determinar las medidas de apoyo necesarias.

38 Si bien, y como es sabido, los tribunales admiten en ocasiones aplicarlas a las atenuantes, en particular a la de grave adicción a sustancias (art. 21.2ª CP), siguiendo una línea ya iniciada bajo la vigencia del Código penal anterior, y con un razonamiento basado en la idea de analogía *in bonam partem* (cfr. STS 628/2000, de 11 abril, ECLI:ES:TS:2000:3050; STS 2037/2001, de 26 octubre, ECLI:ES:TS:2001:8291, entre otras). No obstante, la aplicación de medidas en estos supuestos no es sistemática, es criticable desde la óptica del principio de legalidad (cfr. al respecto GALLEGO ARRIBAS, D.: "Grave adicción de medidas de seguridad: una aproximación desde el fundamento de la atenuante y el principio de legalidad", en CANCIO MELIÁ et al. (eds.), *Libro homenaje al profesor Dr. Agustín Jorge Barreiro*, vol. 1, UAM Ediciones, Madrid, 2019, pp.445 y ss.), y, en todo caso, tampoco resuelve el problema del ingreso en prisión de personas con trastornos mentales, porque las medidas solo están indicadas cuando exista peligrosidad suficiente (arts. 6 y 95 CP).

No todas, evidentemente, pero sí algunas de estas situaciones podrían tener a juicio del Grupo una mejor respuesta si se extendiesen a los casos de trastorno mental o discapacidad intelectual previsiones que contiene el Código penal para otros supuestos parecidos.

2.1.1. Nuevo supuesto extraordinario de suspensión de la pena similar al previsto para drogodependientes.

El Código penal contempla en su art. 80.5 la posibilidad de suspender la pena privativa de libertad impuesta cuando el delito se haya cometido "a causa de [la] dependencia de las sustancias señaladas en el numeral 2.º del artículo 20", en condiciones más ventajosas que las del régimen general regulado en los apartados 1 y 2 del mismo precepto, porque amplía la duración de las penas suspendibles de 2 a 5 años, y elimina el requisito de que el penado no sea reincidente. Este régimen especial se fundamenta en razones de prevención especial, pues se parte de que el tratamiento de deshabituación extra penitenciario puede tener mayores posibilidades de éxito, y que resolver el problema de la adicción es una vía eficaz para reducir la reincidencia cuando los delitos han estado motivados por la toxicomanía. Por ello, la suspensión se condiciona a que el sujeto se encuentre deshabituado o sometido a tratamiento para tal fin, y en este último caso a que no lo abandone hasta su finalización.

Pues bien, parece razonable pensar que similares consideraciones son aplicables en buena medida a quien delinque condicionado por un trastorno mental. Al delito puede haber contribuido el hecho de que la persona aún no esté diagnosticada y por ello no siga ningún tratamiento, o a que aun teniéndolo pautado lo haya abandonado o interrumpido, o a que el trastorno haya evolucionado y requiera adaptar la terapia o la medicación. En estos casos un tratamiento médico fuera de la cárcel podría ser apto para controlar el riesgo de reincidencia, y ello evitando todos los problemas asociados al ingreso en prisión. Por ello, tiene sentido prever una posibilidad de suspensión de la pena análoga a la de los drogodependientes[39].

---

[39] Que la Propuesta concreta proponiendo la siguiente redacción para el art. 80.6 CP (y que el actual número 6 pasara a ser el 7): "Igualmente, aunque no concurran las condiciones 1.ª y 2.ª previstas en el apartado 2 de este artículo, el juez o tribunal podrá acordar la suspensión de la ejecución de las penas privativas de libertad no superiores a cinco años de aquellos penados a los que se haya aplicado una circunstancia atenuante por haber cometido el hecho delictivo con motivo de una anomalía o alteración psíquica de las mencionadas en el artículo 20.1 CP, siempre que se certifique suficientemente, por centro o servicio público o privado debidamente acreditado u homologado, que el condenado se encuentra sometido a tratamiento o a control médico ambulatorio en el momento de decidir sobre la suspensión, y que dicho tratamiento o control, junto con las obligaciones y deberes recogidos en el artículo 83 en caso necesario, resulta adecuado para reducir el riesgo de comisión de nuevos delitos.
El juez o tribunal realizará las comprobaciones necesarias para verificar el cumplimiento de los anteriores requisitos.
La suspensión de la ejecución de la pena se condicionará a que el sujeto no abandone el tratamiento durante el periodo de suspensión, o hasta ser dado de alta por el servicio sanitario. El juez o tribunal podrá establecer las obligaciones y deberes del artículo 83 que considere convenientes, a la vista del informe del servicio sanitario al que corresponda el tratamiento del sujeto. No se considerarán abandono los incumplimientos esporádicos de lo pautado por el servicio sanitario, si estos no evidencian un abandono definitivo del tratamiento o la supervisión.
También podrá decretarse la suspensión de la pena de acuerdo con lo previsto en este número si al sujeto le hubiera sido aplicada una eximente incompleta por haber cometido el hecho delictivo con motivo de una anomalía o alteración psíquica de las mencionadas en el artículo 20.1 CP. En estos casos, si además de la pena el sujeto tuviera impuestas medidas de seguridad no privativas de libertad, se estará a lo dispuesto en el artículo 99 bis".
El régimen se completa con la previsión de un plazo de suspensión de la pena de entre 3 a 5 años, igual al previsto en el art. 81 CP para los casos de drogodependencia.

Cabe resaltar que en la Propuesta este supuesto especial de suspensión abarca no sólo los casos en que se hubiera aplicado al sujeto una circunstancia atenuante analógica (art. 21.7ª CP, en relación con el art. 21.1ª, a su vez en relación con el art. 20.1 CP), sino también una eximente incompleta. Ciertamente, en los supuestos de eximente incompleta es posible aplicar medidas de seguridad, y cuando ello sucede es probable que se evite el ingreso en prisión, pues la medida es de cumplimiento preferente al de la pena y el tiempo cumplido se abona a la duración de esta última, lo que unido a que en los casos de eximente incompleta la duración máxima de la medida suele exceder la de la pena impuesta[40], conduce a que una vez cumplida la medida probablemente no quede pena pendiente, o, si quedara, esta pueda dejarse en suspenso (*ex* art. 99 CP). Ahora bien, no siempre que se aplica una eximente incompleta se impone además una medida de seguridad, ya que esto último depende de que se acredite la existencia de peligrosidad criminal, y esta en ocasiones puede no existir. El Grupo consideró que no tendría mucho sentido que – para estos casos en que la pena impuesta no es superior a 5 años – cuando haya peligrosidad el juego de pena y medida pueda evitar el ingreso en prisión, y sin embargo cuando no haya peligrosidad la persona tuviera que cumplir necesariamente la pena privativa de libertad. Además, resultaría paradójico que cupiera suspender una pena de hasta cinco años en los casos de atenuante, y que sin embargo cuando la afectación de la imputabilidad fuera mayor (y, por tanto, menor el grado de responsabilidad), y permitiera la aplicación de una eximente incompleta, la pena se tuviera que cumplir necesariamente.

2.1.2. Supuesto extraordinario de suspensión de la pena para trastornos mentales sobrevenidos

El art. 60 CP regula el supuesto en que, después de pronunciada sentencia firme, "se aprecie en el penado una situación dura-

---

[40] Sobre ello, cfr. lo que se expone más adelante, en el apartado 2.3.5.c)

dera de trastorno mental grave que le impida conocer el sentido de la pena". Engloba, por tanto, casos en que la pena ya se está cumpliendo, pero también aquellos en que, habiendo sentencia firme, no se ha iniciado aún la ejecución. Me referiré en este apartado sólo a este segundo supuesto.

Hasta 2003 la consecuencia que preveía el art. 60 CP era "[suspender] la ejecución de la pena privativa de libertad [...], garantizando el Juez o Tribunal que [el penado] reciba la asistencia médica precisa". Se daba con ello un trato a los trastornos mentales graves sobrevenidos similar al que el Código preveía para las enfermedades físicas sobrevenidas. En efecto, el art. 80.4 CP prevé la posibilidad de suspender "cualquier pena impuesta sin sujeción a requisito alguno" cuando "el penado esté aquejado de una enfermedad muy grave con padecimientos incurables"[41]. Y por su parte el art. 91 CP prevé la posibilidad de suspender el resto de la pena y conceder la libertad condicional a los "enfermos muy graves con padecimientos incurables"[42]. La única diferencia entre el trato dispensado a las enfermedades físicas graves y a los trastornos mentales graves era, pues, que sólo en el segundo caso

---

41 La única condición que se establece es que en el momento de cometer el delito no tuviera ya otra pena suspendida por el mismo motivo, si bien lo escueto de la regulación suscita dudas en cuanto a si es necesario o no que se cumplan otras exigencias del régimen general de la suspensión; cfr. DOLZ LAGO, M.-J.: "De la vida y la muerte: privación de libertad de los enfermos muy graves incurables y algunas patologías jurídicas", *Diario La Ley*, n.º 8280, Sección Doctrina, 27 de marzo de 2014, *in extenso*.

42 Art. 91.1 CP, segundo párrafo, sin que sea necesario haber extinguido una determinada parte de la condena, aunque sí se requiere que la persona esté clasificada en tercer grado y haya observado buena conducta. El art. 91.3 CP elimina estos últimos dos requisitos si hay peligro patente para la vida del penado a causa de su enfermedad o de su avanzada edad, exigiendo sólo que se valore su falta de peligrosidad. La redacción actual proviene de la reforma operada por la LO 1/2015; en la versión original del CP de 1995 esta materia estaba regulada en el art. 92, con unos requisitos muy parecidos en lo sustancial.

se imponía al juez o tribunal la obligación de garantizar que la persona recibiera la asistencia sanitaria que precisase.

La Ley Orgánica 15/2003, sin embargo, modificó el art. 60 para, entre otras cosas, añadir que el juez o tribunal pueda decretar la imposición de una medida de seguridad, a efectos de garantizar dicha asistencia sanitaria[43]. Surgió así un supuesto de imposición de medidas de seguridad que resulta extraño en el sistema del Código Penal. Por un lado, porque en este caso la medida no se impone en sentencia, como exige el art. 3.1 CP, sino por auto, y por otro lado, porque esa medida no se ajusta a lo establecido en el art. 6 CP. Y es que este precepto exige que la medida se fundamente en la peligrosidad criminal del sujeto, mientras que el art. 60 CP no requiere expresamente constatar ningún tipo de peligrosidad, sino que vincula la imposición de la medida sólo al objetivo de garantizar que el enfermo reciba asistencia sanitaria. Y, además, la peligrosidad que exige el art. 6 CP es la que se haya "exteriorizad[o] en la comisión de un hecho previsto como delito", mientras que en el art. 60 CP, por definición, no hay tal nexo entre peligrosidad, trastorno mental y delito, pues este último se cometió sin que hubiera (o constara) trastorno mental, ni por tanto comprobación de peligrosidad alguna ligada al mismo, y es a posteriori (quizá varios años después) cuando aparece (o se detecta) la enfermedad mental[44].

La Propuesta del GEPC soluciona esta inconsistencia dando una nueva redacción al art. 60 CP e introduciendo un nuevo apar-

---

43 Sobre los antecedentes y el alcance de dicha reforma, cfr. VIZUETA FERNÁNDEZ, J.: "El trastorno mental grave apreciado después de dictarse sentencia firme: el art. 60 del Código penal", *Revista Electrónica de Ciencia Penal y Criminología,* n.º 9 (09-04), 2007, pp. 1 y ss.

44 Para salvar esta incoherencia, la doctrina y la Fiscalía son partidarias de exigir que se acredite peligrosidad criminal para poder aplicar medidas de seguridad *ex* art. 60 CP (cfr. VIZUETA FERNÁNDEZ, J.: "El trastorno mental grave ...", cit., pp. 10 y ss., así como la Circular 2/2004 de la Fiscalía General del Estado), aunque ello no resuelve el problema de la desconexión entre la peligrosidad y el hecho cometido.

tado 4 bis en el art. 80 CP. El cambio consiste, esencialmente, en volver a un régimen muy similar al que existió hasta 2003 (aunque abarcando expresamente tanto las penas privativas de libertad como las que no lo son), es decir: suspender la pena, pero eliminando la posibilidad de imponer medidas de seguridad, y especificando que la asistencia que precise el condenado la prestarán los servicios sociosanitarios de las comunidades autónomas, en la línea de fomentar que en estos casos la respuesta no sea penitenciaria, sino exclusivamente asistencial.

2.2. Favorecer la salida de prisión de personas con trastorno mental: nuevos supuestos de suspensión del resto de la pena y libertad condicional

Como hemos dicho, el actual art. 60 CP contempla también el trastorno mental que aparece cuando la pena está ya en ejecución, y prevé para este supuesto la misma solución que para el anterior (suspensión más posible imposición de medida de seguridad), lo que genera los mismos problemas que acabamos de describir. Lógicamente, el GEPC propone para este caso una solución similar a la anterior, inspirada en la misma idea central de asimilar el tratamiento de los casos de trastorno mental grave sobrevenido a aquellos en que lo que sobreviene no es una enfermedad mental sino física, sobre la base de que, si el régimen especial previsto para estos casos descansa en consideraciones de humanidad, merece el mismo trato quien padece graves sufrimientos físicos que quien los padece mentales.

Así, se propone incluir un nuevo artículo 91 bis CP, que prevé conceder la libertad condicional en los casos del art. 60 CP sin necesidad de que concurra ningún otro requisito, obliga al órgano judicial a disponer lo procedente para que la persona penada reciba la atención más adecuada por los servicios sociosanitarios de la Comunidad Autónoma, y establece una revisión anual de la situación de la persona y de su capacidad para el cumplimiento de la pena. Como se afirma en la Propuesta, “No hay razones para condicionar la suspensión de la pena a otros requisitos, porque aquí se trata de dar una solución por razones humanitarias”[45].

Ahora bien, el presupuesto de aplicación de este régimen es que la persona no sólo padezca un trastorno mental grave, sino que además éste le impida comprender el sentido de la pena. Sin embargo, es posible que trastornos mentales que alcancen la entidad suficiente como para ser considerados de gravedad no tengan este efecto en particular, y la persona siga siendo consciente de que se encuentra en una cárcel porque cometió un delito. En estos casos no se darían las condiciones de aplicación del art. 60 CP (ni en la redacción vigente ni en la propuesta por el GEPC), y sin embargo puede que padecer el trastorno haga que el cumplimiento de la pena en prisión resulte mucho más aflictivo: porque dificulte que se reciba el tratamiento que se necesita, porque exponga a quien lo padece a abusos, acoso y manipulación por parte de otros internos, porque agrave sus síntomas y empeore el pronóstico, etc.

Para estos supuestos, que no están contemplados en la regulación vigente, el GEPC propone ampliar las posibilidades de libertad condicional que actualmente existen para enfermos muy graves con padecimientos incurables. Por un lado, añadiendo en el art. 91.1 CP una referencia expresa a “trastorno mental o discapacidad muy graves con padecimientos incurables”, y así permitir que el supuesto extraordinario de libertad condicional para septuagenarios y enfermos graves (que permite acordarla sin que hayan extinguido las tres cuartas partes de la condena o, en su caso, las dos terceras o la mitad) pueda aplicarse tanto a las enfermedades físicas como a las mentales. Y, por otro lado, se propone también cambiar en el art. 91.3 CP la referencia a que el peligro patente para la vida sea a causa de “su enfermedad o de su avanzada edad” para que diga “a causa de su enfermedad, trastorno mental o de su avanzada edad”, de manera que en estos casos se

45 GRUPO DE ESTUDIOS DE POLÍTICA CRIMINAL: *Una Propuesta...*, cit., p. 38.

pueda conceder también la libertad condicional sin necesidad de que se acredite el cumplimiento de ningún otro requisito y valorando la falta de peligrosidad relevante del penado.

Es más, con este cambio no se haría otra cosa que consignar en la ley de manera expresa una posibilidad que ya cabe por vía interpretativa, y que han sostenido algunos autores y también la SGIP, cual es la de entender que en la referencia a la "enfermedad grave" caben tanto las físicas como las mentales[46]. No obstante, esta interpretación no es unánime, y además no es tan fácil considerar incluidos los supuestos de discapacidad intelectual en la mención a la "enfermedad", todo lo cual aconseja incluir en el tenor literal del precepto la mención expresa.

Al Grupo no se le oculta que, junto a las razones humanitarias, tanto el texto del Código penal como las resoluciones judiciales que aplican estos supuestos de suspensión por enfermedad grave (tanto del art. 80.4 como del art. 91 CP) tienen también en cuenta el criterio de la ausencia de peligrosidad[47]. Y que mientras en las enfermedades físicas graves la propia patología puede facilitar el cumplimiento de este requisito, si coloca a la persona en una situación de debilidad o postración que dificulte materialmente la comisión de delitos, en los trastornos mentales esto puede no ser

---

46 Así, la Circular 1/2000, de 11 de enero, de la Dirección General de Instituciones Penitenciarias, que considera enfermedad grave el "trastorno psicótico crónico con actividad sintomática a pesar de haber seguido tratamiento durante más de seis meses, o con deterioro intelectual." En cuanto a la doctrina, cfr. DOLZ LAGO, M.-J.: "De la vida y la muerte…", cit., especialmente nota 14, con ulteriores referencias.

47 Cfr. JUANATEY DORADO, C.: *Manual de Derecho Penitenciario,* 3ª ed., Iustel, Madrid, 2016, pp. 67 y s., 163 y ss.; CERVELLÓ DONDERIS, V.: *Derecho Penitenciario,* 4ª ed., Tirant lo Blanch, Valencia, 2016, pp. 323 y s.; crítico con este requisito, que considera contradictorio con el fundamento humanitario de la institución, CHAVES PEDRÓN, C.: "Reforma del artículo 92 del Código Penal. Competencias del Juez de Vigilancia en la excarcelación de septuagenarios y enfermos muy graves", *Revista General de Derecho Penal,* n.º 4, 2005, pp. 6 y s.

siempre así. Ahora bien, la eventualidad de que en algunos casos sí pueda haber peligrosidad no es razón para cerrar la puerta de estos regímenes extraordinarios de libertad condicional a todos los trastornos mentales o situaciones de discapacidad, pues ello supondría una clara discriminación en comparación con lo que sí se permite para las enfermedades físicas, que por otra parte tampoco vienen acompañadas siempre de tal postración, pues el Código penal no restringe estos regímenes de libertad condicional a los supuestos de enfermos terminales.

2.3. Modificaciones en el régimen de las medidas de seguridad

En relación con las medidas, son numerosos los cambios que contiene la propuesta, de los que destacaré a continuación los que considero más relevantes para describir el cambio de modelo al que se aspira.

2.3.1. Sobre los presupuestos de imposición de las medidas de seguridad

a) El pronóstico de peligrosidad

Según el art. 95.1.2ª CP, para poder imponer medidas de seguridad es necesario "Que del hecho y de las circunstancias personales del sujeto pueda deducirse un pronóstico de comportamiento futuro que revele la probabilidad de comisión de nuevos delitos." Resulta innegable por tanto que el juez o tribunal está obligado a realizar dicho pronóstico, y si bien es cierto que cualquier pronóstico de comportamiento futuro sólo puede realizarse con un grado muy elevado de incertidumbre[48], al menos en la sentencia deben constar las razones por las que el tribunal entiende que

---

[48] MARTÍNEZ GARAY, L.: "La incertidumbre de los pronósticos de peligrosidad: consecuencias para la dogmática de las medidas de seguridad", *Indret: Revista para el Análisis del Derecho,* n.º 2/2014, pp. 1-77, *passim.*

concurre, para evitar la arbitrariedad y para garantizar el derecho de defensa y la posibilidad de un recurso con sentido.

Sin embargo, en la mayor parte de las sentencias la argumentación en este punto es muy escueta, cosa que llama la atención en comparación con el esfuerzo que sí se suele dedicar a razonar sobre la presencia o ausencia de imputabilidad. Y, además, es frecuente que la presencia de peligrosidad se deduzca, de manera casi automática, del hecho de que se haya acreditado el trastorno mental y de la gravedad del delito cometido, sin pedir informes específicos al respecto (lo que de nuevo contrasta con la manera en que se acredita el otro requisito del que depende la imposición de las medidas: la inimputabilidad). A lo que se añade que, si el delito es grave y el trastorno también lo es, se acuerda imponer–casi automáticamente también–la medida más grave de todas: el internamiento en centro psiquiátrico, a veces incluso en contra de la recomendación terapéutica de los médicos [49].

Probablemente tras esta manera de proceder late una vez más el extendido prejuicio sobre la peligrosidad criminal del enfermo mental grave. Y para evitar estos automatismos, el GEPC propone reformular la redacción del precepto de manera que sea obligatorio solicitar informe pericial detallado sobre el riesgo de reincidencia, y que el órgano sentenciador tenga que razonar la necesidad de la media teniendo en cuenta dicho informe, para lo que se añadiría al art. 95.1.2ª CP el siguiente inciso:

> Para la realización de este pronóstico el juez o tribunal solicitará informe pericial, que tendrá en cuenta la gravedad y naturaleza de los hechos delictivos realizados y de los que sea esperable que la persona cometa en el futuro, sus circunstancias personales, familiares y sociales, la gravedad y evolución previsible de su trastorno, discapacidad o adicción, así como las posibilidades de tratamiento. El informe se pronunciará sobre la o las medidas más adecuadas al caso concreto o sobre su no necesidad.

---

49 Cfr. sobre ello, con análisis de jurisprudencia del Tribunal Supremo, HAVA GARCÍA, E.: “Enfermedad mental y prisión…”, cit., pp. 100 y ss.

b) Medidas privativas de libertad sólo en casos de delitos penados con penas de prisión

Según el apartado 2 del art. 95 CP, "Cuando la pena que hubiere podido imponerse por el delito cometido no fuere privativa de libertad" sólo podrán imponerse medidas de seguridad no privativas de libertad. Pero el art. 35 CP considera penas "privativas de libertad" no sólo la de prisión y la prisión permanente revisable, sino también la libertad vigilada y la responsabilidad personal subsidiaria por impago de multa. El GEPC considera que en estos dos últimos casos no deberían poderse plantear medidas de internamiento, y por ello propone modificar este apartado del art. 95 CP para excluir esta posibilidad:

> 2. Cuando la pena que hubiere podido imponerse por el delito cometido no fuere de prisión ni de prisión permanente revisable, el juez o tribunal sentenciador sólo podrá acordar alguna o algunas de las medidas previstas en el artículo 96.3.

c) Requerir la comisión de un delito grave o menos grave, como regla general

El actual art. 95.1.1ª CP requiere que el sujeto haya "cometido un hecho previsto como delito" para que pueda imponerse una medida de seguridad. Hasta 2015 la doctrina mayoritaria entendió que ello impedía imponer medidas de seguridad por la comisión de faltas[50]; sin embargo, tras la reforma de 2015 y la conversión de muchas de las antiguas faltas en delitos leves, el tenor literal permite que se impongan medidas como consecuencia de la comisión de estos últimos. El Grupo propone eliminar esta posibilidad, salvo para casos excepcionales, estableciendo la siguiente redacción:

---

50 Mayoritaria, aunque no unánime; cfr. SANZ MORÁN, A. J., *Las medidas de corrección...*, cit., pp. 245 y ss, con ulteriores referencias doctrinales y también a las sentencias del Tribunal Supremo y del Tribunal Constitucional que se habían pronunciado sobre esta cuestión bajo la vigencia del Código penal anterior.

1.ª Que el sujeto haya cometido un hecho previsto como delito grave o menos grave. Si el hecho estuviera previsto como delito leve, sólo podrán imponerse medidas de seguridad no privativas de libertad en caso de que haya sido probado por resolución judicial que el sujeto realizó tres o más en un plazo no superior a dos años.

Como explica el Grupo en la justificación de la propuesta, "la escasa entidad de los hechos aconseja reducir al mínimo la intervención del sistema penal de acuerdo con el principio de ultima ratio, y favorecer que, si hay una situación de riesgo que requiere tratamiento, este se articule exclusivamente a través de los recursos sanitarios y asistenciales no penitenciarios"[51].

En cuanto a la excepción que se contempla, podría parecer contradictora con el fundamento acabado de explicar, pero lo cierto es que obedece igualmente a razones inspiradas en el principio de intervención mínima. El Grupo considera que la propia comisión reiterada de delitos leves podría ser un síntoma de que el trastorno no está siendo adecuadamente tratado (o no lo está siendo en absoluto) con los recursos del sistema de salud comunitario, especialmente en personas sin conciencia clara de enfermedad y con una escasa red de apoyo familiar y social[52]. Limitarse a absolver a la persona como inimputable, o, en caso de imputabilidad disminuida, responder a esas infracciones sólo con las penas propias de los delitos leves (art. 33.4 CP)–ninguna de las cuales permite un control médico–implica renunciar a intervenir en el trastorno, lo que podría propiciar una eventual escalada, que si acabara desembocando en la comisión de un delito grave o menos grave castigado ya con pena de prisión abriría la puerta a medidas de seguridad de internamiento. Por ello, permitir una

51 GRUPO DE ESTUDIOS DE POLÍTICA CRIMINAL: *Una propuesta…*, cit., p. 41.

52 Cfr. la descripción de este problema, y de las dificultades para su abordaje, en el *Documento* del MINISTERIO DE SANIDAD, ASUNTOS SOCIALES E IGUALDAD: *Documento de Consenso de las Comisiones de Análisis de Casos…*, cit., pp. 16 y s..

intervención penal antes de que se llegue a este punto, a través de una medida de seguridad que necesariamente sería no privativa de libertad (pues los delitos leves no se castigan con pena de prisión) puede ser una manera de evitar tener que acabar imponiendo al final de todos modos un tratamiento, pero a través de una medida privativa de libertad, que conlleva evidentemente restricciones mucho más graves de los derechos del afectado. Todo ello, por supuesto, teniendo en cuenta que prever la *posibilidad* de medidas en este caso no conlleva en modo alguno la *obligación* de imponerlas, y de hecho no debería hacerse, obviamente, en los casos en que las necesidades de la persona sí estén siendo ya abordadas por los servicios sociosanitarios extrapenitenciarios.

2.3.2. El problema de la negativa al tratamiento y la posibilidad de imponer un tratamiento coactivo

Lo que se acaba de comentar está íntimamente relacionado con otro problema que el GEPC se había impuesto también abordar en el Manifiesto: la regulación de la negativa a seguir un tratamiento médico.

El Código penal parece prever sin duda tratamientos médicos coactivos. Por un lado, como contenido de la medida de seguridad de internamiento, cuando el art. 101 CP dispone que se podrá aplicar, si fuere necesaria, "la medida de internamiento *para tratamiento* médico o educación especial". Y, por otro lado, en el art. 106.1.k) CP, cuando como contenido de la medida de libertad vigilada se enumera "la *obligación* de seguir tratamiento médico externo, o de someterse a un control médico periódico" (cursivas añadidas).

Ciertamente, la negativa a someterse a dichos tratamientos no genera responsabilidad penal, pues el art. 100.3 CP establece que tal negativa "no se considerará quebrantamiento de la medida", y en consecuencia no dará lugar a deducir testimonio por el delito del art. 468 CP. Ahora bien, no está claro que la negativa obligue a la Administración a cesar el tratamiento. El propio art. 100.3 CP dispone que ante esta situación el juez o tribunal "*podrá acordar* la sustitución del tratamiento inicial o posteriormente rechazado por otra medida de entre las aplicables al supuesto de que se trate", lo que significa que puede sustituir el tratamiento, pero también puede no hacerlo; es decir, que puede decidir mantenerlo, aun en contra de la voluntad de la persona[53].

Dejando ahora a un lado el problema de la obligatoriedad o no del tratamiento médico durante la ejecución de una *pena* de prisión (cuestión también peliaguda, y mal resuelta en nuestro Derecho vigente)[54], y centrándonos únicamente en el tratamien-

---

53 Conclusión que no es compartida por todos los autores; cfr. por ej. García Albero, que en relación con la obligación de sometimiento a tratamiento médico del art. 106.1.j) CP sostiene que del art. 100.3 CP se deduce que "el consentimiento – por lo demás sostenido y continuado – es presupuesto de la aplicación de la medida" (GARCÍA ALBERO, R.: "Comentario al art. 106", en QUINTERO OLIVARES, G. (dir.) / MORALES PRATS, F. (coord..), *Comentarios al Código penal español: Tomo I y II*, 7ª ed., Thomson Reuters Aranzadi, Cizur Menor, 2016).

54 Mal resuelta porque está regulada en un precepto reglamentario, art. 210 del Reglamento Penitenciario, que amplía las posibilidades de tratamiento involuntario más allá de lo que permite la Ley 41/2002, reguladora de la autonomía del paciente, sin suficiente cobertura legal ni en la LOGP ni en el CP; cfr. con más detalle SÁNCHEZ VILANOVA, M.: "El consentimiento en el tratamiento médico penitenciario", *Revista Electrónica de Estudios Penales y de la Seguridad*, nº 7 (extraordinario), 2021; y GARCÍA AMEZ, J.: "Rechazo al tratamiento y riesgos para la vida del paciente", *DS: Derecho y salud*, vol. 21, n.º 1, 2011, pp. 85-97. Por lo que toca, específicamente, al tratamiento de personas con patología psiquiátrica, afirmaba Bastida Ribas en 2014 que "No hay jurisprudencia específica relativa a la administración coercitiva de tratamientos preventivos con psicofármacos en prisión, ni mucho menos una regulación detallada y protocolizada, aunque es algo que se realiza, con un nivel más o menos fino de coerción, cada día en las prisiones españolas." (BASTIDA RIBAS, L. A.: "¿Se puede obligar a tratar…?", cit., p. 40). Ante las deficiencias en la regulación, los Fiscales de Vigilancia Penitenciaria han establecido una serie de criterios de actuación, aplicables

to médico-psiquiátrico como contenido de medidas de seguridad, la postura del GEPC al respecto es, como acabamos de explicar en el apartado anterior, que la posibilidad de decretar intervenciones médicas involuntarias en algunos casos por vía penal, como contenido de medidas de seguridad ambulatorias, podría frenar escaladas que desemboquen en la comisión de delitos más graves, que si están castigados con pena de prisión sí posibilitarían imponer un tratamiento psiquiátrico como contenido de una medida de internamiento, pero a costa de privar al sujeto de su libertad.

Ahora bien, el Grupo es consciente de que las intervenciones médicas involuntarias son en la actualidad una posibilidad "muy poco clara normativamente y socialmente controvertida"[55]. En efecto, el tratamiento médico ambulatorio involuntario (o TAI) no está regulado en el ámbito civil, y aunque ha sido reclamado desde diversos sectores (y se han presentado algunas iniciativas legislativas), se enfrenta a un rechazo no unánime pero sí importante de distintas asociaciones médicas y de pacientes y familias. A falta de una regulación expresa, algunos juzgados de primera instancia lo acuerdan con el fin de evitar los internamientos, con el argumento de que quien puede lo más tiene que poder lo menos, y entendiendo que, si el artículo 763 de la Ley de Enjuiciamiento Civil permite internar forzosamente, debe amparar también una medida mucho menos restrictiva de derechos para alcanzar

---

tanto a personas internas en centros psiquiátricos como ordinarios, con los que intentan ajustarse a los estándares del Convenio de Oviedo, de la Ley 41/2002, y a las recomendaciones del Defensor del Pueblo y del Comité para la Prevención de la Tortura; cfr. MINISTERIO FISCAL – VIGILANCIA PENITENCIARIA: *Conclusiones vigentes…*, cit., Conclusión 115 "Tratamiento médico inconsentido de internos con enfermedad mental. Garantías.". Cfr. al respecto también GÓMEZ-ESCOLAR MAZUELA, P.: "La posición de desventaja…", cit., p. 119.

55 GRUPO DE ESTUDIOS DE POLÍTICA CRIMINAL: *Una propuesta…*, cit., p. 52.

la misma finalidad[56]. No obstante, esta posibilidad es, como decimos, controvertida.

Y a ello se añaden, además, las consecuencias que aún ha de tener en nuestro ordenamiento jurídico la Convención de 2006 sobre los derechos de las personas con discapacidad y el cambio de enfoque que supone, desde un modelo asistencial-rehabilitador a un modelo social de la discapacidad. La adaptación de nuestra normativa a la Convención sólo ha sido hasta ahora parcial en el ámbito civil, pues está pendiente, precisamente, revisar la regulación del art. 763 LEC[57], y está por ver hasta qué punto la normativa penal-penitenciaria también va a tener que modificarse[58].

Ante esta situación de incertidumbre en el ámbito civil, el GEPC optó finalmente por no proponer en este momento ninguna modificación en el tenor literal del art. 100 CP, entendiendo que, tal y como está redactado en la actualidad, da flexibilidad al juez penal para mantener o no el tratamiento en función de las

---

56 Sobre toda esta compleja problemática, cfr. MOLEÓN RUIZ, A. / FUERTES ROCAÑÍN, J.C.: "Opinión de los psiquiatras sobre el tratamiento ambulatorio involuntario", *Revista Española de Sanidad Penitenciaria*, vol. 22, n.º 1, 2020, pp. 41-48 (con una síntesis de las iniciativas legislativas que se han propuesto para regular la cuestión, y que no han prosperado), así como, con posturas contrapuestas, FUERTES ROCAÑÍN, JJ. C. / RODRÍGUEZ LAINZ, J. L. / FUERTES IGLESIAS, C. / NARANJO RODRÍGUEZ, J.: "Necesidad de regulación legal del tratamiento ambulatorio involuntario en pacientes psiquiátricos", *Diario La Ley*, n.º 9123, 22 de enero de 2018 (a favor) y VENTURA MAS, S.: "Acerca del TAI", *Diario La Ley*, Nº 9234, Julio de 2018 (en contra).

57 Cfr. PRADOS GARCÍA, C.: *El ingreso involuntario en el contexto de los derechos fundamentales de las personas con discapacidad*, Dykinson, Madrid, 2023, pp. 197 y ss. y pp. 202-204, explicando un primer intento de reforma del art. 763 LEC que finalmente se retiró.

58 Sobre algunas dificultades para adaptar la normativa penitenciaria a dicha Convención, vid. BARRIOS FLORES, L. F.: "Derecho y salud mental: logros conseguidos y retos pendientes en España. Informe SESPAS 2020". *Gaceta Sanitaria*, 34(S1), 2020, cit., p. 79.

circunstancias de cada caso, y a la espera de ver en qué sentido se produzcan los cambios normativos pendientes en el orden civil.

2.3.3. Medidas de seguridad no privativas de libertad como preferentes, y exigencia de peligrosidad cualificada para las de internamiento

Tal como está redactado el Código penal en la actualidad, da la impresión de que si hay peligrosidad la primera opción a considerar son las medidas de internamiento. Así se desprende del tenor de los arts. 101 a 103 CP, que comienzan diciendo "Al sujeto que sea declarado exento de responsabilidad criminal conforme al número 1.º [2º o 3º] del artículo 20, se le podrá aplicar, si fuere necesaria, la medida de internamiento [...]", y solo después mencionan que también se podrá aplicar "cualquier otra de las medidas previstas en el apartado 3 del artículo 96". Parecido es el tenor literal del art. 104 CP, referido a las eximentes incompletas, que además ni siquiera alude a la posibilidad de aplicar medidas no privativas de libertad. Y en la misma línea se encuentra el art. 105 CP, que parece hacer depender la posibilidad de imponer medidas no privativas de libertad de la circunstancia de que se haya impuesto además una de internamiento, cuando dice que: "En los casos previstos en los artículos 101 a 104, cuando imponga la medida privativa de libertad o durante la ejecución de la misma, el Juez o Tribunal podrá imponer razonadamente una o varias medidas que se enumeran a continuación".

Ello es, sin embargo, completamente opuesto no sólo a la idea de intervención mínima, que obliga a optar por las consecuencias menos restrictivas de derechos siempre que sea posible, sino también al principio terapéutico de que las intervenciones más intensas deben reservarse para quienes verdaderamente las necesiten, e incluso a la pura lógica económica. Por ello, la Propuesta modifica los incisos iniciales de los arts. 101, 104 y 105 CP para insistir en que, si son necesarias medidas de seguridad, se impondrán las no privativas de libertad. Y que sólo cabrá imponer medidas de internamiento si se acredita un grado cualificado de peligrosidad, superior al genérico del art. 95 CP, y consistente en que exista "una probabilidad relevante de que cometa hechos delictivos contra la vida, la integridad física o psíquica, la libertad o la libertad sexual de las personas".

Con ello se pretende reservar las medidas privativas de libertad para los casos más graves. Esto incrementaría el número de medidas no privativas de libertad a ejecutar, que ya a día de hoy cuentan con una infraestructura precaria (por no decir inexistente) para su ejecución, lo que obligaría (si no se quiere que acaben prescribiendo ante la imposibilidad de ejecutarlas) a articular los recursos necesarios para posibilitar su cumplimiento. Pero es que esa es precisamente la línea en la que se quiere avanzar.

2.3.4. Lugar de cumplimiento de las medidas de internamiento

Como hemos señalado *supra*, uno de los objetivos que se marcó el GEPC fue el de potenciar la utilización de recursos de la red sanitaria no penitenciaria. Para ello, se modifica el art.101 CP para establecer que, en los casos de eximente completa, "El internamiento deberá cumplirse preferentemente en establecimientos de la red sanitaria o en centros de educación especial, públicos o privados debidamente acreditados u homologados, adecuados al tipo de anomalía o alteración psíquica que padezca el sujeto." Sólo se admite que la medida se cumpla en centro o unidad psiquiátricos penitenciarios cuando "la persona sometida a la medida necesita un grado elevado de restricción de libertad" y, además, se dé alguna de estas dos circunstancias: "que la duración máxima del internamiento impuesto en la sentencia sea superior a dos años" o que "el sujeto haya cometido hechos delictivos con reiteración".

Por otro lado, se modifica el art. 104 CP para establecer que, en los supuestos de eximente incompleta, "se procurará que [el internamiento] se cumpla preferentemente en establecimientos de la red sanitaria no penitenciaria".

Es decir, en los casos de eximente completa se impone una obligación legal de que las medidas de internamiento se cumplan en centros sanitarios no penitenciarios, y sólo se admite el cumplimiento en centros psiquiátricos penitenciarios en casos excepcionales (con la redacción propuesta se impide, además, que las medidas puedan cumplirse en prisiones ordinarias). Mientras que en los supuestos de eximente incompleta no se obliga a que el internamiento se cumpla en centros sanitarios no penitenciarios, aunque sí se recomienda. La diferencia se debe, entre otras razones[59], a la voluntad de no poner desde el inicio una presión desmesurada sobre los recursos sociosanitarios no penitenciarios, que de acuerdo con esta reforma tendrían que asumir la mayor parte de los internamientos de sujetos inimputables.

En cuanto a la objeción de que ni siquiera con esta cautela la infraestructura sociosanitaria sería capaz de asumir el volumen de trabajo que esta regulación supondría, me remito a lo que ya he argumentado en las páginas anteriores: lo que los servicios de salud de las comunidades autónomas deberían asumir a medio plazo no es sólo la ejecución de las medidas de seguridad de internamiento, sino toda la sanidad penitenciaria, tal como establece la ley desde 2003, y las experiencias que ya se han llevado a cabo en algunas comunidades autónomas demuestran no sólo que es viable, sino también beneficioso.

2.3.5. Límites máximos de las medidas de seguridad

El GEPC plantea modificaciones tanto en los límites máximos de las medidas no privativas de libertad, como en los de las de internamiento. En cuanto a lo primero, y por razones de espacio, me remito al texto de la Propuesta y a la fundamentación que en

---

[59] Que se pueden consultar en la detallada justificación que se ofrece en la Propuesta: GRUPO DE ESTUDIOS DE POLÍTICA CRIMINAL: *Una propuesta...*, cit., pp. 59 y ss.

la misma se contiene en las pp. 62 y ss. Y por lo que hace a lo segundo, cabe destacar los siguientes cambios.

a) Límite máximo para la medida de internamiento cuando el delito cometido estaba castigado con pena de prisión permanente revisable

Como es sabido, la introducción de la prisión permanente revisable en 2015 no fue acompañada de ninguna previsión en cuanto a cómo afectaría a los casos en que por inimputabilidad del sujeto tuviera que aplicarse una medida de seguridad, y la referencia del art. 6 CP a la duración de la "pena abstractamente aplicable al hecho cometido" como límite máximo para la medida de seguridad puede hacer dudar de si, indirectamente, ello ha supuesto establecer una especie de internamiento psiquiátrico permanente revisable[60]. Para evitarlo, la Propuesta introduce en el art. 101 CP un límite máximo de 35 años, aplicable tanto en los casos en que el proceso se haya seguido por la comisión de un único delito, como si lo ha sido por varios.

La cifra escogida es ciertamente discutible, y hay otras que también podrían considerarse lógicas, por ejemplo 25 años, que es el momento a partir del cual, si la persona hubiera sido condenada en lugar de absuelta por inimputable, podría obtener la revisión de la pena y la libertad condicional. No obstante, habida cuenta de que el art. 70.4 CP dispone que la pena inferior en grado a la de prisión permanente es la prisión de 20 a 30 años, había también razones para escoger como límite máximo para el internamiento en estos casos uno que resultara un poco superior a esta última cifra[61].

---

60 Cfr. SIERRA LÓPEZ, Mª del V.: "La medida de «internamiento permanente revisable»: una consecuencia de la prisión permanente revisable en el ámbito de las medidas de seguridad", *Revista Electrónica de Ciencia Penal y Criminología*, 23-11, 2021, con referencias a algunas de las resoluciones judiciales que hasta ahora se han enfrentado a este problema.

61 Todo ello, por supuesto, partiendo de que en esta propuesta el GEPC no se pronuncia sobre la prisión permanente, y se limita a diseñar un

b) Límites para los casos de concurrencia de medidas de seguridad

Entre las muchas cuestiones que el Código penal no regula actualmente, se encuentra la de la concurrencia de medidas de seguridad, tanto entre sí como con las penas, y tanto las impuestas en una misma sentencia como las derivadas de procedimientos distintos[62]. Por ello, el Grupo propone establecer en los arts. 101 y 104 CP un límite máximo para los casos en que sean varios los hechos cuya comisión ha quedado acreditada en un mismo procedimiento, y resulte indicado imponer un internamiento psiquiátrico. Para estos supuestos la doctrina ha barajado en ocasiones acudir, por analogía, a las reglas que regulan el concurso real de delitos, lo que supone partir de que por cada hecho cometido cabe imponer una medida, y que es necesario hallar un límite máximo de cumplimiento para todas ellas.

La Propuesta asume este criterio, pero sólo en los casos de imputabilidad disminuida. La razón es que en estos casos, al estar la imputabilidad solo disminuida, se habrán impuesto en la sentencia penas atenuadas además de las medidas de seguridad, penas cuyo cumplimiento sucesivo tendrá que articularse según las reglas establecidas en los arts. 73 y ss. CP. Por ello, como habrá un máximo de cumplimiento fijado para esas penas, tiene sentido adoptarlo

---

nuevo régimen jurídico para el enfermo mental que encaje en el marco que ofrece el Código penal en su redacción vigente. El Grupo se ha manifestado en reiteradas ocasiones en contra de la prisión permanente revisable y reclamado su derogación (cfr. los diversos pronunciamientos públicos al respecto en su página web, www.politicacriminal.es). Pero mientras ello no suceda, la Propuesta evita interpretaciones que puedan extender la privación de libertad perpetua al ámbito de las medidas de seguridad.

62 Con la excepción del art. 99 CP, que consagra un sistema vicarial para el caso de que concurran penas y medidas de seguridad y ambas sean privativas de libertad. Pero el Código penal guarda silencio sobre todos los demás supuestos posibles de concurrencia.

también como tope para la duración de las medidas de seguridad, en consonancia con el principio establecido en el art. 6 CP.

En los casos de sujetos inimputables, sin embargo, se propone fijar como límite máximo para el internamiento la duración máxima de la pena más grave que habría podido imponerse en caso de haber sido declarado responsable el sujeto. La razón del distinto tratamiento respecto al previsto para los semiimputables es que cuando la persona es inimputable no se habrá impuesto pena alguna, pues hay una eximente completa, y por tanto aunque sean varios los hechos que se juzgan, no hay penas cuyas duraciones haya que sumar conforme a las reglas de los concursos de delitos. Como se explica en la Propuesta, "nos encontramos ante un sujeto declarado inimputable, que por ello ha sido absuelto en la sentencia por los delitos cometidos, y prolongar automáticamente el límite máximo de la medida sólo por haber cometido más de un delito no se cohonesta con la función exclusivamente garantista que tiene en el Código penal la vinculación de la duración máxima de la medida de seguridad a la de la pena prevista"[63].

c) El límite máximo de la pena impuesta como tiempo máximo del internamiento en caso de eximente incompleta.

Como ya hemos comentado brevemente *supra*, la regulación de los límites máximos de cumplimiento en las medidas de seguridad, especialmente en las privativas de libertad, ha sido objeto de mucho debate en la doctrina penal[64]. El Grupo es consciente de las diver-

---

63 GRUPO DE ESTUDIOS DE POLÍTICA CRIMINAL: *Una propuesta...*, cit., p. 57.

64 No sólo porque una parte de la doctrina considera equivocado el criterio consagrado en el art. 6 CP, de utilizar la duración de la pena prevista para el delito cometido como límite máximo para las medidas de seguridad, sino también porque el tenor literal de los arts. 101 a 104 CP, cuando concretan ese criterio en los casos de internamiento, ha dado lugar a muchas dudas (cfr. con amplias referencias a las distintas interpretaciones posibles y a las diferentes posturas que se sostienen, GRACIA MARTÍN, L. / MAYO CALDERÓN, B.: "Las medidas de segu-

sas posturas que existen al respecto y de los argumentos, razonables muchos de ellos, que cada postura aduce a su favor. La vía por la que se ha optado en la Propuesta está basada en los principios que estableció el Manifiesto: primar la orientación terapéutica sobre la dimensión asegurativa, priorizar las medidas menos aflictivas sobre las más restrictivas de derechos, y disminuir la respuesta penal sobre quienes delinquen condicionados por su trastorno mental, potenciando la intervención sociosanitaria no penitenciaria.

Partiendo de estas premisas, el Grupo propone mantener en el art. 101 CP la redacción vigente, según la cual el internamiento "no podrá exceder del tiempo que habría durado la pena privativa de libertad, si hubiera sido declarado responsable el sujeto", por entender que el art. 6.2 CP obliga a no sobrepasar en ningún caso el límite de la "pena abstractamente aplicable al hecho cometido", y ante la dificultad de encontrar otro límite en los casos de inimputabilidad.

Por lo que hace a los supuestos de imputabilidad disminuida, la propuesta mantiene también el actual inciso en el art. 104 CP que dice que la duración de la medida "no podrá exceder de la de la pena prevista por el Código para el delito", entendiendo, tal y como lo viene haciendo el Tribunal Supremo, que dicho máximo es el que resulta tras tener en cuenta los grados de ejecución y participación, pero no las circunstancias atenuantes o agravantes, y tampoco la disminución de la pena que se haya practicado en virtud de la eximente incompleta del art. 21.1ª en relación con el 68 CP.

Ahora bien, ello supone que en los casos de imputabilidad disminuida la duración posible del internamiento es siempre superior a la de la pena impuesta, y puede serlo por muchos años, si el delito es grave y la pena se ha rebajado en dos grados en virtud

---

ridad y reinserción social", en BOLDOVA PASAMAR / ALASTUEY DOBÓN (eds.), *Tratado de las consecuencias jurídicas del delito*, 2ª ed., Tirant lo Blanch, Valencia, 2023, pp. 679-688).

de la eximente incompleta[65]. Y aunque el internamiento debe revisarse al menos anualmente, y el órgano sentenciador debería decretar su cese, dejarlo en suspenso, o sustituirlo por una medida más leve en cuanto la peligrosidad desaparezca o disminuya (arts. 97 y 98 CP), la realidad es que con mucha frecuencia los internamientos se ejecutan hasta la duración máxima establecida en la sentencia, debido sobre todo a la escasez de recursos alternativos a los que derivar a la persona si se quisiera sustituirlo por una medida menos restrictiva[66]. Y junto a ello hay que tener en cuenta que quien está cumpliendo una medida no es objeto de clasificación, y por tanto no puede progresar en grado ni acceder a la libertad condicional, y tampoco tiene permisos ordinarios de salida. Sí puede disfrutar de salidas terapéuticas (art. 190 RP), pero estas dependen de los medios y el personal disponible para organizarlas, y no está garantizado un número mínimo al año.

Es por ello que en el Manifiesto publicado en 2022 el GEPC denunciaba que en la práctica el régimen de cumplimiento de las medidas de seguridad puede resultar más riguroso que el de los sujetos sometidos a penas privativas de libertad, y la situación llama la atención especialmente en el caso de las personas semiimputables, que pueden acabar cumpliendo –como medida de seguridad– muchos más años de privación de libertad que los que correspondían como pena por su grado de responsabilidad en el delito cometido, y a veces incluso en centros penitenciarios ordinarios como hemos visto *supra*.

Para evitarlo, la Propuesta establece lo siguiente:

---

65 Por ejemplo, si el delito cometido es un homicidio (art. 138.1 CP) consumado y como autor, el internamiento podría alcanzar 15 años, mientras que la pena, si el tribunal la ha rebajado en dos grados por estar gravemente afectada la imputabilidad, tendrá un máximo de 5 años.

66 Así, GARCÍA ORTIZ, A. M.: "Los trastornos mentales...", cit., pp. 53 y ss., y GÓMEZ-ESCOLAR MAZUELA, P.: "La posición de desventaja...", cit., pp. 123.

> Cuando el internamiento alcance el tiempo máximo de duración de la pena privativa de libertad impuesta en la sentencia, el juez o tribunal decretará su sustitución por alguna o algunas de las medidas previstas en el artículo 96.3, cuya duración no podrá exceder el límite de la pena prevista por el Código para el delito. Solo cuando se acredite, previos los correspondientes informes, que subsiste una peligrosidad criminal muy acusada, será posible prorrogar la medida de internamiento hasta el límite de la pena prevista por el Código para el delito.

Es decir, cuando se alcance la duración de la pena impuesta en sentencia la regla general debe ser sustituir el internamiento por una medida no privativa de libertad[67], medida que podrá prolongarse, si es necesario, hasta el límite de la pena prevista para el delito. Si, por el contrario, el juez o tribunal quiere mantener el internamiento más allá de la duración de la pena impuesta, tiene un deber reforzado de acreditar, previos los correspondientes informes, que subsiste una peligrosidad muy acusada que lo hace necesario.

IV CONCUSIONES

En definitiva, la Propuesta del Grupo de Estudios de Política Criminal parte de constatar que la situación actual es gravemente lesiva de los derechos de las personas con trastorno mental o discapacidad intelectual que han cometido un delito. Estas personas no son adecuadamente detectadas durante la tramitación del proceso, no tienen garantizadas a lo largo del mismo posibilidades de defensa eficaz, no gozan de los mismos estándares de atención sanitaria que están disponibles en la comunidad exterior, y tienen más difícil reintegrarse en la sociedad cuando extinguen su responsabilidad penal. Hay una alarmante escasez de personal en el cuerpo de facultativos de prisiones que va cada año en au-

---

67 Siempre y cuando – obviamente – subsista peligrosidad, pues si ya no la hay lo obligado es decretar el cese del internamiento o simplemente suspenderlo, sin aplicar ninguna otra medida, tal y como dispone el art. 97 CP.

mento, no hay suficiente personal especializado en psiquiatría ni siquiera en los hospitales psiquiátricos penitenciarios, no hay conexión fluida entre la sanidad penitenciaria y el sistema nacional de salud, y las autoridades parecen empeñadas en mantener un modelo de grandes psiquiátricos penitenciarios que desvinculan a la persona de su entorno y van en contra de las tendencias en derecho comparado[68]. La situación ha sido denunciada por Jueces y Fiscales, por diversas asociaciones, por el Comité para la Prevención de la Tortura, por el Defensor del Pueblo, e incluso por el Tribunal Constitucional (en lo que hace a la ausencia de medidas cautelares que prevean el internamiento psiquiátrico).

Ante esta situación la Propuesta del GEPC diseña un modelo que, desde el punto de vista técnico, intenta completar las numerosas lagunas de la regulación vigente, y desde el punto de vista sustantivo, persigue limitar la intervención penal sobre las personas con trastorno mental o discapacidad intelectual, potenciando el uso de recursos de la red sanitaria y asistencial no penitenciaria.

La Propuesta tiene, por supuesto, muchos aspectos que pueden ser discutibles. El Grupo ha tomado decisiones, por ejemplo en cuanto a los presupuestos o los límites de las medidas de seguridad, a los que se pueden oponer argumentos razonables, y probablemente algo similar cabría decir respecto de otras cuestiones de detalle. Pero lo que creo que puede suscitar un amplio consenso es la orientación general de la propuesta: la desoladora realidad de las prisiones y de los psiquiátricos penitenciarios evidencia que hay de cambiar de modelo. Y el que propone el GEPC no es utópico. Por supuesto, no es realizable con los recursos y la infraestructura que ahora mismo existe, pero es que las insuficiencias de esa infraestructura están en buena medida contribuyendo al pro-

---

68 Me refiero al proyecto de construir un psiquiátrico penitenciario de 500 plazas en la localidad valenciana de Siete Aguas, https://www.eldiario.es/comunitat-valenciana/politica/corts-valencianes-rechazan-proyecto-centro-psiquiatrico-penitenciario-siete-aguas_1_8789249.html.

blema. Como ya hemos advertido, ninguna reforma del proceso penal o de la ejecución penitenciaria puede por sí sola cambiar la realidad de las personas judicializadas con trastorno mental o discapacidad intelectual, pero sí puede acompañar el necesario tránsito hacia un nuevo modelo. Y la Propuesta del GEPC va en la línea de lo que nos reclaman desde instancias internacionales[69], de las tendencias observables en Derecho comparado[70], y del objetivo que el propio Estado español se marcó cuando previó la transferencia de la sanidad penitenciaria a los servicios de salud de las Comunidades Autónomas en la ley 16/2003. Esta transferencia, que está dando buenos resultados en las comunidades autónomas que ya la han llevado a cabo[71], proporcionaría un marco con el que la Propuesta del GEPC sería plenamente coherente.

REFERENCIAS BIBLIOGRÁFICAS

ALONSO RIMO, A.: "Medidas de seguridad y proporcionalidad con el hecho cometido: a propósito de la peligrosa expansión del derecho penal de la peligrosidad", *Estudios Penales y Criminológicos*, n.º 29, 2009, pp. 107-140.

ARROYO COBO, J.M / ACEDO RAMIRO, M DEL R. / RUIZ ARIAS, S. / GIRÁLDEZ RAMÍREZ, P. I.: *Institución penitenciaria y salud mental: la últi-*

---

69 El *Informe* del COMITÉ EUROPEO PARA LA PREVENCIÓN DE LA TORTURA de 2021 señaló (p. 9) que "los Hospitales Psiquiátricos Penitenciarios (HPP), deberían gozar de plena separación institucional y funcional del servicio penitenciario, dado el diferente espíritu y perfil de personal que los caracteriza. Por lo tanto, en opinión del CPT, estos hospitales deberían estar bajo la responsabilidad del Sistema Nacional de Salud, que está mejor situado para proporcionar el apoyo que necesitan tanto los pacientes como el personal."

70 BARRIOS FLORES, L. F.: "El internamiento psiquiátrico penal en España...", cit., pp. 27 y ss.

71 BARRIOS FLORES, L. F.: "Derecho y salud mental...", cit., p. 79; CALCEDO-BARBA, A / ANTÓN-BASANTA, J. / PAZ RUIZ, S.: *Libro Blanco...*, cit., pp. 224 y ss, 242 y ss, 277, 279.

ma frontera, Ministerio del Interior–Secretaría General Técnica (Premio Nacional Victoria Kent Año 2021–Segundo Accésit), 2022.

BARRIOS FLORES, L. F.: "El internamiento psiquiátrico penal en España: situación actual y propuestas de futuro", *Norte de Salud Mental,* vol. 17, n.º 64, 2021, pp. 25-38.

BARRIOS FLORES, L. F.: "Derecho y salud mental: logros conseguidos y retos pendientes en España. Informe SESPAS 2020", *Gaceta Sanitaria,* 34(S1), 2020, pp. 76-80.

BASTIDA RIBAS, L. A.: "¿Se puede obligar a tratar a un enfermo mental en prisión?", *Cuadernos de Psiquiatría Comunitaria,* vol. 12, n.º 1, (Ejemplar dedicado a: Cárcel y salud mental), 2014, pp. 37-50.

CALCEDO-BARBA, A. / ANTÓN-BASANTA, J. / PAZ RUIZ, S.: *Libro Blanco sobre la atención sanitaria a las personas con trastornos mentales graves en los centros penitenciarios de España,* Ed. SEPL Madrid y SESP, Barcelona, 2023. https://www.naiz.eus/media/asset_publics/resources/001/010/468/original/20230621-libro-blanco-salud-mental-presos.pdf. Recuperado el 7/02/2024.

CEREZO, A. y DÍAZ, C.: "El enfermo mental en el medio penitenciario español", *International e-Journal of Criminal Science,* Artículo 2, Número 10, 2016

CERVELLÓ DONDERIS, V.: *Derecho Penitenciario,* 4ª ed., Tirant lo Blanch, Valencia, 2016.

CHAVES PEDRÓN, C.: "Reforma del artículo 92 del Código Penal. Competencias del Juez de Vigilancia en la excarcelación de septuagenarios y enfermos muy graves", *Revista General de Derecho Penal,* n.º 4, 2005, pp. 1-10.

COMITÉ EUROPEO PARA LA PREVENCIÓN DE LA TORTURA Y TRATOS O PENAS INHUMANAS O DEGRADANTES: *Informe al Gobierno Español sobre la visita a España realizada por el Comité Europeo para la prevención de la tortura y tratos o penas inhumanas o degradantes,* noviembre de 2021 (CPT/Inf (2021) 27) https://rm.coe.int/1680a47a78. Recuperado el 7/02/2024.

DEFENSOR DEL PUEBLO. MECANISMO NACIONAL DE PREVENCIÓN: *Informe anual 2022.* https://www.defensordelpueblo.es/informe-mnp/mecanismo-nacional-prevencion-informe-anual-2022/. Recuperado el 8/02/2024.

DEFENSOR DEL PUEBLO: *Ficha de seguimiento de la visita realizada por el MNP al Hospital Psiquiátrico Penitenciario de Alicante,* 2021 https://www.defensordelpueblo.es/gestionDocumentalWS/rest/matrizSeguimientoMNP/21028213. Recuperado el 9/02/2024.

DOLZ LAGO, M.-J.: "De la vida y la muerte: privación de libertad de los enfermos muy graves incurables y algunas patologías jurídicas", *Diario La Ley*, n.º 8280, Sección Doctrina, 27 de marzo de 2014.

ESPINOSA LÓPEZ, R. / VALIENTE OTS, C.: "¿Qué es el Trastorno Mental Grave y Duradero?", *EduPsykhé: Revista de Psicología y Educación*, vol. 16, n.º 1, 2017, pp. 4-14.

FUERTES ROCAÑÍN, JJ. C. / RODRÍGUEZ LAINZ, J. L. / FUERTES IGLESIAS, C. / NARANJO RODRÍGUEZ, J.: "Necesidad de regulación legal del tratamiento ambulatorio involuntario en pacientes psiquiátricos", *Diario La Ley*, n.º 9123, 22 de enero de 2018

GALLEGO ARRIBAS, D.: "Grave adicción de medidas de seguridad: una aproximación desde el fundamento de la atenuante y el principio de legalidad", en CANCIO MELIÁ et al. (eds.), *Libro homenaje al profesor Dr. Agustín Jorge Barreiro*, vol. 1, UAM Ediciones, Madrid, 2019, pp. 445-458.

GARCÍA ALBERO, R.: "Comentario al art. 106", en QUINTERO OLIVARES, G. (dir.) / MORALES PRATS, F. (coord..), *Comentarios al Código penal español: Tomo I y II*, 7ª ed., Thomson Reuters Aranzadi, Cizur Menor, 2016.

GARCÍA AMEZ, J.: "Rechazo al tratamiento y riesgos para la vida del paciente", *DS: Derecho y salud*, vol. 21, n.º 1, 2011, pp. 85-97.

GARCÍA ORTIZ, A. M.: "Los trastornos mentales en el medio penitenciario: situación actual y propuestas de mejora", *Revista de Estudios Penitenciarios*, n.º 263, 2021, pp. 9-67.

GÓMEZ-ESCOLAR MAZUELA, P.: "Enfermedad mental y prisión. A propósito de la STC 84/2018, de 16 de julio", *Diario La Ley*, Nº 9285, 24 de Octubre de 2018.

GÓMEZ-ESCOLAR MAZUELA, P.: "La posición de desventaja del discapacitado psíquico en el sistema penal", en DOVAL PAIS / GUTIÉRREZ PÉREZ (dirs.), *Manifestaciones de desigualdad en el sistema de justicia penal*, Vol. 1, Aranzadi, 2023, pp. 93-142.

GRACIA MARTÍN, L. / MAYO CALDERÓN, B.: "Las medidas de seguridad y reinserción social", en BOLDOVA PASAMAR / ALASTUEY DOBÓN (eds.), *Tratado de las consecuencias jurídicas del delito*, 2ª ed., Tirant lo Blanch, Valencia, 2023, pp. 617-704

GRUPO DE ESTUDIOS DE POLÍTICA CRIMINAL: *Manifiesto para un nuevo régimen penal aplicable a las personas con enfermedad mental o con discapacidad intelectual*, 2022 https://politicacriminal.es Recuperado el 7/01/2024.

GRUPO DE ESTUDIOS DE POLÍTICA CRIMINAL: *Una propuesta alternativa para un nuevo régimen penal aplicable a las personas con enfermedad mental o discapacidad intelectual*, 2023 https://politicacriminal.es Recuperado el 7/01/2024.

HAVA GARCÍA, E.: "Enfermedad mental y prisión: análisis de la situación penal y penitenciaria de las personas con trastorno mental grave (TMG)", *Estudios Penales y Criminológicos*, vol. 41, 2021, pp. 59-135.

JUANATEY DORADO, C.: *Manual de Derecho Penitenciario*, 3ª ed., Iustel, Madrid, 2016.

LÓPEZ ÁLVAREZ, M. / LAVIANA, M. / SAAVEDRA, F. J. / LÓPEZ, A.: "Problemas de salud mental en población penitenciaria. Un enfoque de salud pública", *Revista de la Asociación Española de Neuropsiquiatría*, vol. 41, n.º 140, 2021, pp. 87-211.

MARTÍNEZ GARAY, L.: "La incertidumbre de los pronósticos de peligrosidad: consecuencias para la dogmática de las medidas de seguridad", *Indret: Revista para el Análisis del Derecho*, n.º 2/2014, pp. 1-77.

MINISTERIO DE SANIDAD, SERVICIOS SOCIALES E IGUALDAD: *Estrategia en Salud Mental del Sistema Nacional de Salud. Documento de Consenso de las Comisiones de Análisis de Casos de Personas con Enfermedad Mental sometidas a Penas y Medidas de Seguridad*, 2014. https://consaludmental.org/publicaciones/Comision-Analisis-Casos-Medidas-Seguridad.pdf. Recuperado el 14/02/2024.

MINISTERIO DE SANIDAD (Subdirección General de Información Sanitaria): *Salud mental en datos: prevalencia de los problemas de salud y consumo de psicofármacos y fármacos relacionados a partir de registros clínicos de atención primaria.* BDCAP Series 2. Ministerio de Sanidad, Madrid, 2021. https://www.sanidad.gob.es/estadEstudios/estadisticas/estadisticas/estMinisterio/SIAP/Salud_mental_datos.pdf. Recuperado el 14/02/2024.

MINISTERIO DEL INTERIOR: *Anuario Estadístico 2022.* https://www.interior.gob.es/opencms/pdf/archivos-y-documentacion/documentacion-y-publicaciones/anuarios-y-estadisticas/ultimo-anuario-estadistico/Anuario_estadistico_2022_126150729.pdf Recuperado el 8//02/2024

MINISTERIO FISCAL – VIGILANCIA PENITENCIARIA: *Conclusiones vigentes sistematizadas de encuentros de Fiscales de Vigilancia Penitenciaria 2011-2023.* https://www.fiscal.es/documents/20142/820cdfc2-4318-3d03-b45c-6c8498735bec. Recuperado el 8/02/2024

MOLEÓN RUIZ, A. / FUERTES ROCAÑÍN, J.C.: "Opinión de los psiquiatras sobre el tratamiento ambulatorio involuntario", *Revista Española de Sanidad Penitenciaria*, vol. 22, n.º 1, 2020, pp. 41-48

PÉREZ MARTÍNEZ, E. / HERNÁNDEZ MONSALVE, M.: "Alternativas al encarcelamiento de las personas con problemas de salud mental: experiencias internacionales", *Revista de la Asociación Española de Neuropsiquiatría,* vol. 42, n.º 141, 2022, pp. 251-267.

PRADOS GARCÍA, C.: *El ingreso involuntario en el contexto de los derechos fundamentales de las personas con discapacidad,* Dykinson, Madrid, 2023.

SÁNCHEZ GARCÍA DE PAZ, I.: "Tratamiento de la incapacidad para ser enjuiciado", en DOVAL PAIS / GUTIÉRREZ PÉREZ (dirs.), *Manifestaciones de desigualdad en el sistema de justicia penal,* vol. 1, Aranzadi, 2023, pp. 143-182.

SÁNCHEZ VILANOVA, M.: "El consentimiento en el tratamiento médico penitenciario", *Revista Electrónica de Estudios Penales y de la Seguridad,* nº 7 (extraordinario), 2021.

SANZ MORÁN, A. J.: "Una reforma inaplazable. El nuevo status procesal del inimputable en el Anteproyecto de LECr. de 2020", en GÓMEZ MARTÍN et al (dirs.), *Un modelo integral de Derecho penal. Libro homenaje a la profesora Mirentxu Corcoy Bidasolo,* Agencia Estatal Boletín Oficial del Estado, Madrid, 2022, pp. 1593-1605.

SANZ MORÁN, A. J.: *Las medidas de corrección y de seguridad en el Derecho penal,* Lex Nova, 2003.

SIERRA LÓPEZ, Mª del V.: "La medida de «internamiento permanente revisable»: una consecuencia de la prisión permanente revisable en el ámbito de las medidas de seguridad", *Revista Electrónica de Ciencia Penal y Criminología,* 23-11, 2021, 37 pp.

VENTURA MAS, S.: "Acerca del TAI", *Diario La Ley,* Nº 9234, Julio de 2018

VIZUETA FERNÁNDEZ, J.: "El trastorno mental grave apreciado después de dictarse sentencia firme: el art. 60 del Código penal", *Revista Electrónica de Ciencia Penal y Criminología,* n.º 9 (09-04), 2007, pp. 1-15.

TERCERA PARTE:
LA INFLUENCIA DEL FACTOR GÉNERO EN LA APLICACIÓN Y CUMPLIMIENTO DE LA PENA

La feminización del Código penal[1]

EMILIANO BORJA JIMÉNEZ
Catedrático de Derecho Penal
Universidad de Valencia

I. INTRODUCCIÓN

El Código Penal español recurre frecuentemente a la pena de prisión para sancionar los hechos delictivos que tipifica como tales. Dicha opción político-criminal ha conducido a que España sea uno de los países europeos con un mayor índice de población penitenciaria. Esta realidad, que materializa las aspiraciones del populismo punitivista tan presente entre los gobernantes y en la misma sociedad civil, acarrea, sin embargo, algunas consecuencias que son poco conciliables con la conformación de un auténtico Estado de Derecho. Destacan, entre otras, el alto coste económico para las administraciones públicas, su escasa contribución al incremento de la seguridad ciudadana, la notable limitación de los derechos fundamentales de los internos, una más que dudable incidencia en la satisfacción de los derechos de las víctimas, y, en general, un detrimento de la calidad democrática del propio Estado como Estado de Derecho. Estos efectos perniciosos son muy acusados cuando los infractores se encuentran en especiales situaciones de desigualdad en relación con el resto de la población civil, como es el caso de las mujeres y, en otro contexto totalmente distinto objeto del proyecto en el que se encuentra la presente contribución, de las personas con discapacidad psíquica.

---

1 Este trabajo se enmarca en el Proyecto I+D+i "Estudio crítico del uso de sanciones alternativas penales: una mirada a la salud mental y al género" (ref.: PID2021-126236OB-I00; AEI/FEDER, UE).

Se plantea entonces la cuestión de si para determinados sectores de la criminalidad se puede prescindir de la sanción privativa de libertad y castigar las correspondientes infracciones con penas alternativas que, al menos, las igualen en eficacia sin una incidencia tan drástica en los bienes personales del condenado.

Para afrontar esta problemática es necesario partir de un criterio metodológico que contribuya a un mayor conocimiento de la realidad que se pretende transformar en dos ámbitos íntimamente vinculados: la clase de criminalidad más frecuentemente perpetrada por los sujetos activos de referencia y las sanciones que se les asignan a los correspondientes hechos delictivos.

Con la pretensión de delimitar el objeto de investigación y evitar una excesiva difuminación del mismo que conduciría a muchas dificultades en su manejabilidad, en este trabajo se ha optado por circunscribir el estudio exclusivamente al ámbito de la criminalidad perpetrada por la mujer.

En este sentido, los estadios del desarrollo teórico de la presente contribución, tal y como se acaba de apuntar, transcurren por las siguientes fases.

En primer lugar, se identifican los sectores femeninos de criminalidad más relevantes y que conforman cierta idiosincrasia, al igual que ocurre en otras actividades de la vida social (por ejemplo, por poner una comparación, como ocurre con las profesiones más feminizadas).

Una vez identificados esos sectores de criminalidad, en segundo lugar, se llevará a cabo un análisis político-criminal de la correspondiente figura delictiva tomando en consideración la interpretación de sus términos típicos más relevantes y su aplicación práctica en los tribunales cuando el sujeto activo es una mujer.

En tercer lugar, se determinarán sus correspondientes sanciones en el CP con el fin de actuar desde una doble perspectiva. Por un lado, desde un planteamiento más general y abstracto, se evaluará la racionalidad de la pena en relación con los fines político-criminales de prevención de la infracción que la acompaña. Por otro lado, sin abandonar todavía este plano teórico, se valorará la incidencia de la sanción tomando en consideración que su sujeto activo sea una mujer.

Finalmente, dependiendo de la mayor o menor idoneidad de la pena en relación con el grupo delictivo examinado y la condición de su infractor, se apuntarán las posibles sanciones alternativas a la prisión tanto desde el ámbito del derecho positivo que proporciona el texto punitivo como desde una perspectiva político-criminal orientada a una reforma penal.

II. ALGUNAS OBSERVACIONES METODOLÓGICAS

En la medida en que el planteamiento que aquí se propone es de naturaleza teórica con cierta proyección político-criminal, el recurso a las fuentes estadísticas va a ser muy básico y centrado en unos pocos datos que proporcionen cierta evidencia en torno a unas cuestiones que permitan desarrollar la investigación en los términos expuestos.

Más concretamente, dado que se pretende perfilar el conjunto de delitos caracterizados por una cifra elevada de su comisión por parte del sujeto activo femenino en comparación con el varón, a tal efecto se hace necesario alcanzar dos resultados[2].

---

2 Los trabajos e investigaciones que se han centrado en el estudio de la mujer como sujeto activo del sistema penal se han preocupado más de los aspectos del examen de la problemática del cumplimiento de la pena de prisión que del examen de la criminalidad feminizada. En este sentido, entre otras muchas, destacan las siguientes contribuciones que a continuación se mencionan: ALCAZAR ESCRIBANO, M. A.: "Alternativa a la prisión: una cuestión de justicia y género" *Revista General de Derecho Penal*, núm. 37, 2021; CARAVACA SÁNCHEZ, F./GARCÍA-JARILLO, M.: "Factores de riesgo asociados a la reincidencia entre el colectivo femenino penitenciario en España", *Cuadernos de Medicina*

El primero de ellos, en relación con el total de infracciones perpetradas por ambos sexos, tiene que desvelar el tanto por ciento genérico de la criminalidad femenina en relación con la masculina. A este respecto, y adelantando datos que se expondrán más abajo, del global de infracciones condenadas en los cinco últimos años estadísticamente registradas (en el periodo 2017-2021) en torno al 80% han sido atribuidas a varones y un 20% aproximadamente a mujeres. De ahí que, tomando en consideración estas cifras, se pueda considerar como delitos con notable presencia de autoría femenina aquellos que superen el 30% (en relación con la global) de la respectiva figura típica reflejada en la tabla de referencia. Se tiene presente este valor del 30% como factor que califica la respectiva infracción como relevante en la medida en que supera un 50% el índice relativo genérico de la criminalidad de la mujer frente a la total[3].

Forense, vol. 23, núm. 3-4, 2017, pp. 76-81; CERVELLÓ DONDERIS, V.: "Mujer, prisión y no discriminación: del legado de Concepción Arenal a las reglas de Bangkok", *Estudios Penales y Criminológicos*, vol. XLI, 2021, pp. 551-591; CERVELLÓ DONDERIS, V.: "Las prisiones de mujeres desde una perspectiva de género", *Revista de Estudios Penitenciarios*, núm. Extra 1, 2006, pp. 129-150; CLINAZ, M. P.: "Las más malvadas de todas", *Revista Electrónica de Estudios Penales y de la Seguridad (REEPS)*, núm. Extra 7, 2021; PICADO VALVERDE, E. M./YURREBASO, A./GUZMÁN ORDAZ, R./ORGAZ BAZ, B.: "Factores de riesgo diferenciales entre hombres y mujeres en prisión", *Boletín Criminológico*, vol. 29, núm. 213, 2022, pp. 1-22; VASILESCU, C.: *Mujeres y penas alternativas a la prisión: una mirada con perspectiva de género*, Madrid, 2023.

3 Existen contribuciones dedicadas al análisis de la criminalidad femenina, pero con una metodología diferente de la apuntada aquí, que toma como referencia el elemento cuantitativo y relativo (en relación con la criminalidad masculina) de la elevada frecuencia de comisión en los términos que se explican en el texto. Entre otras, destacan las siguientes que seguidamente se citan: FRANCÉS LECUMBERRI, P.: "La criminalización de las mujeres: De la caza de brujas a las propuestas de transformación del abordaje del delito", *Millars: Espai i historia*, vol. 51, núm. 2, 2021, pp. 209-241; GARCÍA DOMÍNGUEZ, I.: "Exclusión social y criminalidad: un análisis de las instituciones aporófobas a través de los

Partiendo de estos últimos datos, en segundo lugar, se procede a extraer de la correspondiente estadística los concretos hechos delictivos que en los últimos cinco años han superado esta ratio (bien en todo el periodo quinquenal, bien en el promedio del mismo), con la pretensión de, ulteriormente, llevar a cabo un análisis de algunas características definitorias del específico tipo penal y de su respectiva sanción a efectos de proyectar en los resultados determinadas consecuencias político-criminales.

El análisis de estos datos toma en consideración la fuente que proporciona el Instituto Nacional de Estadística (INE), concretamente la explotación que dicho organismo realiza del Registro Central de Penados.

Cierto es que dicha fuente presenta muchas lagunas en relación con la realidad de las cifras de criminalidad femenina y su concreta responsabilidad en cada hecho delictivo. Pues, por poner sólo algunos ejemplos, de la información recopilada no se desvela si la condenada fue a título de autoría o participación, o si el hecho era consumado o en grado de tentativa, o si estaba agravado o atenuado, etc. Pero en la medida en que la presente contribución se centra en la idoneidad político-criminal de la sanción en determinadas

---

delitos patrimoniales", *Revista Penal,* **núm. 48, 2019, pp. 33-57**; JUANATEY DORADO, C.: "Delincuencia y población penitenciaria femeninas: situación actual de las mujeres en prisión en España", *RECPC,* **núm. 20, 2018**; LAURENZO COPELLO, P.: "Mujeres en el abismo: delincuencia femenina en contextos de violencia o exclusión", *RECPC,* núm. 21, 2019; LÓPEZ DE ZUBIRÍA DÍAZ, S.: "La mujer como delincuente: aproximación a la delincuencia femenina a través de un estudio jurisprudencial", *Revista Penal,* núm. 51, 2023, pp. 165-176; REVELLES CARRASCO, M.: "Género y delincuencia: de la exclusión a la criminalización", *Revista de Estudios Socioeducativos (RESED),* núm. 7, 2019, pp. 137-153; SERRANO TÁRRAGA, M. D.: *Delincuencia femenina: un estudio sobre tendencia, control y prevención diferenciales desde la perspectiva de género,* Valencia, 2021; ACALE SÁNCHEZ, M.: "Mujer inmigrante y pobre: una mina para el Derecho Penal", *Revista Penal,* núm. 47, 2021, pp. 5-23.

infracciones punibles de frecuente perpetración por la mujer, los datos estadísticos requeridos son muy modestos. Dichos datos, por tener siempre una referencia en relación con la criminalidad del varón, apuntan a una perspectiva relativa que, cuando su cuantía es similar en cada periodo anual de los últimos cinco años, otorga cierta fiabilidad para los objetivos que aquí se pretenden alcanzar[4].

Además, teniendo también presente que ulteriormente en este proyecto se han de examinar las alternativas a la prisión en estos sectores feminizados de la delincuencia, la referencia a las condenas reales concede más seguridad a la hora de analizar la realidad de la ejecución de la pena privativa de libertad.

Si en el estudio de alguna de las figuras delictivas ya perfiladas se requiere más información sobre estos aspectos señalados que no pueden ser extraídos de las correspondientes tablas de referencia, se puede recurrir a la base de datos jurisprudencial del Consejo General del Poder Judicial. En la medida en que las aportaciones estadísticas reflejan siempre infracciones condenadas, es posible recopilar algunas de las respectivas resoluciones que, éstas sí (al menos las audiencias provinciales, los tribunales superiores de justicia de las CC.AA., la Audiencia Nacional y el Tribunal Supremo) contienen todo el relato fáctico de su plasmación como acontecimiento de la vida social.

Finalmente, se tomarán en consideración las tablas estadísticas de cumplimiento de penas privativas de libertad de este mismo periodo quinquenal teniendo en cuenta los mismos parámetros que

---

4 Se toma en consideración este periodo (2017-2021) tanto porque es el más reciente como por el hecho de que las cifras estadísticas en torno a la criminalidad femenina son bastante estables en el quinquenio, lo cual permite delimitar mucho mejor el objeto de investigación en orden a la obtención de resultados más fructíferos. En relación con el periodo 2007-2016, con datos estadísticos de delitos condenados y de ejecución de la pena de prisión, si bien empleando una metodología diferente a la que aquí se propone, puede tomarse en consideración la contribución de JUANATEY DORADO, C., ob. cit.

los reflejados en las fuentes de delitos condenados, esto es, por años, infracciones castigadas y sexo. De esta manera se estará en condiciones de llevar a cabo una última y muy relevante comparación. Esa comparación reside en la comprobación de si los porcentajes relativos según sexo de condenas y ejecución de la prisión en centros penitenciarios se mantienen o varían notablemente, tanto respecto del total de infracciones y penas de prisión, como en relación con los sectores de criminalidad feminizados y la ejecución de las correspondientes sanciones privativas de libertad.

Cuando se inició la presente contribución, no se contaba con los datos de 2022, y por ello se tomó en consideración el quinquenio 2017-2021. Pero antes de su finalización aparecieron en la correspondiente estadística las cifras de este último año que , por cierto, varían en muy pequeña medida las ya aportadas, de tal suerte que se incluirán junto a aquéllas en el concreto análisis de las mismas.

En conclusión, la metodología utilizada aquí es distinta, por tanto, de la empleada en otras investigaciones que se han ocupado de la criminalidad de la mujer. Por poner ahora sólo algún ejemplo, existen trabajos que se centran en el estudio de los homicidios y asesinatos femeninos y sus peculiaridades en relación con los perpetrados por el varón[5]. Otros que tratan de explicar causalmente los factores y contextos vitales que llevan a la mujer a perpetrar figuras delictivas de estatus, homicidio del maltratador o ciertos hechos punibles relacionados con el tráfico de drogas[6]. En fin, también hay investigaciones que toman como objeto de análisis los delitos cuantitativamente más perpetrados por el sector femenino o que dan lugar a un mayor número de supuestos de ingreso en prisión[7]. Evidentemente, esta clase de estudios tienen todo su sen-

---

5 De esta manera, la reciente contribución de LÓPEZ DE ZUBIRÍA DÍAZ, ob. cit.

6 Así, LAURENZO COPELLO, P., ob. cit.

7 Aquí se pueden citar la monografía de SERRANO TÁRRAGA, ob. cit., y el trabajo de JUANATEY DORADO, ob. cit.

tido y abarcan ámbitos de la realidad que necesitan un barniz de mayor conocimiento y explicación, de tal suerte que su legitimidad está más que justificada desde todos los puntos de vista.

Sin embargo, aquí se ha preferido llevar a cabo un enfoque distinto, por el hecho de apenas haber sido tomado en consideración por la doctrina especializada. Se quiere analizar, como ya se ha reiterado anteriormente, las características de aquellas infracciones penales cuantitativamente más relevantes en relación con las cometidas por los varones a efectos de indagar en su virtualidad político-criminal para ser sancionadas, precisamente, en coherencia con la condición femenina de sus responsables.

III. Y ALGUNOS DATOS ESTADÍSTICOS

Tomando en consideración los presupuestos metodológicos enunciados en el apartado anterior, tal y como se acaba de señalar, el análisis se ha circunscrito a los cinco últimos años registrados por el INE (2017-2021). En cada tabla se han elegido los parámetros que reflejan el conjunto de resultados nacionales en relación con todos los delitos condenados en cada año distribuidos por sexo. Como se ha significado párrafos arriba, se han examinado aquellas figuras delictivas cuyo índice de perpetración por la mujer superase el promedio del 30% en los últimos cinco años con la exigencia, además, de que al menos dicho 30% fuese superado en tres de esos cinco años. De esta forma se pone en evidencia que la relevancia (cuantitativa y relativa) de la comisión del respectivo hecho delictivo no es puntual, sino que, por el contrario, muestra cierta tendencia a su reiteración en los tiempos más recientes. Los porcentajes han sido redondeados por exceso o por defecto. Se añaden, como se acaba de señalar, las cifras de 2022 para observar comparativamente la tendencia de este último año registrado en relación con este quinquenio de 2017-2021.

Hay que tener presente, como se anunció en su momento, que la criminalidad femenina apenas representa (en conjunto integrando todos los delitos condenados) entre el 18% y el 22% de la total incluyendo la masculina. Así, 18% durante los años 2020 y 2021 y 20% en el periodo 2017-2019, aproximadamente. Y en 2022, también 18%. Consecuentemente, son pocos los hechos punibles que, conforme a los presupuestos establecidos en el presente trabajo, puedan ser calificados como relevantes a efectos de la frecuencia de su autoría femenina[8].

Más concretamente, y siguiendo el orden elegido por el propio INE en las correspondientes tablas estadísticas (que es el mismo que sigue el CP), se aprecia esta característica de la relevancia femenina de su comisión en las figuras delictivas que se mencionan a continuación, acompañadas del porcentaje de condenas en el último quinquenio. Sustracción de menores (60%), hurtos (41%), usurpación (50%), defraudaciones del fluido eléctrico (32%), acusación y denuncias falsas (56%) y simulación del delito (39%). Para el año 2022, estas cifras fueron para la sustracción de menores (53%), hurtos (39%), usurpación (47%), defraudaciones del fluido eléctrico (28%), acusación y denuncias falsas (61%) y simulación del delito (35%)[9]. A este respecto cabe resaltar que estos hechos delictivos se pueden sistematizar en tres diferentes sectores de criminalidad. Esto es, siguiendo de nuevo los criterios de ordenación del mismo texto punitivo, infracciones penales contra las relaciones familiares, contra el patrimonio y contra la administración de justicia.

Antes de proceder al concreto análisis de estos tres grupos delictivos, hay que destacar que resaltan dos características comunes que perfilan a los mismos por estar, precisamente, ausentes.

---

8 Datos extraídos de la explotación del INE del Registro Central de Penados en relación con el periodo acumulado 2017-2021, y 2022, bajo los parámetros de todos los delitos condenados atendiendo a la clase de infracción y según sexo.

9 Estas cifras han sido redondeadas a enteros, quedando algo más perfiladas cuando se examinan más concretamente en el análisis de cada figura delictiva en el correspondiente apartado.

Por un lado, ninguno de estos hechos punibles requiere la exigencia típica de violencia o intimidación en su consumación. Por otro lado, tampoco el contenido del injusto de los mismos toma fundamento en el exceso o abuso de situación de poder nacida de una relación jurídica, económica, social o política.

En los próximos apartados se examinan específicamente estos tres órdenes delictivos desde el prisma que orienta la presente investigación, esto es, desde la perspectiva político-criminal en orden a la adecuación de su prevención mediante el recurso a la pena privativa de libertad.

Cabe destacar que, finalmente, y en relación con el cumplimiento de la pena privativa de libertad, las cifras de ejecución son todavía más desiguales en uno y otro sexo. Para el mentado periodo 2017-2021, el porcentaje de penas de prisión impuestas a mujeres representa el 14% del total. Aunque la estadística de ejecución no recoge (como es el caso de la estadística de condenas) la del cumplimiento de la sanción privativa de libertad en cada hecho delictivo, sino que toma en consideración el conjunto de figuras delictivas por cada Título del CP de 1995, los datos apuntados también permiten extraer unos resultados relevantes a efectos de evaluar político-criminalmente el recurso a esta clase de consecuencias jurídicas en los sectores de criminalidad más feminizados. Más adelante se profundizará sobre éste y otros aspectos similares relacionados con las fuentes aquí destacadas[10].

---

10 Datos de la explotación del Registro Central de Penados realizada por el INE bajo los parámetros de penas de prisión impuestas según el criterio de su duración y sexo de la persona penada en el periodo acumulado 2017-2022.

IV. ANÁLISIS POLÍTICO-CRIMINAL DE TRES ÓRDENES DELICTIVOS FEMINIZADOS

El núcleo de la presente investigación aborda algunas consideraciones político-criminales en relación con una serie de hechos delictivos que se caracterizan por superar notablemente (más del 30%) el porcentaje de condenas de mujeres en relación con el total de infracciones (perpetradas por hombres y mujeres). De nuevo se reitera que el análisis no se centra en los valores absolutos de las cifras de aquellos delitos que son más frecuentemente cometidos por el sector femenino, ni tampoco en los hechos sentenciados causantes de un mayor número de ingresos en prisión. Aquí se pone el acento en la relevancia cuantitativa relativa (y no absoluta) del número de condenas que toma en consideración un porcentaje muy superior al que representa la media del global de todas las infracciones (dicho porcentaje, se reitera, en relación con el conjunto de tipos penales se establece genéricamente en los últimos cinco años en torno al 20%).

Como se vio en el apartado anterior, muy pocas figuras delictivas superaron el umbral de ese 30%, pudiéndose agrupar las mismas en torno a los criterios de clasificación que otorga el propio CP en los diferentes títulos que las contienen: delitos contra las relaciones familiares, contra el patrimonio y contra la administración de justicia.

Esta sistematización tiene la ventaja de que, además del criterio formal de división del texto punitivo, se fundamenta con base en la tutela de los diferentes bienes jurídicos de los tres grupos de tipos penales analizados. Y si el bien jurídico representa la razón legitimadora del castigo del hecho punible de referencia, la perspectiva político-criminal de adecuación de la sanción penal es de la mayor importancia. De ahí que la interpretación del objeto de tutela en cada figura delictiva con relevancia de género determinará el primer criterio de estudio de la misma[11].

---

11 Aquí se entiende el bien jurídico en los términos que plantea la teoría procedimental de VIVES ANTÓN. Esto es, como un proceso argumenta-

Una vez examinado el interés jurídicamente preponderante en cada hecho punible, se proyectará su impronta exegética sobre los términos típicos más relacionados con la condición femenina del sujeto activo de la respectiva infracción. De este modo se complementará el conocimiento en relación con las causas legales que coadyuvan a la explicación del elevado índice de comisión del delito por parte de la mujer.

Por último, se recurrirá a la jurisprudencia de los tribunales a efectos de determinar en la práctica las consideraciones señaladas en los párrafos anteriores, incluyendo el examen de la adecuación de la aplicación de la concreta sanción. Estas resoluciones enriquecen mucho el análisis en la medida en que los hechos probados proporcionan el relato fáctico del acontecimiento de la vida social sobre el que recae la correspondiente condena. Evidentemente, se estudiarán las sentencias firmes más relevantes cuyos responsables penales son mujeres.

Una vez completado este análisis jurídico-penal y político-criminal en cada uno de los grupos delictivos examinados, se estará en condiciones de aportar en las conclusiones de la presente investigación, tanto desde un planteamiento teórico como práctico, un esbozo con cierta fundamentación sobre la virtualidad de actuar con la pena de prisión frente a las infractoras condenadas en los diferentes supuestos que aquí se han tenido en cuenta.

---

tivo dirigido a la justificación racional del castigo de una determinada figura delictiva conforme a los valores constitucionales y no como concepto con un contenido material o ideal más o menos universal. Al respecto, VIVES ANTÓN, T. S: *Fundamentos del sistema penal: acción significativa y derechos constitucionales*, Valencia, 2010, pp. 826 y ss. Este criterio metodológico es el que aquí va a ser utilizado precisamente en la interpretación de los diferentes hechos punibles con relevancia femenina a efectos de determinar político-criminalmente la adecuación de la pena de prisión de los mismos, tal y como se acaba de señalar en el texto.

1. Delitos contra las relaciones familiares

Dentro de los delitos contra las relaciones familiares, que en su inmensa mayoría son perpetrados por varones, llama la atención el hecho de que en uno de ellos, la sustracción de menores, se invierta el porcentaje de las condenas del mismo en relación con el sexo de su infractor. Es decir, el número de hechos delictivos perpetrados de esta clase es muy bajo en comparación con otras figuras típicas, pero resalta la circunstancia de que su autoría sea femenina (en los últimos cinco años)en torno al 60% del total (en 2022, 53%).

Aunque no se pretende ahora llenar estas páginas con excesivas cifras, se apuntan los datos que se consignan en el párrafo siguiente.

En 2017, de un total de 33 condenas, 16 correspondían a hombres y 17 a mujeres, lo cual representaba en este último caso el 51% del conjunto. En 2018, 41 condenas, 14 hombres y 27 mujeres (65%). En 2019, 30 condenas, 16 hombres y 14 mujeres (47%). En 2020, 24 condenas, 7 hombres y 17 mujeres (71%). Y, finalmente, en 2021, 37 condenas, 13 hombres y 24 mujeres (65%). Fuera de este quinquenio, en 2022, 40 condenas, 19 hombres y 21 mujeres (53%)[12].

El delito de sustracción de menores se encuentra tipificado en el art. 225 bis, Sección 2ª del Capítulo III (De los delitos contra los derechos y deberes familiares) del Título XII (Delitos contra las relaciones familiares) del Libro II del CP[13].

---

12 Datos extraídos de la explotación del INE del Registro Central de Penados en relación con las tablas individuales anuales del periodo 2017-2021, y 2022, bajo los parámetros de todos los delitos condenados atendiendo a la clase de infracción y según sexo.

13 Art. 225 bis:
1. El progenitor que sin causa justificada para ello sustrajere a su hijo menor será castigado con la pena de prisión de dos a cuatro años e inhabilitación especial para el ejercicio del derecho de patria potestad por tiempo de cuatro a diez años.

El tipo de injusto requiere unos presupuestos previos sobre los que se desarrolla el comportamiento prohibido.

Dichos presupuestos vienen constituidos por la presencia de un menor de edad sometido a la patria potestad o tutela de sus progenitores o tutores. De ahí nacen unos derechos y deberes, entre otros, relacionados con la guarda o custodia de dicho menor.

La sustracción ilegal se tiene que producir por parte de uno de los progenitores (o por parte de uno de los sujetos activos mencionados en el art. 225 bis, 5), de tal suerte que rompe dicha relación de guarda o custodia del otro progenitor sin causa que lo justifi-

---

[2]. A los efectos de este artículo, se considera sustracción:
1.º El traslado de una persona menor de edad de su lugar de residencia habitual sin consentimiento del otro progenitor o de las personas o instituciones a las cuales estuviese confiada su guarda o custodia.
2.º La retención de una persona menor de edad incumpliendo gravemente el deber establecido por resolución judicial o administrativa.
3. Cuando el menor sea trasladado fuera de España o fuese exigida alguna condición para su restitución la pena señalada en el apartado 1 se impondrá en su mitad superior.
4. Cuando el sustractor haya comunicado el lugar de estancia al otro progenitor o a quien corresponda legalmente su cuidado dentro de las veinticuatro horas siguientes a la sustracción con el compromiso de devolución inmediata que efectivamente lleve a cabo, o la ausencia no hubiere sido superior a dicho plazo de veinticuatro horas, quedará exento de pena.
Si la restitución la hiciere, sin la comunicación a que se refiere el párrafo anterior, dentro de los quince días siguientes a la sustracción, le será impuesta la pena de prisión de seis meses a dos años. Estos plazos se computarán desde la fecha de la denuncia de la sustracción.
5. Las penas señaladas en este artículo se impondrán igualmente a los ascendientes del menor y a los parientes del progenitor hasta el segundo grado de consanguinidad o afinidad que incurran en las conductas anteriormente descritas.

que. Todo lo cual implica que el sujeto activo no tiene asignado exclusivamente el derecho de custodiar (por sí solo) al menor[14].

Y esta actividad, para que adquiera reproche jurídico-penal, requiere que el otro progenitor (o la persona titular de la guarda o custodia del menor) no otorgue su consentimiento al traslado o a la retención.

En la práctica, casi la totalidad de los supuestos acaecen tras un proceso de separación o divorcio siendo el infractor el ascendiente que viola la regulación establecida judicialmente en relación con estos específicos derechos orientados a garantizar los intereses superiores del descendiente. No obstante (y excepcionalmente), se conocen casos, sobre todo en los supuestos de retención sin justificación, en los que sin existencia previa de separación o disolución matrimonial, se consuma la sustracción del menor que adquiere reproche penal por no acatar el infractor una decisión judicial que obliga a la devolución del mismo.

Para que este hecho punible se consume, por tanto, es necesario que se actúe con el traslado o la retención del hijo en contra de una decisión de un órgano jurisdiccional.

---

14 Criterio generalizado en la jurisprudencia de los tribunales. Sin embargo, excepcionalmente la SAP Madrid 605/2021, de 30 de noviembre (Tol 8.797.141) consideró que había perpetrado el ilícito penal del art. 225 bis la madre que, correspondiéndole en exclusiva el derecho de custodia sobre la hija común, actuó en contra de la decisión judicial que establecía el régimen de visitas en favor del progenitor, impidiéndole todo acercamiento y comunicación con la menor durante más de un año: "… desde el mes de octubre de 2017 y hasta el 11 de mayo de 2019, fecha en que fue encontrada la menor Cecilia, la acusada mantuvo a la menor totalmente apartada de su ámbito familiar y de su entorno, sin tener ningún tipo de contacto ni relación con su padre". En todo caso, se mantiene este otro requisito típico de que se viole gravemente lo dispuesto por resolución judicial en relación con dicho régimen de visitas y comunicaciones con el otro progenitor, aun cuando la custodia le correspondiera en su totalidad a la madre.

También puede ocurrir que sea un órgano administrativo quien dicte resolución otorgándose provisionalmente la tutela del menor y el correspondiente derecho de custodia sobre los afectados. En tales casos pueden ser sujetos activos del delito de sustracción de menores los dos padres que procedan al traslado ilícito de sus hijos[15].

La sustracción, por tanto, constituye la conducta prohibida que consiste en excluir la presencia física del menor del ámbito legal de disposición inherente a la patria potestad o tutela del ascendiente o tutor legitimado. El propio texto punitivo indica más propiamente el significado de este vocablo cuando lo equipara a dos distintas acciones: el traslado del menor de su residencia habitual sin el consentimiento de la parte legitimada o la retención ilegal del mismo (art. 225 bis, 2).

No se pretende ahora llevar a cabo un estudio dogmático de esta figura delictiva, dado que el objetivo de la presente contribución es otro muy distinto, tal y como se ha reiterado con anterioridad[16]. Ahora interesa destacar aquellas características de la infracción punible que puedan estar más relacionadas con la relevancia de su comisión por parte de la mujer[17].

---

15 Este fue el supuesto que finalmente resolvió la STS 901/2021, de 18 de noviembre (Tol 8,667,443).

16 Una panorámica general del delito se encuentra en CARBONELL MATÉU, J. C.: "Delitos contra las relaciones familiares", en GONZÁLEZ CUSSAC, J. L. (Coord.): *Derecho Penal. Parte Especial,* 7.ª ed., Valencia, 2022, pp. 347 y ss.; DE VICENTE MARTÍNEZ, R.: "Sustracción de menores", *Vademécum de Derecho Penal,* 5.ª ed., Valencia, 2018, pp. 350 y ss.

17 Sin ánimo de ser exhaustivo, entre los trabajos más recientes dedicados a esta figura delictiva, con especial referencia al ámbito internacional, destacan los que a continuación se citan: GONZÁLEZ MARIMÓN, M.: *La sustracción internacional de menores en el espacio jurídico europeo,* Valencia, 2022; PALAO MORENO, G.: *El nuevo marco europeo en materia matrimonial, responsabilidad parental y sustracción de menores,* Valencia, 2022; GUDÍN RODRÍGUEZ-MAGARIÑOS , A. E.: "El bien jurídico protegido

El bien jurídico protegido fundamenta el castigo de la sustracción de menores desde una doble perspectiva. Por un lado, pretende salvaguardar el régimen de guarda y custodia del menor tal y como se haya establecido por la correspondiente resolución judicial o administrativa en su núcleo duro, esto es, en el ámbito del espacio físico de vigilancia, control y cuidado del descendiente determinado por el progenitor custodio legitimado para ello. Por otro lado, y en la medida en que dicho régimen está concebido para preservar el interés superior del hijo o pupilo, su seguridad, educación, bienestar físico y psíquico y otros derechos de protección relacionados con su persona constituyen de igual modo el objeto de tutela de la norma penal[18].

---

del delito de sustracción de menores tras la reforma del artículo 225 bis por la Ley Orgánica 8/2021, de 4 de junio", *Diario la Ley*, núm. 10052, 2022; MUÑOZ CUESTA, J.: "Sustracción de varios hijos menores: ¿un delito o tantos como menores afectados?", *Revista Aranzadi Doctrinal*, núm. 6, 2022; DOLZ LAGO, M. J.: "Caso Juana Rivas: sustracción de menores", *Diario la Ley*, núm. 9903, 2021; MONGE FERNÁNDEZ, A. (Dir.): *La sustracción internacional de menores desde una perspectiva multidisciplinar*, Barcelona, 2019; MONGE FERNÁNDEZ, A.: *El delito de sustracción de menores: aspectos dogmáticos y jurisprudenciales*, Barcelona, 2017.

18 Este entendimiento del objeto de tutela en el delito de sustracción de menores que se defiende en el texto aúna las concepciones que interpretan al mismo como delito de desobediencia por infringir el régimen de guarda y custodia establecido por resolución judicial o (excepcionalmente) administrativa y estas otras que atienden al interés lesionado del bienestar personal del menor. En este sentido ya se pronunció GARCÍA PÉREZ, O.: "El delito de sustracción de menores y su configuración", *InDret*, núm. 4, 2010, p. 9, nota 23: "A mi entender, estamos en presencia de un delito pluriofensivo en el que, además del bienestar personal del menor, se afecta al buen funcionamiento de los poderes públicos... La mayor pena respecto del abandono de menores vendría determinada por la afección al bien jurídico tutelado con el castigo del delito de desobediencia... En definitiva, se tutela el bienestar personal de los menores acreditado, siquiera sea provisionalmente, por una resolución judicial". En relación con otras tesis sobre el bien jurídico prote-

En consonancia con esta interpretación del objeto de tutela, al tratarse de un delito pluriofensivo, varios son los sujetos pasivos ofendidos por su conducta penal. El menor que sufre el traslado o la retención ilegal, cuanto ello pone en riesgo su bienestar personal. El progenitor que se ve perturbado por la ruptura no justificada del régimen de custodia y que ve menoscabado su derecho a relacionarse con su hijo. y, como delito de desobediencia en relación con determinadas resoluciones judiciales o administrativas en materia de determinación del régimen de custodia de los descendientes, también la administración de justicia (o, eventualmente, la administración pública) puede ser considerada como sujeto pasivo de esta infracción[19].

De todo lo expuesto habría que resaltar algunos aspectos de la tipicidad objetiva de esta infracción que ya en el plano de las hipótesis pueden estar relacionados con la condición femenina de la mayoría de sus responsables penales.

El fundamento del castigo, que básicamente consiste en la usurpación del derecho de guarda y custodia determinado por una resolución judicial o administrativa, está en consonancia con el rol que tradicionalmente se le ha otorgado a la mujer de hacerse cargo de los hijos y de mantenerlos bajo su cuidado durante su minoría de edad. Si el sujeto activo del delito es (en primer término) el progenitor, no es de extrañar, en consecuencia, que

---

gido en esta figura delictiva, véase el trabajo de GUDÍN RODRÍGUEZ-MAGARIÑOS citado en nota anterior.

19 En la relevante STS (Pleno) 339/2021, de 23 de abril (Tol 8.409.861), y sobre la que se volverá seguidamente, se expresa indirectamente que la administración de justicia también es sujeto pasivo de este delito: "En todo caso, es patente, que en el caso del 225.bis.2.2º, como informa el Ministerio Fiscal, en cuanto que además se parte del incumplimiento de una resolución judicial, adicionalmente su inobservancia asimila la configuración de una desobediencia, donde los intereses de la administración de justicia, conforman en adicional aportación, su naturaleza pluriofensiva" (FJ QUINTO).

sea la madre en mayor medida quien está dispuesta a asumir la ilegalidad del hecho con tal de adquirir o continuar la situación material de custodia. En los párrafos que siguen, sin embargo, se van a examinar algunas decisiones judiciales que van a proporcionar algo más de luz sobre esta temática.

Quizás el asunto más relevante en los medios de comunicación ha sido el denominado caso Juana Rivas. Ciertamente los tres órganos jurisdiccionales que de una u otra forma enjuiciaron los hechos asumieron un relato fáctico muy distinto del que en su día presentaron a la luz pública tanto la propia condenada como sus representantes legales[20].

Quedó probado que la encausada se casó y tuvo con su marido dos hijos. Residieron en España y se separaron temporalmente en el año 2009 tras una condena por delito de malos tratos del varón. Pero hubo reconciliación y la familia trasladó su domicilio a Italia, país de origen del hombre, en el año 2012. En 2016 la mujer se trasladó a España con los dos niños. Escolarizó a los menores en España y le comunicó a su marido su voluntad de no volver a Italia. El varón obtuvo por resolución de un tribunal italiano la custodia provisional de los hijos y promovió proceso internacional para obtener la devolución de los niños. Un juzgado español de primera instancia dictó sentencia instando a la madre al traslado de los menores a Italia bajo la custodia del padre en ese 2016. Tras varias resoluciones de los órganos jurisdiccionales españoles para llevar a cabo la restitución de los niños, la demandada decidió desobedecer los respectivos requerimientos y se ocultó a las autoridades con sus dos hijos. Finalmente, la acusada entregó a los menores al padre a finales del mes de agosto de 2017 en las dependencias de la comandancia de la Guardia Civil de la ciudad en la que residía en ese momento.

---

[20] STS (Pleno) 339/2021, de 23 de abril (Tol 8.409.861). Al respecto, véanse los trabajos de MUÑOZ CUESTA y DOLZ LAGO citados en la nota 16.

La mujer fue condenada por dos delitos de sustracción de menores a dos años y seis meses de prisión por cada uno de ellos, y a seis años de inhabilitación para el ejercicio de la patria potestad sobre los menores por el correspondiente juzgado de lo penal. Esta condena no varió en el recurso de apelación (aunque disminuyó notablemente la cuantía de la responsabilidad civil). Y, finalmente, el TS casó la sentencia de la audiencia provincial al entender que sólo había un único delito de sustracción de menores, limitando, en consecuencia, la pena privativa de libertad a la mitad de la que habían establecido los órganos jurisdiccionales anteriores.

El motivo que jurídicamente determinó la casación de la sentencia de la audiencia provincial radicaba en que se entendió que la sustracción de los dos menores de edad constituía un solo delito y no dos, aun cuando el resultado afectó a los dos menores[21].

Este caso fue objeto de una gran polémica en los medios de comunicación. La alta penalidad en que inicialmente incurrió la condenada y la denuncia que ésta interpuso por malos tratos propició un movimiento de empatía con la mujer y de indignación con el sistema de justicia, incluyendo al mismo CP. No obstante, la interpretación llevada a cabo por la STS 339/2021 marcó una tendencia para supuestos similares, mitigando la sanción cuando se trata de una sustracción de más de un menor al considerarse el hecho como un solo delito.

Mentada doctrina se aplicó a un supuesto en el que la Junta de Castilla y León retiró la custodia de los padres de tres menores quienes los trasladaron sin permiso del centro que provisionalmente, y por delegación, ejercía la tutela sobre los menores. Los progenitores

---

21 Como la misma resolución expone, la aceptación de esta solución no es pacífica ni en la doctrina ni tampoco en la misma jurisprudencia. De hecho, tres de los magistrados que conformaban el pleno de la sala emitieron un voto particular en el que se mostraban de acuerdo con la resolución casada entendiendo que la condenada era responsable de dos delitos de sustracción de menores, uno por cada hijo.

fueron condenados por tres delitos de sustracción de menores en las dos primeras instancias judiciales, pero el TS, siguiendo la interpretación instaurada por la STS 339/2021, casó la resolución de la audiencia y mantuvo la condena por un solo hecho punible[22]. Posteriormente, la STS 401/2022, de 22 de abril (TOL8.916.358) casó otra sentencia de Audiencia que condenaba al autor de una retención ilegal de sus dos hijos por dos delitos de sustracción de menores considerando, una vez más, que se trataba de una única infracción[23].

También se recurrió a sus fundamentos jurídicos como criterio de comparación punitiva. Si la sustracción de dos menores desde Italia a España se castigaba con dos años y seis meses de prisión e inhabilitación especial para el ejercicio del derecho de patria potestad durante seis años, para el supuesto de un traslado ilícito de la única hija desde República Dominicana hasta España la sanción mínima de dos años de prisión y cuatro de inhabilitación especial de la patria potestad se consideró ponderada y adecuada[24].

---

22 Caso revisado por la STS 901/2021, de 18 de noviembre (Tol 8,667,443).

23 Como se señala en el texto, la doctrina emanada de la STS 339/2021 ha limitado notablemente la penalidad del delito de sustracción de menores en los supuestos en los que el traslado o la retención ilegal se lleva a cabo sobre dos o más hijos al considerarse un solo delito y no un concurso de tantos hechos punibles como menores sustraídos. El propio TS ha seguido esta línea interpretativa en su STS 351/2022, de 6 de abril (Tol 8.909.537). El caso tenía cierto paralelismo con el de Juana Rivas en el sentido de que la madre de dos hijas retuvo a las mismas durante poco más de un año, negándose a entregarlas pese a las resoluciones judiciales que le conminaban a ello. Justificaba su proceder con base en un presunto delito de abuso sexual del otro progenitor sobre una de las menores (quedando el hecho sobreseído). Fue condenada por dos delitos en las primeras dos instancias, procediendo el TS a casar la sentencia de la audiencia provincial, al considerar que sólo existía un único delito. Tal y como se está exponiendo, esta exégesis del art. 225 bis CP también se está imponiendo en la Audiencia nacional y en las Audiencias Provinciales. El recorrido por esta senda ya se había iniciado en el Alto Tribunal por la STS 176/2022, de 24 de febrero (Tol 8.830.366).

24 Así lo entendió la SAN 14/2022, de 23 de junio (Tol 9.118.526).

Cabe resaltar que en determinados supuestos de sustracción de menores perpetrados por la progenitora se ha alegado que el comportamiento ilegal se ha llevado a cabo para evitar un atentado sexual a la persona del menor[25].

Por otro lado, hay que destacar que en algunas resoluciones de las audiencias provinciales que condenan a la mujer por la retención ilícita de los hijos la condenada defiende su forma de actuar aduciendo la situación de ansiedad y estrés que la entrega al progenitor custodio puede acarrear[26].

Se puede concluir este apartado con un resumen sistematizado de la información que se acaba de aportar en orden a considerar algunos indicios que pueden desvelar la relevancia cuantitativa (y relativa) de la perpetración de esta clase de hechos penales por parte de la mujer.

En todo delito de sustracción de menores el sujeto activo actúa ilegalmente para conseguir o continuar de hecho la custodia del menor. Al mismo tiempo se pretende alejar y evitar la relación del hijo con el progenitor custodio legitimado. Cada uno de estos aspectos (positivo de ejercicio de hecho de la guarda y custodia, negativo de impedimento al progenitor legitimado) conduce a una aparente explicación de la cuestión aquí formulada.

El apoderamiento del espacio físico del menor implica una voluntad de educar, vigilar, cuidar, y, en definitiva, de hacerse cargo del desarrollo existencial del niño o de la niña. Dicho rol ha sido

---

25 En este sentido, los casos enjuiciados por la SAP Madrid 605/2021, de 30 de noviembre (Tol 8.797.141) y la ya citada STS 351/2022, de 6 de abril (Tol 8.909.537).

26 Este fue el caso, a título de ejemplo, que enjuició la SAP Las Palmas 387/2022, de 28 de octubre (Tol 9.436.577). Ciertamente, se condenó a la mujer por un delito de desobediencia grave y no de sustracción de menores, pero esta última subsunción (que correspondía realmente con el relato fáctico probado) no se atendió merced a una inicial errónea calificación de la acusación en la primera instancia.

tradicionalmente asumido por la mujer en mayor medida que por el varón[27].

Mentado indicio de mayor proclividad a este tipo de criminalidad por parte de la mujer se complementa con otros relacionados, tal y como se señaló en el párrafo anterior, con la pretensión de evitar mediante el alejamiento físico el contacto y la comunicación con el otro progenitor. Aquí se han aducido diferentes alegaciones que, en el examen de las resoluciones judiciales analizadas, no han quedado probadas. Pero ello no supone que desde la perspectiva causal-motivacional e interna de la madre no constituyesen los verdaderos condicionamientos de su actuar antijurídico. Estas razones que presenta la defensa en los diferentes supuestos examinados no suelen exponerse en los casos en los que el sujeto activo es el varón.

En este sentido, se ha justificado la sustracción con base en la existencia de abusos sexuales contra los menores. También para evitar violencias físicas o psíquicas ejercidas sobre ellos. Y, en fin, como ocurrió en el mediático caso de Juana Rivas, se ha pretendido legitimar la conducta prohibida por la existencia de violencia de género empleada contra la propia madre.

En el ámbito de la penalidad, hay que destacar la gravedad de la sanción en esta figura delictiva (prisión de dos a cuatro años e inhabilitación especial para el ejercicio del derecho de patria potestad por tiempo de cuatro a diez años). Ciertamente, aunque existen supuestos que excluyen o mitigan la pena del tipo básico (art. 225 bis, 3 y 4), estas consecuencias jurídicas se exacerbaban cuando la sustracción afectaba a más de un menor por entenderse que se trataba de un concurso de delitos. La STS 339/2021 mitigó esta repercusión tan grave (que podría conducir fácilmente al autor al cumplimiento de la pena privativa de libertad en el centro penitenciario) interpretando que en tales casos el hecho era

---

27 Este rol tradicional desempeñado por la mujer del cuidado de los hijos en mayor medida que el varón también se manifiesta en el cumplimiento de la pena de prisión. En este sentido, VASILESCU, C., ob. cit., pp. 34 y ss.

constitutivo de un único delito, pudiéndose considerar el mayor injusto de que se tratara de más de un hijo afectado en el marco de la individualización de la sanción.

Aún con estas mitigaciones legales o jurisprudenciales, el delito de sustracción de menores presenta una penalidad mucho más elevada que otras infracciones contenidas en el mismo capítulo (delitos contra los derechos y deberes familiares) y cuyo contenido del injusto no es de mucha menor entidad. Veamos algunos ejemplos.

De este modo, en el art. 226, que contiene el delito conocido como abandono de familia, el dejar de prestar la asistencia necesaria legalmente establecida para el sustento de los descendientes que se hallen necesitados, está conminado con prisión de tres a seis meses o multa de seis a 12 meses. Y el abandono de un menor por parte de sus padres es castigado con prisión de 18 meses a 3 años, conducta que se agrava hasta la pena privativa de libertad de 2 a 4 años cuando por las circunstancias del abandono se haya puesto en concreto peligro la vida, salud, integridad física o libertad sexual del menor de edad (art. 229, 2 y 3). Estos últimos comportamientos parecen más graves que una sustracción del art. 225 bis, y, sin embargo, la sanción sigue siendo inferior a esta última infracción.

Habría que preguntarse entonces por que esta discriminación punitiva. Y, aparte de los argumentos que presenta la necesaria tutela del bien jurídico ofendido por la infracción (ya señalados párrafos arriba), se pueden traer a colación otros relacionados con la normativa internacional (que presiona para que los países firmantes de los respectivos convenios internacionales elaboren normativa penal contundente con efectos disuasorios de prevención del comportamiento prohibido[28].

La desobediencia de las resoluciones judiciales y el gran desgaste de las energías y de los recursos de la debilitada administra-

28 En este sentido, por todos, GONZÁLEZ MARIMÓN, M., ob. cit., pp. 385 y ss.

ción de justicia constituyen motivos que también pueden abogar en favor de la prevención general de esta clase de delitos.

La estadística de ingresos en centro penitenciario no discrimina por figuras delictivas sino por el conjunto de delitos que corresponde con el respectivo título del CP de 1995. De tal suerte que en esta contribución se desconoce El número de causas de cumplimiento por sustracción de menores llevadas a cabo por la progenitora en el periodo aquí analizado (2017-2021). Es conocido que del total de penados contra las relaciones familiares en dicho periodo (981), 919 corresponden a hombres y 62 a mujeres (6,3% del total[29]). Si hipotéticamente todas estas privaciones de libertad lo fueran exclusivamente por el delito del art. 225 bis (algo poco probable, por existir una nada despreciable cifra de otros tipos penales en el Título XII del CP), el porcentaje de mujeres que ingresan en prisión en relación con las condenadas en mentado periodo sería en torno al 64% de las condenadas (porcentaje que tiene que ser muy inferior por las razones aludidas). A esta conclusión se llega, por tanto, teniendo presente el dato relativo de ese 6,3% de cumplimiento de mujeres por infracciones contra las relaciones familiares, mientras que en el conjunto de todos los delitos penados la ratio femenina constituye en el mentado quinquenio el 14%[30].

Con todas las salvedades e inseguridades señaladas, se puede decir que no existe una clara discriminación en materia de ingreso en prisión por este delito en relación con la condición de que impone

---

29 Datos extraídos de la tabla del periodo acumulado 2017-2021 en relación con la explotación que realiza el INE del Registro Central de Penados bajo los parámetros de todos los delitos penados atendiendo a la clase de infracción y según sexo.

30 En efecto, en este quinquenio (2017-2021) el número de condenas a mujeres por delito de sustracción de menores fue de 99. Datos proporcionados por el INE de la explotación del Registro Central de Penados en relación con las tablas individuales anuales del periodo 2017-2021 bajo los parámetros de todos los delitos condenados atendiendo a la clase de infracción y según sexo.

el sexo. Pero un cambio jurisprudencial podría determinar que la mayoría de los supuestos que afectasen a varios descendientes acabaran con la efectiva ejecución de la pena privativa de libertad si se volviese a considerar que se trata de un concurso de delitos y no de una única infracción con varios sujetos pasivos. En el apartado final dedicado a las conclusiones de esta contribución se apuntarán otras consideraciones político-criminales en relación con el resto de infracciones con relevancia femenina en su perpetración.

2. *Delitos contra el patrimonio*

Un segundo grupo de hechos punibles que cumple con los presupuestos metodológicos aquí establecidos a efectos de determinar su impronta femenina vinculada a la frecuencia de su comisión en relación con el varón (esto es, que en el periodo 2017-2021 representase más del 30% de condenas del total con la exigencia de que también se superase ese porcentaje durante al menos tres años) viene constituido por tres diferentes figuras delictivas contra el patrimonio.

Como se significó en los apartados introductorios, llama la atención algunas particularidades de esta clase de delincuencia.

Destaca la ausencia de violencia en los atentados contra la propiedad de bienes muebles (hurtos), contra la posesión de bienes inmuebles (usurpación) y, finalmente, contra el patrimonio representado por otros bienes integrados por fluidos, energías o prestaciones de telecomunicaciones a los que se accede como servicios contratados con agentes suministradores. Ciertamente el primero de ellos se presenta como el mecanismo más directo para conseguir riqueza (dinero o cosas que se pueden convertir fácilmente en dinero) mediante el traslado físico del ámbito de disposición del propietario al del sujeto activo. Pero el segundo y el tercero reflejan conductas que ilegítimamente pretenden alcanzar bienes esenciales para el normal desarrollo de la existencia humana, como es la vivienda (la inmensa mayoría de las usurpaciones vienen constituidas por la ocupación ilegal de viviendas) y sus servicios más relevantes, como el suministro de agua, gas, electricidad y otros análogos. Todo lo cual evidencia que la criminalidad femenina está vinculada con la pobreza, situación que, por otra parte, sufre más la mujer que el varón[31].

Resalta, de igual forma, que este tipo de criminalidad se caracterice por su naturaleza patrimonial y de subsistencia. No se trata de esa otra criminalidad contra la propiedad en la que el sujeto activo tiene previamente cierta capacidad de disposición y de dominio (apropiación indebida y administración desleal). Tampoco representa el ámbito de los hechos punibles en los que el autor abusa de sus facultades sobre sus propios bienes (como es el caso de las insolvencias punibles).

Estos delitos feminizados, en efecto, no pueden ser calificados como propios de los que atentan contra el orden socioeconómico. O, empleando otro lenguaje, no son los que portan la idiosincrasia de la denominada criminalidad de cuello blanco. Esto es, no se encuentran entre los que perpetran aquellos sujetos que manejan grandes cantidades económicas propias o ajenas y defraudan a la hacienda pública. Tampoco pertenecen a los que requieren un gran poder de decisión en la empresa o en el ámbito en el que ésta se desenvuelve (como es el caso de los sujetos responsables de los delitos societarios o contra el mercado y los consumidores). En definitiva, la criminalidad patrimonial femenina no es aquélla que se origina entre los responsables que ocupan un alto estatus jerárquico o de poder social, económico o político. La criminali-

---

31 En lo que se refiere a la relación entre pobreza femenina, exclusión social y delincuencia, por todos, GARCÍA DOMÍNGUEZ, I., ob. cit., p. 35 y nota 36: "Recurrentemente dos variables convergen en un mismo sujeto, como pobreza y género femenino, de acuerdo con la "feminización de la pobreza" existente".

dad patrimonial femenina es, tal y como se ha señalado, criminalidad de pobreza y de subsistencia[32].

Seguidamente se examinarán estas tres figuras delictivas donde se corroborará la tesis enunciada. Se analizarán las características típicas que pueden explicar la feminización de esta clase de criminalidad y se tomará en consideración la jurisprudencia que, de una u otra forma, aporte nuevas explicaciones de sus manifestaciones en la vida real. Finalmente, se proyectarán los resultados de esta clase de estudio en el planteamiento político-criminal de la idoneidad de la sanción establecida por el CP de 1995 para cada uno de estos tipos penales.

2.1. Hurtos

Los hurtos, que constituyen la figura genérica de los delitos de apropiación de dinámica traslativa, representan (en relación con el número de condenas) una clásica criminalidad marcada por su relevancia femenina frente al varón en comparación con otros sectores delictivos. Tal y como se ha significado, cierto es que supone todavía un porcentaje inferior al que corresponde al hombre (41% en el periodo 2017-2021), pero está muy por encima de los valores medios de la delincuencia genérica de la mujer (en torno al 20% en ese mismo quinquenio).

Esta clase de ataques a la propiedad ajena son muy similares a otros como los robos, salvo que en estos últimos se exige el empleo de violencia o intimidación para consumar la apropiación. A pesar de esta naturaleza prácticamente idéntica, como seguidamente se señala, los índices delictivos discriminados por sexo son muy diferentes en uno y otro caso.

---

[32] Se ha señalado, y con razón, que la delincuencia femenina está relacionada con actores que carecen de poder. Así, entre otras, FRANCÉS LECUMBERRI, P., ob. cit., p. 230.

De nuevo se reitera la necesidad (no de forma muy exhaustiva) de apuntar los datos que se consignan en el párrafo siguiente.

En 2017, de un total de 63.721 condenas, 35.970 correspondían a hombres y 27.751 a mujeres, lo cual representaba en este último caso el 43% del conjunto. En 2018, 70.102 condenas, 40.401 hombres y 29.701 mujeres (42%). En 2019, 71.671 condenas, 41.536 hombres y 30.135 mujeres (42%). En 2020, 47.533 condenas, 28.603 hombres y 18.930 mujeres (40%). Y, finalmente, en 2021, 57.535 condenas, 34.859 hombres y 22.676 mujeres (39%). Fuera del quinquenio, en 2022 58.193 condenas, 35.622 hombres y 22.571 mujeres (39%).

Esos porcentajes de criminalidad de la mujer en las infracciones contra el patrimonio de dinámica traslativa son muy inferiores cuando se trata de delitos de robo. Así, en 2017, 8%; en 2018, 8%; en 2019, 7%; en 2020, 7% y en 2021, 8%. La media de estos cinco años es del 7,6%, muy inferior a la de los hurtos en el mismo periodo (41%). Fuera del quinquenio, en 2022, 23.210 condenas, 21.452 hombres y 1.758 mujeres (7,6%)[33].

Siguiendo la metodología instaurada en la presente contribución, es momento de examinar algunas características propias de esta figura típica a efectos de poder interpretar el significado de estos datos estadísticos y su relevancia político-criminal en relación con las consecuencias jurídicas aplicables por razón de sexo. Dado la gran importancia que tiene el análisis comparativo con el delito de robo, también se hará algunas referencias a los aspectos comunes y diferenciales en ambas infracciones punibles.

Existe una estructura piramidal (hurto en la base, segundo estadio ocupado por el robo con fuerza en las cosas y en el vértice, el robo violento o intimidatorio) que determina la relación de especialidad

---

[33] Datos extraídos de la explotación del INE del Registro Central de Penados en relación con las tablas individuales anuales del periodo 2017-2021, y 2022, bajo los parámetros de todos los delitos condenados atendiendo a la clase de infracción y según sexo.

entre las tres figuras delictivas. El hurto constituye el tipo genérico (tomar, con ánimo de lucro, las cosas muebles ajenas sin la voluntad de su dueño) cuyos elementos estructurales comparte con los robos. Estos son una especie del hurto, y entre ellos hay una relación de subsidiariedad tácita, de tal forma que si en el hecho aparecen las dos especialidades típicas (fuerza en las cosas, y violencia o intimidación) se aplicará este último conforme al modelo expuesto[34].

La conducta, pues, se calificará de hurto siempre y cuando no aparezca la fuerza en las cosas, entendida normativamente bajo los presupuestos de los arts. 237 y 238, ni la violencia o intimidación antes del momento de la consumación.

En lo referente a la estructura típica de ambas figuras delictivas, existe identidad de los términos idiosincrásicos más comunes que conforman ambos hechos punibles[35].

Por tanto, los elementos típicos que configuran la idiosincrasia de la figura delictiva del hurto coinciden, salvo la excepción que se acaba de mencionar, con los propios del robo. Son los que se señalan a continuación.

En cuanto a los sujetos, el activo requiere la condición negativa de no ser el propietario del bien objeto de la sustracción. La ley al respecto es clara, la cosa mueble tiene que ser, en todo caso, ajena

---

34 Art. 234, 1: "El que, con ánimo de lucro, tomare las cosas muebles ajenas sin la voluntad de su dueño será castigado, como reo de hurto, con la pena de prisión de seis a dieciocho meses si la cuantía de lo sustraído excediese de 400 euros". Art. 237: "Son reos del delito de robo los que, con ánimo de lucro, se apoderaren de las cosas muebles ajenas empleando fuerza en las cosas para acceder o abandonar el lugar donde éstas se encuentran o violencia o intimidación en las personas, sea al cometer el delito, para proteger la huida, o sobre los que acudiesen en auxilio de la víctima o que le persiguieren".

35 BORJA JIMÉNEZ, E.: "Artículo 234", en CUERDA ARNÁU, M. L. (Dir.)/RAGA VIVES, A. (Coord.): *Comentarios al Código Penal*, tomo I, Valencia, 2023, pp. 1538 y ss.

(art. 234). En estos mismos preceptos (de forma expresa en el primero, y tácitamente en los demás) se indica, en el otro polo, que el titular de la cosa es el dueño, a quien le corresponde el derecho de propiedad sobre la misma. Sujeto pasivo, en consecuencia, es el propietario del bien mueble. Tan sólo en el denominado *furtum possessionis* (art. 236) el sujeto activo es el dueño del objeto material que lo sustrae de quien lo tiene en su legítima posesión.

La acción punible es idéntica en las dos figuras delictivas, y viene designada con los verbos típicos tomar (art. 234) y apropiarse (art. 237). Aunque dichos vocablos parecen implicar un asir o coger la cosa (*contrectatio*), en realidad se interpretan bajo el significado que indica el aspecto dinámico de su traslado (*ablatio*) del ámbito de disposición del sujeto pasivo al del activo. En conclusión, el acto de apoderamiento implica una acción dinámica, traslativa, que causalmente provoca la pérdida de disposición y custodia del bien del propietario, ingresando en el campo de dominio del reo. Y es indiferente si se lleva a cabo cogiendo el objeto con la mano (por ejemplo, sustrayendo la cartera del bolsillo trasero del pantalón de otro), o aprovechando las propias peculiaridades del bien (por ejemplo, poniendo comida en el jardín para que entre el perro del vecino, cerrando la puerta después obteniendo así la ilegítima adquisición del animal) o empleando cualquier otro mecanismo adecuado para llevar a cabo el traslado de un ámbito de disposición de origen (con la consiguiente pérdida para el dueño) a otro de destino (con el consiguiente enriquecimiento para el autor).

El acto de apoderamiento tiene que realizarse sin la voluntad del dueño. Esta lógica exigencia legal viene determinada expresamente (art. 234) o tácitamente en el propio sentido del verbo típico apropiarse (art. 237).

El objeto material es una cosa mueble. Cosa mueble, en sentido jurídico-penal, hace referencia a todo objeto corporal, con valor económico, que puede ser desplazado o trasladado de un lugar a otro. En definitiva, las notas características que le constituyen en objeto material de los delitos de hurto y robo son su carácter dinámico y material, valorable en dinero y ajenidad.

Tanto el hurto como el robo requieren ***ánimo de lucro*** en sus respectivas definiciones (art. 234, art. 237). Se trata de un elemento subjetivo del tipo que otorga relevancia penal a la conducta de apoderamiento de las cosas muebles ajenas. Constituye otra de las diferencias fundamentales con el delito de robo y hurto de uso de vehículo de motor (art. 244), pues en éste se exige precisamente que el reo actúe sin ánimo de apropiación. En consecuencia, el ánimo de lucro es la intención del agente de usurpar la posición del titular del bien en todos los derechos y facultades inherentes a la propiedad del mismo. Se afirmará entonces el ánimo de lucro cuando el sustractor pretenda quedarse con la cosa definitivamente. Pero también cuando el apoderamiento se lleve a cabo para donar el bien, enajenarlo o destruirlo posteriormente. Porque todos estos derechos son inherentes al dominio, y la voluntad de ejercerlos ilegítimamente integraría el elemento subjetivo del injusto.

Por otro lado, frente a lo que ocurre en los robos, que no mudan su calificación de clase de delito por la cuantía de lo sustraído, el hurto viene castigado con pena leve cuando dicha cuantía no excede de 400 euros (art. 234, 2). Este límite no sólo afecta a la diferente sanción que acompaña a la infracción penal, sino también al régimen de prescripción y al diferente sistema de enjuiciamiento en uno y otro caso. Sin embargo, el delito leve desaparece cuando concurre alguna circunstancia agravante específica del art. 235, perdiendo peso esa barrera de los 400 euros del valor de lo apropiado[36].

---

36 Art. 234, 2: "Se impondrá una pena de multa de uno a tres meses si la cuantía de lo sustraído no excediese de 400 euros, salvo si concurriese alguna de las circunstancias del artículo 235. No obstante, en el caso de que el culpable hubiera sido condenado ejecutoriamente al menos por tres delitos comprendidos en este Título, aunque sean de carácter leve, siempre que sean de la misma naturaleza y que el montante acumulado de las infracciones sea superior a 400 €, se impondrá la pena del apartado 1 de este artículo". Art. 235, 1: "El hurto será castigado con la pena de prisión de uno a tres años...". Art. 235, 2: "La pena señalada en el

Existe cierto debate sobre el bien jurídico protegido en el delito de hurto, pues para un sector mayoritario de la doctrina este viene constituido por el derecho de propiedad, mientras que para otro minoritario quedaría circunscrito a la posesión. Alguna resolución del TS ha mantenido, de forma ambigua, que dicho bien jurídico protegido en los delitos de robo y hurto es la propiedad y la posesión, como las SSTS 612/1969, de 11 de diciembre (Tol 4289084), 2145/1974, de 27 de mayo (Tol 4254619) y de 24 de octubre de 1992 (Tol 398513). Estas tesis pueden conciliarse si se distingue el objeto directamente tutelado por el art. 234 CP (que es la propiedad) del desvalor típico de acción que le otorga relevancia penal a la sustracción (que viene reflejado por la previa desposesión)[37].

De la regulación legal del delito de hurto, la problemática que más incide en el ingreso en prisión de los infractores es aquella que hace referencia a la aplicación de la agravante específica de Multirreincidencia (art. 235, 1, 7ª). Pues la pena aquí oscila entre uno y tres años, lo cual determina que, si concurre con cualquier otra agravación específica del art. 235, o con otra genérica del art. 22, o estimándose el delito continuado del art. 74, o, en fin,

---

apartado anterior se impondrá en su mitad superior cuando concurrieran dos o más de las circunstancias previstas en el mismo".

37 "En la tesis que aquí se defiende, la posesión no integra el bien jurídico directamente protegido por la norma penal. Ahora bien, ello no significa que esta situación patrimonial no tenga relevancia alguna... ...Por el contrario, la posesión adquiere una gran importancia en la estructuración básica de estas infracciones. Frente a lo que pueda ocurrir en otros ilícitos como la apropiación indebida o la estafa, en los delitos de hurto y de robo el ataque al bien jurídico propiedad se lleva a cabo exclusivamente a través de una previa desposesión. Existe, pues, un desvalor de acción que otorga naturaleza punitiva al hecho precisamente porque el ataque al bien patrimonial no se realiza de cualquier forma, sino llevando a cabo una previa desposesión de la cosa con ánimo de lucro. Posesión y propiedad representan, por así decirlo, los bienes jurídicos mediato e inmediato, respectivamente, que se encuentran en la misma línea de ataque". BORJA JIMÉNEZ, E.: "Sobre el objeto de tutela...", ob. cit., p. 14.

concurriendo con otro hecho punible podría dar lugar a superar la barrera de los dos años de privación de libertad que impide la posibilidad de la suspensión de la pena. La exasperación punitiva era mayor cuando el hurto enjuiciado no superaba la cuantía de 400 euros, incluso en los supuestos en los que las condenas precedentes también fueran por delitos patrimoniales leves[38].

Precisamente, con la pretensión de evitar una vulneración del principio de proporcionalidad por esta consecuencia derivada de la Reforma de 2015, el TS, en su sentencia de pleno de la Sala Segunda 481/2017 de 28 de junio (Tol 6.197.903), limitó los delitos cuyos antecedentes no hubieran cancelado a delitos menos graves o graves (excluyendo los leves) en esa agravante específica de multirreincidencia (art. 235, 1, 7º). Esta doctrina fue seguida por todas las ulteriores resoluciones, entre las que destacan, la STS 783/2019, de 5 de febrero (Tol 7.059.223) y la SAP Vizcaya 90140/2021, de 25 de marzo (Tol 8.490.733). En la medida en que esta interpretación dejaba sin efecto la aplicación de la agravante específica para los supuestos de multirreincidencia de delitos leves, la L. O. 9/2022, de 28 de julio adoptó una solución intermedia que imponía la pena del delito de hurto común del art. 234, 1 para estos casos.

En efecto, la L. O. 9/2022 tiene como objetivo otorgar una respuesta a los fenómenos de multirreincidencia de hurtos leves cuyo valor de lo sustraído no supera los 400 euros (dado que la doctrina del TS había dejado sin efecto la agravante específica del art. 235, 1, 7º para estos supuestos) y de conciliar esta interpretación con el principio de proporcionalidad, alcanza una solución intermedia que, sin exasperar la sanción, la eleva a la categoría de hurto común del art. 234,1. Los requisitos de aplicación de esta

---

[38] Las investigaciones especializadas en delincuencia femenina señalan que las mujeres reincidentes en España están relacionadas en gran medida por la perpetración de delitos contra el patrimonio. Por todos, SERRANO TÁRRAGA, M. D., ob. cit., pp. 301 y ss.

excepción exigen que el hecho enjuiciado no supere los 400 euros en la cuantía de lo sustraído y que el montante acumulado de las (mínimo tres) infracciones anteriores condenadas por sentencia firme más la actual enjuiciada supere esa cantidad, siempre que dichas infracciones sean de la misma naturaleza, se ubiquen en el Título XIII y no hayan cancelado los antecedentes penales[39].

De estas referencias a la descripción típica de los delitos de hurtos se desprenden algunas consecuencias político-criminales a efectos de explicar la relevancia femenina de su comisión (en comparación con la masculina).

Tal y como se significó al principio del presente apartado, frente a otra clase de criminalidad patrimonial o socioeconómica en las que el infractor ocupa cierta posición de poder o de dominio económico, en los delitos contra la propiedad de dinámica traslativa (como es el caso del hurto y del robo) el enriquecimiento se logra por vías de hecho que se traducen en el desplazamiento de los bienes del ámbito de dominio del propietario al del autor. Se trata, por así decirlo, de una delincuencia más directa y menos sutil que la propia de "cuello blanco" (la cual requiere cierto estatus social en la medida en que se desarrollan determinadas habilidades jurídicas y financieras para perpetrar los correspondientes ilícitos). Los ejecutores de esta clase de acciones depredadoras se encuentran en un escalón bajo de la grada social. Y, entre quienes disponen de menos recursos, siempre se hallan las mujeres.

Destaca, del mismo modo, que siendo la conducta de hurto idéntica a la del robo en el aspecto nuclear de sus respectivos tipos de injusto, la incidencia femenina en este último caso es muy inferior, no sólo a la de aquél, sino al conjunto de la criminalidad discriminada por sexo. Aquí se demuestra, una vez más (y de forma muy patente), que la delincuencia femenina también se caracteriza

---

[39] BORJA JIMÉNEZ, E.: "Artículo 235", en CUERDA ARNÁU, M. L. (Dir.)/RAGA VIVES, A. (Coord.): *Comentarios al Código Penal*, tomo I, Valencia, 2023, pp. 1545 y ss.

por su apenas vinculación a cualquier tipo de violencia, sea física o psíquica sobre las personas, sea sobre las cosas. Esta única diferencia entre hurto y robo, la presencia en este último de la violencia o de la intimidación, impone en la estadística criminal que pase a presentarse entre los más frecuentemente cometidos por la mujer en relación con el varón (hurtos) a que cuente entre los menos perpetrados atendiendo a este factor de relevancia del sexo (robos)[40].

En relación con la pena de prisión, cabe resaltar que ni el hurto genérico (art. 234, 1), ni tampoco el leve (art. 234, 2) presenten problemas de proporcionalidad por su moderación (en el primero) y ausencia (en el segundo, sancionado con multa). Como se ha indicado, la exasperación puede producirse cuando en un hurto leve concurra una agravante específica del art. 235. En las ocasiones en que esto sucede, casi siempre la causa se aloja en la aplicación del núm. 7ª del precepto, el relativo a la multirreincidencia[41].

Y, en efecto, tratándose de una criminalidad de subsistencia para muchos de los infractores, la comisión de esta clase de atentados a la propiedad ajena representa una forma de obtener sustento que se prolonga en el tiempo. En estas condiciones, la reiteración delictiva se refleja en distintas condenas que se concretan (o se pueden concretar) en la aplicación de la multirreincidencia específica del art. 235, 1, 7ª. Las consecuencias jurídicas derivadas de la estricta aplicación del texto punitivo vulneraban el principio de proporcionalidad en dos distintos ámbitos de actuación.

Por un lado, el hurto menos grave (art. 234, 1) podría ver incrementada su sanción si el sujeto había sido condenado por esta

40 En relación con la desproporción de condenas femeninas entre hurtos y robos, ampliamente, JUANATEY DORADO, ob. cit., pp. 18 y ss.

41 Un profundo estudio sobre las distintas implicaciones de la reforma del CP en materia de multirreincidencia en los delitos de hurto se encuentra en la Circular 1/2022, de 12 de diciembre, sobre la reforma del delito de hurto operada en virtud de la Ley Orgánica 9/2022, de 28 de julio (Tol 9.310.754).

figura delictiva en tres o más ocasiones, aun cuando alguna de dichas condenas lo fuera por delito leve. Y, por otro lado, la desproporcionalidad excedía cualquier política criminal preventiva razonable cuando el hecho enjuiciado bajo estas mismas condiciones se trataba de una sustracción inferior a cuatrocientos euros, pues en tal supuesto de multirreincidencia la pena de multa de uno a tres meses pasaba a la de prisión de uno a tres años[42].

Estos perniciosos resultados se han mitigado en gran medida, como se ha puesto de manifiesto, por la jurisprudencia del TS (seguida posteriormente por la de las audiencias) y por el propio legislador que, inspirado por aquélla, limitó el salto penológico de la multirreincidencia en los delitos leves de apoderamiento a la sanción del hurto menos grave conforme al art. 234, 2, segundo inciso que incorporó al CP la L. O. 9/2022.

Sin duda alguna, esta política judicial y legislativa de moderación punitiva en el delito de hurto ha evitado que muchas mujeres ingresen en centros penitenciarios. El resto de supuestos de agravación específica del art. 235, 1 y 2 CP tienen poca relevancia cuantitativa en relación con los que se acaban de analizar, y su incidencia femenina se podría decir que es anecdótica. De tal manera que, en términos cuantitativos, la ejecución de la pena privativa

---

[42] "Si el legislador parte del principio general previo de que la escasa entidad de ilicitud que albergan los delitos leves impide que operen para incrementar las condenas del resto de los delitos, no parece coherente abandonar esa delimitación del concepto de reincidencia que se formula en la parte general del Código para exasperar la pena de un delito leve hasta el punto de convertirlo en un tipo penal hiperagravado (art. 235.1.7º), saltándose incluso el tipo penal intermedio o básico previsto en el art. 234.1 del C. Penal ... ...Esa interpretación conduce a considerar que lo que ni siquiera opera en delitos graves como mera agravante sí opera en delitos nimios de forma hiperagravada, exacerbando la pena de multa hasta una posible privación de libertad de tres años de prisión". STS 481/2017 de 28 de junio (Tol 6.197.903), FJ CUARTO.

de libertad por delitos de hurto no superaría, en comparación con las condenas, el porcentaje genérico que corresponde a la criminalidad relativa del sexo femenino[43].

Los datos estadísticos aportan poca luz en este punto. Es sabido que las penas de prisión impuestas a mujeres entre cero y dos años representan el 14% respecto del total (esto es, hombres y mujeres)[44]. En este rango penológico se encuentran, claro está, la inmensa mayoría de las sanciones que traen causa en delitos de hurto. Tampoco la estadística de penados en centros penitenciarios aclara mucho más al respecto. Tan sólo indica que, dentro de los delitos contra el patrimonio y el orden socioeconómico, el porcentaje de cumplimiento discriminado por sexo y correspondiente a la mujer es, aproximadamente, el 7,7% de la ejecución de la pena privativa de libertad[45].

Toda esta información apunta a ratificar la tesis según la cual se verificaría que el cumplimiento femenino de la pena de prisión por hurtos perpetrados se corresponde, más o menos, con el porcentaje medio (o incluso inferior) de cumplimiento de la san-

---

43 De hecho, fuera de los supuestos de multirreincidencia del art. 235, 1, 7º, son muy pocos los recursos que han llegado al Tribunal de Casación en relación con hurtos agravados del art. 235. A título de ejemplo, la STS 77/2016, de 20 de junio (Tol 5.762.598) calificó como hurto agravado del art. 235, 3ª la sustracción del cableado eléctrico de una fragata. La STS 573/2019, de 25 de noviembre (Tol 7.611.548) acudió al mismo subtipo (aunque no lo aplicó por consideración del principio de irretroactividad de la norma penal desfavorable) para subsumir el supuesto de perforación ilícita de un oleoducto con el que se hizo acopio de grandes cantidades de hidrocarburos.

44 Tabla relativa a las penas de prisión impuestas por duración y sexo de la persona penada. Datos tomados de la explotación del registro central de penados realizada por el INE. Acumulado 2017-2021.

45 Tabla de penados en centros penitenciarios discriminados por sexo de la persona interna, atendiendo a los grupos delictivos clasificados por los respectivos títulos del CP de 1995. Datos tomados de la explotación del registro central de penados realizada por el INE. Acumulado 2017-2021.

ción en prisión en relación con el conjunto de hechos punibles diferenciados por sexo. Una cifra muy inferior, sin embargo, a la que estaba vinculada con las condenas impuestas y no ejecutadas. Cuestión distinta es de si el porcentaje de mujeres cumpliendo condena en prisión en relación con los varones en España es mucho mayor que el de otros países de nuestro espacio geopolítico y cultural más cercano[46].

2.2. Usurpación

Otra de las figuras delictivas que se caracteriza por su relevancia femenina en relación con su frecuencia relativa de comisión en comparación con el varón es la usurpación. Ahora bien, dentro del Capítulo V del Título XIII dedicado a esta clase de infracciones la que se perpetra con mayor reiteración (siendo el resto más residual) es la denominada ocupación ilegal de viviendas y otros

---

46 Todos los estudios apuntan a que la tasa de encarcelación femenina en España es de las más altas de nuestro entorno europeo. Así, en un trabajo de 2018 PEDROSA apuntaba que dicho porcentaje se situaba en torno al 8%. PEDROSA, A.: "¿Discrimina el código penal español a las mujeres?", *Revista Española de Investigación Criminológica (REIC),* núm. 16, 2018, p. 2. En consonancia con lo anterior, en el informe RODRÍGUEZ YAGÜE, C./PASCUAL RODRÍGUEZ, E.: *Las mujeres en prisión: la voz que nadie escucha. Explorando nuevas vías de cumplimiento de las penas impuestas a mujeres a través de la cultura,* Ministerio de Cultura y Deporte, 2022, se expresa lo siguiente: "…España está por encima de la tasa de encarcelamiento femenino en Europa, situándose entre el 8% y el 7%". Así, en la Tabla de elaboración realizada por las autoras y obtenida a través del Informe Space I del Consejo de Europa, en 2021 dicha tasa de cumplimiento penitenciario femenino se situaba en el 7,2% (p. 23). "En cuanto al sexo, el último Informe SPACE I refiere que a principios de 2021 el 95% de las personas privadas de libertad en Europa son hombres, y que las mujeres sólo representan un 5%. Los porcentajes oscilan entre el dato más alto, un 8.5% en Letonia y el más bajo, 1.3% en Albania" (p. 24).

inmuebles similares del art. 245, 2[47]. En efecto, una búsqueda jurisprudencial por cualquier base de datos pone de manifiesto que más del 90% de las resoluciones judiciales relativas al delito de usurpación de inmuebles corresponde con la, tradicionalmente denominada, usurpación leve de inmuebles (aun cuando no se trata de un delito leve)[48]

Una vez más se apuntan los datos estadísticos más relevantes de los que se tiene constancia en los últimos cinco años y en 2022.

En 2017, de un total de 6.757 condenas, 3.232 correspondían a hombres y 3.525 a mujeres, lo cual representaba en este último caso el 52% del conjunto. En 2018, 6.028 condenas, 2.881 hombres y 3.147 mujeres (52%). En 2019, 4.687 condenas, 2.291 hombres y 2.396 mujeres (51%). En 2020, 3.157 condenas, 1.621 hombres y 1.536 mujeres (49%). Y, finalmente, en 2021, 4.302 condenas, 2.252 hombres y 2.050 mujeres (48%). La media para dicho periodo de cinco años es de 50,4% de relevancia femenina de comisión, muy superior al 20% del conjunto de delitos penados frente al varón. Fuera del quinquenio, en 2022, 4.067 condenas, 2.160 hombres y 1.907 mujeres (47%)[49].

---

[47] "El que ocupare, sin autorización debida, un inmueble, vivienda o edificio ajenos que no constituyan morada, o se mantuviere en ellos contra la voluntad de su titular, será castigado con la pena de multa de tres a seis meses".

[48] Por poner sólo un ejemplo indicativo de lo señalado en el texto, en una búsqueda realizada en la base Tirant On Line el día 3 de mayo de 2023, sobre las 11h., arrojó 7319 resoluciones relativas al delito de usurpación de bienes inmuebles, de las cuales 6656 se concentraban en el delito del art. 245, 2 del CP. Si, además, se tiene en cuenta que este último hecho punible nació con el texto punitivo de 1995 y el delito común ya se encontraba en el CP derogado de 1973, la conclusión es que la proporción todavía es más alta en favor del tipo leve de ocupación ilegal de viviendas y otros inmuebles.

[49] Datos extraídos de la explotación del INE del Registro Central de Penados en relación con las tablas individuales anuales del periodo 2017-2021 bajo los parámetros de todos los delitos condenados atendiendo a la clase de infracción y según sexo.

Siguiendo la metodología utilizada en la presente contribución, se analizará en primer término la estructura típica del tipo penal del art. 245, 2 en orden a considerar las peculiaridades que explican su relevancia femenina. A partir de aquí, se tomará en consideración su aptitud político-criminal en relación con su sanción actual y su posible reforma[50].

Antes de iniciar este recorrido, se ha de significar que, una vez más, esta clase de criminalidad reúne todas las especificaciones que hasta ahora se ha definido aquí como de impronta femenina.

Desde luego, la ocupación ilegal de viviendas se caracteriza, en primer término, por la ausencia de violencia en el desarrollo de la acción típica. Pues si ésta aparece (entendida aquí de forma restrictiva, como violencia o intimidación sobre las personas), la calificación mudaría en favor de la usurpación común de inmuebles del art. 245, 1[51].

En segundo término, se exige que la vivienda o inmueble ocupado no constituya la morada de su titular. Pues si fuera este el

---

50 Una perspectiva jurídico-penal de la ocupación ilegal de viviendas se encuentra, entre otros, en los siguientes trabajos: RAMOS MARTÍNEZ, L. M.: "Los derechos a la intimidad, a la propiedad y a la vivienda: una visión desde el delito de ocupación de bienes inmuebles", *Revista Jurídica de la Universidad de León,* núm. 8, 2021, pp. 287-296; MAYORDOMO RODRIGO, V.: "Desprotección del afectado en ocupaciones ilegales sin violencia ni intimidación: allanamiento de morada y usurpación de inmuebles", *Revista General de Derecho Penal,* núm. 34, 2020; RAMÓN RIBAS, E.: "El delito de ocupación ilegal no violenta de bienes inmuebles", *Estudios Penales y Criminológicos,* núm. 40, 2020, pp. 405-469.

51 "Al que con violencia o intimidación en las personas ocupare una cosa inmueble o usurpare un derecho real inmobiliario de pertenencia ajena, se le impondrá, además de las penas en que incurriere por las violencias ejercidas, la pena de prisión de uno a dos años, que se fijará teniendo en cuenta la utilidad obtenida y el daño causado".

caso, el hecho se subsumiría como allanamiento de morada común del art. 202, 1 CP[52].

Estas dos características ponen de manifiesto, una vez más, que la criminalidad femenina es pacífica, esto es, no es violenta y tampoco menoscaba la intimidad domiciliaria del sujeto pasivo.

Pero, al igual que ocurría en materia de atentados contra la propiedad ajena de dinámica traslativa, las autoras de ocupación ilegal de viviendas se encuentran en situaciones de pobreza que les conducen al empleo de estas vías de hecho para procurarse algo tan esencial en el desarrollo de la existencia humana como es el techo que albergará su morada. Se trata, en consonancia con lo explicado en el epígrafe anterior y ratificado en el siguiente, de una delincuencia patrimonial de subsistencia propia de los miembros que ocupan los estratos sociales más bajos, y desvinculada de toda situación de poder.

En ambos tipos, la acción requiere que el sujeto activo, que en todo caso no puede ser el propietario, se sitúe ilegítimamente en la posición de dominio de este sobre el bien inmueble, sustituyéndole en sus derechos y facultades inherentes al mismo, aunque no pretenda atribuirse la titularidad del derecho de forma definitiva. La acción de ocupar ilegítimamente y usurpar, por tanto, viene guiada por la intención en el sentido apuntado de pretender sustituir al titular del derecho en sus facultades más relevantes.

El bien jurídico protegido, en consecuencia, viene determinado por el pacífico y legítimo ejercicio del derecho de propiedad y otros derechos reales proyectados sobre estos bienes inmuebles. Más bien se trata de su ejercicio, porque el derecho en sí mismo no está en peligro[53].

---

52 "El particular que, sin habitar en ella, entrare en morada ajena o se mantuviere en la misma contra la voluntad de su morador, será castigado con la pena de prisión de seis meses a dos años".

53 Se adhiere expresamente a esta interpretación la SAP Toledo 32/2021, de 4 de marzo. En cambio, mantiene que el bien jurídico es la posesión

La conducta de usurpación exige cierta continuidad en el tiempo, lo cual implica que la ocupación ilegal de viviendas pueda calificarse como delito permanente. Esta característica temporal del desarrollo de la acción ha determinado, en alguna ocasión, como es el caso de ocupación de edificios de larga duración, que se impongan condenas distintas por los mismos hechos, con violación del principio del *non bis in idem*[54].

En la medida en que estos comportamientos se encuentran entre el ilícito civil y el ilícito penal, los términos típicos de la figura delictiva tienen que interpretarse estrictamente en su proyección hacia el menoscabo del bien jurídico para no violar los principios de proporcionalidad e intervención mínima que fundamentan el sistema de garantías del ordenamiento jurídico-penal. En este sentido se requiere, por tanto, que la ocupación se presente con visos de permanencia, que no exista ningún título o situación jurídica que legitime dicha ocupación, que la misma se perpetre contra la voluntad de su titular y con conciencia de su ajenidad y también con conocimiento de la perturbación causada en los derechos inherentes al dominio[55].

En conclusión, dentro de los delitos de usurpación, la conducta con relevancia femenina más habitual viene integrada por la ocupación ilegal de viviendas, construcciones, edificios o locales que, sin constituir la morada de un tercero, son poseídas con la pretensión de hacer uso de las mismas como albergue en el que

---

material, la SAP La Rioja 97/2010, de 31 de marzo (TOL1.879.768), seguida ulteriormente por muchas otras.

54 En este sentido, STS 66/2018, de 6 de febrero (TOL6.509.162).

55 En esta línea de argumentación se sitúa la STS 800/2014, de 12 de noviembre (Tol 4.587.163). Esta doctrina ha sido seguida por prácticamente todas las resoluciones de las audiencias provinciales, destacando, entre las más recientes, las SSAP de Madrid 373/2020, de 5 de octubre (Tol 8.248.642), Albacete 10/2021, de 21 de enero (Tol 8.393.688), Ciudad Real 10/2021, de 15 de febrero (Tol 8.402.092) y La Rioja 64/2021, de 6 de abril (Tol 8.439.795).

se desarrolla la vida privada doméstica. Este ilícito penal, al igual que ocurriera en el hurto, representa un ataque patrimonial no violento dirigido a conseguir por las vías de hecho un bien tan relevante para la subsistencia como es la vivienda.

Pero también mantiene algunos fundamentos que explican su relevancia femenina de forma paralela al análisis realizado en relación con el delito de sustracción de menores. Esto es, el rol tradicionalmente asignado a la mujer de ser la base y apoyo de la estructura familiar cuya unidad natural ha de desplegarse, principalmente, en el seno del hogar.

Por último, la cuestión de la aptitud político-criminal de este ilícito penal para ser sancionado con perspectiva de género con la pena de multa de tres a seis meses no parece cuestionable por evitar (salvo impago de la sanción pecuniaria) la pena de prisión y su cumplimiento en un centro penitenciario.

A lo dicho anteriormente habría que apuntar una salvedad. Y es que este hecho penal suele venir acompañado de otro que también se caracteriza por su relevancia femenina, tal y como se examina en el apartado siguiente. El concurso de delitos podría, al menos en el simple plano de la hipótesis, aumentar significativamente la sanción penal.

2.3. Defraudaciones del fluido eléctrico y análogas

El art. 255 CP castiga determinadas defraudaciones en la obtención de servicios que usualmente son prestados por un agente suministrador contratado al efecto. El texto punitivo tipifica estos servicios de forma abierta como "energía eléctrica, gas, agua, telecomunicaciones u otro elemento, energía o fluido ajenos"[56]. El CP se refiere a estas infracciones (también el INE en la elabo-

[56] "1. Será castigado con la pena de multa de tres a doce meses el que cometiere defraudación utilizando energía eléctrica, gas, agua,

ración de tablas y estadísticas) como defraudaciones del fluido eléctrico y análogas con buen criterio (que también se adopta en la presente contribución), pues en la práctica de los tribunales casi todas las condenas traen causa en la utilización ilícita de esta energía inicialmente mencionada.

El análisis que ahora se lleva a cabo toma en consideración, de forma paralela al estudio de los hechos punibles anteriores, la interpretación del tipo de injusto de esta figura delictiva proyectado sobre la relevancia femenina de su frecuente comisión dirigido al examen político-criminal de la adecuación de su sanción.

Previamente se aportan los datos estadísticos que justifican la impronta femenina de la conducta ilícita y se describen a estos efectos algunas características que la definen, en consonancia con los tipos anteriores, como delincuencia patrimonial de la mujer.

En 2017, de un total de 1.684 condenas, 1.114 correspondían a hombres y 570 a mujeres, lo cual representaba en este último caso el 34% del conjunto. En 2018, 1.920 condenas, 1.266 hombres y 654 mujeres (34%). En 2019, 1.804 condenas, 1.213 hombres y 591 mujeres (33%). En 2020, 1.396 condenas, 1.000 hombres y 396 mujeres (28%). Y, finalmente, en 2021, 2.116 condenas, 1.501 hombres y 615 mujeres (29%). La media para dicho periodo de cinco años es de 31,6% de relevancia femenina de comisión, superior al 20% del conjunto de delitos penados frente al varón. Fuera

---

telecomunicaciones u otro elemento, energía o fluido ajenos, por alguno de los medios siguientes:
1.º Valiéndose de mecanismos instalados para realizar la defraudación.
2.º Alterando maliciosamente las indicaciones o aparatos contadores.
3.º Empleando cualesquiera otros medios clandestinos.
2. Si la cuantía de lo defraudado no excediere de 400 euros, se impondrá una pena de multa de uno a tres meses".

del quinquenio, en 2022, 2.618 condenas, 1.890 hombres y 728 mujeres (28%)[57].

De nuevo se traen a colación los aspectos idiosincrásicos de la criminalidad patrimonial de la mujer ya señalados, esto es, la ausencia de violencia y la supeditación a una actividad ilícita de subsistencia propia del estrato social con un nivel económico más bajo. Pero también llama la atención otro dato relevante en comparación con otras defraudaciones como la estafa, la apropiación indebida o la administración desleal, de relevante impronta masculina, en las que el autor se sitúa frecuentemente en una posición de poder sobre la víctima, características que no se presentan en el delito del art. 255 CP. Destaca otro rasgo, también relevante desde el punto de vista sociológico, y es que este comportamiento está vinculado al mantenimiento del bienestar en el hogar. Al final del presente apartado se insistirá en este y otros presupuestos relacionados con los ilícitos examinados con anterioridad.

El precepto configura el tipo penal de defraudación de fluidos, energías y análogos. Se constituye un delito híbrido entre estafa y hurto que incrimina conductas de similar entidad y cuya tipicidad no podría ser abarcada por aquéllos. De la estafa mantiene el elemento defraudatorio y el perjuicio económico a tercero, pero el error motivado por el engaño no se proyecta sobre una persona sino sobre un aparato o mecanismo suministrador. El perjuicio y el apoderamiento también es propio del hurto, pero difiere el objeto material. El ánimo de lucro se encuentra en todas estas infracciones contra el patrimonio[58].

---

57 Datos extraídos de la explotación del INE del Registro Central de Penados en relación con las tablas individuales anuales del periodo 2017-2021, y 2022, bajo los parámetros de todos los delitos condenados atendiendo a la clase de infracción y según sexo.

58 Al respecto, BORJA JIMÉNEZ, E.: "Artículo 255", en CUERDA ARNÁU, M. L. (Dir.)/RAGA VIVES, A. (Coord.): *Comentarios al Código Penal*, tomo I, Valencia, 2023, pp. 1650 y ss.

El bien jurídico viene constituido por el patrimonio de la entidad suministradora o de otro consumidor (el cual quedaría mermado, por ejemplo, en el caso de conexión ilegítima a la red eléctrica general o a la particular de otro usuario). Es un delito de resultado cuantificado por el valor económico del coste total del servicio defraudado que debería haber sido sufragado por el sujeto activo, y atendiendo al perjuicio ocasionado con la defraudación se impone una pena leve o menos grave (art. 255, 2)[59].

El objeto material, por su parte, está integrado por fluidos, energías u otros bienes o servicios suministrados de forma continua, esto es, propio de consumo regularizado y susceptible de medición mediante aparatos o dispositivos. Se mencionan la energía eléctrica, el gas, el agua y las telecomunicaciones. En este último caso podrían tomarse en consideración la red telefónica, de datos de Internet, de televisión de pago, etc.

En relación con la conducta típica, en la medida en que estos aparatos contadores o dispositivos o programas de medición determinan el coste del servicio prestado, su manipulación con la pretensión de reducir o anular su cuantía se proyecta en la acción prohibida, tal y como señala el art. 255, 1 en sus dos primeros números ("...valiéndose de mecanismos instalados para realizar la defraudación" y "...alterando maliciosamente las indicaciones

---

59 Sobre la estructuración típica de esta figura delictiva y su problemática político-criminal, se pueden examinar, entre otros, los siguientes trabajos: BERENGUER PASCUAL, S.: "La lucha frente al fraude eléctrico: deficiencias y mejoras en el código penal", *Revista General de Derecho Penal*, núm. 37, 2022; DE VICENTE MARTÍNEZ, R.: "Defraudación del fluido eléctrico y análogas", *Vademécum de Derecho Penal*, 5.ª ed., Valencia, 2018, pp. 122 y ss.; MAGRO SERVET, V.: "Soluciones ante la presencia de okupas, pisos patera y defraudación de fluido eléctrico en las comunidades de vecinos: ¿cómo actuar ante alquileres irregulares u ocupación de viviendas y los enganches ilegales de luz a vecinos?" *Diario La Ley*, núm. 8225, 2014; BLANCO LOZANO, C.: "El delito de defraudación de fluido eléctrico", *La Ley*, núm. 1, 1997, pp. 1790-1792.

o aparatos contadores"). Pero también existen otros artificios empleados para poder gozar ilegítimamente de los servicios ajenos. Así, mediante la utilización de determinados programas informáticos se pueden desvelar las claves de seguridad para compartir ilícitamente la red de datos de otro usuario que la tiene legalmente contratada. O, cuando la defraudación se perpetra materialmente conectando un cable a una red ajena de tal suerte que el reo se provee ilegítimamente de electricidad. Estos y otros muchos supuestos pueden incardinarse en el número 3º del art. 255, 1 ("... empleando cualesquiera otros medios clandestinos").

El sujeto pasivo será la entidad suministradora que tiene derecho al pago del servicio prestado o el consumidor que tiene contratado dicho servicio objeto de la defraudación. El sujeto activo será cualquier persona que lleve a cabo la conducta típica, salvo la propia entidad que presta el servicio, pues si fuera este el caso, el comportamiento se calificaría como delito de estafa[60].

---

60 La jurisprudencia de los tribunales ha establecido una doctrina general sobre la interpretación de esta figura delictiva. "Asimismo, hemos recordado que " la Audiencia Provincial de Gerona, sec. 3ª, S 13-10-2005, nº 899/2005 , tras exponer los elementos del mencionado delito, señala que de ellos se deduce que el bien jurídico protegido "es la propiedad o valor de la cantidad defraudada a tenor del uso indebido que se tipifica, constituyendo la acción típica el apoderamiento indebido mediante la existencia de los mecanismos específicos que permitan el uso ilícito, o a través, del trucaje de los aparatos contadores o cualquier otro medio secreto, oculto o ilícito, que será susceptible de producir el mismo resultado estando considerado dicho delito como de resultado siendo éste la producción de un perjuicio al sujeto pasivo, consumándose desde el momento en que se utiliza el elemento, energía o fluido ajeno con un método que impida la contabilización o el cobro del importe del servicio utilizado"". SAP Madrid 291/2021, de 7 de junio (Tol 8.556.479).

Puede ocurrir que la sustracción ilícita afecte a más de un elemento (por ejemplo, electricidad y agua). En tales supuestos existe una única acción y, en consecuencia, un solo hecho punible[61].

Con frecuencia, este delito se encuentra vinculado con el anteriormente examinado, pues la ocupación ilegal del edificio o de la vivienda vendrá acompañada de la apropiación ilícita de suministros básicos que aquélla no siempre posee[62].

De todas estas peculiaridades del tipo de injusto del delito de defraudación del fluido eléctrico y otras análogas se desprenden algunas consecuencias que explican la relevancia femenina de su comisión.

Se trata de una infracción contra el patrimonio ajeno no violenta, similar al hurto en el aspecto de sustracción de un bien, y similar a la estafa en el aspecto de la utilización de la maquinación y la defraudación para su obtención ilícita. Esta dinámica es propia de la criminalidad de subsistencia dirigida a cubrir las necesidades básicas de la existencia cotidiana de todos los días, como son entre otras, la vivienda, la electricidad y el agua. Apare-

---

61 "La documentación obrante en autos y el atestado policial consistente en inspección ocular y fotografías adjuntas al atestado, considera acreditada la contratación de suministro cuyo beneficiario es la entidad titular de la finca que se encarga de la gestión del Camping, la existencia de un generador en la finca del Camping y la existencia de un enganche en dicho generador el cual suministra electricidad a la caravana del denunciado, así como el suministro de agua que el denunciado obtenía sirviéndose de agua del pozo de la finca, sin que conste contrato de suministro alguno de electricidad o de agua para el denunciado; y de todo ello concluye que la caravana del denunciado se nutre de la electricidad y de agua del Camping sin amparo en contrato alguno, obteniéndose el correspondiente beneficio sin contraprestación ninguna y causando así un perjuicio por suministro eléctrico y de agua". SAP Huelva 213/2020, de 30 de julio (Tol 8.204.437).

62 Así, a título de ejemplo, la SAP Valencia 456/2021, de 8 de septiembre (Tol 8.667.854) recoge un supuesto de gran número de ocupaciones ilegales de viviendas en las que se descubrieron 21 conexiones clandestinas a la red general de aguas.

cerá vinculada con ocupación ilegal de viviendas en concurso de delitos (cuando esta última constituya ilícito penal) o aislada (en el caso de que dicha ocupación tan sólo constituya un ilícito civil).

La consecuencia jurídica (multa menos grave o leve, según la cuantía de la defraudación) parece apropiada desde la perspectiva político-criminal para aquellas personas infractoras que puedan sufrir discriminación por su condición social y sexo, dado que, incluso en los supuestos de concurso de delitos con ocupación ilegal de inmuebles, la condena difícilmente conducirá a los responsables a un centro penitenciario.

De esta manera se han desvelado en los tres delitos patrimoniales analizados en el presente capítulo los componentes estructurales más importantes de la criminalidad con relevancia femenina. Atentados no violentos a la propiedad ajena muy relacionados con la pobreza de personas carentes de poder social o económico.

Como criminalidad de escasa entidad, las correspondientes sanciones no son, por regla general, desproporcionadas, salvo, en el caso del hurto, que aparezcan fenómenos de multirreincidencia. Pero incluso en este último supuesto, la jurisprudencia primero y el legislador después, han encauzado la situación y evitado de esta forma muchos ingresos en centros penitenciarios por esta causa.

3. Delitos contra la administración de justicia

El último sector delictivo con relevancia femenina a examinar viene constituido por dos tipos penales que se encuentran entre las infracciones contra la Administración de Justicia.

Precisamente dentro de este Título XX, en su Capítulo V se hallan los dos ilícitos penales que destacan por su frecuente comisión por parte de la mujer en comparación con el varón: la acusación y denuncia falsas y la simulación de delito.

Estas dos figuras delictivas guardan ciertas similitudes entre sí que explican su impronta femenina.

La acción típica en ambas es de naturaleza falsaria, esto es, se fundamenta básicamente en la imputación de unos hechos constitutivos de delito inexistentes, con conocimiento de su falta de veracidad, a un sujeto, o a sí mismo, o se finge ser víctima de ese crimen que no ha acontecido, o que perpetrado, se le atribuye a sabiendas a persona distinta de la que lo cometió.

Esa exteriorización de la voluntad falsaria tiene que presentarse ante funcionario judicial o administrativo que tenga el deber de proceder a su averiguación. Y esta conducta tiene que provocar cierta perturbación en el aparato de la administración de justicia, con inicio de actuaciones procesales, pues el objeto de tutela de estos delitos se proyecta en la dignidad y en el normal funcionamiento de la función pública en este servicio tan sensible.

En los apartados sucesivos se vincularán estos aspectos a la tipicidad de cada una de las figuras analizadas en relación con la relevancia femenina de su comisión con vistas al examen de la virtualidad político-criminal de la respectiva sanción.

3.1. Acusación y denuncia falsas

La acusación y denuncia falsas viene descrita en el art. 456 como, básicamente, una imputación inveraz de hechos constitutivos de delito a una persona ante un funcionario susceptible de causar ciertas actuaciones procesales[63].

---

[63] "1. Los que, con conocimiento de su falsedad o temerario desprecio hacia la verdad, imputaren a alguna persona hechos que, de ser ciertos, constituirían infracción penal, si esta imputación se hiciera ante funcionario judicial o administrativo que tenga el deber de proceder a su averiguación, serán sancionados:
1.º Con la pena de prisión de seis meses a dos años y multa de doce a veinticuatro meses, si se imputara un delito grave.
.º Con la pena de multa de doce a veinticuatro meses, si se imputara un delito menos grave.

La pluriofensividad es una de las características idiosincrásicas de esta infracción penal, pues por un lado se ataca el honor de la persona calumniada atribuyéndole falsamente la acción social más reprochable (el delito), y, por otro lado, se perturba el funcionamiento del aparato de justicia originando actividades que no le competen y que perjudican a terceros inocentes.

Como se indicó con anterioridad, y siguiendo el criterio metodológico diseñado en esta contribución, a continuación, se estudiarán algunos rasgos típicos de este hecho punible en orden a determinar su relación con la relevancia femenina de su comisión y con la pretensión de examinar la virtualidad político-criminal de la sanción que acarrea como consecuencia.

Pero, una vez más se traen aquí a colación los habituales datos estadísticos que califican esta clase de delincuencia como propia de la mujer frente al varón.

En 2017, de un total de 553 condenas, 289 correspondían a hombres y 264 a mujeres, lo cual representaba en este último caso el 48% del conjunto. En 2018, 502 condenas, 241 hombres y 261 mujeres (52%). En 2019, 434 condenas, 201 hombres y 233 mujeres (54%). En 2020, 270 condenas, 107 hombres y 163 mujeres (60%). Y, finalmente, en 2021, 286 condenas, 104 hombres y 182 mujeres (64%). La media para dicho periodo de cinco años es de 55,6% de relevancia femenina de comisión, superior al 20% del

---

3.º Con la pena de multa de tres a seis meses, si se imputara un delito leve. 2. No podrá procederse contra el denunciante o acusador sino tras sentencia firme o auto también firme, de sobreseimiento o archivo del Juez o Tribunal que haya conocido de la infracción imputada. Estos mandarán proceder de oficio contra el denunciante o acusador siempre que de la causa principal resulten indicios bastantes de la falsedad de la imputación, sin perjuicio de que el hecho pueda también perseguirse previa denuncia del ofendido".

conjunto de delitos penados frente al varón. Fuera del quinquenio, en 2022, 239 condenas, 93 hombres y 146 mujeres (61%)[64].

Es posible que, en los últimos tiempos, el poder más debilitado en las democracias occidentales sea el judicial. En lo que se refiere al sistema de justicia penal, la colaboración ciudadana es absolutamente esencial para poder investigar y enjuiciar los hechos punibles que, de generalizarse, ponen en riesgo la propia estructura social. La actitud de denuncia de la ciudadanía de esos hechos, su participación en la justicia penal en la interposición de la acción popular, o integrando la institución del jurado, o presentándose como testigo en los correspondientes procesos fortalece el sistema criminal, creando confianza en sus instituciones y coadyuvando a la prevención general del delito. De ahí que todas estas formas de colaboración con la administración de justicia tienen que ser valoradas en su justa medida y potenciadas para alcanzar algunos de sus fines[65].

Ahora bien, cuando se instrumentaliza el aparato judicial para perjudicar ilegítimamente a un tercero con imputaciones mendaces, se ataca el honor de la víctima por la atribución falsa de las acciones más reprochables socialmente y se ataca la dignidad

---

64 Datos extraídos de la explotación del INE del Registro Central de Penados en relación con las tablas individuales anuales del periodo 2017-2021, y 2022, bajo los parámetros de todos los delitos condenados atendiendo a la clase de infracción y según sexo.

65 Se destacan algunos trabajos que examinan la figura delictiva de acusación y denuncia falsas: DE VICENTE MARTÍNEZ, R.: "Acusación y denuncia falsa", *Vademécum de Derecho Penal,* 5.ª ed., Valencia, 2018, pp. 37 y ss.; MAGRO SERVET, V.: "Requisitos para la procedencia de una acusación por denuncia falsa a la luz de la jurisprudencia", *Diario La Ley,* núm. 8983, 2017; ORTS BERENGUER, E.: "Acusación y denuncia falsa (art. 456)", en GÓRRIZ ROYO, E./MATALLÍN EVANGELIO, A. (Coords.)/GONZÁLEZ CUSSAC, J. (Dir.): *Comentarios a la reforma del Código Penal de 2015,* Valencia, 2015, pp. 1235 y ss.; SOTO RODRÍGUEZ , M. L.: "La denuncia falsa en el Código Penal español", *Diario La Ley,* núm. 7977, 2012; ROPERO CARRASCO, J.: *Abusar de la justicia: dimensión actual del delito de acusación y denuncia falsas,* Madrid, 2011.

de la función pública y sus loables finalidades de juzgar y hacer ejecutar lo juzgado[66].

El delito de acusación y denuncia falsas se constituye así en una especie de calumnia agravada porque agrede el honor personal del ofendido imputándole inverazmente hechos constitutivos de delito ante un funcionario que tiene la obligación de investigarlos o perseguirlos. Y menoscaba el funcionamiento de la administración de la justicia penal porque tiene que dedicar sus escasas energías a esclarecer unos hechos que no han sido perpetrados por el denunciado, lo cual supone otro daño añadido al ocasionado a su fama y autoestima. De tal suerte que estos dos bienes jurídicos, individual y colectivo, legitiman la sanción punitiva que acompaña a esta figura delictiva[67].

---

66 En la doctrina se asume este carácter pluriofensivo del delito de acusación y denuncia falsas. Por todos, entre las últimas contribuciones generales, ORTS BERENGUER, E.: "Delitos contra la Administración de Justicia", en GONZÁLEZ CUSSAC, J. L. (Coord.): *Derecho Penal. Parte Especial*, 7.ª ed., Valencia, 2022, p. 753; CANCIO MELIÁ, M.: "Artículo 456", en CUERDA ARNÁU, M. L. (Dir.)/RAGA VIVES, A. (Coord.): *Comentarios al Código Penal*, tomo II, Valencia, 2023, pp. 2872 y ss.

67 La mentada naturaleza pluriofensiva también es afirmada por la jurisprudencia. Por todas, recogiendo la interpretación en este sentido, SAP Madrid 115/2023, de 6 de marzo (Tol 9.490.751): "Efectivamente, en primer lugar hay que recordar la reiterada Jurisprudencia que ha venido señalando, entre otras la sentencia de la Sala Segunda del Tribunal Supremo de 7 de abril de 2006, así como la de 17-11-2005, "que el delito de acusación y denuncia falsas es un delito de los denominados pluriofensivos en los que concurren una pluralidad de objetos de protección. De una parte, la administración de justicia por cuanto implica la utilización indebida de la actividad jurisdiccional, además, el honor de los denunciados a quienes se les imputa la realización de un hecho delictivo. Desde este punto de vista, el delito de denuncia falsa se caracteriza, por algún especialista, como una "calumnia específica"; punto de vista que contribuye eficazmente a resolver ocasionales problemas concursales. Se trata de un delito de los denominados pluriofensivos, es decir, de aquellos que protegen al mismo tiempo varios bienes jurídicos, en este caso, probablemente con análoga

Pero, consciente el legislador de que la misma existencia de esta infracción penal puede desalentar a la ciudadanía a colaborar con la persecución de los delitos a través de las actividades de denuncia, ha sometido su regulación a fuertes exigencias en su tipificación con el fin de castigar exclusivamente las acciones que, en efecto, ataquen los dos intereses señalados: el honor del denunciado y la dignidad y el normal funcionamiento del aparato judicial.

Y en este sentido se requieren dos condicionamientos típicos. Por un lado, el subjetivo de que la imputación se realice con conocimiento de su falsedad o con temerario desprecio a la verdad. Y, por otro lado, se exige en la descripción objetiva que el asunto finalice con sentencia firme o auto también firme de sobreseimiento o archivo de la causa[68].

Con estos condicionamientos legales se pretende llegar a un equilibrio entre la pretensión del sistema penal de colaboración de la ciudadanía para hacer efectivo el derecho constitucional de tutela judicial en la persecución y enjuiciamiento de delitos, por un lado, y, por otro lado, otros intereses (también relevantes constitucionalmente) como el honor de los denunciados ilegítimamente en consonancia con el normal ejercicio de la potestad jurisdiccional de juzgar y hacer ejecutar lo juzgado.

De la jurisprudencia del Tribunal Supremo y de las audiencias provinciales se extraen (sobre todo, en los supuestos enjuiciados más recientemente) algunas características definitorias de este tipo de criminalidad cuando el autor es una mujer. A estos efec-

---

intensidad, la correcta actuación, el buen hacer de la Administración de Justicia, por una parte, y el honor de la persona afectada, por otro, bienes que se vulneran con la denuncia o acusación falsa".

68 Cuando falta este requisito de procedibilidad, pero se constata la falsedad de la acusación, no se perpetra el tipo del art. 456, si bien el comportamiento puede ser subsumido bajo el delito de calumnia. En tal sentido se pronunció la SAP Málaga 200/2022, de 9 de junio (Tol 9.248.421).

tos se destacan ciertas consideraciones en relación con el sujeto pasivo del delito y con la clase de infracción falsamente imputada.

En este sentido, en las últimas resoluciones destaca el hecho de que el falsamente denunciado suele ser un varón con el que se ha convivido o se ha mantenido una relación sentimental de pareja[69]. El contexto, en ocasiones, está relacionado con disputas originadas en un proceso de divorcio en el que con frecuencia está en juego la custodia de los hijos comunes. Y se concibe por la infractora una forma radical para modificar la resolución judicial en relación con la situación legal de los menores acusando inverazmente al padre de delitos tales como abusos sexuales sobre esos menores[70] o violencia de género[71].

En cuanto a la sanción de estos delitos, la gran mayoría se concreta en multa que por sí sola difícilmente puede acarrear prisión (salvo su impago en ciertas circunstancias), cuando los hechos imputados son menos graves o leves. Ahora bien, en los supuestos en los que la acusación falsa recae sobre una infracción penal grave, la consecuencia jurídica a imponer es la prisión de seis meses a dos años y la multa de doce a veinticuatro meses (art. 456, 1, 1° CP).

En principio, incluso en los supuestos de ofensas más severas, tampoco la condena por esta figura delictiva debiera conducir al cumplimiento penitenciario. Sin embargo, se observan algunas

---

69 En este orden de cosas, se ha denunciado falsamente acoso sexual laboral del empleador para extinguir una relación personal o como respuesta al correspondiente despido, tal y como expuso la SAP Toledo 218/2021, de 3 de diciembre (Tol 8.788.679).

70 Entre las más recientes, enjuiciando supuestos muy similares a los señalados en el texto, SSAP Madrid 90/2023, de 9 de febrero (Tol 9.508.399) y 115/2023, de 6 de marzo (Tol 9.490.751).

71 STS 252/2018, de 24 de mayo (Tol 6.621.662), SAP Navarra 93/2022, de 23 de abril (Tol 9.260.776) y SAP Asturias 197/2022, de 23 de septiembre (Tol 9.259.931), si bien en estos casos no queda claramente probado los móviles que llevaron a las condenadas a su actuación de imputación inveraz.

situaciones (también, ciertamente graves) en las que la sanción puede llegar a exasperarse.

Esto ha ocurrido cuando en el caso concreto se aprecian factores de agravación acumulados, como la continuidad delictiva y la circunstancia de parentesco[72]. Y, cuando además de aplicarse la agravante de parentesco, se individualizan las diferentes acciones de denuncia y se califican como concurso real (homogéneo) de delitos[73]. O, en fin, en los supuestos de instrumentalización de la imputación inveraz con la pretensión de perpetrar otro delito con el que se encuentra en relación de concurso medial[74].

En alguno de estos casos más graves se echa de menos, teniendo presente la contumacia obsesivo-compulsiva de los actos de denuncia, que no se realice una mayor referencia a las posibilidades

---

72 De este modo, la ya citada SAP Madrid 115/2023, de 6 de marzo (Tol 9.490.751) confirma la condena a la autora por falsa imputación a su ex marido por abuso sexual de las hijas comunes con el fin de obtener su custodia otorgada a la víctima en el correspondiente proceso de divorcio. Dicha condena fue de dos años de prisión, multa e inhabilitación especial para el ejercicio del derecho de sufragio pasivo al tomarse en consideración la agravante de parentesco y la continuidad delictiva.

73 Este es el caso que examinó la también citada SAP Madrid 90/2023, de 9 de febrero (Tol 9.508.399) en términos muy similares a la resolución citada en la nota anterior, si bien se estimó la apelación parcialmente y se absolvió de uno de los delitos. La sanción quedó en prisión de quince meses, multa y la accesoria de inhabilitación especial para el ejercicio del derecho de sufragio pasivo.

74 Caso enjuiciado por la mentada SAP Navarra 93/2022, de 23 de abril (Tol 9.260776) que revisó la condena por delito continuado de acusación falsa de infracciones relacionadas con violencia de género en concurso con coacciones de prisión de dos años y seis meses y la accesoria de inhabilitación especial para el ejercicio del derecho de sufragio pasivo. Dicha resolución de instancia fue apelada y se estimó la eximente incompleta de grave alteración psíquica mitigando la pena que quedó de 1año y cuatro meses de prisión junto con la accesoria de inhabilitación especial.

de mitigación de la responsabilidad del reo merced a un menor grado de su imputabilidad[75].

De igual forma, alguna de estas duras penas podría verse mitigadas si se prescindiese de cierto automatismo en la consideración de la agravante de parentesco. Pues precisamente la deteriorada situación de convivencia aparece como causa prevalente de la denuncia falsa.

En todo caso, los supuestos de cumplimiento de la pena privativa de libertad por esta clase de delitos con relevancia femenina no parecen ser cuantitativamente tan significativos en comparación con los sentenciados. En el periodo de los cinco años señalados (2017-2021), las infracciones contra la administración de justicia que causaron prisión en el caso de la mujer representaban un 14% del total, muy inferior al índice correspondiente al varón. Ciertamente la estadística no distingue dentro de este grupo de hechos punibles las específicas figuras delictivas que lo componen, pero aun cuando la acusación y denuncia falsas representase un nivel más elevado de cumplimiento que el resto de delitos de esta naturaleza, el porcentaje medio es indicativo de que dicha cifra no puede ser muy alta. Por otro lado, se observa que frecuentemente los asuntos se resuelven en la primera instancia sin ulterior recurso, lo cual refleja la menor severidad de las respectivas condenas[76].

Es llamativo que muchas de las consideraciones que se han realizado aquí tanto en la explicación de la relevancia femenina de este tipo de criminalidad como en los supuestos de incidencia en

75 Buen ejemplo de ello se encuentra en la resolución examinada en la nota anterior, que (como se acaba de ver) apeló la sentencia de instancia por no haber tomado en consideración la eximente incompleta de grave anomalía psíquica.

76 Datos extraídos de la tabla del periodo acumulado 2017-2021 en relación con la explotación que realiza el INE del Registro Central de Penados bajo los parámetros de todos los delitos penados atendiendo a la clase de infracción y según sexo.

el cumplimiento de la pena privativa de libertad son muy similares a las vertidas en el examen de los delitos de sustracción de menores. En el apartado de conclusiones se realizará un concreto análisis sobre este curioso paralelismo.

3.2. Simulación de delitos

La simulación de delitos del art. 457 es una figura muy similar a la anteriormente examinada. Se imputa falsamente un hecho delictivo ante un funcionario que tiene el deber de investigarlo o perseguirlo y a consecuencia de dicha imputación se inician indebidamente actuaciones procesales. La diferencia más relevante radica en que la atribución mendaz no se dirige a otra persona, sino a la misma del reo, que se responsabiliza del hecho simulando ser su autor o su víctima. El delito puede ser real o ficticio, pero en todo caso el sujeto activo representa o finge (simula) que ha sido (sin serlo) su autor o su ofendido[77].

Esta infracción penal mantiene aspectos comunes con la anterior que no van a ser reiterados. De tal suerte que en este último apartado previo a las conclusiones se analizarán las problemáticas propias del tipo penal en su proyección político-criminal que le configura como una infracción con relevancia femenina en los términos expuestos en la presente contribución[78].

---

[77] "El que, ante alguno de los funcionarios señalados en el artículo anterior, simulare ser responsable o víctima de una infracción penal o denunciare una inexistente, provocando actuaciones procesales, será castigado con la multa de seis a doce meses".

[78] Examinan esta figura delictiva, entre otros, los trabajos que se apuntan a continuación: TAÚS BALLESTER, J. J.: "Aproximación al delito de simulación de delito tras la publicación de la Ley 41/2015", *Diario La Ley,* núm. 10295, 2023; DE VICENTE MARTÍNEZ, R.: "Simulación de delitos", *Vademécum de Derecho Penal,* 5.ª ed., Valencia, 2018, pp. 341 y ss.; SOTO NIETO, F.: "Simulación de delito: significado de 'actuación procesal'", *La Ley,* **núm. 1, 2006, pp. 1247-1250**; SERRANO GONZÁLEZ

Desde esta perspectiva, se ofrecen ahora los datos estadísticos que también califican esta clase de delincuencia como propia de la mujer frente al varón.

En 2017, de un total de 2.388 condenas, 1.375 correspondían a hombres y 1.013 a mujeres, lo cual representaba en este último caso el 42% del conjunto. En 2018, 2.060 condenas, 1.237 hombres y 823 mujeres (40%). En 2019, 1.821 condenas, 1.099 hombres y 722 mujeres (40%). En 2020, 1.143 condenas, 718 hombres y 425 mujeres (37%). Y, finalmente, en 2021, 899 condenas, 564 hombres y 335 mujeres (37%). La media para dicho periodo de cinco años es de 39,2% de relevancia femenina de comisión, superior al 20% del conjunto de delitos penados frente al varón. Fuera del quinquenio, en 2022, 575 condenas, 375 hombres y 200 mujeres (35%)[79].

Tratándose de un delito de naturaleza muy similar a la acusación y denuncia falsas, el bien jurídico protegido tiene que coincidir en su vertiente colectiva. En efecto, la diferencia más notable entre ambas infracciones radica en el dato de que aquí no existe una falsa imputación a un sujeto, sino de un hecho (bien sea ficticio, bien sea existente, pero sin real intervención del reo en el mismo ni como autor ni como víctima). La razón del castigo no se encuentra en los perjuicios ocasionados al honor de un tercero, sino en el menoscabo que se produce en el funcionamiento del aparato de justicia que inicia su actividad procesal indebida

---

DE MURILLO, J. L.: "La simulación de delito o falta: ¿un delito sin bien jurídico protegido?", *La Ley,* núm. 2, 2005, pp. 1561-1570; MAQUEDA ABREU, M. L./MACHADO RUIZ, M. D.: "La simulación de delitos en la jurisprudencia: cuestiones fundamentales", en *Libro Homenaje al profesor Dr. Gonzalo Rodríguez Mourullo,* Madrid, 2005, pp. 1539-1550.

79 Datos extraídos de la explotación del INE del Registro Central de Penados en relación con las tablas individuales anuales del periodo 2017-2021, y 2022, bajo los parámetros de todos los delitos condenados atendiendo a la clase de infracción y según sexo.

y caprichosamente, desgastando así inútilmente sus escasas energías[80].

Este menor contenido del injusto que manifiesta la figura recogida en el art. 457 se refleja en una menor sanción y, además, repercute en su relación con el tipo de acusación y denuncia falsas. Pues, en la medida en que aquél no afecta al honor de las personas como éste último, nunca debería sancionarse con pena superior la simulación que la denuncia falsa, lo cual puede ocurrir cuando se finge haber sido autor o víctima de un delito leve[81].

Por lo demás, las cuestiones más interesantes de interpretación del presente tipo penal han sido, en su mayoría, tratadas en la anterior figura delictiva. Continuará este apartado con el análisis

---

80 Este carácter colectivo del objeto de tutela proyectado sobre la administración de justicia es destacado por la doctrina. Por todos, ORTS BERENGUER, "Delitos contra la Administración de Justicia", ob. cit., p. 755. La jurisprudencia de los tribunales también admite esta interpretación del bien jurídico protegido en este delito. Entre las más recientes, destaca la STS195/2022, de 2 de marzo (Tol 8.833.067): "En efecto, se quiere proteger la Administración de Justicia. En el Título destinado a su tutela se ubica el precepto; un título que agrupa una variada miscelánea de morfologías, pero unidas todas por un denominador común: su incidencia en la Administración de Justicia, cuyo correcto funcionamiento tienden a perturbar... ...Las conductas castigadas en el art. 457 CP afectan a ese bien jurídico en tanto distraen, inútilmente y para nada, medios y esfuerzos de la Administración de Justicia penal emplazándola a investigar hechos irreales". FJ TERCERO)

81 En este sentido, con argumentos concluyentes, CANCIO MELIÁ, ob. cit., p. 2878.
"Teniendo en cuenta que la presente infracción debe estimarse de menor entidad que la de acusación y denuncia falsas, no parece adecuado que el delito de simulación pueda dar lugar a una pena superior que el de acusación y denuncia falsas, como sucede en el caso de la simulación de un delito leve: en efecto, si se imputa falsamente la comisión de un delito leve (art. 456.1 3°), la pena mínima será de multa de 3 meses, mientras que si se simula tal delito leve sin imputar su comisión a nadie, la pena mínima será de 6 meses de multa".

de los últimos supuestos enjuiciados en los tribunales en los que la autora es una mujer a efectos de destacar algunas de las conductas ilícitas simuladas y sus características más comunes[82].

La práctica de esos tribunales destaca algunas directrices en las pautas de comportamiento de las infracciones de simulación de delitos perpetradas por mujeres. A este respecto, llama la atención el hecho de fingir ser víctima o autora de un hecho criminal para colaborar con la actividad, también delictiva, de sus maridos[83] o de una amiga[84].

En alguna ocasión, como acontecía en el marco de la acusación y denuncia falsas, se ha denunciado un hecho ficticio ante los órganos de persecución penal como forma de responder a un conflicto en una relación personal de afectividad[85].

Por otro lado, otra casuística común con la propia del varón es aquélla en la que la autora simula ser víctima de un robo con la

82 Sobre los requisitos típicos más relevantes de esta figura delictiva, y entre muchas otras, las SSTS 499/2021, de 9 de junio (Tol 8.493.890), 162/2016, de 2 de marzo (Tol 5.664.251), 587/2014, de 18 de julio (Tol 4.463.010), 920/2009, de 18 de septiembre (TOL 1.635.068) y 252/2008, de 22 de mayo (Tol 1.340.420).

83 Así, la ya citada STS 162/2016, de 2 de marzo examinó un supuesto en el que la autora denunció la sus tracción de su ciclomotor para encubrir una tentativa de homicidio cometida por su marido y en la que también ella participó. O, por otra parte, en la también citada STS 920/2009, de 18 de septiembre, el tribunal de instancia había condenado a la mujer y a su pareja por simular un atraco inexistente, con la pretensión de facilitar la apropiación indebida de su cuñado banquero.

84 La SAP Zaragoza 429/2022, de 11 de noviembre (Tol 9.391.724) enjuició en apelación el caso de una falsa atribución de una tentativa de agresión sexual realizada para evitar la condena de una amiga que había lesionado al inocente imputado.

85 Este fue el caso que revisó la SAP Soria 19/2022, de 28 de febrero (Tol 8.920.397).

pretensión de estafar al seguro que cubre el valor de los objetos fingidamente sustraídos[86].

En los últimos tiempos, sin embargo, las posibilidades de castigo por esta figura delictiva se han reducido notablemente.

Así es, los supuestos de simulación de un delito sin atribución a persona alguna (que son los más frecuentes, pues cuando se imputa falsamente el echo a un tercero hay más posibilidades de actuación con la acusación y denuncia falsas), tras la reforma del art. 284 de la LECrim, por exigencia legal quedarán bajo la investigación de la policía judicial sin que puedan ser remitidos al órgano jurisdiccional, salvo casos muy excepcionales[87].

Y, en efecto, el art. 457 exige para la consumación del delito que la acción de fingimiento delictivo provoque actuaciones procesales. Se considere esa referencia típica de provocación de actuaciones procesales como una condición objetiva de punibilidad (doctrina y jurisprudencia más antiguas), como resultado del delito (doctrina y jurisprudencia actuales) o como una situación típica (doctrina minoritaria); cuando la denuncia falsa del hecho punible sin referencia al autor no se encuentre dentro de los supuestos de exclusión del art. 284 LECrim (que, ciertamente son excepcionales), no se causará actividad judicial alguna. Si se admite esta consecuencia

---

86 Entre otras muchas, destacan las SSAP Tenerife 344/2021, de 25 de octubre (Tol 8.826.382) y Tarragona 314/2021, de 2 de julio (TOL 8.607.322).

87 La reforma del art. 284 de la LECrim operada por la Ley 41/2015 de 5 de octubre, dispone que cuando no exista autor conocido (del delito denunciado) la Policía Judicial conservará el atestado a disposición del Ministerio Fiscal y de la autoridad judicial, sin enviárselo, salvo que concurra alguna de las siguientes circunstancias: a) Que se trate de delitos contra la vida, contra la integridad física, contra la libertad e indemnidad sexuales o de delitos relacionados con la corrupción; b) Que se practique cualquier diligencia después de transcurridas setenta, y dos horas desde la apertura del atestado y éstas hayan tenido algún resultado; o c) Que el Ministerio Fiscal o la autoridad judicial soliciten la remisión.

ineludible por exigencias de la legislación procesal, en esos casos no se producirá la lesión del bien jurídico de perturbación de la administración de justicia. Ante esta imposibilidad, ni siquiera se podrá castigar la acción de simulación como propia de tentativa, lo cual implica que estos supuestos son impunes.

Expresado gráficamente con las palabras de la resolución del TS que avala esta conclusión, "… a raíz de una reforma procesal con fines muy distintos, el art. 457 CP ha quedado aligerado expulsándose de su perímetro muchos supuestos que antes podían incardinarse en tal precepto"[88].

La gran mayoría de los hechos de esta naturaleza quedarán, como se ha dicho, fuera de la tipicidad penal. De tal suerte que, salvo las pocas excepciones que establece el mentado art. 284 LECrim, el castigo de la simulación de delitos requerirá una imputación personal ficticia, si bien no se exigirá que haya sobrescimiento o archivo de la causa, pues en tal caso se apreciará la figura del art. 456 CP. La naturaleza jurídica de ambas infracciones, en consecuencia, se acercan notablemente tras esta reforma procesal, quedando el tipo del art. 457 como una especie residual y de menor gravedad. *De lege ferenda* sería conveniente que se regulase como un subtipo atenuado de la acusación y denuncia falsas.

Junto a esta notable reducción del ámbito de aplicación de la figura de simulación de delitos, cabe destacar la poca gravedad de su consecuencia jurídica.

De ahí que, desde la perspectiva político-criminal de la incidencia de la sanción, en la medida en que ésta consiste en multa de seis meses a doce meses, poca repercusión va a tener este delito en su proyección penitenciaria. Cuestión distinta es que esta infracción suele llevarse a cabo para perpetrar o encubrir otras

---

88 Doctrina instaurada por la STS (Pleno) 347/2020, de 25 de junio (TOL8.012.965), seguida por ulteriores resoluciones del mismo tribunal y de las audiencias provinciales.

(normalmente de naturaleza patrimonial), lo cual se resolverá por vía del concurso de delitos.

En conclusión, la simulación de delitos apenas tiene relevancia como causa de ingreso penitenciario de la mujer. Pues, por un lado, la gran mayoría de supuestos que abarcaba con anterioridad a la reforma procesal de 2015 (atribución ficticia como víctima de hechos punibles sin identificación de sus autores) han dejado de ser cubiertos por el manto de su tipicidad. Y, por otro lado, cuando acontezcan las condenas, por ser éstas no muy relevantes (pena de multa de seis a doce meses), su ejecución penitenciaria deviene muy difícil. Por último, cuando la imputación falsa sea de un delito leve, la sanción no debería superar la propia de la acusación y denuncia falsas (que viene castigada con multa de tres a seis meses).

V. A TÍTULO DE CONCLUSIÓN

El objeto de investigación de la presente contribución se sitúa en el análisis político-criminal de un conjunto de figuras delictivas que se caracterizan por la relevancia femenina de la frecuencia de su comisión en relación con la idoneidad de su correspondiente sanción penal. El periodo que se ha tomado en consideración a efectos de determinación de las cifras relativas de perpetración delictiva es el estadísticamente registrado entre 2017 y 2021, el más reciente disponible cuando se inició el presente trabajo. A la finalización del mismo apareció la estadística del año 2022, cuyos datos se han añadido en los correspondientes apartados.

Se han tomado como parámetros que definen la relevancia femenina de frecuencia de perpetración de un hecho punible la superación del 30% anual de condenas de mujeres en relación con una determinada infracción penal respecto del total (mujer y varón). Se ha requerido para asumir dicha calificación que ese porcentaje de condenas de mujeres se supere, al menos, en tres años dentro del periodo elegido.

Los grupos delictivos que en el periodo 2017-2021 han satisfecho estos condicionamientos son los siguientes: contra las relaciones familiares (sustracción de menores), contra el patrimonio (hurto, usurpación y defraudación del fluido eléctrico y análogas) y contra la administración de justicia (acusación y denuncia falsas y simulación de delitos).

Existen algunos rasgos comunes a este tipo de criminalidad, unos por estar ausentes ciertas características en relación con la delincuencia del varón, otros por estar presentes determinadas pautas de comportamiento en la delincuencia femenina.

En cuanto a los rasgos no presentes, coinciden con otras manifestaciones delictivas de frecuente comisión por la mujer. Así, por un lado, no es una criminalidad violenta, estando en ella ausente la *vis* física, *vis* psíquica o fuerza en las cosas. Por otro lado, los hechos punibles con relevancia femenina no se caracterizan por ser representativos de actuaciones de abuso de poder de naturaleza política, social o económica.

En lo que se refiere a las especificaciones propias de la criminalidad femenina en las figuras delictivas analizadas, se pueden apuntar algunos rasgos comunes.

El rol tradicional que asigna a la mujer el cuidado de los hijos en mayor medida que el varón explicaría su frecuente incidencia en los delitos de sustracción de menores. Este otro rol tradicional que le otorga la competencia de procurar el sustento material de los miembros del clan familiar desvelaría su incidencia en la criminalidad patrimonial de la pobreza con relevancia femenina en los delitos de hurto, ocupación ilegal de viviendas y defraudación del fluido eléctrico y equiparados, con mayor incidencia en estos dos últimos comportamientos típicos por estar vinculados con la constitución o el mantenimiento del hogar. Y, de forma similar, la visión paternalista que sitúa a la mujer en una situación de subordinación y apoyo del marido revelaría, también en parte, su impronta cuantitativa en los tipos de simulación de delitos.

Mientras que el varón delincuente es capaz de resolver sus conflictos familiares mediante el recurso a la violencia, la mujer infractora, en cambio, sustituye dicho recurso instrumentalizando hechos punibles como la sustracción de menores o la acusación y denuncia falsas.

Estas serían, a grandes rasgos las características que explicarían la relevancia femenina de las figuras delictivas que poseen este atributo. Con carácter general, la pena que acompaña a estos delitos no suele acarrear, salvo el supuesto de sustracción de menores, pena de prisión y por esta razón se conciben como adecuadas desde la perspectiva político-criminal. Sin embargo, ciertas lagunas legislativas en consonancia con una deficiente interpretación de las correspondientes infracciones punibles han conducido a indeseables situaciones en las que ocasionalmente las consecuencias jurídicas del actuar delictivo podrían ser calificadas como desproporcionadas.

Así, los supuestos de sustracción de más de un menor de edad conducían inexorablemente a la a infractora a la cárcel por ser considerados como concurso de delitos. La doctrina del TS cambió esta interpretación jurisprudencial y ahora se califican como constitutivos de un único delito, incidiendo la nueva posición en una mitigación práctica de la sanción. No obstante, ésta sigue considerándose como muy grave en comparación con hechos delictivos de igual o mayor entidad que son castigados más levemente (así, abandono de menores). La explicación de esta desproporción se encuentra en la normativa internacional que obliga a los Estados firmantes (también a España, claro está) a imponer penas relevantes a los delitos de sustracción de menores.

Otro caso de desproporcionalidad punitiva venía representado por la multirreincidencia de delitos leves de hurto, que empujaba a un salto penológico de una multa muy mitigada a una prisión susceptible de otorgar el ingreso en prisión de la mujer reincidente (lo cual no es inusual en la criminalidad de la pobreza). De nuevo la jurisprudencia interpretó restrictivamente los preceptos afectados para evitar estos desajustes punitivos y ulteriormente el legislador ha confirmado esa doctrina proyectando una mayor racionalidad a la regulación legal.

Cabe destacar, finalmente, que las sanciones para los delitos de ocupación ilegal de viviendas, defraudación del fluido eléctrico y análogas, acusación y denuncia falsas y simulación de delitos no son, salvo el supuesto más grave del art. 456, 1, 1° CP, privativas de libertad y, en consecuencia, el castigo de estos comportamientos, en su consideración individual, no incidirá en cumplimiento en prisión.

Cuestión distinta es la relativa a la forma de manifestación de esta clase de conductas en la vida real. Pues, salvo la acusación y denuncia falsas, cada una de estas figuras delictivas suele venir acompañada de otra u otras. De tal suerte que los eventuales concursos de delitos pueden ocasionar una agravación de las respectivas penalidades.

REFERENCIAS BIBLIOGRÁFICAS

ACALE SÁNCHEZ, M.: "Mujer inmigrante y pobre: una mina para el Derecho Penal", *Revista Penal,* núm. 47, 2021, pp. 5-23.

ALCAZAR ESCRIBANO, M. A.: "Alternativa a la prisión: una cuestión de justicia y género" *Revista General de Derecho Penal,* núm. 37, 2022.

BERENGUER PASCUAL, S.: "La lucha frente al fraude eléctrico: deficiencias y mejoras en el código penal", *Revista General de Derecho Penal,* núm. 37, 2022.

BLANCO LOZANO, C.: "El delito de defraudación de fluido eléctrico", *La Ley,* núm. 1, 1997, pp. 1790-1792.

BORJA JIMÉNEZ, E.: "Sobre el objeto de tutela en los delitos patrimoniales de apoderamiento (hurto, robo, robo y hurto de uso de vehículos de motor)", *InDret,* 2016, pp. 1-24.

BORJA JIMÉNEZ, E.: "Delitos contra el patrimonio y el orden socioeconómico (II). Cuestiones comunes a los delitos de apoderamiento. Hurtos", en GONZÁLEZ CUSSAC, J. L. (Coord.): *Derecho Penal. Parte Especial,* 7.ª ed., Valencia, 2022, pp. 367-386.

BORJA JIMÉNEZ, E.: "Artículo 234", en CUERDA ARNÁU, M. L. (Dir.)/ RAGA VIVES, A. (Coord.): *Comentarios al Código Penal,* tomo I, Valencia, 2023, pp. 1538 y ss.

BORJA JIMÉNEZ, E.: "Artículo 235", en CUERDA ARNÁU, M. L. (Dir.)/ RAGA VIVES, A. (Coord.): *Comentarios al Código Penal,* tomo I, Valencia, 2023, pp. 1545 y ss.

BORJA JIMÉNEZ, E.: "Artículo 245", en CUERDA ARNÁU, M. L. (Dir.)/ RAGA VIVES, A. (Coord.): *Comentarios al Código Penal,* tomo I, Valencia, 2023, pp. 1604 y ss.

BORJA JIMÉNEZ, E.: "Artículo 255", en CUERDA ARNÁU, M. L. (Dir.)/ RAGA VIVES, A. (Coord.): *Comentarios al Código Penal,* tomo I, Valencia, 2023, pp. 1650 y ss.

CANCIO MELIÁ, M.: "Artículo 456", en CUERDA ARNÁU, M. L. (Dir.)/ RAGA VIVES, A. (Coord.): *Comentarios al Código Penal,* tomo II, Valencia, 2023, pp. 2872 y ss.

CARBONELL MATÉU, J. C.: "Delitos contra las relaciones familiares", en GONZÁLEZ CUSSAC, J. L. (Coord.): *Derecho Penal. Parte Especial,* 7.ª ed., Valencia, 2022, pp. 339 y ss.

CARAVACA SÁNCHEZ, F./GARCÍA-JARILLO, M.: "Factores de riesgo asociados a la reincidencia entre el colectivo femenino penitenciario en España", *Cuadernos de Medicina Forense,* vol. 23, núm. 3-4, 2017, pp. 76-81.

CERVELLÓ DONDERIS, V.: "Mujer, prisión y no discriminación: del legado de concepción arenal a las reglas de Bangkok", *Estudios Penales y Criminológicos,* vol. XLI, 2021, pp. 551-591.

CERVELLÓ DONDERIS, V.: "Las prisiones de mujeres desde una perspectiva de género", *Revista de Estudios Penitenciarios,* núm. Extra 1, 2006, pp. 129-150.

CLINAZ, M. P.: "Las más malvadas de todas", *Revista Electrónica de Estudios Penales y de la Seguridad (REEPS),* núm. Extra 7, 2021.

DE VICENTE MARTÍNEZ, R.: "Acusación y denuncia falsa", *Vademécum de Derecho Penal,* 5.ª ed., Valencia, 2018, pp. 37 y ss.

DE VICENTE MARTÍNEZ, R.: "Defraudación del fluido eléctrico y análogas", *Vademécum de Derecho Penal,* 5.ª ed., Valencia, 2018, pp. 122 y ss.

DE VICENTE MARTÍNEZ, R.: "Simulación de delitos", *Vademécum de Derecho Penal,* 5.ª ed., Valencia, 2018, pp. 341 y ss.

DE VICENTE MARTÍNEZ, R.: "Sustracción de menores", *Vademécum de Derecho Penal,* 5.ª ed., Valencia, 2018, pp. 350 y ss.

DOLZ LAGO, M. J.: "Caso Juana Rivas: sustracción de menores", *Diario la Ley,* núm. 9903, 2021.

FRANCÉS LECUMBERRI, P.: "La criminalización de las mujeres: De la caza de brujas a las propuestas de transformación del abordaje del delito", *Millars: Espai i historia,* vol. 51, núm. 2, 2021, pp. 209-241.

GARCÍA DOMÍNGUEZ, I.: "Exclusión social y criminalidad: un análisis de las instituciones aporófobas a través de los delitos patrimoniales", *Revista Penal,* núm. 48, 2019, pp. 33-57.

GARCÍA PÉREZ, O.: "El delito de sustracción de menores y su configuración", *InDret*, núm. 4, 2010.

GONZÁLEZ MARIMÓN, M.: *La sustracción internacional de menores en el espacio jurídico europeo*, Valencia, 2022.

GUDÍN RODRÍGUEZ-MAGARIÑOS , A. E.: "El bien jurídico protegido del delito de sustracción de menores tras la reforma del artículo 225 bis por la Ley Orgánica 8/2021, de 4 de junio", *Diario la Ley*, núm. 10052, 2022.

JUANATEY DORADO, C.: "Delincuencia y población penitenciaria femeninas: situación actual de las mujeres en prisión en España", *RECPC*, núm. 20, 2018.

LAURENZO COPELLO, P.: "Mujeres en el abismo: delincuencia femenina en contextos de violencia o exclusión", *RECPC*, núm. 21, 2019.

LÓPEZ DE ZUBIRÍA DÍAZ, S.: "La mujer como delincuente: aproximación a la delincuencia femenina a través de un estudio jurisprudencial", *Revista Penal*, núm. 51, 2023, pp. 165-176.

MAGRO SERVET, V.: "Requisitos para la procedencia de una acusación por denuncia falsa a la luz de la jurisprudencia", *Diario La Ley*, núm. 8983, 2017.

MAGRO SERVET, V.: "Soluciones ante la presencia de okupas, pisos patera y defraudación de fluido eléctrico en las comunidades de vecinos: ¿cómo actuar ante alquileres irregulares u ocupación de viviendas y los enganches ilegales de luz a vecinos?" *Diario La Ley*, núm. 8225, 2014.

MAQUEDA ABREU, M. L./MACHADO RUIZ, M. D.: "La simulación de delitos en la jurisprudencia: cuestiones fundamentales", en *Libro Homenaje al profesor Dr. Gonzalo Rodríguez Mourullo*, Madrid, 2005, pp. 1539-1550.

MAYORDOMO RODRIGO, V.: "Desprotección del afectado en ocupaciones ilegales sin violencia ni intimidación: allanamiento de morada y usurpación de inmuebles", *Revista General de Derecho Penal*, núm. 34, 2020.

MONGE FERNÁNDEZ, A.: *El delito de sustracción de menores: aspectos dogmáticos y jurisprudenciales*, Barcelona, 2017.

MONGE FERNÁNDEZ, A. (Dir.): *La sustracción internacional de menores desde una perspectiva multidisciplinar*, Barcelona, 2019.

MUÑOZ CUESTA, J.: "Sustracción de varios hijos menores: ¿un delito o tantos como menores afectados?", *Revista Aranzadi Doctrinal*, núm. 6, 2022.

ORTS BERENGUER, E.: "Acusación y denuncia falsa (art. 456)", en GÓRRIZ ROYO, E./MATALLÍN EVANGELIO, A. (Coords.)/GONZÁLEZ CUSSAC, J. (Dir.): *Comentarios a la reforma del Código Penal de 2015*, Valencia, 2015, pp. 1235 y ss.

ORTS BERENGUER, E.: "Delitos contra la Administración de Justicia", en GONZÁLEZ CUSSAC, J. L. (Coord.): *Derecho Penal. Parte Especial,* 7.ª ed., Valencia, 2022, pp. 741 y ss.

PALAO MORENO, G.: *El nuevo marco europeo en materia matrimonial, responsabilidad parental y sustracción de menores,* Valencia, 2022.

PEDROSA, A.: "¿Discrimina el código penal español a las mujeres?", *Revista Española de Investigación Criminológica (REIC),* núm. 16, 2018.

PICADO VALVERDE, E. M./YURREBASO, A./GUZMÁN ORDAZ, R./ORGAZ BAZ, B.: "Factores de riesgo diferenciales entre hombres y mujeres en prisión", *Boletín Criminológico,* vol. 29, núm. 213, 2022, pp. 1-22.

RAMÓN RIBAS, E.: "El delito de ocupación ilegal no violenta de bienes inmuebles", *Estudios Penales y Criminológicos,* núm. 40, 2020, pp. 405-469.

RAMOS MARTÍNEZ, L. M.: "Los derechos a la intimidad, a la propiedad y a la vivienda: una visión desde el delito de ocupación de bienes inmuebles", *Revista Jurídica de la Universidad de León,* núm. 8, 2021, pp. 287-296.

REVELLES CARRASCO, M.: "Género y delincuencia: de la exclusión a la criminalización", *Revista de Estudios Socioeducativos (RESED),* núm. 7, 2019, pp. 137-153.

RODRÍGUEZ YAGÜE, C./PASCUAL RODRÍGUEZ, E.: *Las mujeres en prisión: la voz que nadie escucha. Explorando nuevas vías de cumplimiento de las penas impuestas a mujeres a través de la cultura,* Ministerio de Cultura y Deporte, 2022.

ROPERO CARRASCO, J.: *Abusar de la justicia: dimensión actual del delito de acusación y denuncia falsas,* Madrid, 2011.

SERRANO GONZÁLEZ DE MURILLO, J. L.: "La simulación de delito o falta: ¿un delito sin bien jurídico protegido?", *La Ley,* núm. 2, 2005, pp. 1561-1570.

SERRANO TÁRRAGA, M. D.: *Delincuencia femenina: un estudio sobre tendencia, control y prevención diferenciales desde la perspectiva de género,* Valencia, 2021.

SOTO NIETO, F.: "Simulación de delito: significado de 'actuación procesal'", *La Ley,* núm. 1, 2006, pp. 1247-1250.

SOTO RODRÍGUEZ , M. L.: "La denuncia falsa en el Código Penal español", *Diario La Ley,* núm. 7977, 2012.

TAÚS BALLESTER, J. J.: "Aproximación al delito de simulación de delito tras la publicación de la Ley 41/2015", *Diario La Ley,* núm. 10295, 2023.

VASILESCU, C.: *Mujeres y penas alternativas a la prisión: una mirada con perspectiva de género,* Madrid, 2023.

VIVES ANTÓN, T. S: *Fundamentos del sistema penal: acción significativa y derechos constitucionales,* Valencia, 2010.

Violencia sexual y obligaciones de tutela penal: una mirada antipunitivista[1]

ANDREA GARCÍA ORTIZ
Personal Investigador en Formación
Departamento de Derecho Penal
Universitat de València

INTRODUCCIÓN.

La jurisprudencia del Tribunal Europeo de Derechos Humanos (TEDH) viene desarrollando diferentes obligaciones positivas para los Estados parte. Hablamos de deberes "positivos" para referirnos a que el Estado no solo no debe vulnerar los derechos de las personas, sino que ha de promover mecanismos para que estos sean reales y efectivos. Es decir, le corresponde llevar a cabo determinadas actuaciones positivas para su protección. En el ámbito del Derecho penal, esta tesis supone un cambio de paradigma, pues los derechos humanos tradicionalmente se han concebido como límites al poder punitivo del Estado y, sin embargo, la doctrina de las obligaciones positivas entiende que estos derechos son precisamente el fundamento para su activación[2]. Es decir,

---

[1] Esta publicación forma parte del proyecto de I+D+i PID2021-123441NB-I00, financiado/a por MCIN/AEI/10.13039/501100011033/ y "FEDER Una manera de hacer Europa".

[2] *Vid.*, entre otros, TOMÁS-VALIENTE LANUZA, C.: "Deberes positivos del Estado y Derecho penal en la jurisprudencia del TEDH", *InDret*, n.º 3, 2016, pp. 5 y ss.; DOMENECH PASCUAL, G.: "Los derechos fundamentales a la protección penal", *Revista española de derecho constitucional*, n.º 78, 2006, pp. 350 y ss.; PASTOR, D.: "La deriva neopunitivista de organismos y activistas como causa del desprestigio actual de los derechos humanos", *Nueva Doctrina Penal*, 2005, pp. 79 y ss.

los mismos dejan de tener una "función de escudo" frente al *ius puniendi*, y pasan a ejercer una "función de espada"[3]. Esta perspectiva, por tanto, no pone el foco en los derechos del reo, sino en los derechos de la víctima[4].

Esta forma de concebir las obligaciones estatales encuentra su punto de partida en casos de torturas, desapariciones forzadas y homicidios perpetrados por funcionarios públicos[5] en los que se entendía que el mismo Estado era el responsable *directo* por no perseguir penalmente los hechos. Sin embargo, posteriormente, el TEDH ha aplicado también esta doctrina a casos de delitos comunes cometidos por particulares[6]. Así, en estos casos, se afir-

---

3 Esta expresión ha sido extraída de PERSAK, N.: "Positive Obligations in View of the Principle of Criminal Law as a Last Resort", en LAVRYSEN, L./MAVRONICOLA, N. (coords.): *Coercitive Human Rights: Positive Duties to Mobilise the Criminal Law under the ECHR*, Oxford, 2020, pp. 141 y ss.

4 La jurisprudencia del TEDH se ha visto fuertemente influenciada por la de Corte Interamericana de Derechos Humanos, la cual ha centrado la fundamentación de las obligaciones de tutela penal en los derechos de las víctimas y en la "lucha contra la impunidad" en casos de graves violaciones de los derechos humanos. *Vid.*, entre otros, VIGANÒ, F.: "La arbitrariedad del no punir: sobre las obligaciones de tutela penal de los derechos fundamentales", *Política Criminal: Revista Electrónica Semestral de Políticas Públicas en Materias Penales*, n.º 18, 2014, pp. 438 y ss.; SILVA SÁNCHEZ, J. M.: "¿Nullum crimen sine poena? Sobre las doctrinas penales de la lucha contra la impunidad y del derecho de la víctima al castigo del autor", *Derecho Penal y Criminología*, vol. 29, n.º 86-87, 2008, pp. 165 y ss.; GIL GIL, A.: "Sobre la satisfacción de la víctima como fin de la pena", *InDret*, n.º 4, 2016, pp. 7 y ss.; ABRAMOVICH, V.: "Responsabilidad estatal por violencia de género: comentarios sobre el caso Campo algodonero en la Corte Interamericana de Derechos Humanos", *Anuario de Derechos Humanos*, 2010, pp. 167 y ss.

5 También aquellos cometidas por agentes no estatales bajo la anuencia del Estado. *Vid.* TOMÁS-VALIENTE LANUZA, C.: "Deberes positivos del Estado..." cit., p. 28.

6 La doctrina habla de una responsabilidad *inherente o directa* del Estado cuando las obligaciones se refieren a las relaciones entre los Estados y

ma que el Estado es responsable de forma *indirecta* por no haber adoptado las medidas necesarias para prevenir, investigar y sancionar los actos de violencia cometidos por terceros y es precisamente esta omisión la que se califica como una violación de los derechos humanos[7].

En este contexto, en los últimos años encontramos un amplio corpus jurisprudencial en el que se condena a los Estados por no haber ofrecido una protección adecuada a las víctimas de violencia de género y violencia doméstica. Como es sabido, en esta materia el deber del Estado de actuar bajo el estándar de diligencia debida (*"due diligence"*) se encuentra especialmente reforzado a través de distintos instrumentos internacionales[8]. Por ello, la doctrina viene prestando una especial atención a estas obligaciones de tutela penal en materia de violencia contra las mujeres, espe-

---

sus ciudadanos. Frente a ello, nos encontramos otra clase de supuestos en los que no es el Estado el que directamente vulnera un derecho de un ciudadano, sino que la violación se produce por parte de otro particular. En estos casos, se dice que la responsabilidad del Estado no sería *inherente*, sino que nos encontraríamos ante una responsabilidad *indirecta*, que se derivaría de la obligación de los poderes públicos de proteger a los individuos unos de otros. *Vid.* XENOS, D.: *The Positive Obligations of the State under the European Convention of Human Rights*, Reino Unido, 2012, pp. 19 y ss.; VAN DIJK, P.: "Positive Obligations Implied in the European Convention on Human Rights: Are the States Still the 'Masters' of the Convention?, en CASTERMANS-HOLLEMAN, M./VAN-HOOF, F./SMITH, J. (coords.): *The Role of the Nation-State in the 21st Century Human Rights*, Kluwer Law International, The Netherlands, 1998, pp. 21 y ss.

7 *Vid.*, sobre la posible violación de los derechos humanos por acción y por omisión, DE LUCA, J. A.: "Punitivismo y Derechos Humanos", *Publicaciones del Instituto de Derecho Penal Europeo e Internacional*, 2009, pp. 8 y ss.

8 Abordé esta cuestión en GARCÍA ORTIZ, A., y MOLINA SÁNCHEZ, M.: "Inteligencia artificial y prevención de la violencia contra las mujeres: la responsabilidad del estado ante el incumplimiento del deber de debida diligencia", en *Revista de Estudios Penales y Criminológicos*, n.º 44, pp. 7 y ss.

cialmente en relación con aquella cometida en el ámbito de la pareja[9].

En materia de violencia sexual, sin embargo, todavía no se ha llevado a cabo un estudio sobre las diferentes obligaciones positivas de protección en la jurisprudencia del TEDH. Por ello, en la presente contribución analizaremos una serie de sentencias en las que la Corte ha discutido cuestiones de criminalización, investigación, sanción y prevención de la violencia sexual como parte de los deberes positivos del Estado[10]. Por último, conviene precisar que en este trabajo no nos centraremos en la violencia sexual perpetrada en contextos de guerra o de represión política, sino en delitos sexuales cometidos por particulares en tiempos de paz[11].

---

9 *Vid.*, entre otros, PERAMATO MARTÍN, T.: "Violencia de género. Debida diligencia de los Estados en la prevención, protección y sanción", *El derecho, LEFEBVRE,* 2019, pp. 1 y ss.; GÓMEZ FERNÁNDEZ, I.: "Volodina contra Rusia y S. M. contra Croacia: la jurisprudencia incompleta del TEDH en materia de consentimiento, riesgo y violencias contra las mujeres", *IgualdadES,* n.º 5, 2021, pp. 311 y ss.; AÑÓN ROIG, M. J.: "La violencia contra las mujeres como discriminación", *Revista de la Facultad de Derecho de México,* n.º 280, 2021, pp. 617 y ss.; DE VIDO, S.: "The ECtHR Talpis v. Italy Judgement: Challenging the Osman Test through the Council of Europe Istanbul Convention?", *Ricerche giuridiche,* n.º 6, 2017, pp. 10 y ss.

10 Las resoluciones del TEDH han sido recopiladas a través de la base de datos de HUDOC. Para identificar los casos se han utilizado palabras clave relevantes como "violencia sexual", "violación" y "obligaciones positivas", y otras similares extraídas de las sentencias.

11 La violencia sexual en conflictos armados sí que ha sido objeto de una mayor atención por parte de la doctrina. Esta jurisprudencia se ha desarrollado principalmente en el marco de la Corte Penal Internacional, así como en los procesos de justicia transicional que se han llevado a cabo en diferentes países. *Vid.*, entre otros, VILLELAS ARIÑO, M., VILLELAS ARIÑO, A., URRUTIA ARESTIZÁBAL, P., ROYO ASPA, J. M.: "Violencia sexual en conflictos armados", *Papeles de relaciones ecosociales y cambio global,* n.º 137, 2017, pp. 57 y ss.; VAÑO VICEDO, R.: "La violencia sexual como crimen de genocidio", en REVENGA SÁNCHEZ, J./

II. OBLIGACIONES DE CRIMINALIZACIÓN.

La primera ocasión en la que el TEDH estableció la obligación de tutelar penalmente los ataques contra la libertad sexual fue en el caso *X e Y contra Países Bajos*. Dicho asunto versaba sobre la imposibilidad de perseguir un abuso sexual cometido contra una menor con una discapacidad psíquica. Debido a una laguna legal existente en la legislación neerlandesa, el padre de la menor no podía interponer una denuncia, pues no se preveía la posibilidad de que el representante legal iniciase el procedimiento en estos casos. La desprotección que supuso la existencia de un defecto procesal que impedía a la víctima y a su representante legal iniciar el procedimiento penal constituyó una violación del artículo 8 del Convenio en su "función espada". Es decir, no se condenó al Estado por afectar negativamente la vida privada de la demandante ("función escudo" del derecho), sino por no adoptar medidas positivas para protegerla, y se entendió que estas medidas debían consistir en la adopción de disposiciones penales que proporcionaran una "disuasión efectiva", pues el Derecho civil en estos casos resultaría insuficiente para alcanzar dicho efecto disuasorio[12].

Conviene apuntar, no obstante, que en este caso el TEDH también afirmó que "el derecho penal no es necesariamente la única respuesta para garantizar la vida privada" y que la naturaleza del deber del estado dependerá del aspecto de la vida privada de que se trate. De esta manera, se razona que "ir demasiado lejos en este sentido podría conducir a un paternalismo inaceptable y dar lugar a una injerencia inadmisible del Estado en el derecho del individuo al respeto de su vida sexual" (§ 25). En otras palabras, si bien se entiende que determinados delitos graves como las

---

GARCÍA PASCUAL, C. (coords.): *Decisiones básicas en materia de violaciones de derechos humanos*, BOE, 2015, pp. 167 y ss.

12 Sentencia del Tribunal Europeo de Derechos Humanos (Gran Sala), Asunto *X e Y contra Países Bajos*, de 26 de marzo de 1985 (§ 27) (TOL1.042.523).

agresiones sexuales deben siempre regularse a través del Derecho penal, no todos los comportamientos que vulneren la intimidad y que estén relacionados con la sexualidad requerirán inevitablemente ser criminalizados. De esta manera, se afirma que una injerencia excesiva por parte del Estado en la regulación de la vida sexual puede suponer una vulneración de la vida privada en su vertiente negativa. El ejemplo quizá más representativo de ello es que el TEDH ha dictaminado que las leyes que prohíben y castigan las relaciones sexuales consentidas entre personas del mismo sexo suponen una violación del artículo 8 CEDH[13].

Pues bien, unos años más tarde, la idea concebida en el caso *X e Y contra Países Bajos* germinó en la también paradigmática sentencia *M.C. contra Bulgaria,* de 4 de diciembre de 2003[14], pues fue en esta resolución donde se concretó la obligación positiva de proporcionar una disuasión efectiva frente a los delitos sexuales a través de disposiciones de Derecho penal[15]. Además de ello, fue la primera sentencia en afirmar que estas conductas, cuando son cometidas

---

13 Sentencia del Tribunal Europeo de Derechos Humanos (Gran Sala), *Asunto Dugdeon contra Reino Unido,* de 22 de octubre de 1981. Sin embargo, en otros casos como, por ejemplo, en la controvertida cuestión de la persecución penal de las prácticas sexuales sadomasoquistas, el TEDH ha considerado que la injerencia en la vida privada está justificada en aras de la protección de otros derechos fundamentales (como, en este caso, el derecho a la salud). En este sentido, véase Sentencia del Tribunal Europeo de Derechos Humanos (Gran Sala), Asunto *Laskey y otros contra el Reino Unido,* de 19 de febrero de 1997. Resulta interesante apuntar que en este caso la legitimidad en la intromisión de la vida privada no sólo se examinó frente a la protección de derecho a la salud, sino que también se dijo que un fin legítimo podía ser en estos casos "la protección de la moral". No obstante, como se dictaminó que la intromisión del estado estaba justificada por "la protección de la salud", el TEDH consideró innecesario examinar si también pudo estarlo por este segundo motivo.

14 Sentencia del Tribunal Europeo de Derechos Humanos (Sección 1ª), Asunto *M.C. contra Bulgaria,* de 4 de diciembre de 2003 (TOL4.013.167).

15 *Vid.* HERI, C.: "Shaping Coercitive Obligations through Vulnerability: The Example of the ECtHR", en LAVRYSEN, L./MAVRONICOLA, N.

por agentes no estatales, también pueden constituir una forma de malos tratos en virtud del artículo 3 del Convenio[16] y, junto con la condena a través del artículo 3, se consideró que el Estado incumplió sus obligaciones positivas en virtud del artículo 8 (como en *X e Y contra Países Bajos*), constituyendo así el primer caso en el que ambos preceptos se analizaron de manera conjunta[17].

En particular, la cuestión debatida en el caso *M.C. contra Bulgaria* se refería a los elementos concretos que los Estados deben tener en cuenta en la configuración del delito de violación. La demandante se quejaba de que el proceso penal había estado centrado en su falta de resistencia física frente a la agresión sexual, en lugar de atender a la ausencia de consentimiento, por lo que entendía que el Estado había incumplido "su obligación positiva de proporcionar una protección jurídica efectiva contra la violación y el abuso sexual" (§ 3). Para valorar si el Estado había observado dicha obligación, la sentencia analiza, en primer lugar, como se llevó a cabo la investigación de los hechos, y narra que todas las actuaciones periciales, como los informes presentados por psiquiatras y psicólogos, se centraron en si la víctima había opuesto resistencia o si había intentado pedir ayuda a otras personas (§ 61).

En segundo lugar, la sentencia examina cómo quedaba entonces definido el delito de violación en la legislación búlgara, así como cuál era la interpretación que los tribunales nacionales ha-

---

(coords.): *Coercitive Human Rights: Positive Duties to Mobilise the Criminal Law under the ECHR*, Oxford, 2020, pp. 99 y ss.

16 Sin embargo, como ya hemos apuntado, a diferencia de lo que ocurre en las violaciones cometidas por agentes estatales, aquí la responsabilidad del Estado no supone una injerencia negativa *directa* en un derecho convencional (art. 3 CEDH: prohibición de la tortura), sino que la responsabilidad en estos casos es *indirecta*, por no haber garantizado una protección suficiente de la víctima.

17 Así lo destaca PITEA, C.: "Rape as a Human Rights Violation and a Criminal Offence: The European Court's Judgement in M.C. v. Bulgaria", *Journal of International Criminal Justice*, n.º 3, 2005, pp. 456 y ss.

cían del mismo. De esta forma, observa que el artículo 152 del Código Penal búlgaro definía el delito de violación como aquellas "relaciones sexuales con una mujer" que se encuentra "en estado de indefensión" o que es "obligada mediante el uso de la fuerza o amenazas". No obstante, explica que el supuesto de la indefensión los tribunales únicamente lo aplicaban a circunstancias en las que la víctima no tenía "capacidad para resistirse físicamente debido a su discapacidad, vejez o enfermedad o debido al consumo de alcohol, medicamentos o drogas", por lo que en los demás casos la investigación se basaba en concretar si la víctima había sido coaccionada o no mediante el uso de violencia o intimidación (§ 80).

En tercer lugar, esta sentencia resulta especialmente ilustrativa, por una parte, porque lleva a cabo un análisis de derecho comparado sobre la regulación del delito de violación en los diferentes Estados parte[18] pero, sobre todo, porque es la primera vez en la que el TEDH acude a la normativa internacional en materia de violencia contra la mujer para resolver un caso de violencia sexual (§101 y ss.). En concreto, se cita la Recomendación Rec. (2002)5 del Comité de Ministros del Consejo de Europa, que establece el deber de "penalizar cualquier acto sexual cometido contra personas no consentidoras, aunque no muestren signos de resistencia". A continuación, acude también a la jurisprudencia del Tribunal Penal Internacional para la ex Yugoslavia, que estableció la necesidad de atender a las "circunstancias coercitivas" en los casos de violencia sexual y, por último, cita las resoluciones de la CEDAW para hacer referencia a la obligación de los Estados parte de "velar porque las leyes contra el abuso, la violación, la agresión sexual

---

18 Mientras que algunos Estados centran la definición del delito en la falta de consentimiento, en otros se sigue el modelo de la violencia y la intimidación. Asimismo, se resalta que los delitos contra la libertad sexual son delitos neutros en cuanto al género en algunos estados y en otros no, así como que la edad de consentimiento de la víctima varía entre los 14 y los 16 años (*vid.* § 88 y ss.).

y otros tipos de violencia de género protejan adecuadamente a todas las mujeres y respeten su integridad y dignidad"[19].

Por todo ello, el TEDH concluyó que un enfoque estricto de la persecución de los delitos sexuales, como exigir la prueba de la resistencia física de la víctima, puede suponer la impunidad de determinadas formas de violación, poniendo en peligro "la protección efectiva de la autonomía sexual del individuo" (§ 166). Como consecuencia, afirmó que, en virtud de los artículos 3 y 8 del Convenio, los Estados tienen la obligación positiva de penalizar y enjuiciar cualquier acto sexual no consentido, consolidando la doctrina establecida en el caso *X e Y contra Países Bajos* sobre el deber de tutelar penalmente los actos graves de violencia sexual[20].

Por último, en relación con las obligaciones de criminalización, conviene hacer referencia a algunos casos en los que, tras el examen de la legislación aplicable, el TEDH ha considerado que la protección penal proporcionada por el estado era suficiente. Como hemos tenido ocasión de apreciar en el caso *X e Y contra Países Bajos,* no todas las conductas que afecten a la vida privada requieren que el Estado acuda al Derecho penal, sino solo aquellas que vulneren "aspectos fundamentales y valores esenciales" de ésta. Igualmente, en el caso *M.C. contra Bulgaria* se estableció que dichos comportamientos debían constituir "actos graves como la violación".

Pues bien, un ejemplo muy representativo de la aplicación de estos principios lo encontramos en el asunto *E. S. contra Suecia,* relativo a la filmación encubierta de imágenes íntimas[21]. En el presente caso la demandante alegaba un incumplimiento por parte del Estado de sus obligaciones positivas en virtud del artículo

---

19 Recomendación General N°19, 1992.

20 "La disuasión efectiva contra actos graves como la violación, en los que están en juego valores fundamentales y aspectos esenciales de la vida privada, requiere disposiciones penales eficaces" (§ 150).

21 Sentencia del Tribunal Europeo de Derechos Humanos (Sección 5ª), Asunto *E. S. contra Suecia,* de 21 de junio de 2012 (TOL2.646.350).

8 CEDH, por no prever en la legislación nacional estas conductas como delito. La joven había denunciado a su padrastro ante los tribunales nacionales por esconder una cámara en el cuarto de baño con la finalidad de grabarla desnuda. A pesar de que fue condenado por abuso sexual en primera instancia, el tribunal de apelación revocó la condena debido a que no había existido ningún contacto físico entre el agresor y la víctima. La conducta tampoco podía subsumirse en el delito de acoso sexual, pues el victimario no tenía la intención de que ella se enterase de la filmación. Sin embargo, los hechos podían haber sido constitutivos de un delito de pornografía infantil, dado que la víctima era menor de 14 años, pero no se acusó por este motivo. Además de ello, las grabaciones habían sido borradas, por lo que se planteaba también un problema probatorio. Por su parte, el Gobierno alegó que tales actos podían constituir un delito de difamación y que la legislación sueca también contemplaba normas de Derecho civil que preveían indemnizaciones por vulneraciones de la intimidad.

Esta no era la primera vez que la ausencia de regulación ocasionaba la impunidad de este tipo de conductas, pues también se recogen diferentes sentencias del Tribunal Supremo Sueco (incluso de casos más graves de grabaciones de agresiones sexuales o supuestos en los que las imágenes se habían difundido posteriormente) en las que no se pudo castigar debido a una falta de prohibición expresa en el Código Penal. Pues bien, a pesar de ello, el TEDH consideró que el margen de apreciación de los Estados en relación con las obligaciones de criminalización es mucho más amplio cuando este se refiere a actos "menos graves", mientras que respecto de los actos graves (como la violación) este se reduce (§ 58). De lo anterior se sigue que "sólo defectos significativos en la legislación y la práctica" suponen que el estado ha incumplido las obligaciones positivas de protección (§ 59). Por todo ello, en este caso, el TEDH concluye que, dado que existían otras disposiciones de Derecho penal aplicables, así como disposiciones de Derecho civil, no se produjo una vulneración del art. 8 del Convenio.

Además de ello, otro de los aspectos que el TEDH analiza para valorar si un Estado cumple con el deber de criminalizar, es si la laguna existente en la legislación va a ser cubierta por parte del legislador. Así, por ejemplo, en el citado caso *E. S. contra Suecia,* se observó favorablemente que se estuviera tramitando una propuesta para tipificar la filmación ilícita o encubierta como delito. Como ha apuntado HERI[22], que el Estado esté incorporando o haya incorporado el comportamiento objeto de examen como delito parece que satisface al Tribunal con respecto del deber de criminalizar[23].

III. OBLIGACIONES DE INVESTIGACIÓN.

Junto con la obligación positiva de tipificar ciertas conductas, existe otra obligación que es consustancial a la misma: la de llevar a cabo una investigación efectiva que pueda conducir al esclarecimiento de los hechos y al castigo de los culpables, pues, de lo contrario, las obligaciones de criminalización quedarían, como

---

22 *Vid.* HERI, C.: "Shaping Coercitive Obligations…", cit., pp. 101 y ss.

23 Así ocurrió también, por ejemplo, en el caso *A. C. S y C. S contra Rumanía,* de 20 de marzo de 2012, relativo al abuso sexual de un menor de 7 años (Sentencia del Tribunal Europeo de Derechos Humanos (Sección 3ª), Asunto *A. C. S and C. S contra Rumanía,* de 20 de marzo de 2012, TOL2.643.752). En el momento de la comisión de los hechos (enero de 1998) la violación de varones no era punible con arreglo a la legislación rumana, pues esta únicamente recogía a las mujeres como posibles sujetos pasivos. Esta normativa ya había sido reformada y Rumanía había adecuado su ordenamiento a la normativa internacional sobre protección de los derechos de los menores, en especial aquellas destinadas a prevenir y castigar los abusos sexuales. Este hecho, unido a que anteriormente a estas reformas estas conductas podían ser reprimidas en el contexto de otros delitos, sirvió al TEDH para entender cumplida esta obligación de tutela penal. Sin embargo, a pesar de que se entendió cumplida la obligación de criminalizar, en este caso se condenó al Estado por no cumplir con sus obligaciones de investigación, las cuales abordaremos en el apartado siguiente.

afirma el TEDH, privadas de sentido[24]. Es decir, no basta con promulgar disposiciones penales, sino que es necesario que estas se apliquen en la práctica mediante una investigación y un enjuiciamiento eficaces. Ahora bien, el TEDH viene reiterando que no nos encontramos ante "una obligación de resultados, sino de medios"[25]. Es decir, la obligación de investigación no requiere en todos los casos que finalmente se sancione a los responsables, no supone una suerte de *derecho de la víctima al castigo*, sino simplemente un *derecho al proceso*[26].

Pues bien, lo cierto es que la gran mayoría de la jurisprudencia de Estrasburgo en materia de obligaciones positivas y violencia sexual se refiere al incumplimiento de este deber de investigación. Con frecuencia el mismo es denominado por el TEDH como el aspecto *procesal* de los deberes de protección derivados de los derechos convencionales y, si bien es cierto que este se consolidó especialmente alrededor de la necesaria investigación de vulneraciones de derechos humanos perpetradas por agentes del Estado (como es el caso de las violaciones y las torturas cometidas contra personas detenidas), el TEDH ha extendido también el deber de investigación a las agresiones cometidas por particulares. Así se estableció en el citado caso *M.C. contra Bulgaria*, sentencia que ha servido de base para muchas otras posteriores[27]. No obstante, como ha seña-

---

24 Así, entre otras, STEDH (Sección 3ª), Asunto *A. C. S and C. S contra Rumanía*, de 20 de marzo de 2012 (TOL2.643.752); STEDH (Sección 4ª), Asunto *E.B contra Rumanía*, de 19 de marzo de 2019 (TOL7.108.298).

25 *Vid.*, entre otras, Sentencia del Tribunal Europeo de Derechos Humanos (Sección 5ª), Asunto *W. contra Eslovenia*, de 23 de enero de 2014 (TOL9.058.469). Sentencia del Tribunal Europeo de Derechos Humanos (Sección 4ª), Asunto *S. Z. contra Bulgaria*, de 3 de marzo de 2015 (TOL6.407.487).

26 *Vid.* TOMÁS-VALIENTE LANUZA, C.: "Deberes positivos del Estado..." cit., pp. 19 y ss.

27 STEDH (Sección 1ª), Asunto *M.C. contra Bulgaria*, de 4 de diciembre de 2003 (TOL4.013.167): "El art. 3 del Convenio da lugar a una obligación positiva de llevar a cabo una investigación oficial. En principio, no puede

lado la doctrina, en este caso el deber de criminalización (aspecto sustantivo) y el de investigación (aspecto procesal) no quedó tan claramente delimitado pues, como hemos visto, toda la investigación quedó condicionada, *ab initio*, por la necesidad de probar si la víctima había opuesto o no resistencia, lo cual se debía a la interpretación que se hacía del Código Penal respecto al requisito del medio comisivo empleado ("uso de la fuerza o amenazas")[28].

A continuación, analizaremos diferentes sentencias en las que se ha estimado que los Estados parte no han seguido la diligencia debida en la investigación de los delitos sexuales cometidos por particulares. En muchas ocasiones, determinadas circunstancias de la víctima (como su origen étnico, su discapacidad o su orientación sexual) han influido en la valoración que las autoridades nacionales han efectuado de un caso, lo cual evidencia la necesidad de que la formación de los operadores jurídicos adopte una perspectiva interseccional.

---

considerarse que dicha obligación positiva se limite únicamente a los casos de malos tratos infligidos por agentes del Estado" (§ 151); "El tribunal considera que, si bien en la práctica a veces puede ser difícil demostrar la falta de consentimiento o la ausencia de pruebas "directas" de violación, como huellas de violencia o testigos directos, las autoridades deben explorar todos los hechos y decidir sobre la base de una evaluación de todas las circunstancias circundantes. La investigación y sus conclusiones deben centrarse en la cuestión del no consentimiento" (§ 181).

28 Según LAVRYSEN, "en el caso M.C. contra Bulgaria el TEDH encontró violación de los arts. 3 y 8 porque no se habían iniciado procedimientos penales contra los perpetradores debido a un problema sustantivo relacionado con cómo se tipificaba el delito de violación en el derecho penal interno. En su sentencia, la corte no distinguió entre obligaciones positivas procesales y sustantivas, sino que fusionó ambas cuestiones dado su carácter interrelacionado en este caso". LAVRYSEN, L.: "Positive Obligations and Criminal Law: A Bird's-Eye View on the Case Law of the European Court of Human Rights", en LAVRYSEN, L./ MAVRONICOLA, N. (coords.): *Coercitive Human Rights: Positive Duties to Mobilise the Criminal Law under the ECHR*, Oxford, 2020, p. 31.

En este sentido, el TEDH viene advirtiendo a los Estados de que la investigación debe tener en cuenta la especial *vulnerabilidad* que sufren algunas víctimas, concepto que ha utilizado especialmente para referirse a víctimas menores de edad y personas con discapacidad. Así, por ejemplo, en el citado asunto *C. S contra Rumanía* relativo al abuso sexual de un menor, a pesar de que la legislación penal aplicable se consideró adecuada, se estableció que el Estado había incumplido sus obligaciones positivas de realizar una investigación efectiva sobre las alegaciones de abusos sexuales violentos, pues los tribunales nacionales prestaron una excesiva atención al hecho de que el menor y sus padres tardasen en denunciar, olvidando valorar los múltiples factores que intervienen en los abusos sexuales contra menores que podían haber explicado la incertidumbre del niño a la hora de denunciar y narrar los hechos (§ 79-81). Igualmente, encontramos numerosas sentencias relativas a delitos sexuales cometidas contra personas con discapacidad, en las que el TEDH ha señalado que las autoridades deben mostrar una especial diligencia en la investigación y ofrecer una mayor protección[29].

Si bien el concepto de vulnerabilidad puede, de algún modo, como ha señalado HERI[30], "jugar a favor" de los solicitantes, lo cierto es que también encontramos casos referidos a víctimas

---

29 Sentencia del Tribunal Europeo de Derechos Humanos (Gran Sala), Asunto *X e Y contra Países Bajos*, de 26 de marzo de 1985 (TOL1.042.523); Sentencia del Tribunal Europeo de Derechos Humanos (Sección 5ª), Asunto *W. contra Eslovenia*, de 23 de enero de 2014 (TOL9.058.469); Sentencia del Tribunal Europeo de Derechos Humanos (Sección 4ª), Asunto *E.B contra Rumanía*, de 19 de marzo de 2019 (TOL7.108.298).

30 Esta autora señala que, hasta la fecha, solo hay un caso en el que el concepto de vulnerabilidad se haya aplicado a una víctima adulta sin discapacidad, pero se debió a que la misma se encontraba en una situación muy grave, pues había sido secuestrada, amenazada con ser vendida para ejercer la prostitución, violada e ingresada por razones psiquiátricas (Asunto *SZ v. Bulgaria*). *Vid.* HERI, C.: "Shaping Coercitive Obligations…", cit., pp. 107 y ss.

adultas y sin discapacidad en los que se ha estimado que las autoridades no habían actuado con la diligencia debida en la investigación. En particular, el TEDH suele considerar que ha existido una inobservancia de esta obligación (con independencia de si la víctima pertenece o no a un colectivo vulnerable) cuando se estima que la Fiscalía y los tribunales nacionales no han recabado pruebas suficientes, centrándose únicamente en la declaración del agresor y de la víctima, por lo que encontramos muchos casos en los que el TEDH entiende que debía haberse interrogado a más testigos para establecer las circunstancias de los hechos[31].

Por otro lado, en numerosas sentencias encontramos que el incumplimiento del deber de investigación está relacionado con haber producido una revictimización o victimización secundaria. En algunos de estos casos se ha considerado, junto con la violación del art. 3 en su vertiente procesal, que el Estado había también incumplido sus obligaciones positivas en virtud del artículo 8. A este respecto, resulta muy representativo el caso *Y. contra Eslovenia*, de 18 de mayo de 2015, en el que la víctima fue interrogada directamente por el acusado (viéndose obligada a contestar preguntas del mismo que eran "de carácter netamente personal") y por un experto en ginecología (no formado en la realización de entrevistas con víctimas) que le preguntó, entre otras cosas, "por qué no se había resistido más enérgicamente"[32].

---

31 *Vid.*, entre otras, Sentencia del Tribunal Europeo de Derechos Humanos (Sección 3ª), Asunto *I. G. contra Moldavia*, de 15 de mayo de 2012 (TOL2.646.444); Sentencia del Tribunal Europeo de Derechos Humanos (Sección 3º), Asunto *I.P. contra Moldavia*, de 28 de abril de 2015 (TOL6.407.050). Sobre deficiencias en la investigación respecto del acoso sexual en el ámbito laboral, *vid.* STEDH (Sección 2ª), Asunto *B.V. contra Bélgica*, de 2 de mayo de 2017 (TOL6.409.948); STEDH (Sección 4ª), Asunto *C. v. Rumanía*, de 30 de agosto de 2022 (TOL9.169.983).

32 Sentencia del Tribunal Europeo de Derechos Humanos (Sección 1ª), Asunto *Y contra Eslovenia*, de 28 de mayo de 2015 (§ 113) (TOL6.406.910).

En relación con este tema, el TEDH también ha apreciado que la victimización secundaria se produce cuando se dan dilaciones indebidas durante el procedimiento, lo cual provoca que la víctima se vea obligada a narrar lo sucedido ante diferentes instancias durante un periodo de tiempo muy prolongado, reviviendo así los hechos sufridos. Con respecto a esta cuestión, el TEDH valora especialmente el tiempo transcurrido entre la imposición de la denuncia y el inicio de las actuaciones de investigación, siendo muy numerosos los casos en los que no se cumple con el requisito de la celeridad, por lo que las víctimas se ven envueltas en procesos penales excesivamente largos[33]. En algunas ocasiones, la pasividad de las instituciones ha provocado incluso la prescripción del delito, como sucedió en el caso *P.M. contra Bulgaria*, en el que las autoridades tardaron más de 15 años en completar la investigación[34].

En ocasiones la falta de diligencia en la investigación ha estado directamente relacionada con la influencia de estereotipos vigentes en nuestra sociedad, que han quedado reflejados en las decisiones adoptadas por los operadores jurídicos encargados de esclarecer los hechos y proteger a las víctimas. Una sentencia que sin duda refleja muy bien los conocidos "mitos de la violación" es

---

33 *Vid.*, por ejemplo, la STEDH (Sección 5ª), Asunto *W. contra Eslovenia*, de 23 de enero de 2014 (TOL9.058.469), en el que el proceso penal estuvo paralizado durante diez años, se ocuparon del caso hasta siete jueces diferentes y la víctima tuvo que "revivir los dolorosos acontecimientos varias veces en tres juicios distintos". Según el TEDH, el sufrimiento que se le provocó podría haberse evitado si "los mecanismos de derecho penal destinados a disuadir y castigar los actos delictivos de abuso sexual se hubieran aplicado de manera eficaz y rápida" (§ 69). Cabe mencionar que Eslovenia acumula diversas condenas por este motivo: STEDH (Sección 5ª), Asunto *M. A contra Eslovenia*, de 15 de enero de 2014; STEDH (Sección 5ª), Asunto *N.D contra Eslovenia*, de 15 de enero de 2015 (TOL6.407.913); Sentencia del Tribunal Europeo de Derechos Humanos (Sección 1ª), *Asunto Y contra Eslovenia*, de 28 de mayo de 2015 (TOL6.406.910).

34 *Vid.* STEDH (Sección 4ª), Asunto *P.M. contra Bulgaria*, de 24 de enero de 2012 (TOL2.643.781).

la relativa al caso *I.P contra Moldavia*, que trata un supuesto de una agresión sexual dentro de una pareja. A pesar de que se demostró que la víctima estaba sometida a una situación de maltrato, la Fiscalía no inició el procedimiento penal argumentando que la víctima solía salir y mantener relaciones sexuales con el acusado[35].

Por último, en relación con el deber de investigación debemos mencionar el caso *J. L. contra Italia*, de 27 de mayo de 2021, en el que los estereotipos de género tuvieron una gran influencia en la investigación y en el que, además de ello, se discriminó a la víctima por su orientación sexual. Esta sentencia resulta de gran interés para nuestro objeto de estudio pues evidencia que la protección efectiva de las víctimas de violencia de género y violencia sexual no se cumple únicamente promulgando un marco legislativo satisfactorio, sino que los tribunales tienen la obligación de proteger a las mismas de la victimización secundaria a lo largo de todo el procedimiento. En este caso, de hecho, se entendió que Italia había

---

[35] En este caso, el TEDH encontró una violación procesal del artículo 3 del CEDH por la falta de una investigación efectiva, pues a pesar de que existían testigos de la situación de violencia y de que la demandante comunicó al Fiscal que había acudido al hospital como consecuencia de la agresión, éste se basó únicamente en la versión de los hechos del victimario. Pues bien, he querido resaltar esta sentencia porque, como es sabido, la violación cometida por el marido es una conducta que tradicionalmente había quedado impune y que, gracias a las reivindicaciones del movimiento feminista, en la actualidad se persigue con independencia de la relación existente entre la víctima y el victimario. *Vid.* FARALDO CABANA, P.: "Evolución del delito de violación en los códigos penales españoles. Valoraciones doctrinales", en FARALDO CABANA, P./ACALE SÁNCHEZ, M. (coords.): La Manada: un antes y un después en la regulación de los delitos sexuales en España, Tirant lo Blanch, Valencia, 2018, pp. 46 y ss. De hecho, hasta hace no tanto tiempo, eran los hombres condenados por violaciones dentro del matrimonio los que acudían al TEDH alegando que estas conductas no estaban tipificadas y que las condenas por este motivo vulneraban el principio de legalidad (art. 7 CEDH). *Vid.* Sentencia del Tribunal Europeo de Derechos Humanos (Gran Sala), Asunto *C. R contra Reino Unido*, de 22 de noviembre de 1995 (TOL573.769).

cumplido con las obligaciones positivas en relación con el deber de investigación, pero se consideró que la Sentencia del Tribunal de Florencia, repleta de alusiones a la vida sexual de la demandante, supuso una injerencia directa en su vida privada y, por tanto, una vulneración negativa del artículo 8 del Convenio[36].

IV. OBLIGACIONES DE EFECTIVA PUNICIÓN.

El tercer tipo de obligaciones de tutela penal se refiere al deber de los Estados de castigar de manera suficiente los delitos, así como hacer efectivas las condenas impuestas contra sus autores. Por tanto, tras las obligaciones de criminalización y de investigación, nos encontramos con un último escalón: las obligaciones de "efectiva punición"[37]. Como ya se dijo, esta doctrina proviene de la jurisprudencia relativa a graves vulneraciones de derechos humanos cometidas por agentes estatales, donde el castigo de los autores se percibe como un paso necesario en la protección efectiva de las víctimas. No obstante, la jurisprudencia del TEDH ha extendido también dicha doctrina a las relaciones entre particula-

---

36 "El Tribunal señala varios pasajes de la sentencia del Tribunal de Apelación de Florencia que evocan la vida personal e íntima de la recurrente y vulneran sus derechos reconocidos en el artículo 8. En particular, el Tribunal considera injustificadas las referencias hechas por el Tribunal de Apelación a la ropa interior roja "mostrada" por la demandante durante la velada, así como los comentarios relativos a la bisexualidad de la demandante, a sus relaciones sentimentales y a sus relaciones sexuales ocasionales anteriores a los hechos. Del mismo modo, el Tribunal de Primera Instancia considera inapropiadas las consideraciones relativas a la "actitud ambivalente hacia el sexo" de la recurrente, que el Tribunal de Apelación deduce, entre otras cosas, de las decisiones de la interesada sobre cuestiones artísticas". *Vid.* Sentencia del Tribunal Europeo de Derechos Humanos (Sección 1ª), Asunto *J. L. contra Italia,* de 27 de mayo de 2021 (§ 136) (TOL8.440.089).

37 He obtenido esta denominación de VIGANÒ, F.: "La arbitrariedad del no punir... cit., p. 435.

res. Como veremos a continuación, nos encontramos en realidad ante dos tipos de obligaciones: por un lado, la de imponer una sanción suficientemente severa y, por otro, la de ejecutarla.

En relación con la obligación de imponer una pena suficiente, conviene aclarar que el TEDH no ha configurado este deber como un mandato dirigido hacia el legislador, sino que las condenas por este motivo se refieren a casos en los que era posible aplicar un castigo mayor (pues el marco legal vigente lo permitía), pero fueron los tribunales los que decidieron no hacerlo. Si acudimos a la jurisprudencia existente en materia de violencia sexual, observamos que las sentencias relativas al incumplimiento de la obligación de sancionar se refieren principalmente a errores en la calificación[38]. Así, en relación con agresiones sexuales cometidas por agentes del estado, en el caso *Zontul contra Grecia*, de 17 de enero de 2012, el TEDH estableció que Grecia había incumplido sus obligaciones positivas en virtud del artículo 3 del Convenio en un caso de un solicitante de asilo que había sido violado por un guardacostas. Los tribunales nacionales reconocieron que se había cometido una agresión sexual, pero rechazaron tratar el crimen como un delito de tortura. Además de ello, no se permitió

---

38 Como ha explicado TOMÁS-VALIENTE LANUZA, esta infraprotección puede derivarse tanto de un error en la calificación de los hechos o como de un error en el *quantum* de la pena impuesta. Es decir, encontramos un grupo de sentencias en las que las penas impuestas se consideraron insuficientes porque el TEDH entendió que los hechos constituían delitos más graves (por ejemplo, supuestos de homicidios calificados como meros delitos de negligencia) y también un segundo grupo en el que, a pesar de que los hechos fueron correctamente calificados, se estima que la sanción impuesta fue claramente insuficiente (así se ha establecido, por ejemplo, respecto de torturas cometidas por agentes estatales castigadas simplemente con penas de multa)Vid. TOMÁS-VALIENTE LANUZA, C.: "Deberes positivos del Estado..." cit., pp. 22 y ss.

a la víctima participar en el procedimiento y se condenó al autor simplemente a una pena de multa[39].

Dado que en el presente caso la sanción se consideró insuficiente porque los hechos deberían haber sido calificados como un delito de tortura, surge la duda de si el TEDH habría llegado a la misma conclusión en el caso de que violación no hubiera sido cometida por un agente del estado. Es decir, si la pena de multa se habría considera igualmente inadecuada si los hechos simplemente hubiesen sido calificados como delito de violación. A mi juicio, la conclusión no hubiera sido muy distinta pues, como hemos visto, el TEDH ha establecido que los delitos sexuales cometidos por particulares también suponen una forma de malos tratos que los Estados deben reprimir, en virtud del artículo 3 del convenio, mediante "disposiciones penales eficaces".

De hecho, aunque en materia de agresiones sexuales cometidas por particulares no encontramos sentencias en las que expresamente se condene al estado por la lenidad de la sanción impuesta, sí que encontramos algunos casos en los que se ha apreciado un error en la calificación de los hechos y, por tanto, se ha estimado que los mismos deberían haber sido castigados con una pena

---

39 "Aunque el Tribunal reconoce el papel de los tribunales nacionales en la determinación de las sanciones que deben imponerse a los agentes del Estado en los casos de malos tratos por parte de éstos, debe conservar su función de control e intervenir en los casos en que exista una clara desproporción entre la gravedad del hecho y la sanción impuesta. De lo contrario, el deber de los Estados de llevar a cabo una investigación efectiva perdería gran parte de su significado. En cuanto a la pena impuesta al guardacostas, el Tribunal de Apelación le condenó a seis meses de prisión con suspensión de penal, que convirtió en una sanción pecuniaria de 4,4 euros por día de detención, es decir, 792 euros. A juicio del Tribunal, tal sanción era insuficiente habida cuenta de la violación de uno de los derechos fundamentales del Convenio y no podía considerarse disuasoria de la repetición de un trato similar ni ser percibida como justa para la víctima". STEDH (Sección 1ª), Asunto *Zontul contra Grecia*, de 17 de enero de 2012 (§ 106-107) (TOL9.064.954).

mayor. Así lo ha establecido el TEDH en dos recientes sentencias relativas al enjuiciamiento de delitos sexuales cometidos contra menores de edad, en los que las deficiencias en la investigación provocaron un error en la determinación de los hechos, calificando los mismos como delitos "de relaciones sexuales con un menor" en lugar de castigarlos con penas más graves como delitos de violación. Así, por ejemplo, en el caso *Z contra Bulgaria*, de 12 de octubre de 2020, se afirma que la falta de investigación efectiva de la violación provocó que el delincuente fuera "castigado inadecuadamente"[40].

A esta construcción del TEDH debe añadirse, por otra parte, la relativa al deber de los estados de *ejecutar* las penas impuestas, pues recientemente se ha publicado al respecto una sentencia en materia de violencia sexual: la STEDH *E. G. contra República de Moldavia*, de 13 de abril de 2021. El citado asunto proviene de una demanda interpuesta por una víctima de una violación que se oponía a una decisión del Estado que, a través de una ley de amnistía, provocó que el autor de los hechos no cumpliese la pena de 5 años de prisión que le había sido impuesta. En virtud de los artículos 3 y 8 del Convenio, la demandante alegó que las obligaciones positivas de protección exigían que el Estado diese "efecto real" a la sentencia por la que el agresor había sido condenado.

En su sentencia, el TEDH recuerda que la necesidad de "ejecutar la sentencia firme sin dilaciones indebidas" se estableció alrededor de la obligación de llevar a cabo una investigación efectiva de los actos que vulneren el derecho a la vida (art. 2 CEDH) y se añade que, puesto que en estos casos se ha considerado que la no ejecución equivalía a un incumplimiento *procesal* de dicho artículo, el mismo enfoque debe aplicarse a la ejecución de penas por delitos sexuales, formando parte el deber de ejecución, por tanto, de las obligaciones positivas existentes en base a los artículos 3 y 8 del Convenio.

---

40 Sentencia del Tribunal Europeo de Derechos Humanos (Sección 5ª), Asunto *Z. contra Bulgaria*, 12 de octubre 2020 (§ 71) (TOL7.939.888).

Esta resolución resulta especialmente relevante porque el deber de ejecución era, hasta hace poco, una obligación de tutela penal que había quedado reducida a delitos de homicidios y torturas perpetradas por agentes del Estado, en los que la aplicación de indultos o amnistías se percibía como una desprotección para las víctimas[41]. Pues bien, como explica el TEDH, este principio debe aplicarse también a la violencia perpetrada por particulares, y recuerda que las amnistías y los indultos –que, en principio, son cuestiones de derecho interno– no pueden aplicarse a conductas que vulneren gravemente los derechos humanos, como las agresiones sexuales[42].

V. EL DEBER DE PREVENIR LA VIOLENCIA SEXUAL.

Las sentencias analizadas hasta ahora muestran cómo las obligaciones positivas de protección requieren que el Estado actúe cuando un delito ya ha sido cometido, investigando y sancionando penalmente a los autores. Sin embargo, puede afirmarse que la primera clase de obligaciones (las obligaciones de criminalización) adoptan una perspectiva *ex ante*, pues se trata de un manda-

---

41 TOMÁS-VALIENTE LANUZA se preguntaba por qué la ejecución efectiva era un derecho que únicamente se reconocía a "algunas víctimas". *Vid.* TOMÁS-VALIENTE LANUZA, C.: "Deberes positivos del Estado…" cit., pp. 33 y ss.

42 "En este caso, considera que la agresión sexual a la demandante constituyó una violación grave de su derecho a la integridad física y mental y que, sobre la base de las autoridades citadas anteriormente, la concesión de la amnistía a uno de los autores de la agresión era, en las circunstancias particulares del caso, potencialmente incompatible con las obligaciones del Estado demandado en virtud de los artículos 3 y 8 del Convenio. […] En vista de lo anterior, el Tribunal considera que las medidas adoptadas por el Estado para ejecutar la sentencia de V.B. no fueron suficientes para cumplir con su obligación de hacer efectivas las condenas y sentencias dictadas contra los autores de agresiones sexuales". STEDH (Sección 2ª), *E.G. contra República de Moldavia*, 13 de abril de 2021 (§ 43-49) (TOL8.382.324).

to dirigido al legislador para que prohíba y castigue determinados comportamientos y, como vimos, el TEDH argumenta que en ocasiones el Derecho penal es la única medida eficaz para *disuadir* a los ciudadanos de llevar a cabo dichos comportamientos, es decir, para *prevenir* su comisión.

Pues bien, en relación con esta *obligación de evitar o prevenir delitos*, el TEDH ha ido un paso más allá, y no solo ha establecido un deber de tipificación, sino que ha añadido la obligación positiva de adoptar medidas preventivas de orden práctico para proteger a potenciales víctimas de delitos todavía no cometidos. En otras palabras, nos encontramos ante un deber de intervenir para evitar que un delito se cometa cuando las autoridades sean conocedoras de la existencia de un riesgo o peligro. Aunque principalmente se trata de una obligación dirigida hacia los cuerpos policiales, esta también puede implicar a otro tipo de funcionarios públicos, como a los servicios sociales encargados de la asistencia y protección de víctimas, a los centros de salud, o a la administración penitenciaria. Además de ello, la responsabilidad también puede recaer sobre el legislador, pues para que el sistema preventivo funcione es necesario que previamente el mismo regule las medidas y los protocolos de actuación ante situaciones de riesgo.

El origen de las obligaciones positivas preventivas lo encontramos en la conocida sentencia *Osman contra Reino Unido*, de 28 de octubre de 1998[43]. La misma ha sido profundamente debatida por la doctrina, pues no solo supuso el *leadig case*, sino que estableció un "test" (el denominado *test Osman*) que ha sido utilizado posteriormente para dilucidar la responsabilidad del estado en numerosos asuntos relacionados con la no-evitación de delitos. En el mencionado "test" se establecen los requisitos que deben concurrir para que el Estado pueda ser considerado responsable indirectamente de la conducta

---

[43] Sentencia del Tribunal Europeo de Derechos Humanos (Gran Sala), Asunto *Osman contra Reino Unido*, de 28 de octubre de 1998 (TOL9.078.992).

cometida por un tercero (por tanto, a diferencia de lo que ocurre en los otros tipos de obligaciones de tutela penal, aquí la aplicación queda reducida a las agresiones cometidas por particulares).

A pesar de que fue dicha sentencia la que estableció el deber del estado de evitar delitos, la aplicación de estos requisitos en el caso concreto tuvo como consecuencia la exoneración del Estado. El asunto versaba sobre el intento de asesinato de un niño (Ahmed Osman) rodeado de unas circunstancias un tanto peculiares: el autor había sido su profesor y había desarrollado una obsesión hacia el mismo[44]. Ante las quejas de los padres, la escuela suspendió al maestro de sus funciones y se le realizaron diversas entrevistas con psiquiatras y profesionales de los servicios pedagógicos. En una de estas reuniones, afirmó que pensaba "hacer un Hungerford" (refiriéndose al homicidio en masa que fue perpetrado en dicha ciudad), ante lo que la policía intervino y tomó medidas para proteger al subdirector de la escuela. Además de ello, tras el despido, atacó en diversas ocasiones los bienes de la familia Osman[45], por lo que la policía adoptó medidas para detenerle. No obstante, parece que estas medidas no fueron suficientes, pues el investigado no pudo ser encontrado. Unos meses más tarde, el profesor se dirigió hacia el domicilio de la familia Osman con una escopeta de caza que había robado previamente y disparó contra el padre y el hijo, matando al primeo (Ali Osman) e hiriendo a Ahmed. A continuación, acudió a la vivienda del subdi-

---

[44] Entre otras cosas, en la sentencia se narra que el profesor le había entregado dinero y le había seguido hacia su casa, así como que en el colegio habían aparecido pintadas de carácter sexual relativas al menor. Por último, esta obsesión se evidenció en el hecho de que decidiera cambiarse el nombre en el Registro Civil para adoptar el del niño.

[45] "Un ladrillo fue lanzado a través de la ventana de su casa, los neumáticos del coche del señor Osman fueron pinchados, y roto el parabrisas, delante de su puerta aparecieron extendidos excrementos de perro y parafina. [...] Golpeó con su coche una camioneta en la que se encontraba un antiguo amigo de la escuela de Ahmed, del que se sentía celoso".

rector de la escuela y de nuevo disparó contra la familia, hiriendo al subdirector y causando la muerte de uno de sus hijos.

El TEDH examinó estos hechos en virtud del art. 2 del Convenio relativo al derecho a la vida y afirmó que las autoridades tienen la obligación positiva de adoptar medidas de protección cuando la vida de una persona está "amenazada por la actuación criminal de otro"[46]. Así las cosas, el riesgo de la comisión de un delito debe reunir las siguientes condiciones para que surja la responsabilidad estatal (el conocido como *test Osman*): en primer lugar, se afirma que debe tratarse de *un riesgo inmediato*, es decir, debe existir un peligro claro e inminente de que un ciudadano cometa un delito. En segundo lugar, el riesgo debe ser *individual*, de manera que el delito debe estar dirigido hacia una persona concreta. En tercer lugar, se estableció que el riesgo debe ser *previsible*, por lo que el Estado no será responsable de aquellas conductas de las que no tenga (o no pueda tener) conocimiento. Por último, se examina si el riesgo era *evitable*, de manera que se estudia si las autoridades adoptaron todas las medidas razonablemente exigibles, según el estándar de debida diligencia, para impedir la materialización del riesgo.

---

46 El párrafo crucial al respecto sobre cuál debe ser el alcance de dicho deber es el siguiente: "El Tribunal considera que, dadas las dificultades que tiene la policía para ejercer sus funciones en las sociedades contemporáneas, la imprevisibilidad del comportamiento humano y las opciones operativas que deben efectuarse en términos de prioridades y recursos, es preciso interpretar esta obligación de manera que no se imponga a las autoridades una carga insoportable o excesiva. En consecuencia, cualquier presunta amenaza contra la vida no obliga a las autoridades, teniendo en cuenta el Convenio, a adoptar medidas concretas para impedir que dichas amenazas se hagan realidad, otra consideración que el Tribunal considera pertinente es la de la necesidad de asegurarse de que la policía ejerza su poder de cortar y prevenir la actuación criminal, respetando plenamente las vías legales y otras garantías que limitan legítimamente la extensión de sus actos de investigaciones criminales y de sometimiento de los delincuentes a la justicia". STEDH (Gran Sala), Asunto *Osman contra Reino Unido*, 28 de octubre de 1998 (§ I.2) (TOL9.078.992).

En el caso concreto, se consideró que Reino Unido no podía ser considerado indirectamente responsable de los delitos perpetrados contra la familia Osman, pues se entendió que, dadas las circunstancias, el riesgo de que dichos delitos se cometiesen no era *previsible* ni *evitable*. En relación con la previsibilidad del riesgo, el TEDH analiza minuciosamente todas las circunstancias que rodeaban el caso y concluye que de ninguna de las extrañas conductas llevadas a cabo por el maestro podría haberse deducido o intuido que fuese a atentar contra la vida de los miembros de la familia Osman, pues ninguno de estos actos podía interpretarse como amenazas para la vida o para la integridad sexual del menor. De hecho, el único comportamiento que quizá podría haberse interpretado como una amenaza fue la advertencia de que pensaba perpetrar una masacre, pero según el TEDH "parece más probable que estas palabras se dirigieran al subdirector de la escuela a quien el interesado consideraba como el primer responsable de su despido".

Resultan igualmente interesantes las consideraciones que hace el TEDH en relación con la *evitabilidad del riesgo*. Los demandantes alegaron que, si el estado hubiera adoptado otro tipo de medidas, los hechos no habrían tenido lugar (por ejemplo, si se hubiera registrado el domicilio del profesor o si se le hubiera internado en un centro psiquiátrico). Ante esto, el tribunal recuerda la necesidad de que las actuaciones policiales se lleven a cabo respetando los derechos de los ciudadanos. Dado que las conductas que había realizado el investigado eran de escasa gravedad y no era previsible que cometiera delitos más graves contra la familia Osman, se afirmó que no se había producido una vulneración del art. 2 del Convenio y que las medidas acordadas resultaron adecuadas. La adopción de medias como las propuestas por los demandantes habría supuesto una respuesta desproporcionada por parte del Estado[47].

---

47 "Según el Tribunal, no puede afirmarse que estas medidas, evaluadas de manera razonable, hubieran conseguido en efecto dicho resultado, ni que un tribunal interno hubiese condenado al interesado u ordenado su internamiento en un hospital psiquiátrico a la vista de las pruebas

Aunque el origen del test Osman se encuentra en el contexto de los delitos contra la vida (art. 2 CEDH), este ha sido aplicado posteriormente en otros ámbitos y ha dado lugar a condenas por la violación de otros artículos del Convenio[48]. Como hemos

---

presentadas. El Tribunal repite su punto de vista precedente en el sentido de que la policía debe desarrollar sus tareas de manera compatible con los derechos y libertades de los individuos. En las circunstancias del caso, no podría ser criticada por haber concedido un cierto peso a la presunción de inocencia, o por no haber utilizado su poder y facultades para detener, registrar el domicilio y demandarlo, teniendo en cuenta el carácter razonable de su punto de vista de que, al no haberse alcanzado la sospecha exigida en los momentos determinantes, no podía ejercitar dichos poderes, o porque ninguna medida por su parte habría producido resultados concretos. Por las razones arriba expuestas, el Tribunal concluye por la ausencia de violación del artículo 2 del Convenio en el presente caso". STEDH (Gran Sala), Asunto *Osman contra Reino Unido,* 28 de octubre de 1998 (TOL9.078.992).

48 En este sentido, resulta muy ilustrativa la STEDH relativa al caso *Rantsev contra Chipre y Rusia,* de 2 de enero de 2010 (TOL9.071.094). En la misma apreciamos que la doctrina de las obligaciones positivas no solo se aplica la obligación de evitar delitos en relación con el derecho a la vida (art. 2 CEDH), sino que la extiende a los malos tratos cometidos por particulares (art. 3) y a la prohibición de la esclavitud (art. 4). Así, en la citada sentencia se estableció que los Estados tienen el deber de prevenir y de investigar la trata, una obligación positiva que se deriva del contenido del artículo 4 del Convenio. En particular, el caso trataba sobre el asesinato de Rantseva, una mujer rusa de 20 años que se encontraba en Chipre trabajando como "artista" en un cabaret. Como expone el TEDH, el Estado era plenamente consciente de que este tipo de contratos se utilizaban para encubrir situaciones de prostitución y que eran principalmente mujeres migrantes provenientes de Rusia las que entraban al país con un visado de estas características, y que posteriormente eran explotadas por los propietarios y gerentes de dichos locales. Aunque se consideró que las autoridades no habrían podido prever el riesgo para la vida de Rantseva, por lo que no se había producido una vulneración sustantiva del artículo 2, el test Osman se examinó a la luz del 4 del Convenio y se dictaminó que las autoridades chipriotas tenían la obligación positiva de prevenir la trata. Este caso es

expuesto, en materia de violencia sexual los derechos convencionales implicados son el artículo 3 (prohibición de tortura y malos tratos) y el artículo 8 (vida privada y familiar). Surge entonces la siguiente duda: ¿Es posible aplicar el *test Osman* a los delitos contra la libertad sexual?

La respuesta a esta pregunta es afirmativa y la encontramos en el caso *O'Keeffe contra Irlanda*[49], relativo a la responsabilidad del Estado por no adoptar medidas de protección adecuadas para prevenir los abusos sexuales en las escuelas gestionadas por agentes no estatales (en el presente caso, parroquias locales). En la citada sentencia, el TEDH establece que, en virtud de los artículos 1 y 3 del Convenio, los Estados deben "garantizar que las personas dependientes de su jurisdicción no sean sometidas a torturas ni tratos inhumanos ni degradantes, incluidos los malos tratos administrados por particulares" (§ 144). A continuación, siguiendo *Osman,* se afirma que dicha obligación positiva de protección no puede suponer una carga desproporcionada para las autoridades, por lo que no significa evitar cualquier riesgo de malos tratos. Sin embargo, a continuación, se añade que, cuando nos encontramos ante riesgos (conocidos o que deban conocerse) que afecten a niños y a otros colectivos vulnerables, siempre surgirá la obligación de "proporcionar una protección eficaz". Por ello, se razona que,

---

especialmente ilustrativo pues evidencia que las medidas preventivas no son únicamente aquellas de tipo penal, sino que la normativa laboral y de extranjería también debe atender a las situaciones de especial vulnerabilidad. La legislación chipriota de extranjería no solo no establecía medidas de protección que atendieran a la especial situación de las víctimas de trata, sino que fomentaba este tipo de delitos, animando a los gerentes y propietarios de los cabarets a "localizar a las artistas desaparecidas o a asumir cualquier otra forma de responsabilidad personal por la conducta de las artistas" (§ 292).

49 Sentencia del Tribunal Europeo de Derechos Humanos (Gran Sala), Asunto *O'Keeffe contra Irlanda,* de 28 de enero de 2014 (TOL9.058.219).

en el contexto de la enseñanza primaria, esta obligación positiva de protección adquiere una especial relevancia[50].

En primer lugar, para analizar la *previsibilidad del riesgo*, el TEDH recurre a la jurisprudencia sentada en el caso *X e Y contra Países Bajos*. A pesar de que el mismo no es propiamente un caso de obligaciones preventivas, el Gobierno neerlandés alegó que la laguna legal que no permitía iniciar el procedimiento penal era totalmente "imprevisible", ya que los hechos (el abuso sexual de adolescentes con discapacidad en una residencia infantil de gestión privada) eran "excepcionales". Ante esto, el TEDH estableció que, en este tipo de casos, los estados deben de ser conscientes del riesgo de que se produzcan abusos sexuales y que, en *X e Y*, el Estado "debería haber legislado para esa eventualidad". Del mismo modo, en el caso *O'Keeffe contra Irlanda*, nos encontramos ante una obligación positiva de protección dirigida hacia el legislador, que debe ser consciente de la posibilidad de que se produzcan abusos sexuales en las escuelas y promulgar normas destinadas a la prevención y detección.

Pasamos, por tanto, a la *evitabilidad* del riesgo: según el TEDH, las medidas preventivas que deben adoptarse en este ámbito no

---

50 Se lleva a cabo la siguiente interpretación en relación con la previsibilidad y evitabilidad del riesgo en el caso concreto: "El Estado era consciente del nivel de delitos sexuales cometidos por adultos contra menores. En consecuencia, al ceder el control de la educación de la gran mayoría de los niños pequeños a agentes no estatales, el Estado también debería haber sido consciente, dada su obligación inherente de proteger a los niños en este contexto, de los riesgos potenciales para su seguridad si no existía un marco de protección adecuado. Este riesgo debería haberse abordado mediante la adopción de medidas y salvaguardias acordes. Éstas deberían, como mínimo, haber incluido mecanismos eficaces para la detección y denuncia de cualquier maltrato por y a un organismo controlado por el Estado, siendo tales procedimientos fundamentales para la aplicación de las leyes penales, para la prevención de tales malos tratos y, más en general, por lo tanto, para el cumplimiento de la obligación positiva de protección del Estado". STEDH (Gran Sala), Asunto *O'Keeffe contra Irlanda*, de 28 de enero de 2014 (§ 162) (TOL9.058.219).

son únicamente la elaboración de "disposiciones penales eficaces", sino que, junto a las mismas, se deben establecer protocolos de detección y denuncia, pues sin los mismos no será posible una "aplicación efectiva" de dichas leyes penales. Como se estableció en el caso *Opuz contra Turquía*, se recuerda que la adopción de estas medidas no debe necesariamente conducir a la evitación de los hechos, sino que basta con demostrar que hubieran servido para reducir el daño. En el caso concreto, se entiende que estos mecanismos resultaron totalmente ineficaces, pues la regulación al respecto dejaba en manos de los agentes no estatales la tramitación de las denuncias, sin ningún tipo de supervisión estatal[51]. La consecuencia de todo ello implicó que los agentes no estatales no investigaran las diferentes acusaciones que se habían efectuado contra un maestro de la escuela, lo que permitió que abusara sobre la demandante y otros menores. Dado que estos delitos se habrían podido evitar si el Estado hubiera regulado cauces de denuncia oficiales, se concluye que Irlanda había incumplido su obligación positiva de proteger a la víctima de los abusos sexuales y, por tanto, había vulnerado sus derechos sustantivos en virtud del artículo 3 del Convenio (§ 168-169).

Finalmente, cabe mencionar que el TEDH ha vuelto a aplicar el *test Osman* en materia de violencia doméstica y sexual en la STE-

---

51 "Sin embargo, ninguno de los materiales presentados hacía referencia a ninguna obligación de una autoridad estatal de supervisar el trato de un profesor a los niños y ninguno preveía un procedimiento que permitiera a un niño o a sus padres presentar una queja por malos tratos directamente a una autoridad estatal. Por el contrario, quienes tenían quejas sobre los profesores eran canalizados expresamente hacia el responsable confesional no estatal por el texto de la Nota Orientativa de 6 de mayo de 1970 en la que se basaba el Gobierno. Si un padre hubiera dudado en pasar por alto a un gestor (generalmente un sacerdote local como en el presente caso) para quejarse ante una autoridad estatal, las normas pertinentes le habrían disuadido de hacerlo". STEDH (Gran Sala), *O'Keeffe contra Irlanda*, 28 de enero de 2014 (§ 162) (TOL9.058.219).

DH *J. I. contra Croacia*, de 30 de enero de 2023[52]. Dicho caso se refería a la denuncia de una mujer de origen romaní que había sufrido graves abusos sexuales durante la infancia por parte de su padre, quien la había amenazado durante un permiso penitenciario. Este caso resulta muy interesante, pues aquí la obligación de prevención no está dirigida hacia el legislador, sino hacia los funcionarios policiales que debían investigar dichas amenazas y no iniciaron ningún tipo de actuación. Además de ello, a mi juicio, esta sentencia supone un gran avance para los derechos de las víctimas de violencia sexual, pues en la misma se adopta una perspectiva de género interseccional, y se recogen los sesgos que en ocasiones presentan las investigaciones policiales cuando las víctimas son mujeres gitanas[53].

---

52 Sentencia del Tribunal Europeo de Derechos Humanos (Sección 1ª), Asunto *J. I. contra Croac*ia, de 30 de enero de 2023 (TOL9.182.428).

53 "Las niñas y mujeres romaníes en Europa se encontraban en peor situación en una serie de medidas que los hombres romaníes, quienes, a su vez, se encontraban en peor situación que la sociedad en su conjunto. Las niñas y mujeres romaníes también tienen más probabilidades que las no romaníes de ser víctimas de la trata de seres humanos, la violencia doméstica y el matrimonio forzado o infantil. Atribuir los abusos contra las niñas y las mujeres a la "cultura romaní" o a la "tradición romaní" era habitual; de hecho, se trataba de una forma familiar de antigitanismo. Aunque en algunas comunidades romaníes están muy extendidas las opiniones estereotipadas sobre las mujeres y la violencia contra ellas, al igual que en muchos grupos no romaníes, la idea de que la violencia de género es inherente a la cultura o la tradición romaníes no es una observación neutral, sino un estereotipo peligroso. Cuando se trata de violencia doméstica contra mujeres romaníes, la policía y los fiscales consideran que la violencia de género es "natural" en las comunidades romaníes, por lo que no dan la misma respuesta que darían si la víctima no fuera romaní. La discriminación por parte de la policía y la falta de actuación por parte de ésta hicieron que fuera poco probable que los romaníes en general denunciaran los delitos cometidos contra ellos. Debido a los peligrosos estereotipos sobre la cultura romaní, la situación era aún peor para las niñas y mujeres romaníes víctimas de violencia de género. En este entorno, las niñas y mujeres romaníes que sufren violencia de género experimen-

Pues bien, en el presente caso, la aplicación del *test Osman* dio lugar a la condena del Estado por no proteger a la víctima de que se cumpliera la amenaza de su agresor. En este sentido, conviene resaltar la apreciación que hace el TEDH sobre la condición de la *inmediatez del riesgo*, pues se afirma que este requisito debe suavizarse en los supuestos de violencia de género[54] y se razona que en este ámbito no es necesaria una amenaza "directa o inmediata para la vida o la salud de la víctima" para que surja el deber del estado de intervenir. En el caso concreto, la víctima había sido amenazada de manera indirecta, pues el agresor había dicho a sus familiares que tenía intención de matarla, lo cual generó en la víctima un grave sufrimiento psicológico constitutivo de un trato inhumano en el sentido del artículo 3 del Convenio.

Aunque finalmente las amenazas no se materializaron, pues el permiso penitenciario del padre fue suspendido y se le expulsó de Croacia tras su salida de la cárcel, los funcionarios policiales que habían recibido noticias de las amenazas debían haber iniciado una investigación, lo cual no se hizo en ningún momento a pesar de que la víctima había informado en diversas ocasiones de la situación. Todo ello llevó al Tribunal a concluir que Croacia no había cumplido con su obligación positiva de investigar de manera eficaz "la alegación de una víctima de violación particularmente vulnerable de una grave amenazada contra su vida, en violación del artículo 3 del Convenio" (§ 100). En este sentido, conviene aclarar que, aunque se habla de un *deber de investigación*, no nos encontramos ante una infracción procesal del artículo 3, sino que se trata de un incumplimiento del *deber de evitar delitos*, que, como

---

tan un tipo específico de daño "interseccional"." Sentencia del Tribunal Europeo de Derechos Humanos (Sección 1ª), Asunto *J. I. contra Croacia*, de 30 de enero de 2023 (§ 74-75) (TOL9.182.428).

54 Al considerar a la víctima de este caso como una víctima de violencia de género, observamos que el TEDH adopta una visión amplia del concepto y no lo reduce únicamente al de las agresiones cometidas por la pareja o expareja (*vid.* § 88).

explica el TEDH, consiste en establecer un marco legal de protección adecuado (como en *O'Keeffe contra Irlanda*), adoptar medidas razonables para evitar el riesgo y, en tercer lugar, llevar a cabo una investigación efectiva de los actos de violencia. Es decir, la obligación de investigación en este caso se entiende como parte integrante de la obligación estatal de prevenir delitos cometidos por particulares.

VI. REFLEXIONES DESDE UNA MIRADA ANTIPUNITIVISTA.

La jurisprudencia analizada, *a priori*, puede parecer muy acertada, pues supone otorgar un mayor reconocimiento de derechos a las víctimas de violencia sexual. No obstante, debemos ser prudentes y advertir de los posibles peligros que la doctrina de las obligaciones positivas de protección puede acarrear (tanto para los derechos del reo como para los de las propias víctimas).

En primer lugar, por lo que se refiere a las *obligaciones de criminalización*, conviene no generar una confianza excesiva en las soluciones penales para prevenir los delitos sexuales. Como hemos visto, la jurisprudencia de Estrasburgo entiende que las normas de Derecho penal son siempre las más "eficaces" y que son las únicas capaces de lograr una "disuasión efectiva". En este sentido, resulta interesante el voto particular redactado por la Magistrada Françoise Tulkens en el caso *M.C contra Bulgaria*, que recordó que "la vía penal debe seguir siendo un último recurso subsidiario y su utilización, incluso en el marco de obligaciones positivas, exige un cierto grado de moderación". Asimismo, en cuanto a la afirmación de que los recursos penales son en cualquier caso los más eficaces en términos de prevención general, apuntó que "las observaciones recogidas en el Informe sobre la despenalización del Comité Europeo para los Problemas de Delincuencia muestran claramente que la eficacia de la disuasión general basada en el Derecho penal depende de diversos factores y que tal enfoque no es la única manera de prevenir comportamientos indeseables"[55]. Como acertadamente señaló la Magistrada, esta construcción del TEDH asume que el Derecho penal es el que puede proporcionar mejores resultados en relación con la prevención general, pero no aporta ningún dato que justifique este mayor efecto disuasorio frente a otro tipo de soluciones. Por ello, cierto sector de la doctrina viene señalando que debería exigirse al TEDH que demuestre mediante pruebas persuasivas esta afirmación[56].

Ahora bien, debe valorarse positivamente que, en otras sentencias, como en el caso *E.S. contra Suecia* (relativa a la filmación encubierta de imágenes íntimas) el TEDH ha recordado que el Derecho penal debe ser en todo caso la *ultima ratio* y que el margen de apreciación de los Estados sobre cómo regular los actos "menos graves" es mucho más amplio. Por tanto, podemos concluir que la obligación de criminalización únicamente se desprende de actos graves como la violación, por lo que no todas las conductas que afecten a la vida sexual-privada (art. 8 CEDH) deben resolverse a través de la vía pe-

---

55 Sentencia del Tribunal Europeo de Derechos Humanos (Sección 1ª), *M. C. contra Bulgaria,* 4 de diciembre de 2003 (Opinión concurrente Jueza Tulkens) (TOL4.013.167).

56 PERSAK, N.: "Positive Obligations…", cit., p. 141 y ss. Ahora bien, como han apuntado LEMMENS y COURTOY, evaluar el efecto disuasorio de una norma conllevará siempre "cierto grado de especulación". Según estos autores, la Corte no está en condiciones de emprender ningún estudio empírico al respecto, pero tampoco puede argumentar sobre la base de una determinada teoría criminológica. Esto se debe a que en Criminología no existe un consenso sobre los efectos que las medidas penales tienen sobre la prevención de delitos, por lo que, al existir distintas teorías y puntos de vista, no es el rol de la corte prevalecer uno de ellos sobre los demás. No obstante, según mi parecer, el TEDH sí que se ha posicionado al respecto al establecer que la mejor protección de las víctimas de violencia sexual es aquella que recurre a las leyes penales. *Vid.* LEMMENS, P. y COURTOY, M.: "Positive Obligations and Coercion: Deterrence as a Key Factor in the European Court of Human Right's Case Law", en LAVRYSEN, L./MAVRONICOLA, N. (coords.): *Coercitive Human Rights: Positive Duties to Mobilise the Criminal Law under the ECHR,* Oxford, 2020, pp. 58 y ss.

nal, pues este tratamiento podría llegar a suponer una intromisión ilegítima por parte del Estado en la intimidad de las víctimas.

En segundo lugar, las *obligaciones de investigación* son, a mi juicio, las que menos problemas plantean, pues los casos analizados muestran procesos penales en los que se produjo una verdadera revictimización como consecuencia de los mitos que todavía hoy existen en torno al delito de violación[57]. Según mi parecer, es positivo que el TEDH llame la atención a los Estados sobre esta cuestión, pues es totalmente inadmisible que actualmente sigan produciéndose sentencias repletas de estereotipos de género como la que hemos tenido ocasión de analizar en el caso *J. L. contra Italia,* de 27 de mayo de 2021. Además de ello, los casos estudiados muestran la importancia de que la formación de los profesionales especializados en la atención y protección de víctimas adopte una perspectiva interseccional, pues el género no es el único factor que influye en el trato que recibe una persona por parte de las instituciones, sino que existen muchos otros factores (como la clase, la etnia o la situación de discapacidad) que deben ser tenidos en cuenta para garantizar una atención adecuada de todas las víctimas. Como hemos visto, en este sentido resulta muy ilustrativa la sentencia sobre caso *J. I. contra Croacia,* de 30 de enero de 2023, donde se evidencia el trato discriminatorio que en muchas ocasiones reciben las mujeres gitanas por parte de las autoridades.

En cuanto a las *obligaciones de efectiva punición,* resulta llamativo que el TEDH haya establecido que las figuras como la amnistía o el indulto no son admisibles en los casos graves de violencia sexual y que el cumplimiento de las obligaciones positivas de protección requiere que las condenas se ejecuten (como ya se dijo, con an-

---

[57] *Vid.*, para un análisis en profundidad sobre los mitos y estereotipos que existen en el enjuiciamiento de los delitos sexuales, SIMÓ SOLER, E.: *Justicia con perspectiva de género: análisis cuantitativo de estereotipos y revisión de la imparcialidad judicial en procesos por violencia sexual* (Tesis doctoral), Universitat de València, 2022, pp. 97 y ss.

terioridad esta doctrina únicamente se había aplicado a casos de torturas perpetradas por agentes del Estado). En mi opinión, este tipo de resoluciones parecen reconocer cierto *derecho de la víctima al castigo del autor* y transmite la idea de que las necesidades de las víctimas son necesariamente punitivas. Como viene señalando la doctrina, la aparición de la víctima en la fase de ejecución de la pena puede resultar contraproducente para su reparación y convendría repensar esta intervención de la víctima durante el cumplimiento de la pena de prisión en clave restaurativa, y no entender que las víctimas en todo caso van a querer un mayor castigo del culpable[58].

Por último, en relación con la *obligación de evitar delitos*, debemos recordar que todas las medidas preventivas deben llevarse a cabo respetando una serie de garantías. Insisto en que debemos recordar estas garantías especialmente en materia de violencia contra las mujeres y violencia sexual, pues la inercia en estos casos nos puede llevar a adoptar posturas más securitarias. Como ha advertido LAZARUS, determinados enfoques que pretenden reducir el riesgo a toda costa en los casos de violencia contra la mujer adoptan una visión "monoscópica". Es decir, se centran en los derechos de las víctimas y parecen olvidar los de las personas investigadas. Según esta autora, el argumento de que el Derecho penal es más "efectivo" o "eficaz" se utiliza como instrumento de legitimación del *ius puniendi* y es necesario que el lenguaje dé prioridad a una cultura de los derechos humanos como límites,

58 *Vid.* FRANCÉS LECUMBERRI, P.: "La justicia restaurativa y el art. 15 del Estatuto de la víctima del delito ¿un modelo de justicia o un servicio para la víctima?", *Revista Electrónica de Ciencias Criminológicas*, n.º 3, 2018, pp. 34 y ss.; TOMÁS-VALIENTE LANUZA, C.: "El interés de la víctima en la pena del delito. Algunas reflexiones", en POZUELO PÉREZ, L./RODRÍGUEZ HORCAJO, D. (coords): *El papel de la víctima en el Derecho penal*, BOE, Madrid, 2021, pp. 62 y ss.

y no como obligaciones preventivas destinadas a evitar riesgos[59]. En efecto, en cada caso concreto se debe llevar a cabo una ponderación entre las obligaciones positivas preventivas y dichos derechos, pues de lo contrario el alcance de las obligaciones coercitivas resultaría ilimitado, y supondría abandonar las garantías penales y los límites del *ius puniendi*.

La jurisprudencia analizada demuestra que, en materia de violencia sexual, pueden articularse medidas preventivas que no supongan una mayor injerencia del sistema penal. En efecto, nos enseña que en ocasiones estos delitos pueden evitarse si se establecen protocolos de detección adecuados, especialmente en aquellos contextos en los que puede existir un mayor riesgo (por ejemplo, en residencias o centros educativos en los que hay personas menores de edad o con discapacidad). Además de ello, conviene recordar que la verdadera prevención es aquella que se lleva a cabo con medidas no penales, sino a través de la educación y la concienciación social. No obstante, como es sabido, estas políticas públicas tienen un efecto a largo plazo, mientras que las soluciones penales transmiten a la ciudadanía que "se está haciendo algo", aunque sin atajar la raíz del problema.

BIBLIOGRAFÍA.

ABRAMOVICH, V.: "Responsabilidad estatal por violencia de género: comentarios sobre el caso Campo algodonero en la Corte Interamericana de Derechos Humanos", *Anuario de Derechos Humanos*, 2010, pp. 167-182.

AÑÓN ROIG, M. J.: "La violencia contra las mujeres como discriminación", *Revista de la Facultad de Derecho de México*, n.º 280, 2021, pp. 617-653.

---

[59] LAZARUS, L.: "Preventive Obligations, Risk and Coercitive Overreach", en LAVRYSEN, L./MAVRONICOLA, N. (coords.): *Coercitive Human Rights: Positive Duties to Mobilise the Criminal Law under the ECHR*, Oxford, 2020, p. 260.

DE LUCA, J. A.: "Punitivismo y Derechos Humanos", *Publicaciones del Instituto de Derecho Penal Europeo e Internacional,* 2009, pp. 1-14.

DE VIDO, S.: "The ECtHR *Talpis v. Italy* Judgement: Challenging the Osman Test through the Council of Europe Istanbul Convention?", *Ricerche giuridiche,* n.º 6, 2017, pp. 7-15.

DOMENECH PASCUAL, G.: "Los derechos fundamentales a la protección penal", *Revista española de derecho constitucional,* n.º 78, 2006, pp. 333-372.

FARALDO CABANA, P.: "Evolución del delito de violación en los códigos penales españoles. Valoraciones doctrinales", en FARALDO CABANA, P./ACALE SÁNCHEZ, M. (coords.): *La Manada: un antes y un después en la regulación de los delitos sexuales en España,* Tirant lo Blanch, Valencia, 2018, pp. 31-69.

FRANCÉS LECUMBERRI, P.: "La justicia restaurativa y el art. 15 del Estatuto de la víctima del delito ¿un modelo de justicia o un servicio para la víctima?", *Revista Electrónica de Ciencias Criminológicas,* n.º 3, 2018, pp. 1-39.

GARCÍA ORTIZ, A., y MOLINA SÁNCHEZ, M.: "Inteligencia artificial y prevención de la violencia contra las mujeres: la responsabilidad del estado ante el incumplimiento del deber de debida diligencia", *Revista de Estudios Penales y Criminológicos,* n.º 44, pp. 1-33.

GIL GIL, A.: "Sobre la satisfacción de la víctima como fin de la pena", *InDret,* n.º 4, 2016, pp. 1-39.

GÓMEZ FERNÁNDEZ, I.: "Volodina contra Rusia y S. M. contra Croacia: la jurisprudencia incompleta del TEDH en materia de consentimiento, riesgo y violencias contra las mujeres", *IgualdadES,* n.º 5, 2021, pp. 311-348.

HERI, C.: "Shaping Coercitive Obligations through Vulnerability: The Example of the ECtHR", en LAVRYSEN, L./MAVRONICOLA, N. (coords.): *Coercitive Human Rights: Positive Duties to Mobilise the Criminal Law under the ECHR,* Oxford, 2020, pp. 93-116.

LAVRYSEN, L.: "Positive Obligations and Criminal Law: A Bird's-Eye View on the Case Law of the European Court of Human Rights", en LAVRYSEN, L./MAVRONICOLA, N. (coords.): *Coercitive Human Rights: Positive Duties to Mobilise the Criminal Law under the ECHR,* Oxford, 2020, pp. 29-53.

LAZARUS, L.: "Preventive Obligations, Risk and Coercitive Overreach", en LAVRYSEN, L./MAVRONICOLA, N. (coords.): *Coercitive Human Rights: Positive Duties to Mobilise the Criminal Law under the ECHR,* Oxford, 2020, pp. 249-266.

LEMMENS, P. y COURTOY, M.: "Positive Obligations and Coercion: Deterrence as a Key Factor in the European Court of Human Right's Case Law", en LAVRYSEN, L./MAVRONICOLA, N. (coords.): *Coercitive Hu-*

man Rights: Positive Duties to Mobilise the Criminal Law under the ECHR, Oxford, 2020, pp. 55-67.

PASTOR, D.: "La deriva neopunitivista de organismos y activistas como causa del desperestigio actual de los derechos humanos", *Nueva Doctrina Penal*, 2005, pp. 73-114.

PERAMATO MARTÍN, T.: "Violencia de género. Debida diligencia de los Estados en la prevención, protección y sanción", *El derecho LEFEBVRE*, 2019.

PERSAK, N.: "Positive Obligations in View of the Principle of Criminal Law as a Last Resort", en LAVRYSEN, L./MAVRONICOLA, N. (coords.): *Coercitive Human Rights: Positive Duties to Mobilise the Criminal Law under the ECHR*, Oxford, 2020, pp. 141-159.

PITEA, C.: "Rape as a Human Rights Violation and a Criminal Offence: The European Court's Judgement in M.C. v. Bulgaria", *Journal of International Criminal Justice*, n.° 3, 2005, pp. 447-462.

SILVA SÁNCHEZ, J. M.: "¿Nullum crimen sine poena? Sobre las doctrinas penales de la lucha contra la impunidad y del derecho de la víctima al castigo del autor", *Derecho Penal y Criminología*, vol. 29, n.° 86-87, 2008, pp. 149-171.

SIMÓ SOLER, E.: *Justicia con perspectiva de género: análisis cuantitativo de estereotipos y revisión de la imparcialidad judicial en procesos por violencia sexual* (Tesis doctoral), Universitat de València, 2022.

TOMÁS-VALIENTE LANUZA, C.: "Deberes positivos del Estado y Derecho penal en la jurisprudencia del TEDH", *InDret*, n.° 3, 2016, pp. 1-72.

TOMÁS-VALIENTE LANUZA, C.: "El interès de la víctima en la pena del delito. Algunas reflexiones", en POZUELO PÉREZ, L./RODRÍGUEZ HORCAJO, D. (coords): *El papel de la víctima en el Derecho penal*, BOE, Madrid, 2021, pp. 31-71.

VAN DIJK, P.: "Positive Obligations Implied in the European Convention on Human Rights: Are the States Still the 'Masters' of the Convention?, en CASTERMANS-HOLLEMAN, M./VAN-HOOF, F./SMITH, J. (coords.): *The Role of the Nation-State in the 21st Century Human Rights*, Kluwer Law International, The Netherlands, 1998.

VAÑO VICEDO, R.: "La violencia sexual como crimen de genocidio", en REVENGA SÁNCHEZ, J./GARCÍA PASCUAL, C. (coords.): *Decisiones básicas en materia de violaciones de derechos humanos*, BOE, 2015, pp. 167-207.

VIGANÒ, F.: "La arbitrariedad del no punir: sobre las obligaciones de tutela penal de los derechos fundamentales", *Política Criminal: Revista Electrónica Semestral de Políticas Públicas en Materias Penales*, n.° 18, 2014, pp. 428-476.

VILLELAS ARIÑO, M., VILLELAS ARIÑO, A., URRUTIA ARESTIZÁBAL, P., ROYO ASPA, J. M.: "Violencia sexual en conflictos armados", *Papeles de relaciones ecosociales y cambio global,* n.º 137, 2017, pp. 57-70.

XENOS, D.: *The Positive Obligations of the State under the European Convention of Human Rights,* Reino Unido, 2012.

Dificultades y retos del tratamiento penitenciario con perspectiva de género[1]

CRISTINA GUISASOLA LERMA
Catedrática de Derecho Penal (Universitat de Valencia)

JUAN MOLPECERES PASTOR
Abogado Ilustre Colegio Abogados Valencia

I. REEDUCACIÓN, REINSERCIÓN SOCIAL Y TRATAMIENTO PENITENCIARIO: CUESTIONES DIRECTAMENTE RELACIONADAS.

Se cumplen 45 años de la entrada en vigor de la Ley Orgánica 1/1979, de 26 de septiembre, General Penitenciaria (en adelante LOGP) la cual consagró en términos de igualdad para hombres y mujeres los principios que han constituido los pilares de la ejecución de las penas privativas de libertad. En concreto, a finales de los años 70 el **principio de reeducación y reinserción social** se incorpora a nuestro ordenamiento jurídico, de un lado, ubicándose en el art. 25.2 de la CE 1978 entre los derechos fundamentales y libertades públicas, y de otro, en el art. 1 de la citada LOGP de ahí que se venga considerando como el principio inspirador de todo el Derecho penitenciario.

Sobre esta base el concepto de "**tratamiento penitenciario**" se plasma jurídicamente en el art. 59.1. de la LOGP definiéndolo como *el conjunto de actividades directamente dirigidas a la consecución de la reeducación y reinserción social de los penados.* Del tenor literal

---

1 Este trabajo se enmarca en el Proyecto I+D+i "Estudio crítico del uso de sanciones alternativas penales: una mirada a la salud mental y al género" (ref.: PID2021-126236OB-I00; AEI/FEDER, UE).

parece desprenderse un concepto de tratamiento amplio y omnicomprensivo; sin embargo de su conexión con el art. 62 LOGP que recoge los principios que lo inspiran (basado en el estudio científico de la constitución, en el temperamento, el carácter, el diagnóstico de personalidad criminal, individualizado del sujeto a tratar, complejo, programado, continuo y dinámico) se percibe, de acuerdo con YUSTE CASTILLEJO[2], una visión clínica del tratamiento.

Dicha concepción tradicional del tratamiento, seguida por el Reglamento Penitenciario de 1981 (en adelante, RP) evoluciona con su reforma de 1996 (RD 190/1996) hacia una idea más amplia y social de aquel, incorporando los avances que han ido produciéndose empíricamente en el campo de la intervención y tratamiento de los internos, concibiendo la reinserción del interno como un proceso de formación integral; así en su Exposición de Motivos se afirma que se consolida *"una concepción del tratamiento más acorde a los actuales planteamientos de la dogmática jurídica y de las ciencias de la conducta, haciendo hincapié en el componente resocializador más que en el concepto clínico del mismo. Por ello, el Reglamento opta por una concepción amplia del tratamiento que no sólo incluye las actividades terapéutico-asistenciales, sino también las actividades formativas, educativas, laborales, socioculturales, recreativas y deportivas, concibiendo la reinserción del interno como un proceso de formación integral de su personalidad, dotándole de instrumentos eficientes para su propia emancipación. En este campo también se incorporan al Reglamento las experiencias tratamentales generadas por la práctica penitenciaria, así como otras surgidas en el derecho comparado"*.

Por consiguiente, como afirma GONZÁLEZ COLLANTES[3] en la actualidad conviven ambas concepciones de tratamiento. Así, con-

---

2 YUSTE CASTILLEJO, A.: "40 años de tratamiento penitenciario. Del voluntarismo dogmático al pragmatismo en la intervención" en *Revista de Estudios Penitenciarios* extra-2019, p.393 y ss.

3 GONZÁLEZ COLLANTES, T.: "La convivencia de dos conceptos de tratamiento resocializador en el ordenamiento penitenciario español" en

cretamente en el art. 60 LOGP se trata de delimitar la aplicación del tratamiento penitenciario individualizado, especificando que, deberán utilizarse, en tanto sea posible, todos los métodos y los medios que, respetando siempre los derechos constitucionales no afectados por la condena, puedan facilitar la obtención de las finalidades del artículo anterior, esto es, la reeducación y reinserción social. Ello implica que el abanico de posibilidades incide en prácticamente todos los campos, especialmente en el trabajo, la educación, la salud o la incorporación al mundo laboral, por citar algunos.

Esta legislación ha permanecido prácticamente inalterable durante los años que lleva en vigor, pues durante este largo espacio de tiempo la ley penitenciaria apenas ha tenido algunas pequeñas reformas en su articulado. Con el fin de actualizar su contenido a los avances en materia penitenciaria se redactó en 2005 un Proyecto de modificación de la ley en el cual, entre otras cuestiones, se quería incorporar el concepto amplio de tratamiento que se desprende del RP de 1996, sin embargo no llegó a ser discutido en vía parlamentaria.

Recientemente el Reglamento se ha visto reformado por RD 268/2022, de 12 de abril[4], atendiendo a la progresiva implementación de las Tecnologías de la Información y Comunicación (TIC) en la dinámica del régimen de los centros penitenciarios, que ayuda a reducir la brecha tecnológica que sufren los internos una vez acceden al medio social normalizado. A mayor abundamiento, desde el punto de vista tratamental, recurrir a la tecnología para desarrollar procesos formativos o terapéuticos se convierte en una forma eficaz, alternativa o complementaria, a las actuaciones que presencialmente se vienen llevando a cabo; concretamente se añade un apartado 4 al artículo 127 que queda redactado del siguiente modo: «4. *En función de las posibilidades materiales y técnicas de cada centro penitenciario, las bibliotecas contarán con puntos de acceso a redes de información, conforme a los principios vigentes en cada momento en materia*

---

4 BOE de 13 de abril de 2022.

de seguridad digital y protección de datos. El uso de estos medios, tanto a los efectos prevenidos en el artículo 128 de este reglamento como con carácter general en el ámbito formativo o cultural, se regulará por las normas de régimen interior de cada centro penitenciario, pudiendo establecerse individualmente limitaciones en los términos del artículo 128.»

Conforme a lo expuesto, es obligación de la Administración Penitenciaria diseñar un programa individualizado de tratamiento para cada uno de los internos, los cuales tienen derecho a participar en los mismos (art. 4.2 d) RP) con los fines de mejora de las capacidades y habilidades sociales y laborales y superación de los factores conductuales o de exclusión que motivaron las conductas criminales de cada persona condenada.

Ahora bien, el carácter voluntario del tratamiento, nota principal del mismo, se recoge expresamente en el art.112.3 del RP. De acuerdo con dicho precepto el interno puede rechazar libremente la realización del tratamiento, sin que esta postura tenga consecuencias de carácter disciplinario, regimentales o de regresión de grado. No obstante, en el caso de negarse a participar o de abandonar el programa durante su ejecución, se tomará en consideración en el momento de adoptar determinadas decisiones sobre la vida en prisión como los permisos de salida o la propuesta de libertad condicional, al igual que las Juntas de Tratamiento valorarán el aprovechamiento y seguimiento de los programas, como ahora veremos.

En la actualidad, los **programas de tratamiento** se pueden llevar a cabo, tanto dentro de la prisión (generalizado a todos los reclusos, incluyendo a los preventivos, cuando sea compatible con su situación procesal) como en medio abierto, aprovechando los recursos disponibles en el exterior (art.113 RP).

Conforme a la Instrucción de la Secretaría General de Instituciones Penitenciarias (en adelante, SGIP) I 12-2006 relativa a la *Programación, evaluación e incentivación de actividades y programas de tratamiento en Centros penitenciarios y en centros penitenciarios y CIS*: "Es una necesidad el desarrollo de programas específicos de tratamiento que permitan dar respuesta a situaciones muy concretas, como son los programas de violencia de género, de discapacitados, agresores sexuales, de intervención con internos extranjeros,...etc. que requieren de técnicas especiales y de profesionales cualificados. Es pues, la labor de detección de las carencias que limitan el desarrollo integral de las personas privadas de libertad, la primera tarea a la que habrán de enfrentarse todos los profesionales de la Institución Penitenciaria. La aportación de cada uno de ellos es necesaria para determinar con precisión, según los casos, el **Programa Individualizado de Intervención o de Tratamiento**.

Los diversos *procedimientos de actuación* contemplan las actuaciones a seguir en la programación, evaluación e incentivación de las diferentes actividades y programas en las que pueden participar los internos.

De acuerdo con el Procedimiento 1º, cada centro penitenciario debe **programar de forma estructurada actividades educativas, deportivas, culturales y ocupacionales.** La Administración Penitenciaria debe garantizar a los internos el acceso a las enseñanzas básicas a los internos/as analfabetos/as, a los jóvenes, a los extranjeros con carácter prioritario, puesto que así se valora dentro de los programas individualizados de tratamiento.

En todo el proceso de realización de las actividades es fundamental recordar el papel, la responsabilidad y la importancia de la colaboración de otras Administraciones Públicas, Empresas privadas y ONGs, que deberá quedar reflejado en forma de Convenios.

Según el Procedimiento 2º, éste recoge con carácter general los diferentes **programas de intervención específica** que pueden ejecutarse en los centros penitenciarios y que se encuadran dentro del área terapéutica del catálogo general de actividades.

La diversidad de perfiles de los internos que se da entre la población penitenciaria hace que la consecución de estos objetivos individuales requiera abordajes particulares. No obstante, en completo acuerdo con CERVELLÓ DONDERIS[5], en la normati-

---

5 CERVELLÓ DONDERIS, V.: *Derecho Penitenciario*, Valencia 2022, p.257.

va penitenciaria reina un cierto desorden a la hora de recoger las distintas modalidades. La LOGP en su Título III se limita a mencionar someramente los programas basados en el principio de comunidad terapéutica. Por su parte, el RP si bien dedica el Título V al tratamiento penitenciario, enunciando su Capítulo II "programas de tratamiento", tampoco ha sido riguroso a la hora de sistematizar las modalidades en los arts. 113 y ss, regulándolos, en mi opinión, de una manera un tanto deslavazada y dispersa. En concreto se refiere a los siguientes:

- Salidas programadas ((114 RP)
- Grupos en comunidades terapéutica (115 RP)
- Programas de actuación especializada (116 RP) si bien tan solo concreta dos programas: los programas de atención especializada en drogodependencias y los programas específicos de tratamiento para internos condenados por delitos contra la libertad sexual.

Sin embargo en la praxis, siguiendo la iniciativa que deja abierta el art. 116.4 RP, en la actualidad la Administración Penitenciaria ha puesto en marcha un amplio abanico de **programas específicos**[6], que pueden sistematizarse atendiendo a diversos criterios: *los colectivos a los que se dirige*–aquí encontramos programas diseñados para todos los internos (por ejemplo, prevención de suicidios o drogodependencia) o para colectivos específicos (jóvenes, salud mental) que presentan carencias y problemáticas, generalmente dotadas de gran significación criminológica–*o bien atendiendo a delitos específicos* (violencia de género, delitos sexuales, delitos socioeconómicos) *o por módulos* (régimen cerrado, módulos de educación y respeto).

---

6 Dichos programas fueron objeto de estudio en GUISASOLA LERMA, C.: "Experiencias de programas de tratamiento en las prisiones españolas" en VVAA: *Guía práctica de Derecho Penitenciario,* 2022.

Los principales programas específicos puestos en marcha por la Administración Penitenciaria son los siguientes[7]:

Módulos de Respeto (MdR),

Programas de Comunidad Terapéutica

Programa de Drogodependencias,

Programa de Intervención para agresores de violencia de género (PRIA)

Programa para el control de la Agresión Sexual (PCAS),

Programa de intervención sobre juego patológico

Programa de intervención con extranjeros,

Programa de Jóvenes,

Programa de Igualdad de Oportunidades,

Programa de Atención integral a internos enfermos Mentales (PAIEM)

Programas específicos para delitos relacionados con la violencia contra la infancia y la adolescencia

Programa de control de la conducta violenta (PICOVI)

Programas en régimen cerrado

Programa de intervención en medio abierto

Programas de prevención e intervención en radicalización violenta en prisión.

Justicia restaurativa

Delitos socioeconómicos (PICO)

Programa de prevención de suicidios

---

7 https://www.institucionpenitenciaria.es/es/web/home/reeducacion-y-reinsercion-social/programas-especificos-de-intervencion

Programa Diversidad para condenados/as por delitos de odio.

Terapia asistida con animales.

Programa Ser Mujer.eS

Realizada esta breve aproximación al tratamiento penitenciario, el objeto del presente estudio es analizar si existe actualmente un enfoque de género en las diversas actividades y en los referidos programas específicos de tratamiento. Partimos de que la actividad tratamental es básica para que las mujeres cuando terminen su condena no vuelvan a delinquir y estén en condiciones para superar las barreras discriminatorias por razón de su género; veamos pues si los programas de tratamiento actuales inciden en las desigualdades que afrontan las mujeres cuando ingresan prisión, en sus necesidades específicas y si fomentan o no el empoderamiento de estas y la igualdad de oportunidades. Para intentar alcanzar respuestas se hace necesario previamente atender, a la diferente situación en que se encuentran los hombres y las mujeres en el medio penitenciario.

II. ¿HAY PERSPECTIVA DE GÉNERO EN EL TRATAMIENTO PENITENCIARIO?.

1. *Una aproximación a la realidad penitenciaria de la mujer penada.*

Como señala CERVELLÓ DONDERIS, el humanismo penitenciario de Concepción Arenal puede ser considerado el origen de la perspectiva de género en prisión[8]. Las duras condiciones penitenciarias en tiempos de la Segunda República, por la estricta disciplina y elevada masificación, hacen también especialmente

[8] Cfr. asimismo la evolución de las condiciones de las mujeres en prisión, en CERVELLÓ DONDERIS, V.: "Mujeres, prisión y no discriminación: del legado de Concepción Arenal a las Reglas de Bangkok" en *Estudios Penales y Criminológicos* 2021, p.551.

significativo el papel de Victoria Kent quien, como Directora General de Prisiones, inició una serie de reformas humanitarias en las prisiones que alcanzaron especialmente a las mujeres. Con la llegada de la democracia y la reforma penitenciaria se abre una nueva etapa con la vigencia del principio de igualdad y no discriminación, recogido en el art.3 LOGP 1979.

La defensa de la igualdad de condiciones de las mujeres presas en su acceso al trabajo y la educación ha llegado también a las normas internaciones de protección de derechos humanos, concretamente se recoge y desarrolla en las *Reglas de las Naciones Unidas para el tratamiento de las reclusas y medidas no privativas de libertad para las mujeres delincuentes* (Reglas de Bangkok), aprobadas por la Asamblea General el 21 de diciembre de 2010, que reconocen que las mujeres tienen "necesidades" propias del género, valoradas a menudo como factores de riesgo, que han de ser vinculadas con la planificación y ejecución de programas de tratamiento y reinserción social (regla 40).

Volviendo a España, como consecuencia de la Ley 3/2007 para la igualdad efectiva de hombres y mujeres, la SGIP aprobó en 2009 el "Programa de Acciones para la Igualdad de Mujeres y Hombres en el ámbito penitenciario" con iniciativas específicas y transversales encaminadas a superar los factores de especial vulnerabilidad que han influido en la inmersión de las mujeres en la actividad delictiva, a erradicar los factores de discriminación basados en el género dentro de la prisión, a atender de forma integral a las necesidades de las mujeres encarceladas y a favorecer en particular la erradicación de la violencia de género especialmente las secuelas psíquicas, médicas, adicciones, etc., asociadas a la alta prevalencia de episodios de abusos y maltrato en el historial personal de muchas de ellas. Sin embargo, después de quince años de vigencia su desarrollo ha sido menor del esperado.

Las dificultades en su implementación se proyectan asimismo en las políticas penitenciarias pues, en espera de esa necesaria plasmación legal —o al menos reglamentaria—, la SGIP ha optado por emitir la Orden de Servicio 6/2021, de 22 de junio, sobre los «Fundamentos para la implementación de la perspectiva de género en la ejecución penitenciario». La Orden recoge la necesidad de tener en cuenta la perspectiva de género en la ejecución penitenciaria, para lo cual se hace imprescindible conocer, como avancé, **la diferente situación en que se encuentran las mujeres y los hombres en el ámbito penitenciario.**

En las prisiones de nuestro país ya avanzamos que la mujer encarcelada ha ocupado siempre una posición muy secundaria debido a su **menor entidad numérica**. A fecha de 1 de enero de 2024, atendiendo a los datos de la SGIP, frente a los 52.972 hombres (93 %) tenemos 4007 mujeres privadas, libertad (7%).

Aun así, es uno de los índices más altos de Europa[9], situándose entre el 8 y el 7'5%.

Como se afirma en el estudio realizado por la SGIP sobre *La situación de la mujer privada de libertad en la institución penitenciaria*[10] de 2020, "la realidad de la privación de libertad de la mujer es bien distinta de la de los hombres, no solo porque ambos colectivos son deudores de condiciones personales y sociales diferenciadas[11], sino por el hecho de que, "en general, lo penitenciario gira alrededor del hombre".

---

9 El último Informe SPACE I del Consejo de Europa de 2021 muestra que, a fecha de 31 de diciembre de ese año, las mujeres privadas de libertad en los entonces 47 países miembros representaba el 4.7 % del total de la población reclusa europea. Cfr. la comparativa europea/nacional acerca de la situación de las mujeres privadas de libertad que llevan a cabo RODRIGUEZ YAGÜE y PASCUAL RODRIGUEZ en *Las mujeres en prisión. La voz que nadie escucha. Explorando nuevas vías de cumplimiento de las penas impuestas a mujeres a través de la cultura*, 2022, p.21 y ss.

10 https://www.institucionpenitenciaria.es/documents/380742/733380/ESTUDIO+SOBRE+LA+MUJER+PRIVADA+DE+LIBERTAD.pdf/62878f43-ad5d-ce08-74ef-5cf1b75ffb37.

11 AGUILERA REIJA habla de una triple condena cuando la mujer entra en prisión: personal (porque al cometer el acto delictivo rompe con el rol asignado de esposa obediente y ejemplar) personal (por el desarraigo

Asimismo el peso poblacional masculino ha sido y es determinante tanto en la **tipología de centros** como en las dotaciones de servicios[12]. Ello no debería ser un elemento distorsionador de los itinerarios tratamentales pero sin embargo no siempre es así. La mayoría de las mujeres cumplen en centros mixtos, diseñados, pensados, articulados y distribuidos interiormente para los hombres, pues de los 66 centros penitenciarios con los que cuenta el sistema penitenciario español, sólo 4 son exclusivos de mujeres (Madrid Alcalá de Henares, Sevilla-Alcalá de Guadaira, Ávila-Brieva y Barcelona-Wad Ras). Dependientes de la Administración General del Estado, el sistema penitenciario cuenta, además, con cuatro unidades de madres externas[13] y una unidad de madres internas[14], reguladas en los arts. 178 y 179 RP, a las que se suma una única unidad Mixta en la que se encuentran parejas con hijos.

Por tanto, sólo un pequeño porcentaje de reclusas se encuentra en prisiones específicas para mujeres, el resto se destinan a módulos o departamentos de las de hombres, lo que además de incumplir la regla 4 de las Reglas de Bangkok, que establece que las reclusas cumplan la pena cerca de sus domicilios, no permi-

personal) y penitenciaria, en AGUILERA REIJA, M: "Mujeres en prisión españolas" en *Revista de Estudios Penitenciarios* extra 2019, p 39 y ss.

12 Como ya denunciaba YAGÜE OLMOS, C.: "Mujeres en prisión. Intervención basada en sus características, necesidades y demandas" en *Revista Española de Investigación Criminológica* n.5, 2007

13 Se encuentran en los Centros de Inserción Social de Mallorca, Madrid, Sevilla y Alicante cumplimiento. Como afirmaba JUANATEY DORADO, en la legislación penitenciaria española apenas se contienen normas específicas relativas a las mujeres y, salvo alguna excepción, la mayoría se dirige a proteger a las mujeres en su condición de madres o a proteger los derechos de los niños que convivan con ellas. En "Delincuencia y población penitenciaria femeninas: situación actual de las mujeres en prisión en España" en *RECPC 20-10* (2018)

14 En Madrid VI (tras el cierre en 2020 de las de los Centros de Alcalá de Guadaira, y Valencia preventivos). La Unidad Mixta en el Centro Penitenciario Madrid VI.

te una adecuada separación y clasificación. Sin duda, la escasez de infraestructuras determina la forma de cumplimiento, pues además de propiciar el alejamiento del núcleo familiar y social, impide una separación interior adecuada para adaptar la forma de vida en prisión a las necesidades individuales de las mujeres. También condiciona como veremos, entre otros aspectos, la configuración del programa de tratamiento o el acceso a las actividades ofertadas en la prisión o a los puestos de trabajo productivos.

A la precariedad de espacios se suman otros factores de discriminación, como la mezcla de perfiles criminales y la falta de atención a las diferentes características, sociales y personales, que las hacen vulnerables en la entrada al mundo penitenciario y por ende a sus necesidades. De ahí la apuesta por hacer un mayor uso de penas alternativas a la prisión, más efectivas que las penas de prisión de corta duración[15].

Entre los **factores de vulnerabilidad** de las mujeres penadas destacan, entre otros, el bajo nivel de estudios, la escasa formación laboral, unida a las excesivas cargas y responsabilidades familiares; a su vez diferentes estudios señalan que muchas de las mujeres en prisión tienen asociadas circunstancias vitales asociadas a la violencia de género, a contextos de marginalidad económica y social que condicionan su conducta criminal, incluso ellas han sido víctimas de violencia sexual, incluso de tráfico de personas o prostitución forzada[16].

---

15 In extenso, VASILESCU, C. *Mujeres y penas alternativas: una mirada con perspectiva de género*, 2023.

16 Ya en las Reglas de Bangkok (regla 44) se alertaba de que el número de penadas víctimas de violencia doméstica en el mundo era desproporcionado. Entre otros estudios, cabe citar el trabajo de LAURENZO COPELLO, P.: "Mujeres en el abismo: delincuencia femenina en contextos de violencia o exclusión" en *RECPC* (2019).

Asimismo, como señala RODRIGUEZ YAGÜE[17], la toxicomanía, sus problemas para la salud derivados (hepatitis, VIH, tuberculosis...) y la enfermedad mental tienen una prevalencia mayor en las mujeres privadas de libertad que en los hombres. La Encuesta sobre Salud y Consumo de Drogas publicada en 2022 en población interna en Centros Penitenciarios[18] arroja también datos preocupantes respecto a uno de los problemas más importantes a que se enfrenta el sistema penitenciario español: la enfermedad mental. Así, los resultados de la encuesta muestran que un 42.5% de las mujeres señalan que alguna vez se les ha diagnosticado un trastorno mental (frente al 28.9% de los hombres). Esa cifra se eleva hasta el 48% entre las mujeres de 35 a 54 años. Luego, dentro de la prisión, no hay tanta diferencia entre los hombres y mujeres que reciben medicación psiquiátrica (28.4% mujeres frente a 27.1% hombres).También tiene una prevalencia importante el intento del **suicidio:** el informe señala que alrededor del 11.3% de la población interna lo había intentado al menos una vez, mayor en el caso de los intentos en mujeres (13.1%).

En atención a ello, entre las indicaciones realizadas por la Orden de servicio 2/2021 a todos los centros penitenciarios, se recoge la exigencia de prestar especial atención las necesidades de las mujeres que se encuentren en las situaciones de especial vulnerabilidad descritas (adicciones, enfermedad mental, víctimas de violencia...). Lo cierto es que, de no atenderse las mismas, los procesos de **reinserción femenina** se ven afectados y debilitados ante una estructura penitenciaria masculinizada, lo cual condiciona la **prevención de la reincidencia**. La reiteración del comportamiento delictivo viene determinada por la posible interacción de diferentes factores de riesgo delictivo y la consideración de las

---

17 RODRIGUEZ YAGÜE, C.: "Mujeres en prisión: un colectivo vulnerable", en *The Conversation*, noviembre 2022 https://theconversation.com/mujeres-en-prision-una-poblacion-vulnerable-176388

18 https://pnsd.sanidad.gob.es/profesionales/sistemasInformacion/sistemaInformacion/pdf/2022_ESDIP_Informe.pdf

características socio personales y de vulnerabilidad de la persona penada en sus tránsitos hacia la vida en libertad.

Las investigaciones sobre reincidencia, pese a ser escasas, y menos aún con perspectiva de género, resultan de gran utilidad para evaluar y reorientar políticas penitenciarias, así como la eficacia de los programas de tratamiento penitenciarios. Paradójicamente, las estadísticas penitenciarias siguen guardando silencio en torno a la reincidencia penitenciaria[19] cuando resulta esencial puesto que dichos datos están vinculados al fin de la reeducación y reeducación social que cumple el medio penitenciario. No obstante, se ha llevado a cabo un estudio por la SGIP de la evolución de la reincidencia en prisiones (2009-2019) según el cual la tasa de reincidencia es sensiblemente inferior entre la población femenina (13,56%) frente a la de la población masculina (20,49%), tanto entre la población española (25,45%, los hombres, 17,39%, las mujeres) como entre las personas extranjeras (8,28%, los hombres y 3,05%, las mujeres)[20].

Destacaré sobre el particular otros dos estudios que arrojan resultados de interés. De un lado la investigación efectuada por CARAVACA y GARCÍA-JARILLO cuyo objetivo fue determinar la prevalencia de consumo de alcohol y otras drogas y su posible asociación con la reincidencia entre la población femenina en prisión. Se realizó un estudio transversal analítico en 225 mujeres de 5 centros penitenciarios españoles, en el cual se recogió información sobre variables sociodemográficas, penitenciarias y de consumo de alcohol y otras drogas. Los resultados mostraron una mayor prevalencia de consumo en las mujeres reincidentes (64,9%)

---

19 Como denunciaba ACALE SÁNCHEZ, M.: "El género como factor condicionante de la victimización y de la criminalidad femenina" *Papers* 2017, 102/2 pág. 3.

20 Documentos Penitenciarios, n.30: *Estudio de reincidencia penitenciaria* 2009-2019, 2022, p.67

que en aquellas que cumplían su primera condena (35,1%), tanto antes de entrar en prisión como durante el internamiento[21].

A destacar asimismo el estudio llevado a cabo por MOLES/AÑANOS/NISTAL[22] cuyo objetivo es analizar los rasgos y factores de la reincidencia penitenciaria de las mujeres en cumplimiento de condena en medio abierto y las percepciones frente el delito. Se realizó una investigación en una muestra válida de 310 mujeres (30.1% del total poblacional), quienes fueron encuestadas con un cuestionario mixto. El estudio corrobora que la reincidencia penitenciaria en mujeres en todo el territorio español, que se hallan en cumplimiento de condena en medio abierto tras haber pasado previamente el internamiento en prisión, es del 24.8% frente al 75.2% no reincidente. Los datos obtenidos de dichos estudios permitirán conocer los aspectos y factores centrales asociados a la reincidencia delictiva con perspectiva de género, a fin de concretar propuestas de políticas sociales y de intervención socioeducativa penitenciaria orientadas a la prevención y mejor reinserción del colectivo.

2. *Programas específicos de tratamiento en las prisiones españolas, ¿son suficientes y eficaces desde la perspectiva de género?*

Si se ha criticado la ausencia de estadísticas penitenciarias en torno a la reincidencia, ocurre lo mismo con la evaluación del número de personas que se someten a tratamiento penitenciario, cuando resulta determinante para el logro de la reeducación y reinserción social.

---

21 CARAVACA SÁNCHEZ y GARCÍA-JARILLO: "Factores de riesgo asociados a la reincidencia entre el colectivo femenino penitenciario en España" en *Cuadernos de Medicina Forense*, vol.23, 2017.

22 AÑAÑOS, F./NISTAL, J./MOLES, E.: *La reincidencia penitenciaria en España: género, factores asociados y prevención, Psychology, Society & Education* 2021

Como ya se ha expuesto, todas las mujeres penadas han de tener un Programa Individualizado de Tratamiento, más según los datos del citado estudio de la SGIP sobre la situación de la mujer privada de libertad[23], muchas de ellas no saben identificar claramente que es un programa de tratamiento.

Recordemos asimismo que, conforme a la I 12-2006, en un primer procedimiento se deben programar actividades educativas, deportivas, culturales y ocupacionales. Pues bien, por lo que se refiere a las **educativas**, más de la mitad de ellas es su asistencia a la escuela, prioritaria en los programas de tratamiento donde más del 60% no tienen estudios primarios. Atendiendo al **ámbito laboral**, hay menos talleres productivos para mujeres o enfocados a tareas tradicionales asignadas a las mujeres, lo que también ocurre en los talleres formativos. Sin negar que ha habido importantes avances en la visibilidad de las necesidades de las mujeres en prisión, la desigualdad de la mujer en el acceso a las actividades es patente todavía, tanto de forma cuantitativa (al ser la población mayoritaria masculina) como cualitativa, con mantenimiento todavía de los sesgos de género en algunas actividades y destinos laborales (cursos de costura, por ejemplo) que tienden a perpetuar a la mujer en el cuidado del hogar y la familia.

En cuanto a la participación en **programas de tratamiento**, el estudio destaca una baja participación en programas específicos o de significación terapéutica: tan solo una de cuatro mujeres (25,8%) participa en algún programa de tratamiento ofertado por la Administración Penitenciaria. A su vez se constata que la participación es algo mayor (28,1%) en centros mixtos que en los centros de mujeres (20%).

Sin embargo son varios los programas donde hay un porcentaje mayor de intervención con mujeres: los Módulos de Respeto, PAIEM (programa de atención integral a la enfermedad mental),

---

[23] Ob.cit, p.28 y ss.

Discapacidad Intelectual, TACA (programa de terapia asistida con animales), Extranjeros, Tabaquismo y fundamentalmente en programas de deshabituación de drogas.

Tabla 35				
Participación en programas				
	Hombre	%	Mujer	%
Módulos de Respeto	15.236	37,54	1.882	63,24
PAIEM (atención integral enfermedad mental)	1.978	4,87	161	5,41
Unidades Terapéuticas	2.541	6,26	114	3,83
Alcoholismo	1.206	2,97	84	2,82
Discapacidad intelectual	468	1,15	46	1,55
TACA (Terapia asistida con animales)	287	0,71	31	1,04
Régimen cerrado	437	1,08	26	0,87
Jóvenes	802	1,98	15	0,5
Extranjeros	57	0,14	14	0,47
Preparación de permisos de salida	237	0,58	14	0,47
Tabaquismo	67	0,17	6	0,2
Resolución dialogada de conflictos	188	0,46	4	0,13
Total en programas de participación mixta	23.504		2.397	
SER MUJER.ES (solo para mujeres)			157	
Población	40.584	57,91	2.976	80,54

Fuente: SGIP: La situación de la mujer privada de libertad (datos marzo 2020)

Adicionalmente algunos de los programas citados tienen ciertas **limitaciones** en el caso de las mujeres, ya que en muchos casos no se adecuan a sus características y exigencias debido entre otros motivos a la mencionada baja presencia poblacional, mostrando una limitada perspectiva de género.

Es el caso de la **intervención con mujeres con problemas de abusos de sustancias en prisión,** en el reciente estudio de 2023 de la SGIP sobre las necesidades terapéuticas de las mujeres penadas drogodependientes[24] se destaca el elevado porcentaje de estas internas que han sido víctimas en su infancia de violencia o abusos sexuales, por lo que trabajar el trauma, antes o durante el programa para la drogodependencia es imprescindible.

Por su parte, se propone, dada la carencia de experiencia laboral y falta de posibilidades de inserción laboral de las mujeres con problemas de consumo, vincular el desarrollo de los programas de drogodependientes con talleres ocupacionales o cursos de formación profesional para aumentar la motivación.

También pone de manifiesto el informe que un elevado número de estas mujeres han sido víctimas de distintas violencias, particularmente de violencia de género, también la sexual.

Por ello es necesaria su participación en el **programa Ser Mujer**, para la prevención de la violencia de género en los centros penitenciarios, el único programa específico para mujeres en prisión. Este programa se implanta en 2011 en colaboración con el Instituto de la Mujer y para la Igualdad de Oportunidades (IMIO) y su objetivo es tanto la prevención de la violencia de género como el tratamiento de las internas que la hayan padecido y necesiten un mayor grado de intervención. El programa, estructurado en siete unidades[25], tiene

---

24 SGIP: *Investigación sobre las características y necesidades terapéuticas de las mujeres privadas de libertad: análisis de la drogodependencia desde la perspectiva de género y abordaje de los procesos de victimización de género, Documentos Penitenciarios*, n.35, 2023

25 En concreto: Construcción de la identidad de género; autoestima; sexualidad; relaciones de pareja y mitos del amor romántico; violencia de género; habilidades de competencia social; prevención y recursos. Se trabaja en grupo reducido la educación para la salud, habilidades sociales, habilidades cognitivas y emocionales. En cuanto a su duración, está previsto que la parte grupal pueda ser realizada en torno a 48 sesiones de carácter semanal, con una duración no superior a dos horas cada sesión. Su realización debe ser llevada a cabo por un equipo de intervención de carácter multidisciplinar formado tanto por profesionales de los Equipos Técnicos de IIPP como por profe-

una clara orientación de género sin olvidar el carácter terapéutico. Durante el 2022 el programa se ha desarrollado en 27 centros y con una participación de 379 internas, continuando implementándose en más centros, como insiste la citada Orden de Servicio de 2021, así como todo tipo de iniciativas para la prevención de la violencia de género. La intervención con mujeres que han sufrido violencia de género ha de ser integral, atendiendo a las diferentes problemáticas que viven (salud mental, intentos de suicidio...) mejorando sus posibilidades de reinserción social. Lo cierto es que la participación en dicho programa en la actualidad es muy escasa, de suerte que sería necesario realizar un estudio de impacto, una mayor difusión del mismo entre las internas, así como entre los operadores jurídicos para que vaya consolidándose con el tiempo.

En el caso específico de la violencia de género, se ha llegado a afirmar que también el **Programa de Intervención para Agresores-PRIA** forma parte de una política penitenciaria de género, entendiendo por ella un conjunto de acciones y programas que toman en cuenta las desigualdades y especificidades de género en el medio penitenciario.

Dicho Programa tuvo su origen en la *Ley Orgánica 1/2004, de 28 de diciembre, de Medidas de Protección Integral contra la Violencia de Género,* determinó la necesidad de intervención con reclusos que han cometido delitos relacionados con la violencia de género (art. 42). Como antecedente del Programa, la Dirección General de II.PP., con base a lo establecido en el reiterado artículo 116.4 RP, encargó un estudio en 2000 para determinar el posible alcance del programa, comprobando que podían beneficiarse del mismo alrededor

---

sionales del Instituto de la Mujer y de Asociaciones u ONG especializadas en aspectos referidos a la problemática de género. Se pretende que las internas aprendan a identificar y respetar sus emociones, a conocerse mejor, a descubrir sus capacidades, aprender estrategias y adquirir herramientas que les permitan enfrentarse a sus vidas consiguiendo un mayor equilibrio emocional y bienestar personal.

del 2,5% de la población reclusa existente. De suerte que, como resume SORDI[26], las experiencias llevadas a la práctica dentro de los centros penitenciarios se dividen en tres períodos:

1º) 2001-2002: programa piloto;

2º) 2004-2010: Programa de Tratamiento en Prisión para agresores en el Ámbito Familiar. Es por tanto a partir de 2004 cuando la Administración Penitenciaria asumiría "oficialmente" los programas específicos para agresores de violencia de género.

3º) 2010-actualidad: Violencia de Género, Programa de Intervención para Agresores-PRIA.

En la actualidad son numerosos los participantes y los profesionales con formación para trabajar con el agresor. Según el último Informe General de IIPP, iniciaron el programa 785 internos, que unidos a los que lo hicieron el año anterior arroja una cifra de participación de 1.182 internos en 56 centros. La media de participación de los últimos cinco años (altas + continuadores) es de 1.114 internos.

Centrándonos en el Programa PRIA, los internos destinatarios son aquellos que hayan protagonizado conductas violentas de género en el ámbito familiar, hacia parejas o exparejas, hayan sido condenados o no por ello. Su objetivo es proporcionar al interno estrategias concretas para afrontar las situaciones de alto riesgo para el desencadenamiento de conductas violentas, modificar las actitudes de hostilidad y reestructurar las distorsiones cognitivas en relación con los roles (principalmente el de inferioridad de la mujer) y con la utilización de la violencia como una forma aceptable de resolver conflictos. Se desarrolla en sesiones grupales de entre 8 y 10 internos y sesiones individuales de seguimiento y complementarias.

---

[26] SORDI STOCK, B.: "Programas para agresores de violencia de género en prisiones, ¿avanzamos o caminamos en círculos" en *Estudios Penales y Criminológicos* 2016, n. 36, p.102 y ss.

Conforme a lo expuesto, resulta imprescindible diseñar y programar intervenciones que tengan en cuenta las **necesidades y circunstancias específicas de las mujeres en prisión,** rompiendo con los roles de género tradicionales, contribuyendo en definitiva al empoderamiento de la mujer privada de libertad. Por ejemplo, detectamos que el acceso a la cultura en el ámbito de los programas específicos de tratamiento no tiene una consideración específica. Coincido absolutamente con RODRIGUEZ YAGÜE y PASCUAL RODRIGUEZ[27], en que precisamente frente a la situación de mayor vulnerabilidad descrita, el **acceso a la cultura**, configurado como un elemento clave en el proceso de reeducación y reinserción al que se refiere expresamente el art. 25.2 CE, supone una vía de gran interés para paliar y aliviar esa dureza de la pena de prisión en las mujeres y por ende debe hacerse un hueco de manera necesaria en los programas específicos de tratamiento. Desde esta óptica, el derecho de acceso a la cultura (específicamente recogido para las personas presas en el Capítulo II del Título I de la CE) como herramienta para la resocialización de la mujer, actuará también como elemento de tratamiento, y como elemento potencialmente desestabilizador de la violencia. La programación y evaluación posterior de dichos programas hará realidad las afirmaciones realizadas.

3. La participación de asociaciones y entidades sin ánimo de lucro en el ámbito penitenciario.

La participación de asociaciones y entidades sin ánimo de lucro en el ámbito penitenciario ha sido constante desde hace mucho tiempo, consolidando su presencia con la aprobación de la LOGP y el RP. Desde entonces la colaboración de estas entidades en el ámbito penitenciario ha sufrido un aumento progresivo. Posteriormente la Orden INT 3191/2008 de 4 de noviembre constituye el Consejo Social Penitenciario y los Consejos sociales

27 RODRIGUEZ YAGÜE y PASCUAL RODRIGUEZ: ob.cit, p. 171 y ss.

Locales Penitenciarios para fomentar la participación e interacción con el tercer sector. En el año 2009 se constituye el primer Consejo Social Penitenciario, que es el foro de encuentro entre la institución penitenciaria y las entidades.

La colaboración entre la institución penitenciaria y las entidades refuerza el tratamiento penitenciario, puesto que proporciona un mayor abanico de servicios y recursos. Las organizaciones no gubernamentales (ONG) se encargan de proponer multitud de actividades para las mujeres en los centros en los que cumplen condena. El papel del tercer sector para llegar a donde la Administración no llega es fundamental, prestando una serie de servicios y actuando como puente entre la prisión y la sociedad en libertad.

La participación de la sociedad civil en la rehabilitación de las personas privadas de libertad no solo contribuye a reducir la reincidencia delictiva, sino que también favorece la justicia restaurativa y la cohesión social. Reconocer la dignidad y el potencial de cada persona en situación de privación de libertad, es un paso necesario para construir una sociedad más justa e inclusiva.

En este contexto, las ONG desempeñan un papel relevante al promover perspectivas con su foco en el género dentro de las instituciones penitenciarias.

Muchas entidades en los centros penitenciarios trabajan para asegurar que las políticas y programas penitenciarios tengan en cuenta las experiencias de las mujeres en el ámbito penitenciario. Ello conlleva tratar las desigualdades estructurales que tienen que afrontar las mujeres, como la violencia de género y la dificultad de acceso a recursos y puestos de trabajo, sino también desafiar estereotipos de género arraigados que perviven en la mirada de la administración. Desde una perspectiva de género, las entidades sin ánimo de lucro buscan, en el ámbito penitenciario, proporcionar servicios y apoyo específicos para la mujer, como programas de salud sexual y reproductiva, alternativas laborales, asesoramiento psicológico, talleres que trabajan las habilidades sociales y la autoestima y actividades de empoderamiento.

Asimismo, estas entidades abogan por sensibilizar al personal penitenciario sobre las cuestiones de género y promover una corriente institucional que fomente la diversidad y la igualdad. Esto incluye la implementación de políticas que luchen contra la discriminación y el abuso basados en el género dentro de los centros penitenciarios.

III.NUEVAS PERSPECTIVAS DE TRATAMIENTO A MUJERES EN PRISIÓN: UN CAMBIO DE PARADIGMA.

1. La perspectiva de género en la prevención del suicidio en el ámbito penitenciario.

La Instrucción de la SGIP 9-2022[28] aborda la prevención de suicidios desde la perspectiva de género, lo que implica un enfoque distinto a como se ha realizado hasta el momento puesto que requiere de un lado, conocer las necesidades de las mujeres internas para abordar terapéuticamente de forma eficaz la prevención de la conducta suicida, así como analizar los factores de riesgo que pueden ser diferentes entre hombres y mujeres para realizar una detección precoz de los casos. Entre los factores específicos podemos destacar los siguientes: crisis en relaciones interpersonales, consumo de alcohol y drogas, ser víctimas de violencia de género o víctimas de abusos sexuales, las enfermedades mentales y otros factores psicosociales de riesgo (imagen corporal, anorexia nerviosa…).

Como señala la Instrucción, existe una tradición histórica que vincula el suicidio femenino con las emociones mientras que en el caso de los hombres estaría relacionado con las dificultades económicas y el uso de violencia. Por ello las opciones de tratamiento efectivas deben ir dirigidas a regular trastornos emocionales gra-

---

28 https://www.institucionpenitenciaria.es/documents/20126/78885/I%20 9-2022.pdf.xsig%20(3).pdf

ves, atendiendo a la terapia dialectiva conductual, si bien desde un enfoque amplio resulta preferible no recurrir únicamente a la medicación para tratar los problemas de salud mental, como la depresión o la ansiedad, sino también otros que busquen el bienestar propio y de las personas que los rodean, tanto para hombres como para mujeres, si bien incidiendo en los factores de riesgo específicos y potenciando los factores de protección.

2. Programas basados en la técnica del *Mindfulness*.

Si bien es cierto que, en el marco de las intervenciones penitenciarias, el trabajo con los factores de riesgo es absolutamente necesario y fundamental, en la actualidad se observa un notable interés en ámbito académico hacia nuevos modelos de intervención. En este sentido, un creciente número de investigaciones y propuestas teóricas apuntan a la importancia de abordar también el desarrollo de las fortalezas de las personas privadas de libertad, como elementos complementarios a la reducción de los factores de riesgo. En completo acuerdo con CHICLANA, estos nuevos enfoques se basan en la premisa de que trabajar sobre ello puede resultar igual de efectivo, si no más, que la intervención exclusiva en sus riesgos y carencias. De esta manera, en completo acuerdo con la autora, se pretende transitar hacia una visión más integradora y humanizada de la intervención penitenciaria, que contribuya de manera efectiva a la reinserción social y la reducción de la reincidencia[29]. Veamos algunas de las más recientes iniciativas en este sentido.

Según el "Informe Prevalencia de trastornos mentales en centros penitenciarios españoles" (Estudio PRECA, 2011) desde los años 90 las investigaciones realizadas en población penitenciaria a nivel mundial concluyen que las personas encarceladas tienen entre cuatro a seis veces más probabilidad de padecer un trastorno

---

[29] CHICLANA, S.: "Bienestar en prisión. Promoviendo un enfoque positivo en los programas de tratamiento" en *Revista de Estudios Penitenciarios*, 2023.

psicótico o depresión grave que la población general y alrededor de una probabilidad 10 veces mayor de ser diagnosticados de trastorno antisocial de la personalidad. La forma clásica de abordaje desde la óptica clínica es la terapia cognitivo conductual, pero en los últimos años se están desarrollando intervenciones basadas en la técnica del Mindfulness[30] que ya han demostrado su eficacia, eficiencia y evidencia científica, a la altura de otro tipo de terapias, en otros colectivos con problemas de salud mental y para la mejora del bienestar, reducción del consumo de drogas e incluso la disminución de la reincidencia.

Fundamentalmente en los Estados Unidos, los programas basados en el Mindfulness se han implementado en contextos correccionales como parte de los esfuerzos para mejorar el bienestar mental y emocional de los reclusos, así como para reducir la reiteración delictiva. Estos programas se centran en enseñar habilidades propias de dicha técnica, como la conciencia del momento presente, la regulación emocional y la gestión del estrés, con el objetivo de promover el autocontrol, la resiliencia y el desarrollo personal.

Los programas de *Mindfulness-Based Stress Reduction* (MBSR) han sido implementados en las prisiones de USA, basados en el modelo desarrollado por el Dr. Jon Kabat-Zinn[31] en la Universidad de Massachusetts. En particular uno de los estudios más

---

30 En nuestro idioma se ha traducido como "atención plena" y proviene de la meditación budista de hace más de 2500 años.

31 Jon Kabat-Zinn fue la figura que, a finales de los años 70, comenzó a difundir el mindfulness y con su iniciativa impulsó la aplicación de la meditación en el campo de la salud. Este autor, empezó a estudiar el mindfulness como una ciencia en la Universidad de Massachusetts explicando que existen evidencias científicas en el campo de la neurociencia y la psicología que muestran un impacto positivo en la salud del cerebro. Su trabajo consistió en el desarrollo del Programa de Reducción del Estrés basado en el Mindfulness (MBSR) con el cual consiguió, aplicando los principios básicos de la meditación mindfulness a pacientes en tratamiento médico, demostrar su efectividad en el alivio del dolor crónico.

importantes en el campo forense para analizar el impacto de la atención plena sobre la afectividad negativa partió de un programa impartido durante 4 años por el *Center for Mindfulness* de la Universidad de Massachusetts dirigidos a presos y personal de prisiones del *Massachusetts Department Correction,* demostrando la capacidad del método a la hora de ayudar a reducir los niveles de hostilidad e ira de un gran número de encarcelados[32].

En la actualidad el *Prison Mindfulness Institute*[33], organización sin ánimo de lucro ofrece diversos programas de mindfulness específicamente diseñados para prisiones en los Estados Unidos. Su programa *Path of Freedom* (Camino de la Libertad) se centra en enseñar habilidades de mindfulness y compasión para promover el bienestar emocional y la rehabilitación de los reclusos. Estos programas pueden variar en su duración, estructura y enfoque específico, pero comparten el objetivo común de proporcionar a los reclusos herramientas prácticas para mejorar su salud mental, manejar el estrés y fomentar un cambio positivo en su vida tanto dentro como fuera de la prisión. En todos ellos los participantes redujeron hostilidad y alteración del estado de ánimo, aumento de la autoestima y en todos los casos, las mujeres mostraron mayores mejoras que los hombres. Proyectos piloto similares se han implantado en el **Reino Unido** (*Mindful Nation UK Report* 2015)[34].

En las **instituciones penitenciarias españolas** todavía queda mucho camino por recorrer. En 2013 se llevó a cabo en la cárcel de Villabona (Asturias) la Terapia de Aceptación y Compromiso (ACT), una de las terapias de tercera generación que cuenta con mayor

---

32 SAMUELSON, M., CARMODY, J., KABATT-ZIN, J., & BRATT, M. A. (2007). Mindfulness-Based Stress Reduction in Massachusetts Correctional Facilities. *The Prison Journal,* 87(2), 254–268. http://doi.org/10.1177/0032885507303753

33 https://www.prisonmindfulness.org/

34 Un informe efectuado por un grupo de parlamentarios y expertos en el tema para promocionar los beneficios del Mindfulness y como podría implementarse en las instituciones y servicios de gobierno de Reino Unido.

evidencia empírica en el tratamiento del abuso de sustancias con 31 mujeres internas con trastornos por abusos de sustancias. La intervención provocó mejorías en otras áreas, como reducciones en los porcentajes de psicopatología asociada y de sensibilidad a la ansiedad, así como aumento de la flexibilidad psicológica, ofreciéndose como un tratamiento apropiado para ser dispensado en mujeres reclusas con trastorno por abuso de sustancias.

A destacar también el estudio del protocolo llevado a cabo en 2016 en la prisión de Huelva[35] en el que participaron 29 internos entre las dos ediciones, si bien en este caso todos fueron hombres (100%), con resultados esperanzadores (disminución en el consumo de ansiolíticos entre los participantes, mejora de varios parámetros de una forma significativa, en algunos casos superior al 20%, como en el estrés percibido (35%), depresión (33,87%); la agresividad física (disminuyó un 16,92%) y la verbal (12,96%), la ira mejoró un 17,31% y la hostilidad, un 16,96%.

En Cataluña, se han implementado programas de mindfulness en colaboración con instituciones en prisiones de la Generalitat de Catalunya como la Universidad de Barcelona y la Autónoma de Barcelona. Estos programas ofrecen sesiones grupales de mindfulness y actividades relacionadas para reclusos y personal penitenciario[36].

Recientemente la prensa se hizo eco del proyecto impulsado en África por la psicóloga malagueña Adarves-Yorno en 18 recintos penitenciarios kenianos y dos centros juveniles de Kenia al que llaman *'mindfulness revolution*'[37], puesto que los resultados reflejaban en un 90% la reducción del stress, mejora en la relación con

---

35 https://alejandromoreno.es/estudio-sobre-intervencion-mbsr-a-internos-en-prision-para-comprobar-niveles-y-disminucion-o-aumento-de-ansiedad-depresion-agresividad-y-empatia/

36 https://cejfe.gencat.cat/web/.content/home/recerca/cataleg/crono/2022/mindfulness_compassio/Infografia_Mindfulness_CAST.pdf

37 https://www.bbc.co.uk/programmes/p07y8zw5

los funcionarios y reducción del consumo de alcohol y drogas en los privados de libertad.

Otro programa que sin duda sería beneficioso su implantación en nuestras prisiones sería el de "Comunicación No Violenta" programa desarrollado por Marshall Rosenberg, a partir de su experiencia como mediador, educador y terapeuta, que ayuda a saber expresar la ira a través de la CNV desvinculando a los demás de cualquier responsabilidad por ella.

En suma, sería interesante considerar Mindfulness no sólo como instrumento de tratamiento durante el cumplimiento de la condena, sino también como método facilitador de la reinserción, previa y como seguimiento.

3. Algunos ejemplos de actividades con perspectiva de género, gestionadas por entidades sin ánimo de lucro en sede penitenciaria.

3.1. *Impresas (revista creada por mujeres en prisión).*

Impresas[38] es un taller participativo para la creación literaria colectiva en el módulo de mujeres de la prisión de Valencia I que acompaña a las redactoras en la edición integral de una revista. Como resultado de estos talleres se crea una publicación impresa en papel, en la que las mujeres crean todo el contenido. Ellas lo deciden todo: el nombre, el diseño de la maqueta, la elección de temas y contenidos, su redacción… Para ello, cuentan con un equipo de profesionales en cada ámbito (periodismo, diseño, ilustración), que se ponen al servicio de las redactoras. En Impresas, las redactoras hablan en primera persona y con su propia voz, y se les intenta dotar de herramientas que las apoyan en su reinserción.

---

[38] http://impresas.org/

La misión de estos talleres es aprovechar todo el potencial de las mujeres como creadoras, así como el de su entorno, de manera que se rompan prejuicios. Las autoras aportan su tradición oral, sus experiencias e, incluso, se convierten en "reporteras" de eventos dentro de prisión (partidos deportivos y deportistas que los organizan, personas o monitores importantes para ellas, trabajos de talleres formativos...). Para la realización de los talleres, el equipo cuenta con recursos del propio centro penitenciario, como las aulas formativas y la biblioteca.

El equipo externo de Impresas está formado por una red de personas y entidades que hacen posible el proyecto. Se compone de un equipo de intervención directa, que lo forman profesionales del ámbito cultural, periodistas y fotoperiodistas, y profesionales del ámbito social, normalmente psicólogas especializadas en el trabajo en prisiones. Este equipo imparte una serie de sesiones en prisión para acompañar a las participantes en todo este proceso creativo, el cual genera un entorno favorable al empoderamiento personal y a la adquisición de nuevas habilidades para la reinserción. También se dispone de una red de colaboradores gráficos se pone al servicio de las redactoras para ilustrar sus textos. Reciben sus encargos y les devuelven propuestas para que elijan opciones.

El proyecto utiliza el diseño de calidad como herramienta de impacto social y ha establecido colaboraciones con referentes de la fotografía y la ilustración, quienes han puesto su talento a disposición de las redactoras. Este sería el caso de, por ejemplo, Cachetejack, Patricia Bolinches, Eva Máñez, Irene Bernad o Lola Barcia entre más de una decena de profesionales gráficos.

Estas fotógrafas/os o ilustradoras/es profesionales son "sus ojos en el exterior" y colaboran para transmitir gráficamente las ideas que las mujeres deciden presentar sobre sí mismas. Las redactoras eligen entre un *book* de creadores con quién quieren realizar un tándem creativo y realizan encargos a quienes quieren que ponga imagen a sus textos e ideas. Si las redactoras quieren dibujar ellas mismas o tienen hijos/as en prisión, también pueden aportar sus dibujos y creaciones, contribuyendo a apoyar el vínculo maternofilial.

En Impresas no pretenden dar voz a las mujeres reclusas, porque entienden que las redactoras ya "tienen una voz". Sin embargo, no disponían de un canal para hacerla llegar a la sociedad ni de un apoyo para conseguirlo. La misión de la entidad consiste en ser una herramienta para facilitarles el medio.

La publicación de esta revista se realiza en papel para salvar la brecha digital en las prisiones, con el objetivo de que ellas mismas puedan entregar en mano ejemplares a sus familias y demuestren que son capaces de desarrollar un proyecto creativo que visibiliza sus talentos. La revista aspira a ser un puente entre el interior y el exterior, un lugar de entendimiento y empatía que las apoye en el camino hacia la reinserción. Como ellas mismas dicen, «entre los muros hay cultura y ganas de divulgarla».

En la primera edición (2018-2019) los talleres duraron tres meses y la revista se presentó públicamente en un acto dentro de prisión (8 de marzo de 2019). Esta publicación se distribuyó, inicialmente, sólo dentro del centro penitenciario (en todos los módulos, tanto femeninos como masculinos). Más adelante, se pudo reimprimirla para su difusión exterior.

La segunda revista es el resultado de un proceso de creación de más de nueve meses, que se pudo completar pese a la suspensión de los talleres por la pandemia. Terminó de escribirse durante el confinamiento de 2020 en forma de cartas manuscritas que las redactoras enviaron para terminar la revista, por lo que llevó un extra de esfuerzo.

La tercera edición (2021-2022) también estuvo marcada por la situación sanitaria, que obligó a pausar los talleres en diferentes momentos durante el proceso, pero aun así pudo ver la luz.

Recientemente han terminado los talleres de la cuarta edición.

Las revistas que han visto la luz llevan por título Expresas y que han sido creadas íntegramente por las mujeres internas en el centro penitenciario, ya que ellas han decidido los temas a abordar, el enfoque en su redacción, el material gráfico que acompaña a los textos y el propio diseño de la publicación.

El contenido de cada edición es totalmente diferente porque, en cada edición, las redactoras tienen libertad creativa total. En la primera revista se habla, entre muchos otros temas, sobre maternidad en prisión, sobre deporte femenino, se cuentan historias o se escribe poesía. Además, se comparten recetas de cocina propias, se aprende caló con un vocabulario trilingüe y consejos para estar en forma. En la segunda revista se habla de temas tan diversos como como el feminismo, la transexualidad, sobre cómo es ser mujer en prisión, cómo es la experiencia de ingresar en prisión por primera vez o cómo es posible conseguir salir de la violencia machista. Por otro lado, también se recopilan relatos y tradiciones de la cultura popular y familiar. Además, también hay recetas de cocina y pasatiempos, también presentes en la primera edición de la revista.

El proyecto Impresas inició un *crowdfunding* para que las revistas creadas por mujeres internas en la cárcel de Picassent (Valencia), producto de los talleres impartidos por esta iniciativa social, fueran distribuidas por primera vez entre el público. De esta forma, se posibilita el acceso general al trabajo de las redactoras, es decir, se genera un puente entre el interior y el exterior de prisión.

Pilar Almenar, periodista y directora del proyecto, considera que es necesario fomentar que la sociedad sea permeable a la reinserción. Para ello, es importante que la ciudadanía conozca quiénes y cómo son las mujeres internas en las prisiones: sus talentos, sus anhelos y los esfuerzos que realizan por reinsertarse. De esta forma, puede contribuirse a crear una sociedad que las acoja y las apoye al salir de la cárcel.

Además de difundir el trabajo realizado por las redactoras dentro de prisión, la campaña de micromecenazgo perseguía que la ciudadanía participara de Impresas en calidad de mecenas: toda la recaudación obtenida se destinó a financiar una tercera edición de este proyecto social.

Las dos anteriores, iniciadas en octubre de 2018 y de 2019 respectivamente, estuvieron organizadas además de por el equipo Impresas, por la Asociación Adonar, la Asociación Àmbit y fueron desarrolladas en el Centro Penitenciario de Picassent gracias a la colaboración de la Fundación la Caixa y su programa de becas Art For Change y de la Unió de Periodistes Valencians.

Fruto de esta apuesta por la faceta social del ámbito artístico, Impresas ha contado con el apoyo de València World Design Capital 2022, la imprenta Impresum, la Clínica Jurídica de la Universitat de València y diversas empresas. Todos ellos, necesarios para que el proyecto haya sido viable y siga adelante.

3.2. Servicios y actividades ofertadas desde el Casal de la Pau.

Casal de la Pau[39] es una entidad que lleva más de cincuenta años dedicada al apoyo de personas que salen de prisión sin apoyos familiares ni recursos económicos. Destaca por su apoyo específico hacia las mujeres debido a su situación de especial vulnerabilidad. La entidad es consciente de las múltiples barreras que tienen por delante las mujeres para reincorporarse en la sociedad después de cumplir su condena, y por ello, Casal de la Pau ha adoptado medidas específicas para abordar sus necesidades.

En primer lugar, la entidad prioriza la creación de espacios seguros y acogedores donde las mujeres puedan sentirse cómodas y apoyadas para compartir sus experiencias y buscar ayuda. Uno de los pisos de reinserción de los que dispone está específicamente destinado a mujeres. Además, puesto que muchas mujeres han sido víctimas de violencia de género o abuso de cualquier clase durante su vida, Casal de la Pau ofrece un servicio de asesoramiento y apoyo psicológico adaptados a sus necesidades. El equipo de Casal de la Pau es altamente feminizado, puesto que está compuesto en su mayoría por mujeres, incluyendo los puestos de mayor responsabilidad, como la dirección.

---

39 https://casaldelapau.org/

Además, la entidad atiende a un porcentaje de mujeres proporcionalmente mucho mayor que el existente en prisión y trabaja en coordinación con otras organizaciones y recursos para proporcionar a las mujeres que salen de prisión acceso a programas de deshabituación, vivienda segura, integración laboral, atención médica y servicios de cuidado infantil cuando son madres.

Casal de la Pau también aboga por la sensibilización y la educación sobre género en el sistema penitenciario y en la sociedad en general, buscando minimizar los prejuicios y la discriminación con las que se encuentran las mujeres exreclusas. Además, a través de su equipo penitenciario, promueve de forma activa políticas y prácticas que respeten los derechos y la dignidad de las mujeres en todas las etapas del procedimiento de justicia penal.

El compromiso de Casal de la Pau con las mujeres que salen de prisión refleja su preocupación por las desigualdades de género y su decisión de abordarlas de manera eficaz. A través de su trabajo, la entidad no solo ofrece apoyo práctico y emocional, sino que también trabaja para crear un entorno más equitativo e igualitario para todas las personas que buscan reconstruir sus vidas después del encarcelamiento.

3.3. Radio Malva. Enredadas

Radio Malva[40] es una emisora con más de quince años de trayectoria que se define como un grupo de gente unida por el desafío de crear y consolidar otra forma de comunicar e informar, solidaria, desobediente, veraz y diversa, comprometida con los movimientos sociales y los colectivos de base, con la cultura libre, que intenta dar voz a la gente protagonista de las luchas y los procesos sociales. Radio Malva es una emisora autogestionada y de funcionamiento horizontal y asambleario, no comercial y sin fi-

---

40 https://radiomalva.org/

nes de lucro. No dependen de ninguna organización, institución ni de subvenciones privadas o públicas. Se sostiene mediante la aportación de trabajo de las personas que la integran y se financia con las aportaciones individuales, eventos y cuotas periódicas de los programas y gentes que forman parte del colectivo.

Radio Malva entiende que el acceso a la cultura y a una información veraz es un derecho fundamental que hay que ejercer en la práctica para defenderlo y ampliarlo, independientemente de la forma en que esté regulado. Radio Malva defiende que en sus ondas no tiene cabida el sexismo, el racismo, la homofobia, la xenofobia, la incitación al odio o a la violencia, el dogmatismo y el sectarismo, la información adulterada o la propaganda de guerra.

Radio Malva tiene un programa llamado Enredadas. En este programa, son algunas mujeres de la prisión de Valencia quienes toman los micros. Voces que hablan de las condiciones laborales en prisión, de lesbofobia, de amistad y apoyo mutuo, de aprendizaje y otros temas que consideran de interés. El programa surgió a raíz de un programa de prevención de la violencia de género en la cárcel, llevado a cabo por estudiantes y profesionales de la institución penitenciaria. A partir del mismo, surge la idea de realizar un taller de radio para mujeres reclusas.

El programa de radio pretende ser un espacio de igualdad, de reflexión, debate y de propuestas llevadas a cabo por mujeres. Ellas mismas llevan a cabo todas las funciones de producción. Su planteamiento lo definen ellas mismas: «saber que, aunque tenga rejas, barreras, muros, cada una somos libres dentro de nosotras».

3.4. Fundación Atenea: la revista "Las guerreras de Atenea".

La fundación Atenea[41] es una entidad dedicada a garantizar los derechos y mejorar la calidad de vida de las personas en exclusión social a través de la intervención, investigación e innovación.

Dicha fundación lleva a cabo un programa llamado Reincorpora que es un programa de apoyo psicosocial a drogodependientes en prisión. Lleva a cabo un tratamiento individualizado en el que se fijan con cada persona con problemas de drogodependencia que voluntariamente quiere entrar en el programa unos objetivos de tratamiento biopsicosociales. El programa está orientado desde la reducción de daños, la prevención de recaídas y el proceso de cambio en el que se encuentra la persona para la superación de la drogodependencia. El programa se desarrolla en los centros penitenciarios de la Comunidad de Madrid (Valdemoro, Meco y Aranjuez) y en Castilla-la Mancha (Ocaña I y II, Alcázar de San Juan, Albacete y Cuenca).

Reincorpora tiene como objetivo facilitar itinerarios de inserción social a personas reclusas mediante talleres formativos y la realización de servicios solidarios. El programa presta apoyo al empleo de reclusos y ex reclusos y es un puente para las personas que se encuentran en situación de privación de libertad de cara a su inserción socio laboral una vez se haya cumplido la pena. Las acciones contempladas en el mismo buscan iniciar un itinerario que tenga continuidad tras la excarcelación de las personas pero que trabaje en gran medida las habilidades para el empleo en el propio contexto penitenciario. Para ello se apoya en las diferentes fórmulas de ocupación que se ofrecen en la actualidad dentro de las cárceles. Siempre con la mirada puesta en la libertad. Para ello, ofrecen seguimiento del itinerario talleres específicos de habilidades pre laborales y de búsqueda de empleo, así como seguimiento en las diferentes ocupaciones a las que van accediendo las personas reclusas como parte de su proceso penitenciario. Una

---

41 https://fundacionatenea.org/lasguerreasdeatenea/

vez alcanzada la libertad, se articula un servicio de seguimiento en libertad que garantiza la continuidad del itinerario, prestando apoyo en necesidades detectadas en otras áreas personales y sociales que, tras muchos años de experiencia en el trabajo en prisiones, valoran como fundamentales para evitar la reincidencia y favorecer la plena integración social.

En el seno de dicho programa surge la revista "Las guerreras de Atenea", una publicación escrita y pensada por las mujeres reclusas que forman parte del programa de deshabituación de drogas en el Centro Penitenciario Madrid I. Un lugar de encuentro entre historias de vida e ilustraciones que muestran la esencia de las vivencias de las mujeres privadas de libertad.

La publicación pretende trabajar con las mujeres en proceso de rehabilitación en adiciones aquellas cuestiones específicas que presentan en los patrones de consumo y que están íntimamente ligados a las violencias sufridas a lo largo de su trayectoria vital (violencias familiares, afectivas y de control, de imagen y mandatos de género, pérdida de autoestima frente a patrones de hegemonía masculina, de soledad y estigma del consumo en mujeres, la tutela como constante en su vida...).

La expresión y escritura pretende ser una herramienta de crecimiento personal, y también un altavoz de sus vidas invisibilizadas por el protagonismo de la conducta delictiva y la mirada punitiva. La publicación emerge como un lugar donde se cuentan historias donde las protagonistas buscan sensibilizar a otras mujeres sobre los errores que ellas mismas cometieron.

La revista busca la manera de conectar a las mujeres de dentro y de fuera desde un lenguaje experiencial que es accesible a todo el mundo. Es aquel que descubre las dificultades para el «buen vivir» que todavía soportan las mujeres y que reclama seguir avanzando en la igualdad y en el respeto entre las personas. La conexión con las mujeres de la calle viene representada por un equipo de ilustradoras que de forma altruista han realizado dibujos para cada relato y sección del fanzine. A cada ilustradora se le envía el material de cada interna y trabajan. Es una publicación de superación. Nos pone delante de una contradicción interesante de abordar: justamente en reclusión y alejadas de los entornos y violencias vividas comienzan a manejar y tomar decisiones de forma adulta, autónoma y desde el respeto a ellas mismas.

Recapitulando, indudablemente las instituciones penitenciarias en su deber de cumplir con el principio de reeducación y reeducación social deben desarrollar programas de tratamiento basados en las especificidades de determinados colectivos y sectores de criminalidad; mas, para una intervención más completa e integradora debe combinarse la reducción de los factores de riesgo con otros programas como los expuestos, impartidos por profesionales especializados, que potencien fundamentalmente las fortalezas de las internas, en aras, desde la evidencia científica, de una reinserción más efectiva.

Pese a la escasez normativa con medidas específicas para las mujeres penadas, como aconsejan las Reglas Bangkok, algunos avances se han alcanzado en dicho ámbito. No obstante de lo que se trata es de hacer realidad y aplicar debidamente las previsiones legales existentes que posibiliten que los programas de tratamiento y prestaciones de la administración sean igual de eficaces para hombres y mujeres. Para ello, teniendo en cuenta las dificultades que aún perviven en prisión para las mujeres, deben diseñarse más programas específicos para ellas, así como otras actividades que posteriormente posibiliten la intervención con ambos, adoptando medidas concretas que garanticen la seguridad y bienestar de la mujer durante su desarrollo y donde las intervenciones programadas rompan con los roles de género tradicionales y contribuyan al empoderamiento de la mujer privada de libertad, al desarrollo de nuevas masculinidades, caminando así en definitiva hacia un sistema penitenciario más equitativo en su conjunto.

BIBLIOGRAFÍA

AGUILERA REIJA, M: "Mujeres en prisión españolas" en *Revista de Estudios Penitenciarios* extra 2019, p.37 y ss.

ACALE SÁNCHEZ, M. "El género como factor condicionante de la victimización y de la criminalidad femenina" *Papers* 2017, 102/2 pág. 3.

AÑAÑOS, F./NISTAL, J./MOLES, E.: "La reincidencia penitenciaria en España: género, factores asociados y prevención", *Psychology, Society & Education,* 2021

CARAVACA SÁNCHEZ y GARCÍA-JARILLO: "Factores de riesgo asociados a la reincidencia entre el colectivo femenino penitenciario en España" en *Cuadernos de Medicina Forense,* vol.23, 2017.

CERVELLÓ DONDERIS, V.: *Derecho Penitenciario,* Valencia 2022, p.257.

CERVELLÓ DONDERIS, V.: "Mujeres, prisión y no discriminación: del legado de Concepción Arenal a las Reglas de Bangkok" en *Estudios Penales y Criminológicos* 2021, p.551.

CHICLANA, S.: "Bienestar en prisión. Promoviendo un enfoque positivo en los programas de tratamiento" en *Revista de Estudios Penitenciarios,* 2023.

GONZÁLEZ COLLANTES, T.: "La convivencia de dos conceptos de tratamiento resocializador en el ordenamiento penitenciario español" en *Revista General del Derecho Penal* 22 (2014)

GUISASOLA LERMA, C.: "Experiencias de programas de tratamiento en las prisiones españolas" en VVAA: *Guía práctica de Derecho Penitenciario,* 2022.

JUANATEY DORADO, C.: "Delincuencia y población penitenciaria femeninas: situación actual de las mujeres en prisión en España" en *RECPC 20-10* (2018)

LAURENZO COPELLO, P.: "Mujeres en el abismo: delincuencia femenina en contextos de violencia o exclusión" en *RECPC* (2019).

MOLES-LÓPEZ, E./ BURGOS-JIMENEZ, R./AÑANOS, F.: La prisión y su acción re-insertiva. Estudio socioeducativo y de género en España, en *Convergencia,* vol. 30, 2023

MOLES-LÓPEZ, E.: *Mujeres y reincidencia. Factores de protección y riesgo* (tesis doctoral), 2021

RODRIGUEZ YAGÜE, C./ PASCUAL RODRIGUEZ, E. : *Las mujeres en prisión. La voz que nadie escucha. Explorando nuevas vías de cumplimiento de las penas impuestas a mujeres a través de la cultura,* 2022

RODRIGUEZ YAGÜE, C: "Mujeres en prisión. Una población vulnerable", en *The Conversation,* noviembre 2022 https://theconversation.com/mujeres-en-prision-una-poblacion-vulnerable-176388

SAMUELSON, M., CARMODY, J., KABATT-ZIN, J., & BRATT, M. A. (2007). Mindfulness-Based Stress Reduction in Massachusetts Correctional Facilities. *The Prison Journal,* 87(2), 254–268. http://doi.org/10.1177/0032885507303753

Secretaría General de Instituciones Penitenciarias: *La situación de la mujer privada de libertad en la institución penitenciaria, 2021.*

Secretaría General de Instituciones Penitenciarias: "Estudio de reincidencia penitenciaria 2009-2019" en *Documentos Penitenciarios, n.30:*

Secretaría General de Instituciones Penitenciarias: "Investigación sobre las características y necesidades terapéuticas de las mujeres privadas de libertad: análisis de la drogodependencia desde la perspectiva de género y abordaje de los procesos de victimización de género", *Documentos Penitenciarios,* n.35, 2023

SORDI STOCK, B.: "Programas para agresores de violencia de género en prisiones, ¿avanzamos o caminamos en círculos" en *Estudios Penales y Criminológicos* 2016, n. 36, p.102 y ss.

VASILESCU, C. *Mujeres y penas alternativas: una mirada con perspectiva de género,* 2023.

YAGÜE OLMOS, C.: "Mujeres en prisión. Intervención basada en sus características, necesidades y demandas" en *Revista Española de Investigación Criminológica* n.5, 2007

YUSTE CASTILLEJO, A.: "40 años de tratamiento penitenciario. Del voluntarismo dogmático al pragmatismo en la intervención" en *Revista de Estudios Penitenciarios* extra-2019

Mujer, prisión y alternativas[1]

SANTIAGO LEGANÉS GÓMEZ

Doctor en Derecho, Profesor Asociado UV y Jurista-Criminólogo IIPP

I. INTRODUCCIÓN

Gran cantidad de investigaciones en el ámbito de la criminalidad revelaron la gran influencia de las variables sexo y edad a la hora de perpetrar un hecho delictivo. De este modo, se identificó una mayor implicación de la población masculina en la delincuencia lo que, a su vez se tradujo en la minimización de la importancia de la criminalidad femenina y, en consecuencia, en la invisibilización de dicho fenómeno[2].

La existencia de mujeres delincuentes a lo largo de toda la historia de la humanidad ha generado, inevitablemente, el estudio de la criminalidad femenina, aunque desde una perspectiva y consideración diferente a la masculina por el hecho de que las mujeres nunca han sido consideradas iguales a los hombres y, por ese motivo, su actividad delictiva ha sido estudiada bajo premisas distintas[3]. Numerosos autores han señalado que la mayoría de las mujeres condenadas a penas privativas de libertad han sido, por un lado, víctimas durante toda su vida, debido a la situación de pobreza en la que vivían, de la marginación y la exclusión social,

---

1 Este trabajo se enmarca en el Proyecto I+D+i "Estudio crítico del uso de sanciones alternativas penales: una mirada a la salud mental y al género" (ref.: PID2021-126236OB-I00; AEI/FEDER, UE).

2 SERRANO, TÁRREGA, Mª. D.: (2021. *Delincuencia femenina: un estudio sobre tendencia, control y prevención diferenciales desde la perspectiva de género,* Tirant Humanidades, 2021, p. 17

3 SERRANO TÁRREGA, Mª. D., cit., p. 18

y, por otro, una vez internadas en los establecimientos penitenciarios, víctimas del olvido, de su reeducación y reinserción social[4].

Numerosas investigaciones avalan que la diferencia cuantitativa entre los hechos delictivos perpetrados por hombres y por mujeres ha sido considerablemente notoria y, además, se ha mantenido a lo largo del tiempo y en todos los países[5].

II. MUJER Y DELITO

En los años 70 surgió la Criminología feminista en el seno de la Criminología crítica y desde esta perspectiva se consideraba que la criminalidad femenina era una forma de adaptación y resistencia que mostraban ciertas mujeres ante la opresión del sistema patriarcal. Así, el feminismo concluyó que la baja tasa de delitos perpetrados por mujeres se debía, en su esencia, a la falta de oportunidades, a la discriminación que sufren las mujeres y a su relegación al ámbito doméstico[6]. Siguiendo esta línea argumentativa algunas autoras feministas como, por ejemplo, Simon y Adler, propusieron la hipótesis de la liberación/emancipación de las mujeres. Este grupo defendía que, en el momento en el que la sociedad fuese más igualitaria, es decir, cuando se produjese un cambio en los roles sociales, un incremento de las oportunidades y de la presencia de las mujeres en los diversos ámbitos (legítimos e ilegítimos); la delincuencia femenina aumentaría porque se produciría la ruptura con el rol tradicional que la sociedad les

---

4 JIMÉNEZ, F.: Foucault, cárcel y mujer: el conflicto de la reincidencia. *Revista de Humanidades*, 2013, pp. 97-98; PALOMARES, A. Género, violencia estructural y encarcelamiento: historia de las mujeres presas en la cárcel de Cuenca. *Methaodos Revista de Ciencias Sociales*, *10* (1), 2022. p. 133.

5 BARTOLOMÉ GUTIÉRREZ R.: *Mujeres y delincuencia.* Editorial Síntesis, 2021, p. 33; SERRANO TÁRREGA, Mª. D., cit. pp. 29-31

6 SERRANO TÁRREGA, Mª. D., cit., pp. 74-76

había impuesto a las mujeres[7]. Por su parte, los datos mostraron que, a pesar de los avances conseguidos en materia de igualdad, en ningún país se han llegado a equiparar las tasas delictivas de hombres y mujeres[8].

Asimismo, también apareció el denominado Ecofeminismo. Para esta corriente existe una relación entre la explotación del medio ambiente y la opresión y subordinación que sufren las mujeres por parte de los hombres y, en consecuencia, del sistema patriarcal. Por lo tanto, consideran que la baja implicación de las mujeres en actividades delictivas tiene su razón de ser en el hecho de que son conservadoras y generadoras de vida lo que, a su vez, les otorga una serie de características que facilitan la comprensión de la victimización a la que son constantemente sometidas[9].

Dentro de la línea de investigación de carácter neutro la clasificación más destacada ha sido la propuesta por Moffitt. La autora planteó la existencia de dos tipos de personas que delinquen, esto es, aquellas que participan en conductas antisociales exclusivamente durante la adolescencia, como consecuencia de la falta de madurez y la influencia de los grupos antisociales, y aquellas personas que manifiestan un inicio temprano y prolongado en la delincuencia. Como el estudio estaba dirigido a explicar la criminalidad masculina, Moffitt trató de comprobar su generalización en las mujeres obteniendo, finalmente, resultados no concluyentes en lo que respecta a la segunda categoría por su infrecuencia en las mujeres, es decir, la autora plantea la hipótesis de que apenas se produce el inicio temprano de la delincuencia femenina como consecuencia del intenso control social informal que se ejerce sobre las niñas con problemas de comportamiento[10].

---

7 BARTOLOMÉ GUTIÉRREZ, R, cit., pp. 38-40

8 BARTOLOMÉ GUTIÉRREZ, R., cit., p. 40

9 SERRANO TÁRREGA, Mª. D., cit., pp.83- 86

10 BARTOLOMÉ GUTIÉRREZ, R., cit., pp. 96- 97

A pesar de haber identificado diversas trayectorias entre las mujeres criminales, en la gran mayoría de ellas su carrera delictiva se encuentra vinculada al consumo de drogas, a la presión social ejercida por la familia, al cuidado de otras personas o a la vivencia de experiencias adversas Estas situaciones terminan difuminando la delgada línea que separa los procesos delictivos y los procesos de victimización[11].

Cauffman, Monahan y Gile en 2015[12] desarrollaron un estudio para conocer la prevalencia de hombres y mujeres jóvenes que adoptaron un patrón delincuencial crónico hallando, de este modo, que únicamente el 7% de las chicas de la muestra objeto de análisis continuaron delinquiendo más allá de haber cumplido los 25 años. Por su parte, Block y colaboradores pusieron el foco de atención en la población penitenciaria europea encontrando que solamente el 0,4% de las mujeres internas presentaban una carrera criminal crónica en 2010[13].

Se han una serie de factores que pueden llegar a actuar como ventajas o desventajas en relación con el proceso de desistimiento de las mujeres y son: tener matrimonio/pareja estable, ser madre, tener trabajo y mantener relaciones prosociales. Estas situaciones pueden favorecer el proceso de desistimiento[14].

III. LA LEGISLACIÓN ESPAÑOLA PENITENCIARIA

En España la Ley Orgánica General Penitenciaria de 1979 (en adelante LOGP) es partidaria de los establecimientos penitenciarios exclusivos para mujeres y, subsidiariamente, de las unidades o departamentos separados en el interior de las cárceles de hombres. Sin embargo, la realidad es bien diferente, la mayoría de

---

11 BARTOLOMÉ GUTIÉRREZ, R., cit., p. 100

12 Citado en BARTOLOMÉ GUTIÉRREZ, R., cit., p. 112

13 Citado en BARTOLOMÉ GUTIÉRREZ, R., cit., p. 112

14 BARTOLOMÉ GUTIÉRREZ, R., cit., pp. 135-138

mujeres son encarceladas en las unidades o departamentos dentro de las cárceles de hombres. Los establecimientos de mujeres únicamente se encuentran en algunas ciudades del país, como Madrid, Barcelona, Sevilla y Ávila. En el resto del territorio, las mujeres son distribuidas, mayoritariamente, en departamentos o módulos dentro de cárceles masculinas.

Establece el art. 16 LOGP que se procederá a la separación penitenciaria, teniendo en cuenta el sexo, emotividad, edad, antecedentes, estado físico y mental y, respecto de los penados, las exigencias del tratamiento. Como consecuencia de estos criterios, por razones de sexo los hombres y las mujeres deberán estar separados, salvo en los supuestos excepcionales que reglamentariamente se determinen.

Establece el art. 99 del Reglamento Penitenciario de 1996 (en adelante RP) que excepcionalmente, hombres y mujeres podrán compartir un mismo departamento previo consentimiento del interno/a. A estos Departamentos Mixtos no podrán ser destinados los internos condenados por delitos contra la libertad sexual. El apartado tercero del citado art. 99 RP establece la posibilidad de que hombres y mujeres puedan compartir el mismo departamento por razones de tratamiento (art. 168 RP) y/o familiares (art.172 RP) si bien, debe ser voluntario el ingreso en estos módulos.

La posibilidad de convivencia de internos de ambos sexos en estos departamentos pone de manifiesto que las necesidades de conjugar el tratamiento en función de lo previsto en nuestro texto constitucional de hacer predominar un el fin de la reinserción social art. 25.2 CE) y la protección de la familia (art. 39.1° CE).

El Secretario General de Instituciones Penitenciarias, Ángel Luis Ortiz, informó el 5 de marzo de 2021, que entre las medidas que la Administración tomará para avanzar en la igualdad en el ámbito penitenciario, entre ellas será la de potenciar la creación de módulos de respeto mixtos en los que, además de la normal convivencia "se garantice el acceso efectivo de la mujer a todas las actividades que se desarrollan en prisión". En estos momentos son nueve los centros penitenciarios que cuentan con este tipo de módulos residenciales en los que conviven 121 mujeres y 543 hombres. Además, informó que "se resolverá a favor de la mujer cualquier situación que impida su participación en actividades que puedan desarrollar hombres y mujeres, primando la participación de ellas en aquellas en las que no intervienen o su presencia está infrarrepresentada".

Como estrategia a seguir en primer lugar, y para compensar la falta de establecimientos y, en ellos, de módulos para mujeres, la Secretaria General de Instituciones Penitenciarias (en adelante SGIIPP) apuesta en su Orden de Servicio de 2021 por potenciar la creación de departamentos mixtos en los centros penitenciarios, en los que con una selección adecuada puedan convivir hombres y mujeres, que de esta manera tengan la posibilidad de acceder en condiciones de igualdad al tratamiento, a las actividades y a los puestos de trabajo. Para evitar el riesgo de sesgo de género en las actividades y destinos laborales ofertados a las mujeres, establece la no limitación de acceso de las mujeres a actividades ni al uso de dependencias e instalaciones, promoviendo su participación en actividades en las que estén infrarrepresentadas, fomentando la participación mixta y, cuando esta no sea posible, estableciendo el principio de discriminación positiva en casos de incompatibilidad por tipología delictiva.

En relación con este tema la SGIIPP publicó la Instrucción 9/2022 para incorporar la perspectiva de género en la prevención de suicidios en el ámbito penitenciario. En ella plantea un abordaje diferente que permita ajustar la prevención e intervención terapéutica ante la conducta suicida a las necesidades específicas que las mujeres presentan y mejorar de esta manera la eficacia del programa de prevención de suicidios que tiene implantado la Administración Penitenciaria en todos sus centros penitenciarios.

A diferencia de los hombres encarcelados, distribuidos en centros penitenciarios masculinos específicamente pensados y diseñados para recluirlos, las mujeres presas se distribuyen en tres tipos de dependencias penitenciarias muy diversas entre ellas que deben distinguirse desde un principio: pequeños módulos, unidades o departamentos situados en el interior de las cárceles de hombres, pequeñas cárceles de mujeres dentro de grandes complejos penitenciarios de hombres- las denominados Centros Tipo (estos grandes complejos penitenciarios que pueden recluir a más de 1.500 personas presas) y algunos centros penitenciarios exclusivamente femeninos, como ya hemos indicado.

La ausencia de centros de reclusión apropiados para mujeres, con la consecuente distribución de estos establecimientos en cárceles de hombres dispersas por todo el Estado, es una circunstancia que también ocurre en la mayoría de los países europeos, (es por ejemplo el caso de Escocia, Gales, Inglaterra y Francia).

Un problema adicional es la conservación de los lazos familiares. Teniendo en cuenta que los centros penitenciarios que acogen a mujeres son cada vez menos, éstas pueden ser encarceladas lejos de sus hogares y comunidades, lo que limita las posibilidades de recibir visitas. Distintos estudios han probado que unos vínculos familiares positivos son importantes en el momento de la liberación en particular porque un entorno familiar estable al que poder volver es un elemento de primer orden para la prevención de la reincidencia. Por tanto, el mantenimiento de los lazos familiares desempeña un papel de primer orden en la prevención de la reincidencia y en la reintegración social de los penados.

1. Madres con hijos

El Pacto Internacional de Derechos Civiles y Políticos, la Comisión de Derechos Humanos de las Naciones Unidas señala que las mujeres embarazadas privadas de libertad deben recibir un trato humano y que debe respetarse su dignidad inherente en todo momento y, en particular, durante el nacimiento y mientras cuiden a los recién nacidos; también deben contar con los cuidados médicos y sanitarios existentes dirigidos a estas madres y a sus hijos.[15]

---

[15] General Comment No. 28: Equality of rights between men and women (article 3), 29/03/2000 http://www.unhchr.ch/tbs/doc.nsf/(Symbol-)/13b02776122d4838802568b900360e80?Opendocument

Las reclusas embarazadas deben recibir una atención médica adecuada antes y después del parto. En el apartado 1 del punto 23 de las Reglas mínimas para el tratamiento de los reclusos se recomienda que “en los establecimientos para mujeres deben existir instalaciones especiales para el tratamiento de las reclusas embarazadas, de las que acaban de dar a luz y de las convalecientes”[16]. Tienen, además, necesidades dietéticas y de cuidados médicos especiales, así como regímenes de ejercicio especializados.

En el ámbito internacional nos encontramos con que objeto de debate es no solo la cuestión sobre cuál debe ser el límite de edad para que los niños puedan permanecer en prisión con sus madres, sino incluso si los Estados tienen la obligación de disponer de instalaciones para que los niños puedan residir con sus madres en prisión. De hecho, el Tribunal Europeo de Derechos Humanos ha declarado que los Estados no tienen la obligación de promover el ingreso de niños en prisión y, por tanto, pueden rechazar tal posibilidad[17].

El Consejo de Europa, en concreto, ha establecido una serie de directrices de actuación en esta materia. Así, por un lado, la Asamblea Parlamentaria ha considerado que el ingreso en prisión de mujeres embarazadas o de madres con hijos menores solo debe aplicarse como último recurso, cuando se trate de mujeres condenadas por delitos graves y que representen un serio peligro para la sociedad. Y, a un mismo tiempo, insta a los Estados a desarrollar el uso de medidas alternativas a la prisión para madres con hijos

---

16 Adopted by the First United Nations Congress on the Prevention of Crime and the Treatment of Offenders, Geneva in 1955, and approved by the Economic and Social Council resolution 663 C (XXIV) of 31 July 1957 and 2076 (LXII) of 13 May 1977 http://www.unhchr.ch/html/menu3/b/h_comp34.htm

17 Vid. STEDH Kleuver v. Norway, App. N. 45837/99 (30 de abril de 2002).

menores[18]. Por otro lado, el Comité de Ministros ha declarado que solo deberá permitirse que los niños residan en prisión con sus padres en el caso de que esa sea la mejor decisión para el menor; y en el caso de que se autorice, el Comité entiende que los Estados están obligados a disponer de instalaciones adecuadas para garantizar el bienestar de los niños[19]. Estos mismos criterios han sido defendidos por la Comisión de Derechos de la Mujer e Igualdad de género, del Parlamento Europeo[20].

Por su parte, la ONU, en las llamadas Reglas de Bangkok, establece como principio general que los Estados deberán tener en cuenta las especiales necesidades de las internas en la aplicación de las Reglas para el tratamiento de los reclusos; y, en concreto, en relación a las madres con hijos dispone que se deberá permitir a las mujeres con niños a su cargo que, antes o en el momento del ingreso en prisión, puedan tomar las decisiones que consideren oportunas para garantizar el bienestar de sus hijos. A un mismo tiempo, se prevé la posibilidad de que los Estados puedan suspender el ingreso en prisión por un tiempo razonable, siempre en atención al mejor interés del menor[21].

---

18 *Mothers and babies in prison*, Recommendation 1469 (2000), Parliamentary Assembly, Consejo de Europa, disponible en http://assembly.coe.int/nw/xml/XRef/Xref-XML2HTML-en.asp?fileid=16821&lang=en.

19 Recommendation Rec (2006)2, Committee of Ministers to Member States on the European Prison Rules (11/01/2016, 952 meeting), disponible en http://www.refworld.org/docid/43f3134810.html.

20 Informe sobre la situación especial de las mujeres en los centros penitenciarios y las repercusiones de la encarcelación de los padres sobre la vida social y familiar, de la Comisión de Derechos de la Mujer e igualdad de Género [2007/2116 (INI)], del Parlamento Europeo, 2008, disponible en http://www.europarl.europa.eu/sides/getDoc.do?pubRef=-//EP//NONSGML+REPORT+A62008.

21 Reglas de las Naciones Unidas para el tratamiento de las mujeres en prisión y medidas no privativas de libertad para mujeres condena-

España ha optado por autorizar que las internas puedan tener en su compañía a sus hijos menores de tres años, siempre que acrediten su filiación. Esta posibilidad, de acuerdo con las recomendaciones de la Unión Europea, se supedita al mejor interés del menor. En este caso, prima el interés del niño sobre el de la madre[22].

El art. 39 CE establece que "*Los poderes públicos aseguran la protección social, económica y jurídica de la familia. Los poderes públicos aseguran, asimismo, la protección integral de los hijos, iguales estos ante la ley con independencia de su filiación, y de las madres, cualquiera que sea su estado civil. Los niños gozarán de la protección prevista en los acuerdos internacionales que velan por sus derechos.*"

La LOGP fue modificada por la Ley Orgánica 13/95 de 18 de diciembre. Esta reforma supuso un avance y un cambio muy significativo en cuanto a la prevalencia natural de los derechos del niño, por tratarse de la parte más débil, en base a la especial protección que el ordenamiento jurídico debe ejercer. Hasta la Ley Orgánica 13/95 de 26 de septiembre, los niños podían permanecer en el interior de los centros penitenciarios hasta la edad de 6 años ya que la LOGP preveía que las internas conservaran a sus hijos consigo hasta alcanzada la edad de escolarización.

Por tanto, el reformado art. 38.2 LOGP prevé que "*Las internas podrán tener en su compañía a los hijos que no hayan alcanzado los tres años de edad, siempre que acrediten debidamente su filiación. En aquellos centros donde se encuentren ingresadas internas con hijos existirá un local habilitado para guardería infantil.*

Como estamos viendo la proporción de mujeres en prisión está aumentando, y muchas de ellas son madres. Numerosos estudios han demostrado que el encarcelamiento de las madres constituye un elemento desestabilizador del desarrollo de los niños, lo cual

---

das (en adelante, Reglas de Bangkok), Resolución 2010/16, Reglas de aplicación general, 1 y 2.

22 Arts. 38.2 LOGP, y 17 y 178 a 181 RP

suscita una serie de dilemas legales, penales, sociales y éticos. Con el fin de paliar esta situación, la mayor parte de los países permite que los niños más pequeños permanezcan con sus madres en prisión durante algún tiempo. En un primer grupo podemos citar a los países que permiten la estancia de los niños en prisión hasta los 18 meses de edad: Reino Unido entre 9 y 18 meses; Francia y Bélgica 18 meses ampliable en algunos supuestos; Dinamarca, Irlanda y Canadá 12 meses. Entre los que permiten una estancia superior: Grecia y Finlandia 2 años; Portugal, Polonia, Italia y España 3 años, Países Bajos 4 años y Alemania dependiendo de cada estado puede llegar a los 6 años en régimen abierto[23].

Al adoptar decisiones relativas a la separación o a la permanencia del niño con la madre encarcelada se debe tener siempre en consideración el interés superior del menor, debiéndose garantizar, en cualquier caso, el disfrute de los derechos parentales del otro progenitor afectado y los procedimientos adecuados para mantener los lazos afectivos con el entorno familiar original (hermanos, abuelos y demás familiares).

La Convención de las Naciones Unidas sobre los Derechos del Niño de 20 de noviembre de 1989, así como otros instrumentos internacionales[24], recoge que se debe velar porque todos los niños, sin discriminación alguna e independientemente del estatuto jurídico de sus padres, puedan disfrutar de todos los derechos previstos en dicha Convención y, en particular, del derecho a una atención sanitaria apropiada, al ocio y a la educación, y que este compromiso debe aplicarse, asimismo, a los niños que viven con su madre en prisión.

---

23 YAGÜE OLMOS, C.: *Madres en prisión,* Editorial Comares, Granada, 2006, p. 95

24 Artículos 1, 3, 5 y 12 de la Declaración Universal de los Derechos Humanos y artículo 1 de los Principios Básicos para el Tratamiento de los Reclusos de las Naciones Unidas de 1957.

Hay que considerar las recomendaciones adoptadas por la Asamblea Parlamentaria del Consejo de Europea y, en particular, la Recomendación R(2006)1747 relativa a la elaboración de una Carta Penitenciaria Europea, así como la Recomendación R(2000)1469 sobre las madres y los recién nacidos en prisión. Igualmente, la Recomendación, de 9 de marzo de 2005, destinada al Consejo sobre los derechos de los detenidos en la Unión Europea[25].

Más de la mitad de las reclusas en las prisiones europeas son madres de por lo menos un hijo. Este porcentaje es particularmente elevado en España y en Grecia. Los hijos que permanecen con sus madres en prisión necesitan una protección y unos cuidados adecuados y no deberían ser objeto de ningún tipo de discriminación. La encarcelación de las mujeres puede tener repercusiones particularmente graves en aquellos casos en que antes de entrar en prisión tenían a sus hijos exclusivamente a cargo. A esto hay que sumar la baja calidad de la estimulación que las madres en prisión proporcionan a sus pequeños, algo comprobado por algunas investigaciones[26]. </OptDel>

En España, en el año 2019, estaban unos cien niños viviendo con sus madres presas. Lo hacían en módulos especiales en las prisiones. Hace diez años eran 183 los menores de 3 años que permanecían en las cárceles junto a sus progenitoras. Instituciones Penitenciarias llegó en 2008 a albergar a 253 niños, el año con una tasa más alta de convivencia de hijos con sus madres —247—. En solo ocho años, la cifra de pequeños, bajo a cien. En el año 2020 en España la cifra ha disminuido considerablemente a 39 niños que convivían con sus madres en prisión.

En un informe publicado en 2000, el Consejo de Europea recomendó la creación de unidades de reducido tamaño cerradas

---

25 DO C 102 E de 28.4.2004, p.154.

26 JIMÉNEZ MORAGO, J. M.: "La calidad de la atención educativa que reciben los menores residentes con sus madres en los centros penitenciarios españoles" en *Apuntes de Psicología*. Vol. 27 nº 1, 2004, pp. 45-59

o semicerradas con el apoyo de servicios sociales destinados al reducido número de madres que necesitan estos servicios, en las que los niños puedan ser atendidos en un entorno favorable y en las que primen los intereses superiores del niño, pero donde se garantice la seguridad pública[27]. En relación con este tema, Mercedes Gallizo, Secretaria General de Instituciones Penitenciarias entre los años 2004-2011, puso en marcha un proyecto para sacar a los niños de la cárcel. Por todo ello se crearon centros específicos para madres con hijos huyendo de la arquitectura y funcionamiento puramente penitenciario, tal es el caso del Centro de Madres con hijos de Palma de Mallorca, Sevilla, Alicante, etc.

2. Las unidades de madres

La Unidades de madres se regulan en los arts. 178 y siguientes del RP y están destinadas para los menores y sus madres. Contarán con local habilitado para guardería infantil y estarán separadas arquitectónicamente del resto de los departamentos, a fin de facilitar las especificidades regimentales, médico-sanitarias y de salidas, que la presencia de los menores, en el Centro penitenciario, hiciesen necesarias.

El Reglamento Penitenciario en su art. 17 distingue dos supuestos de entrada de hijos de las internas en prisión:

1º) Hijos menores de tres años que acompañen a sus madres en el momento del ingreso, en cuyo caso la Dirección del Establecimiento los admitirá. Si las madres solicitan mantenerlos en su compañía dentro de la prisión, deberá acreditarse debidamente la filiación y que dicha situación no entraña riesgo para los menores, comunicándose al Ministerio Fiscal la decisión adoptada a los efectos oportunos.

---

27 http://assembly.coe.int/Documents/WorkingDocs/doc00/FDOC8762.htm

2°) Hijos menores de tres años que estén en el exterior bajo la patria potestad de las internas. En este caso las reclusas pueden solicitar del Consejo de Dirección autorización para que éstos permanezcan en su compañía en el interior del Centro penitenciario, la cual se concederá con las mismas garantías de filiación y no riesgo para los menores del supuesto anterior, con la opinión del Ministerio Fiscal y posterior notificación al mismo de la decisión adoptada.

En este sentido cabe destacar que la entrada de un menor en un Centro Penitenciario no es automática. En el caso de que madre ingresa con su hijo, el Centro debe valorar la conveniencia o no del internamiento del menor, estudiándose a tal efecto las siguientes variables: edad del menor, la situación penitenciaria de la madre y la situación sociofamiliar

Cuando se detecte que un menor es objeto de malos tratos, físicos o psíquicos o es utilizado por su madre o familiares para introducir o extraer del centro penitenciario sustancias u objetos no autorizados, el Consejo de Dirección, previo informe de la Junta de Tratamiento, lo comunicará a la Autoridad competente en materia de menores para que decida lo que estime procedente.

3. Mujer y régimen abierto

El sistema de individualización científica de la clasificación penitenciaria (art. 72 LOGP) permite que haya diferentes tipos de vida de semilibertad para las internas clasificadas en tercer grado.

A finales del año 2021 en los centros penitenciarios españoles se encontraban 3.107 mujeres penadas, al finalizar el año 2023 esta cifra subió a 3.314, unas 200 mujeres más, quedando la distribución por grados de la siguiente forma:

- En primer grado 22 mujeres (0,66%), hombres 534 (1,2%).
- En segundo grado 1.963 mujeres (59%%), hombre 30.698 (74%).
- En tercer grado 1.096 mujeres (33%), hombres 7.408 (17,5%)

- Sin clasificar 223 mujeres (6,72%), hombres 2.674 (6,3%)

Como se puede apreciar el tercer grado es en el que más mujeres están clasificadas proporcionalmente frente a los hombres, una de cada tres mujeres está cumpliendo condena en régimen abierto. Aunque es cierto que, en este caso, el porcentaje de mujeres clasificadas en tercer grado es claramente superior al de los hombres, pero parece muy escaso el número de mujeres en tercer grado si valoramos su baja peligrosidad y conflictividad, la tipología delictiva femenina, sus precarias condiciones penitenciarias, y el hecho de que muchas de ellas pueden ser madres y principales responsables de hijos menores de edad, de los que podrían hacerse cargo a través de las posibilidades que ofrece nuestra legislación penitenciaria para personas clasificadas en tercer grado.

Como decimos, en general, las mujeres cometen delitos no violentos, siendo su tendencia delitos contra el patrimonio y el orden socioeconómico o contra la salud pública[28], normalmente tráfico de drogas; sumado a que muchas de las mujeres son primarias y su tiempo de condena es corto, es decir, únicamente han cometido ese delito por lo que, debemos tener en cuenta que la primariedad delictiva es un factor importante a la hora de otorgar la clasificación a tercer grado.

3.1. Régimen abierto pleno

Según el art. 83.1 RP: *"La actividad penitenciaria en régimen abierto tiene por objeto potenciar las capacidades de inserción social positiva que presentan los penados clasificados en tercer grado, realizando las ta-*

---

[28] En base a estas mismas estadísticas, y según los datos a finales del 2023, los delitos que predominan en las mujeres son los mencionados, encabezando la lista los delitos contra el patrimonio y el orden socioeconómico, con 1047 condenadas y, en segundo lugar, contra la salud pública, con 838 condenadas, del total de 3314 mujeres.

reas de apoyo y de asesoramiento y la cooperación necesaria para favorecer su incorporación progresiva al medio social".

3.2. Régimen abierto restringido.

Dentro del régimen abierto restringido, el art. 82.2 RP establece que: "en el caso de mujeres penadas clasificadas en tercer grado, cuando se acredite que existe imposibilidad de desempeñar un trabajo remunerado en el exterior, pero conste, previo informe de los servicios sociales, que van a desempeñar efectivamente las *labores de trabajo doméstico en su domicilio familiar,* se considerarán estas labores como trabajo en el exterior". Esta posibilidad conlleva la aplicación de un régimen abierto pleno a estas mujeres, lo que resulta del todo contradictorio con el principio de igualdad proclamado en el art. 14 Constitución española[29]. Por ello, como bien dice Nieto García, la previsión contenida en este precepto se considera desafortunada, tanto desde un punto de vista sistemático como por su propio contenido. Al enunciar las previsiones del art. 82.2 para las mujeres penadas clasificadas en tercer grado que desempeñen actividades laborales de carácter doméstico en su domicilio familiar, incurre en discriminación positiva, toda vez que, a todos los efectos, se ha de equiparar el trabajo de estas características que desempeñe un interno, con independencia de su sexo, a cualquier actividad laboral en el exterior del Establecimiento Penitenciario, disfrutando por ello del régimen de vida previsto en el art. 83 RP y en ningún caso en el régimen restringido del art. 82 RP[30].

---

29 CERVELLÓ DONDERIS, V.: *Derecho Penitenciario,* Valencia, 2001, p. 141. En el mismo sentido se pronuncia PÉREZ CEPEDA, A. I.: *Manual de Derecho Penitenciario,* Madrid, 2004 p. 200

30 NIETO GARCÍA, A. J.: "Breve guía de la actividad reinsertadora de la administración penitenciaria en la ejecución de las penas privativas de libertad", *Diario La Ley* Nº 6987, Sec. Doctrina 11/7, 2008, p. 9

Estrecha relación con el artículo citado guarda el art. 179 RP que determina: "Con relación a las *internas con hijos menores clasificadas en tercer grado,* la Junta de Tratamiento podrá aprobar un horario adecuado a sus necesidades familiares con el fin de fomentar el contacto con sus hijos en el ambiente familiar, pudiendo pernoctar en el domicilio e ingresar en el Establecimiento durante las horas diurnas que se determinen". Habría que actuar de la misma forma en el supuesto de hombres que se encuentren en similares situaciones. Pues de lo contrario, supondría una vulneración del derecho a la igualdad de sexos recogido en el art. 14 de la Constitución. Una situación muy similar en la que se puede vulnerar el principio de igualdad es que sólo se prevén las unidades de madres, es decir, departamentos en los que pueden estar las madres con hijos hasta 3 años, pero no establece la posibilidad de que pueda haber sólo padres si tienen la patria potestad.

3.3. Unidades dependientes

El Reglamento Penitenciario prevé que las internas clasificadas en tercer grado de tratamiento con hijos menores sean destinadas a Unidades Dependientes exteriores, donde estos podrán integrarse plenamente en el ámbito laboral y escolar. Se trata de una propuesta que realiza la Junta de Tratamiento y que aprueba la SGIIPP.

El art. 165 RP establece la posibilidad de crear Unidades Dependientes, determinando que son unidades arquitectónicas destinadas a internos clasificados en tercer grado, las cuales se caracterizan por estar ubicadas fuera del recinto de los Centros penitenciarios, preferentemente en viviendas ordinarias del entorno comunitario, sin ningún signo de distinción externa relativo a su dedicación y que ofrecen servicios y prestaciones de carácter formativo, laboral y tratamental. La gestión se hace de forma directa y preferente por asociaciones u organismos no penitenciarios, sin perjuicio de la participación que la Administración penitenciaria pueda tener en las tareas con personal de ella dependiente y sin perjuicio de las funciones de control y coordinación que en todo caso le competen. Este tipo de colaboración se basa en el art. 69.2 LOGP que a los fines de obtener una efectiva reinserción social de los internos prevé la colaboración y participación de los ciudadanos y de las instituciones o asociaciones públicas o privadas dedicadas a la resocialización de los penados. Sin duda, el cumplimiento de condena en estas viviendas urbanas facilita el acceso a los recursos comunitarios, circunstancia ésta que determina que el propio lugar de cumplimiento de condena sea un elemento activo del programa de reinserción[31].

3.4. Unidades externas de madres

La población penitenciaria femenina presenta, en general, un perfil de menor peligrosidad delictiva, siendo raros los casos en que los hechos delictivos cometidos por mujeres alcanzan un nivel alto de peligrosidad. Esto hace que tanto el medio abierto como las medidas alternativas sean instrumentos de reinserción adecuados y con garantías para la gran mayoría de las mujeres penadas. La maternidad, en muchos casos, supone un elemento motivador del cambio, y presupone un momento adecuado para trabajar con éxito políticas de reinserción. Por este motivo, esta estructura va dirigida a atender a una población femenina capaz de permanecer en las mismas junto a sus hijos sin que este hecho suponga la creación de problemas de seguridad y, sobre todo, internas decididas a aprovechar el alto contenido educativo del programa establecido en estas Unidades. Por tanto, podrán ser destinadas a una Unidades externas las mujeres penadas que tengan a su cargo hijos menores de 3 años, y estén clasificadas en segundo grado, preferentemente con aplicación del art. 100.2 RP. También podrán ser destinadas a estas Unidades mujeres en situación de preventivas, que tengan a su cargo hijos menores de 3 años, en determinadas circunstancias que se valorarán individualmente, previa autorización expresa del juez que entiende de su causa. Excepcionalmente podrán ser destinadas a estas unidades las mu-

---

31 NIETO GARCÍA, A.J., cit., p. 16

jeres penadas que tengan a su cargo hijos menores de 3 años y estén clasificadas en alguna de las modalidades del tercer grado recogidas en los arts. 82.1, 83 y 100.2 RP. Igualmente, podrán ser destinadas a estas Unidades las mujeres en las que concurran las circunstancias anteriores que estén esperando un hijo a partir del sexto mes de embarazo. De forma muy excepcionalmente, se permitirá la permanencia con sus madres hasta los 6 años de edad de los niños y niñas que, una vez cumplidos los 3 años de edad, se estime que su permanencia en la misma es mejor alternativa para su desarrollo que la separación de la madre. Aquellas mujeres destinadas en la Unidad con algún hijo menor de tres años, podrá solicitar el ingreso de algún otro hijo que no supere los 6 años, en condiciones similares a las mencionadas. Esta valoración la realizará el Equipo de tratamiento, auxiliado por los Servicios Sociales Comunitarios.[4] Por otro lado, no podrán destinarse, en principio, a las Unidades externas a internas en las que concurra alguna estas características: internas preventivas, Internas penadas condenadas por delitos de extrema gravedad e Internas en periodos iniciales de cumplimiento de una condena de alta cuantía; que hayan realizado intentos de evasión; sean multireincidentes con escalada delictiva o tengan alguna característica similar a juicio del Centro Directivo.

En una futura reforma de la Ley Orgánica General Penitenciaria se deberían regular tanto las Unidades Dependientes como en estas Unidades de Madres Externas que actualmente carecen de cobertura legal.

3.5. Unidades extrapenitenciarias

Las Unidades extrapenitenciarias se encuentran reguladas en el art. 182 RP, introducida en la reforma de 1984 del RP en el art. 57.1 párrafo quinto, como dice Nistal Burón[32], es el último eslabón del

---

32 NISTAL BURÓN, J.: "Clasificación de los internos", *Derecho y prisiones hoy*, Cuenca, 2003, p. 98

régimen abierto, como forma de cumplir la pena privativa de libertad, nos encontramos con la posibilidad de hacerlo en un marco totalmente externo al penitenciario, dirigido y organizado por personal totalmente ajeno a la Institución penitenciaria. Esta forma de cumplimiento es donde más se potencia la colaboración de las asociaciones e instituciones extrapenitenciarias en la resocialización de los reclusos, dado que mientras que las Unidades Dependientes se cogestionan de forma conjunta entre la Administración Penitenciaria, estas unidades extrapenitenciarias funcionan de forma autónoma, las únicas competencias que se mantienen por parte del centro penitenciario es la posibilidad de proponer la regresión de grado o la libertad condicional del penado.

El art. 182 RP establece: *"El Centro Directivo podrá autorizar la asistencia en instituciones extrapenitenciarias adecuadas, públicas o privadas, de penados clasificados en tercer grado que precisen un tratamiento específico para deshabituación de drogodependencias y otras adicciones dando cuenta al Juez de Vigilancia"*.

3.6. Controles telemáticos

El art. 86.4 RP establece que para los internos clasificados en tercer grado, es decir, los que están cumpliendo condena de prisión en régimen abierto: *"En general, el tiempo mínimo de permanencia en el Centro será de ocho horas diarias, debiendo pernoctarse en el Establecimiento, salvo cuando, de modo voluntario, el interno acepte el control de su presencia fuera del Centro mediante dispositivos telemáticos adecuados proporcionados por la Administración Penitenciaria u otros mecanismos de control suficiente, en cuyo caso sólo tendrán que permanecer en el Establecimiento durante el tiempo fijado en su programa de tratamiento para la realización de actividades de tratamiento, entrevistas y controles presenciales."*

Estos dispositivos telemáticos son conocidos como brazaletes que pueden colocarse indistintamente en el pie o la mano y sirven para saber si la persona monotorizada se encuentra en un determinado lugar en el horario previamente establecido. Así pues, esto permite controlar si el penado está en su domicilio a la hora fijada según su programa de tratamiento aprobado por la Junta de Tratamiento del centro penitenciario del que depende. Esta forma control de penados se utiliza en numerosos países, como Estados Unidos, Reino Unido, Canadá, Suiza y Países Bajos.

Este sistema de vigilancia consigue que el penado cumpla su condena en su entorno familiar, social y laboral, lo que puede facilitar, en muchos casos, su resocialización. Con ello se conseguiría uno de los fines principales de la pena privativa de libertad establecidos en el art. 25.2 CE.

En este punto, hemos de recordar el tratamiento penitenciario siempre debe de ser voluntario. El art. 112 RP establece: "*Se estimulará la participación del interno en la planificación y ejecución de su tratamiento. Con este fin, se le informará de los objetivos a alcanzar durante el internamiento y los medios y plazos más adecuados para conseguirlos. El interno podrá rechazar libremente o no colaborar…, sin que ello tenga consecuencias disciplinarias, regimentales ni de regresión de grado*". Así pues, el penado según el art. 86.4 RP habrá de aceptar voluntariamente este tipo de control telemático, sin que se le pueda obligar a su uso.

La aplicación del régimen de vida previsto en el art. 86.4 RP viene justificada por la existencia de circunstancias específicas de índole personal, familiar, sanitaria, laboral, tratamental u otras análogas que, para su debida atención, requieren del interno una mayor dedicación diaria que la permitida con carácter general en el medio abierto.

También puede aplicarse el art. 86.4 RP en base a *condiciones laborales especiales,* lo cual permite que el interno pueda realizar su jornada laboral, aunque el horario de la misma sea atípico, ya que ésta puede dificultar su permanencia en la prisión abierta. La base legal de esta alternativa la encontramos en el art. 26 LOGP donde se establece que el trabajo es un elemento fundamental del tratamiento, con lo cual es necesario dar prioridad a que el penado no pierda su puesto de trabajo si lo tiene o que el horario del centro penitenciario no dificulte el encontrar un puesto de trabajo que pueda facilitar su inserción social.

Según la Inst. 8/2019 se puede aplicar el art. 86.4 RP a los penados que se encuentren en determinadas situaciones específicas por razones de índole personal, familiar, sanitaria o laboral, y que requieran una mayor atención del propio interno o sus familiares. Podemos diferenciar varios supuestos:

a. Madres con hijos. Esta posibilidad de aplicación de este tipo de vida está recogida en el art. 17.4 RP en el que se determina que deben primar los derechos del niño sobre los de la madre y, por tanto, si el hijo es recién nacido, esta prioridad debe ser mucho mayor.

b. Convalecencias médicas. El régimen de vida previsto en el art. 86.4 RP también puede ser utilizado para aquellos penados clasificados en tercer grado que debido a razones médicas (enfermedad, intervención quirúrgica...) sea conveniente que se recuperen en su domicilio pues el ir a pernoctar a prisión abierta podría afectar seriamente su recuperación. La duración de esta medida estaría vinculada a *criterios estrictamente médicos* y, una vez finalizada esta situación excepcional, el interno volverá al tipo de vida que le corresponda en régimen abierto.

Establece la Inst. 8/2019 que existen otras medidas de diferente naturaleza aplicables en los casos en que las circunstancias laborales o residenciales de la persona penada hagan inaplicable el sistema de monitorización electrónica siempre y cuando se garanticen un control suficiente sobre interno. Salvo excepciones justificadas, los internos incluidos en el programa de monitorización electrónica pasarán, al menos, un control presencial cada quince días. Para los supuestos en los que no sean aplicables dispositivos de localización telemática, y como límite mínimo para las situaciones totalmente consolidadas en las que los principios de confianza y autorresponsabilidad son mayores, debe establecerse dos controles presenciales semanales.

Este tipo de control telemático permite un gran ahorro económico, pero lo más importante no es esto, sino que este tipo de vida facilita que el interno se inserte de una manera más adecuada en la sociedad, después de haber pasado por la cárcel, tanto por la ordinaria como por la abierta.

Hay autores, como Manzanares Samaniego y Pelluz Robles, que indican que con esta modalidad de cumplimiento queda totalmente desnaturalizada la pena de prisión, ya que constituye una pena mucho más leve que cualquier otra que prive al reo de sus derechos[33]. En el mismo sentido Racionero Carmona que indica que con este sistema se puede producir el riesgo del absoluto *vaciamiento de la pena*[34]. Desde nuestro punto de vista sucede todo lo contrario, y es que la pena privativa de libertad con este sistema se enriquece porque deja ésta, como en otras modalidades, de cumplirse en la prisión dotándole al penado de mayores posibilidades de reinserción social fuera de la misma.

3.7. Posibilidad de ingreso directo en medio abierto

El ingreso de las personas penadas en un centro de régimen abierto puede ser de dos formas: desde un centro penitenciario ordinario, por progresión o clasificación inicial en tercer grado o en segundo grado art.100.2 del RP; o, por presentación voluntaria del penado para cumplir condena.

La Instrucción 9/2007, de 21 de mayo, de la Dirección General de IIPP, regula las posibles clasificaciones iniciales en tercer grado. La oportunidad que da abre a través de esta propuesta es que el penado, en el que concurran una serie de circunstancias favorables que aconsejen su clasificación en tercer grado, e ingrese directamente en un Centro de Inserción Social (CIS) o Sección Abierta correspondiente, sin pasar por un régimen ordinario como tal.

---

33 PELLLUZ ROBLES, L.C.: "El tercer grado penitenciario", *Artículos doctrinales: Derecho Procesal Penal*, 1999, p. 4

34 RACIONERO CARMONA, F.: *Derecho penitenciario y privación de libertad. Una perspectiva judicial*, Editorial Dykinson, Madrid, 1999, p. 109

Por tanto, como dispone la instrucción, *"serán clasificados inicialmente en tercer grado los internos que presenten un pronóstico de reincidencia medio bajo a muy bajo, y no presenten factores de inadaptación significativos"*. El pronóstico de reincidencia se podrá apreciar con la existencia de factores concretos, como los siguientes:

- Ingreso o presentación voluntaria en el CIS o SA, podrá darse de forma directa tras la firmeza de su sentencia condenatoria o transcurrido un tiempo desde la misma.
- Condena no superior a 5 años, que supone el límite máximo de las penas menos graves (en este caso, si la condena es menor de un año supone más facilidad puesto que la clasificación inicial es ejecutiva).
- Primariedad delictiva o reincidencia de escasa relevancia, es decir, que no se trate de reos habituales o tengan antecedentes penales cancelados.
- Satisfacción de la responsabilidad civil, declaración de insolvencia o compromiso de satisfacción de esta por medio de plazos, de acuerdo con su capacidad económica (teniendo también en cuenta la asunción de la comisión del delito y el daño causado).
- Antigüedad mínima de tres años de la causa por la que se ingresó y una correcta adaptación social desde el momento en que se cometieron los hechos hasta su ingreso.
- Red consistente en apoyo familiar y social, que pueda ayudar a la acogida en el caso de salidas del centro.
- Actividad laboral o existencia de un proyecto acorde a las circunstancias personales, incluyendo actividades educativas y formativas.
- En el caso de presentar algún tipo de adicciones, que se halle en disposición de tratamiento (UCA), en disposición para realizarlo una vez ingrese en el centro o haberlo superado de manera favorable.

Además, será necesario que las personas no presenten factores concretos de inadaptación, siendo estos: pertenencia a organizaciones delictivas; rasgos psicopáticos en la personalidad; clara inadaptación a la prisión; o escalada delictiva, es decir, que a medida que el interno ha cometido delitos estos iban aumentando de gravedad.

Aprovechando este protocolo se pueden potenciar los ingresos directos de mujeres en régimen abierto, y sobre todo si están embarazadas o son madres de menores.

IV. CARACTERÍSTICAS DE LAS MUJERES CONDENADAS

España es uno de los países de la Unión Europea con mayor número de personas recluidas en prisión, las mujeres apenas representan el 7,3% de la población penitenciaria total. Concepción Yagüe describió las condiciones y rasgos más frecuentes de las mujeres. Así, inicialmente, constató que se trata de mujeres que, en su mayoría, han vivido una infancia difícil debido a la temprana exposición a modelos antisociales y al constante sufrimiento de abusos y maltratos por parte de la familia o la pareja. También destacó que la falta de oportunidades a lo largo de sus vidas ha generado que presenten altas tasas de analfabetismo y una escasa cualificación profesional y experiencia laboral. Aun con todo lo expuesto, acostumbran a ser las principales responsables del cuidado de las personas a su cargo, así como del mantenimiento y sostenimiento económico de la unidad familiar. Además de la baja autoestima, la ausencia de habilidades sociales adecuadas para desenvolverse día a día y la falta de autonomía personal; están latentes, en muchos de los casos, algunos problemas de salud física y mental como, por ejemplo, hepatitis C, virus de la inmunodeficiencia humana (VIH), adicciones, sobremedicación y alteraciones psíquicas. Cuando se produce el ingreso en el establecimiento penitenciario, normalmente, las obligaciones de estas mujeres, especialmente el cuidado de los hijos e hijas, son asumidas por su familia, esto es, los abuelos y las abuelas de los menores y las menores[35].

Por su parte, De Miguel y Zuloaga, en su estudio sobre las mujeres detenidas e imputadas en el País Vasco entre los años 2011 y 2016, identificaron una serie de factores comunes como son el bajo nivel socioeconómico y educativo de estas mujeres, así como las diversas problemáticas asociadas al consumo de drogas, sustancias psicotrópicas y estupefacientes[36]. En segundo lugar, en relación con la actividad criminal, se halló que las mujeres presentan una mayor implicación en delitos contra la salud pública y contra el patrimonio y el orden socioeconómico[37].

La mayoría de estudios confirman la sobrerrepresentación de las mujeres gitanas y extranjeras dentro de la población penitenciaria española. El proyecto Barañí destacó que, en general, las mujeres gitanas, no solo asumen el rol de cuidadoras del hogar y de los hijos e hijas, sino que también soportan el triple estigma derivado del hecho de ser mujeres, gitanas y pobres[38]. Por su parte, Bartolomé ha indicado que estas mujeres acostumbran a presentar altas tasas de abandono escolar, desempleo y consumo de drogas. Por otro lado, las cifras oficiales permiten observar una mayor participación de estas mujeres en el delito tráfico de drogas y en los delitos contra el patrimonio[39].

---

35 YAGÜE OLMOS, C., cit., pp. 4-6

36 DE MIGUEL CALVO, E., y ZULOAGA LOJO, L.: Primeros eslabones de criminalización a mujeres: detención policial a mujeres en la Comunidad Autónoma de Euskadi (CAE). *Oñati Socio*-85 *Legal Series, 10*, 2019, HTTPS://DOI.ORG/10.35295/OSLS.IISL/0000-0000-0000-1071 Donet, E., p. 478

37 YAGÜE OLMOS, C., cit., pp. 2-3

38 HERNÁNDEZ, G., IMAZ, E., MARTÍNA, T., NAREDO, M., PERNAS, B., TANDOGAN, A., y WAGMAN, D., cit., p. 168

39 HERNÁNDEZ, G., IMAZ, E., MARTÍNA, T., NAREDO, M., PERNAS, B., TANDOGAN, A., y WAGMAN, D., cit., p. 173; SERRANO TÁRREGA, Mª. D., cit., p. 250

Las mujeres suelen denunciar un tratamiento sexista y desigual con respecto a sus compañeros varones porque la escasez de módulos en los centros mixtos repercute en la participación de las mujeres en actividades culturales, lúdicas y físicas provocando, de esta forma, que los hombres presenten mayores oportunidades en relación con el trabajo, el tratamiento de adicciones y la obtención de beneficios penitenciarios[40]. Por su parte, las mujeres extranjeras y pertenecientes a minorías denunciaron, en relación con el resto de compañeras, la percepción de un tratamiento discriminatorio[41]

En general, las mujeres que ingresan en la cárcel sufren, con mayor frecuencia que los hombres, la ruptura de pareja y la pérdida de la custodia de sus hijos e hijas. Cuando estas mujeres presenten alguna adicción se producirá, en mayor medida, la pérdida de contacto con la familia[42].

El encarcelamiento va a tener, también, un efecto negativo en la salud física, psicológica y sexual de las mujeres puesto que las necesidades que éstas manifiestan, al diferir de las necesidades de sus compañeros varones, no están atendidas de forma adecuada.[43].

Las mujeres privadas de libertad o que acaban de salir de prisión, constituyen uno de los colectivos con mayores barreras y limitaciones en su inclusión social, tanto por su historia de vida como por la situación de discriminación y rechazo que sufren por parte de su entorno social.

---

40 BARTOLOMÉ GUTIÉRREZ, R., cit., p. 195

41 CASTILLO ALGARRA, J., y RUIZ GARCÍA, M.: Mujeres extranjeras en prisiones españolas: el caso andaluz. *Revista Internacional de Sociología, 68,* 2010, p. 477

42 BARTOLOMÉ GUTIÉRREZ, R, cit., pp.197- 198

43 BARTOLOMÉ GUTIÉRREZ, R, cit., pp.197- 198

1. El perfil de la mujer en prisión

Las políticas dirigidas a dar soporte a los procesos de reintegración social de las mujeres (ex) presas, no son efectivas en la práctica. La mayoría de las mujeres encarceladas se encontraban ya antes de su paso por prisión con graves desventajas socioeconómicas. Dentro de las prisiones hay una sobre representación de mujeres con escasos ingresos, mujeres pertenecientes a minorías étnicas, mujeres drogodependientes, mujeres extranjeras, y mujeres que han sufrido violencia a lo largo de su vida.

Los actuales procesos de selección penal provocan la criminalización de las mujeres pobres y/o excluidas socialmente. El encarcelamiento no ofrece dichas oportunidades, sino que, provoca que las mujeres que no estaban excluidas socialmente, se encuentren a su salida con un cúmulo de desventajas sociales y económicas, y que las que ya lo estaban salgan de prisión en una situación todavía más agravada de exclusión social.

El impacto de las actuaciones y las políticas que se están llevando a cabo en el ámbito penal, penitenciario, y postpenitenciario tienen un impacto diferencial de género. Es decir, todo el proceso no está afectando por igual a hombres y mujeres, y especialmente el encarcelamiento. Por tanto, hay que valorar si la prisión afecta por igual a hombres y mujeres. La realidad es que sí que existen diferencias del impacto del encarcelamiento entre hombres y mujeres: las mujeres sufren en mucha mayor medida la ruptura familiar, pierden más a menudo a sus hijos y a sus parejas al ser encarceladas, se les hace más responsables de estas rupturas, tienen mayores dificultades en el acceso al empleo, a las prestaciones por desempleo, a los programas de desintoxicación, y tienen más probabilidades de caer todavía más en la pobreza y la exclusión.

2. Relación entre violencia de género y mujeres en prisión

Dentro de este apartado podemos destacar que hay:

- Una sobre representación de mujeres que han sufrido violencia y abusos sexuales a lo largo de su vida en el interior de los centros penitenciarios.
- Una relación entre violencia y consumo de drogas en muchas de estas mujeres.
- Otras veces hay una relación entre delito y haber sufrido violencia. Es necesario resaltar la influencia de esta violencia en la comisión del delito cuando matan a sus maridos o padres violentos, cuando se ven presas como cómplices, o cuando las carreras delictivas de muchas mujeres jóvenes se ven impulsadas cuando dejan sus casas después de haber sido maltratadas o abusadas sexualmente.

Tenemos el modelo de dependencia de las mujeres con los hombres a la hora de cometer el delito. En la medida en que las relaciones de género están pautadas y definidas culturalmente, algunas mujeres no reconocen el poder que ciertos hombres están ejerciendo sobre ellas, ni las consecuencias de exclusión social que pueden verse derivadas. Ejemplos de ello son mujeres condenadas cómo cómplices en delitos cometidos por hombres, mujeres condenadas por lo que no han hecho, o mujeres que pueden estar encubriendo a las figuras masculinas de su familia.

En las prisiones españolas desde hace años se lleva a cabo el programa de intervención con mujeres denominado *Ser Mujer.es*, con la finalidad de apoyar a las mismas en su inserción sociolaboral y procurar el empoderamiento de las mismas para prevenir la violencia de género de la que muchas de ellas son víctimas. Ese programa permitió descubrir que el 70% de las mujeres que llegan a un centro penitenciario reconoce haber sido víctima de violencia de género antes de su ingreso[44].

---

[44] El 5 de marzo del año 2021 el Secretario General IIPP destacó que el programa 'SerMujer.es' que, desde 2011, "ha empoderado a 1.700

3. La familia

Muchas de las mujeres condenadas no deben verse como mujeres sumisas y dependientes, sino más bien como mujeres, que por el contrario son sus parejas y sus hijos quienes dependen de ellas. Es un modelo matrifocal de unidad familiar en el que estas mujeres son agente activo y proveedor de infraestructura, soporte y cuidado. Este modelo ha permitido señalar por tanto la pertinencia de la relación entre de delito cometido y cargas que soportan las mujeres. Cuando estas mujeres son encarceladas se desencadena un efecto dominó de exclusión social sobre los miembros de su familia, especialmente hijos, que se agravan cuando los estados de bienestar no tienen las políticas sociales adecuadas para paliar estas situaciones. Así, el sufrimiento que infringe el encarcelamiento de una mujer recae sobre toda la familia. Esto resulta especialmente grave con relación a los hijos menores. Si, además, consideramos que la familia es un factor determinante a la hora de favorecer el arraigo, las medidas orientadas a apoyar a la familia, a compensar o paliar los efectos del encarcelamiento de uno de sus miembros, y al mantenimiento de los vínculos con la persona encarcelada, son substanciales para el proceso de inserción social de las exreclusas.

Las legislaciones penitenciarias europeas reconocen la importancia de la familia, dedicando una especial mención a la atención del mantenimiento, la mejora y el restablecimiento de las relaciones familiares. A pesar del rol preponderante que ejercen las familias en los procesos de inserción social, todos los países señalan las dificultades que afrontan las mujeres presas y sus familiares para mantener esos vínculos. Por tanto, las mujeres cargan con más responsabilidad familiar que los hombres y reciben menos apoyo. Aparece el tema de la monoparentalidad de las familias encabezadas por mujeres como factor de riesgo de exclusión. La falta de apoyo proviene tanto del ámbito institucional como del familiar, especialmente de las figuras

---

mujeres fomentando su autoestima o ayudándoles a comprender las relaciones afectivas de una manera saludable".

masculinas que raramente asumen la responsabilidad familia. En muchos casos las mujeres pierden la custodia de sus hijos en mucha mayor medida que los hombres cuando son encarceladas.

4. Trabajo y formación

El perfil de las mujeres viene determinado por la inactividad, el desempleo, o el empleo temporal. Son mujeres que tienen un nivel educativo bajo, con estudios primarios a menudo sin finalizar, y son mujeres cuyos ingresos son escasos en muchos casos.

Antes del encarcelamiento gran parte de estas mujeres se encontraban en una situación de desventaja en el acceso en el mercado laboral, a las tendencias de segregación y sectorización, a los bajos salarios, y al empleo temporal. Una vez entran en prisión se encuentra que no hay trabajo disponible para todas y cuando lo hay se añade también en el interior una segregación generalizada del empleo femenino y de la formación, muy bajos salarios y una falta de soporte real para trabajar la incorporación al mercado de trabajo. Por tanto, a la salida en libertad, con toda esta combinación de elementos, ocurre que se encuentran más vulnerables al desempleo, la temporalidad, la parcialidad y la inactividad económica, es decir a la precariedad económica y laboral.

Las mujeres que se encuentran en situación de privación de libertad o que acaban de salir de ella, son uno de los colectivos con mayores dificultades de inclusión social, tanto por su propia experiencia de vida, en la que es posible identificar fuertes dificultades para su incorporación, como por la situación de discriminación y rechazo de su entorno social.

5. Vivienda

Las mujeres presas se caracterizan por estar viviendo en casas de protección oficial, o en casas privadas con amigos o familiares, o en la calle. La entrada en prisión supone la pérdida de la vivienda para muchas de ellas, y cuando estas mujeres salen sin vivienda ni tan siquiera se pueden plantear encontrar un trabajo, o recuperar a sus hijos, buscando a veces alternativas como trabajo doméstico con alojamiento incluido que debido a su situación de riesgo les puede provocar el verse de nuevo muy vulnerables ante nuevas agresiones o situaciones de explotación.

6. Salud

Los problemas de salud de la población reclusa femenina presentan particularidades importantes tanto previamente a su ingreso en prisión como durante su encarcelamiento. Numerosos estudios, nos muestran como, en la mayoría de los casos, se trata de un sector de la población con graves problemas de salud previos al ingreso en prisión que se relacionan con su extracción social (condiciones y calidad de vida), con experiencias personales traumáticas (abusos sexuales, violencia doméstica, situaciones familiares, etc.), con enfermedades o trastornos mentales (psicosis, neurosis, desórdenes de la personalidad, etc.), y con conductas de riesgo en los hábitos toxicológicos o sexuales (hepatitis, VIH).

El peor estado de salud de las reclusas responde también, entre otros factores, a la relación entre desigualdad social y desigualdad en salud. Es decir, que en el estado de salud hay un impacto de factores tales como la renta, la pobreza, la precariedad, la calidad de la vivienda, el género etc. Por lo que refiere al género tiene un papel relevante a la hora de ver diferencias y necesidades específicas. Es destacable el mayor sufrimiento psicológico de las mujeres en el interior de los centros, las mujeres sufren una mayor ansiedad por sus hijos, por la pérdida de estas relaciones materno-filiales, y por la separación de su entorno familiar.

Hay que destacar la sobre medicalización que padecen las mujeres en el interior de los centros, ésta sobre medicalización puede deberse a distintos factores como son estereotipos de género según los cuales las mujeres son por naturaleza más propensas a enfermedades mentales, más histéricas, más sensibles, más depresivas, y a la respuesta de las mujeres al encarcelamiento. El resultado es una sobremedicalización psiquiátrica de las mujeres que actúa en contra de su salud, y dificulta los posteriores procesos de inserción social.

La perspectiva de género es otro aspecto relevante que no integran los programas de toxicomanías. Numerosos estudios realizados desde el ámbito socio-sanitario manifiestan que existen diferencias muy significativas en el uso de las drogas por parte de los hombres y mujeres y alertan de la necesidad de impulsar programas de atención a la drogodependencia específicamente para mujeres.

7. Extranjeras en prisión

A finales del año 2021 había en prisión 16.272 personas extranjeras, de las cuales 15.293 eran hombres (94%) y 979 mujeres (6%). Hay que destacar que las más numerosas por países son Colombia 125 (12,8%), Marruecos 91 (9,3%), Rumanía 101 (10,3%) y el resto de la Unión Europea 219 (22,4%). En el año 2023 aumentó algo la población reclusa extranjera, pasando a ser 17673, de los cuales 16693 eran hombres (94%) y 1000 mujeres (6%), representado entre ambos el 31% de los reclusos en España, es decir, que aproximadamente una de cada tres personas en prisión es extranjera. Tres de cada diez mujeres en prisión son extranjeras, principalmente por delitos de tráfico drogas, con el desarraigo que implica estar encarcelada en una prisión de otro país con la familia lejos.

En el momento del ingreso a prisión, una de las dificultades en que se encuentran un buen porcentaje de mujeres es el desconocimiento del idioma del país en el que están recluidas. Esta situación dificulta su relación con el abogado, y provoca un gran desconocimiento del funcionamiento del proceso judicial, de las posibilidades de recursos o apelaciones, del reglamento penitenciario, y también de los derechos que tienen. Todo esto provoca una indefensión mayor que la que sufren el resto de las mujeres presas.

La entrada en prisión, provoca en muchos casos la ruptura de cualquier tipo de relación social, e incluso de la relación familiar. Otro gran problema es la documentación, en el caso de las inmigrantes la situación es más complicada, si tenía documentación (permiso de residencia o trabajo) y está caducada renovarla es casi imposible, ya que para renovar la documentación se piden antecedentes penales y las personas que han pasado por prisión, tienen antecedentes y tardan entre 5 ó 6 años en cancelar sus antecedentes penales. Muchas de ellas tienen orden de expulsión durante el cumplimiento de la condena o una vez cumplida la misma

La condición de presa extranjera es difícil para todas, pero especialmente para las no comunitarias porque la legislación de extranjería, las introduce en una clasificación de ilegal y obliga a convivir en una situación permanente de provisionalidad.

Otro de los impedimentos para la inserción laboral con los que se encuentra este colectivo, es que las extranjeras penadas que quieren trabajar en nuestro país han de solicitar una autorización previa. Solamente es posible si están en situación de régimen abierto o libertad condicional, y se les puede conceder por un período de tiempo limitado y como tope su libertad definitiva. Además, una vez finaliza su condena, si no tienen permiso de trabajo, pierden todo el derecho a trabajar en nuestro país. Esta situación la rechazamos totalmente, puesto que no tiene sentido que una persona que ha estado trabajando legalmente, incluso durante años en tercer grado o libertad condicional, y que presenta una adecuada inserción sociolaboral, pase de otra vez, de nuevo, a situación de total ilegalidad.

V. LA SUSPENSIÓN DE LA PENA DE PRISIÓN

La característica principal de la delincuencia de las mujeres es su carácter predominantemente no violento. Las mujeres cometen muchos menos delitos que los hombres y los que cometen son, en general, de menor gravedad. Este dato, unido a los mayores perjuicios que para las mujeres puede implicar su ingreso en prisión (tanto por su muy frecuente cualidad de principal responsable de los hijos, como por la peor situación penitenciaria que conlleva su condición de grupo minoritario dentro de la prisión), debe hacernos reflexionar sobre las razones de necesidad de pena, y en concreto sobre la necesidad de imponer penas de prisión, en numerosos casos de mujeres condenadas. Nuestra legislación cuenta con toda una serie de institutos alternativos a la pena de prisión, que resultan infrautilizados en general y, en relación con las mujeres condenadas, en especial[45].

Todas estas consideraciones deberían llevar a un mayor empleo de esas alternativas a las penas privativas de libertad en el caso de mujeres condenadas, siempre que sea factible. En aquellas hipótesis en las que inicialmente la privación de libertad se considere imprescindible, los órganos judiciales y administrativos competentes deberían tener en cuenta las dificultades para ofrecer a las mujeres unas condiciones penitenciarias adecuadas, y tratar de reducir en la medida de lo posible la estancia en prisión mediante los mecanismos existentes en nuestra legislación penal y penitenciaria. Esto debería hacerse, especialmente, cuando se trate de madres que tengan a su cargo hijos menores.

Parece existir es un recurso excesivo e innecesario a la pena de prisión que afectaría de forma particularmente relevante a las mujeres, dada la escasa peligrosidad que reflejan los delitos mayoritariamente cometidos, las peculiares circunstancias personales y familiares de un buen número de ellas y las especialmente gravosas condiciones de ejecución penitenciaria. Si atendemos a la duración de las penas de prisión impuestas, el dato a destacar es que, en su mayoría, se trata de penas cortas, inferiores a dos años.

---

[45] JUANATEY DORADO, C.: "Delincuencia y población penitenciaria femeninas: situación actual de las mujeres en las prisiones en España". *Revista Electrónica de Ciencia Penal y Criminología*, núm. 20-10, 2018, pp. 24-25

La pena de prisión se impone en un altísimo porcentaje en supuestos de infracciones de menor gravedad, por lo que habría que valorar si no hay un cierto número de penas de prisión que se cumplen pero que podrían haber sido suspendidas, sobre todo en el caso de las mujeres por las razones ya indicadas.

En este orden de cosas, la reforma del Código Penal del año 2015 en España ha sido, precisamente, en el ámbito de la suspensión de la condena. Antes de la reforma, para la suspensión de la condena se exigía como requisito imprescindible que la persona condenada hubiese delinquido por primera vez (excluyendo de esta condición las anteriores condenas por delitos imprudentes y los antecedentes penales cancelados) y que la pena o la suma de las penas impuestas no superase los dos años (dejando fuera de ese cómputo la pena derivada del impago de la multa). La nueva regulación prevé esos mismos requisitos, pero, por un lado, excluye también las anteriores condenas por delitos leves y permite que puedan no tenerse en cuenta los antecedentes penales correspondientes a delitos que, por su naturaleza o circunstancias, carezcan de relevancia para valorar la probabilidad de comisión de delitos futuros (artículo 80.2. 1ª y 2ª). Y, por otro lado, amplía de forma considerable las posibilidades de aplicación de esta alternativa a la pena de prisión, al permitirla incluso en aquellos casos en los que la persona condenada lo haya sido a más de una pena de prisión —siempre que individualmente no excedan de los dos años— y tenga antecedentes penales —cosa no infrecuente en el caso de mujeres condenadas por delitos relativos a las drogas o delitos de hurto— (artículo 80.2 y 3 del Código penal).

En el caso de las mujeres los delitos más cometidos son en el primer lugar los delitos contra el patrimonio y el orden socioeconómico, a pesar de que, como hemos visto, en su mayoría son delitos de menor gravedad, sin violencia o intimidación (mayoritariamente hurtos), y que estos delitos son castigados con penas no superiores a dos años. El segundo lugar lo ocupan los delitos contra la salud pública, en concreto los delitos relativos a las drogas, a pesar también de que una parte considerable de estos delitos los llevan a cabo mujeres con algún problema de drogodependencia[46]; por ello, en estos supuestos sería aconsejable tratar de sustituir la pena de prisión por un tratamiento que pueda solventar esa dependencia que suele ser la causa de su delincuencia no solo de la relativa a las drogas sino también de la actividad contra el patrimonio (ar. 80.5 CP).

Para un significativo porcentaje de mujeres que son condenadas a penas de prisión, el encierro, consideradas todas sus circunstancias, excede claramente de las razones de necesidad de pena desde el punto de vista de la prevención general y de la prevención especial[47]. Así, por lo que respecta a la prevención general, la mayor parte de los delitos por los que las mujeres están en prisión son delitos contra el patrimonio, hurtos en su mayoría, y delitos contra la salud pública (delitos relativos a las drogas de carácter no grave). Las penas impuestas por estos delitos son en un alto porcentaje penas de prisión no superiores a 2 años. Y, precisamente, los dos años de prisión es el límite que impone, con carácter general, el art. 80 CP para permitir la suspensión de condena (a salvo de los supuestos especiales previstos en los números 3, 4 y 5 del mismo precepto): dentro de ese límite el legislador entiende que las razones de prevención general pueden ceder y autoriza a prescindir, en su caso, de la pena de prisión.

En cuanto a las razones de prevención especial, los aplicadores deberán tener en cuenta las circunstancias personales de las mujeres y las del hecho cometido a efectos de decidir o no su ingreso en

---

46 Aunque este no es un problema exclusivo de las mujeres, sí parece afectarle de manera particular. Así, según la OMS, dos tercios de la población penitenciaria femenina sufre alguna alteración derivada del consumo de drogas o alcohol; este porcentaje se situaría en el 75% a nivel europeo, en World Health Organization, Regional Office for Europe: "10 things to know about women in prison", disponible en http://www.euro.who.int/en/healthtopics/ health-determinants/prisons-and-health/focus-areas/womens-health/

47 JUANATEY DORADO, C., cit., p. 26

prisión. Esto significa que, dadas las características de la delincuencia de las mujeres, las circunstancias personales de muchas condenadas y las condiciones penitenciarias en las que se va a desarrollar su vida en prisión, en un importante número de casos, las razones de prevención especial no justificarían el ingreso en prisión[48].

La criminalidad de la mujer no es violenta, estando ausente la *vis* física, *vis* psíquica o fuerza en las cosas. Por otro lado, los hechos punibles con relevancia femenina no se caracterizan por ser representativos de actuaciones de abuso de poder de naturaleza política, social o económica. En gran parte la criminalidad de la mujer es patrimonial debido a la pobreza con delitos de hurto, ocupación ilegal de viviendas y defraudación de fluido eléctrico, con mayor incidencia en estos dos últimos comportamientos típicos por estar vinculados con la constitución o el mantenimiento del hogar[49].

Tras la reforma penal de 2015, con la ampliación del ámbito de aplicación de la suspensión (artículo 80.2, 3 y 5 CP), los jueces deberían aprovechar las posibilidades que ofrece la nueva regulación para suspender la condena y evitar el ingreso innecesario en prisión de muchas mujeres.

Se observa también un reducido uso de las penas alternativas a la pena de prisión como la localización permanente y los trabajos en beneficio de la comunidad, penas que podrían ser de gran utilidad en el supuesto de mujeres condenadas. Sin embargo, en este caso es la propia legislación la que restringe en exceso la posibilidad del recurso a tales penas. Por esta razón, sería necesario en este punto que se abordase una reforma legislativa con el fin de ampliar el ámbito de aplicación de estas penas alternativas[50].

---

48 JUANATEY DORADO, C., cit., pp. 31-32

49 BORJA JIMÉNEZ, E.: "Política criminal del Código Penal frente a los hechos delictivos perpetrados con relevancia femenina", *Revista Penal*, nº 53-Enero 2024, p. 62

50 JUANATEY DORADO, C., cit., p. 33

VI. CONCLUSIONES

Para finalizar este trabajo nos parece oportuno recoger algunas recomendaciones:

1. *La detención policial* de las mujeres embarazadas y de las madres que tienen consigo a uno o varios hijos de corta edad debería ser un recurso en última instancia.

2. Habría que plantearse un nuevo supuesto de *prisión preventiva atenuada "por cargas familiares"*, que permita a la madre permanecer en el domicilio familiar a la espera de la celebración del juicio (art. 508 LECrim), como se prevé en algunos ordenamientos como el italiano, si ésta es la principal cuidadora de unos hijos que pueden quedar en una peor situación debido al encarcelamiento.

3. Convendría una reforma de la regulación de la *suspensión condicional de la ejecución*, a fin de introducir la posibilidad de suspender el ingreso en prisión de la madre encargada del cuidado de sus hijos e hijas, siempre teniendo en cuenta el interés superior de los menores, de concurrir determinados presupuestos como podrían ser la asunción de culpabilidad, la comisión de un delito no violento, el compromiso de velar por el bienestar de sus hijos, entre otros. El incumplimiento de estas obligaciones sí debería comportar el ingreso en prisión de la madre.

4. Las repercusiones del aislamiento y el desamparo en la salud de las mujeres embarazadas reclusas pueden tener efectos perjudiciales, e incluso peligrosos, para el menor, y que ello debe tenerse muy seriamente en cuenta a la hora de tomar una decisión sobre el encarcelamiento. Las autoridades judiciales deberían tener en cuenta estos elementos al escoger la pena y, en particular, el interés superior del hijo del progenitor condenado. Por tanto, como último recurso, solo se debe admitir el ingreso en prisión del menor cuando sea en interés del mismo.

5. Es conveniente potencial el mantenimiento de las relaciones de las madres encarceladas con sus hijos y las relaciones familiares, en general, pues son de vital importancia para la futura reinserción social de la persona condenada y para su proceso de desistimiento del delito[51].

6. Si el castigo de la madre, después de la exploración de todas y cada una de las posibilidades, no puede ser otro que la cárcel, debe procurarse que el tiempo de condena sea el mínimo imprescindible, que se cumpla en un régimen de semilibertad y que los contactos con los hijos e hijas se lleven a cabo con asiduidad y en locales apropiados.

7. Al amparo de lo previsto en el art.100.2 RP, que permite un modelo de ejecución que combine aspectos característicos de los diferentes grados, debería reformarse la legislación penitenciaria para permitir que la madre encarcelada con hijos a cargo pueda permanecer en el domicilio cuidando de los menores, con control telemático o el tipo de control que se determine.

8. Se debe potenciar una mayor utilización de los regímenes abiertos o de libertad condicional que permitan a las mujeres presas cuidar de sus hijos, trabajar o seguir una formación profesional en el exterior del marco penitenciario lo cual puede facilitar su reinserción social y profesional.

9. Es necesario garantizar la creación de centros penitenciarios para mujeres o que las repartan mejor en su territorio de modo que se facilite el mantenimiento de los lazos familiares.

10. Se debe incorporar la dimensión de género en las políticas penitenciarias y en los centros penitenciarios, así como que concedan una mayor atención a las características específi-

---

51 CID MOLINÉ, J., y MARTÍ OLIVÉ J.: *El proceso de desistimiento de las personas encarceladas. Obstáculos y apoyos.* Centre d'Estudis Jurídics i Formació Especialitzada, 2011, p. 24

cas ligadas al género que frecuentemente traumatizan a las mujeres presas, en particular mediante la sensibilización, la formación adecuada del personal penitenciario y la reeducación de las mujeres en materia de valores fundamentales.

11. Ha de llevarse a cabo una política penitenciaria en materia de salud de carácter global que trate, desde el momento del encarcelamiento, los problemas físicos y mentales, igualmente se ha de ofrecer una asistencia médica y psicológica a todas las reclusas que sufren problemas de adicción, respetando al mismo tiempo las características específicas de las mismas.

12. Han de adoptarse todas las medidas necesarias para ofrecer una ayuda psicológica a todas las mujeres reclusas, y en particular a las que hayan sido víctimas de violencia o malos tratos y a las madres que crían solas a sus hijos, con objeto de asegurarles una mayor protección y permitirles, de este modo, mantener y mejorar sus relaciones familiares y sociales y, en consecuencia, sus posibilidades de reinserción.

13. Debería mejorarse la separación penitenciaria de las mujeres según su perfil, puesto que no existe una adecuada clasificación penitenciaria de las mujeres presas, y muchas veces cumplen condena conjuntamente mujeres muy jóvenes con mujeres de avanzada edad, preventivas con penadas, o condenadas a penas cortas con otras condenadas a larguísimas penas debido a la comisión de delitos graves.

14. Las actuaciones y las políticas que se están llevando a cabo en el ámbito penal, penitenciario, y postpenitenciario deben tener un impacto diferencial de género, dado que el encarcelamiento no afecta por igual a hombres y mujeres, puesto que sí existen diferencias del impacto del encarcelamiento entre hombres y mujeres: las mujeres sufren en mucha mayor medida la ruptura familiar, pierden más a menudo a sus hijos y a sus parejas al ser encarceladas, se les hace más responsables de estas rupturas, tienen mayores dificultades en el acceso al empleo, a las prestaciones por desempleo, a los programas de

desintoxicación, y tienen más probabilidades de caer todavía más en la pobreza y la exclusión.

BIBLIOGRAFÍA

BARTOLOMÉ GUTIERREZ, R.: *Mujeres y delincuencia*, Editorial Síntesis, 2021.

BORJA JIMÉNEZ, E.: "Política criminal del Código Penal frente a los hechos delictivos perpetrados con relevancia femenina", *Revista Penal*, nº 53-Enero 2024, p. 62.

CASTILLO ALGARRA, J. y RUIZ GARCÍA, M.: Mujeres extranjeras en prisiones españolas: el caso andaluz. *Revista Internacional de Sociología, 68*, 2010, p. 477.

CERVELLÓ DONDERIS, V.: *Derecho Penitenciario*, Editorial Tirant Lo Blanch, Valencia, 2001.

CID MOLINÉ, J., y MARTÍ OLIVÉ J.: *El proceso de desistimiento de las personas encarceladas. Obstáculos y apoyos.* Centre d'Estudis Jurídics i Formació Especialitzada, 2011.

DE MIGUEL, CALVO, E., y ZULOAGA LOJO, L.: Primeros eslabones de criminalización a mujeres: detención policial a mujeres en la Comunidad Autónoma de Euskadi (CAE). *Oñati Socio-*85 *Legal Series, 10*, 2019.

HERNÁNDEZ, G., IMAZ, E., MARTÍNA, T., NAREDO, M., PERNAS, B., TANDOGAN, A., y WAGMAN, D (Grupo Barañi): *Mujeres gitanas y sistema penal*, Editorial Metyel, Madrid, 2001.

JIMÉNEZ BAUTISTA, F. J. y JIMÉNEZ AGURILAR, F.: Foucault, cárcel y mujer: el conflicto de la reincidencia. *Revista de Humanidades*, 2013, pp. 97-98.

JIMÉNEZ MORAGO, J. M.: "La calidad de la atención educativa que reciben los menores residentes con sus madres en los centros penitenciarios españoles" en *Apuntes de Psicología.* Vol. 27 nº 1, 2004, pp. 45-59.

JUANATEY DORADO, C.: "Delincuencia y población penitenciaria femeninas: situación actual de las mujeres en las prisiones en España". *Revista Electrónica de Ciencia Penal y Criminología*, núm. 20-10, 2018, pp. 24-25.

NIETO GARCÍA, A. J.: "Breve guía de la actividad reinsertadora de la administración penitenciaria en la ejecución de las penas privativas de libertad", *Diario La Ley* Nº 6987, Sec. Doctrina 11/7, 2008, p. 9

NISTAL BURÓN, J.: "Clasificación de los internos", *Derecho y prisiones hoy*, Cuenca, 2003, p. 98.

PALOMARES PEÑA, A.: Género, violencia estructural y encarcelamiento: historia de las mujeres presas en la cárcel de Cuenca. *Methaodos Revista de Ciencias Sociales, 10* (1), 2022. p. 133.

PELLLUZ ROBLES, L. C.; "El tercer grado penitenciario", *Artículos doctrinales: Derecho Procesal Penal,* 1999, p. 4

PÉREZ CEPEDA, A.I.: *Manual de Derecho Penitenciario,* Madrid, 2004.

RACIONERO CARMONA, F.: *Derecho penitenciario y privación de libertad. Una perspectiva judicial,* Editorial Dykinson, Madrid, 1999.

SERRANO, TÁRREGA, Mª. D.: *Delincuencia femenina: un estudio sobre tendencia, control y prevención diferenciales desde la perspectiva de género,* Tirant Humanidades, 2021.

YAGÜE OLMOS, C.: *Madres en prisión,* Editorial Comares, Granada, 2008

Vías penitenciarias de reducción del tiempo de estancia en prisión por la existencia de cargas familiares[1]

TÀLIA GONZÁLEZ COLLANTES
Profesora Contratada Doctora de Derecho Penal
Universitat de València

I. MUJERES, DELINCUENCIA Y PRISIÓN

Superado el determinismo biológico que marcó la criminología desde su nacimiento de la mano de la escuela positivista, en la década de 1970, coincidiendo con un incremento de la delincuencia cometida por mujeres en el contexto anglosajón, aparecen las primeras teorías criminológico-feministas con la publicación de *Sisters in Crime: The rise of the new female criminal*, de Freda Alder[2], y de *Woman and Crime*, de Rita James Simon[3]. Desde entonces se hablará de teorías de la liberación o de la emancipación. Se intentará explicar que sean más las mujeres que delinquen en la mayor emancipación y participación social de la mujer. Sin embargo, ya en la década de 1980 la validez de estas teorías fue puesta en duda, por ejemplo por Renee Hoffman Steffensmeier, en su trabajo titulado *Trends in Female Delinquency: An Examination of Arrest, Juvenile*

---

1 Este trabajo se enmarca en el Proyecto I+D+i "Estudio crítico del uso de sanciones alternativas penales: una mirada a la salud mental y al género" (ref.: PID2021-126236OB-I00; AEI/FEDER, UE).

2 ADLER, F.: *Sisters in Crime: The Rise of the New Female Criminal*, McGraw-Hill, New York, 1975.

3 SIMON, R. J.: *Women and crime*, Lexington, Lexington Books, 1975.

Court, Self-Report, and Field Data[4]. Con la publicación de *Women and Crime: The Female Offender*, de Meda Chesney Lind[5], surgió otra teoría, según la cual lo que explicaría ese incremento de la criminalidad entre las mujeres sería la marginalidad económica y la necesidad de supervivencia, la incorporación de las mujeres a la bolsa de la pobreza, una bolsa en la que, importa subrayarlo, cada vez hay más mujeres con hijos e hijas a su cargo.

Hay que reconocer que la anterior explicación sobre la delincuencia femenina por sí misma resulta insuficiente y, de hecho, así lo criticaron, entre otras, ya en la década de 1990, Darrel Steffensmeier y Emilie Allan, en su artículo *Gender and Crime: Toward a Gendered Theory of Female Offending*[6]. No podemos, ni debemos, equiparar pobreza, y en términos generales exclusión social, con delincuencia. La delincuencia es un fenómeno complejo que no puede explicarse por el hecho de padecer una situación de exclusión y, de hecho, ni siquiera se ha podido demostrar que las y los excluidos delincan más. Sin embargo, no es menos cierto que existen asociaciones entre ambas, y a mayor acumulación e intensidad de factores de exclusión social, mayor probabilidad de desarrollar comportamientos delictivos y, también, de acabar en prisión, aunque a esto último también contribuye, sin duda, la intensificación de la política de control sobre las y los excluidos, considerados grupos de riesgo, un peligro para la sociedad, el enemigo incómodo que resume, simboliza y se convierte en blanco de todos los miedos y ansiedades de la sociedad. Las institucio-

4 STEFFENSMEIER, D.R.J.: "Trends in Female Delinquency: An Examination of Arrest, Juvenile Court, Self-Report, and Field Data", en *Criminology*, vol. 18, núm. 1, 1980, pp. 62-85.

5 CHESNEY-LIND, M.: "Women and Crime: The female offender", en *Signs: Journal of Women in Culture and Society*, vol. 12, núm. 1, 1986, pp. 78-96.

6 STEFFENSMEIER, D./ ALLAN, E.: "Gender and crime: Toward a gendered theory of female offending", en *Annual Review of Sociology*, vol. 22, núm. 1, 1996, pp. 459-487.

nes de control, persecución, enjuiciamiento y sanción no actúan, no siempre, con la objetividad y la imparcialidad que se predica, sino que ejercen consciente o inconscientemente un filtro que contribuye a explicar por qué la cárcel acaba siendo el destino de una mayoría de infractoras e infractores que pertenecen a los grupos más marginados de la sociedad o, citando a Wacquant, "los desposeídos y no honorables, por estatus o por origen"[7].

En España el mayor incremento de la delincuencia femenina se produjo en la década de 1980, compartiendo la mayoría de ellas, tanto entonces como ahora, unas características o condiciones específicas que conforman un perfil de exclusión. Se trata de mujeres que han vivido en ambientes deprimidos, que han sufrido desventajas estructurales y diferentes formas de violencia, muchas veces ocurridas primero en su entorno familiar y replicadas después en sus relaciones de pareja, mujeres con cargas familiares que a menudo tienen que asumir en solitario, mujeres con escasa formación y sin cualificación profesional, muchas de las cuales, además, proceden de minorías étnicas y nacionales, a lo cual se suman los no poco frecuentes problemas de adicción y salud mental[8]. Y tanto si atendemos a los delitos que ellas cometen en ma-

---

7 WACQUANT, L.: "Ordering Insecurity: Social Polarization and the Punitive Upsurge", en *Radical Philosophy Review*, vol. 11, núm. 1, 2008, p. 12. Se puede consultar, asimismo, del mismo autor, *Las cárceles de la miseria*, Manantial, Buenos Aires, 2004.

8 En la doctrina española se han ocupado de esta cuestión: HERNÁNDEZ, G. et al.: *Mujeres gitanas y sistema penal*, Metyel, Madrid, 2001; NAREDO MOLERO, M.: "La criminalización de las mujeres gitanas en el estado español", en *Actas de las Jornadas de Graduado en Criminología y Política Criminal 2000 y 2001*, Universidad de Barcelona, 2003, p. 188; CRUELLS, M. et al.: *Violencia contra las mujeres. Análisis en la población penitenciaria femenina*, SURT, Barcelona, 2005; CERVELLÓ DONDERIS, V.: "Las prisiones de mujeres desde una perspectiva de género", en *Revista General de Derecho Penal*, núm. 5, 2006, pp. 5 y 6; IGAREDA, N.: "Mujeres, integración y prisión", en *Boletín Criminológico*, núm. 86, 2006, pp. 1-14; JULIANO, D.: *Presunción de inocencia. Riesgo, delito y pecado en femenino*, Gakoa, Bilbao, 2011; BODELÓN

yor número como a la relevancia femenina de la frecuencia de la comisión de las diferentes figuras delictivas, podemos comprobar que la suya es una criminalidad de la pobreza, dirigida muchas veces a cubrir las necesidades de subsistencia, propia y familiar, en la que suelen estar ausentes la vis física y la vis psíquica, y muchas veces también la fuerza en las cosas.

Para comprender un poco mejor cuáles son las características de la delincuencia femenina a día de hoy me referiré, en primer lugar, a los datos publicados por el Instituto Nacional de Estadística, más concretamente a los relativos a los años 2018 a 2022, y a la vista de los mismos se comprueba, por una parte, que las

---

GONZÁLEZ, E.: "La violencia contra las mujeres en situación de encierro", en *Revista da Escola da Magistratura do Estado do Rio de Janeiro*, vol. 15, núm. 43, 2012, pp. 43-58; NAVARRO, C.: *L'execució de la pena de presó. Peculiaritats de l'execució penal femenina*, Càtedra UAB-CICAC Observatori Social i Econòmic de la Justícia, Barcelona, 2018; PICARDO VALVERDE, E.M. et al.: "Análisis de los factores de victimización en mujeres delincuentes", en *Boletín Criminológico*, vol. 24, núm. 177, 2018, pp. 1-8; RODRÍGUEZ YAGÜE, C./ PASCUAL RODRÍGUEZ, E.: *Las mujeres en prisión: la voz que nadie escucha. Explorando nuevas vías de cumplimiento de las penas impuestas a mujeres a través de la cultura*, Ediciones La Cultivada (Fundación Gabeiras), Madrid, 2022, pp. 51 y ss. Pueden consultarse, igualmente, entre otros, los siguientes trabajos: CARLEN, P.: "Women's imprisonment: an introduction to the Bangkok Rules", en *Crítica Penal y Poder*, núm. 3, 2012, pp. 148-157; y COVINGTON, S./ BLOOM, B.: "Gendered Justice: Women in the Criminal Justice System", en BLOOM, B. (Ed.), *Gendered Justice: Addressing Female Offenders*, Carolina Academic Press, Durham, 2003, pp. 1-20. En cualquier caso, hay que decirlo, este perfil no es, ni mucho menos, exclusivo de las mujeres presas. También los hombres encarcelados han sufrido múltiples formas de exclusión previa a su detención. Al respecto, vid. GONZÁLEZ COLLANTES, T.: "Presos y excluidos. Excluidos y presos. La prisión como problema y no como solución"", en CORRECHER MIRA, J. (Dir.), *Sistema penal y exclusión. Una mirada integral al conflicto de la desigualdad en el ámbito del Derecho Penal*, Tirant lo Blanch, 2023, pp. 305-342. Sin embargo, en el caso concreto de las mujeres convergen otras variables de género, algunas vinculadas con el ejercicio de la maternidad y las experiencias de violencia de género previas.

mujeres delinquen menos que los hombres. Teniendo en cuenta el total de personas condenadas, el porcentaje de mujeres no alcanza el 20%[9]. Y vemos, también, que los delitos que cometen en mayor número las mujeres son contra el patrimonio y el orden socioeconómico. Tanto es así que aproximadamente la mitad de las condenas recaídas sobre mujeres lo son por la comisión de uno de estos delitos[10], principalmente por hurtos[11], seguidos de las defraudaciones[12]. Y, como he avanzado, también si atendemos

---

9 En 2018 el total de personas condenadas fue de 406.327 y el 19,58% eran mujeres. En 2019 el número total de personas condenadas fue de 412.517, de las cuales el 19,52% eran mujeres. En 2020 el número total se situó en 311.271, con un 18,1% de mujeres. En 2021 fueron condenadas 410.842 personas, de las cuales el 17,87% eran mujeres. Y en 2022 de las 426.416 personas condenadas el 17,51% eran mujeres.

10 En 2018 hubo 142.426 condenas por delitos contra el patrimonio y el orden socioeconómico, y el 30,72% de estos delitos los cometieron mujeres. En 2019 hubo 141.686 personas condenadas por delitos de la clase indicada y el 30,49% eran mujeres. En 2020 las personas que fueron condenadas por dichos delitos descendió a 99.660 y el 28,55% eran mujeres. En 2021 se condenó a 126.673 personas, de las cuales el 28,30% eran mujeres. Y en 2022 se condenó a 127.772 personas, situándose el porcentaje de mujeres en el 27,75%. Respecto al total de mujeres condenas por la comisión de algún delito, en 2018 el 55% lo fueron por un delito contra el patrimonio y el orden socioeconómico, en 2019 el 53,64%, en 2020 el 50,51%, en 2021 el 48,83% y en 2022 el 47,48%.

11 En 2018 se condenó a 70.102 personas por un delito de hurto y el 42,37% eran mujeres. En 2019 se condenó a 71.671 personas por el indicado delito y el 42,05% eran mujeres. En 2020 las personas condenadas por hurto fueron 47.533 y el 39,83% de ellas eran mujeres. En 2021 ese número total pasó a 57.535 y el porcentaje de mujeres se situó en el 39,41%. En 2022 las personas condenadas por hurto fueron 58.193 y de estas el 38,79% eran mujeres. Respecto al total de delitos contra el patrimonio y el orden socioeconómico cometidos por mujeres, las condenas por hurto en 2018 representaron el 67,87% del total, en 2019 el 69,76%, en 2020 el 66,53%, en 2021 el 63,25% y en 2022 el 63,67%.

12 En 2018, 23.252 personas fueron condenadas por la comisión de una defraudación, de las cuales el 27,13% eran mujeres. En 2019 el total de

a la relevancia femenina de la frecuencia de la comisión de las diferentes figuras delictivas comprobamos que entre estas están el hurto y las defraudaciones, y más concretamente las defraudaciones de fluido eléctrico y análogas[13], a las que se suman, también entre los delitos del Título XIII del Libro II del Código Penal, las usurpaciones u ocupaciones ilegales de vivienda[14]. Así lo concluye Borja Jiménez, quien además explica que el rol tradicional que otorga a la mujer la competencia de procurar el sustento material de los miembros del clan familiar y el bienestar del hogar desvelaría su incidencia en la criminalidad patrimonial de la pobreza con relevancia femenina en los delitos indicados[15].

---

personas condenadas por estos delitos fue de 24.129, y el 26,23% eran mujeres. En 2020 el 25,43% de las 18.212 personas condenadas eran mujeres. En 2021 las mujeres condenadas representaron el 26,41% del total de 25.358 personas condenadas. Y en 2022 se condenó a 25.426 personas, siendo mujeres el 25,72%.

13 En 2018, 654 del total de 1920 personas condenadas por defraudación de fluido eléctrico eran mujeres. En 2019 recayeron sobre ellas 591 de las 1804 condenas por este delito. En 2020 se condenó a 1396 personas y 396 de ellas eran mujeres. En 2021 el total de personas condenadas por la comisión del delito indicado fue de 2.116, de las cuales 615 eran mujeres. Y si en 2022 se condenó a 2.618 personas, 728 eran mujeres.

14 En 2018 un total de 6.028 personas fueron condenadas por un delito de usurpación, y más de la mitad eran mujeres, en concreto 3.147. En 2019 vuelve a superarse el 50%, pues en total fueron condenadas 4.687 personas y 2.396 eran mujeres. En 2020 porcentaje no llegó, pero se aproximó, al 50%, año este en el que en total se condenó a 3.157 personas y de ellas 1.536 eran mujeres. Y lo mismo sucedió en los años 2021 y 2022. En concreto, en 2021 el total de personas condenadas fue de 4.302 y de estas 2.050 eran mujeres. Y en 2022 se condenó a 4.067 personas y de estas 1.907 eran mujeres.

15 BORJA JIMÉNEZ, E.: "Política criminal del Código Penal frente a los hechos delictivos perpetrados con relevancia femenina", en *Revista Penal*, núm. 53, enero de 2024, pp. 38-63. Vid., también, el capítulo que el citado autor publica en esta obra colectiva.

También son sobre todo los delitos contra el patrimonio y el orden socioeconómico los que llevan a un mayor número de mujeres a prisión, a los que se suman los delitos relacionados con las drogas[16]. Según los últimos datos publicados por la Secretaría General de Instituciones Penitenciarias, que son los relativos al año 2022, a fecha de 31 de diciembre de dicho año el total de mujeres que se encontraban en calidad de penadas en un centro penitenciario era de 2.763[17], de las cuales 1.190 lo estaban por la comisión de un delito contra el patrimonio y el orden socioeconómico, el 38,1%, incluyéndose condenadas por hurto, y 693 por un delito de tráfico de drogas, el 26,3%. Es decir, un total de 1.883 mujeres estaban presas por estos delitos, como condenadas, lo que representa el 64,4% del total[18].

---

16 Tras los indicados delitos contra el patrimonio y el orden socioeconómico, los que cometen las mujeres en mayor número son contra la seguridad colectiva. Sobre todo cometen, como sucede con los hombres, delitos contra la seguridad vial, pero son principalmente los delitos contra la salud pública los que implican su ingreso en prisión. En 2018 se condenó a 11.086 personas por un delito contra la salud pública, de las cuales 1.562 eran mujeres, el 14,01%. En 2019 el total de personas condenadas fue de 11.567, de las cuales 1.695 eran mujeres, el 14,65%. En 2020 el número total descendió a 9.332, y de estas 1.275 eran mujeres, el 13,66%. En 2021 se condenó a 12.531 personas, de las cuales 1.658 eran mujeres, el 13,23%. Y del total de 13.094 personas condenadas en 2022, 1.712 eran mujeres, el 13,07%.

17 El total de mujeres presas en la fecha indicada, contando a las preventivas y a aquellas que se encontraban cumpliendo una medida de seguridad, era de 3.371. Se produce un incremento del 2,2% respecto al año 2021, el cual es mayor que el incremento experimentado en el caso de los hombres, que ha sido del 1%. Sin embargo, si únicamente tenemos en cuenta a las penadas, en el año 2022 hubo menos que en 2021. En 2022 las penadas eran 2.756 por aplicación del Código Penal en vigor y 7 por aplicación del Código Penal derogado. En total 2.763. En el año 2021 el total de penadas fue de 2.779.

18 El porcentaje, recogido en la Memoria Anual de Instituciones Penitenciarias, se calcula sobre el número total de mujeres condenadas por aplicación del Código Penal de 1995, que, como se ha indicado, es de 2.756. Las cifras del año 2021 son solo ligeramente diferentes, cons-

Las razones de prevención general y de prevención especial no justifican el ingreso en prisión de un buen número de estas mujeres. Hay que tener en cuenta, por una parte, que nos encontramos con un número notable que están cumpliendo una pena no superior a dos años a pesar de que dentro de este límite el legislador considera que razones de prevención general pueden ceder y permite recurrir a la suspensión de la ejecución de la condena. En concreto, el 35,1% de las mujeres que en 2022 se encontraban en un centro penitenciario cumplían condenas de entre 3 meses y 3 años[19]. Y, a la vista de sus circunstancias personales y el delito por ellas cometido (sin presencia de la vis física y la vis psíquica, y muchas veces también sin fuerza en las cosas), tampoco las razones de prevención especial justificarían su encarcelamiento, aparte de que también hay que tener en cuenta la baja tasa de reincidencia penitenciaria. Según el estudio sobre reincidencia elaborado por la Secretaría General de Instituciones Penitenciarias entre 2009 y 2019, la dicha tasa se situó en el 19,98%, y solo el 5,03% de las personas reincidentes fueron mujeres, frente al 94,97% de hombres. Y, además, y muy importante, se debería ser consciente de las dificultades existentes para proporcionarles a ellas unas condiciones penitenciarias adecuadas y en igualdad con los hombres, y que con el encarcelamiento ellas sufren mayor victimización y estigmatización.

Sobre esto último quisiera apuntar, primeramente, que son varias las teorías criminológicas que sugieren que la cárcel es criminógena[20], que existen números experimentos naturales, estudios

---

tando que las mujeres condenadas por los delitos contra el patrimonio y el orden socioeconómico fueron 1.183 y las condenadas por tráfico de drogas 728, cuando el total de penadas en prisión era, como se ha dicho ya, de 2.779. En 2021 las presas en calidad de penadas por los delitos indicados representaban el 68,77% del total.

19 El porcentaje, además, es superior al del año 2021, siendo entonces el 34% las mujeres cumpliendo condenas de entre 3 meses y 3 años.

20 Entre las cuales podemos citar la teoría de la asociación diferencia de Sutherland, la del aprendizaje social planteada por Akers y desarrollada

experimentales y cuasiexperimentales que concluyen la menor capacidad preventiva especial de la indicada pena en comparación con otras sanciones alternativas, a cumplir en el seno de la comunidad[21], y que también son muchos los trabajos que denuncian y constatan empíricamente que la prisión posee un contenido aflictivo que va mucho más allá de la privación de la libertad, y es así porque esta, la libertad, constituye el sustrato básico para poder ejercitar la mayoría de los restantes derechos vitales de la persona, resultando, en consecuencia, afectada la mayor parte de ellos, pero también porque el encarcelamiento puede provocar efectos perjudiciales a las personas presas, de tipo físico, psicológico y social, y la prisión tendrá un mayor o menor impacto en las personas que la sufren dependiendo, entre otras cosas, de las condiciones de reclusión, los recursos disponibles, la dureza del régimen al que están sometidas y del grado y tipo de apoyo familiar con el que cuentan. Y teniendo esto en cuenta hay que apuntar que, en el mundo en general y en España en particular, las condiciones de cumplimiento de la condena son más duras para las mujeres que para los hombres y a ellas les ofrecen menores oportunidades de reinserción, de ahí que se afirme que las presas sufren mayor victimización y estigmatización con el encarcelamiento.

Se llega a la dicha conclusión, entre otras cosas, porque para ellas es más probable que la condena se cumpla en un centro alejado de su entorno familiar y afectivo, pues existen pocas pri-

---

por Burgess y sus discípulos, la de los vínculos sociales de Hirschi y la del etiquetamiento de Lemert.

21 Vid. GONZÁLEZ COLLANTES, T.: "¿Condenados a reincidir? (Una revisión analítica sobre la eficacia preventiva especial de las penas)", en ORTS BERENGUER, E./ ALONSO RIMO, A./ ROIG TORRES, M. (Dirs.), *Peligrosidad criminal y Estado de Derecho*, Tirant lo Blanch, Valencia, 2017; y "Evaluación de la eficacia preventiva especial de la pena de prisión en comparación con otras penas alternativas", en *Revista General de Derecho Penal*, núm. 27, 2017.

siones de mujeres[22], y no en todas las masculinas existen módulos para ellas, tratándose, en este caso, de módulos incrustados, con una mayor precariedad de espacios, peores condiciones de alojamiento y una menor oferta de recursos y actividades, muchas de las cuales son tachadas de sexistas y criticadas por reforzar el rol doméstico, a lo que hay que sumar que, pese al bajo nivel de peligrosidad que suelen presentar y la poca frecuencia de intentos de fuga o de alternaciones importantes del orden, no solo están sometidas a los mismos elementos de vigilancia y seguridad que los hombres sino que además se les aplica el régimen disciplinario con un mayor nivel de exigencia y severidad, aparte de que no es excepcional la ausencia de separación interior en los centros según criterios de clasificación y la existencia de dificultades para que esta sea adecuada, etc[23]. Que es así lo denuncia la doctrina

---

22 De los 63 centros penitenciarios gestionados por la Administración General del Estado únicamente 3 son exclusivos de mujeres, en concreto el de Madrid I, el de Brieva (en Ávila), y el de Alcalá de Guadaira (en Sevilla). A estas prisiones de mujeres se suma la de Wad-Ras, en Cataluña, que tiene competencias transferidas en materia penitenciaria.

23 ALMEDA SAMARANCH, E./ BODELÓN GONZÁLEZ, E.: *Mujer y castigo: un enfoque socio-jurídico y de género*, Dykinson, Madrid, 2007; YAGÜE OLMOS, C.: *Madres en prisión. Historia de las cárceles de mujeres a través de su vertiente maternal*, Comares, Madrid, 2007; "Mujeres en prisión. Intervención basada en sus características, necesidades y demandas", en *Revista Española de Investigación Criminológica*, núm. 5, 2007, pp. 1-24; "Las mujeres encarceladas", en SUSINOS RADA, T./ CALVO SALVADOR, A./ GARCÍA LASTRA, M. (Coords.), *Mujeres en la periferia. Algunos debates sobre género y exclusión social*, Icaria, Madrid, 2007, pp. 121 y ss.; SERRANO TÁRRAGA, M. D.: "La consideración del género en la ejecución de las penas privativas de libertad", en *Estudios Penales y Criminológicos*, vol. XXX, 2010, pp. 483-493; MAPELLI CAFFARENA, B. et al.: "La exclusión de las excluidas. ¿Atiende el sistema penitenciario a las necesidades de género?: Una visión andaluza", en *Estudios Penales y Criminológicos*, vol. XXXIII, 2013, pp. 62-66; NAVARRO, C.: *L'execució de la pena de presó. Peculiaritats de l'execució penal femenina*, cit.; AGUILERA REIJA, M.: "Mujeres en prisiones españolas", en *Revista de Estudios Penitenciarios*, núm. 3, 2019, pp. 37-49; RODRÍGUEZ YAGÜE, C./ PASCUAL

especializada, pero también lo reconoce, por ejemplo, la Asamblea General de Naciones Unidas, lo que la llevó a aprobar en 2011 las Reglas para el tratamiento de las reclusas y medidas no privativas de libertad para mujeres delincuentes (llamadas Reglas de Bangkok); también el Parlamento Europeo, tanto en su Resolución de 13 de marzo de 2008 como en la de 5 de octubre de 2017; también el Mecanismo Nacional de Prevención de la Tortura del Defensor del Pueblo español en varios de sus informes anuales; y también la propia Secretaria General de Instituciones Penitenciarias en su Orden de Servicios 6/2021. Aquí se admite que "esta Institución ha estado y está íntimamente ligada a una perspectiva de género eminentemente masculina y de carácter tradicional, reforzada por el menor peso cuantitativo de las mujeres en prisión. Este diferente peso poblacional de ambos géneros incide en las estructuras, en los equipamientos, en las normativas internas, en el lenguaje utilizado, en los servicios prestados, construyendo una normalidad en la gestión penitenciaria que ha supuesto la consolidación de situaciones de desigualdad en todos los estamentos penitenciarios". Y a las dificultades existentes para proporcionar a las mujeres unas condiciones penitenciarias adecuadas y en igualdad con los hombres hay que añadir otro factor que, como más adelante explicaré, puede agravar su condena: la maternidad. Y la mayoría de las mujeres presas son madres, muchas de hijos e hijas menores.

Lo anterior, todo ello, debería ser tenido en cuenta por fiscales y jueces a la hora de solicitar e imponer una pena de prisión, porque la imposición y cumplimiento de esta pena excede, en muchos casos, de las razones de necesidad, tanto desde el punto de la prevención general como desde el punto de la prevención especial, y el principio de última ratio exige limitar el uso de la cárcel

---

RODRÍGUEZ, E.: *Las mujeres en prisión: la voz que nadie escucha. Explorando nuevas vías de cumplimiento de las penas impuestas a mujeres a través de la cultura*, cit., pp. 14, 51 y ss. y 77 y ss.

a lo estrictamente necesario[24]. Lo prioritario debería ser, siempre que resulte posible, evitar el ingreso en prisión y potenciar las penas y medidas alternativas, con inclusión de la perspectiva de género, o, en otras palabras, fomentar las intervenciones específicas, pensadas y diseñadas para la población penada femenina, lo cual requiere conocer y tomar en consideración las características de estas mujeres, las necesidades que tienen y las problemáticas que habría que atender, como de hecho se recoge en las Reglas de Bangkok de 2011 (reglas 57 y la 60) y en las Reglas Penitenciarias Europeas revisadas por última vez por el Consejo de Europa en 2020 (regla 34), y como ya se recogía antes de la aprobación y revisión de las mencionadas reglas en la Resolución de 13 de marzo de 2008 del Parlamento Europeo, pero también se precisan más investigaciones que nos permitan saber qué es lo que mejor funciona con ellas y así diseñar e implementar una intervención que permita ayudarlas y también, reducir la reincidencia[25].

En los casos en los que no sea posible recurrir a penas y medidas alternativas, incluida la suspensión de la ejecución de la condena de prisión (o su sustitución por la expulsión, en el caso de las mujeres extranjeras, en las condiciones establecidas en el artículo 89 del Código Penal), todo cuanto se ha dicho en líneas anteriores sobre las características de la delincuencia y de la población penada femeninas y sobre el impacto tan negativo que esa ejecución puede tener en las mujeres, debería ser también tomado en consideración por los órganos de decisión de Instituciones Penitenciarias y, aparte de que resulta imprescindible ofrecer más servicios de apoyo específicos de género y promover actuaciones destinadas a resolver los problemas más habituales por los que las mujeres se ven sometidas al sistema de justicia penal y que

---

24 Vid. JUANATEY DORADO, C.: "Delincuencia y población penitenciaria femeninas: situación actual de las mujeres en prisión en España", en *Revista Electrónica de Ciencia Penal y Criminología*, núm. 20, 2018, pp. 1-32.

25 Vid. VASILESCU, C.: *Mujeres y penas alternativas a la prisión: una mirada con perspectiva de género*, Dykinson, Madrid, 2022.

les permitan desarrollar su autonomía personal y un empoderamiento prosocial, también debería optarse por modalidades de cumplimiento más flexibles, por potenciar el régimen abierto, a ser posible el ingreso directo en el mismo, permitiendo así que se disfrute de manera inmediata de la semilibertad.

Todas las mujeres deberían poder beneficiarse de las indicadas propuestas, pero por las razones que explicaré en el apartado siguiente, entiendo que sobre todo resulta urgente evitar el encarcelamiento o adelantar la excarcelación de aquellas que son madres y principales cuidadoras de hijos y/o hijas menores.

II. DESCARCELACIÓN DE MADRES CON MENORES A SU CARGO

1. Madres con o sin sus hijos en la cárcel o fuera de ella: inconvenientes, posibilidades y apuesta por la descarcelación

Creo que tan importante es superar una concepción de la desigualdad entre mujeres y hombres propia de una visión reductiva y estereotipada de las diferencias, como reconocer que las presas tienen unas necesidades específicas en relación a los presos y que forman un grupo vulnerable, tal y como se reconoce en las Reglas de Bangkok de Naciones Unidas, y de ahí que tanto aquí como en las Reglas Penitenciarias Europeas, en las diversas resoluciones anteriormente citadas del Parlamento Europeo, y también en la Orden de Servicio 6/2021 de la Secretaría General de Instituciones Penitenciarias, se inste a aplicar políticas específicas que integren el concepto de género y medidas positivas para satisfacer las necesidades particulares de las mujeres presas. Creo, igualmente, que tan importante es abandonar una visión homogénea y sexista de la mujer en su rol social más generalizado, el de madre, y rechazar que las actuaciones específicas se limiten a las internas que lo son y se ignore a las que no (entre otras cosas porque existen muchos perfiles de mujer con problemáticas propias, y, como se ha dicho ya, si tienen algo en común la mayoría de ellas son las complejas realidades que les ha tocado vivir, que han sufrido desventajas estructurales y diferentes formas de violencia, y la mayor victimización y estigmatización que por lo general sufren con el encarcelamiento), como reconocer que la maternidad, el ser madre y estar en prisión, se convierte, en muchos casos, en un complemento punitivo y se trata, también, de un argumento añadido para evitar el encarcelamiento de estas mujeres o para adelantar su excarcelación. De hecho, no es el indicado el único argumento, y quizás tampoco el principal, para creer que en estos casos es sobre todo urgente, prioritario, trazar un programa de descarcelación. También hay que tener en cuenta la existencia de criaturas a su cargo. Ese encarcelamiento suele generar cambios abruptos en las dinámicas intrafamiliares, en lo relativo a la organización, la afectividad y el sostenimiento económico; el impacto que provoca alcanza no únicamente la afectación propia del vínculo materno filial, sino que se proyecta en prácticamente todos los aspectos de la vida de los niños y niñas, cuyo interés superior debe presidir las decisiones judiciales y administrativas, y el velar por el mismo, por sus derechos y su bienestar, recomienda o puede recomendar el no ingreso o la excarcelación anticipada de su madre. Creo, por consiguiente, que está justificado que tanto en las Reglas de Bangkok, en concreto en la número 57, como también en las nuevas Reglas Penitenciarias Europeas, en la número 34, se subraye la conveniencia de atender a las responsabilidades de cuidado de los hijos e hijas a la hora de elaborar medidas opcionales y alternativas a la condena a prisión y de tomar decisiones sobre cualquier aspecto de su detención.

La maternidad, como he avanzado, es un factor que puede agravar la condena de las mujeres, y lo es porque la imposibilidad de atender las necesidades y demandas familiares ejerce una presión interna hacia ellas mismas, acrecentada por el miedo a las dificultades y el rechazo que puedan experimentar sus hijos o hijas y a la desestructuración familiar. Ello suscita sentimientos de fracaso y culpa, llevándolas a desarrollar estados de inseguridad, baja valoración personal y depresión[26], en una frecuencia e intensidad mayores que en el caso de los hombres. Esto es o puede ser así por el predominio de ideas androcéntricas y sesgadas del concepto de mujer-madre que implican la existencia de una exigencia social hacia ellas para que adquieran mayor responsabilidad y compromiso con la crianza y cuidado de su prole, o incluso una dedicación y entrega absolutas, aparte de que, como apunta Contreras Hernández, "en el contexto carcelario tiende a ser más

---

26 ALMEDA SAMARANCH, E.: *Mujeres encarceladas*, Ariel, Barcelona, 2003; "Las experiencias familiares de las mujeres encarceladas: El caso de Cataluña", en *Las cárceles de la democracia. Del déficit de ciudadanía a la producción de control*, Ediciones Bajo Cero, Madrid, 2005; HOUCK, K./ LOPER, A.B.: "The relationship of parenting stress to adjustement among mothers in prison", en *American Journal of Orthopsychiatry*, núm. 72, 2002, pp. 548-558; AYUSO VIVANCOS, A.: *Visión crítica de la reeducación penitenciaria en España*, Nau Llibres, Valencia, 2003; CRUELLS, M./ IGAREDA, N.: *Mujeres, integración y prisión*, Aurea Editores, Barcelona, 2005; NAREDO MOLERO, M.: "¿Qué nos enseñan las reclusas? La criminalización de la pobreza desde la situación de reclusas extranjeras y gitanas", en *Humanismo y Trabajo Social*, núm. 3, 2007, pp. 67-94; "Reclusas con hijos/as en la cárcel", en ALMEDA SAMARANCH, E./ BODELON GONZÁLEZ, E. (Coord.), *Mujeres y castigo: Un enfoque socio-jurídico y de género*, Dykinson, Madrid, 2007, pp. 263-275; YAGÜE OLMOS, C.: "Mujeres en prisión. Intervención basada en sus características, necesidades y demandas", cit.; FRANCÉS, P./ SERRANO, G.: *Mujeres en prisión. Voces desde dentro del centro penitenciario de pamplona*, Salhaketa, Pamplona, 2011; FOSTER, H.: "The strains of maternal imprisonment: Importation and deprivation stressors for women and children", en *Journal of Criminal Justice*, núm. 2, 2012, pp. 221-229; GEA FERNÁNDEZ, M.J. et al.: *Una condena compartida: Un estudio de caso sobre el control penal*, Tierradenadie, Madrid, 2014; CONTRERAS HERNÁNDEZ, P.: "Maternidad encarcelada: análisis feminista de las consecuencias personales, familiares y sociales en mujeres privadas de libertad", en *Revista Temas Sociológicos*, núm. 22, 2018, pp. 209-232; AGUILERA REIJA, M.: "Mujeres en prisiones españolas", en *Revista de Estudios Penitenciarios*, Extra-2019, pp. 39 y 40; RODRÍGUEZ YAGÜE, C./ PASCUAL RODRÍGUEZ, E.: *Las mujeres en prisión: la voz que nadie escucha. Explorando nuevas vías de cumplimiento de las penas impuestas a mujeres a través de la cultura*, cit., pp. 55 y 78.

pujante la reproducción simbólica de: a) la maternidad como institución patriarcal; b) las diferencias de género; c) los estereotipos femeninos"[27]. Pero es que, además, hay que tener en cuenta que un porcentaje elevado de esas mujeres son, o eran, las principales o únicas sostenedoras del hogar y de los hijos e hijas, por la existencia de una estructura familiar matrifocal, de la que nos hablan, por ejemplo, Gruells e Igareda[28], con lo cual, como indica de Miguel Calvo, en muchos casos "el binomio ganador de pan/ama de casa que describe la distribución tradicional de los hogares no se cumple"[29]; o bien por ser la suya una familia monoparental o, mejor dicho, monomarental, lo que, por otra parte, es habitual entre las mujeres encarceladas. En palabras de Almeda Samaranch, "la monomarentalidad es una tónica en la vida familiar de estas mujeres, ya que han vivido en familias monomarentales y forman también familias monomarentales cuando constituyen su propia familia[30].

---

27 CONTRERAS HERNÁNDEZ, P.: "Maternidad encarcelada: análisis feminista de las consecuencias personales, familiares y sociales en mujeres privadas de libertad", cit., p. 212.

28 CRUELLS, M./ IGAREDA, N.: *Mujeres, integración y prisión*, cit.

29 DE MIGUEL CALVO, E.: "Encarcelamiento de mujeres. El castigo penitenciario de la exclusión social y la desigualdad de género", en *Zerbitzuan: Gizarte Zerbitzuetarako Aldizkaria*, núm. 56, 2014, p. 78.

30 ALMEDA SAMARANCH, E.: "Las experiencias familiares de las mujeres encarceladas: El caso de Cataluña", cit., p. 74. Vid., también, YAGÜE OLMOS, C.: "Mujeres en prisión. Intervención basada en sus características, necesidades y demandas", cit., p. 5; IGAREDA, N.: "La maternidad de las mujeres presas", en NICOLÁS, G./ BODELÓN, E. (Coord.), *Género y dominación. Críticas feministas del derecho y el poder*, Anthropos, Barcelona, 2009, pp. 165-168; FRANCÉS, P./ SERRANO, G.: "Mujeres en prisión. Voces desde dentro del centro penitenciario de pamplona", cit., p. 75; DE MIGUEL CALVO, E.: "Encarcelamiento de mujeres. El castigo penitenciario de la exclusión social y la desigualdad de género", cit., pp. 81-82; JUANATEY DORADO, C.: "Delincuencia y población penitenciaria femeninas: situación actual de las mujeres en prisión en España", cit., p. 5.

Y no únicamente las madres encarceladas sufren un impacto emocional y psicológico como consecuencia de la separación de sus hijos e hijas y la interrupción de su vida familiar, sino que ese impacto lo sufren ambas partes. Diversos estudios concluyen que en los y las menores la no presencia de su madre puede llevarles a experimentar sentimientos de abandono, tristeza, ansiedad y depresión, afectar su rendimiento académico y su capacidad de concentración en los estudios, contribuir al desarrollo de trastornos de conducta y dificultades de integración social, etc., y no únicamente como consecuencia de la separación, sino también por la estigmatización asociada a tener a una madre en prisión y la discriminación y rechazo por parte de sus compañeros y compañeras de clase y otros miembros de la comunidad, a lo que hay que sumar el impacto que en la estabilidad económica de la familia puede tener el encarcelamiento de la madre, y todo ello, además, puede implicar la exposición de esos y esas menores a un mayor riesgo de involucrarse en comportamientos antisociales y delictivos[31].

---

[31] Vid. MURRAY, J./ FARRINGTON, D.: "The effects of parental imprisonment on children", en *Crime and Justice: A Review of Research*, vol. 37, 2008, pp. 133-206; CRAWFORD, J.: "Alternative sentencing necessary for female inmates with children", en *Corrections today*, vol. 3, núm. 65, 2003, pp. 8-10; MARSHALL, K.: *Not seen, not heard, not guilty. Summary Report: The Rights and Status of the Children of Prisoners in Scotland*, Scotland's Commissioner for Children and Young People, Edimburg, 2008; CONVERY, U./ MOORE, L.: "Children of imprisoned parents and their problems", en SCHARFF-SMITH, P./ GAMPELL, L. (Eds.), *Children of imprisoned parents*, Danish Institute for Human Rights, Copenhagen, 2011; REED, K.: "Children of prisoners: 'orphans of justice'?", en *Family Law*, núm. 44, 2014; ARDITTI, J.A.: "A family stress-proximal process model for understanding the effects of parental incarceration on children and their families", en *Couple and Family Psychology: Research and Practice*, vol. 5, núm. 2, 2016, p. 65.; HYPPOLITE, M.L.: "Understanding child outcomes within a multiple risk model: Examining parental incarceration", en *Social Sciences*, vol. 6, núm. 3, 2017, p. 82; SHAW, M.: "The reproduction of social disadvantage through educational demobilization: A critical analysis of

Es cierto que en el artículo 38 de nuestra Ley Orgánica General Penitenciaria se prevé el derecho de las madres a mantener a sus hijos o hijas con ellas durante el cumplimiento de la condena, cuando se considere que ello es lo mejor para el interés superior del o la menor. Pero hacerlo intramuros no es la mejor opción. La crianza puede desarrollarse dentro de una prisión convencional, en módulos específicos para madres, pero se trata de una cuestión que ha suscitado y sigue suscitando críticas. Hay que tener en cuenta, por una parte, que los niños y niñas solo pueden permanecer en un centro penitenciario convencional hasta que cumplen los tres años de edad. Con anterioridad a la reforma operada en la Ley Orgánica General Penitenciaria por la Ley Orgánica 13/1995 la edad límite para la permanencia de menores con sus madres en prisión era de seis años, pero se decidió rebajarla a tres porque, según consta en la exposición de motivos de esta ley, más allá de esta edad la criatura "se hace consciente de la privación de libertad que afecta a su madre y vincula la confrontación de su personalidad inicial a tal hecho", pudiendo ello "llegar a comportar graves disfuncionalidades en su desarrollo emocional y psicológico". Sin embargo, sobre este particular quisiera hacer mía una crítica apuntada por Juanatey Dorado, quien, lejos de defender que los y las menores vivan en prisión, dice que en el caso de no

---

parental incarceration", en *Critical Criminology*, vol. 27, núm. 2, 2019, pp. 275-290; ASHMITHA, P./ ANNALAKSHMI, N.: "Resilience of prisoners' children-Teachers' voices", en *IAHRW International Journal of Social Sciences Review*, vol. 8, 2020; BURKHOLDER, J. et al.: "Training Counselors to Work With the Families of Incarcerated Persons: A National Survey", en *Professional Counselor*, vol. 10, núm. 3, 2020, pp. 318-326; YOUNG, B. et al.: "Incarceration and the life course: Age-graded effects of the first parental incarceration experience", en *Journal of Developmental and Life-Course Criminology*, vol. 6, 2020, pp. 256-279; POEHLMANN-TYNAN, J./ TURNEY, K.: "A developmental perspective on children with incarcerated parents", en *Child Development Perspectives*, vol. 15, núm. 1, 2021, pp. 3-11; YI, Y. et al.: "Paternal Jail Incarceration and Birth Outcomes: Evidence from New York City, 2010–2016", en *Maternal and child health journal*, vol. 25, núm. 8, 2021, pp. 1221-1241.

convivencia con la madre "el contexto del niño no va a dejar de ser el que es y necesariamente tendrá que ser consciente de que su madre está presa, y es posible que pueda ser más traumático para él la separación y mantener su relación a través de visitas a un centro penitenciario"[32]. Se debe procurar que se mantenga la convivencia, pero fuera de la cárcel. Además, no sobra apuntar que la vida en prisión tampoco para los más pequeños y pequeñas es inocua. El ambiente de la cárcel no es idóneo para que las relaciones socio-familiares se desarrollen positivamente ni tampoco para el correcto y completo desarrollo de esos y esas menores, por mucho que los mencionados módulos para madres se digan adaptados a su uso, porque carecen de espacios suficientes al aire libre, porque la normativa a cumplir sigue siendo también allí muy restrictiva, impidiendo una correcta libertad de movimiento, incluso dentro de la celda, aparte de que la presencia de funcionarios uniformados, los barrotes, los recuentos y cacheros, etc., pueden tener una serie de consecuencias negativas en el desarrollo de esos niños y niñas, que, aunque pueden variar dependiendo de su edad, la duración de su estancia en prisión y las condiciones específicas de la cárcel en la que se encuentren, pueden consistir, por ejemplo, en el caso de los y las menores que han nacido fuera de la prisión, en la pérdida del control de esfínteres, en un retroceso en el desarrollo del habla y del lenguaje o en la aparición de episodios de estrés; y en el caso de los nacidos y nacidas en prisión, por ejemplo, a causa de la falta de acceso a estimulación temprana y actividades recreativas adecuadas, retrasos en el desarrollo cognitivo y social y, tras el encierro, dificultades en la capacidad para exponerse a espacios abiertos[33].

---

32 JUANATEY DORADO, C.: "Delincuencia y población penitenciaria femeninas: situación actual de las mujeres en prisión en España", cit., p. 7.

33 Vid. JIMÉNEZ, J./ PALACIOS, J.: *Niños y madres en prisión: desarrollo psicosociobiológico de los niños residentes en centros penitenciarios*, Ministerio de Trabajo y Asuntos Sociales y Ministerio del Interior, Madrid, 1998;

De hecho, tanto es así que en 2004 la entonces Secretaria General de Instituciones Penitenciarias, Mercedes Gallizo Llamas, se propuso sacar a los niños y niñas de los recintos carcelarios y mejorar sus condiciones de vida, creándose, con este fin, las llamadas unidades externas de madres, pensadas para acoger principalmente a penadas madres clasificadas en segundo grado a quienes se les ha aplicado el artículo 100.2 del Reglamento Penitenciario[34], pero a las que también pueden acceder, y acceden sobre todo, las clasificadas en alguna de las modalidades del tercer grado recogidas en los artículos 82.1, 83 y 100.2 de dicho Reglamento. Estas unidades están alejadas de los centros penitenciarios convencionales, con vocación de integrarse en la comunidad, y cuentan con una estructura y dotación pensadas para cubrir mejor las necesidades específicas de la población a la que están dirigidas y facilitar una más adecuada relación materno filial y un desarrollo más armonioso de los y las menores, procurando normalizar en la medida de lo posible la vida de quienes están allí ingresados, que en principio deben ser menores de tres años, aunque excepcionalmente se permite la permanencia con sus madres hasta los seis años de los niños y niñas que, una vez cumplidos los tres, se estime que su continuidad allí es mejor alternativa para su desarrollo que la separación de la madre, permitiéndose incluso que si las mujeres destinadas en la unidad con algún hijo o hija menor de tres años tienen otro u otra que no supere los seis, puedan solicitar su ingreso. Sin embargo, la aparición de estas unidades externas no

---

GEA FERNÁNDEZ, M.J.: "Maternidad en prisión. Situación de los hijos e hijas que acompañan a sus madres compartiendo condena", en *Papers. Revista de Sociología*, vol. 102, núm. 2, 2007, pp. 287-310; LEJARRAGA, H. et al.: "Crecimiento, desarrollo, integración social y prácticas de crianza en niños que viven con sus madres en prisión", en *Archivos argentinos de pediatría*, vol. 109, núm. 6, 2011, pp. 485-491.

34 Nada impide que también se acoja allí a clasificadas en segundo grado en régimen ordinario, pero aquellas otras a quienes se les ha aplicado el artículo 100.2 del Reglamento tienen preferencia.

ha supuesto la salida definitiva de los y las menores de los recintos carcelarios, con todo lo que ello implica y de lo que se ha hablado ya, y tampoco ha resuelto el problema de la separación de madres y criaturas del resto de la familia.

Que las personas condenadas a prisión deben ser destinadas a centros situados lo más cerca posible de su domicilio se recoge en la Ley Orgánica General Penitenciaria española (artículo 12), y también en las Reglas Mínimas de Naciones Unidas para el tratamiento de los Reclusos (regla 59), en el Conjunto de Principios de Naciones Unidas para la protección de todas las personas sometidas a cualquier forma de detención o prisión (principio 20) y en las Reglas Penitenciarias Europeas (regla 17). Debe hacerse así para evitar su desarraigo, para que a esa persona le resulte posible mantener el contacto directo con su entorno familiar, porque así lo exige el dar una orientación resocializadora a la ejecución de dicha pena y porque de ello depende no violar su derecho a la vida privada y familiar, recogido en la Constitución Española (artículo 18), en la Declaración Universal de Derechos Humanos (artículo 12) y en el Convenio Europeo de Derechos Humanos (artículo 8). Sin embargo, sucede que las reclusas que conviven con sus hijos o hijas en centros convencionales lo hacen, como he indicado ya, en módulos específicos para madres, y la probabilidad de que se encuentren cerca del lugar de residencia habitual del resto de la familia no es alta, sino más bien lo contrario. Hasta 2020 existían 3 unidades internas de madres, esto es, dentro del recinto de la prisión, en Alcalá de Guadaira, en Madrid VI-Aranjuez y en Valencia Preventivas, pero actualmente solo hay dos. Tal y como se advertía en el Informe Anual de la Secretaría General de Instituciones Penitenciarias de dicho año, se cerraron la primera y la tercera y se abrió otra, la de Alicante Cumplimiento. Y, por otra parte, pese a que el Plan de Amortización y Creación de Centros Penitenciarios de 2005, aprobado en Consejo de Ministros del 18 de noviembre de ese año, preveía la creación de cinco unidades externas de madres, a día de hoy únicamente tres son una realidad y están asignadas a los centros de inserción social de

Madrid, Sevilla y Mallorca, con lo cual poco o nada se amplían las posibilidades de que la pena se cumpla en un centro cercano a su entorno familiar y afectivo. Esto dificulta la relación de la madre con sus familiares, también con los hijos e hijas que no puedan vivir con ella, igual que sucede con los y las menores que sí lo hacen. La permanencia de estas criaturas junto a su progenitora habrá limitado el contacto con otros parientes, impidiendo o dificultando que se creen vínculos afectivos con ellos o debilitando los existentes.

Este problema tampoco lo resuelve otra de las formas especiales de ejecución recogidas reglamentariamente para este perfil maternal: las unidades dependientes específicas para madres, a las que se refiere el artículo 180 del Reglamento Penitenciario. Son pocas las unidades de esta clase existentes y las plazas disponibles, tan pocas que hasta 2020 las únicas dos opciones para mujeres que tenían niños y/o niñas consigo eran las unidades dependientes Nuevo Futuro (dependiente de la prisión Madrid V) y de Horizontes Abiertos (dependiente de la prisión Madrid VI), pero, tal y como se advierte en el Informe Anual de 2020 de la Secretaría General de Instituciones Penitenciarias, ese año cerró la primera de las mencionadas, con lo cual a día de hoy solo existe la segunda. En consecuencia, estar cerca de la familia continua siendo muy complicado, aunque esta es, sin duda, la mejor de las opciones hasta ahora comentadas, porque se trata de viviendas ordinarias ubicadas en el entorno comunitario, sin ningún signo de distinción externa en lo referente a su dedicación y que tienen el fin primordial de acercar a esas mujeres y a sus hijos e hijas a una situación lo más normalizada posible a la existente en libertad y, aunque administrativamente dependen de un centro penitenciario, están gestionadas por asociaciones y organizaciones no gubernamentales. Se debería recurrir en mayor medida a esta posibilidad, pero para ello hay que responder a las necesidades de alojamiento cerca del entorno familiar y social. Se tendría que desarrollar en todo el país una red de unidades de esta clase, que, sin renunciar a la custodia, permiten atender mejor a las necesidades particulares tanto de las mujeres penadas como de sus criaturas[35]. Hay otro inconveniente, pues solo pueden acceder a estas unidades las penadas que se encuentran en tercer grado, pero existe la posibilidad de clasificación inicial en este grado e ingreso directo al medio abierto, con lo cual, con voluntad, también este obstáculo sería fácilmente superable.

La posibilidad de ingreso en una unidad dependiente específica para madres solo resulta mejorada, y quizás no siempre, por la posibilidad de cumplimiento en el propio domicilio familiar, lo cual también exige clasificación en tercer grado y el acceso al régimen abierto. Al respecto quisiera indicar que caben dos posibilidades. La primera está prevista en el artículo 179 del Reglamento Penitenciario, y permite que la mujer pernocte en el domicilio familiar, junto a sus hijos y/o hijas menores, y permanezca durante las horas diurnas que la Junta de Tratamiento determine, ya sin ellos, en uno de los establecimientos de régimen abierto a los que se refiere el artículo 80, esto es, en un centro de inserción social, en una sección abierta o en una unidad dependiente, donde seguirá un programa individualizado de tratamiento. La otra posibilidad, también contemplada en el Reglamento, en el artículo 86.4, es la concesión del tercer grado con control telemático, lo cual requiere que la interna

---

35 De hecho, no únicamente pensando en las penadas madres sino en todas ellas, ya en 2008, en su Resolución de 13 de marzo sobre la situación especial de las mujeres en los centros penitenciarios y las repercusiones de la encarcelación de los padres sobre la vida social, el Parlamento Europeo pidió a los Estados miembros garantizar la creación de centros penitenciarios para mujeres y distribuirlos mejor en su territorio para facilitar el mantenimiento de los lazos familiares, y el Comité Europeo para la prevención de la tortura y las penas o tratos inhumanos o degradantes, tras su visita a diversas prisiones españolas en 2020, recomendó apostar por las unidades pequeñas repartidas por todo el país, lo cual, aparte de facilitar el contacto con la familia, permitiría adaptar mejor su enfoque a las necesidades particulares de las mujeres y prepararlas para su reincorporación a la comunidad.

de modo voluntario acepte el control de su presencia fuera del centro mediante dispositivos telemáticos adecuados proporcionados por la Administración Penitenciaria, los cuales, en cualquier caso, pueden ser substituidos por otras medidas de control, como, por ejemplo, controles sobre las actividades terapéuticas a realizar, comunicaciones telefónicas, entrevistas con la interna o con sus familiares por parte de profesionales penitenciarios, presentaciones en una unidad de la Administración Penitenciaria o en dependencias policiales o de la Guardia Civil, etc. La Instrucción 13/2006 de la Dirección General de Instituciones Penitenciarias se refiere de manera expresa a esta modalidad de vida en los supuestos concretos de madres con hijos o hijas, indicándose que la misma encuentra su justificación y sus límites en garantizar la atención integral por parte de la madre a los y las menores, y que se aplicará siempre que no existan, tras valoración de las circunstancias de la madre, otras alternativas preferibles para los intereses de esas criaturas. Se indica, igualmente, que las Juntas de Tratamiento formularán los correspondientes estudios-propuesta con la antelación suficiente para que su efectiva autorización y aplicación pueda atender el fin perseguido y que se contemplarán también las estrategias y los medios que favorezcan la continuidad de la atención al o la menor en el entorno más adecuado para él o ella. Y se añade, por último, que a lo largo del período de la lactancia son de aplicación, en todo caso, las previsiones contenidas en el artículo 179 del Reglamento.

2. La clasificación en tercer grado y la libertad condicional

Tal y como he avanzado en el anterior punto de este trabajo, para poder ingresar en una unidad dependiente específica para madres se exige estar clasificada en tercer grado, igual que lo exige que así sea la posibilidad de cumplimiento en el propio domicilio familiar, aparte de que aunque las unidades externas están pensadas para acoger principalmente a penadas clasificadas en segundo grado a quienes se les ha aplicado el artículo 100.2 del Reglamento Penitenciario, allí encontramos a muchas clasificadas en alguna de las modalidades del tercer grado recogidas en los artículos 82.1, 83 y 100.2. Siendo así, resulta pertinente explicar, en primer lugar, que a las penadas a pena de prisión, igual que a los penados, se les asigna un grado de clasificación, lo que determinará el régimen de vida que les corresponde, aparte de que ello constituye un elemento clave del tratamiento. En concreto, y tal y como consta en el artículo 72.2 de la Ley Orgánica General Penitenciaria, existen tres grados de clasificación: el primero, el segundo y el tercero, a los que corresponden el régimen cerrado, el ordinario y el abierto o de semilibertad, respectivamente, con unas normas de control y seguridad muy restrictivas en el primero pero que se atenúan en el segundo y más notablemente en el tercero. De hecho, uno de los principios inspiradores del régimen abierto, recogidos en el artículo 83.2 del Reglamento Penitenciario, es precisamente la atenuación de medidas de control, así como también la autorresponsabilidad, la normalización e integración social, la evitación de la desestructuración familiar y la coordinación con las instancias comunitarias de reinserción.

Hay que saber, asimismo, que a la hora de decidir qué clasificación corresponde a cada persona las Juntas de Tratamiento han de tomar en consideración las variables recogidas en los artículos 63 de la Ley Orgánica General Penitenciaria y 102 del Reglamento que la desarrolla, que son la personalidad y el historial individual, familiar, social y delictivo de la interna o el interno, la duración de la pena y medidas penales en su caso, el medio al que probablemente retornará y los recursos, facilidades y dificultades existentes en cada caso y momento para el buen éxito del tratamiento. Sin embargo, en el citado artículo del Reglamento, en el apartado cuarto, se recoge como único requisito para la clasificación en tercer grado que la persona esté capacitada para llevar a cabo un régimen de vida en semilibertad por sus circunstancias personales y penitenciarias. Así consta también en el artículo 10 de la Ley Orgánica General Penitenciaria, y pese que en su artículo 72.5 se requiere también para ello la satisfacción de la responsabilidad civil, este requisito no puede, o no debe, considerarse una condición absoluta, sino que ha de abordarse desde una perspectiva preventivo-especial, exigiendo que la persona penada haya puesto de manifiesto su disposición a adecuar su conducta al respeto a la norma y a la víctima o perjudicado por su delito, habiéndose de tener en cuenta la conducta efectivamente observada en orden a restituir lo sustraído, reparar el daño e indemnizar los perjuicios materiales y morales ocasionados, pero también la asunción de un compromiso por su parte de hacerlo e incluso el ofrecimiento o la aceptación de garantías en este sentido, y siempre teniendo en cuenta sus circunstancias personales y patrimoniales a efectos de valorar su capacidad real, entre otras cosas porque puede tratarse de una persona que se encuentra en situación de insolvencia. Hay que engarzar este requisito con el relativo a la prognosis favorable de reinserción social.

Aunque lo más habitual es acceder al tercer grado después de haber estado en el segundo, vía progresión, es posible la clasificación inicial en ese grado superior y, en consecuencia, el acceso directo al medio abierto (salvo en una serie de casos concretos, previstos en los artículos 36.1, 36.2 y 78.3 del Código Penal, en los que sí se exige cumplir determinados plazos), y en el caso de las mujeres en general y en el de las que son madres en particular no solo es posible sino también lo más aconsejable, e incluso, al menos en algunos supuestos, lo más razonable.

Es posible porque en el artículo 72.3 de la Ley Orgánica General Penitenciarias se advierte de forma clara que, siempre que se reúnan las condiciones para ello, la persona penada podrá ser situada inicialmente en un grado superior sin tener que pasar necesariamente por los que le preceden, y a ello se añade, en el artículo 104.3 del Reglamento, que esta clasificación es posible aun cuando no se tenga extinguida la cuarta parte de la condena o condenas que cumpla. Para que así pueda ser la Instrucción de Instituciones Penitenciarias 9/2007 exige que la persona interna no presente factores de inadaptación significativos y exista un pronóstico de reincidencia medio bajo a muy bajo. A los primeros no se hace mención en la Instrucción 6/2020, por la que se aprobó el protocolo de ingreso directo en medio abierto, pero son tomados en consideración, y se entiende como tales la pertenencia a organizaciones delictivas, presentar una personalidad de rasgos de carácter psicopático, que exista una inadaptación a la prisión y una escalada delictiva. A decir verdad, en la citada Instrucción de 2020 tampoco se habla de concurrencia de factores que llevan a apreciar un pronóstico de reincidencia bajo sino de circunstancias favorables presentes en la persona que hagan presumir su capacidad de vivir en régimen de semilibertad, pero las enumeradas son las que, a tenor de lo dispuesto en la Instrucción de 2007, llevan a afirmar que el riesgo de reincidencia es bajo. Aclarado esto, a la vista de lo dispuesto en ambas Instrucciones, se valorarán factores tales como: ingreso voluntario, condenas impuestas no superiores a 5 años, primariedad delictiva (entendida como primariedad funcional) o primariedad penitenciaria (que se trate del primer ingreso en prisión decretado por una sentencia condenatoria, sin que puedan computarse los ingresos preventivos previos) o reincidencia de escasa, antigüedad en la causa por la que ingresó (más de tres años), correcta adaptación social desde la comisión de los hechos hasta el ingreso, baja prisionización, red de apoyo familiar y social bien integrada o en condiciones favorables que permitan el aval propio o autoacogida, asunción del delito, personalidad responsable, actividad laboral en el momento de la presentación o existencia de un proyecto vital acorde a sus circunstancias personales que le permita subvenir a sus necesidades o aceptación de realizar durante el tercer grado otras actividades, tales como educativas, voluntariado, etc., y, en el caso de presentar adicciones relacionadas con la actividad delictiva, que la persona se halle en tratamiento, en disposición de realizarlo o lo haya superado favorablemente, a lo que se añade la satisfacción de la responsabilidad civil, en caso de existir esta como consecuencia de la realización del delito, o compromiso de satisfacción de la misma de acuerdo con su capacidad económica o declaración de insolvencia.

El acceso directo al medio abierto es también lo más aconsejable, porque permite evitar los perjuicios que puede ocasionar el encarcelamiento, porque es el marco desde el que conseguir más eficazmente una intervención comunitaria que potencie las posibilidades de reintegración social, debido a las ya comentadas dificultades existentes para proporcionar a las mujeres unas condiciones penitenciarias adecuadas y en igualdad con los hombres y a la mayor victimización y estigmatización que sufren ellas con el encarcelamiento, debido, también, al complemento punitivo que supone el ser madre y estar en prisión y a que el interés superior de los y las menores debe presidir las decisiones judiciales y administrativas, y velar por el mismo recomendará en la mayoría de los casos evitar el ingreso en un centro penitenciario de la madre, al menos en uno ordinario, y ello solo es posible, a no ser que se suspenda la ejecución de la condena, a través del acceso directo al medio abierto mediante la previa clasificación inicial en tercer grado.

Y aparte de ser posible y aconsejable, es también, al menos en algunos casos, lo más razonable, a la vista de las ya comentadas circunstancias personales de la mayoría de las mujeres condenadas a prisión (marcadas por las complejas realidades que les ha tocado vivir y por las desventajas estructurales y diferentes formas de violencia que han sufrido) y el delito por ellas cometido (sin recurso a las vis física y psíquica, estando también muchas veces ausente la fuerza en las cosas, y dirigido en bastantes ocasiones a cubrir las necesidades de subsistencia, propia y familiar), y teniendo en cuenta, igualmente, que en ellas la tasa de reincidencia penitenciaria es muy baja (solo el 5,03% de las personas reincidentes entre 2009y 2019 eran mujeres).

Debería promoverse la clasificación inicial en tercer grado y el acceso directo al medio abierto en el caso de las mujeres, de todas ellas, cuando exista un pronóstico favorable de reinserción social, y muy especialmente debería hacerse en el caso de las penadas que son madres y principales o únicas cuidadoras de hijos e hijas menores, por las razones apuntadas y como de hecho se dice que debe hacerse en la propia Instrucción de Instituciones Penitenciarias 6/2020, al exigir que se tengan en cuenta, junto a las circunstancias acabadas de exponer, las de especial vulnerabilidad que pueda presentar la persona penada o los familiares a su cargo, haciéndose una referencia expresa a los hijos e hijas menores. Hay que saber, igualmente, que en una de las Reglas de Bangkok, en concreto en la regla 40, se dice que los responsables de las prisiones elaborarán y aplicarán métodos de clasificación centrados en las necesidades y la situación de las mujeres reclusas, para asegurar la planificación y ejecución apropiadas e individualizadas de programas orientados a su pronta rehabilitación, tratamiento y reinserción social, y que a continuación, en la regla 41, se indica que en su distribución y en la planificación del cumplimiento de la condena se han de tener presentes, entre otras cosas, sus responsabilidades maternas y relativas al cuidado de los y las menores[36].

La previa clasificación en tercer grado es, por otra parte, un requisito a cumplir para poder optar a la libertad condicional, lo cual es un argumento de más para la pronta clasificación o progresión en este grado de las madres con criaturas a su cargo, permitiendo tal concesión que estas mujeres puedan seguir cumpliendo la pena en su propio domicilio, ahora ya en régimen de libertad, disfrutando de la vida privada y familiar y ocupándose de sus hijos o hijas menores al tiempo que pueden continuar su tratamiento en el medio comunitario. Sí, también continuar con el tratamiento.

Tener hijos o hijas menores, el deber, poder y querer ocuparse de ellos o ellas (así como, evidentemente, el interés superior de esas criaturas, sus derechos y su bienestar), es tenido en cuenta a la hora de evaluar la concesión de la libertad condicional, porque, aparte de indicarse en la número 63 de las Reglas de Bangkok que así debe hacerse, que así se haga se desprende de lo previsto en el artículo 90.1 del Código Penal, pero hay que saber que ni las circunstancias familiares de las penadas son las únicas variables a

---

36 Cuanto se ha dicho debe tenerse igualmente en cuenta respecto al acceso al tercer grado no de manera directa y con ello al régimen abierto, sino por la vía de la progresión, cuando la mujer penada se encuentre ya cumpliendo condena y clasificada en segundo grado, con aplicación del régimen ordinario que a este corresponde.

tomar en consideración a la hora de decidir, ni la clasificación en tercer grado es el único requisito exigido para que así sea.

Respecto a las variables a valorar, aparte de las circunstancias familiares y el resto de circunstancias personales y sociales de la persona penada, encontramos enumeradas en el artículo 90.1 del Código Penal las siguientes: su personalidad, sus antecedentes, las circunstancias del delito cometido, la relevancia de los bienes jurídicos que podrían verse afectados por una reiteración en el delito, su conducta durante el cumplimiento de la pena y los efectos que quepa esperar de la propia suspensión de la ejecución y del cumplimiento de las medidas que fueren impuestas.

Y respecto a los requisitos a cumplir, enumerados en el mismo artículo encontramos, aparte de la clasificación en tercer grado, el consistente en haber observado buena conducta y, también, la extinción de las tres cuartas partes de la pena impuesta. Este último requisito, el temporal, puede rebajarse. Podrá resultar suficiente con el cumplimiento de dos terceras partes de la condena o incluso con el cumplimiento de la mitad, pues así consta en el artículo 90.2, pero, aun así, la libertad condicional no puede concederse de manera inmediata, como sí pasa con la clasificación en tercer grado y el acceso directo al medio abierto[37]. Hay, además, en el artículo 90.1, otro requisito a cumplir, consistente en haber hecho efectiva la responsabilidad civil derivada del delito, aunque la remisión que aquí encontramos al artículo 72.5 de la Ley Orgánica General Penitenciaria debería llevarnos a concluir que se deben valorar los esfuerzos realizados para hacer frente a ella de

---

37 Únicamente existen dos supuestos en los que se puede prescindir del requisito temporal: si se trata de personas septuagenarias y/o de personas enfermas muy graves con padecimientos incurables. En el artículo 91 del Código Penal se indica que en estos casos no se exigirá haber extinguido las tres cuartas partes, las dos terceras partes o, en su caso, la mitad de la condena, para poder obtener la suspensión de la ejecución del resto de la pena y la concesión de la libertad condicional.

acuerdo con la capacidad económica de cada persona y, también, en caso de insolvencia acreditada, la imposibilidad de satisfacerla, y que ello no debe impedir el disfrute de la libertad condicional si se cumplen los demás requisitos.

La verdad es que no resulta fácil la obtención de la libertad condicional. Como se afirma en el informe ejecutivo confeccionado por el Área de Investigación y Formación Social y Criminológica del Centro de Estudios Jurídicos y Formación Especializada de la Generalitat de Catalunya, en comparación con el resto de Europa "somos los que tardamos más en poderla proponer dentro del período de condena y los que más requisitos adicionales pedimos para su concesión"[38]. Ello, sumado a que nuestro modelo de libertad condicional se adscribe a un modelo discrecional que facilita que se haga un uso excesivamente conservador de la misma, contribuye a explicar la razón por la cual aquí tenemos uno de los porcentajes más bajos de personas penadas que finalizan su condena en libertad condicional. Además hay que saber, y lamentar, que en los últimos años, en vez de impulsarse la utilización de esta figura, que sería lo recomendable, lo que se constata es una aplicación decreciente de la misma[39], e incluso, desde la reforma

---

38 ÁREA DE INVESTIGACIÓN Y FORMACIÓN SOCIAL Y CRIMINOLÓGICA, Centre d'Estudis Jurídics i Formació Especialitzada, Generalitat de Catalunya: *La libertad condicional en Cataluña* (informe ejecutivo), 2014, p. 20.

39 Vid. TÉBAR VILCHES, B.: "La aplicación de la libertad condicional en España", en *Revista de Derecho Penal y Criminología* núm. 18, 2006, pp. 283-315; ROLDÁN BARBERO, H.: "El uso de la libertad condicional y su influencia en el tamaño de la población reclusa en España", en *Revista Electrónica de Ciencia Penal y Criminología*, vol. 12, 2010, pp. 1-16; CID MOLINÉ, J./ TÉBAR VILCHES, B.: "Libertad condicional y delincuentes de alto riesgo", en *Revista Española de Investigación Criminológica*, núm. 8, 2010, pp. 1-23; RODRÍGUEZ YAGÜE, C./ PASCUAL RODRÍGUEZ, E.: *Las mujeres en prisión: la voz que nadie escucha. Explorando nuevas vías de cumplimiento de las penas impuestas a mujeres a*

operada en el Código Penal por la Ley Orgánica 1/2015, de 30 de marzo, la renuncia a ella por una parte de las personas condenadas, que prefieren terminar el cumplimiento de la condena impuesta en alguna de las modalidades del tercer grado. Esto se debe a que desde entonces dicha figura ha transmutado su naturaleza, convirtiéndose en una suspensión de la última fase de la condena que implica el establecimiento de un plazo fijo, de entre 2 y 5 años, pudiendo ocurrir que este plazo sea superior al tiempo de condena que resta por cumplir, a lo cual tenemos que sumar el hecho de que el incumplimiento de alguna de las condiciones impuestas para su concesión puede suponer la revocación y la obligación de cumplir toda la parte de la condena que hubiese sido suspendida, sin que se compute el tiempo pasado en libertad condicional como tiempo de cumplimiento[40].

El problema no está en condicionar su concesión al cumplimiento de determinadas obligaciones o prohibiciones cuando sean necesarias para reducir algún factor criminógeno relacionado con el delito cometido, resulten idóneas para ello y no sean excesivas. Las obligaciones o prohibiciones a imponer están enumeradas en el artículo 83.1 del Código Penal, al que se remite el artículo 90.1 del mismo[41], y en esta enumeración encontramos el deber de participar en programas formativos, laborales, culturales, de resolución pacífica de conflictos y otros similares, lo cual, si no se centra en el control de la persona sino que es concebido como

---

través de la cultura, cit., pp. 29-31. Vid., igualmente, ÁREA DE INVESTIGACIÓN Y FORMACIÓN SOCIAL Y CRIMINOLÓGICA, Centre d'Estudis Jurídics i Formació Especialitzada, Generalitat de Catalunya: *La libertad condicional en Cataluña* (informe ejecutivo), 2014.

40 Respecto a la revocación, pueden consultarse los artículos 90.5 y .6 y el artículo 86 del Código Penal.

41 Esas prohibiciones u obligaciones han de ser impuestas por el Juez o la Jueza de Vigilancia Penitenciaria, pero solo cuando ello resulte necesario para evitar el peligro de comisión de nuevos delitos, sin que puedan resultar excesivas y desproporcionadas.

una medida de tratamiento o de intervención rehabilitadora, puede ser muy positivo, porque puede contribuir a paliar los problemas que la llevaron a delinquir y que todavía subsistan, e incluso los problemas derivados de la propia reclusión, puede permitirle afrontar sus necesidades, promover su vinculación social y evitar la reincidencia. El problema está, por una parte, en que el plazo de suspensión pueda ser superior al tiempo de condena y que durante el mismo subsista tal obligación, porque esto en la práctica supone una prolongación de la condena, y, por otra parte, en que el incumplimiento de la condición impuesta pueda implicar no solo la revocación y la reentrada en prisión sino que la estancia aquí no se limite al tiempo de condena que quede por extinguir sino que a este se sume todo el transcurrido en libertad condicional. Es cierto que en el Código Penal se prevé, de forma alternativa, para el caso de que el incumplimiento de las condiciones, deberes o prohibiciones no sea grave o reiterado, que el Juez o la Jueza de Vigilancia Penitenciaria pueda, en lugar de acordar la revocación, imponer nuevas condiciones, prohibiciones o deberes o modificar los impuestos o acordar la prórroga del plazo de suspensión, pero esto último, que pueda extenderse por segunda vez el control penal al que son sometidas las personas condenadas, no ayuda demasiado, sobre todo teniendo en cuenta que en el caso de condenas cortas normalmente es poco el tiempo que queda por cumplir cuando se permite acceder a la libertad condicional.

Es más, si tan necesaria resulta la realización de programas de reeducación y reinserción como los indicados, no se debe esperar a que la persona acceda a la libertad condicional para ofrecerlos. Desde el inicio del cumplimiento de la condena las autoridades penitenciarias, en cooperación con los servicios de libertad condicional y de asistencia social, los grupos comunitarios locales y las organizaciones no gubernamentales, deben elaborar y ejecutar programas que incluyan medidas de la clase referida, a ser posible en el medio comunitario. Vuelvo a insistir en la conveniencia de promover la clasificación inicial en tercer grado y el acceso directo al medio abierto, por tratarse del marco desde el que se puede conseguir más eficazmente una intervención que potencie las posibilidades de reintegración social. Y también quiero volver a insistir en que las medidas a adoptar deben recoger un enfoque específico de género, tomando en consideración las características de las mujeres penadas, sus necesidades y las problemáticas concretas a atender, tal y como se insta a hacerlo en la número 46 de las Reglas de Bangkok. Ello, por otra parte, evitaría incumplimientos. Y resulta igualmente imprescindible la adopción de medidas necesarias para integrar normas que faciliten la contratación de las mujeres penadas, como ya en 2008 el Parlamento Europeo, en su Resolución de 13 de marzo de 2008, pidió que se hiciese, especialmente para el caso de madres solas.

BIBLIOGRAFÍA

ADLER, F.: *Sisters in Crime: The Rise of the New Female Criminal*, McGraw-Hill, New York, 1975.

AGUILERA REIJA, M.: "Mujeres en prisiones españolas", en *Revista de Estudios Penitenciarios*, Extra-2019.

ALMEDA SAMARANCH, E./ BODELÓN GONZÁLEZ, E.: *Mujer y castigo: un enfoque socio-jurídico y de género*, Dykinson, Madrid, 2007.

ALMEDA SAMARANCH, E.: "Las experiencias familiares de las mujeres encarceladas: El caso de Cataluña", en *Las cárceles de la democracia. Del déficit de ciudadanía a la producción de control*, Ediciones Bajo Cero, Madrid, 2005.

ALMEDA SAMARANCH, E.: *Mujeres encarceladas*, Ariel, Barcelona, 2003.

ARDITTI, J.A.: "A family stress-proximal process model for understanding the effects of parental incarceration on children and their families", en *Couple and Family Psychology: Research and Practice*, vol. 5, núm. 2, 2016.

ÁREA DE INVESTIGACIÓN Y FORMACIÓN SOCIAL Y CRIMINOLÓGICA, Centre d'Estudis Jurídics i Formació Especialitzada, Generalitat de Catalunya*: La libertad condicional en Cataluña* (informe ejecutivo), 2014.

ASHMITHA, P./ ANNALAKSHMI, N.: "Resilience of prisoners' children-Teachers' voices", en *IAHRW International Journal of Social Sciences Review*, vol. 8, 2020.

AYUSO VIVANCOS, A.: *Visión crítica de la reeducación penitenciaria en España*, Nau Llibres, Valencia, 2003.

BODELÓN GONZÁLEZ, E.: "La violencia contra las mujeres en situación de encierro", en *Revista da Escola da Magistratura do Estado do Rio de Janeiro*, vol. 15, núm. 43, 2012.

BORJA JIMÉNEZ, E.: "Política criminal del Código Penal frente a los hechos delictivos perpetrados con relevancia femenina", en *Revista Penal*, núm. 53, enero de 2024.

BURKHOLDER, J. et al.: "Training Counselors to Work With the Families of Incarcerated Persons: A National Survey", en *Professional Counselor*, vol. 10, núm. 3, 2020.

CARLEN, P.: "Women's imprisonment: an introduction to the Bangkok Rules", en *Crítica Penal y Poder*, núm. 3, 2012.

CERVELLÓ DONDERIS, V.: "Las prisiones de mujeres desde una perspectiva de género", en *Revista General de Derecho Penal*, núm. 5, 2006.

CHESNEY-LIND, M.: "Women and Crime: The female offender", en *Signs: Journal of Women in Culture and Society*, vol. 12, núm. 1, 1986.

CID MOLINÉ, J./ TÉBAR VILCHES, B.: "Libertad condicional y delincuentes de alto riesgo", en *Revista Española de Investigación Criminológica*, núm. 8, 2010.

CONTRERAS HERNÁNDEZ, P.: "Maternidad encarcelada: análisis feminista de las consecuencias personales, familiares y sociales en mujeres privadas de libertad", en *Revista Temas Sociológicos*, núm. 22, 2018.

CONVERY, U./ MOORE, L.: "Children of imprisoned parents and their problems", en SCHARFF-SMITH, P./ GAMPELL, L. (Eds.), *Children of imprisoned parents*, Danish Institute for Human Rights, Copenhagen, 2011.

COVINGTON, S./ BLOOM, B.: "Gendered Justice: Women in the Criminal Justice System", en BLOOM, B. (Ed.), *Gendered Justice: Addressing Female Offenders*, Carolina Academic Press, Durham, 2003.

CRAWFORD, J.: "Alternative sentencing necessary for female inmates with children", en *Corrections today*, vol. 3, núm. 65, 2003.

CRUELLS, M. et al.: *Violencia contra las mujeres. Análisis en la población penitenciaria femenina*, SURT, Barcelona, 2005.

CRUELLS, M./ IGAREDA, N.: *Mujeres, integración y prisión*, Aurea Editores, Barcelona, 2005.

DE MIGUEL CALVO, E.: "Encarcelamiento de mujeres. El castigo penitenciario de la exclusión social y la desigualdad de género", en *Zerbitzuan: Gizarte Zerbitzuetarako Aldizkaria*, núm. 56, 2014.

FOSTER, H.: "The strains of maternal imprisonment: Importation and deprivation stressors for women and children", en *Journal of Criminal Justice*, núm. 2, 2012.

FRANCÉS, P./ SERRANO, G.: *Mujeres en prisión. Voces desde dentro del centro penitenciario de pamplona*, Salhaketa, Pamplona, 2011.

GEA FERNÁNDEZ, M.J. et al.: *Una condena compartida: Un estudio de caso sobre el control penal*, Tierradenadie, Madrid, 2014.

GEA FERNÁNDEZ, M.J: "Maternidad en prisión. Situación de los hijos e hijas que acompañan a sus madres compartiendo condena", en *Papers. Revista de Sociología*, vol. 102, núm. 2, 2007.

GONZÁLEZ COLLANTES, T.: "¿Condenados a reincidir? (Una revisión analítica sobre la eficacia preventiva especial de las penas)", en ORTS BERENGUER, E./ ALONSO RIMO, A./ ROIG TORRES, M. (Dirs.), *Peligrosidad criminal y Estado de Derecho*, Tirant lo Blanch, Valencia, 2017.

GONZÁLEZ COLLANTES, T.: "Evaluación de la eficacia preventiva especial de la pena de prisión en comparación con otras penas alternativas", en *Revista General de Derecho Penal*, núm. 27, 2017.

GONZÁLEZ COLLANTES, T.: "Presos y excluidos. Excluidos y presos. La prisión como problema y no como solución"", en CORRECHER MIRA, J. (Dir.), *Sistema penal y exclusión. Una mirada integral al conflicto de la desigualdad en el ámbito del Derecho Penal*, Tirant lo Blanch, 2023.

HERNÁNDEZ, G. et al.: *Mujeres gitanas y sistema penal*, Metyel, Madrid, 2001.

HOUCK, K./ LOPER, A.B.: "The relationship of parenting stress to adjustement among mothers in prison", en *American Journal of Orthopsychiatry*, núm. 72, 2002.

HYPPOLITE, M.L.: "Understanding child outcomes within a multiple risk model: Examining parental incarceration", en *Social Sciences*, vol. 6, núm. 3, 2017.

IGAREDA, N.: "La maternidad de las mujeres presas", en NICOLÁS, G./ BODELÓN, E. (Coord.), *Género y dominación. Críticas feministas del derecho y el poder*, Anthropos, Barcelona, 2009.

IGAREDA, N.: "Mujeres, integración y prisión", en *Boletín Criminológico*, núm. 86, 2006.

JIMÉNEZ, J./ PALACIOS, J.: *Niños y madres en prisión: desarrollo psicosociobiológico de los niños residentes en centros penitenciarios*, Ministerio de Trabajo y Asuntos Sociales y Ministerio del Interior, Madrid, 1998.

JUANATEY DORADO, C.: "Delincuencia y población penitenciaria femeninas: situación actual de las mujeres en prisión en España", en *Revista Electrónica de Ciencia Penal y Criminología*, núm. 20, 2018.

JULIANO, D.: *Presunción de inocencia. Riesgo, delito y pecado en femenino*, Gakoa, Bilbao, 2011.

LEJARRAGA, H. et al.: "Crecimiento, desarrollo, integración social y prácticas de crianza en niños que viven con sus madres en prisión", en *Archivos argentinos de pediatría*, vol. 109, núm. 6, 2011.

MAPELLI CAFFARENA, B. et al.: "La exclusión de las excluidas. ¿Atiende el sistema penitenciario a las necesidades de género?: Una visión andaluza", en *Estudios Penales y Criminológicos*, vol. XXXIII, 2013.

MARSHALL, K.: *Not seen, not heard, not guilty. Summary Report: The Rights and Status of the Children of Prisoners in Scotland*, Scotland's Commissioner for Children and Young People, Edimburg, 2008.

MURRAY, J./ FARRINGTON, D.: "The effects of parental imprisonment on children", en *Crime and Justice: A Review of Research*, vol. 37, 2008.

NAREDO MOLERO, M.: "¿Qué nos enseñan las reclusas? La criminalización de la pobreza desde la situación de reclusas extranjeras y gitanas", en *Humanismo y Trabajo Social*, núm. 3, 2007.

NAREDO MOLERO, M.: "La criminalización de las mujeres gitanas en el estado español", en *Actas de las Jornadas de Graduado en Criminología y Política Criminal 2000 y 2001*, Universidad de Barcelona, 2003.

NAREDO MOLERO, M.: "Reclusas con hijos/as en la cárcel", en ALMEDA SAMARANCH, E./ BODELON GONZÁLEZ, E. (Coord.), *Mujeres y castigo: Un enfoque socio-jurídico y de género*, Dykinson, Madrid, 2007,

NAVARRO, C.: *L'execució de la pena de presó. Peculiaritats de l'execució penal femenina*, Càtedra UAB-CICAC Observatori Social i Econòmic de la Justícia, Barcelona, 2018.

PICARDO VALVERDE, E.M. et al.: "Análisis de los factores de victimización en mujeres delincuentes", en *Boletín Criminológico*, vol. 24, núm. 177, 2018.

POEHLMANN-TYNAN, J./ TURNEY, K.: "A developmental perspective on children with incarcerated parents", en *Child Development Perspectives*, vol. 15, núm. 1, 2021.

REED, K.: "Children of prisoners: 'orphans of justice'?", en *Family Law*, núm. 44, 2014.

RODRÍGUEZ YAGÜE, C./ PASCUAL RODRÍGUEZ, E.: *Las mujeres en prisión: la voz que nadie escucha. Explorando nuevas vías de cumplimiento de las penas impuestas a mujeres a través de la cultura*, Ediciones La Cultivada (Fundación Gabeiras), Madrid, 2022.

ROLDÁN BARBERO, H.: "El uso de la libertad condicional y su influencia en el tamaño de la población reclusa en España", en *Revista Electrónica de Ciencia Penal y Criminología*, vol. 12, 2010.

SERRANO TÁRRAGA, M. D.: "La consideración del género en la ejecución de las penas privativas de libertad", en *Estudios Penales y Criminológicos*, vol. XXX, 2010.

SHAW, M.: "The reproduction of social disadvantage through educational demobilization: A critical analysis of parental incarceration", en *Critical Criminology*, vol. 27, núm. 2, 2019.

SIMON, R. J.: *Women and crime*, Lexington, Lexington Books, 1975.

STEFFENSMEIER, D./ ALLAN, E.: "Gender and crime: Toward a gendered theory of female offending", en *Annual Review of Sociology*, vol. 22, núm. 1, 1996.

STEFFENSMEIER, D.R.J.: "Trends in Female Delinquency: An Examination of Arrest, Juvenile Court, Self-Report, and Field Data", en *Criminology*, vol. 18, núm. 1, 1980.

TÉBAR VILCHES, B.: "La aplicación de la libertad condicional en España", en *Revista de Derecho Penal y Criminología* núm. 18, 2006.

VASILESCU, C.: *Mujeres y penas alternativas a la prisión: una mirada con perspectiva de género*, Dykinson, Madrid, 2022.

WACQUANT, L.: "Ordering Insecurity: Social Polarization and the Punitive Upsurge", en *Radical Philosophy Review*, vol. 11, núm. 1, 2008.

WACQUANT, L.: *Las cárceles de la miseria*, Manantial, Buenos Aires, 2004.

YAGÜE OLMOS, C.: "Las mujeres encarceladas", en SUSINOS RADA, T./ CALVO SALVADOR, A./ GARCÍA LASTRA, M. (Coords.), *Mujeres en la periferia. Algunos debates sobre género y exclusión social*, Icaria, Madrid, 2007.

YAGÜE OLMOS, C.: "Mujeres en prisión. Intervención basada en sus características, necesidades y demandas", en *Revista Española de Investigación Criminológica*, núm. 5, 2007.

YAGÜE OLMOS, C.: *Madres en prisión. Historia de las cárceles de mujeres a través de su vertiente maternal*, Comares, Madrid, 2007.

YI, Y. et al.: "Paternal Jail Incarceration and Birth Outcomes: Evidence from New York City, 2010–2016", en *Maternal and child health journal*, vol. 25, núm. 8, 2021.

YOUNG, B. et al.: "Incarceration and the life course: Age-graded effects of the first parental incarceration experience", en *Journal of Developmental and Life-Course Criminology*, vol. 6, 2020.

¿Está la sociedad preparada para la justicia restaurativa? una mirada desde la salud mental y el género

GLORIA BERNABÉ-VALERO
Profesora doctora de la Universidad Católica de Valencia
ROSA M. TRENADO
Profesora doctora de la Universitat de València

I. INTRODUCCIÓN

El paradigma de la justicia restaurativa surge en la década de los setenta, a iniciativa de personas motivadas por tres cuestionamientos: ¿Cómo debe responder la sociedad ante la comisión de ilícitos? ¿Cuál es la mejor respuesta ante un crimen o un acto de injusticia? ¿Qué se requiere para hacer justicia? En Europa, la respuesta se justificó en la estructura del bienestar social, pero en España empieza a implementarse, de manera muy moderada, ya en el siglo XXI.

Investigaciones de la última década, centradas en el análisis del paradigma de Justicia restaurativa, concluyen que en España no hay motivo para no implantar la Justicia Restaurativa [(1)]. Por lo tanto, es de interés estudiar la opinión y necesidades de los diferentes agentes que conforman la justicia restaurativa y trabajar en la línea de mejorar su implementación.

La conducta delictiva vincula a tres agentes, víctima, ofensor y sociedad como resultado de un conflicto humano que provoca la ruptura de las expectativas sociales simbólicamente compartidas.

---

1 AYLLÓN GARCÍA, J. D.: "La Justicia Restaurativa en España y en otros ordenamientos jurídicos", *Ars Boni et Aequi, Año 15*, n° 2, 2019, pp. 9-29.

En el camino para superar esta ruptura y recuperar la sensación de orden y seguridad, las víctimas necesitan recibir una restitución por el daño causado, las y los ofensores asumir su responsabilidad y las personas que formamos la comunidad debemos involucrarnos en el proceso.

Esta idea se basa en el "Principio de responsabilidad universal compartida", en el cual, señala Beristain [(2)], "Todos somos corresponsables más o menos de lo que hacen nuestros conciudadanos". Y, por lo tanto, si nos centramos en reparar el daño, restaurar las relaciones y construir un capital social forjando relaciones y desarrollando una comunidad, se aumentarán las posibilidades de éxito [(3)].

En España contamos con entidades que están trabajando desde diferentes áreas por la promoción de la Justicia Restaurativa. En esta línea queremos destacar la labor de algunas de ellas, sin obviar que hay muchas más líneas de trabajo.

Una de las entidades que llevan años trabajando en la promoción de valores restaurativos es la Federación Española de Justicia Restaurativa, FEJR https://justiciarestaurativa.wixsite.com/fejr. Entre sus objetivos destaca el interés por regenerar las heridas producidas por el delito y desarrollar nuevos modelos de convivencia comunitaria. Sus trabajos avalan la búsqueda de una sociedad más justa, tanto por parte de instituciones como por la percepción y experiencia de los ciudadanos y ciudadanas.

De interés es también el trabajo desarrollado por la Sociedad Científica de Justicia Restaurativa, SCJR, https://justiciarestaurativa.es/ . Esta sociedad es la primera creada en España, en 2011, y tiene

---

2 BERISTAIN, A.: *Protagonismo de las víctimas de hoy y mañana (Evolución en el campo jurídico penal, prisional y ético).*Tirant lo Blanch, Valencia, 2004.

3 DAVEY, L.: *Restorative practices: A vision of hope.* Paper presented at "Improving Citizenship & Restoring Community," the 10th International Institute for Restorative Practices World Conference, Budapest, Hungary, 2007, November.

como misión lograr un sistema social más humano. Han trabajado a través de la implementación de programas de justicia restaurativa, en diferentes ámbitos, que tengan en cuenta las verdaderas necesidades de los afectados por el daño y, en todo caso, que promuevan la pacificación y sanación de la sociedad en su conjunto.

¿Por qué es importante preguntar a la sociedad?: responsabilidad compartida:

La implantación de la Justicia Restaurativa es incipiente en España y depende de adquirir importancia en su sociedad y cultura jurídica. De hecho, al contrario de lo que sucede en otros países, no ha tenido la aceptación deseada, pese a quedar demostradas las numerosas ventajas que su utilización reportaría. Sin embargo, el sistema penal español sigue centrado en la idea de justicia retributiva y no restaurativa [(280)]. Es importante indicar que en España la Justicia Restaurativa es un medio de resolución de conflictos complementario al sistema judicial para garantizar el principio de legalidad [(280)], aspecto que puede estar influyendo en su implementación.

De hecho hay una tendencia en la investigación a generalizar el enfoque restaurativo que proporciona estrategias proactivas para la mejora de la convivencia, que faciliten la creación de grupo y comunidad y la resolución de conflictos con estrategias no violentas. El enfoque restaurativo global implica una serie de valores: apertura, autodeterminación, colaboración, flexibilidad, no discriminación, no violencia, justicia, respeto, empoderamiento, honestidad, confianza, voluntariedad, responsabilidad, inclusión, participación activa, reconocimiento del otro, reparación y reintegración [(4, 5)].

---

4 BARTON, C. K.: *Restorative justice: The empowerment model*. Hawkins Press, 2003.

5 MACKAY, R./BOŠNJAK, M./DEKLERCK, J./PELIKAN, C./VAN STOKKOM, B./WRIGHT, M.: *Images of restorative justice theory*. Frankfurt am Main: Verlag für Polizei wissenschaft. 2007.

Para desarrollar un modelo de vida restaurativo es necesario establecer un compromiso hacia el cambio, desmontar mitos y creencias en relación a la convivencia, promover el deseo de superar el modelo punitivo, reordenar el sistema de convivencia e implementar prácticas sensibles y efectivas tanto a nivel proactivo como reactivo en todos los sectores de la comunidad [(6)]. Si la sociedad avanza en este modelo de prevención primaria, se facilitará la justicia restaurativa como respuesta reactiva al delito y a la restauración del orden social, considerándola como una estrategia de prevención terciaria.

¿Qué sabemos hasta la fecha del clamor social? Diferentes estudios han indicado que la sociedad actual aboga por incrementar las sanciones privativas de libertad, desde 2015 se ha incluido la prisión permanente revisable en España, y es frecuente escuchar la necesidad del endurecimiento de las penas [(7,8)]. Sin embargo, esta opinión puede estar altamente influenciada por la información que se ofrece a la población y por mitos y creencias que nada tienen que ver con los datos de criminalidad en España.

Se han realizado diferentes estudios con el objetivo de medir el populismo penal, encontrando resultados contrapuestos. Varona-Gómez [(9)] evaluó la opinión de alumnado universitario y demostró que no existe un apoyo al punitivismo. Sin embargo, entrevistas

---

6 WACHTEL, T: *The next step: developing restorative communities.* In Seventh International Conference on Conferencing, Circles and other Restorative Practices, Manchester, UK. 2005, November.

7 JAUREGUI ZAPATA, C.: *Prisión permanente revisable: su constitucionalidad, su necesidad político-criminal y su percepción en la sociedad.* (Trabajos Académicos-Grado Criminología). Universidad País Vasco. 2018.

8 MELLÓN, J. A./JIMÉNEZ, G. A./ROTHSTEIN, P. A.: "Populismo punitivo en España (1995-2015): presión mediática y reformas legislativas". *Revista Española de Ciencia Política,* nº 43, 2017, pp. 13-36.

9 VARONA-GÓMEZ, D.: "Ciudadanos y actitudes punitivas: un estudio piloto de población universitaria española". *Revista Española de Investigación Criminológica: REIC,* nº 6, 2008, pp. 1-38.

realizadas a transeúntes obtuvieron resultados más punitivistas. Concluyendo que el nivel educativo, la política y el sensacionalismo mediático influyen en el tono de las respuestas represivas, buscando combatir la criminalidad y aumentando la falsa sensación de seguridad [(10,11)].

Por ello, hemos querido realizar una encuesta que nos proporcione un retrato actual sobre el grado de conocimiento que las personas de nuestra sociedad tienen sobre la Justicia Restaurativa, su opinión acerca de este tipo de medidas y acerca de las medidas de la justicia punitiva. Si planteamos la justicia restaurativa como un trabajo de cocreación con la comunidad conoceremos las necesidades para establecer adecuados programas de sensibilización, aumentando la aceptación social y las posibilidades de éxito.

II. ENCUESTA: OPINIÓN SOBRE LA JUSTICIA RESTAURATIVA DE LA SOCIEDAD

Nos interesaba conocer si la sociedad estaba preparada para que la legislación y la ejecución de sentencias caminen hacia un modelo restaurativo. Es bien conocido que, cuando se impulsan reformas legislativas ante hechos delictivos que activan emociones intensas ligadas al daño ocasionado, la sociedad puede responder con rechazo, penalizando así el avance hacia un modelo más profundo y evolucionado. Es necesaria una concienciación de la sociedad de que este tipo de justicia es posible y, que además, es reparadora, tanto de víctimas y victimario como de sociedad. Con este encuadre, queríamos conocer el grado de conocimiento y concienciación de

---

10 MARUNA, S./KING, A: "Public opinion and community penalties", en A. BOTTOMS / S. REX / G. ROBINSON (coords.): *Alternatives to Prison, Options for an insecure society,* Willan Publishing, 2004, pp. 83-112.

11 VARONA-GÓMEZ, D.: "¿Somos los españoles punitivos? Actitudes punitivas y reforma penal en España", *InDret. Revista para el análisis del Derecho,* nº. 1, Barcelona, 2009, pp. 1-31.

la sociedad acerca de estas estrategias en el modelo de justicia, para detectar si existe la necesidad de un aumento de información y concienciación que favorezca la implantación de medidas restaurativas. A continuación, contamos el procedimiento, las características de las personas encuestadas y los resultados de este estudio.

1. Metodología

1.1. Procedimiento

Para diseñar la encuesta, se recabaron materiales sobre la Justicia Restaurativa [(12,13)], así como trabajos empíricos que habían abordado esta cuestión en la literatura previa [(14,15)]. A partir de los materiales, se elaboró un banco de ítems que consistió en 25 preguntas. Un grupo de 4 expertas, dos del área de Criminología y dos del área de Psicología, discutieron y consensuaron las preguntas del cuestionario, reformulando las opciones de respuesta y ajustando el lenguaje para que fuera comprensible. El cuestionario final constó de 21 preguntas sobre la opinión acerca de la Justicia en general (opinión sobre los delitos y las penas impuestas) y específicamente sobre la Justicia Restaurativa (opinión desde el

---

12 CORNWELL, D. J.: *Criminal punishment and restorative justice: past, present, and future perspectives.* Portland, Or.: North American distributor, International Specialised Book Services. Edited by F. W. M. McElrea, John R. Blad & Robert B. Cormier, 2006.

13 ZEHR, H.: *El pequeño libro de la justicia restaurativa.* Intercourse, PA: Good Books, 2005.

14 ARMENTA, M. F./DURÓN, F./CASTRO, D.: "Justicia restaurativa: Evaluación de los factores comunitarios". *Revista Mexicana de Psicología,* nº 28(2), 2011, pp. 217-225.

15 REYNOLDS, T.: *Restorative Justice: What are Restorative Justice Strategies for Community Interventions?* (Doctoral dissertation), University of Huddersfield, 2019.

punto de vista de las víctimas o del victimario), a las que se les añadieron las correspondientes preguntas sociodemográficas, edad y sexo. Mediante una prueba piloto se comprobó que el cuestionario era accesible y comprensible para ser respondido por adultos a partir de 18 años sin déficits cognitivos.

El cuestionario se digitalizó a partir de la funcionalidad de Google Forms, lo que posibilitaba acceder a la encuesta mediante un enlace, desde cualquier dispositivo (smartphone, tableta u ordenador).

Mediante un muestreo incidental no aleatorio, a través de la metodología de bola de nieve, se fue invitando a numerosas personas a participar; especialmente se invitó al alumnado de asignaturas relacionadas con criminología y psicología jurídica, animándoles a reclutar muestra a través de sus contactos.

Este reclutamiento dio lugar a una base de datos Excel que ha permitido los análisis que presentamos en este trabajo.

1.2. Participantes

La muestra inicial estuvo compuesta por 515 participantes tras la eliminación de las respuestas no válidas. El 71,2% eran mujeres, el 28,4% hombres y el 0,4 no binarios (2 participantes). Dada la descompensación de la muestra en cuanto a sexo, se realizaron dos tipos de ajustes. Por un lado, se seleccionó una submuestra compensada entre hombres y mujeres, eliminando aleatoriamente a 226 mujeres. Esta es una estrategia recomendada para que los análisis estadísticos sean más rigurosos en comparaciones entre grupos, y disminuir así los sesgos producidos por un tamaño descompensado. Por otro lado, en los análisis de las comparaciones por sexo, se eliminaron los participantes no binarios ya que su proporción era tan ínfima que no darían lugar a resultados fiables en la comparación intergrupal.

La muestra definitiva segmentada estuvo compuesta por 274 participantes, de los cuales, el 51,8% (142) eran mujeres y el 48,2 (132) eran hombres. Tenían entre 18 y 75 años, con una media de edad de 36,20 y desviación típica de 14,43.

1.3. Análisis de datos

Mediante el software SPSS v25 se realizaron análisis descriptivos de la muestra total y segmentada por sexos, lo que nos permitió comparar si existen diferencias en las opiniones de los hombres y las mujeres en relación a la Justicia Restaurativa. Además, se realizaron pruebas de χ^2 de Pearson para constatar si existen diferencias estadísticamente significativas entre ambos grupos.

1.4. Resultados

A continuación, se resaltan los resultados más relevantes de los análisis descriptivos. Los resultados de la comparación por sexo aparecen en el anexo I, por lo que se resaltarán los resultados que han obtenido diferencias significativas.

Se les preguntó el grado de conocimiento sobre la Justicia Restaurativa; como se observa en el gráfico (Figura 1), el 74,8% no tienen ningún conocimiento o lo tienen muy bajo, lo que nos indica la necesidad de aumentar los esfuerzos para informar y formar a la sociedad sobre este tipo de medidas.

Figura 1. Grado de conocimiento de la Justicia Restaurativa

Además, tal y como se muestra en la figura 2, solo el 17,2% lo conocía a través de los noticias y cine; el 3,6% lo conocían a través de estudios de grado y postgrado y solo el 6,2% por haber participado a nivel laboral o en prácticas. También son muy bajos los porcentajes de las personas que han participado más directamente en procesos restaurativos, o bien personalmente (3,3%) o bien por personas cercanas (5,2%). Esto nos indica que los MASS media no están actuando como canales de información y sensibilización, por lo que se nos anima a que diseñemos estrategias de marketing social dirigidas a este cometido. Por otro lado, el grupo de profesionales que toman en consideración las medidas de Justicia Restaurativa de entre los encuestados también es muy bajo, siendo ellos los protagonistas del avance en esta dirección. Por ello, las medidas formativas en el ámbito de las profesiones relacionadas con la justicia (jueces, abogados, criminólogos, psicólogos juristas...etc.) son especialmente prioritarias.

Figura 2. Formas de conocer la Justicia Restaurativa

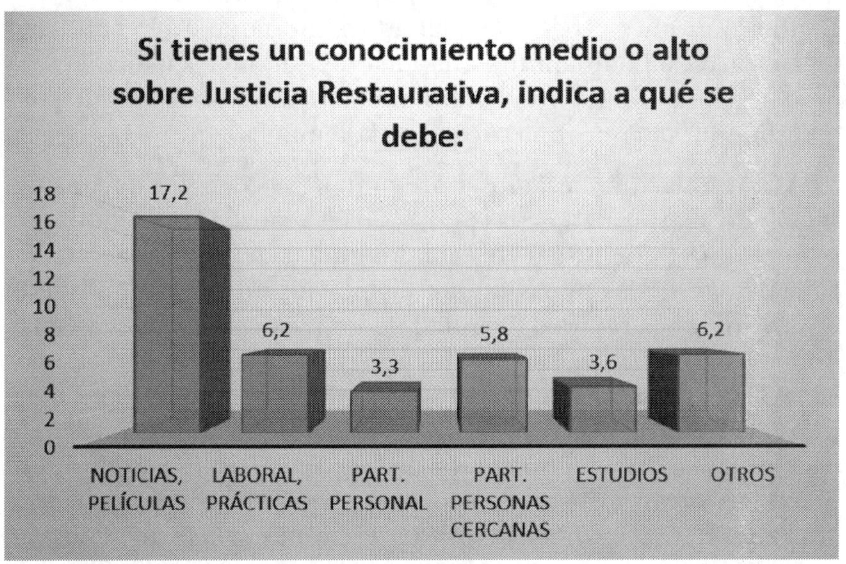

Posteriormente a estas preguntas, se les facilitó a los encuestados una definición de Justicia Restaurativa para que pudieran contextualizar el resto de preguntas y para dar a conocer este modelo judicial. La definición que se les facilitó fue la siguiente: "La Justicia Restaurativa es una forma de responder al comportamiento delictivo equilibrando las necesidades de la comunidad, de las víctimas y de los delincuentes mediante un proceso restaurativo. En este procedimiento la víctima, el delincuente y, cuando proceda, cualesquiera otras personas o miembros de la comunidad afectados por un delito, participan conjuntamente de forma activa en la resolución de las cuestiones derivadas de la infracción penal. Durante el proceso serán atendidas tanto las necesidades como las responsabilidades individuales y colectivas de las partes, con el objetivo de lograr la reintegración de las víctimas y del delincuente. Los procesos de Justicia Restaurativa, generalmente, se realizan con la ayuda de una facilitadora". A continuación, se les preguntó si tras la lectura de esta definición, consideraban que conocían bien el tema; el 51,5% de los participantes afirmaron que sí, mientras que el 46,4% seguían afirmando que no lo conocían bien. Este resultado apunta a la idea de que una sencilla lectura de una definición ha promovido que un cuarto de los participantes aumente su conocimiento sobre la temática.

A continuación, pasamos a preguntarles acerca de su consideración de la severidad de las penas. Se les realizó una pregunta en la que tenían que juzgar de manera global su opinión acerca de la severidad de las penas impuestas por los jueces. Como puede observarse en la figura 3, la mitad de los participantes no es capaz de determinar la severidad de las penas de manera genérica, marcando la opción "depende", dejando así margen para poder efectuar una opinión más concreta ante cada uno de los distintos delitos. Sin embargo, casi un cuarto de los participantes las considera blandas, solo un 1,8% las considera severas y el 8,8% las considera adecuadas. Estos resultados nos sugieren que, si la Justicia Restaurativa tuviese una consideración social como la "Justicia Blanda", no existiría una aceptación de, al menos, de 1 de cada 4 personas, quienes, con el sistema actual, ya consideran que existe una cierta "suavidad/indulgencia" en relación a las penas impuestas. También es llamativo el dato de que menos de 1 de cada 10 personas consideran las penas que imponen los jueces como adecuadas, siendo minoritario el porcentaje que muestra satisfacción con la aplicación de las penas en el Sistema Judicial actual.

Figura 3. Consideración de la severidad de las penas impuestas por los jueces en España

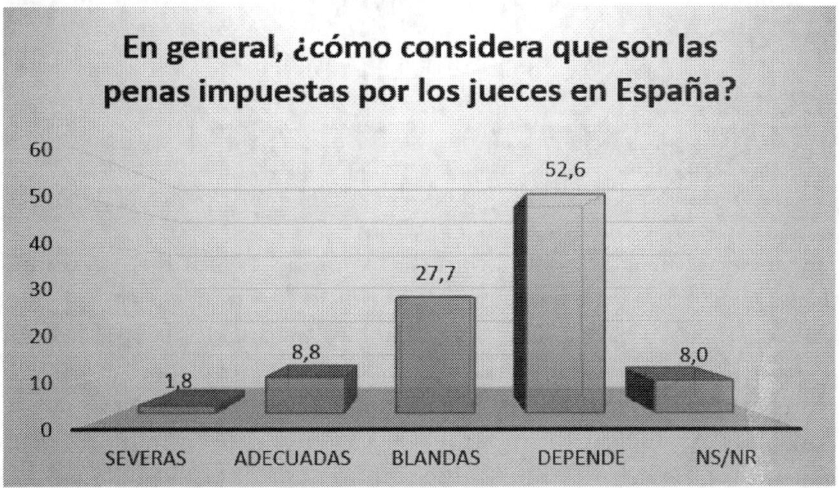

En esta pregunta, además, podemos hacer una lectura desde la variable género, ya que, en los resultados de las diferencias por sexo (Figura 4), se observa una tendencia a que las mujeres consideren en menor medida que las penas que se imponen son blandas y dejan más espacio para el "depende", o "no sabe". Estos resultados coinciden con el estereotipo de hombre que busca una mayor dureza en la justicia y la mujer que reflexiona más y que en menos ocasiones las considera blandas. Los resultados de la prueba χ^2 de Pearson estuvieron muy cercanos a la constatación de diferencias significativas entre hombres y mujeres (p=0,056); consideramos que con un número mayor de muestra se podría constatar o descartar esta tendencia observada.

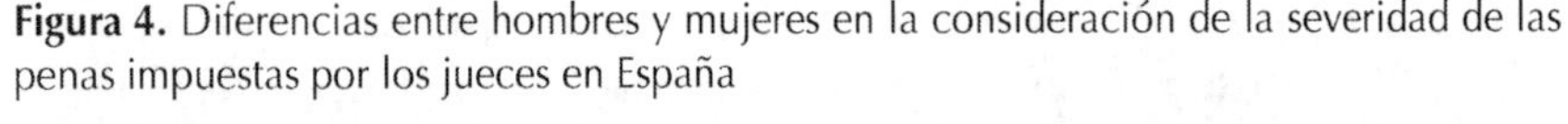

Figura 4. Diferencias entre hombres y mujeres en la consideración de la severidad de las penas impuestas por los jueces en España

En relación con la finalidad de las penas (Figura 5), la mitad de las personas que han cumplimentado la encuesta opina que son "castigar y resocializar"; cerca del 20% consideran que las penas son solo para castigar, o solo para resocializar. Sólo un 6,6% contempla la opción de que las penas impuestas a los victimarios cumplan la función de reparar a las víctimas; posiblemente este bajo porcentaje es el que conoce mejor este modelo de Justicia. Estos resultados ponen de manifiesto la necesidad y la urgencia de realizar más concienciación social y formación sobre la Justicia Restaurativa, ya que, el 67% de los encuestados que concibe la opción de la resocialización es posible que estuvieran abiertos a reconsiderar las ventajas añadidas sobre la reparación del daño que aportan estas medidas. De este modo, y extrapolando los datos de esta encuesta, solo el 18,2% no estarían directamente a favor de un cambio de Justicia hacia un modelo que no cumpliese explícitamente la función de castigar.

Figura 5. Opinión sobre la finalidad de las penas impuestas por los jueces

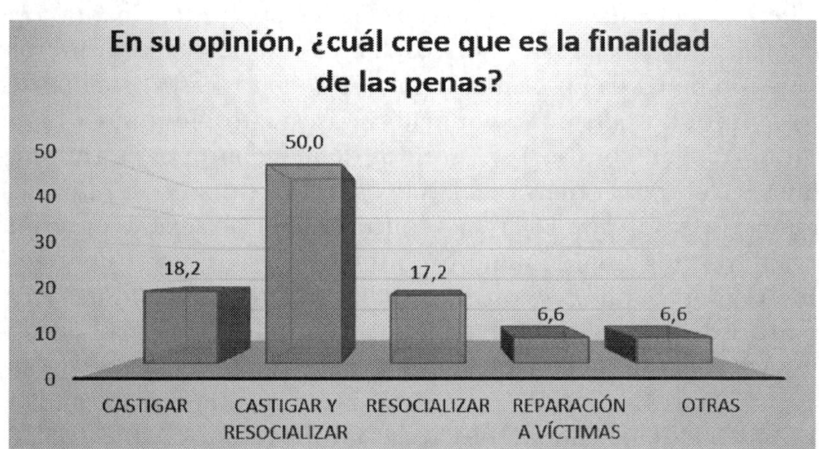

Un resultado alentador nos indica que el 73,7% opinan que la reinserción es posible (Figura 6) y tan solo el 9,9% considera que no. Este resultado deja espacio para probar modelos alternativos de penas que nos permitan comprobar a los equipos de investigación si esta reinserción realmente es posible, y bajo qué condiciones y procesos podría darse.

Figura 6. Opinión sobre la posibilidad de reinserción de un delincuente

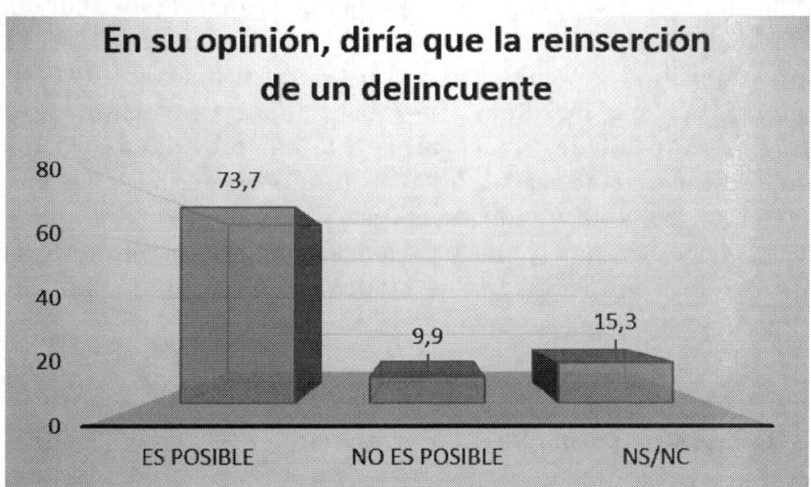

Un aspecto a tener en cuenta es el esquema mental que se activa en las personas ante los delitos. Se les preguntó: Cuándo oye la palabra "delito", ¿cuáles son los delitos en qué piensa primero?, la opción marcada en primer lugar (75% de los casos) son los delitos contra las personas (homicidios, asesinatos, lesiones...)., en segundo lugar, con un 18%, son los delitos contra el patrimonio (hurtos, robos con fuerza en las cosas, robos violentos o intimidación...), seguida por los delitos contra la libertad sexual (agresión sexual, pornografía de menores, infracciones contra la libertad/ indemnidad sexual...) con un 8,8%. Estos resultados nos hacen comprobar que, cuando se habla de delitos, el esquema conceptual-emotivo que se conecta con mayor frecuencia es el de los casos más graves, como los homicidios, que no son en la realidad, los más frecuentes Según el INE [(16)] en los últimos 5 años (2018-2022), los delitos más frecuentes son "Contra el patrimonio y el orden socioeconómico" (con un 32% sobre el total de delitos) y "contra la seguridad colectiva" (con un 26% sobre el total de delitos), mientras que los "Delitos contra las personas", ocurren en un 17%. Con esta disonancia entre la realidad y la estimación subjetiva de la frecuencia de los delitos contra las personas, comprobamos como existe un sesgo mediante el cual, la palabra delito activa con mayor frecuencia el significado de ciertos tipos de delitos más graves. Activado este esquema mental, se suscitan una serie de procesos cognitivo-emocionales que son liderados por emociones intensas, conectadas con la injustica, activando ideas y emociones más próximas a la rabia, enfado y venganza. Estos procesos emocionales se activan con la palabra "delito", lo que conlleva que, cuando se alude a la opinión sobre las penas para los delitos, se conecte con estas reacciones emocionales, que, a su vez, necesitan ser calmadas y amortiguadas, encontrando en los esquemas conocidos (castigo y prisión), la fórmula para esta calma y la sensación de una justicia efectiva.

---

16 INSTITUTO NACIONAL DE ESTADÍSTICA: *Estadística de condenados: Adultos, 2022*. Madrid, España: INE, 2023.

En este sentido, se indagó sobre la opinión de cuál debería ser la pena máxima de prisión para los delitos más graves (Figura 7). Como puede observarse, el 42,7% optan por una prisión permanente revisable, un 18,2% cadena perpetua y el 12,8% entre 20-25 años de prisión. Esto demuestra que, casi 3 de 4 personas piensa que la cárcel durante "casi toda la vida" es la opción recomendada para los victimarios de delitos graves. Todo ello teniendo en cuenta que en la sociedad, en general, no se tiene una formación clara sobre lo que implica la pena de la "prisión permanente revisable", aunque es una medida que se ha solicitado en casos muy mediáticos para delitos especialmente graves (secuestro, homicidio y agresión sexual). Un 12,5% contemplan que la mejor opción para los delitos graves es la "Pena alternativa a la prisión (Trabajos en Beneficio de la Comunidad, Programas restaurativos...)". Es probable que los delitos graves conecten con el miedo de las personas a que los delincuentes, si no están controlados en prisión, sigan victimizando a muchas más personas y a la sociedad. Se conecta entonces con la necesidad de seguridad, y ésta, parece obtenerse, desde nuestros esquemas conocidos, a partir del contexto penitenciario. De nuevo, volvemos a la idea de la necesidad de una mayor investigación que nos lleve a constatar si las penas impuestas desde el modelo restaurativo pueden ayudar en la reparación de todos los agentes implicados (victima, victimario y sociedad). El factor de necesidad de seguridad tiene una gran importancia. Sin ser excesivamente idealistas ni ingenuos, se trataría de que la investigación determinase qué factores y procesos llevarían a una restauración del daño y a una prevención de futuros delitos, otorgando una mayor seguridad a la sociedad.

Figura 7. Opinión sobre la pena máxima de prisión para los delitos más graves

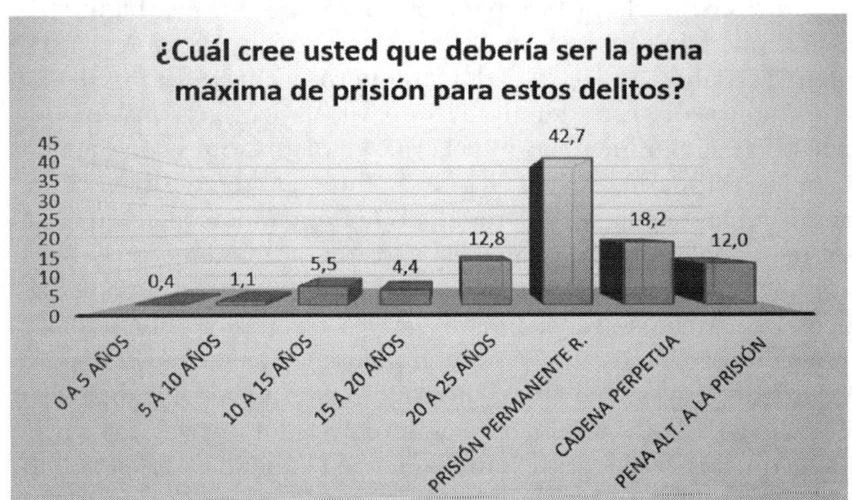

También se preguntó sobre la percepción que tenían los encuestados acerca del porcentaje de ocurrencia de los delitos considerados más graves en el Estado Español, específicamente los delitos contra las personas (homicidios, asesinatos, lesiones…). Como puede observarse en la figura 8, el 32,9% creen que no es el más frecuente, que se encuentra entre un número menor al 5% y el 10%. Es curioso que el 21,2 % piensan que ocupan más del 40%. Tal y como se ha comentado, los porcentajes reales [(295)] reflejan que estos ocupan el 17% en los últimos cinco años; estos resultados parecen mostrarnos una polarización de las respuestas, entre los que piensan que es poco frecuente y los que piensan que es bastante, pero un pequeño porcentaje (8%) acierta en su estimación.

También se les preguntó: "Del total de delitos que se cometen en el Estado español, ¿qué porcentaje diría que corresponde a los delitos contra la libertad sexual?" (Figura 10). Agrupando estos datos, vemos que un 60% consideran que son los delitos que ocurren en un porcentaje menor del 25%, un 30% consideran que ocupan entre el 25-50% y el 8,4% que ocupan más del 50%. Según INE [(295)], el porcentaje de ocurrencia de este tipo de delitos fue del 0,85% en los últimos 5 años. Incluso asumiendo que no se denuncian todos los actos contra la libertad e indemnidad sexual, este porcentaje es muy inferior al estimado por los encuestados. Como puede observarse en la tercera Figura 10, solo el 4% de las mujeres y el 14% de los hombres estiman adecuadamente la ocurrencia de este tipo de delitos al puntuar la opción de "menos del 5%").

Figura 8. Percepción del porcentaje de ocurrencia de los delitos contra las personas (homicidios, asesinatos, lesiones...)

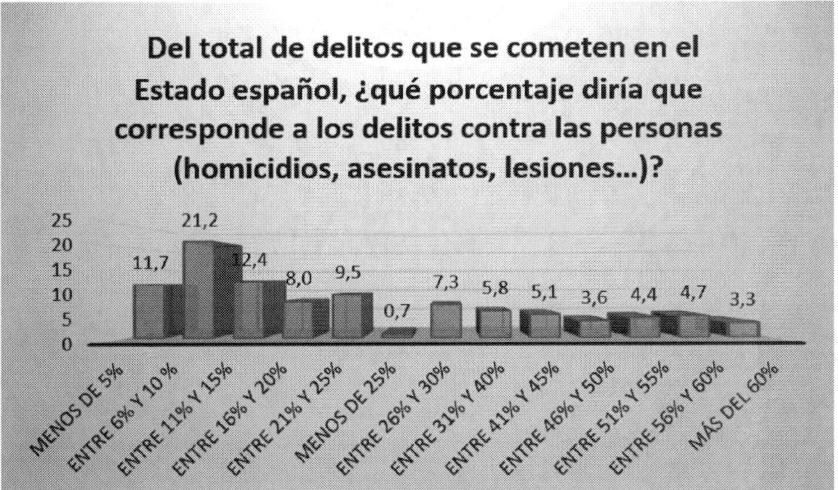

Es curiosa como esta percepción del porcentaje en ambos tipos de delitos es estadísticamente diferente entre hombres y mujeres (p=0,002 y p=0,039). Como puede verse en la Figura 9, en relación a los delitos contra las personas, las mujeres puntúan más en los porcentajes más altos (a partir de más del 50%) y los hombres puntúan más en los bajos porcentajes, por ejemplo, en los de menos del 25%. En el caso de los delitos contra la libertad sexual (Figura 10), esta tendencia todavía es más acusada, los hombres puntúan más en todos los porcentajes menores de 10% y las mujeres puntúan más en todos los porcentajes a partir del 20%, despuntando en la opción "más del 60%". Estos resultados demuestran como la vulnerabilidad física de las mujeres ante los delitos violentos y sobre todo, la vulnerabilidad en cuanto a los delitos sexuales, ante los cuales son las víctimas diana más frecuentes, hacen que su atención ante este tipo de delitos, su interpretación y su memoria, pueda sesgar al alza la proporción de estos delitos. La misma idea, pero al contrario, ocurriría con los hombres, quienes no se sienten tan cercanos a ser víctimas de este tipo de delitos.

Figura 9. Diferencias entre hombres y mujeres en la percepción del porcentaje de ocurrencia de los delitos contra las personas (homicidios, asesinatos, lesiones...)

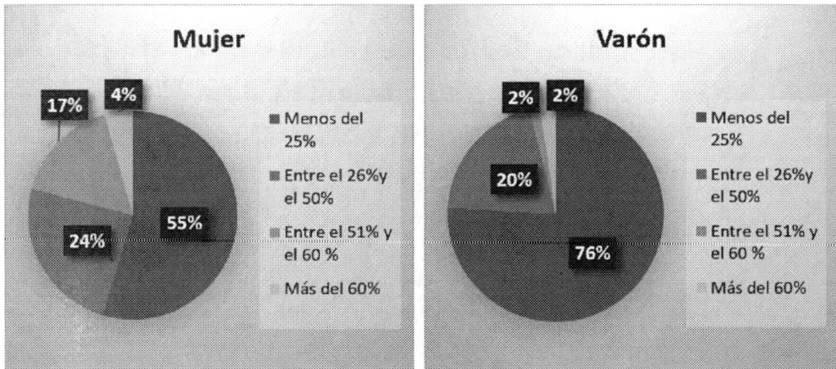

Figura 10. Diferencias entre hombres y mujeres en la percepción del porcentaje de ocurrencia de los delitos contra la libertad sexual

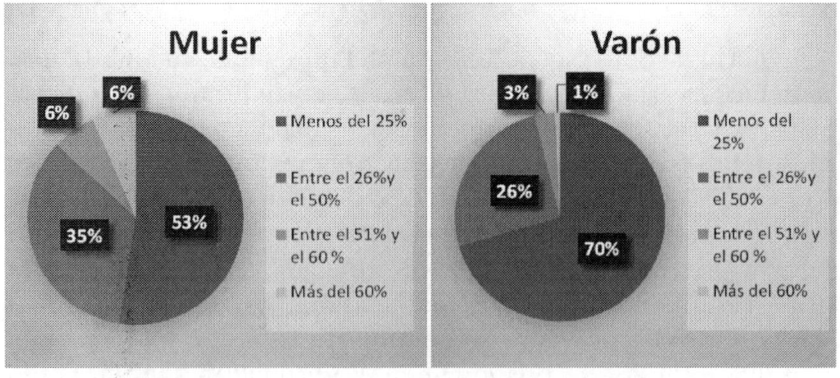

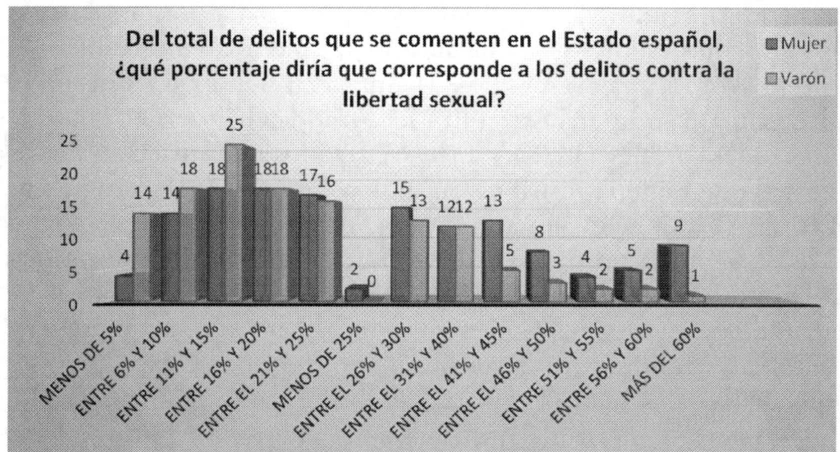

Del mismo modo se indagó sobre la percepción del aumento o no de la ocurrencia de delitos en los últimos 5 años (Figura 11); el 60,9% contestaron que habían aumentado, el 20,8% consideran que se mantienen igual y el 8,8% que habían disminuido.

Figura 11. Percepción de los niveles de criminalidad ocurridos en los últimos 5 años.

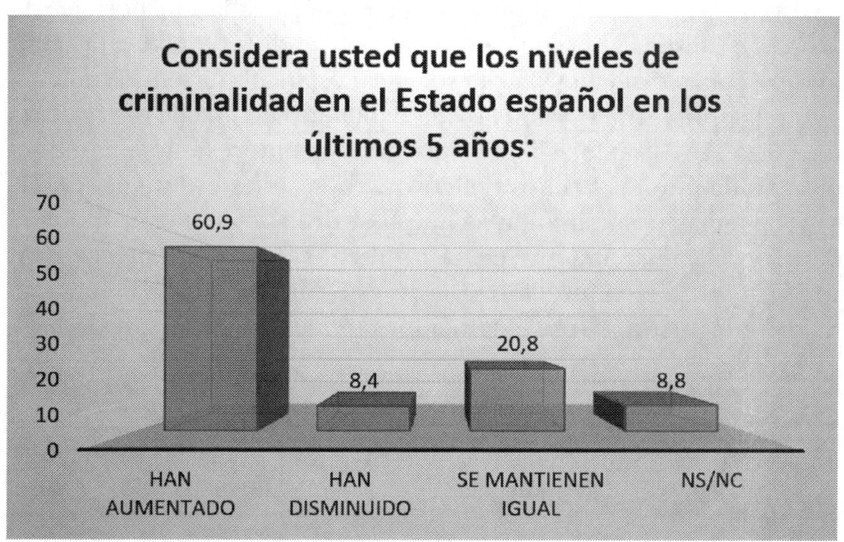

Se les preguntó, en relación con la pregunta anterior, ¿cuál de las siguientes fuentes de información consideraban que habían tenido mayor influencia en ellos? (Figura 12); siendo la televisión la que ocupa el primer lugar (40%), seguido por internet (16,8%) y las redes sociales (14,2%). Estos resultados nos advierten de los efectos que tiene la distribución de los tiempos en los programas informativos de televisión, en los que el apartado de "sucesos", en ocasiones utiliza un tiempo desproporcionado, mostrando principalmente los hechos delictivos y las circunstancias en relación al victimario y a la víctima. Con el fin de impactar y obtener audiencia, también se utilizan otras estrategias, como por ejemplo, que este tipo de noticias sean el titular que abra los informativos, produciéndose así el efecto de primacía de la memoria [17,18], que hace que se retenga más en la memoria este tipo de noticias por ser las que aparecen en primer lugar. Otro elemento a tener en cuenta es la intensidad y el tono en el que se relatan las noticias de sucesos, creando un mayor impacto emocional en los telespectadores, afianzando así este tipo de recuerdos. Igualmente, habría que considerar el tiempo ocupado en otros programas, como las tertulias, que dedican mucho tiempo y esfuerzo a alentar la morbosidad de los sucesos especialmente violentos. Los medios de comunicación más recientes (internet y redes sociales) están adquiriendo cada vez más una gran influencia en la sociedad; también en ellos se realizan una serie de estrategias para conseguir seguidores que alientan la morbosidad de los hechos delictivos. Todas estas estrategias de los MASS afectan a una audiencia amplia y diversa, de modo que pueden sobreestimar la ocurrencia de dichos delitos y conectar con su miedo a la victimización. Desde este miedo, la población está más predispuesta a buscar soluciones tendentes a la seguridad, so-

---

17 BENAISSA PEDRIZA, S.: "La comprensión y retención del mensaje informativo por la audiencia de televisión". *Icono14*, nº 10(3), 2012, pp.176-201.

18 RODRÍGUEZ J. M. P.: "La susceptibilidad de la memoria de un testigo", *Cuadernos de la Guardia Civil*, nº 53, 2016, pp. 78-95.

luciones que en muchos casos se simplifican, percibiendo la prisión como el único medio de alcanzar esa seguridad. Desde esta idea, se propone promover una legislación en relación a los MASS que, siendo veraz y justa, no favorezca dinámicas negativas en la sociedad. Por el contrario, creemos que se deberían promover estrategias para que la comunidad aumentara su sensación de seguridad a partir de una Justicia efectiva.

Figura 12. Fuentes de información que han influido en la percepción de los niveles de criminalidad.

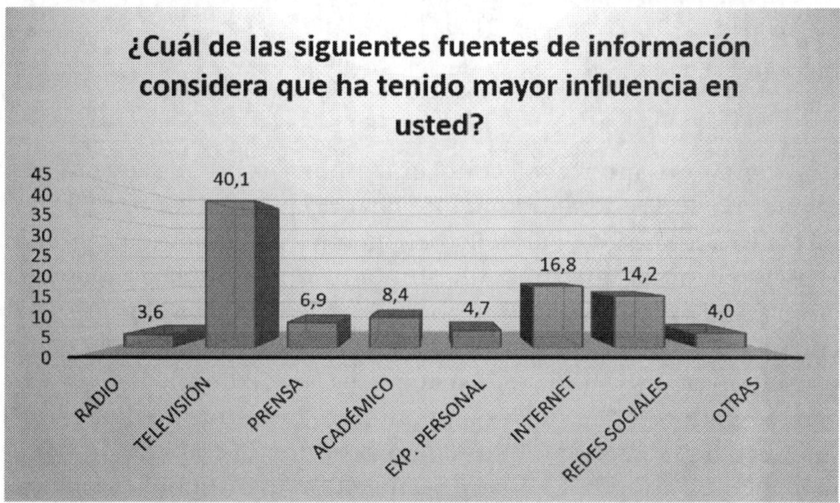

Con relación a la pregunta: ¿Considera la prisión como el medio más efectivo para lograr la resocialización de la persona delincuente?, la figura 13 ilustra que sólo 1 de cada 4 personas opina que sí, dejando el margen restante para explorar otras opciones; más de la mitad niega que el medio penitenciario sea el más efectivo, y casi el 20% que No sabe/No contesta. También les preguntamos: ¿Considera la prisión como el mejor medio para resarcir el daño ocasionado a la víctima de un delito? Los resultados fueron similares a la anterior, un 25% siguen pensando que sí, pero más de la mitad de los encuestados niegan que la prisión sea el mejor medio y un 15%, No sabe/No contesta.

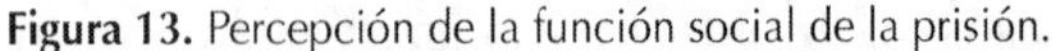

Figura 13. Percepción de la función social de la prisión.

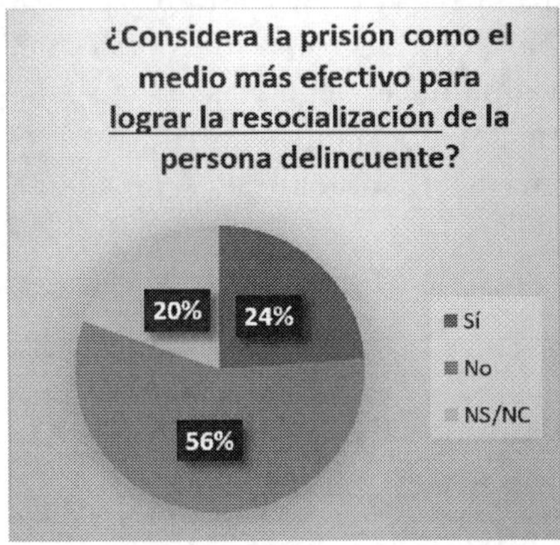

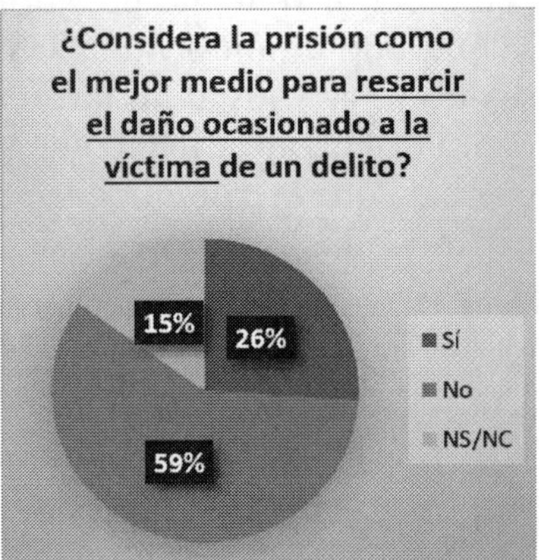

Además nos interesaba conocer la opinión sobre las estrategias que las personas tienen en mente cuando piensan en posibles soluciones a la prisión. Para ello, les hicimos la siguiente pregunta: "Las estadísticas muestran un aumento de la población reclusa en el estado español en los últimos 15 años, en su opinión, ¿cuál considera la solución más adecuada para reducir el porcentaje de población penitenciaria en España? Los resultados de la figura 14 son alentadores; más del 50% optan por "Instaurar medidas alternativas para el cumplimiento de una condena (Trabajos en beneficio de la comunidad…)" y cerca del 40% optaron por "Instaurar procesos alternativos al sistema judicial tradicional de resolución de conflictos (mediación, círculos restaurativos, conferencias restaurativas…). Pensamos que, a estas alturas de la encuesta, los participantes han ido reflexionando acerca de la temática subyacente a la Justicia Restaurativa y ya pueden contemplar otras opciones y estrategias dirigidas a la disminución de la criminalidad.

Figura 14. Consideración de la solución más adecuada para reducir la población penitenciaria.

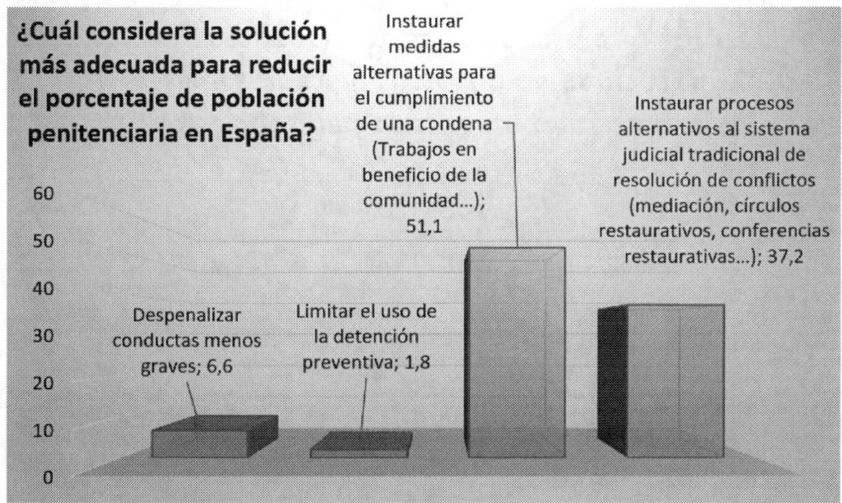

En relación con la apertura hacia la Justicia restaurativa, les preguntamos: "Si usted fuese víctima de un delito, ¿participaría en un proceso restaurativo de resolución de conflictos?", un 20% niega esta opción, pero el resto, casi un 50% lo aceptaría, y un 30% no lo sabe.

A continuación, se preguntó: "En su opinión, ¿cree que las personas delincuentes que participan en procesos restaurativos deberían tener beneficios penitenciarios?" Como puede observarse en la Figura 15, el 30% opinan que no, pero el resto se distribuyen entre casi la mitad que opinan que sí (43,1 %) y el 24,1% que no opinan. Se necesitaría, de nuevo, que la investigación delimitase qué beneficios podrían concederse y cuáles no; en ningún caso tendría que suponer una instrumentalización por parte del victimario de este modelo de justicia, que supusiera una no responsabilización real del daño ocasionado en la víctima.

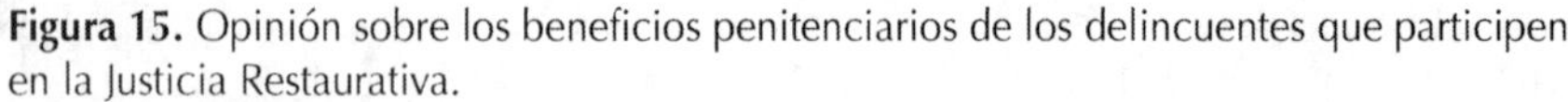

Figura 15. Opinión sobre los beneficios penitenciarios de los delincuentes que participen en la Justicia Restaurativa.

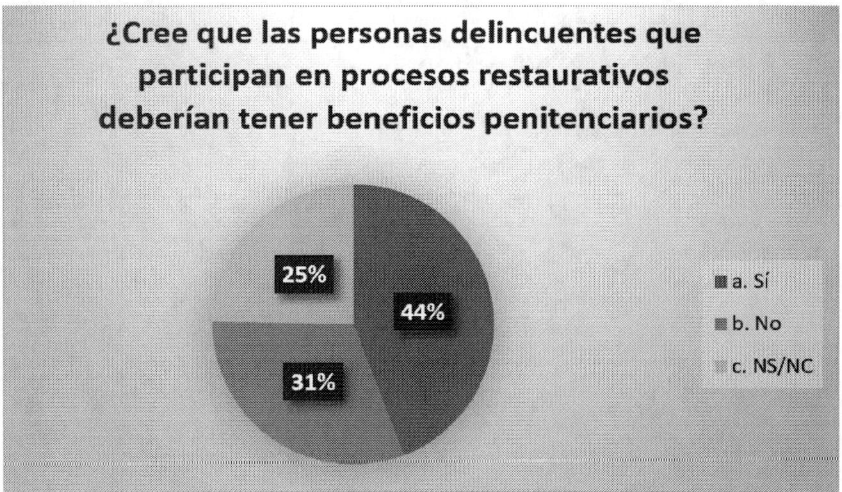

Aquí surge una diferencia estadísticamente significativa entre hombres y mujeres (*p*=0,039), en la que puede observarse (Figura 16) que los hombres puntúan más en la opción SI, y las mujeres puntúan mucho más en la opción "No Sabe/No Contesta". Estos resultados demuestran que las mujeres son más prudentes en relación a los beneficios penitenciarios que pueden obtener los victimarios, el motivo podría ser la percepción de una menor seguridad si se disminuye la prisión para los delincuentes.

Figura 16. Diferencias entre hombres y mujeres en la opinión sobre los beneficios penitenciarios de los delincuentes que participen en la Justicia Restaurativa.

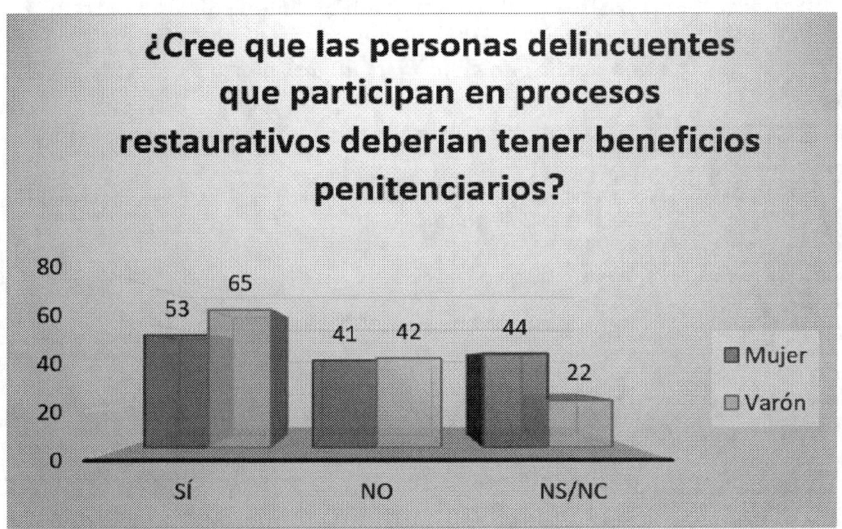

Posteriormente se les preguntó: "En caso afirmativo, ¿qué tipo de beneficios penitenciarios? Casi la mitad de los participantes no contestó, pero el resto, se distribuyeron como aparece en la figura 17, pudiendo aceptar casi un 20% de los encuestados un atenuante de la pena.

Figura 17. Consideración de los posibles beneficios penitenciarios para los delincuentes que participen en la Justicia Restaurativa.

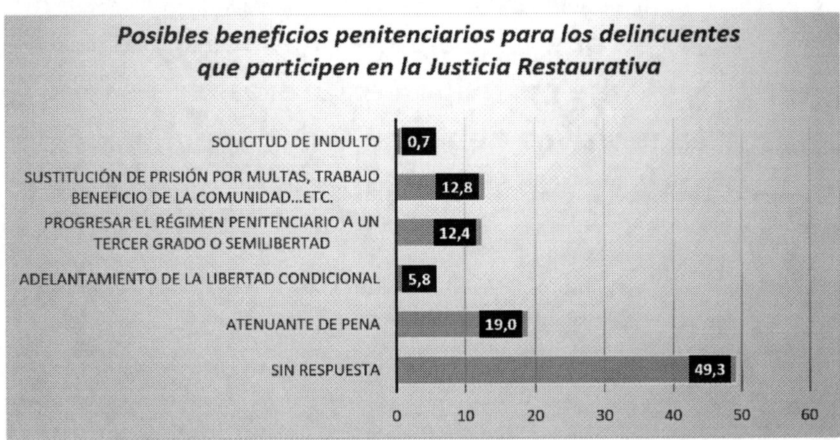

También quisimos indagar sobre la percepción que se tiene de los beneficios que el modelo restaurativo tiene para las víctimas, a partir de la siguiente pregunta: "En su opinión, ¿cuáles cree que son los beneficios para las víctimas de participar en este tipo de procesos alternativos de resolución de conflictos?" (Figura 18): los resultados muestran que solo el 12,4% opinan que estos procesos no tienen ningún beneficio para la víctima. El alto porcentaje restante (86,4%), marcó opciones concretas de beneficios para las víctimas, siendo la más votada la de "Decrecimiento de emociones como: el enfado, la culpa, la ira...". Si desde la conciencia social se confía en que este tipo de procesos judiciales puede disminuir sentimientos de venganza, es porque se está apostando por un cese de la violencia y por una mejora en la salud mental de las víctimas.

Figura 18. Consideración de los posibles beneficios penitenciarios para las víctimas que participen en la Justicia Restaurativa.

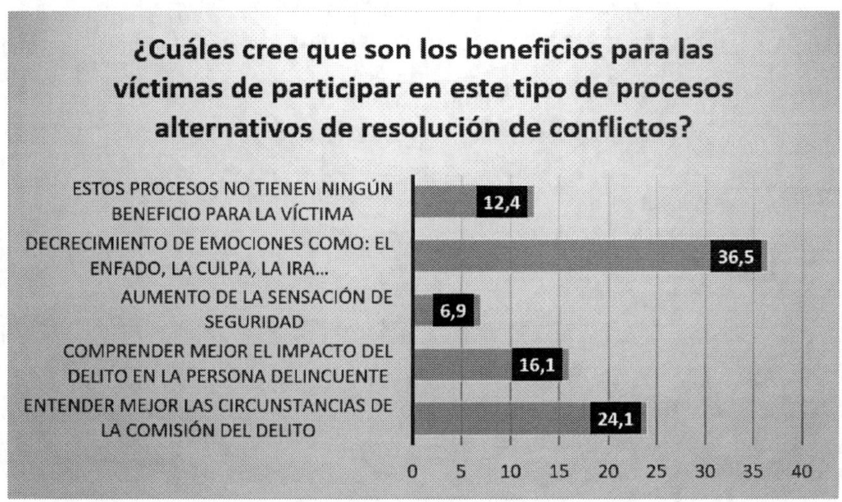

Por último, un resultado alentador es que casi la mitad de la población considera que si fuera víctima, participaría en un proceso de Justicia Restaurativa (Figura 19) y el 30% no lo sabe. Consideramos que desde el punto de vista de la víctima, en general, hay una mayor aceptación de estos mecanismos de reparación del daño.

Figura 19. Opinión sobre la posible participación personal como víctima en la Justicia Restaurativa.

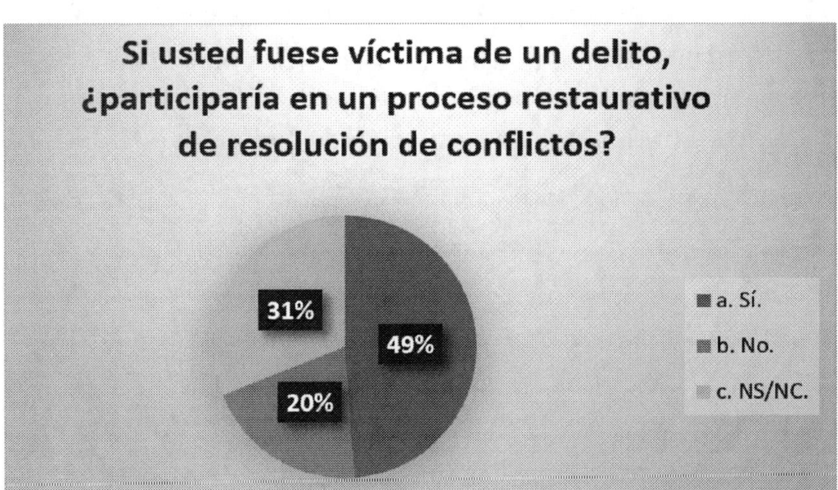

En síntesis, todos estos resultados nos abren a la esperanza de que la sociedad podría estar abierta a este modelo de Justicia Restaurativa, partiendo siempre de una mayor concienciación, información veraz e investigación.

III. SALUD MENTAL Y PERSPECTIVA DE GÉNERO

Hemos preguntado a la población su opinión sobre la Justicia Restaurativa observando ciertas diferencias entre hombres y mujeres que pueden ser interpretadas desde la perspectiva de género y las diferencias en la educación y vivencias de ambos grupos. Las mujeres perciben mayor riesgo y eso influye en sus opiniones. Este perfil se observa de igual forma cuando hablamos de salud mental, las mujeres en base a su historia de desigualdad y vulnerabilidades presentan más factores de riesgo para su salud mental [(19)]. Este aspecto se ha

---

[19] RAMOS-LIRA, L.: "¿Por qué hablar de género y salud mental?" *Salud mental*, nº 37(4), 2014, pp. 275-281.

reconocido internacionalmente y es aún más evidente en las mujeres en prisión, pues presentan mayores déficits en su salud y mayor número de barreras al tratamiento [20]. Por ello, es crucial conocer y trabajar desde la perspectiva de género a nivel de evaluación, prevención e intervención.

En esta línea, hemos considerado de interés conocer el clamor social de las mujeres cuando se les pregunta sobre la justicia restaurativa, expuesto en el apartado anterior. Y completamos esta información planteando una mirada a la salud mental y la perspectiva de género en base a la población penitenciaria femenina.

Uno de los fenómenos más estables, atemporales y universales en la criminología es la brecha de género. Muy constatada a nivel de delincuencia y victimización, pero también se observa a nivel de reacción social [21].

La conclusión a la que llega la Criminología feminista es que se necesitan programas de condena y rehabilitación con perspectiva de género. Dichos programas deben enfocarse en el papel que juega la desigualdad de género en la vida de hombres y mujeres que cumplen condena [22].

Durante las últimas décadas, desde el Estado español se han ido aportando diferentes reflexiones, argumentos y explicaciones, entre otras cuestiones, sobre las precarias condiciones de encierro femenino; la escasez de datos sobre ellas y sus familias. Sabemos que, en promedio, las mujeres solamente representan alrededor

---

20 ROMERO MENDOZA M./SALDÍVAR G, LOYOLA L./RODRÍGUEZ E, GALVÁN J: "Inequidades de género, abuso de sustancias y barreras al tratamiento en mujeres en prisión", *Salud mental,* nº 33(6), 2010, pp. 499-506.

21 BARTOLOMÉ GUTIÉRREZ, R./RODRÍGUEZ RAMÍREZ, J. A.: "Género y Criminología". *Revista Española De Investigación Criminológica,* nº 20(2), 2022, e848. https://doi.org/10.46381/reic.v20i2.848

22 HEILBRUN, K./DE MATTEO, D./FRETZ, R./ERICKSON, J./YASUHARA, K./ANUMBA, N.: "How "specific" are gender specific rehabilitation needs? An empirical analysis", *Criminal Justice and Behavior,* 35, 2008, pp. 1382-1397.

de un 4% de la población en prisión en todo el mundo. En concreto, en España en 2022 las reclusas ascienden al 7,1%, la mayor parte de ellas (62,7%) en edades comprendidas entre los 31 y los 50 años. Las mujeres cumplen condena principalmente por delitos contra el patrimonio y el orden socioeconómico (43,2%) y por delitos contra la salud pública (24,6%) [(23)]. Y constatamos también, que la criminalidad masculina supera a la femenina en todas las naciones, en todas las comunidades que forman parte de naciones, en todos los grupos de edad, en todos los períodos de la historia para los que existen datos disponibles y en todos los delitos, con excepción de aquellos ligados a la condición de la mujer como son el aborto, el infanticidio o el trabajo sexual [(24)].

Las mujeres informan haber delinquido básicamente para cuidar o proveer a sus hijos/as o familiares de un mínimo sustento. El factor económico y familiar es el que mayoritariamente utilizan para justificar su situación. Y su paso por prisión añade nuevas problemáticas: falta de libertad, altos niveles de violencia y tensión, disminución de sus vínculos con el exterior, especialmente con la familia, falta de preparación de los profesionales que trabajan en los centros y en el sistema de justicia criminal, con poca o nula formación en género [(25)].

Esta brecha también se observa en los estudios sobre salud mental. Se han descrito, tanto a nivel internacional como nacional, importantes desigualdades de género en el ámbito de la salud mental, pues son las mujeres las que reportan y resultan diagnosticadas con más frecuencia. A nivel más específico, en las mujeres se observa el

---

23 MINISTERIO DEL INTERIOR: *Anuario Estadístico 2022.* NIPO 126150729vf. Gobierno de España, 2023.

24 INSTITUTE FOR CRIME & JUSTICE POLICY RESEARCH: *World Prison Brief-WPB.* University of London. 2021. https://www.prisonstudies.org/world-prison-brief-data

25 ALMEDA SAMARANCH, E./CAMPS CALVET, C./ORTIZ MONERA, R. M.: "Mujeres, cárceles y feminismos". *Revista Española De Investigación Criminológica,* nº 20(2), 2023, e699. https://doi.org/10.46381/reic.v20i2.699

doble de prevalencia de depresión, ansiedad, trastornos límites de la personalidad y de trastornos de la alimentación. Mientras que en los hombres se observan con más frecuencia problemas mentales asociados a consumos excesivos de alcohol y sustancias, trastornos de la conducta y de personalidad antisocial [(26)].

Desde una óptica estructural, existe una clara relación entre el nivel de desigualdad de género en la sociedad y las desigualdades de género en la salud mental, de modo que todas aquellas políticas de lucha contra la discriminación que sufren las mujeres y promocionen su empoderamiento, a partir de su mayor visibilización social, repercutirán positivamente en la disminución de las desigualdades en salud mental entre hombres y mujeres [(27)].

Respecto a la salud mental en prisión, es bien conocida la problemática y la carencia de recursos profesionales para atender a las personas en prisión. Los trastornos con mayor prevalencia son: abuso de alcohol, abuso de sustancias, depresión, trastornos de personalidad, ansiedad, trastorno psicótico, demencia, y esquizofrenia [(28)]. Destacando la prevalencia de patología dual y la necesidad de su adecuada detección [(29)].

---

26 BACIGALUPE, A./CABEZAS, A./BUENO, M. B./MARTÍN, U.: "El género como determinante de la salud mental y su medicalización. Informe SESPAS 2020". *Gaceta sanitaria, nº* 34, 2020, pp. 61-67, https://doi.org/10.1016/j.gaceta.2020.06.013

27 BORRELL, C./PALÈNCIA, L./MUNTANER, C./URQUÍA, M./MALMUSI, D./O'CAMPO, P.: "Influence of macrosocial policies on women's health and gender inequalities in health". *Epidemiologic reviews,* nº 36(1), 2014, pp.31-48. https://doi.org/10.1093/epirev/mxt002

28 BERNIAL. M.: Una *Umbrella Review sobre los efectos de la prisión en la salud mental. (*Trabajo Fin de Máster Universitario). Valencia. Universidad Católica De Valencia, "San Vicente Mártir", 2023.

29 BEDRIÑANA, F. T. A./JIMÉNEZ, R. J. B./SANJUÁN, A. M. R./PINAZO, A. M. T./LLÁCER, J. J. L.: "Salud mental en prisión. Las paradojas socioeducativas". *EduPsykhé: Revista de psicología y psicopedagogía,* nº 16(1), 2017, pp. 98-116.

Es importante subrayar que únicamente un 5% de todos los delitos violentos son cometidos por criminales con enfermedad mental grave. Y todas las personas que delinquen y presentan problemas de salud mental tienen derecho a una atención especializada, de igual calidad a la que recibiría si fuera tratado en la comunidad. En este sentido, solo los enfermos mentales, declarados inimputables y con alto potencial criminógeno, deberían permanecer en centros con las suficientes medidas de contención para evitar la reincidencia y para recibir la terapia más adecuada, es decir, en los Hospitales Psiquiátricos Forenses. El resto deberían rehabilitarse en centros más próximos a su comunidad, si son inimputables con bajo potencial criminógeno en régimen ambulatorio y aquellos declarados imputables en centros penitenciarios ordinarios [(30)].

Si nos centramos específicamente en el estudio de la salud mental de las mujeres en prisión, lo primero que destaca es la necesidad de investigación desde una perspectiva de género. Un estudio de revisión cualitativa de la literatura previa [(31)] sugiere la necesidad de un mayor apoyo a la salud mental, identificando cuatro temas analíticos que detallan las experiencias de las mujeres en la atención a la salud mental en prisión: (1) el tipo de servicios a los que acceden y los retos a los que se enfrentan; (2) la reducción de la capacidad de autogestión del bienestar mental; (3) la erosión de la intimidad y la dignidad; y (4) las tensas relaciones con el personal penitenciario. Son escasas las investigaciones realizadas con mujeres en el contexto de la atención de salud mental

---

30 ARROYO COBO, J. M.: "La enfermedad mental en el medio penitenciario: situación en un centro penitenciario tipo, desde la perspectiva de una década". En MONTERO HERNANZ, T. Y MATA R. M. (coords) Y MARTÍN (dir.): *Salud mental y privación de libertad: aspectos jurídicos e intervención,* Editorial J. M.Bosh Editor. España, 2021, pp. 259-273.

31 BRIGHT, A. M./HIGGINS, A./GREALISH, A.: "Women's experiences of prison-based mental healthcare: a systematic review of qualitative literature", *International Journal of Prisoner Health, Vol. 19,* nº. 2, 2023, pp. 181-198. https://doi.org/10.1108/IJPH-09-2021-0091

en las prisiones. Por tanto, los resultados sugieren la necesidad de un mayor apoyo a la salud mental, incluida la necesidad de mejorar las relaciones entre las mujeres y el personal penitenciario para promover una salud mental positiva [(31)].

En las próximas décadas, y por razones políticas y de poder va a haber cada vez más procesos reivindicativos protagonizados por mujeres, dado que nos estamos constituyendo en un importante agente de cambio y transformación. En esta línea hemos considerado importante saber qué opinan las mujeres sobre la justicia restaurativa, su posicionamiento puede ser clave para impulsar el cambio hacia la resocialización.

IV. A MODO DE CONCLUSIÓN

Este trabajo nos ha permitido indagar si la sociedad española está preparada para avanzar hacia un modelo Restaurativo de justicia; esta encuesta puede servir a modo de radiografía, con resultados que nos ayudan a determinar nuevas líneas de acción y de investigación.

El conjunto las preguntas que hemos realizado han permitido detectar que existe entre un 10-20% de participantes más reacios a este modelo, con la consideración de la prisión como medio para castigar y con la negación hacia prácticas restaurativas. Sin embargo, el porcentaje restante se ubica entre diversas posturas, desde las más abiertas a esta posibilidad (alrededor de la mitad) a las más reflexivas y que "no saben/no contestan" (aproximadamente una de cada cuatro personas). Estos resultados son alentadores de cara a una mayor formación y sensibilización social.

A continuación se indican las conclusiones generales de este estudio:

- Desconocimiento general sobre la Justicia Restaurativa.
- Insatisfacción con la aplicación de las penas en el sistema judicial actual.

- La mayor parte de las personas encuestadas abogan por cambiar el modelo jurídico para que cumpla no sólo la función punitiva, también creen que la reintegración de los infractores a la sociedad es posible.
- Las personas, cuando escuchamos la palabra "delito", activamos el esquema conceptual-emotivo que conecta con los casos más graves, con el miedo a la reincidencia y con la necesidad de sentirnos seguros. En este plano se tiende a solicitar la mayor pena punitiva. Sin embargo, esto demuestra un desconocimiento sobre la realidad delictiva en España y sobre nuestro Sistema Penal.
- Somos conocedores de que la prisión no es una medida efectiva para lograr la resocialización ni para resarcir el daño ocasionado a las víctimas. Y si nos preguntan sobre posibles soluciones proponemos medidas alternativas al sistema punitivo.
- Casi la mitad de la población encuestada considera que, si fuera víctima, participaría en un proceso de Justicia Restaurativa.

Dado que se constata la falta de conocimiento sobre el perfil de delitos en España, el Sistema Penal y la Justicia Restaurativa, es relevante enfatizar el papel primordial que cumplen los MASS. Por un lado, el rol que ocupan a la hora de suscitar miedo e inseguridad y alentar emociones negativas intensas ante los delitos, hace que nos planteemos la necesidad de una regulación mayor acerca de cómo contar las noticias. El miedo produce una necesidad de buscar soluciones rápidas, que generalmente son más simples y no abarcan la complejidad del ser humano en su entramado relacional delictivo. Sin faltar a la realidad de los hechos ocurridos, pueden haber formas de transmitir la información más constructivas y que no atenten contra la necesidad de la "sensación de seguridad" que las personas tenemos. Por otro lado, también el papel de los MASS es muy importante para dar a conocer la Justicia Restaurativa. Por ello, nos planteamos que una necesidad actual sería realizar campañas de marketing social para sensibilizar a la población y formarla en estas prácticas restauradoras.

Además de que la sociedad pueda aumentar su conocimiento sobre este modelo, enfatizamos la necesidad de que los profesionales relacionados con la Justicia (legisladores, jueces, abogados, psicólogos juristas...) estén concienciados, y formados en este modelo. Las estrategias de resolución de conflictos de justicia restaurativa deben implementarse de tal manera que se pueda reconocer su impacto. De este modo, la difusión de información sobre prácticas restaurativas permitirá diseñar protocolos de actuación que promocionen la implementación real de dichas medidas.

El avance en la aplicación de medidas restaurativas es indispensable para que la investigación avance y determine los factores y procesos implicados en la restauración del daño. Se necesita conocer con mayor certeza los resultados de la implantación de estas medidas en la disminución de los delitos, en el aumento de seguridad ciudadana y en la reparación del daño a todos los agentes implicados. Dos elementos cruciales en el avance de la investigación es la consideración de la Salud Mental (tanto de víctimas como de victimarios) y de la perspectiva de género.

En este sentido, la perspectiva de género es una herramienta de análisis necesaria y útil que nos ha permitido detectar las diferencias de opinión y posicionamiento en relación a la justicia restaurativa. Y, en base a ello, pensar en las distintas necesidades de cara a una estrategia de sensibilización social. En nuestro trabajo, las diferencias encontradas entre hombres y mujeres pueden explicarse principalmente por la vulnerabilidad mayor de las mujeres de convertirse en víctimas. Toda acción que empodere a las mujeres y que refuerce su seguridad, será positiva de cara a avanzar hacia este modelo de justicia. Ya que, en las opiniones genéricas sobre la Justicia, las mujeres no se muestran reacias en relación con las estrategias reparadoras del daño. Consideramos que en España la perspectiva de género en estudios de criminología debe seguir avanzando, se evidencia la necesidad de investigaciones innovadoras que muestren las múltiples formas en que podemos incorporarla.

Seguidamente se presentan las principales conclusiones que hemos obtenido este este estudio desde la perspectiva de género:

- Las personas con género femenino tienden a ser más reflexivas a la hora de juzgar el castigo en comparación con la visión masculina de una justicia más severa.
- La vulnerabilidad física de las mujeres a los delitos violentos, y en particular su vulnerabilidad a los delitos sexuales, ante los cuales son las víctimas diana más frecuentes, hacen que su atención ante este tipo de delitos, su interpretación y su memoria, pueda sesgar al alza la proporción de estos delitos. La misma idea, pero a la inversa, les ocurre a los hombres que se sienten menos cercanos a ser víctimas de este tipo de crímenes.
- Mayor prudencia por parte del género femenino al opinar sobre los beneficios penitenciarios que pueden obtener los victimarios, el motivo podría ser la percepción de una menor seguridad si se disminuye la prisión para estos delincuentes.

Otra interpretación de interés a estas diferencias desde la perspectiva de género la podemos encontrar en las teorías del razonamiento moral de Kohlberg [(32)] y de la ética del cuidado de Gilligan [(33)] que surgió como contrapartida de la anterior. Gilligan sostenía que Kohlberg había investigado con valores que solían ser más importantes para los hombres, como seguir las normas socialmente establecidas y no dañar a los demás, dejando a un lado valores como la importancia del cuidado de otras personas, más propiamente femeninos. Esta argumentación puede estar a la base de las diferencias entre las percepciones entre hombres y mujeres de la Justicia. A su vez, puede tener fundamentos teóricos sobre los cuales puede apoyarse la Justicia Restaurativa.

Por ello, esta propuesta teórica de la ética del cuidado puede constituirse en una importante aportación al debate y contribuye

---

32 KOHLBERG, L.: "The psychology of moral development". *Ethics*, nº 97(2), 1987, pp. 441-456.

33 GILLIGAN, C.: *La moral y la teoría. Psicología del desarrollo femenino.* Fondo de Cultura Económica, México, 1985.

en la justificación de instituciones legales. Para Gilligan, el mayor dilema moral que tenía una mujer se fundamentaba en el conflicto que tenía entre sus necesidades y el cuidado de otras personas. En todas las sociedades y culturas, una de las características en la personalidad femenina que está más arraigada es la conexión con otras personas, mucho más de lo que suelen estar los rasgos de la personalidad masculina (34).

La última actualización de los modelos de Gilligan y Kohlberg plantea que la responsabilidad con respecto a las demás personas es el nivel máximo que se puede alcanzar en el desarrollo del razonamiento moral. Ambos están de acuerdo en la importancia tan fundamental que suponen para ambos sexos las relaciones con otras personas, así como la compasión y el cuidado hacia otros (35). Elementos que podemos utilizar a la hora de informar y concienciar a toda la población sobre el Paradigma Restaurativo.

Hablar de justicia restaurativa requiere de una mente abierta capaz de aceptar que debemos humanizar al derecho penal para que la reparación del daño se convierta en el eje central de un proceso interactivo, incluyente y colaborativo de las partes que han contribuido a la construcción del conflicto penal. Consecuentemente, la justicia restaurativa es una forma de justicia horizontal, acordada entre el diálogo entre víctima, agresor y miembros de la comunidad, con la tutela del Estado sólo como garante de condiciones de equidad.

Posiblemente esta sea la vía para alcanzar la seguridad pública y una vida plena, donde cada individuo y grupo social acceda a los derechos humanos correspondientes. Para lograrlo, necesitamos despertar la preocupación por el bienestar general de la sociedad.

---

34 FASCIOLI, A.: "Ética del cuidado y ética de la justicia en la teoría moral de Carol Gilligan". *Revista Actio,* nº 12, 2010, pp. 41-57.

35 FAERMAN, R.: "Ética del cuidado: Una mirada diferente en el debate moral". *Revista de Teoría del Derecho de la Universidad de Palermo,* nº 2(1), 2015, pp. 123-146.

Un contexto científico debe contemplar de manera interdisciplinaria el desarrollo de saberes sociológicos, psicológicos y neurocientíficos que abran la mente del jurista a interpretaciones sobre los mecanismos de control, autoprotección, prevención, y restauración del Estado de bienestar, sustentado en la responsabilidad social y la seguridad pública.

En esta línea en el siguiente apartado vamos a destacar el papel de la Psicología en la instauración de un "Medio restaurativo", un ambiente que promueve consistentemente la conciencia, empatía y responsabilidad de una manera que probablemente demuestre ser mucho más efectiva para lograr la disciplina social que lo que hacemos actualmente que es basarnos en el castigo y las sanciones [(36)].

El lugar de la psicología en la justicia Restaurativa

La Justicia Restaurativa requiere de una intervención multidisciplinar, dado que es atención integral, al tanto de todas las dimensiones que componen al ser humano, pues tal como lo mencionan Blanco y Rodríguez, (p. 5) [(37)] "la psicología, en su vertiente teórica y aplicada, es una ciencia al servicio del bienestar de personas, de grupos y de comunidades". En esta línea aporta tanto conocimiento sobre los procesos psicológicos como a nivel metodológico, estrategias, actividades y técnicas.

La psicología tiene un papel importante en la construcción de un espacio de intervención en el que se atiendan las necesidades de todos los agentes implicados. En primer lugar se atienden las necesidades de las víctimas. Pero también se establece un espacio en el que el victimario se pueda responsabilizar de su acto delic-

---

36 WACHTEL, J./WACHTEL, T./MILLER, S.: *Building Campus Community: Restorative Practices in Residential Life.* Published by International Institute for Restorative Practices. Dallas, TX, USA. 2012.

37 BLANCO, A./RODRÍGUEZ, J.: *Intervención Psicosocial.* Pearson, Madrid, España, 2007.

tivo, a la vez que se entiende que puede haber sido marcado por un contexto. Sin olvidar, la sensibilización hacia la sociedad en general, que aún se siente atemorizada ante la idea de permitir la reintegración al medio social de estos actores y, en este marco, se siente muy tentada por una modalidad de estereotipos y prejuicios que mantiene un clima social punitivo [(38)].

A nivel multidisciplinar es necesario seguir trabajando para apostar por la implementación de la justicia restaurativa como un complemento necesario. El plan de intervención con el victimario requiere plantear una serie de preguntas: ¿Qué estructura psíquica corresponde al individuo que se encuentra frente a mí? ¿Qué factores protectores posee el individuo? ¿Cuáles son los factores de riesgo del individuo? ¿El individuo presenta alguna psicopatología? ¿Cuál es el proyecto de vida del individuo? ¿El individuo se responsabiliza del daño causado? ¿Qué procesos podrían promover esta responsabilidad del daño? ¿Hay ausencia de culpa en el individuo frente al daño? ¿El individuo se arrepiente del daño? ¿Qué oportunidades tiene el individuo una vez finalice la sanción? Y a estas cuestiones se añaden preguntas de reflexión sobre la comunidad: ¿Está la sociedad española preparada para dar paso a la justicia restaurativa? ¿Cómo lograr un proceso restaurativo en el que víctima, victimario y comunidad puedan alcanzar una tranquilidad frente a lo acontecido? ¿Se refiere la justicia restaurativa a una postura ideal o utópica? ¿Cómo se podría dar la transición de un modelo de justicia retributiva a un modelo de justicia restaurativa? ¿Son posibles los procesos de cambio para aquellas personas que han cometido diferentes actos delictivos? ¿Está el contexto social preparado para la reintegración de estos individuos? Dado que todavía queda mucho trabajo por delante, la psicología junto con otras disciplinas tiene un papel relevante para trabajar la sensibilización y los planes de intervención en los procesos de justicia restaurativa.

---

[38] OVEJERO, A. *Psicología social.* Madrid, España: Editorial biblioteca nueva, 2010.

Limitaciones y futuras líneas de investigación

La principal limitación de este estudio podría ser la muestra que ha contestado la encuesta, que, aunque presenta un número significativo de encuestados para la obtención de resultados, se limita principalmente a la provincia de Valencia.

Por ello proponemos futuras líneas de investigación centradas en realizar la evaluación a nivel nacional, y atendiendo a diferentes elementos que garanticen la representatividad de la muestra (geográficos, niveles educativos, socioeconómicos, entre otros). Pensamos que encuestas como esta pueden cumplir la función de hacer reflexionar y sensibilizar a la sociedad y mostrarnos una radiografía más amplia de la sociedad española.

También sería interesante proponer programas de sensibilización y realizar estudios longitudinales que pudieran apresar los efectos de las estrategias de marketing social en la opinión pública a lo largo del tiempo.

REFERENCIAS BIBLIOGRÁFICAS

ALMEDA SAMARANCH, E./CAMPS CALVET, C./ORTIZ MONERA, R. M.: "Mujeres, cárceles y feminismos". *Revista Española De Investigación Criminológica,* nº 20(2), 2023, e699. https://doi.org/10.46381/reic.v20i2.699

ARMENTA, M. F./DURÓN, F./CASTRO, D.: "Justicia restaurativa: Evaluación de los factores comunitarios". *Revista Mexicana de Psicología,* nº *28*(2), 2011, pp. 217-225.

ARROYO COBO, J. M.: "La enfermedad mental en el medio penitenciario: situación en un centro penitenciario tipo, desde la perspectiva de una década". En MONTERO HERNANZ, T. Y MATA R. M. (coords) Y MARTÍN (dir.): *Salud mental y privación de libertad: aspectos jurídicos e intervención,* Editorial J. M.Bosh Editor. España, 2021, pp. 259-273.

AYLLÓN GARCÍA, J. D.: "La Justicia Restaurativa en España y en otros ordenamientos jurídicos", *Ars Boni et Aequi, Año 15,* nº 2, 2019, pp. 9-29.

BACIGALUPE, A./CABEZAS, A./BUENO, M. B./MARTÍN, U.: "El género como determinante de la salud mental y su medicalización. Informe SESPAS 2020". *Gaceta sanitaria,* nº 34, 2020, pp. 61-67. https://doi.org/10.1016/j.gaceta.2020.06.013

BARTOLOMÉ GUTIÉRREZ, R./RODRÍGUEZ RAMÍREZ, J. A.: "Género y Criminología". *Revista Española De Investigación Criminológica,* nº 20(2), 2022, e848. https://doi.org/10.46381/reic.v20i2.848

BARTON, C. K.: *Restorative justice: The empowerment model.* Hawkins Press, 2003.

BEDRIÑANA, F. T. A./JIMÉNEZ, R. J. B./SANJUÁN, A. M. R./PINAZO, A. M. T./LLÁCER, J. J. L.: "Salud mental en prisión. Las paradojas socioeducativas". *EduPsykhé: Revista de psicología y psicopedagogía,* nº 16(1), 2017, pp. 98-116.

BENAISSA PEDRIZA, S.: "La comprensión y retención del mensaje informativo por la audiencia de televisión". *Icono14,* nº 10(3), 2012, pp. 176-201. https://doi.org/10.7195/RI14.V10I3.171

BERISTAIN, A.: *Protagonismo de las víctimas de hoy y mañana (Evolución en el campo jurídico penal, prisional y ético).*Tirant lo Blanch, Valencia, 2004.

BERNIAL. M.: Una *Umbrella Review sobre los efectos de la prisión en la salud mental. (*Trabajo Fin de Máster Universitario). Valencia: Universidad Católica De Valencia, "San Vicente Mártir", 2023.

BLANCO, A./RODRÍGUEZ, J.: *Intervención Psicosocial.* Pearson, Madrid, España, 2007.

BORRELL, C./PALÈNCIA, L./MUNTANER, C./URQUÍA, M./MALMUSI, D./O'CAMPO, P. "Influence of macrosocial policies on women's health and gender inequalities in health". *Epidemiologic reviews,* nº 36(1), 2014. pp. 31-48. https://doi.org/10.1093/epirev/mxt002

BRIGHT, A. M./HIGGINS, A./GREALISH, A.: "Women's experiences of prison-based mental healthcare: a systematic review of qualitative literature", *International Journal of Prisoner Health, Vol. 19,* nº. 2, 2023, pp. 181-198. https://doi.org/10.1108/IJPH-09-2021-0091

CORNWELL, D. J.: *Criminal punishment and restorative justice: past, present, and future perspectives.* Portland, Or.: North American distributor, International Specialised Book Services. Edited by F. W. M. McElrea, John R. Blad & Robert B. Cormier, 2006.

DAVEY, L.: *Restorative practices: A vision of hope.* Paper presented at "Improving Citizenship & Restoring Community," the 10th International Institute for Restorative Practices World Conference, Budapest, Hungary, 2007, November.

FAERMAN, R.: "Ética del cuidado: Una mirada diferente en el debate moral". *Revista de Teoría del Derecho de la Universidad de Palermo,* nº *2*(1), 2015, pp. 123-146.

FASCIOLI, A.: "Ética del cuidado y ética de la justicia en la teoría moral de Carol Gilligan". *Revista Actio,* nº 12, 2010, pp. 41-57.

GILLIGAN, C.: *La moral y la teoría. Psicología del desarrollo femenino.* Fondo de Cultura Económica, México, 1985.

HEILBRUN, K./DE MATTEO, D./FRETZ, R./ERICKSON, J./YASUHARA, K./ANUMBA, N.: "How "specific" are gender specific rehabilitation needs? An empirical analysis". *Criminal Justice and Behavior,* nº 35, 2008, pp. 1382-1397.

INSTITUTE FOR CRIME & JUSTICE POLICY RESEARCH: *World Prison Brief-WPB.* University of London. 2021. https://www.prisonstudies.org/world-prison-brief-data

INSTITUTO NACIONAL DE ESTADÍSTICA: *Estadística de condenados: Adultos, 2022.* Madrid, España, INE, 2023.

JAUREGUI ZAPATA, C: *Prisión permanente revisable: su constitucionalidad, su necesidad político-criminal y su percepción en la sociedad.* (Trabajos Académicos-Grado Criminología). Universidad País Vasco. 2018.

KOHLBERG, L.: "The psychology of moral development". *Ethics,* nº 97(2). 1987, pp. 441-456

MACKAY, R./BOŠNJAK, M./DEKLERCK, J./PELIKAN, C./VAN STOKKOM, B./WRIGHT, M.: *Images of restorative justice theory.* Frankfurt am Main: Verlag für Polizei wissenschaft. 2007.

MARUNA, S./KING, A.: "Public opinion and community penalties", En A, BOTTOMS / S. REX / G. ROBINSON (coords.): *Alternatives to Prison, Options for an insecure society,* Willan Publishing, 2004, pp. 83-112.

MELLÓN, J. A., JIMÉNEZ, G. A./ROTHSTEIN, P. A.: "Populismo punitivo en España (1995-2015): presión mediática y reformas legislativas". *Revista Española de Ciencia Política,* nº 43, 2017, pp. 13-36.

MINISTERIO DEL INTERIOR: *Anuario Estadístico 2022.* NIPO 126150729vf. Gobierno de España, 2023.

OVEJERO, A.: *Psicología social.* Madrid, España: Editorial biblioteca nueva, 2010.

RAMOS-LIRA, L.: "¿Por qué hablar de género y salud mental?" *Salud mental,* nº *37*(4), 2014, pp. 275-281.

REYNOLDS, T.: *Restorative Justice: What are Restorative Justice Strategies for Community Interventions?* (Doctoral dissertation). University of Huddersfield, 2019.

RODRÍGUEZ, J. M. P.: "La susceptibilidad de la memoria de un testigo". *Cuadernos de la Guardia Civil,* nº 53, 2016, pp. 78-95.

ROMERO MENDOZA M./SALDÍVAR G./LOYOLA L./RODRÍGUEZ E./GALVÁN J.: "Inequidades de género, abuso de sustancias y barreras al tratamiento en mujeres en prisión". *Salud mental,* nº 33(6), 2010, pp. 499-506.

VARONA-GÓMEZ, D.: "Ciudadanos y actitudes punitivas: un estudio piloto de población universitaria española". *Revista Española de Investigación Criminológica: REIC,* nº 6, 2008, pp. 1-38.

VARONA-GÓMEZ, D.: "¿Somos los españoles punitivos? Actitudes punitivas y reforma penal en España", en *InDret. Revista para el análisis del Derecho,* nº. 1, Barcelona, 2009, pp. 1-31.

WACHTEL, J./WACHTEL, T./MILLER, S.: *Building Campus Community: Restorative Practices in Residential Life.* Published by International Institute for Restorative Practices. Dallas, TX, USA. 2012.

WACHTEL, T.: *The next step: developing restorative communities.* In Seventh International Conference on Conferencing, Circles and other Restorative Practices, Manchester, UK. 2005, November.

ZEHR, H.: *El pequeño libro de la justicia restaurativa.* Intercourse, PA: Good Books, 2005.

Tabla 1. Resultados de χ^2 de Pearson entre hombres y mujeres en sus opiniones.

Items/Variables	Valor	df	Significación asintótica bilateral
Grado conocimiento Justicia Restaurativa	6.226[a]	3	0,101
Si tienes un conocimiento medio o alto sobre justicia restaurativa indica a qué se debe:	5.516[a]	6	0,480
Una vez ha leído la definición considera que conoce bien este tema:	3.235[a]	2	0,198
En general, ¿cómo considera que son las penas impuestas por los jueces en España?	10.788[a]	5	0,056
En su opinión, ¿cuál cree que es la finalidad de las penas?	6.162[a]	5	0,291
En su opinión diría que la reinserción de un delincuente:	3.139[a]	3	0,371
Cuándo oye la palabra "delito", ¿cuáles son los delitos en qué piensa primero?	63.787[a]	54	0,170
En su opinión, de las siguientes tipologías penales, identifique, según su criterio, las dos más graves y que, en consecuencia, deberían ser castigadas con más severidad:	22.447[a]	25	0,610
En base a su respuesta de la pregunta anterior, ¿Cuál cree usted que debería ser la pena máxima de prisión para estos delitos?	14.319[a]	8	0,074
Del total de delitos que se comenten en el Estado español, ¿qué porcentaje diría que corresponde a los delitos contra las personas (homicidios, asesinatos, lesiones…)?	33.128[a]	13	**0,002***
Del total de delitos que se comenten en el Estado español, ¿qué porcentaje diría que corresponde a los delitos contra la libertad sexual?	23.215[a]	13	**0,039***
Considera usted que los niveles de criminalidad en el Estado español en los últimos 5 años:	3.550[a]	4	0,470
En relación a la pregunta anterior, ¿cuál de las siguientes fuentes de información considera que ha tenido mayor influencia en usted?	11.929[a]	8	0,154

Considera la prisión como el medio más efectivo para lograr la resocialización de la persona delincuente.	.968[a]	3	0,809
¿Cuál considera la solución más adecuada para reducir el porcentaje de población penitenciaria en España?	5.688[a]	4	0,224
Considera la prisión como el mejor medio para resarcir el daño ocasionado a la víctima de un delito.	.376[a]	3	0,945
Si usted fuese víctima de un delito, ¿participaría en un proceso restaurativo de resolución de conflictos?	5.814[a]	3	0,121
En su opinión, ¿cuáles cree que son los beneficios para las víctimas de participar en este tipo de procesos alternativos de resolución de conflictos?:	8.922[a]	5	0,112
En su opinión, ¿cree que las personas delincuentes que participan en estos procesos restaurativos deberían tener beneficios penitenciarios?	8.355[a]	3	**0,039***
En caso afirmativo, ¿qué tipo de beneficios penitenciarios?	8.233[a]	5	0,144

*Estas diferencias entre hombres y mujeres son significativas ($\alpha < 0.05$).